Introduction à l'algèbre linéaire

Paul A. Martel
Ginette Ouellette

MODULO

Données de catalogage avant publication (Canada)

Martel, Paul A

   Introduction à l'algèbre linéaire

   Comprend un index.

   ISBN 2-89113-258-0

   1. Algèbre linéaire. 2. Algèbre linéaire – Problèmes et exercices. I. Ouellette, Ginette. II. Titre.

QA184.M37 1991   512'.5   C91-090840-0

Équipe de production
Révision : Pierrette Mayer
Correction d'épreuves : Monique Tanguay
Graphiques et illustrations : Yves Chiricota
Vérification des problèmes : Martin Ducharme, Érick Lamontagne
Typographie et montage : Carole Deslandes
Couverture et maquette intérieure : Gisèle Beauvais

Introduction à l'algèbre linéaire
© Modulo Éditeur, 1991
233, av. Dunbar, bureau 300
Mont-Royal (Québec)
Canada H3P 2H4
Téléphone : (514) 738-9818
Télécopieur : (514) 738-5838

Dépôt légal 4e trimestre 1991
Bibliothèque nationale du Québec
Bibliothèque nationale du Canada
ISBN 2-89113-**258**-0

Imprimé au Canada
3 4 5 6 7 IG 01 00 99 98 97

Avant-propos

L'algèbre linéaire joue un rôle essentiel en mathématiques modernes et ses applications sont de plus en plus nombreuses et diversifiées. Il n'est donc pas étonnant qu'elle occupe une place importante dans la formation mathématique post-secondaire. Par ailleurs, la géométrie vectorielle est un champ d'application privilégié de plusieurs concepts de l'algèbre linéaire. Le présent ouvrage traite conjointement de ces deux branches des mathématiques, conformément à la tendance nord-américaine actuelle. Le contenu convient à un premier cours de niveau collégial. Bien qu'on accorde une importance particulière à l'algèbre des matrices et aux vecteurs, on étudie également les déterminants, les systèmes d'équations linéaires et les espaces vectoriels. De plus, l'application de méthodes vectorielles à l'étude des droites et des plans constitue une introduction à la géométrie analytique dans l'espace.

L'enseignement mathématique au collégial devant permettre à l'étudiant d'accroître ses connaissances et sa capacité de raisonnement, on développe l'aspect théorique des notions présentées sans en négliger l'aspect pratique. Chaque concept est défini de façon rigoureuse et bon nombre de propositions sont démontrées; le texte est illustré de nombreux exemples et un grand choix d'exercices est donné en fin de chapitre. Enfin, en début de chapitre, on brosse un tableau du développement historique des concepts étudiés dans un ordre répondant d'abord à des considérations pédagogiques.

Les auteurs auront atteint leur but si le présent manuel, en plus d'être pour l'étudiant un ouvrage de référence, lui permet aussi de se familiariser avec certains aspects plus abstraits des mathématiques. Les nombreux problèmes et exercices, dont les réponses sont fournies, visent pour leur part à aider l'étudiant à découvrir une méthode de travail, à lui permettre de maîtriser le vocabulaire, de mieux comprendre la théorie et d'établir des liens entre les différents concepts.

Le chapitre 1 porte sur les **matrices**. Une section importante est réservée à la terminologie et à la notation qui seront utilisées dans l'ouvrage. Les relations et les opérations sur les matrices sont présentées de façon à permettre d'acquérir des techniques et à assurer une bonne compréhension des concepts. La section sur les matrices carrées contient de nombreux exemples de preuves, et plusieurs exemples et exercices font ressortir l'utilité de l'écriture matricielle.

Dans le chapitre 2, on traite des **déterminants**. On en donne une définition axiomatique et les propriétés, sans négliger les techniques de calcul. L'importance du concept de déterminant est mis en évidence par le calcul de l'inverse d'une matrice à l'aide du déterminant et par la résolution de systèmes de Cramer au moyen de la règle de Cramer ou de l'inverse d'une matrice.

On applique les notions et les techniques exposées dans les deux premiers chapitres à la résolution de **systèmes quelconques d'équations linéaires**, qui font l'objet du chapitre 3. Les méthodes de Gauss et de Gauss-Jordan sont présentées sous forme d'algorithmes. On traite également de la nature des solutions d'un système linéaire, en faisant appel au concept de rang d'une matrice, et des systèmes homogènes, puis on donne une méthode de résolution simultanée de plusieurs systèmes linéaires. Enfin, on a choisi comme principales applications des systèmes linéaires, le modèle économique d'entrée-sortie de Leontief et un problème d'urbanisme.

Dans le chapitre 4, on présente d'un point de vue géométrique la notion de **vecteur**, les opérations sur les vecteurs et les concepts de combinaison linéaire, de dépendance et d'indépendance linéaires, et de base d'un ensemble de vecteurs. On a de nouveau l'occasion d'appliquer les méthodes développées dans les chapitres précédents. Une section importante est réservée à des problèmes de géométrie où interviennent des vecteurs.

On revient au chapitre 5 sur les notions exposées dans le chapitre précédent, en adoptant cette fois un point de vue algébrique. On introduit les concepts de **repère**, de vecteur position, de **coordonnée** et de composante. On établit des liens entre les vecteurs géométriques d'un espace de dimension 1, 2 ou 3 et les vecteurs algébriques de $\mathbb{R}$, de $\mathbb{R}^2$ et de $\mathbb{R}^3$ respectivement. Les vecteurs algébriques apparaissent alors comme un moyen commode pour localiser divers objets géométriques dans un espace muni d'un repère. On présente enfin la notion de repère orthonormé et on donne des méthodes de calcul de la longueur et du milieu d'un segment de droite.

Au chapitre 6, on étudie, tant du point de vue géométrique qu'algébrique, trois opérations sur les vecteurs: le **produit scalaire**, le **produit vectoriel** et le **produit mixte**. On définit également la notion de vecteur projection et on énonce des critères d'orthogonalité, de parallélisme, de coplanarité et de dépendance linéaire de vecteurs. Enfin, on applique les différents produits sur les vecteurs au calcul de l'angle déterminé par deux vecteurs, de l'aire d'un parallélogramme et du volume d'un parallélépipède.

Au chapitre 7, on étudie, à l'aide de méthodes vectorielles, différentes formes de l'équation d'une **droite** et de l'équation d'un **plan** dans un repère orthonormé de l'espace. On établit des liens entre les caractéristiques géométriques des droites et des plans et leurs représentations algébriques, ce qui constitue une introduction à la géométrie analytique dans l'espace. On donne également des méthodes pour identifier des points d'un lieu géométrique, pour déterminer la position relative de différents lieux et pour évaluer des angles et des distances.

Au chapitre 8, on introduit les concepts **d'espace** et de **sous-espace vectoriels**, ce qui permet de généraliser les notions de combinaison et d'indépendance linéaires, de base et de composante. On illustre géométriquement le concept de sous-espace vectoriel à l'aide des notions sur la droite et le plan exposées au chapitre précédent, et on définit les systèmes de générateurs d'un espace vectoriel. Enfin, en revenant au rang d'une matrice, on établit des liens entre les matrices, les vecteurs géométriques, les vecteurs algébriques et les systèmes d'équations linéaires.

Remerciements

Nous remercions d'abord de leurs commentaires les nombreux étudiants qui ont utilisé les premières versions du présent ouvrage. Nous sommes également reconnaissants à nos collègues de leurs précieuses suggestions. Nous remercions tout particulièrement Mmes Yvonne Bolduc, Louise Pagé, Monique Ste-Marie, MM. Réjean Carey, Jean Denis, Lambert Lapointe, Jean-Pierre Leclercq, Serge Paquet et Jean-Pierre Sagnet.

Enfin, nous tenons à souligner l'excellent travail de l'équipe Modulo et le professionnalisme de Mme Carole Deslandes qui a typographié et monté notre livre.

Paul A. Martel et Ginette Ouellette

Table des matières

Avant-propos   III

Chapitre 1 Matrice   **1**
1.1 Terminologie   2
1.2 Relations d'ordre sur les matrices   7
1.3 Opérations sur les matrices   9
Addition de deux matrices   9
Multiplication d'une matrice par un scalaire   11
    Combinaison linéaire de matrices, 13
Multiplication de deux matrices   15
    Multiplication de deux matrices quelconques, 17 — Domaine de définition de la multiplication
    de deux matrices, 18 — Calcul du produit de deux matrices, 19 — Propriétés de la multiplication
    de deux matrices, 21
1.4 Puissances d'une matrice   29
1.5 Matrices carrées   30
1.6 Transposée d'une matrice   34
1.7 Matrice symétrique et matrice antisymétrique   36
1.8 Inverse d'une matrice   41
Exercices   47

Chapitre 2 Déterminant   **63**
2.1 Calcul d'un déterminant   65
    Algorithme de calcul d'un déterminant d'ordre n, 65 — Le développement de Laplace, 70
2.2 Définition axiomatique du déterminant   73
    Notation vectorielle, 73 — Définition du déterminant de Kronecker-Weierstrass, 74
    — Propriétés du déterminant, 77
2.3 Matrice adjointe   85
    Propriétés d'une matrice adjointe, 87 — Calcul de l'inverse d'une matrice à l'aide de sa matrice
    adjointe, 88
2.4 Applications du déterminant   90
Exercices   97

Chapitre 3 Système d'équations linéaires   **109**
3.1 Terminologie   113
Équation linéaire   113
    Nature des solutions d'une équation linéaire, 114
Système d'équations linéaires   115
3.2 Matrice échelonnée réduite   121
    Algorithme de calcul d'une matrice échelonnée réduite, 128
3.3 Méthodes de Gauss et de Gauss-Jordan   130
Méthode de Gauss   130
Méthode de Gauss-Jordan   132
3.4 Nature des solutions d'un système linéaire   133
    Compatibilité d'un système linéaire, 134 — Système incompatible, 135 — Système
    compatible, 135

Rang d'une matrice   136
Rang de la matrice complète d'un système linéaire   140
Système homogène, 145 — Résumé, 148
3.5 Résolution simultanée de plusieurs systèmes linéaires   150
3.6 Applications   156
Modèle économique d'entrée-sortie de Leontief   157
Application à l'urbanisme   162
Autres applications   163
Exercices   164

Chapitre 4 Vecteurs géométriques   **181**
4.1 Terminologie   184
4.2 Opérations sur les vecteurs   189
Addition de vecteurs, 189 — Addition d'un nombre quelconque de vecteurs, 192 —
Multiplication d'un vecteur par un scalaire, 194 — Combinaison linéaire, 197
4.3 Dépendance linéaire et indépendance linéaire   201
Cas d'un vecteur, 208 — Cas de deux vecteurs, 209 — Cas de trois vecteurs, 211
4.4 Problèmes de géométrie   213
Exercices   224

Chapitre 5 Repère et coordonnées   **237**
5.1 Repère d'une droite   239
Repère normé, 242
5.2 Repère d'un plan   244
Repère orthonormé, 252
5.3 Repère de l'espace   257
Repère orthonormé, 264
Exercices   270

Chapitre 6 Produits de vecteurs   **279**
6.1 Produit scalaire   280
6.2 Produit vectoriel   291
6.3 Produit mixte   297
Exercices   304

Chapitre 7 Droite et plan   **313**
7.1 La droite   315
7.2 Position relative de deux droites   323
Droites parallèles, 323 — Droites non parallèles, 324
7.3 Le plan   329
7.4 Position relative de plusieurs plans   340
Deux plans parallèles, 341 — Deux plans concourants, 342 — Trois plans, 345 — Faisceau
de plans, 347 — Droite parallèle à un plan, 350 — Droite et plan concourants, 350
7.5 Angles   352
Angle de deux droites   353
Angle de deux plans, 355 — Angle d'une droite et d'un plan, 358
7.6 Distance   361
Distance d'un point à une droite   361

Distance entre deux droites parallèles   362
    Distance d'un point à un plan, 365 — Distance entre deux plans parallèles, 368 — Distance
    entre une droite et un plan parallèles, 369 — Distance entre deux droites gauches, 369
7.7 Équation normale et équation réduite d'un plan   371
Équation normale d'un plan   372
Équation réduite d'un plan   373
    Traces d'un plan, 374
Exercices   378

Chapitre 8 Espace et sous-espace vectoriels   **403**
8.1 Espace vectoriel   404
    L'espace vectoriel $\mathbb{R}^n$, 410 — Règles de calcul, 413
8.2 Sous-espace vectoriel   417
8.3 Système de générateurs   424
8.4 Base et dimension d'un espace vectoriel   441
8.5 Composantes d'un vecteur et changement de base   452
8.6 Rang d'une matrice de vecteurs   463
8.7 Espace solution d'un système homogène   476
Exercices   482

Solutions
Chapitre 1   501
Chapitre 2   510
Chapitre 3   516
Chapitre 4   525
Chapitre 5   531
Chapitre 6   538
Chapitre 7   542
Chapitre 8   558

Index   **569**

Index des noms propres   **572**

MATRICE

1

L'étude des systèmes d'équations linéaires amena le mathématicien anglais Arthur Cayley (Richmond, 1821 – Cambridge, 1895) à introduire, en 1843, la notion de matrice. Il prit comme point de départ le concept de déterminant (chapitre 2), déjà connu au XVIIIe siècle : « Je n'ai certainement pas obtenu la notion d'une matrice de quelque manière que ce soit des quaternions; ce fut plutôt à partir d'un déterminant ou comme une façon commode d'exprimer les équations

$$x' = ax + by \qquad\qquad y' = cx + dy. \text{ »}$$

Ainsi, Cayley est considéré comme le fondateur de la théorie des matrices. Il est à noter cependant que le terme *matrice* ne fut employé pour la première fois qu'en 1850, par James Joseph Sylvester (Londres, 1814 – *id.*, 1897). En fait, les deux mathématiciens anglais travaillèrent ensemble à l'élaboration du vocabulaire et des principes de base de la théorie des matrices.

Dans ses publications sur la notion de matrice, Cayley présente cette dernière comme un tableau rectangulaire de nombres figurant les coefficients de systèmes d'équations linéaires. Dans son premier mémoire, *Remarques sur la notation des fonctions algébriques* (1855), qui fut rédigé en français, il traite des notions élémentaires relatives aux matrices, des opérations qu'on peut leur appliquer et de leurs propriétés.

Au début du XXe siècle, les matrices qui avaient jusqu'alors été étudiées exclusivement par les algébristes commencèrent à intéresser les physiciens. Par exemple, l'Anglais Arthur Stanley Eddington (Kendal, 1882 – Cambridge, 1944) proposa d'utiliser la notation matricielle pour manipuler et résoudre les systèmes d'équations linéaires. D'autre part, un Anglais d'origine allemande, Max Born (Breslau, 1882 – Göttingen, 1970), appliqua le concept de matrice à la mécanique quantique. Enfin, deux ingénieurs anglais en aéronautique, Duncan et Collar, employèrent en 1934 une méthode matricielle pour résoudre des problèmes d'oscillation.

On peut aborder les matrices d'un point de vue géométrique et abstrait (en étudiant les transformations linéaires) ou du point de vue du calculateur (en étudiant le calcul matriciel). Ce dernier a été adopté pour des raisons pratiques. Les matrices deviennent alors des « objets mathématiques » entre lesquels on peut établir des relations et auxquels on peut appliquer des opérations.

1.1   Terminologie

Dans la présente section, on se propose d'établir la terminologie de base des matrices et d'illustrer les concepts définis par de nombreux exemples.

Définition 1.1   Matrice
Soit $E = \{1, 2, ..., m\}$ et $F = \{1, 2, ..., n\}$ où m et n sont des entiers positifs quelconques[1]. On appelle **matrice à m lignes et à n colonnes**, à éléments dans $\mathbb{R}$, toute application A définie par

$$A: E \times F \rightarrow \mathbb{R}$$
$$(i, j) \mapsto A(i, j) = a_{ij}$$

❏

---

1. Soit m et n deux entiers positifs quelconques. Si on désigne par E l'ensemble $\{1, 2, ..., m\}$ et par F l'ensemble $\{1, 2, ..., n\}$, alors le produit cartésien $E \times F$ est, par définition, l'ensemble de tous les couples (i, j) où $i \in E$ et $j \in F$:
$$E \times F = \{(i, j) \mid i \in E \text{ et } j \in F\}$$

Les images a_{ij} des couples (i,j) sont les éléments (ou termes) de la matrice A. Celle-ci se note également $[a_{ij}]_{m,n}$ ou, plus simplement, $[a_{ij}]$, et il est d'usage de la représenter par un tableau de nombres :

$$A = [a_{ij}]_{m,n} = \begin{bmatrix} a_{11} & a_{12} & \cdots & a_{1j} & \cdots & a_{1n} \\ a_{21} & a_{22} & \cdots & a_{2j} & \cdots & a_{2n} \\ \vdots & \vdots & & \vdots & & \vdots \\ a_{i1} & a_{i2} & \cdots & a_{ij} & \cdots & a_{in} \\ \vdots & \vdots & & \vdots & & \vdots \\ a_{m1} & a_{m2} & \cdots & a_{mj} & \cdots & a_{mn} \end{bmatrix}$$

Il faut bien distinguer les deux notations $[a_{ij}]$ et a_{ij} : la première désigne la matrice A, tandis que la seconde désigne l'élément qui appartient à la i-ième ligne et à la j-ième colonne de cette matrice.

En règle générale, on représente une matrice par une majuscule. De plus, pour être plus concis, on dit qu'une matrice à m lignes et à n colonnes est une matrice (m, n). Enfin, l'emploi de crochets (certains auteurs préfèrent utiliser des parenthèses) indique que l'on donne à un tableau de nombres une signification matricielle.

Exemple 1.1

Soit $E = \{1, 2\}$, $F = \{1, 2, 3\}$ et soit la matrice A définie par

$$A\colon E \times F \to \mathbb{R}$$
$$(i,j) \mapsto A(i,j) = a_{ij} = i^2 - 3j$$

Pour représenter A sous la forme d'un tableau de nombres, on calcule d'abord chacun de ses éléments :

$$A(1,1) = a_{11} = 1^2 - 3(1) = -2$$
$$A(1,2) = a_{12} = 1^2 - 3(2) = -5$$
$$\vdots$$
$$A(2,3) = a_{23} = 2^2 - 3(3) = -5$$

Donc, sous forme de tableau, la matrice A s'écrit

$$A = \begin{bmatrix} -2 & -5 & -8 \\ 1 & -2 & -5 \end{bmatrix}$$

Exemple 1.2

Soit

$$A = \begin{bmatrix} 7 & 0 \\ 1 & -1 \\ 2 & 1 \\ 0 & -4 \end{bmatrix}$$

La matrice A a quatre lignes ($m = 4$) et deux colonnes ($n = 2$) : on dit que c'est une matrice $(4, 2)$. On note également que, en particulier, $a_{32} = 1$ et $a_{42} = -4$. Le symbole a_{32}, par exemple, se lit « a trois deux » et non « a trente-deux ».

Exemple 1.3

Il est possible de représenter les distances aériennes entre des villes données à l'aide d'une « matrice des distances ». Voici un exemple où les distances sont exprimées en kilomètres.

	Londres	Madrid	New York	Tōkyō
Londres	0	1 256	5 550	9 535
Madrid	1 256	0	5 748	10 730
New York	5 550	5 748	0	10 810
Tōkyō	9 535	10 730	10 810	0

$= D = [d_{ij}]$

Un voyageur qui part de New York pour se rendre à Tōkyō parcourt la distance donnée par l'élément d_{34} de la matrice D, soit 10 810 kilomètres.

Exercices suggérés : 1 et 2, p. 47.

Définition 1.2 Matrice ligne

Soit $A = [a_{ij}]$ une matrice $(1, n)$. On dit que A est une matrice ligne et on la représente par $[a_1 \quad a_2 \quad \cdots \quad a_n]$ ou encore $[a_j]_{1,n}$. ☐

Définition 1.3 Matrice colonne

Soit $A = [a_{ij}]$ une matrice $(m, 1)$. On dit que A est une matrice colonne et on la représente par

$$\begin{bmatrix} a_1 \\ a_2 \\ \vdots \\ a_m \end{bmatrix} \text{ ou encore } [a_i]_{m,1}$$

☐

Une matrice peut n'avoir qu'un seul élément, soit a. Il s'agit alors d'une matrice $(1, 1)$ et, dans ce cas, on confond la matrice et l'élément : $[a] = a$. En calcul matriciel, un scalaire[2] a peut donc être considéré comme une matrice $(1, 1)$.

Définition 1.4 Matrice nulle

Soit $A = [a_{ij}]$ une matrice (m, n). On dit que A est une matrice nulle si et seulement si

$$a_{ij} = 0 \qquad \text{pour tout } i = 1, 2, ..., m \text{ et pour tout } j = 1, 2, ..., n$$

La matrice nulle (m, n) se note $O_{m,n}$. ☐

Définition 1.5 Opposé d'une matrice

Soit $A = [a_{ij}]$ une matrice (m, n). L'opposé de A est la matrice $B = [b_{ij}]_{m,n}$ telle que

$$b_{ij} = -a_{ij} \qquad \text{pour tout } i = 1, 2, ..., m \text{ et pour tout } j = 1, 2, ..., n$$

L'opposé B de A se note $-A$. ☐

---

2. On utilise le terme scalaire comme synonyme de nombre réel lorsqu'on désire opposer ce concept à celui de vecteur, qui sera défini au chapitre 4.

Exemple 1.4

a) La matrice nulle $(2, 3)$ est $A = \begin{bmatrix} 0 & 0 & 0 \\ 0 & 0 & 0 \end{bmatrix} = O_{2,3}$.

b) Si $A = \begin{bmatrix} -1 & 1 & 2 \\ -2 & 0 & 3 \end{bmatrix}$, alors l'opposé de A est $-A = \begin{bmatrix} 1 & -1 & -2 \\ 2 & 0 & -3 \end{bmatrix}$.

Définition 1.6   Matrice carrée

Soit A une matrice (m, n) où $m = n$. On dit que A est une matrice carrée d'ordre n ou, plus simplement, une matrice d'ordre n. La matrice A se note $[a_{ij}]_{n,n}$.   ❏

Sous forme de tableau, la matrice $A = [a_{ij}]_{n,n}$ s'écrit

$$A = \begin{bmatrix} a_{11} & a_{12} & \cdots & a_{1n} \\ \vdots & \vdots & & \vdots \\ a_{i1} & a_{i2} & \cdots & a_{in} \\ \vdots & \vdots & & \vdots \\ a_{n1} & a_{n2} & \cdots & a_{nn} \end{bmatrix}$$

La matrice nulle d'ordre n est notée O_n.

Définition 1.7   Diagonale principale

Soit $A = [a_{ij}]$ une matrice d'ordre n. La diagonale principale de A, notée diag(A), est la matrice ligne dont les éléments sont les a_{ij} où $i = j$, pour $i = 1, 2, ..., n$:

$$\text{diag}(A) = [a_{11} \quad a_{22} \quad \cdots \quad a_{nn}]$$ ❏

Définition 1.8   Matrice unité

La matrice unité d'ordre n, notée I_n, est définie par

$$I_n = [\delta_{ij}] \text{ où } \delta_{ij} = \begin{cases} 1 \text{ si } i = j \\ 0 \text{ si } i \neq j \end{cases}$$

δ_{ij} étant le symbole de Kronecker. ❏

Exemple 1.5

a) $I_2 = \begin{bmatrix} 1 & 0 \\ 0 & 1 \end{bmatrix}$ est la matrice unité d'ordre 2.

b) $I_3 = \begin{bmatrix} 1 & 0 & 0 \\ 0 & 1 & 0 \\ 0 & 0 & 1 \end{bmatrix}$ est la matrice unité d'ordre 3.

Exercice suggéré : 3, p. 47.

Exercice suggéré : 3, p. 47.

1.2 **Relations d'ordre sur les matrices**

Soit deux matrices $A = [a_{ij}]_{m,n}$ et $B = [b_{ij}]_{p,q}$. On ne peut établir une relation d'ordre entre A et B que si elles sont de mêmes dimensions, c'est-à-dire si $m = p$ et $n = q$.

i) A **est égale à** B si et seulement si

$a_{ij} = b_{ij}$ pour tout $i = 1, 2, ..., m$ et pour tout $j = 1, 2, ..., n$

A est égale à B se note $A = B$.

ii) A **est supérieure à** B si et seulement si

$a_{ij} \geq b_{ij}$ pour tout $i = 1, 2, ..., m$ et pour tout $j = 1, 2, ..., n$

A est supérieure à B se note $A \geq B$.

iii) *A* **est inférieure à** *B* si et seulement si

$$a_{ij} \leq b_{ij} \qquad \text{pour tout } i = 1, 2, ..., m \text{ et pour tout } j = 1, 2, ..., n$$

A est inférieure à *B* se note $A \leq B$.

Exemple 1.6

Soit

$$A = \begin{bmatrix} 1 & b & c \\ a & -2 & 3 \end{bmatrix} \quad \text{et} \quad B = \begin{bmatrix} 1 & 2 & 3 \\ -1 & d & 3 \end{bmatrix}$$

On sait que $A = B \Leftrightarrow a_{ij} = b_{ij}$ pour $i = 1, 2$ et $j = 1, 2, 3$. Puisque $a_{11} = b_{11} = 1$ et $a_{23} = b_{23} = 3$, il suffit de poser $a = -1$, $b = 2$, $c = 3$ et $d = -2$ pour que $A = B$.

Exemple 1.7

Soit

$$A = \begin{bmatrix} 2 & 1 & 4 \\ 0 & 3 & 5 \\ 1/2 & 3/2 & 0 \end{bmatrix}, \ B = \begin{bmatrix} 1 & 0 & 1 \\ -1 & 1 & 1 \\ 0 & 1 & 0 \end{bmatrix}, \ C = \begin{bmatrix} -2 & -3 \\ -4 & 1 \end{bmatrix}, \ D = \begin{bmatrix} 8 & 1 \\ 3 & 1 \end{bmatrix}$$

On note que $a_{ij} \geq b_{ij}$ pour $i = 1, 2, 3$ et $j = 1, 2, 3$; donc $A \geq B$. De plus, $c_{ij} \leq d_{ij}$ pour $i = 1, 2$ et $j = 1, 2$; donc $C \leq D$.

Il est possible que deux matrices *A* et *B* de mêmes dimensions ne vérifient aucune des relations $A = B$, $A \leq B$ et $A \geq B$. Autrement dit, on ne peut pas toujours établir une relation d'ordre entre deux matrices données : deux matrices ne sont pas toujours comparables.

Exemple 1.8

Les matrices

$$\begin{bmatrix} 1 & 3 \\ 2 & 1 \\ -4 & 6 \end{bmatrix} \quad \text{et} \quad \begin{bmatrix} -1 & 1 \\ 5 & 3 \\ 10 & -4 \end{bmatrix}$$

ne vérifient aucune relation d'ordre. Il en est de même de

$$\begin{bmatrix} 3 & 4 & -1 \\ 1 & 0 & 3 \\ 2 & 5 & -4 \end{bmatrix} \quad \text{et} \quad \begin{bmatrix} 3 & 1 & 5 \\ 2 & 4 & 1 \\ -4 & 2 & -9 \end{bmatrix}$$

1.3   Opérations sur les matrices

Dans la présente section, on définit trois opérations sur les matrices : l'addition de deux matrices, la multiplication d'une matrice par un scalaire et la multiplication de deux matrices. On énonce également les propriétés de ces opérations et on décrit des techniques de calcul. Enfin, on aborde la notion de combinaison linéaire.

Dans ce qui suit, $\mathcal{M}_{m,n}(\mathbb{R})$ désigne l'ensemble de toutes les matrices (m, n) à éléments réels et $\mathcal{M}_n(\mathbb{R})$, l'ensemble des matrices d'ordre n à éléments réels.

Exemple 1.9

a) $A = \begin{bmatrix} 1 & 2 & 3 & 6 \\ -2 & 4 & 2 & -1 \end{bmatrix} \in \mathcal{M}_{2,4}(\mathbb{R})$ b) $B = \begin{bmatrix} 2 & 1 & 6 \\ 1 & -4 & -1 \\ 3 & 2 & 5 \end{bmatrix} \in \mathcal{M}_3(\mathbb{R})$

Addition de deux matrices

On se propose de définir l'addition de deux matrices de même que la différence entre deux matrices.

Définition 1.9   Addition de deux matrices
L'addition sur $\mathcal{M}_{m,n}(\mathbb{R})$, notée +, est une opération interne définie par

$$+: \mathcal{M}_{m,n}(\mathbb{R}) \times \mathcal{M}_{m,n}(\mathbb{R}) \rightarrow \mathcal{M}_{m,n}(\mathbb{R})$$
$$(A, B) \mapsto C = A + B$$

Si $A = [a_{ij}]$, $B = [b_{ij}]$ et $C = [c_{ij}]$, alors $c_{ij} = a_{ij} + b_{ij}$.   ❑

Exemple 1.10

Soit $A = \begin{bmatrix} 2 & 1 & -1 \\ 4 & 0 & 2 \end{bmatrix}$ et $B = \begin{bmatrix} 1 & 0 & -1 \\ 1 & 2 & 3 \end{bmatrix}$. On a

$$C = A + B = \begin{bmatrix} 2 & 1 & -1 \\ 4 & 0 & 2 \end{bmatrix} + \begin{bmatrix} 1 & 0 & -1 \\ 1 & 2 & 3 \end{bmatrix} = \begin{bmatrix} 2+1 & 1+0 & -1-1 \\ 4+1 & 0+2 & 2+3 \end{bmatrix} = \begin{bmatrix} 3 & 1 & -2 \\ 5 & 2 & 5 \end{bmatrix}$$

Il est à noter que l'addition n'est définie que pour deux matrices de mêmes dimensions.

Exemple 1.11

L'expression

$$\begin{bmatrix} 2 & 1 & -1 \\ 4 & 0 & 2 \end{bmatrix} + \begin{bmatrix} 1 & 0 \\ 1 & 2 \end{bmatrix}$$

ne représente pas une matrice, car l'addition de deux matrices de dimensions différentes n'est pas définie.

Définition 1.10   Différence entre deux matrices

Soit $A = [a_{ij}]$ et $B = [b_{ij}]$ deux matrices (m, n). La différence entre A et B, notée $A - B$, est la somme de A et de l'opposé de B. Ainsi,

$$A - B = A + (-B) = [a_{ij}] + [-b_{ij}] = [a_{ij} - b_{ij}] \qquad \square$$

Exemple 1.12

Soit les matrices A et B définies dans l'exemple 1.10. On a

$$A - B = \begin{bmatrix} 2 & 1 & -1 \\ 4 & 0 & 2 \end{bmatrix} - \begin{bmatrix} 1 & 0 & -1 \\ 1 & 2 & 3 \end{bmatrix}$$

$$= \begin{bmatrix} 2 & 1 & -1 \\ 4 & 0 & 2 \end{bmatrix} + \begin{bmatrix} -1 & 0 & 1 \\ -1 & -2 & -3 \end{bmatrix}$$

$$= \begin{bmatrix} 1 & 1 & 0 \\ 3 & -2 & -1 \end{bmatrix}$$

Proposition 1.1   Propriétés de l'addition matricielle

Soit $A = [a_{ij}]$, $B = [b_{ij}]$ et $C = [c_{ij}]$ trois matrices (m, n). L'addition matricielle vérifie les quatre propriétés suivantes :

$$A_1: \quad A + B = B + A \qquad\qquad \text{commutativité}$$
$$A_2: \quad A + (B + C) = (A + B) + C \qquad \text{associativité}$$
$$A_3: \quad A + O_{m,n} = A \qquad\qquad O_{m,n} \text{ est l'élément neutre}$$
$$A_4: \quad A + (-A) = O_{m,n} \qquad\qquad -A \text{ est l'opposé de } A \qquad \square$$

Multiplication d'une matrice par un scalaire

On se propose de définir la multiplication d'une matrice par un scalaire, d'énoncer les propriétés de cette opération et d'aborder la notion de combinaison linéaire.

Définition 1.11   Multiplication d'une matrice par un scalaire

Soit $A \in \mathcal{M}_{m,n}(\mathbb{R})$ et $k \in \mathbb{R}$. La multiplication d'une matrice A par un scalaire k est une opération externe définie par

$$\mathbb{R} \times \mathcal{M}_{m,n}(\mathbb{R}) \;\to\; \mathcal{M}_{m,n}(\mathbb{R})$$
$$(k, A) \;\mapsto\; B = kA$$

Si $A = [a_{ij}]$, alors $B = [ka_{ij}]$. $\qquad\qquad\qquad\qquad\qquad\qquad \square$

Par convention, on écrit le scalaire à gauche de la matrice. Toutefois, les expressions kA et Ak sont équivalentes.

Il est à noter en particulier que :

i) si $k = -1$, alors $kA = -A$ (on obtient l'opposé de A);

ii) si $k = 0$, alors $kA = O_{m,n}$ (on obtient une matrice nulle);

iii) $kO_{m,n} = O_{m,n}$ quel que soit le scalaire k.

Exemple 1.13

Si $A = \begin{bmatrix} -1 & 2 & 1 \\ 0 & -2 & 3 \end{bmatrix}$, alors $2A = \begin{bmatrix} -2 & 4 & 2 \\ 0 & -4 & 6 \end{bmatrix}$.

Proposition 1.2   Propriétés de la multiplication d'une matrice par un scalaire

Soit $A = [a_{ij}]$ et $B = [b_{ij}]$ deux matrices (m, n), et p et q deux scalaires. Les propriétés suivantes sont vérifiées :

S_1:	$1A = A$	1 est l'élément neutre
S_2:	$(pq)A = p(qA)$	associativité
S_3:	$p(A \pm B) = pA \pm pB$	distributivité par rapport à l'addition matricielle
S_4:	$(p \pm q)A = pA \pm qA$	distributivité par rapport à l'addition de deux scalaires ❏

Un ensemble d'objets mathématiques muni de deux opérations vérifiant les huit propriétés $A_1, ..., A_4, S_1, ..., S_4$ est appelé un **espace vectoriel**[3]. L'ensemble $\mathcal{M}_{m,n}(\mathbb{R})$, muni de l'addition matricielle et de la multiplication par un scalaire, est donc un espace vectoriel.

Exemple 1.14

Soit $A = \begin{bmatrix} 4 & 8 & -8 \\ 16 & -4 & 12 \end{bmatrix}$ et $B = \begin{bmatrix} 1 & 0 & -1 \\ 1 & 0 & -1 \end{bmatrix}$. On a

$$\frac{1}{4}A - 2B = \frac{1}{4}\begin{bmatrix} 4 & 8 & -8 \\ 16 & -4 & 12 \end{bmatrix} - 2\begin{bmatrix} 1 & 0 & -1 \\ 1 & 0 & -1 \end{bmatrix}$$

$$= \begin{bmatrix} 1 & 2 & -2 \\ 4 & -1 & 3 \end{bmatrix} + \begin{bmatrix} -2 & 0 & 2 \\ -2 & 0 & 2 \end{bmatrix}$$

$$= \begin{bmatrix} -1 & 2 & 0 \\ 2 & -1 & 5 \end{bmatrix}$$

▸ **Exercices suggérés : 4 à 10, p. 48-49.**

---

3. Le chapitre 8 propose une étude détaillée des espaces vectoriels. L'ensemble $\mathcal{M}_{m,n}(\mathbb{R})$ sert alors à illustrer ce concept.

Combinaison linéaire de matrices

La notion de **combinaison linéaire** est fondamentale en algèbre linéaire. On peut l'aborder dès que l'on dispose des opérations d'addition et de multiplication par un scalaire.

Soit A, B et C des matrices de mêmes dimensions. En appliquant à ces trois matrices les opérations d'addition et de multiplication par un scalaire, on peut former diverses expressions, par exemple

$$2A + B + C \qquad\qquad A - 3B$$

$$A + B - 3C \qquad\qquad 0A + 0B + 0C$$

qui sont toutes des combinaisons linéaires des matrices de l'ensemble $\{A, B, C\}$. Si on pose

$$D = 2A + B + C \qquad\qquad E = A - 3B$$

$$F = A + B - 3C \qquad\qquad O = 0A + 0B + 0C$$

chacune des matrices D, E, F et O est une combinaison linéaire des matrices A, B et C, car chacune s'écrit comme une somme dont les termes sont soit une des trois matrices A, B et C, soit le produit d'une de ces trois matrices par un scalaire.

Définition 1.12 Combinaison linéaire de matrices

Soit n matrices $A_1, A_2, ..., A_n$ de mêmes dimensions. On dit que la matrice A est une combinaison linéaire des matrices A_i (où $i = 1, 2, ..., n$) s'il existe des scalaires k_i (où $i = 1, 2, ..., n$) tels que

$$A = k_1 A_1 + k_2 A_2 + ... + k_n A_n = \sum_{i=1}^{n} k_i A_i \qquad\qquad \square$$

On dit aussi que la matrice A est engendrée par les matrices A_i (où $i = 1, 2, ..., n$).

Exemple 1.15

Soit

$$A_1 = \begin{bmatrix} 1 & 0 & 0 \\ 0 & 0 & 0 \end{bmatrix}, A_2 = \begin{bmatrix} 1 & 1 & 0 \\ 0 & 0 & 0 \end{bmatrix}, A_3 = \begin{bmatrix} 1 & 1 & 1 \\ 0 & 0 & 0 \end{bmatrix}, A_4 = \begin{bmatrix} 1 & 1 & 1 \\ 0 & 1 & 0 \end{bmatrix}$$

On se propose d'écrire

$$A = \begin{bmatrix} -1 & 2 & 4 \\ 0 & -2 & 0 \end{bmatrix}$$

sous la forme d'une combinaison linéaire des matrices A_1, A_2, A_3 et A_4, si toutefois cela est possible.

Il suffit de vérifier s'il existe des scalaires k_1, k_2, k_3 et k_4 tels que

$$A = k_1 A_1 + k_2 A_2 + k_3 A_3 + k_4 A_4$$

On pose donc

$$\begin{bmatrix} -1 & 2 & 4 \\ 0 & -2 & 0 \end{bmatrix} = k_1 \begin{bmatrix} 1 & 0 & 0 \\ 0 & 0 & 0 \end{bmatrix} + k_2 \begin{bmatrix} 1 & 1 & 0 \\ 0 & 0 & 0 \end{bmatrix} + k_3 \begin{bmatrix} 1 & 1 & 1 \\ 0 & 0 & 0 \end{bmatrix} + k_4 \begin{bmatrix} 1 & 1 & 1 \\ 0 & 1 & 0 \end{bmatrix}$$

$$= \begin{bmatrix} k_1 + k_2 + k_3 + k_4 & k_2 + k_3 + k_4 & k_3 + k_4 \\ 0 & k_4 & 0 \end{bmatrix}$$

Selon la définition de l'égalité de deux matrices, les scalaires k_1, k_2, k_3 et k_4 (s'ils existent) sont les solutions du système d'équations

$$\begin{cases} k_1 + k_2 + k_3 + k_4 = -1 \\ k_2 + k_3 + k_4 = 2 \\ k_3 + k_4 = 4 \\ k_4 = -2 \end{cases}$$

Par substitution, on obtient $k_1 = -3$, $k_2 = -2$, $k_3 = 6$ et $k_4 = -2$. On en conclut que A est bien une combinaison linéaire des matrices A_1, A_2, A_3 et A_4 :

$$A = -3A_1 - 2A_2 + 6A_3 - 2A_4$$

Le type de problèmes illustré dans l'exemple ci-dessus comporte souvent la résolution d'un système d'équations linéaires complexe, le nombre d'équations et d'inconnues étant élevé. Une méthode générale de résolution des systèmes d'équations linéaires est décrite au chapitre 3.

Exercices suggérés : 11 et 12, p. 49.

Multiplication de deux matrices

On se propose de définir la multiplication de deux matrices, d'en préciser le domaine de définition et les propriétés, et de donner quelques exemples d'application. On illustre également une technique de calcul du produit de deux matrices.

Définition 1.13   Multiplication d'une matrice ligne et d'une matrice colonne
Soit A une matrice $(1, n)$ et B une matrice $(n, 1)$:

$$A = [a_1 \quad a_2 \quad \cdots \quad a_n] \text{ et } B = \begin{bmatrix} b_1 \\ b_2 \\ \vdots \\ b_n \end{bmatrix}$$

Le produit de la matrice ligne A par la matrice colonne B, noté AB, est le scalaire :

$$AB = [a_1 \quad a_2 \quad \cdots \quad a_n] \begin{bmatrix} b_1 \\ b_2 \\ \vdots \\ b_n \end{bmatrix} = a_1 b_1 + a_2 b_2 + \dots + a_n b_n = \sum_{i=1}^{n} a_i b_i \qquad \square$$

Il est à noter que le produit d'une matrice ligne par une matrice colonne n'est défini que si les deux matrices ont le même nombre d'éléments.

Exemple 1.16

$$[-1 \quad 2 \quad 0 \quad 4 \quad 1]\begin{bmatrix} 2 \\ 1 \\ 1 \\ 2 \\ 3 \end{bmatrix} = (-1)(2) + (2)(1) + (0)(1) + (4)(2) + (1)(3) = 11$$

Exemple 1.17

Madame Bertrand a acheté trois boîtes de maïs, cinq tomates, quatre pommes, deux sachets de croustilles et deux litres de lait. Elle a payé le maïs 0,69 $ la boîte, les tomates et les pommes 0,33 $ et 0,40 $ l'unité respectivement, les croustilles 1,79 $ le sachet et le lait 0,93 $ le litre. On se propose de construire la matrice A des achats et la matrice P des prix correspondant aux achats de madame Bertrand, afin d'en déterminer le coût total.

On choisit pour la matrice A des achats une matrice ligne (m : maïs, t : tomate, p : pomme, c : croustilles et l : lait) :

$$\begin{array}{ccccc} m & t & p & c & l \end{array}$$
$$A = [3 \quad 5 \quad 4 \quad 2 \quad 2]$$

et pour la matrice P des prix, une matrice colonne :

$$P = \begin{bmatrix} 0,69 \\ 0,33 \\ 0,40 \\ 1,79 \\ 0,93 \end{bmatrix}$$

On obtient le coût total des achats de madame Bertrand en calculant le produit AP :

$$AP = [3 \quad 5 \quad 4 \quad 2 \quad 2] \begin{bmatrix} 0,69 \\ 0,33 \\ 0,40 \\ 1,79 \\ 0,93 \end{bmatrix}$$

$$= 3(0,69) + 5(0,33) + 4(0,40) + 2(1,79) + 2(0,93)$$

$$= 10,76 \, \$$$

Multiplication de deux matrices quelconques

Pour multiplier deux matrices quelconques, on convient de multiplier successivement chaque ligne de la première matrice par les colonnes de la seconde : ce processus revient à une suite de multiplications d'une matrice ligne par une matrice colonne. La multiplication de deux matrices n'est donc définie que si les lignes de la première matrice ont le même nombre d'éléments que les colonnes de la seconde. Autrement dit, le nombre de colonnes de la première matrice doit être égal au nombre de lignes de la seconde.

Exemple 1.18

Soit $A = \begin{bmatrix} 0 & 2 \\ 1 & 1 \end{bmatrix}$ et $B = \begin{bmatrix} 1 & 2 & 1 \\ 3 & 0 & 4 \end{bmatrix}$. Le produit de A par B est

$$C = AB = \begin{bmatrix} c_{11} & c_{12} & c_{13} \\ c_{21} & c_{22} & c_{23} \end{bmatrix}$$

où

$$c_{11} = [0 \quad 2]\begin{bmatrix} 1 \\ 3 \end{bmatrix} = 6, \quad c_{12} = [0 \quad 2]\begin{bmatrix} 2 \\ 0 \end{bmatrix} = 0, \quad c_{13} = [0 \quad 2]\begin{bmatrix} 1 \\ 4 \end{bmatrix} = 8$$

$$c_{21} = [1 \quad 1]\begin{bmatrix} 1 \\ 3 \end{bmatrix} = 4, \quad c_{22} = [1 \quad 1]\begin{bmatrix} 2 \\ 0 \end{bmatrix} = 2, \quad c_{23} = [1 \quad 1]\begin{bmatrix} 1 \\ 4 \end{bmatrix} = 5$$

Donc, le produit AB est la matrice $C = \begin{bmatrix} 6 & 0 & 8 \\ 4 & 2 & 5 \end{bmatrix}$.

En règle générale, l'élément c_{ij} de la matrice $C = AB$ est le produit de la matrice ligne correspondant à la i-ième ligne de A par la matrice colonne correspondant à la j-ième colonne de B.

Définition 1.14   Multiplication de deux matrices

Soit $A \in \mathcal{M}_{m,p}(\mathbb{R})$ et $B \in \mathcal{M}_{p,n}(\mathbb{R})$. La multiplication des matrices A et B est définie par

$$\mathcal{M}_{m,p}(\mathbb{R}) \times \mathcal{M}_{p,n}(\mathbb{R}) \ \rightarrow \ \mathcal{M}_{m,n}(\mathbb{R})$$
$$(A, B) \ \mapsto \ C = AB$$

Si $A = [a_{ij}]$, $B = [b_{ij}]$ et $C = [c_{ij}]$, alors

$$c_{ij} = \sum_{k=1}^{p} a_{ik} b_{kj} \quad \text{où } i = 1, 2, ..., m \text{ et } j = 1, 2, ..., n \qquad \square$$

Si on exprime deux matrices A et B sous forme de tableaux, la multiplication de A par B s'écrit comme suit :

$$\begin{bmatrix} a_{11} & a_{12} & \cdots & a_{1p} \\ \vdots & \vdots & & \vdots \\ a_{i1} & a_{i2} & \cdots & a_{ip} \\ \vdots & \vdots & & \vdots \\ a_{m1} & a_{m2} & \cdots & a_{mp} \end{bmatrix} \begin{bmatrix} b_{11} & b_{12} & \cdots & b_{1j} & \cdots & b_{1n} \\ b_{21} & b_{22} & \cdots & b_{2j} & \cdots & b_{2n} \\ \vdots & \vdots & & \vdots & & \vdots \\ b_{p1} & b_{p2} & \cdots & b_{pj} & \cdots & b_{pn} \end{bmatrix} = \begin{bmatrix} c_{11} & \cdots & c_{1j} & \cdots & c_{1n} \\ \vdots & & \vdots & & \vdots \\ c_{i1} & \cdots & c_{ij} & \cdots & c_{in} \\ \vdots & & \vdots & & \vdots \\ c_{m1} & \cdots & c_{mj} & \cdots & c_{mn} \end{bmatrix}$$

où $c_{ij} = a_{i1}b_{1j} + a_{i2}b_{2j} + ... + a_{ip}b_{pj} = \sum_{k=1}^{p} a_{ik} b_{kj}$.

Domaine de définition de la multiplication de deux matrices

Pour savoir si le produit de deux matrices données est défini, il suffit de comparer les dimensions de celles-ci. On a en effet énoncé que le produit n'est défini que si le nombre de colonnes de la première matrice est égal au nombre de lignes de la seconde. Il est également à noter que le produit a le même nombre de lignes que la première matrice et le même nombre de colonnes que la seconde.

$$\text{matrice } (m, p) \qquad = \qquad \text{matrice } (p, n)$$

$$\text{produit : matrice } (m, n)$$

Exemple 1.19

a) Le produit de deux matrices $C_{3,4}$ et $D_{4,5}$ est défini, et CD est une matrice (3, 5).

b) Le produit de deux matrices $D_{4,5}$ et $C_{3,4}$ n'est pas défini : D a cinq colonnes et C, trois lignes.

Calcul du produit de deux matrices

La **méthode de Falk** est une technique commode pour effectuer à la main la multiplication de deux matrices A et B. Sa caractéristique consiste à écrire la matrice B immédiatement à droite et au-dessus de la matrice A, ce qui facilite le calcul des éléments c_{ij} de $C = AB$.

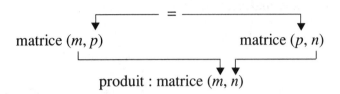

La méthode de Falk permet également de vérifier rapidement l'exactitude des calculs :

i) on additionne les éléments de chaque colonne de *A* et on forme avec les sommes obtenues une **matrice auxiliaire** :

$$A = \begin{bmatrix} 2 & 1 & -4 & 2 \\ 1 & 3 & 2 & 1 \\ 1 & 0 & 1 & 1 \\ 2 & 3 & 4 & 1 \end{bmatrix}$$

$$B$$

$$AB$$

Matrice auxiliaire : $\begin{bmatrix} 6 & 7 & 3 & 5 \end{bmatrix}$

ii) on multiplie la matrice auxiliaire par la matrice *B* :

$$\begin{bmatrix} 6 & 7 & 3 & 5 \end{bmatrix} \begin{bmatrix} 2 & 2 \\ 1 & 3 \\ 0 & 1 \\ 1 & 1 \end{bmatrix} = \begin{bmatrix} 24 & 41 \end{bmatrix}$$

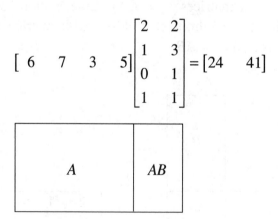

A   *AB*

iii) on vérifie que les éléments du produit calculé en *ii*), soit $\begin{bmatrix} 24 & 41 \end{bmatrix}$, sont respectivement égaux aux sommes des éléments de chacune des colonnes de la matrice *AB* :

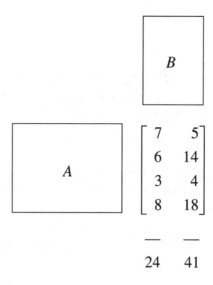

$$
\begin{array}{c}
B \\[1em]
A \quad
\begin{bmatrix}
7 & 5 \\
6 & 14 \\
3 & 4 \\
8 & 18
\end{bmatrix} \\[1em]
\overline{}\quad\overline{} \\
24 \quad 41
\end{array}
$$

Propriétés de la multiplication de deux matrices

Dans ce qui suit, on énonce et on démontre les principales propriétés de la multiplication matricielle, puis on note les différences qui existent entre la multiplication définie sur les matrices et la multiplication définie sur les nombres.

Proposition 1.3   Propriétés de la multiplication de deux matrices

Soit trois matrices A, B et C, et un scalaire k. (On suppose que toutes les sommes et tous les produits qui interviennent dans les égalités suivantes sont définis.)

M_1:	$A(BC) = (AB)C$	associativité
M_2:	$A(B \pm C) = AB \pm AC$	distributivité à gauche de la multiplication par rapport à l'addition
	$(B \pm C)A = BA \pm CA$	distributivité à droite de la multiplication par rapport à l'addition
M_3:	$k(AB) = (kA)B = A(kB)$	associativité
M_4:	$AO = O = OA$	O est l'élément absorbant
M_5:	$AI = A = IA$	I est l'élément neutre

Preuve

$\mathbf{M_1}:$ $A(BC) = (AB)C$

Soit $A = [a_{ij}]_{m,p}$, $B = [b_{ij}]_{p,q}$ et $C = [c_{ij}]_{q,n}$. Il est clair que $A(BC)$ et $(AB)C$ sont deux matrices (m, n). Il suffit donc de vérifier que l'élément de la i-ième ligne et de la j-ième colonne de la matrice $A(BC)$ est identique à celui de la matrice $(AB)C$, quels que soient i et j.

Les éléments de la i-ième ligne de la matrice A sont $a_{i1}, a_{i2}, ..., a_{ip}$ et les éléments de la j-ième colonne de la matrice BC sont

$$\sum_{l=1}^{q} b_{1l}c_{lj}, \ \sum_{l=1}^{q} b_{2l}c_{lj}, \ ..., \ \sum_{l=1}^{q} b_{pl}c_{lj}$$

En effet, étant donné que

$$B = \begin{bmatrix} b_{11} & \cdots & b_{1q} \\ \vdots & & \vdots \\ b_{k1} & \cdots & b_{kq} \\ \vdots & & \vdots \\ b_{p1} & \cdots & b_{pq} \end{bmatrix}$$

et

$$C = \begin{bmatrix} c_{11} & \cdots & c_{1j} & \cdots & c_{1n} \\ \vdots & & \vdots & & \vdots \\ c_{q1} & \cdots & c_{qj} & \cdots & c_{qn} \end{bmatrix}$$

l'élément de la k-ième ligne et de la j-ième colonne de BC est

$$b_{k1}c_{1j} + ... + b_{kq}c_{qj} = \sum_{l=1}^{q} b_{kl}c_{lj}$$

Ainsi, la j-ième colonne de BC correspond à la matrice colonne

$$\begin{bmatrix} \sum_{l=1}^{q} b_{1l}c_{lj} \\ \sum_{l=1}^{q} b_{2l}c_{lj} \\ \vdots \\ \sum_{l=1}^{q} b_{pl}c_{lj} \end{bmatrix}$$

L'élément de la i-ième ligne et de la j-ième colonne de $A(BC)$ est donc égal à

$$[a_{i1} \quad a_{i2} \quad \cdots \quad a_{ip}] \begin{bmatrix} \sum_{l=1}^{q} b_{1l}c_{lj} \\ \sum_{l=1}^{q} b_{2l}c_{lj} \\ \vdots \\ \sum_{l=1}^{q} b_{pl}c_{lj} \end{bmatrix} = a_{i1}\sum_{l=1}^{q} b_{1l}c_{lj} + a_{i2}\sum_{l=1}^{q} b_{2l}c_{lj} + ... + a_{ip}\sum_{l=1}^{q} b_{pl}c_{lj}$$

$$= \sum_{k=1}^{p} a_{ik}\left(\sum_{l=1}^{q} b_{kl}c_{lj}\right)$$

$$= \sum_{k=1}^{p} \sum_{l=1}^{q} a_{ik}b_{kl}c_{lj}$$

$$= \sum_{l=1}^{q} \left(\sum_{k=1}^{p} a_{ik}b_{kl}\right)c_{lj}$$

Il est relativement facile de montrer que le dernier membre est égal à l'élément de la i-ième ligne et de la j-ième colonne de $(AB)C$.

$\mathbf{M_2}:$ $\quad A(B \pm C) = AB \pm AC$

Soit $A = [a_{ij}]_{m,p}$, $B = [b_{ij}]_{p,n}$ et $C = [c_{ij}]_{p,n}$. L'élément de la i-ième ligne et de la j-ième colonne de $A(B \pm C)$ est

$$\sum_{k=1}^{p} a_{ik}(b_{kj} \pm c_{kj})$$

Donc,

$$A(B \pm C) = \left[\sum_{k=1}^{p} a_{ik}(b_{kj} \pm c_{kj}) \right]_{m,n}$$

$$= \left[\sum_{k=1}^{p} a_{ik}b_{kj} \pm \sum_{k=1}^{p} a_{ik}c_{kj} \right]_{m,n}$$

$$= \left[\sum_{k=1}^{p} a_{ik}b_{kj} \right]_{m,n} \pm \left[\sum_{k=1}^{p} a_{ik}c_{kj} \right]_{m,n}$$

$$= AB \pm AC$$

On peut montrer de façon analogue que $(B \pm C)A = BA \pm CA$.

$\mathbf{M_3}$: $k(AB) = (kA)B = A(kB)$

Soit $A = [a_{ij}]_{m,p}$ et $B = [b_{ij}]_{p,n}$. Par hypothèse, k est un scalaire. On a

$$k(AB) = k\left[\sum_{l=1}^{p} a_{il}b_{lj} \right]_{m,n} = \left[\sum_{l=1}^{p} (ka_{il})b_{lj} \right]_{m,n} = (kA)B$$

$$k(AB) = k\left[\sum_{l=1}^{p} a_{il}b_{lj} \right]_{m,n} = \left[\sum_{l=1}^{p} a_{il}(kb_{lj}) \right]_{m,n} = A(kB)$$

Donc, $k(AB) = (kA)B = A(kB)$.   ❑

La démonstration des propriétés M_4 et M_5 est laissée au lecteur, et la propriété M_5 est illustrée par l'exemple qui suit.

Exemple 1.20

Soit $A = \begin{bmatrix} 1 & 3 & 1 \\ 2 & 1 & 4 \end{bmatrix}$. On a

$$AI_3 = \begin{bmatrix} 1 & 3 & 1 \\ 2 & 1 & 4 \end{bmatrix} \begin{bmatrix} 1 & 0 & 0 \\ 0 & 1 & 0 \\ 0 & 0 & 1 \end{bmatrix} = \begin{bmatrix} 1 & 3 & 1 \\ 2 & 1 & 4 \end{bmatrix} = A$$

et

$$I_2 A = \begin{bmatrix} 1 & 0 \\ 0 & 1 \end{bmatrix} \begin{bmatrix} 1 & 3 & 1 \\ 2 & 1 & 4 \end{bmatrix} = \begin{bmatrix} 1 & 3 & 1 \\ 2 & 1 & 4 \end{bmatrix} = A$$

Pour que les produits soient définis, on a multiplié A à droite par I_3 et à gauche par I_2.

Il est important de noter que la multiplication définie sur les matrices n'a pas exactement les mêmes propriétés que la multiplication définie sur les nombres.

i) **Commutativité**

En général, la multiplication de deux matrices n'est pas commutative, c'est-à-dire qu'habituellement $AB \neq BA$. Il suffit d'étudier un exemple pour s'en convaincre.

Soit

$$A = \begin{bmatrix} 1 & 2 \\ 0 & -1 \end{bmatrix} \quad \text{et} \quad B = \begin{bmatrix} 0 & 1 \\ 2 & 3 \end{bmatrix}$$

On a

$$\begin{bmatrix} 1 & 2 \\ 0 & -1 \end{bmatrix} \begin{bmatrix} 0 & 1 \\ 2 & 3 \end{bmatrix} = \begin{bmatrix} 4 & 7 \\ -2 & -3 \end{bmatrix} \text{ tandis que } \begin{bmatrix} 0 & 1 \\ 2 & 3 \end{bmatrix} \begin{bmatrix} 1 & 2 \\ 0 & -1 \end{bmatrix} = \begin{bmatrix} 0 & -1 \\ 2 & 1 \end{bmatrix}$$

Il faut donc porter une attention particulière à l'ordre des matrices lorsqu'on calcule un produit : sauf exception, le résultat diffère selon que l'on multiplie une matrice A à gauche ou à droite par une même matrice B.

ii) Produit nul de deux matrices

L'égalité $AB = O$ n'implique pas nécessairement que $A = O$ ou $B = O$. Ainsi,

$$AB = \begin{bmatrix} 1 & 2 \\ 0 & 0 \\ 3 & 6 \end{bmatrix} \begin{bmatrix} 2 & 4 \\ -1 & -2 \end{bmatrix} = \begin{bmatrix} 0 & 0 \\ 0 & 0 \\ 0 & 0 \end{bmatrix} = O_{3,2}$$

bien que $A \neq O$ et $B \neq O$.

iii) Simplification dans une égalité

L'égalité $AB = AC$ n'implique pas nécessairement que $B = C$. Il suffit d'étudier un exemple pour s'en convaincre.

Soit

$$A = \begin{bmatrix} 1 & 1 \\ 0 & 0 \end{bmatrix}, \; B = \begin{bmatrix} 1 & 2 \\ -3 & 4 \end{bmatrix}, \; C = \begin{bmatrix} -2 & 3 \\ 0 & 3 \end{bmatrix}$$

On a

$$AB = AC = \begin{bmatrix} -2 & 6 \\ 0 & 0 \end{bmatrix}$$

même si $B \neq C$.

Exemple 1.21

Un entrepreneur projette de construire dix maisons jumelées, sept duplex et douze maisons unifamiliales. Pour préparer son devis, il construit d'abord la matrice ligne $H = \begin{bmatrix} 10 & 7 & 12 \end{bmatrix}$. Il sait que le prix de revient de chaque habitation comprendra le coût des matériaux et les frais de main-d'œuvre. Il construit donc la matrice F, qui donne pour une habitation de chaque type la quantité requise de chacun des matériaux et la quantité de main-d'œuvre :

	Acier	Bois	Verre	Matériaux divers	Main-d'œuvre
Maison jumelée	5	20	16	7	17
Duplex	7	18	12	9	21
Maison unifamiliale	6	25	8	5	13

$$\begin{bmatrix} 5 & 20 & 16 & 7 & 17 \\ 7 & 18 & 12 & 9 & 21 \\ 6 & 25 & 8 & 5 & 13 \end{bmatrix} = F$$

(Les données sont évidemment fictives et les unités de mesure, arbitraires.)

On note que chaque ligne de la matrice F correspond à une matrice ligne dont les cinq éléments indiquent les quantités nécessaires de chaque matériau et de la main-d'œuvre pour un type donné d'habitation. De même, chaque colonne de la matrice correspond à une matrice colonne dont les trois éléments indiquent les quantités d'un matériau ou de la main-d'œuvre nécessaires pour la construction d'un des trois types d'habitations. Cet exemple illustre bien qu'une matrice peut être un outil efficace pour présenter des données.

L'entrepreneur veut également évaluer, pour l'ensemble du projet, la quantité de chaque matériau qu'il devra acheter et la main-d'œuvre qu'il devra engager. Pour ce faire, il calcule le produit HF :

$$HF = \begin{bmatrix} 10 & 7 & 12 \end{bmatrix} \begin{bmatrix} 5 & 20 & 16 & 7 & 17 \\ 7 & 18 & 12 & 9 & 21 \\ 6 & 25 & 8 & 5 & 13 \end{bmatrix} = \begin{bmatrix} 171 & 626 & 340 & 193 & 473 \end{bmatrix}$$

L'entrepreneur doit donc se procurer 171 unités d'acier, 626 unités de bois, 340 unités de verre, 193 unités de matériaux divers et 473 unités de main-d'œuvre.

Il reste à l'entrepreneur à calculer le prix de revient des habitations. Il estime le prix de l'acier à 1 500 $ l'unité, celui du bois à 800 $ l'unité, celui du verre à 500 $ l'unité, celui des matériaux divers à 100 $ l'unité et les frais de main-d'œuvre à 1 000 $ l'unité.

Il construit donc la matrice K des prix :

$$K = \begin{bmatrix} 1\,500 \\ 800 \\ 500 \\ 100 \\ 1\,000 \end{bmatrix} = 100 \begin{bmatrix} 15 \\ 8 \\ 5 \\ 1 \\ 10 \end{bmatrix}$$

En calculant le produit FK, il obtient le prix de revient de chaque type d'habitation :

$$FK = 100 \begin{bmatrix} 5 & 20 & 16 & 7 & 17 \\ 7 & 18 & 12 & 9 & 21 \\ 6 & 25 & 8 & 5 & 13 \end{bmatrix} \begin{bmatrix} 15 \\ 8 \\ 5 \\ 1 \\ 10 \end{bmatrix} = 100 \begin{bmatrix} 492 \\ 528 \\ 465 \end{bmatrix} = \begin{bmatrix} 49\,200 \\ 52\,800 \\ 46\,500 \end{bmatrix}$$

Ainsi, le prix de revient est de 49 200 \$ pour une maison jumelée, de 52 800 \$ pour un duplex et de 46 500 \$ pour une maison unifamiliale.

Enfin, pour déterminer le prix de revient des habitations qu'il projette de construire, l'entrepreneur calcule le produit HFK. Il peut procéder de deux façons, puisque la multiplication définie sur les matrices est associative :

$$HFK = (HF)K = \begin{bmatrix} 171 & 626 & 340 & 193 & 473 \end{bmatrix} \begin{bmatrix} 1\,500 \\ 800 \\ 500 \\ 100 \\ 1\,000 \end{bmatrix} = 1\,419\,600$$

ou encore

$$HFK = H(FK) = \begin{bmatrix} 10 & 7 & 12 \end{bmatrix} \begin{bmatrix} 49\,200 \\ 52\,800 \\ 46\,500 \end{bmatrix} = 1\,419\,600$$

Le prix de revient total du projet est donc de 1 419 600 \$.

1.4   **Puissances d'une matrice**

La multiplication d'une matrice par elle-même n'est définie que pour les matrices carrées. En effet, seules ces matrices vérifient la condition requise pour que le produit soit défini : le nombre de colonnes de la première matrice doit être égal au nombre de lignes de la seconde.

Définition 1.15   Puissance d'une matrice

Soit $A = [a_{ij}]$ une matrice d'ordre n et p un entier positif quelconque. La p-ième puissance de A, notée A^p, est le produit de p matrices A :

$$A^1 = A$$
$$A^2 = AA$$
$$A^3 = A^2A = (AA)A = A(AA) = AA^2$$
$$\vdots$$
$$A^p = A^{p-1}A = AA^{p-1}$$

Par convention, $A^0 = I_n$.   □

Exemple 1.22

Soit

$$A = \begin{bmatrix} 2 & -1 \\ 4 & 3 \end{bmatrix}$$

On a

$$A^2 = AA = \begin{bmatrix} 2 & -1 \\ 4 & 3 \end{bmatrix}\begin{bmatrix} 2 & -1 \\ 4 & 3 \end{bmatrix} = \begin{bmatrix} 0 & -5 \\ 20 & 5 \end{bmatrix}$$

et

$$A^4 = A^2A^2 = \begin{bmatrix} 0 & -5 \\ 20 & 5 \end{bmatrix}\begin{bmatrix} 0 & -5 \\ 20 & 5 \end{bmatrix} = \begin{bmatrix} -100 & -25 \\ 100 & -75 \end{bmatrix}$$

Exercices suggérés : 13 à 27, p. 50-54.

1.5   Matrices carrées

Dans la présente section, on se propose de définir différents types de matrices carrées.

Définition 1.16   Matrice triangulaire

Soit $A = [a_{ij}]$ une matrice carrée.

i) La matrice A est dite **triangulaire supérieure** si $a_{ij} = 0$ pour tout $i > j$.

ii) La matrice A est dite **triangulaire inférieure** si $a_{ij} = 0$ pour tout $i < j$.   ❑

Exemple 1.23

a) $\begin{bmatrix} 1 & 2 & 3 \\ 0 & 4 & 5 \\ 0 & 0 & 6 \end{bmatrix}$ est une matrice triangulaire supérieure.

b) $\begin{bmatrix} 7 & 0 & 0 \\ 8 & 9 & 0 \\ 10 & 11 & 12 \end{bmatrix}$ est une matrice triangulaire inférieure.

Définition 1.17   Matrice diagonale

Soit une matrice carrée $A = [a_{ij}]$. Si $a_{ij} = 0$ pour tout $i \neq j$, la matrice A est dite diagonale.   ❑

Exemple 1.24

$A = \begin{bmatrix} 1 & 0 & 0 \\ 0 & 2 & 0 \\ 0 & 0 & 3 \end{bmatrix}$ est une matrice diagonale.

Définition 1.18   Matrice scalaire

Soit $A = [a_{ij}]$ une matrice carrée et k un scalaire.

Si

$$a_{ij} = \begin{cases} k \text{ pour tout } i = j \\ 0 \text{ pour tout } i \neq j \end{cases}$$

on dit que A est une matrice scalaire.   ❒

Il est à noter qu'une matrice scalaire est une matrice diagonale.

Exemple 1.25

$A = \begin{bmatrix} 2 & 0 & 0 \\ 0 & 2 & 0 \\ 0 & 0 & 2 \end{bmatrix}$ est une matrice scalaire où $k = 2$.

Il est à noter que la matrice unité est une matrice scalaire où $k = 1$.

Définition 1.19   Matrices commutables

Soit A et B deux matrices carrées de même ordre. Si $AB = BA$, on dit que A et B sont commutables.   ❒

Exemple 1.26

Soit

$$A = \begin{bmatrix} 1 & 2 \\ 2 & 1 \end{bmatrix} \text{ et } B = \begin{bmatrix} 3 & 4 \\ 4 & 3 \end{bmatrix}$$

On a

$$AB = \begin{bmatrix} 1 & 2 \\ 2 & 1 \end{bmatrix}\begin{bmatrix} 3 & 4 \\ 4 & 3 \end{bmatrix} = \begin{bmatrix} 11 & 10 \\ 10 & 11 \end{bmatrix} \text{ et } BA = \begin{bmatrix} 3 & 4 \\ 4 & 3 \end{bmatrix}\begin{bmatrix} 1 & 2 \\ 2 & 1 \end{bmatrix} = \begin{bmatrix} 11 & 10 \\ 10 & 11 \end{bmatrix}$$

Donc, $AB = BA$, ce qui implique que A et B sont commutables.

Définition 1.20   Matrices anticommutables

Soit A et B deux matrices carrées de même ordre. Si $AB = -BA$, on dit que A et B sont anticommutables.   ❏

Exemple 1.27

Soit

$$A = \begin{bmatrix} -1 & 2 \\ 2 & 1 \end{bmatrix} \text{ et } B = \begin{bmatrix} 0 & 1 \\ -1 & 0 \end{bmatrix}$$

On a

$$AB = \begin{bmatrix} -2 & -1 \\ -1 & 2 \end{bmatrix} \text{ et } BA = \begin{bmatrix} 2 & 1 \\ 1 & -2 \end{bmatrix}$$

Donc, $AB = -BA$, ce qui implique que A et B sont anticommutables.

Définition 1.21   Matrice périodique

Soit A une matrice carrée. S'il existe un entier positif p tel que $A^{p+1} = A$, la matrice A est dite périodique. Le plus petit entier positif p pour lequel $A^{p+1} = A$ est appelé la **période** de A.   ❏

Exemple 1.28

Soit

$$A = \begin{bmatrix} 2 & -2 & -4 \\ -1 & 3 & 4 \\ 1 & -2 & -3 \end{bmatrix}$$

On peut vérifier que $A^{k+1} = A$ pour tout entier k positif. La matrice A est donc périodique de période 1.

Définition 1.22   Matrice idempotente

Une matrice carrée, périodique de période 1, est dite idempotente. Autrement dit, une matrice carrée A est idempotente si et seulement si $A^2 = A$.   ❏

Exemple 1.29

Soit $A = \begin{bmatrix} 4 & -2 \\ 6 & -3 \end{bmatrix}$. Pour montrer que A est idempotente, il suffit de vérifier que $A^2 = A$:

$$A^2 = AA = \begin{bmatrix} 4 & -2 \\ 6 & -3 \end{bmatrix}\begin{bmatrix} 4 & -2 \\ 6 & -3 \end{bmatrix} = \begin{bmatrix} 4 & -2 \\ 6 & -3 \end{bmatrix} = A$$

Définition 1.23   Matrice nilpotente

Soit une matrice carrée A. S'il existe un entier positif p tel que $A^p = O$, alors A est dite nilpotente. Si p est le plus petit entier positif tel que $A^p = O$, on dit que A est nilpotente d'**indice** p. ❒

Exemple 1.30

Soit

$$A = \begin{bmatrix} 1 & 1 & 3 \\ 5 & 2 & 6 \\ -2 & -1 & -3 \end{bmatrix}$$

On a

$$A^2 = \begin{bmatrix} 1 & 1 & 3 \\ 5 & 2 & 6 \\ -2 & -1 & -3 \end{bmatrix}\begin{bmatrix} 1 & 1 & 3 \\ 5 & 2 & 6 \\ -2 & -1 & -3 \end{bmatrix} = \begin{bmatrix} 0 & 0 & 0 \\ 3 & 3 & 9 \\ -1 & -1 & -3 \end{bmatrix}$$

et

$$A^3 = A^2 A = \begin{bmatrix} 0 & 0 & 0 \\ 3 & 3 & 9 \\ -1 & -1 & -3 \end{bmatrix}\begin{bmatrix} 1 & 1 & 3 \\ 5 & 2 & 6 \\ -2 & -1 & -3 \end{bmatrix} = O_3$$

Puisque $A^3 = O_3$, alors A est nilpotente; de plus, comme $A^2 \neq O_3$, alors A est nilpotente d'indice 3.

Définition 1.24   Matrice involutive

Une matrice carrée A d'ordre n est dite involutive si $A^2 = I_n$. ❏

Exemple 1.31

Soit

$$A = \begin{bmatrix} 0 & 1 & -1 \\ 4 & -3 & 4 \\ 3 & -3 & 4 \end{bmatrix}$$

Pour montrer que A est involutive, il suffit de vérifier que $A^2 = I_3$:

$$A^2 = \begin{bmatrix} 0 & 1 & -1 \\ 4 & -3 & 4 \\ 3 & -3 & 4 \end{bmatrix}\begin{bmatrix} 0 & 1 & -1 \\ 4 & -3 & 4 \\ 3 & -3 & 4 \end{bmatrix} = \begin{bmatrix} 1 & 0 & 0 \\ 0 & 1 & 0 \\ 0 & 0 & 1 \end{bmatrix} = I_3$$

Exercices suggérés : 28 à 41, p. 54-56.

1.6   Transposée d'une matrice

On se propose de définir la notion de transposée d'une matrice, puis d'énoncer et de prouver les propriétés de l'opération de transposition.

Définition 1.25   Transposée d'une matrice

Soit $A = [a_{ij}]$ une matrice (m, n). La transposée de A est la matrice $B_{n,m} = [b_{ij}]$ où $b_{ij} = a_{ji}$ pour tout $i = 1, 2, ..., n$ et $j = 1, 2, ..., m$. La transposée de A se note ^tA. ❏

Exemple 1.32

Soit

$$A = \begin{bmatrix} 2 & 2 & -3 \\ -4 & 5 & 5 \end{bmatrix}_{2,3}$$

On obtient la transposée de A en interchangeant ses lignes et ses colonnes, en respectant leur rang :

$$^tA = \begin{bmatrix} 2 & -4 \\ 2 & 5 \\ -3 & 5 \end{bmatrix}_{3,2}$$

Proposition 1.4   Propriétés de la transposition

Soit trois matrices $A = [a_{ij}]_{m,n}$, $B = [b_{ij}]_{m,n}$ et $C = [c_{ij}]_{n,q}$, soit D une matrice carrée, et soit k un scalaire et p un entier positif. La transposition possède les propriétés suivantes :

$T_1 : {}^t({}^tA) = A$ $\qquad\qquad\qquad T_2 : {}^t(kA) = k({}^tA)$

$T_3 : {}^t(A \pm B) = {}^tA \pm {}^tB$ $\qquad\qquad T_4 : {}^t(AC) = {}^tC\,{}^tA$

$T_5 : {}^t(D^p) = ({}^tD)^p$

Preuve

$\mathbf{T_1} : {}^t({}^tA) = A$

On a

$$\begin{aligned} A &= [a_{ij}]_{m,n} \\ {}^tA &= [\alpha_{ij}]_{n,m} & \text{où } \alpha_{ij} = a_{ji} \\ {}^t({}^tA) &= [\beta_{ij}]_{m,n} & \text{où } \beta_{ij} = \alpha_{ji} = a_{ij} \end{aligned}$$

Donc,

$$^t({}^tA) = [a_{ij}]_{m,n} = A$$

$\mathbf{T_2} : {}^t(kA) = k({}^tA)$

On a

$$\begin{aligned} A &= [a_{ij}]_{m,n} \\ kA &= [ka_{ij}]_{m,n} \\ {}^t(kA) &= {}^t[ka_{ij}]_{m,n} = k[a_{ji}]_{n,m} \end{aligned}$$

Donc,

$$^t(kA) = k(^tA)$$

$\mathbf{T_3}$: $^t(A \pm B) = {}^tA \pm {}^tB$

On a $^tA = [a_{ji}]_{n,m}$ et $^tB = [b_{ji}]_{n,m}$. Si on pose $A \pm B = [c_{ij}]_{m,n}$, alors :

$$(A \pm B) = [c_{ij}]_{m,n} = [a_{ij} \pm b_{ij}]_{m,n}$$

et

$$^t(A \pm B) = {}^t[c_{ij}]_{m,n} = [a_{ji} \pm b_{ji}]_{n,m} = {}^tA \pm {}^tB$$

$\mathbf{T_4}$: $^t(AC) = {}^tC\,{}^tA$

$$^t(AC) = {}^t\left[\sum_{k=1}^{n} a_{ik}c_{kj}\right]_{m,q} = \left[\sum_{k=1}^{n} a_{ki}c_{jk}\right]_{q,m} = \left[\sum_{k=1}^{n} c_{jk}a_{ki}\right]_{q,m} = {}^tC\,{}^tA$$

$\mathbf{T_5}$: $^t(D^p) = (^tD)^p$

$$^t(D^p) = {}^t(\underbrace{D\ D\ ...\ D}_{p\text{ fois}}) \qquad [\text{Par définition de } D^p]$$

$$= \underbrace{{}^tD\ {}^tD\ ...\ {}^tD}_{p\text{ fois}} \qquad [\text{Propriété } T_4]$$

$$= (^tD)^p \qquad\qquad\qquad\qquad \square$$

▷ Il est à noter que si A est une matrice carrée, alors les diagonales principales de A et de ^tA sont identiques.

1.7   Matrice symétrique et matrice antisymétrique

On se propose de définir les notions de matrice symétrique et de matrice antisymétrique, et d'énoncer quelques caractéristiques de ces matrices.

Définition 1.26

Soit $A = [a_{ij}]$ une matrice d'ordre n.

   i) La **matrice** A est dite **symétrique** si et seulement si $^{t}A = A$. On a alors $a_{ji} = a_{ij}$, pour tout $i = 1, 2, ..., n$ et pour tout $j = 1, 2, ..., n$.

  ii) La **matrice** A est dite **antisymétrique** si et seulement si $^{t}A = -A$. On a alors $a_{ji} = -a_{ij}$ pour tout $i = 1, 2, ..., n$ et pour tout $j = 1, 2, ..., n$.   ❐

Exemple 1.33

  a) Si

$$A = \begin{bmatrix} 2 & -2 & 3 \\ -2 & 4 & -5 \\ 3 & -5 & 6 \end{bmatrix}$$

    alors

$$^{t}A = \begin{bmatrix} 2 & -2 & 3 \\ -2 & 4 & -5 \\ 3 & -5 & 6 \end{bmatrix}$$

On a $A = {}^{t}A$; donc la matrice A est symétrique.

  b) La matrice D des distances définie dans l'exemple 1.3 est une matrice symétrique.

Exemple 1.34

Si

$$A = \begin{bmatrix} 0 & -4 & -9 \\ 4 & 0 & 3 \\ 9 & -3 & 0 \end{bmatrix}$$

alors

$$^tA = \begin{bmatrix} 0 & 4 & 9 \\ -4 & 0 & -3 \\ -9 & 3 & 0 \end{bmatrix} = -A$$

Donc, la matrice A est antisymétrique.

On peut montrer que les éléments de la diagonale principale d'une matrice antisymétrique sont tous nuls.

Proposition 1.5

Soit A une matrice carrée et k un scalaire quelconque.

i) La matrice A est symétrique si et seulement si kA est symétrique.

ii) La matrice A est antisymétrique si et seulement si kA est antisymétrique.

iii) Les matrices $A{}^tA$ et ${}^tAA$ sont symétriques. ❑

Proposition 1.6

Soit A une matrice carrée.

i) La matrice $A + {}^tA$ est symétrique.

ii) La matrice $A - {}^tA$ est antisymétrique.

Preuve

i) On a

$$\begin{aligned} {}^t(A + {}^tA) &= {}^tA + {}^t({}^tA) & [\text{Propriété T}_3] \\ &= {}^tA + A & [\text{Propriété T}_1] \\ &= A + {}^tA & [\text{Propriété A}_2] \end{aligned}$$

Donc, la matrice $A + {}^tA$ est symétrique.

ii) On a

$$^t(A - {^t}A) = {^t}A - {^t}({^t}A) \qquad \text{[Propriété T}_3\text{]}$$

$$= {^t}A - A \qquad \text{[Propriété T}_1\text{]}$$

$$= -(A - {^t}A) \qquad \text{[Propriétés A}_2 \text{ et S}_4\text{]}$$

Donc, la matrice $A - {^t}A$ est antisymétrique. ❑

Proposition 1.7

Soit A et B deux matrices symétriques.

i) La matrice $A + B$ est symétrique.

ii) La matrice AB est symétrique si et seulement si BA est symétrique. ❑

Proposition 1.8

Toute matrice carrée A s'écrit sous la forme d'une combinaison linéaire d'une matrice symétrique et d'une matrice antisymétrique.

Preuve

On a

$$A = \frac{1}{2}A + \frac{1}{2}A + \frac{1}{2}({^t}A) - \frac{1}{2}({^t}A)$$

$$= \frac{1}{2}A + \frac{1}{2}({^t}A) + \frac{1}{2}A - \frac{1}{2}({^t}A)$$

$$= \frac{1}{2}(A + {^t}A) + \frac{1}{2}(A - {^t}A)$$

Selon la proposition 1.6, la matrice $(A + {^t}A)$ est symétrique et la matrice $(A - {^t}A)$ est antisymétrique. Donc, A est une combinaison linéaire d'une matrice symétrique et d'une matrice antisymétrique. ❑

Exemple 1.35

Soit

$$A = \begin{bmatrix} 1 & -1 & 2 \\ 0 & 0 & 1 \\ 1 & 1 & -4 \end{bmatrix}$$

On se propose d'écrire A sous la forme d'une combinaison linéaire d'une matrice symétrique et d'une matrice antisymétrique. Puisque A est une matrice carrée, elle vérifie l'égalité

$$A = \frac{1}{2}(A + {}^tA) + \frac{1}{2}(A - {}^tA)$$

On a

$$A + {}^tA = \begin{bmatrix} 1 & -1 & 2 \\ 0 & 0 & 1 \\ 1 & 1 & -4 \end{bmatrix} + \begin{bmatrix} 1 & 0 & 1 \\ -1 & 0 & 1 \\ 2 & 1 & -4 \end{bmatrix} = \begin{bmatrix} 2 & -1 & 3 \\ -1 & 0 & 2 \\ 3 & 2 & -8 \end{bmatrix}$$

et

$$A - {}^tA = A + (-{}^tA) = \begin{bmatrix} 1 & -1 & 2 \\ 0 & 0 & 1 \\ 1 & 1 & -4 \end{bmatrix} + \begin{bmatrix} -1 & 0 & -1 \\ 1 & 0 & -1 \\ -2 & -1 & 4 \end{bmatrix} = \begin{bmatrix} 0 & -1 & 1 \\ 1 & 0 & 0 \\ -1 & 0 & 0 \end{bmatrix}$$

Donc,

$$A = \begin{bmatrix} 1 & -1 & 2 \\ 0 & 0 & 1 \\ 1 & 1 & -4 \end{bmatrix} = \frac{1}{2}\begin{bmatrix} 2 & -1 & 3 \\ -1 & 0 & 2 \\ 3 & 2 & -8 \end{bmatrix} + \frac{1}{2}\begin{bmatrix} 0 & -1 & 1 \\ 1 & 0 & 0 \\ -1 & 0 & 0 \end{bmatrix}$$

Exercices suggérés : 42 à 48, p. 56-57.

1.8 Inverse d'une matrice

Dans la présente section, on s'en tient à l'étude de l'aspect théorique de l'inversion d'une matrice. Deux méthodes pour trouver l'inverse d'une matrice seront décrites dans les deux prochains chapitres.

Définition 1.27   Inverse à gauche

Soit $A = [a_{ij}]$ une matrice d'ordre n. S'il existe une matrice $G = [g_{ij}]_{n,n}$ telle que $GA = I_n$, alors G est appelé un inverse à gauche de A. ❑

Définition 1.28   Inverse à droite

Soit $A = [a_{ij}]$ une matrice d'ordre n. S'il existe une matrice $D = [d_{ij}]_{n,n}$ telle que $AD = I_n$, alors D est appelé un inverse à droite de A. ❑

Exemple 1.36

a) On se propose de trouver un inverse à gauche de $A = \begin{bmatrix} 1 & 1 \\ 3 & 4 \end{bmatrix}$, s'il en existe.

On cherche $G = \begin{bmatrix} g_{11} & g_{12} \\ g_{21} & g_{22} \end{bmatrix}$ tel que $GA = I_2$. On pose donc

$$GA = \begin{bmatrix} g_{11} & g_{12} \\ g_{21} & g_{22} \end{bmatrix}\begin{bmatrix} 1 & 1 \\ 3 & 4 \end{bmatrix} = \begin{bmatrix} 1 & 0 \\ 0 & 1 \end{bmatrix}$$

Pour que l'égalité soit vérifiée, le système d'équations suivant doit admettre une solution :

$$\begin{cases} g_{11} + 3g_{12} = 1 \\ g_{11} + 4g_{12} = 0 \\ g_{21} + 3g_{22} = 0 \\ g_{21} + 4g_{22} = 1 \end{cases}$$

On obtient $g_{11} = 4$, $g_{12} = -1$, $g_{21} = -3$ et $g_{22} = 1$.

Ainsi,

$$G = \begin{bmatrix} 4 & -1 \\ -3 & 1 \end{bmatrix}$$

est un inverse à gauche de A.

b) En procédant de façon analogue, on peut montrer que

$$D = \begin{bmatrix} 4 & -1 \\ -3 & 1 \end{bmatrix}$$

est un inverse à droite de A. On note que, dans ce cas, A admet à la fois un inverse à gauche et un inverse à droite et que ces deux inverses sont égaux.

Exemple 1.37

La matrice

$$A = \begin{bmatrix} 1 & 1 \\ 1 & 1 \end{bmatrix}$$

admet-elle un inverse à droite ? Autrement dit, existe-t-il une matrice

$$D = \begin{bmatrix} d_{11} & d_{12} \\ d_{21} & d_{22} \end{bmatrix}$$

telle que $AD = I_2$, c'est-à-dire telle que

$$AD = \begin{bmatrix} 1 & 1 \\ 1 & 1 \end{bmatrix}\begin{bmatrix} d_{11} & d_{12} \\ d_{21} & d_{22} \end{bmatrix} = \begin{bmatrix} 1 & 0 \\ 0 & 1 \end{bmatrix}$$

Pour vérifier l'existence de D, il faut résoudre le système d'équations :

$$\begin{cases} d_{11} + d_{21} = 1 & (1) \\ d_{12} + d_{22} = 0 & (2) \\ d_{12} + d_{21} = 0 & (3) \\ d_{12} + d_{22} = 1 & (4) \end{cases}$$

Il suffit d'étudier les équations (1) et (3) pour se convaincre que le système n'admet aucune solution. La matrice A n'admet donc pas d'inverse à droite.

En procédant de façon analogue, on peut montrer que A n'admet pas non plus d'inverse à gauche.

Proposition 1.9
Soit A une matrice d'ordre n. Si A admet un inverse à gauche et un inverse à droite, alors ces deux inverses sont égaux.

Preuve
Soit G et D respectivement les inverses à gauche et à droite de A. Il s'agit de montrer que $G = D$:

$$
\begin{aligned}
G &= GI \\
&= G(AD) && [\text{Par hypothèse, } I = AD] \\
&= (GA)D && [\text{Associativité}] \\
&= ID && [\text{Par hypothèse, } GA = I] \\
&= D
\end{aligned}
$$

Définition 1.29   Inverse d'une matrice
Soit $A = [a_{ij}]$ une matrice d'ordre n. Si A admet un inverse à droite et un inverse à gauche B, c'est-à-dire s'il existe une matrice B telle que $AB = BA = I_n$, alors on appelle B un inverse de A.

Proposition 1.10   Unicité de l'inverse d'une matrice
Si une matrice d'ordre n admet un inverse, alors cet inverse est unique.

Preuve
Soit deux inverses B et C de la matrice A. Par définition, on a alors $AB = BA = I_n$ et $AC = CA = I_n$. Il en résulte que

$$AB = CA = I_n$$

Donc, selon la proposition 1.9,

$$B = C$$

Ainsi, s'il existe, l'inverse d'une matrice A est unique.   ❏

L'inverse B de A se note A^{-1}. Ainsi, $AA^{-1} = A^{-1}A = I_n$. On dit aussi que A est l'inverse de B, c'est-à-dire que $A = B^{-1}$ et $BB^{-1} = B^{-1}B = I_n$.

Définition 1.30   Matrice inversible
Une matrice A d'ordre n qui admet un inverse est dite inversible ou **régulière**. Si A n'admet pas d'inverse, elle est dite **singulière**.   ❏

Soit A une matrice (m, n) où $m \neq n$. Pour déterminer si A admet un inverse à droite, il faut résoudre l'équation

$$A_{m,n}D_{n,m} = I_m$$

par rapport à $D_{n,m}$. De façon analogue, pour déterminer si A admet un inverse à gauche, il faut résoudre l'équation

$$G_{n,m}A_{m,n} = I_n$$

par rapport à $G_{n,m}$. Même si les deux équations admettent une solution, c'est-à-dire même si $D_{n,m}$ et $G_{n,m}$ existent, la matrice A est singulière. En effet, la première équation fait intervenir I_m et la seconde, I_n.

Dans le prochain chapitre, on décrit une méthode plus efficace pour trouver l'inverse d'une matrice donnée. Cette méthode est basée sur le concept de déterminant.

Proposition 1.11   Propriétés de l'inverse d'une matrice
Soit A et B deux matrices inversibles d'ordre n, soit k un scalaire non nul et soit p un entier positif. Les propriétés suivantes sont vérifiées :

$$I_1:\ (A^{-1})^{-1} = A \qquad\qquad A^{-1} \text{ est inversible}$$
$$I_2:\ (AB)^{-1} = B^{-1}A^{-1} \qquad\quad AB \text{ est inversible}$$
$$I_3:\ ({}^tA)^{-1} = {}^t(A^{-1}) \qquad\quad {}^tA \text{ est inversible}$$
$$I_4:\ (kA)^{-1} = (1/k)A^{-1}$$
$$I_5:\ (A^p)^{-1} = (A^{-1})^p$$

Preuve

$I_1 : (A^{-1})^{-1} = A$

Si A^{-1} est inversible, alors il existe une matrice C d'ordre n telle que

$$A^{-1}C = CA^{-1} = I_n \tag{1}$$

où C est l'inverse de A^{-1}, ce qui se note $C = (A^{-1})^{-1}$. Par ailleurs, A est inversible par hypothèse :

$$A^{-1}A = AA^{-1} = I_n \tag{2}$$

Étant donné l'unicité de l'inverse d'une matrice, on tire des équations (1) et (2) l'égalité $C = A = (A^{-1})^{-1}$.

Donc, $(A^{-1})^{-1} = A$.

$I_2 : (AB)^{-1} = B^{-1}A^{-1}$

On a

$$\begin{aligned}
(AB)(B^{-1}A^{-1}) &= A(BB^{-1})A^{-1} && [\text{Propriété } M_1]\\
&= AI_nA^{-1} && [\text{Définition } 1.29]\\
&= AA^{-1} && [\text{Propriété } M_5]\\
&= I_n && [\text{Définition } 1.29]
\end{aligned}$$

et

$$\begin{aligned}
(B^{-1}A^{-1})(AB) &= B^{-1}(A^{-1}A)B && [\text{Propriété } M_1]\\
&= B^{-1}I_nB && [\text{Définition } 1.29]\\
&= B^{-1}B && [\text{Propriété } M_5]\\
&= I_n && [\text{Définition } 1.29]
\end{aligned}$$

Donc, $B^{-1}A^{-1}$ est l'inverse de AB, c'est-à-dire que $(AB)^{-1} = B^{-1}A^{-1}$.

La propriété I_2 se généralise à un produit d'un nombre k quelconque de matrices inversibles A_k de même ordre :

$$(A_1 A_2 \ldots A_{k-1} A_k)^{-1} = A_k^{-1} A_{k-1}^{-1} \ldots A_2^{-1} A_1^{-1}$$

$\mathbf{I_3}$: $({}^tA)^{-1} = {}^t(A^{-1})$

La matrice A étant inversible, par hypothèse, on a

$$AA^{-1} = A^{-1}A = I_n$$
$$^t(AA^{-1}) = {}^t(A^{-1}A) = {}^tI_n$$
$$^t(A^{-1}){}^tA = {}^tA{}^t(A^{-1}) = I_n$$

Donc, ${}^t(A^{-1})$ est l'inverse de ${}^tA$, c'est-à-dire que $({}^tA)^{-1} = {}^t(A^{-1})$.

$\mathbf{I_4}$: $(kA)^{-1} = \dfrac{1}{k}A^{-1}$

Selon la propriété S_2 et la définition 1.29

$$(kA)\left(\frac{1}{k}A^{-1}\right) = \left(k\,\frac{1}{k}\right)AA^{-1} = AA^{-1} = I_n$$

et

$$\left(\frac{1}{k}A^{-1}\right)(kA) = \left(\frac{1}{k}\,k\right)A^{-1}A = A^{-1}A = I_n$$

Donc, $\dfrac{1}{k}A^{-1}$ est l'inverse de kA, c'est-à-dire que $(kA)^{-1} = \dfrac{1}{k}A^{-1}$.

$\mathbf{I_5}$: $(A^p)^{-1} = (A^{-1})^p$

On a

$$(A^{-1})^p A^p = (A^{-1}A)^p = I_n^p = I_n$$

et

$$A^p(A^{-1})^p = (AA^{-1})^p = I_n^p = I_n$$

Donc, $(A^{-1})^p$ est l'inverse de A^p, c'est-à-dire que $(A^p)^{-1} = (A^{-1})^p$. ❑

Exemple 1.38

Soit $A = \begin{bmatrix} 2 & 5 \\ 1 & 3 \end{bmatrix}$ et $B = \begin{bmatrix} 5 & 3 \\ 4 & 2 \end{bmatrix}$. On a

$$A^{-1} = \begin{bmatrix} 3 & -5 \\ -1 & 2 \end{bmatrix}, B^{-1} = \begin{bmatrix} -1 & 3/2 \\ 2 & -5/2 \end{bmatrix}, A + B = \begin{bmatrix} 7 & 8 \\ 5 & 5 \end{bmatrix}$$

$$(A+B)^{-1} = \begin{bmatrix} -1 & 8/5 \\ 1 & -7/5 \end{bmatrix}, A^{-1} + B^{-1} = \begin{bmatrix} 2 & -7/2 \\ 1 & -1/2 \end{bmatrix}$$

Donc, dans ce cas $(A+B)^{-1} \neq A^{-1} + B^{-1}$.

En règle générale, pour deux matrices A et B de même ordre, $(A+B)^{-1} \neq A^{-1} + B^{-1}$.

Exercices suggérés : 49 à 68, p. 57-62.

EXERCICES

1. Écrire sous forme de tableau la matrice $A = [a_{ij}]_{3,4}$ telle que :

a) $a_{ij} = \max\{i, j\}$

b) $a_{ij} = \frac{1}{4}(3i + j)$

c) $a_{ij} = i^2 - j^2$

d) $a_{ij} = 2ij$

2. Écrire sous forme de tableau la matrice $A = [a_{ij}]_{2,3}$ telle que :

a) $a_{ij} = i^2 + 2j - 3$

b) $a_{ij} = (-1)^{i+j} + i^2 - j^2$

3. Écrire sous forme de tableau la matrice :

a) I_1 b) I_3 c) I_5 d) $O_{2,3}$ e) O_4

4. Soit

$$A = [a_{ij}] = \begin{bmatrix} 1 & 5 & 2 & 3 \\ 0 & 1 & -1 & 1 \\ 1 & 1 & 1 & 4 \end{bmatrix} \qquad B = [b_{ij}] = \begin{bmatrix} 4 & 3 & 0 & 1 \\ -1 & 3 & 1 & 0 \\ 1 & 2 & 0 & 0 \end{bmatrix}$$

$$C = [c_{ij}] = \begin{bmatrix} 2 & 1 & 0 \\ -1 & 7 & 1 \\ 1 & 2 & 3 \end{bmatrix} \qquad D = [d_{ij}] = \begin{bmatrix} 1 & 1 & 2 & 1 \end{bmatrix}$$

$$E = [e_{ij}] = \begin{bmatrix} -1 & 0 & 3 \\ 1 & 2 & 1 \\ 1 & 1 & 1 \end{bmatrix} \qquad F = [f_{ij}] = \begin{bmatrix} 1 & 7 \end{bmatrix} \qquad G = [g_{ij}] = \begin{bmatrix} 1 \\ 0 \\ 2 \\ 4 \end{bmatrix}$$

a) Identifier b_{12}, c_{32}, d_{14}, a_{33} et g_{23}.

b) Déterminer la matrice :

    i) $A + B$ *ii)* $E + 3C$ *iii)* $4G$

    iv) $A - 2I_3$ *v)* $E + C + 3I_3$ *vi)* $B - E$

c) Trouver la matrice X telle que :

    i) $C - 2E + X = O_3$ *ii)* $B + X = 2A$

    iii) $E + X = 4I_3$ *iv)* $3X + C = 2E$

5. Pour quelles valeurs de a, b, c et d les matrices suivantes sont-elles égales ?

$$\begin{bmatrix} a & 2 \\ 2b - 1 & c \\ -7 & cd \end{bmatrix} \quad \text{et} \quad \begin{bmatrix} 2a & 2 \\ c & 3 \\ -7 & b + c \end{bmatrix}$$

6. Déterminer x_1, x_2, x_3, x_4 sachant que $\begin{bmatrix} x_1 + x_2 & 2x_3 + x_4 \\ x_1 - x_2 & x_3 - x_4 \end{bmatrix} = \begin{bmatrix} 3 & 5 \\ 1 & 4 \end{bmatrix}$.

7. *a)* Trouver a, b, c et d sachant que $3\begin{bmatrix} a & b \\ c & d \end{bmatrix} = \begin{bmatrix} a & 6 \\ -1 & 2d \end{bmatrix} + \begin{bmatrix} 4 & a + b \\ c + d & 3 \end{bmatrix}$.

b) Soit $B = \begin{bmatrix} 5 & -2 \\ 4 & 7 \end{bmatrix}$ et $C = \begin{bmatrix} 1 & 2 \\ 6 & -3 \end{bmatrix}$. Trouver la matrice $A = \begin{bmatrix} x & y \\ z & w \end{bmatrix}$ telle que

    $2A = 3B - 2C$.

8. Soit

$$A = \begin{bmatrix} 1 & 2 \\ 3 & 4 \\ 5 & 6 \end{bmatrix} \text{ et } B = \begin{bmatrix} -3 & -2 \\ 1 & -5 \\ 4 & 3 \end{bmatrix}$$

Trouver la matrice D telle que $A + B - D = O$.

9. Soit

$$A = \begin{bmatrix} 1 & 2 \\ 3 & 1 \\ 0 & 4 \end{bmatrix}, \quad B = \begin{bmatrix} 1 & 1 \\ 2 & 1 \\ 0 & 3 \end{bmatrix}, \quad C = \begin{bmatrix} 1 & 0 \\ 0 & 1 \\ 0 & 0 \end{bmatrix}, \quad D = \begin{bmatrix} 2 & -4 \\ 2 & 2 \\ -1 & -3 \end{bmatrix}$$

Quelles relations d'ordre peut-on établir entre ces différentes matrices ?

10. Simplifier les expressions suivantes :

a) $2[9(A - B) + 7(2B - A)] - 2[3(2B + A) - 2(A + 3B) - 5(A + B)]$

b) $5[3(A - B + 2C) - 2(3C - B) - A] + 2[3(3A - B + C) + 2(B - 2A)]$

11. Soit

$$B_1 = \begin{bmatrix} 1 & 0 & 0 \\ 0 & 0 & 0 \end{bmatrix}, \quad B_2 = \begin{bmatrix} 1 & 1 & 0 \\ 0 & 0 & 0 \end{bmatrix}, \quad B_3 = \begin{bmatrix} 1 & 1 & 1 \\ 0 & 1 & 0 \end{bmatrix}, \quad B_4 = \begin{bmatrix} 1 & 1 & 1 \\ 0 & 0 & 0 \end{bmatrix}$$

Exprimer, si possible, sous la forme d'une combinaison linéaire des matrices B_1, B_2, B_3 et B_4 les matrices suivantes :

a) $M = \begin{bmatrix} 4 & 3 & 2 \\ 0 & 1 & 0 \end{bmatrix}$

b) $N = \begin{bmatrix} 1 & 1 & 1 \\ 1 & 1 & 1 \end{bmatrix}$

c) $Q = \begin{bmatrix} 5 & 3 & 0 \\ 0 & 1 & 0 \end{bmatrix}$

d) $P = \begin{bmatrix} a & b & c \\ 0 & d & 0 \end{bmatrix}$

12. Soit $A = \begin{bmatrix} a & b \\ c & d \end{bmatrix}$. Écrire A sous forme d'une combinaison linéaire des matrices :

a) $\begin{bmatrix} 1 & 0 \\ 0 & 0 \end{bmatrix}, \begin{bmatrix} 0 & 1 \\ 0 & 0 \end{bmatrix}, \begin{bmatrix} 0 & 0 \\ 1 & 0 \end{bmatrix}$ et $\begin{bmatrix} 0 & 0 \\ 0 & 1 \end{bmatrix}$

b) $\begin{bmatrix} 1 & 0 \\ 0 & 1 \end{bmatrix}, \begin{bmatrix} 1 & 1 \\ 0 & 0 \end{bmatrix}, \begin{bmatrix} 1 & 0 \\ 1 & 0 \end{bmatrix}$ et $\begin{bmatrix} 0 & 1 \\ 1 & 0 \end{bmatrix}$

13. Soit

$$A = \begin{bmatrix} 1 & 2 & 3 \\ 2 & 1 & 4 \end{bmatrix} \qquad B = \begin{bmatrix} 1 & 0 \\ 2 & 1 \\ 3 & 2 \end{bmatrix} \qquad C = \begin{bmatrix} 3 & -1 & 3 \\ 4 & 1 & 5 \\ 2 & 1 & 3 \end{bmatrix}$$

$$D = \begin{bmatrix} 3 & -2 \\ 2 & 4 \end{bmatrix} \qquad E = \begin{bmatrix} 2 & -4 & 5 \\ 0 & 1 & 4 \\ 3 & 2 & 1 \end{bmatrix} \qquad F = \begin{bmatrix} -4 & 5 \\ 2 & 3 \end{bmatrix}$$

Déterminer, si possible, les sommes et les produits suivants :

a) AB

b) BA [Comparer avec le produit calculé en a).]

c) $CB + D$

d) $AB + DF$

e) $A(BD)$

f) $(AB)D$ [Comparer avec le produit calculé en e).]

g) $EF + 2A$

h) $EB + FA$

i) $(D + F)A$

14. Un manufacturier possède deux usines, U_1 et U_2, où il fabrique deux types de produits, P_1 et P_2. La fabrication de ces produits engendre des polluants, soit de l'anhydride sulfureux, de l'acide nitrique et du BPC. Le ministère de l'Environnement exige que les usines soient transformées de façon à éliminer complètement l'émission de polluants.

La quantité (en kilogrammes) de chaque polluant engendrée quotidiennement par la fabrication des deux produits P_1 et P_2 est donnée par la matrice suivante :

$$\begin{array}{c} \\ P_1 \\ P_2 \end{array} \begin{array}{ccc} \text{Anhydride} & \text{Acide} & \text{BPC} \\ \text{sulfureux} & \text{nitrique} & \end{array}$$

$$\begin{array}{c} P_1 \\ P_2 \end{array} \begin{bmatrix} 300 & 100 & 150 \\ 200 & 250 & 400 \end{bmatrix} = A$$

et le coût (en dollars) qu'entraîne l'élimination de chaque kilogramme de polluant est donné par

$$\begin{array}{cc} & U_1 \quad U_2 \end{array}$$

$$\begin{array}{l} \text{Anhydride sulfureux} \\ \text{Acide nitrique} \\ \text{BPC} \end{array} \begin{bmatrix} 8 & 12 \\ 7 & 9 \\ 15 & 10 \end{bmatrix} = B$$

a) Évaluer AB.

b) Dans le contexte donné, que représente la matrice AB ?

c) Combien le manufacturier devra-t-il débourser quotidiennement pour éliminer complètement l'émission de polluants dans ses deux usines ?

15. L'échantillon des individus choisis pour mener une recherche en diététique est donné par la matrice

$$
\begin{array}{cc}
& \text{Adultes} \quad \text{Enfants} \\
\begin{array}{c} \text{Sexe masculin} \\ \text{Sexe féminin} \end{array} &
\left[\begin{array}{cc} 80 & 120 \\ 120 & 200 \end{array} \right] = A
\end{array}
$$

et les quantités (en grammes) de protéines, de lipides et d'hydrates de carbone consommées quotidiennement par chaque individu sont données par la matrice

$$
\begin{array}{cccc}
& \text{Protéines} & \text{Lipides} & \begin{array}{c}\text{Hydrates}\\\text{de carbone}\end{array} \\
\begin{array}{c} \text{Adultes} \\ \text{Enfants} \end{array} &
\left[\begin{array}{ccc} 20 & 20 & 20 \\ 10 & 20 & 30 \end{array} \right] = B
\end{array}
$$

a) Évaluer AB.

b) Combien les individus de sexe masculin consomment-ils de lipides quotidiennement ? Combien les individus de sexe féminin consomment-ils de protéines quotidiennement ?

16. En se référant à l'exemple 1.21 (section 1.3), on suppose que l'entrepreneur veut inclure dans le prix de revient des habitations les frais de transport des matériaux et de la main-d'œuvre. Pour ce faire, il construit la matrice

$$
\begin{array}{cc}
& \text{Prix} \quad \text{Transport} \\
\begin{array}{c} \text{Acier} \\ \text{Bois} \\ \text{Verre} \\ \text{Matériaux divers} \\ \text{Main-d'œuvre} \end{array} &
\left[\begin{array}{cc} 1\,500 & 450 \\ 800 & 200 \\ 500 & 300 \\ 100 & 50 \\ 1\,000 & 0 \end{array} \right] = Q
\end{array}
$$

où chaque élément est exprimé en dollars par unité.

a) Calculer le produit FQ. Que représente FQ ?

b) Trouver le produit HFQ. Que représente HFQ ?

c) Poser $Z = \begin{bmatrix} 1 \\ 1 \end{bmatrix}$ et calculer $HFQZ$. Que représente $HFQZ$?

17. La production d'un livre comporte diverses opérations : typographie, impression et reliure. On suppose qu'un typographe gagne 12 $ par heure, que le papier coûte 0,05 $ la feuille, que les coûts d'impression reviennent à 2 $ par minute, qu'il en coûte 3 $ pour relier un volume et que chaque couverture coûte 6 $. On suppose également que la production d'un livre de 440 pages nécessite 300 heures de travail de typographie et que l'impression dure 5 minutes.

   a) Indiquer, sous forme d'une matrice ligne (1, 5), les diverses composantes qui entrent dans la fabrication :

   i) du premier exemplaire,

   ii) du deuxième exemplaire,

   iii) du *n*-ième exemplaire.

   b) Indiquer, sous forme d'une matrice colonne (5, 1), les frais ou les coûts reliés à chaque élément de la matrice construite précédemment, en respectant l'ordre.

   c) En utilisant la multiplication de deux matrices, trouver le prix de revient du premier exemplaire du livre.

   d) En utilisant l'addition et la multiplication de deux matrices, trouver le prix de revient d'une première édition de 5 000 exemplaires.

   e) En supposant qu'aucune correction n'est apportée à la première édition, trouver le prix de revient d'une seconde édition de 5 000 exemplaires.

18. Soit $A = [a_{ij}]_{2,4}$. Déterminer la matrice B telle que l'un des deux produits AB et BA soit égal à :

   a) $\begin{bmatrix} a_{11} & a_{12} & a_{13} & a_{14} \end{bmatrix}$

   b) $\begin{bmatrix} ma_{21} & ma_{22} & ma_{23} & ma_{24} \end{bmatrix}$

   c) $\begin{bmatrix} a_{12} \\ a_{22} \end{bmatrix}$

   d) $\begin{bmatrix} na_{13} \\ na_{23} \end{bmatrix}$

   e) $\begin{bmatrix} a_{12} & a_{13} \\ a_{22} & a_{23} \end{bmatrix}$

   f) $\begin{bmatrix} pa_{11} & qa_{12} \\ pa_{21} & qa_{22} \end{bmatrix}$

19. Soit A une matrice (m, n), B une matrice (n, p) et C une matrice (r, q). Déterminer les conditions que doivent vérifier p, q et r pour que chacune des matrices suivantes soit définie et donner les dimensions de chaque matrice.

a) ABC b) ACB c) $A(B-C)$ d) $BA - CA$

20. Soit

$$A = \begin{bmatrix} 2 & -1 \\ -2 & 3 \end{bmatrix} \text{ et } B = \begin{bmatrix} 7 & 6 \\ 9 & 8 \end{bmatrix}$$

Trouver deux matrices, C et D, telles que $AC = B$ et $DA = B$.

21. Soit $A = \begin{bmatrix} 0 & 1 \\ 0 & 2 \end{bmatrix}$. Trouver toutes les matrices B telles que :

a) $AB = O_2$ b) $BA = O_2$

22. Soit $A = \begin{bmatrix} 2 & -3 & -5 \\ -1 & 4 & 5 \\ 1 & -3 & -4 \end{bmatrix}$ et $B = \begin{bmatrix} -1 & 3 & 5 \\ 1 & -3 & -5 \\ -1 & 3 & 5 \end{bmatrix}$.

a) Évaluer AB et BA.

b) Que peut-on conclure des résultats obtenus en a) ?

23. Simplifier les expressions suivantes :

a) $A(B + C - D) + B(C - A + D) - (A + B)C + (A - B)D$

b) $AB(BC - CB) + (CA - AB)BC + CA(A - B)C$

24. Soit $A = \begin{bmatrix} 0 & 0 \\ 3 & 3 \end{bmatrix}$ et $B = \begin{bmatrix} 0 & -2 \\ 0 & 2 \end{bmatrix}$.

a) Évaluer AB.

b) Peut-on tirer une conclusion du fait que le produit de deux matrices est nul ?

25. Soit

$$A = \begin{bmatrix} 1 & 2 & 3 \\ 1 & -1 & 1 \end{bmatrix}$$

Déterminer la matrice I telle que les produits suivants soient définis :

a) AI b) IA

26. Soit A et B deux matrices d'ordre n telles que $A^4 = I_n$, $A^2 = B^2$ et $BA = A^3B$. Exprimer chacun des produits suivants sous la forme la plus simple possible :

a) $(A^2B)A$ b) $(A^2B)A^2$ c) $(A^2B)A^3$

d) $(A^2B)B$ e) $(A^2B)(AB)$ f) $(A^2B)(A^2B)$

g) $(A^2B)(A^3B)$ h) A^7B

27. Soit quatre matrices A, B, C et D. Sachant que l'addition et la multiplication de deux matrices sont définies sur $\{A, B, C, D\}$, montrer que

$$(A + B)(C + D) = AC + AD + BC + BD$$

28. a) Soit $A = \begin{bmatrix} a & b \\ -b & a \end{bmatrix}$ et $B = \begin{bmatrix} c & d \\ -d & c \end{bmatrix}$ où a, b, c et d sont des scalaires. Vérifier que $AB = BA$.

b) Que peut-on dire de la multiplication matricielle définie sur

$$T = \left\{ \begin{bmatrix} x & y \\ z & w \end{bmatrix} \in \mathcal{M}_2(\mathbb{R}) \middle| x = w \text{ et } z = -y \right\} ?$$

c) Soit

$$A = \begin{bmatrix} 1 & 1 \\ 0 & 1 \end{bmatrix}$$

Trouver toutes les matrices $M = \begin{bmatrix} x & y \\ y & x \end{bmatrix}$ telles que A et M sont commutables.

29. a) Montrer que $A = \begin{bmatrix} 1 & -1 \\ 0 & 2 \end{bmatrix}$ et $B = \begin{bmatrix} 1 & 0 \\ 1 & 2 \end{bmatrix}$ ne vérifient pas les identités :

$$(A + B)^2 = A^2 + 2AB + B^2 \text{ et } (A + B)(A - B) = A^2 - B^2$$

b) Modifier les membres de droite des deux identités données en a) de façon à obtenir des formules valides pour toutes les matrices carrées A et B.

c) Pour quel type de matrices A et B les identités données en a) sont-elles valides ?

d) Montrer que $A^2 - 2AB + B^2 = O_n$, sachant que $A - B = O_n$.

30. Soit $A = \begin{bmatrix} 1 & 1 & 1 \\ 1 & 1 & 1 \\ 1 & 1 & 1 \end{bmatrix}$.

a) Calculer A^2.   b) Évaluer A^p pour $p \in \mathbb{N}$.

31. Soit D et E deux matrices diagonales d'ordre 3. Calculer le produit DE et en tirer, si possible, une conclusion.

32. a) Montrer que $A = \begin{bmatrix} 4 & 3 & 3 \\ -1 & 0 & -1 \\ -4 & -4 & -3 \end{bmatrix}$ est une matrice involutive.

b) Soit a et b deux scalaires. Montrer que :

i) $A = \begin{bmatrix} a & -a \\ a & -a \end{bmatrix}$ est nilpotente, ii) $B = \begin{bmatrix} 1 - ab & b \\ a(1 - ab) & ab \end{bmatrix}$ est idempotente,

iii) $C = \begin{bmatrix} ab & b^2 \\ -a^2 & -ab \end{bmatrix}$ est nilpotente.

33. Soit A une matrice d'ordre n telle que $pA = B - qI_n$ où p et q sont des scalaires. Montrer que A et B sont commutables.

34. La matrice $A = \begin{bmatrix} 1 & 1 & 3 \\ 5 & 2 & 6 \\ -2 & -1 & -3 \end{bmatrix}$ est nilpotente.

a) Quel est l'indice de nilpotence de A ?

b) Déterminer A^5, A^6 et A^{10}.

c) Combien de matrices distinctes sont égales à des puissances de A ?

35. Montrer que si $AB = A$ et $BA = B$, alors A et B sont idempotentes.

36. Quel est l'indice de nilpotence de la matrice

$$A = \begin{bmatrix} 0 & 1 & 0 & 0 \\ 0 & 0 & 1 & 0 \\ 0 & 0 & 0 & 1 \\ 0 & 0 & 0 & 0 \end{bmatrix}$$

37. Pour chaque matrice A, déterminer si A est périodique et trouver sa période.

$a)$ $A = \begin{bmatrix} 2 & -2 & -4 \\ -1 & 3 & 4 \\ 1 & -2 & -3 \end{bmatrix}$ $\qquad$ $b)$ $A = \begin{bmatrix} 1 & -2 & -6 \\ -3 & 2 & 9 \\ 2 & 0 & -3 \end{bmatrix}$

38. Vérifier que la matrice identité est involutive.

39. Montrer qu'une matrice A d'ordre n est involutive si et seulement si

$$(I_n - A)(I_n + A) = O_n$$

40. Soit $A, B \in \mathcal{M}_n(\mathbb{R})$. Si A est une matrice idempotente et si $B = I - A$, montrer que :

$a)$ B est idempotente $\qquad\qquad$ $b)$ $AB = BA = O_n$

41. Soit A et B deux matrices anticommutables d'ordre n. Montrer que $A^2 B^3 = B^3 A^2$.

42. Soit

$$A = \begin{bmatrix} 2 & 1 \\ 0 & -1 \end{bmatrix}, B = \begin{bmatrix} 3 & -1 & 2 \\ 0 & 1 & 4 \end{bmatrix}, C = \begin{bmatrix} 3 & -1 \\ 2 & 0 \end{bmatrix}, D = \begin{bmatrix} 1 & 3 \\ -1 & 0 \\ 1 & 4 \end{bmatrix}, E = \begin{bmatrix} 1 & 0 & 1 \\ 0 & 1 & 0 \end{bmatrix}$$

Calculer, si possible :

$a)$ ${}^t(3A - 2B)$ $\qquad$ $b)$ ${}^t(5C)$ $\qquad$ $c)$ $3{}^tE$

$d)$ $B + {}^tD$ $\qquad$ $e)$ $4{}^tA - 3C$ $\qquad$ $f)$ ${}^t(A + C)$

$g)$ $2{}^tB - {}^t(3E)$

43. $a)$ Montrer que les sommes suivantes sont égales :

$$(AC)^2 B + {}^tCA{}^tD \text{ et } A(CACB) + {}^t(D{}^tAC)$$

b) Les sommes suivantes sont-elles aussi égales :

$$A^2C^2B + {}^t(D^tAC) \quad \text{et} \quad A(CAC)B + {}^tDA^tC$$

44. Soit

$$A = \begin{bmatrix} 1 & -1 & -1 \\ 0 & 1 & 2 \\ 3 & 1 & -1 \end{bmatrix}$$

Écrire A sous la forme d'une somme d'une matrice symétrique et d'une matrice antisymétrique.

45. Soit

$$A = \begin{bmatrix} 1 & 2 & 0 & 4 \\ 2 & -1 & -1 & -1 \\ 3 & 1 & 2 & 0 \\ -4 & 0 & 1 & 1 \end{bmatrix}$$

Écrire A sous la forme d'une combinaison linéaire d'une matrice symétrique et d'une matrice antisymétrique.

46. Soit deux matrices A et B telles que $AB = A$ et $BA = B$. Montrer que :

a) ${}^tB^tA = {}^tA$ *b*) ${}^tA^tB = {}^tB$

47. Montrer que si une matrice A est symétrique ou antisymétrique, alors :

a) ${}^tAA = A^tA$ *b*) ${}^tAA$ est symétrique   *c*) A^2 est symétrique

48. Soit A et B deux matrices antisymétriques. Montrer que AB est symétrique si et seulement si A et B sont commutables.

49. Simplifier les expressions suivantes où A, B et C sont trois matrices inversibles de même ordre :

a) $[(AB)^{-1}A^{-1}]^{-1}$ *b*) $CB^{-1}[A(C^{-1}BA)^{-1}(B^{-1}C)^{-1}]^{-1}$

50. Pour chaque paire de matrices, vérifier si l'une est l'inverse de l'autre :

a) $\begin{bmatrix} 3 & 5 \\ 1 & 2 \end{bmatrix}$ et $\begin{bmatrix} 2 & -5 \\ -1 & 3 \end{bmatrix}$ *b*) $\begin{bmatrix} 3 & 0 \\ 1 & -4 \end{bmatrix}$ et $\dfrac{1}{12}\begin{bmatrix} 4 & 0 \\ 0 & -3 \end{bmatrix}$

c) $\begin{bmatrix} 1 & 2 & 0 \\ 0 & 2 & 3 \\ 1 & 3 & 1 \end{bmatrix}$ et $\begin{bmatrix} 7 & 2 & -6 \\ -3 & -1 & 3 \\ 2 & 1 & -2 \end{bmatrix}$ d) $\begin{bmatrix} 3 & 0 \\ 0 & 5 \end{bmatrix}$ et $\begin{bmatrix} 1/3 & 0 \\ 0 & 1/5 \end{bmatrix}$

51. a) Soit $A = \begin{bmatrix} 1 & 2 \\ 4 & -1 \end{bmatrix}$. Montrer que $A^{-1} = \dfrac{1}{9} A$.

b) Trouver l'inverse de la matrice $A = \begin{bmatrix} 2 & -1 \\ 0 & 4 \end{bmatrix}$.

c) Soit

$$A = \begin{bmatrix} a & b \\ c & d \end{bmatrix}$$

Montrer que $A^{-1} = \dfrac{1}{ad - bc} \begin{bmatrix} d & -b \\ -c & a \end{bmatrix}$ où $ad - bc \neq 0$.

52. Soit $A \in \mathcal{M}_{m,n}(\mathbb{R})$ et une matrice inconnue X qui vérifie les deux égalités

$$AXA = A \qquad (1)$$
$${}^t(AX) = AX \qquad (2)$$

a) Montrer que les conditions (1) et (2) sont équivalentes à l'unique condition

$$({}^tA)(AX) = {}^tA \qquad (3)$$

b) Étant donné $A = \begin{bmatrix} 1 & -1 \\ 2 & 0 \\ 1 & 1 \end{bmatrix}$, calculer l'inverse de ${}^tAA$.

c) À l'aide du résultat obtenu en b), trouver la matrice X qui vérifie l'équation (3).

53. Montrer que si A et B sont des matrices inversibles et commutables, alors

a) $A^{-1}B^{-1} = B^{-1}A^{-1}$ b) $A^{-1}B = BA^{-1}$

54. Quel est l'inverse d'une matrice involutive A ?

55. Trouver A sachant que $(3A)^{-1} = \begin{bmatrix} 1 & -1 \\ 0 & 1 \end{bmatrix}$.

56. *a*) Soit trois matrices A, B et C de même ordre. Montrer que si A est inversible, alors $AB = AC$ implique que $B = C$.

b) Trouver des matrices A, B et C telles que $A \neq O$, $B \neq C$ et $AB = AC$.

57. *a*) Montrer que si A est une matrice symétrique et inversible, alors A^{-1} est symétrique et inversible.

b) Montrer que si A et B sont deux matrices inversibles de même ordre, alors $^t[(AB)^{-1}] = {}^t(A^{-1}){}^t(B^{-1})$.

58. Soit A une matrice idempotente d'ordre n telle que $A \neq I_n$. Montrer que A est singulière.

59. Soit $A, B \in \mathcal{M}_n(\mathbb{R})$. Déterminer A^{-1} sachant que $A + AB + I_n = O_n$.

60. Démontrer que toute matrice X d'ordre n vérifiant $X^2 + X - I_n = O_n$ admet un inverse.

61. On utilise de plus en plus les diagrammes pour illustrer les relations qui existent entre les composantes d'un système donné, qu'il s'agisse d'une population, d'un ensemble de nations, de données génétiques, etc.

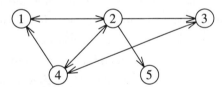

Figure 1.1

a) Le diagramme de la figure 1.1 illustre les liens d'influence qui existent entre cinq individus donnés : une flèche allant de i vers j ($i = 1, 2, ..., 5$; $j = 1, 2, ..., 5$) indique que i exerce une influence sur j; une flèche à deux pointes indique que l'influence est mutuelle. On pose $a_{ij} = 1$ si i exerce une influence sur j et $a_{ij} = 0$ si i n'exerce pas d'influence sur j ou si $i = j$.
Exprimer à l'aide d'une matrice les données illustrées par le diagramme.

b) On suppose que les liens existant entre quatre individus donnés sont des relations de domination. On exprime ces relations en posant $a_{ij} = 1$ si l'individu i domine l'individu j ($i = 1, 2, 3, 4$ et $j = 1, 2, 3, 4$) et $a_{ij} = 0$ si i ne domine pas j ou si $i = j$.

Tracer un diagramme illustrant les liens entre quatre individus donnés sachant que

$$A = [a_{ij}] = \begin{bmatrix} 0 & 0 & 1 & 1 \\ 1 & 0 & 1 & 0 \\ 0 & 0 & 0 & 0 \\ 0 & 1 & 1 & 0 \end{bmatrix}$$

62. Un réseau de communication est composé de quatre postes dont certains sont des émetteurs-récepteurs et d'autres ne sont que des récepteurs. Ainsi, le poste n° 3 est capable d'émettre vers les postes nᵒˢ 2 et 4, mais ceux-ci ne peuvent envoyer de message au poste n° 3; par contre, la communication est bidirectionnelle entre les postes nᵒˢ 1 et 3.

a) Tracer un schéma qui représente le réseau de communication décrit ci-dessus.

b) Construire une matrice A correspondant au schéma tracé en *a*).

c) À l'aide des matrices A et A^2, montrer qu'un seul poste peut émettre vers chacun des autres postes via au plus un intermédiaire. Identifier ce poste et le poste intermédiaire.

63. Un manufacturier canadien produit trois modèles A, B et C d'aspirateurs. Pour chaque appareil, la première étape de la fabrication se fait à l'usine U_1, en Corée, et la seconde à l'usine U_2, au Canada. Le prix de revient de chaque unité comprend le coût de fabrication et les frais de transport. Les matrices des coûts (par unité) C_1 et C_2 sont, pour les usines U_1 et U_2 respectivement :

$$\begin{array}{c} \quad\quad\quad \text{Fabrication} \quad \text{Transport} \\ \begin{array}{c} \text{Modèle } A \\ \text{Modèle } B \\ \text{Modèle } C \end{array} \begin{bmatrix} 32 & 40 \\ 50 & 80 \\ 70 & 20 \end{bmatrix} = C_1 \end{array}$$

$$\begin{array}{c} \quad\quad\quad \text{Fabrication} \quad \text{Transport} \\ \begin{array}{c} \text{Modèle } A \\ \text{Modèle } B \\ \text{Modèle } C \end{array} \begin{bmatrix} 40 & 60 \\ 50 & 50 \\ 130 & 20 \end{bmatrix} = C_2 \end{array}$$

Résoudre les problèmes suivants à l'aide des opérations matricielles :

a) Évaluer $C_1 + C_2$. Que représente la matrice $C_1 + C_2$ dans le contexte donné ?

b) Quel est le prix de revient d'un lot composé de 55 unités du modèle *A*, de 70 unités du modèle *B* et de 90 unités du modèle *C* ?

c) Le prix de vente est de 355 $ par appareil pour le modèle *A*, de 470 $ pour le modèle *B* et de 520 $ pour le modèle *C*. Si le manufacturier vend le lot décrit en *b*), quel est son revenu brut ? quel profit en retire-t-il ?

64. Dans un tournoi de badminton où chacun des quatre joueurs inscrits doit jouer une fois contre les trois autres, la matrice $R = [r_{ij}]$ des résultats est la suivante :

$$R = \begin{bmatrix} 0 & 1 & 0 & 0 \\ 0 & 0 & 1 & 1 \\ 1 & 0 & 0 & 0 \\ 1 & 0 & 1 & 0 \end{bmatrix} \qquad \text{où } r_{ij} = \begin{cases} 1 \text{ si le joueur } i \text{ bat le joueur } j \\ 0 \text{ si le joueur } i \text{ est battu par le joueur } j \\ 0 \text{ si } i = j \end{cases}$$

À la fin du tournoi, la marque du joueur *i* est donnée par

$$p_i = \sum_{j=1}^{4} r_{ij} + \frac{1}{2} \sum_{j=1}^{4} r_{ij}^2$$

où r_{ij}^2 est l'élément de la *i*-ième ligne et de la *j*-ième colonne de R^2.

Établir le classement final des joueurs et interpréter le système de comptage des points.

65. Soit $A = [a_{ij}]$ et $B = [b_{ij}]$ deux matrices d'ordre *n*, et soit *k* un scalaire. La trace de *A*, notée Tr(*A*), est définie par

$$\text{Tr}(A) = \sum_{i=1}^{n} a_{ii}$$

Montrer que :

a) $\text{Tr}(A \pm B) = \text{Tr}(A) \pm \text{Tr}(B)$ \qquad *b*) $\text{Tr}(kA) = k\,\text{Tr}(A)$

c) $\text{Tr}(AB) = \text{Tr}(BA)$ \qquad *d*) $\text{Tr}(I_n) = n$

facultatif

66. Soit

$$Q = \begin{bmatrix} a & -b & -c & -d \\ b & a & -d & c \\ c & d & a & -b \\ d & -c & b & a \end{bmatrix}$$

Calculer $Q^t Q$ et utiliser le résultat pour trouver Q^{-1}.

facultatif **67.**   Soit A et B deux matrices inversibles d'ordre n.

a) Montrer que $A^{-1} + B^{-1} = A^{-1}(A + B)B^{-1}$.

b) Montrer que si $A + B$ est inversible, alors $A^{-1} + B^{-1}$ est aussi inversible.

c) Trouver une formule pour $(A^{-1} + B^{-1})^{-1}$.

68.   Une matrice inversible A, d'ordre n, est dite **orthogonale** si et seulement si

$$A^t A = I_n$$

a) Il existe un critère d'orthogonalité équivalant à celui qu'on vient d'énoncer où intervient l'inverse de A. Formuler ce second critère.

b) Vérifier que les deux matrices suivantes sont orthogonales :

$$A = \begin{bmatrix} \cos\theta & -\sin\theta \\ \sin\theta & \cos\theta \end{bmatrix} \text{ et } B = \begin{bmatrix} 0 & 2\sqrt{6}/6 & \sqrt{3}/3 \\ \sqrt{2}/2 & \sqrt{6}/6 & -\sqrt{3}/3 \\ \sqrt{2}/2 & -\sqrt{6}/6 & \sqrt{3}/3 \end{bmatrix}$$

c) Soit A et B deux matrices orthogonales d'ordre n. Les matrices suivantes sont-elles orthogonales ?

   i) $A + B$ *ii*) AB *iii*) A^{-1} *iv*) $^t A$

d) Montrer que si A est une matrice symétrique et que P est une matrice orthogonale d'ordre n, alors $P^{-1}AP$ est symétrique.

e) Soit A, B et C trois matrices d'ordre n; les matrices A et B sont commutables et C est orthogonale. Montrer que

$$(^t CAC)(^t CBC) = (^t CBC)(^t CAC)$$

f) Déterminer les valeurs de x_1, x_2, x_3 et x_4 pour lesquelles la matrice D suivante est orthogonale :

$$D = \frac{1}{2}\begin{bmatrix} 1 & 1 & 1 & 1 \\ 1 & 1 & -1 & -1 \\ 1 & -1 & 1 & -1 \\ x_1 & x_2 & x_3 & x_4 \end{bmatrix}$$

DÉTERMINANT

Bien que dans le présent ouvrage on étudie le concept de matrice avant celui de déterminant, historiquement, celui-ci apparut en premier. C'est la recherche de techniques de résolution des systèmes d'équations linéaires qui amena la création de la notion de déterminant. En 1693, l'Allemand Wilhelm Gottfried Leibniz (Leipzig, 1646 – Hanovre, 1716) explique, dans sa correspondance avec le marquis Guillaume de l'Hospital (Paris, 1661 – *id.*, 1704), qu'il utilise une notation avec indices pour les coefficients d'un système de trois équations linéaires. L'Écossais Colin Maclaurin (Kilmodan, comté d'Argyll, 1698 – Édimbourg, 1746) emploie pour sa part des déterminants pour résoudre des systèmes d'équations linéaires dans son traité d'algèbre *Arithmetica Universalis* (œuvre posthume publiée en 1748). Il y propose une règle de calcul généralement attribuée au Suisse Gabriel Cramer (Genève, 1704 – Bagnols, 1752), car la notation de ce dernier est supérieure. Cramer décrit sa méthode (encore en usage et exposée à la fin du présent chapitre) dans son traité de géométrie, *Introduction à l'analyse des lignes courbes algébriques*, publié en 1750. Il y résout par élimination des quantités inconnues un système de cinq équations à cinq inconnues : « Je crois avoir trouvé (...) une règle assez commode et générale, lorsqu'on a un nombre quelconque d'équations et d'inconnues dont aucune ne dépasse le premier degré. »

Le Français Étienne Bézout (Nemours, 1730 – Basses-Loges, près de Fontainebleau, 1783) énonce dans *Théorie générale des équations algébriques* (publié en 1779) des règles pour résoudre, par élimination, un système de m équations à n inconnues en utilisant des déterminants; cependant, il n'aborde pas l'aspect théorique du problème. Il revient à un autre Français, Alexandre Théophile Vandermonde (Paris, 1735 – id., 1796), d'exposer une première théorie des déterminants, qu'il considérait comme des fonctions. Pierre Simon de Laplace (Beaumont-en-Auge, Normandie, 1749 – Paris, 1827) généralisa la règle de calcul d'un déterminant de son compatriote Vandermonde en introduisant le développement d'un déterminant en mineurs; cette méthode, toujours en usage, porte aujourd'hui le nom de *développement de Laplace*.

Louis Augustin Cauchy (Paris, 1789 – Sceaux, 1857) fut le premier à employer le terme *déterminant* et à utiliser la disposition des éléments en lignes et en colonnes, ainsi que la notation avec doubles indices. On doit à Heinrich Ferdinand Scherk (1798 – 1885) diverses règles permettant de simplifier le calcul des déterminants. Quant à l'Allemand Carl Gustav Jacob Jacobi (Postdam, 1804 – Berlin, 1851), il produisit un exposé, devenu classique, sur la théorie générale des déterminants, puis il publia, en 1841, un long mémoire sur les déterminants fonctionnels, qu'on nomme aujourd'hui *jacobiens*.

Les travaux des Anglais James Joseph Sylvester (Londres, 1814 – id., 1897), Charles Lutwidge Dodgson (Daresbury, Cheshire, 1832 – Guildford, Surrey, 1898), dit Lewis Carroll — l'auteur d'*Alice au pays des merveilles* —, et Arthur Cayley (Richmond, 1821 – Cambridge, 1895) contribuèrent eux aussi à enrichir la théorie des déterminants. Cayley (le fondateur de la théorie des matrices) mit au point la notation encore en usage aujourd'hui et établit de nombreux liens entre les matrices et les déterminants. Enfin, les Allemands Leopold Kronecker (Liegnitz, Silésie, 1823 – Berlin, 1891) et Karl Weierstrass (Ostenfelde, Westphalie, 1815 – Berlin, 1897), tous deux professeurs à l'université de Berlin, introduisirent dans leur enseignement une définition axiomatique du déterminant d'une matrice carrée $A = [a_{ij}]$, en considérant celui-ci comme une fonction des éléments a_{ij}.

Dans le présent ouvrage, on a adopté la définition axiomatique d'un déterminant de Kronecker et Weierstrass plutôt que la définition classique, plus abstraite, où interviennent les notions de permutation et de signature d'une permutation. La définition axiomatique, basée sur les concepts de fonction et d'ensemble, est plus opérationnelle, même si la définition classique permet de démontrer certains résultats fondamentaux.

2.1 Calcul d'un déterminant

On donne à la section 2.2 une définition axiomatique du déterminant. Pour comprendre ce qui suit, il suffit de convenir que le déterminant d'une matrice carrée A est un scalaire unique, noté det A ou encore $|A|$, qui se calcule à l'aide d'une formule de récurrence, notamment le développement de Laplace. L'ordre d'un déterminant d'une matrice A est égal à l'ordre de A.

Pour se familiariser avec le concept de déterminant, on étudie d'abord le calcul des déterminants d'ordre plus petit ou égal à 3. La méthode utilisée, qui est illustrée par les exercices 1 et 2, est en fait un cas particulier de l'algorithme de calcul d'un déterminant d'ordre n, décrit plus loin.

Soit $A = [a_{11}]$. Par convention, det $A = a_{11}$: le déterminant d'une matrice d'ordre 1 est égal à l'unique élément de cette matrice.

Si $A = \begin{bmatrix} a_{11} & a_{12} \\ a_{21} & a_{22} \end{bmatrix}$, alors

$$\det A = a_{11} \det[a_{22}] - a_{12} \det[a_{21}] = a_{11}a_{22} - a_{12}a_{21}$$

Si $A = \begin{bmatrix} a_{11} & a_{12} & a_{13} \\ a_{21} & a_{22} & a_{23} \\ a_{31} & a_{32} & a_{33} \end{bmatrix}$, alors

$$\det A = a_{11} \det\begin{bmatrix} a_{22} & a_{23} \\ a_{32} & a_{33} \end{bmatrix} - a_{12} \det\begin{bmatrix} a_{21} & a_{23} \\ a_{31} & a_{33} \end{bmatrix} + a_{13} \det\begin{bmatrix} a_{21} & a_{22} \\ a_{31} & a_{32} \end{bmatrix}$$

$$= a_{11}a_{22}a_{33} + a_{12}a_{23}a_{31} + a_{13}a_{21}a_{32} - a_{11}a_{23}a_{32} - a_{12}a_{21}a_{33} - a_{13}a_{22}a_{31}$$

Exercices suggérés : 1 et 2, p. 97.

Algorithme de calcul d'un déterminant d'ordre n

Voici d'abord quelques définitions qui s'avèrent utiles pour décrire l'algorithme de calcul d'un déterminant d'ordre n.

Définition 2.1   Sous-matrice

Soit une matrice A. Une sous-matrice de A est une matrice obtenue en supprimant un nombre quelconque de lignes et (ou) de colonnes de A.   ❏

Définition 2.2   Mineur

Soit $A = [a_{ij}]$ une matrice d'ordre n. On appelle mineur associé à l'élément a_{ij} de A le déterminant de la sous-matrice de A obtenue en supprimant la i-ième ligne et la j-ième colonne de A. Le mineur associé à a_{ij} est noté m_{ij}.   ❏

Exemple 2.1

Soit

$$A = \begin{bmatrix} 1 & 6 & 4 & 2 \\ 0 & 0 & 7 & 0 \\ -1 & 4 & 0 & 2 \\ 2 & 3 & 2 & 2 \end{bmatrix}$$

Les mineurs associés aux éléments a_{32} et a_{22} de A sont respectivement :

$$m_{32} = \det \begin{bmatrix} 1 & 4 & 2 \\ 0 & 7 & 0 \\ 2 & 2 & 2 \end{bmatrix} = -14 \ \text{ et } \ m_{22} = \det \begin{bmatrix} 1 & 4 & 2 \\ -1 & 0 & 2 \\ 2 & 2 & 2 \end{bmatrix} = 16$$

Définition 2.3   Cofacteur

Soit $A = [a_{ij}]$ une matrice d'ordre n. On appelle cofacteur de l'élément a_{ij} de A le produit du mineur m_{ij} associé à a_{ij} par $(-1)^{i+j}$. Le cofacteur de a_{ij} se note α_{ij}. Ainsi, $\alpha_{ij} = (-1)^{i+j} m_{ij}$.   ❏

Exemple 2.2

Soit la matrice A définie dans l'exemple 2.1. Le cofacteur de l'élément a_{32} de A est

$$\alpha_{32} = (-1)^{3+2}m_{32} = (-1) \det \begin{bmatrix} 1 & 4 & 2 \\ 0 & 7 & 0 \\ 2 & 2 & 2 \end{bmatrix} = -(-14) = 14$$

et le cofacteur de l'élément a_{22} est

$$\alpha_{22} = (-1)^{2+2}m_{22} = (1) \det \begin{bmatrix} 1 & 4 & 2 \\ -1 & 0 & 2 \\ 2 & 2 & 2 \end{bmatrix} = 16$$

Il est à noter que les signes des cofacteurs, donnés par $(-1)^{i+j}$, forment un arrangement en damier où tous les éléments de la diagonale principale sont des + :

$$\begin{bmatrix} + & - & + & \cdots & \\ - & + & - & \cdots & \\ + & - & + & \cdots & \\ \vdots & \vdots & \vdots & \cdots & + \end{bmatrix}$$

On dispose maintenant des concepts nécessaires pour décrire une méthode de calcul d'un déterminant d'ordre n. Cette méthode implique qu'on choisisse au départ une ligne i (ou une colonne j) de la matrice par rapport à laquelle se feront les calculs.

Pour évaluer le déterminant d'une matrice $A = [a_{ij}]$ d'ordre n par rapport à la i-ième ligne (ou à la j-ième colonne) :

1° On forme une somme dont chaque terme est le produit d'un élément de la i-ième ligne (ou de la j-ième colonne) par son cofacteur :

$$a_{i1}(-1)^{i+1}m_{i1} + a_{i2}(-1)^{i+2}m_{i2} + \ldots + a_{in}(-1)^{i+n}m_{in} \tag{1}$$

Il est à noter que les termes de la somme obtenue contiennent des déterminants d'ordre $n - 1$, soit les mineurs m_{ij}.

2° On applique le même procédé aux déterminants d'ordre $n - 1$ contenus dans l'expression (1), ce qui donne une somme dont les termes contiennent des déterminants d'ordre $n - 2$.

3° On réitère le même procédé jusqu'à ce qu'on obtienne une somme où tous les déterminants sont d'ordre 1, c'est-à-dire une somme dont tous les termes sont des scalaires.

Ainsi, si on applique l'algorithme décrit ci-dessus pour calculer le déterminant de la matrice d'ordre 4

$$A = \begin{bmatrix} a_{11} & a_{12} & a_{13} & a_{14} \\ a_{21} & a_{22} & a_{23} & a_{24} \\ a_{31} & a_{32} & a_{33} & a_{34} \\ a_{41} & a_{42} & a_{43} & a_{44} \end{bmatrix}$$

par rapport à la deuxième colonne, on obtient :

$$1° \quad \det A = a_{12}(-1)^{1+2} \det \begin{bmatrix} a_{21} & a_{23} & a_{24} \\ a_{31} & a_{33} & a_{34} \\ a_{41} & a_{43} & a_{44} \end{bmatrix} + a_{22}(-1)^{2+2} \det \begin{bmatrix} a_{11} & a_{13} & a_{14} \\ a_{31} & a_{33} & a_{34} \\ a_{41} & a_{43} & a_{44} \end{bmatrix}$$

$$+ a_{32}(-1)^{3+2} \det \begin{bmatrix} a_{11} & a_{13} & a_{14} \\ a_{21} & a_{23} & a_{24} \\ a_{41} & a_{43} & a_{44} \end{bmatrix} + a_{42}(-1)^{4+2} \det \begin{bmatrix} a_{11} & a_{13} & a_{14} \\ a_{21} & a_{23} & a_{24} \\ a_{31} & a_{33} & a_{44} \end{bmatrix}$$

2° On calcule les déterminants d'ordre 3 contenus dans l'égalité ci-dessus par rapport à n'importe quelle ligne (ou colonne).

3° On calcule les déterminants d'ordre 2 contenus dans l'égalité obtenue à la deuxième étape par rapport à n'importe quelle ligne (ou colonne). Il en résulte une égalité où tous les déterminants sont d'ordre 1 et on obtient la valeur de det A en remplaçant ces déterminants par leurs valeurs respectives (qui sont des scalaires).

L'exemple qui suit est une illustration numérique de l'application de l'algorithme à une matrice d'ordre 4.

Exemple 2.3

On se propose de calculer le déterminant de la matrice

$$A = \begin{bmatrix} 1 & 6 & 4 & 2 \\ 0 & 0 & 7 & 0 \\ -1 & 4 & 0 & 2 \\ 2 & 3 & 2 & 3 \end{bmatrix}$$

Un choix judicieux de la ligne ou de la colonne par rapport à laquelle on applique l'algorithme peut simplifier les calculs. Dans le cas présent, on note que la deuxième ligne contient trois zéros. On décide donc d'appliquer l'algorithme par rapport à cette ligne :

$$1° \quad \det A = 0(-1)^{2+1} \det \begin{bmatrix} 6 & 4 & 2 \\ 4 & 0 & 2 \\ 3 & 2 & 3 \end{bmatrix} + 0(-1)^{2+2} \det \begin{bmatrix} 1 & 4 & 2 \\ -1 & 0 & 2 \\ 2 & 2 & 3 \end{bmatrix}$$

$$+ 7(-1)^{2+3} \det \begin{bmatrix} 1 & 6 & 2 \\ -1 & 4 & 2 \\ 2 & 3 & 3 \end{bmatrix} + 0(-1)^{2+4} \det \begin{bmatrix} 1 & 6 & 4 \\ -1 & 4 & 0 \\ 2 & 3 & 2 \end{bmatrix}$$

$$= 0 + 0 + 7(-1) \det \begin{bmatrix} 1 & 6 & 2 \\ -1 & 4 & 2 \\ 2 & 3 & 3 \end{bmatrix} + 0$$

$2°$ On calcule le déterminant d'ordre 3 par rapport à la première colonne :

$$\det A = -7 \left(1(-1)^{1+1} \det \begin{bmatrix} 4 & 2 \\ 3 & 3 \end{bmatrix} + (-1)(-1)^{2+1} \det \begin{bmatrix} 6 & 2 \\ 3 & 3 \end{bmatrix} \right.$$

$$\left. + 2(-1)^{3+1} \det \begin{bmatrix} 6 & 2 \\ 4 & 2 \end{bmatrix} \right)$$

$3°$ Il ne reste plus qu'à calculer les déterminants d'ordre 2 par rapport à une ligne ou à une colonne quelconque :

$$\det A = -7((1)(1)(6) - (-1)(12) + 2(1)(4)) = -7(26) = -182$$

Le développement de Laplace

L'algorithme de calcul décrit et illustré précédemment s'exprime à l'aide d'une formule dite développement de Laplace.

Proposition 2.1   Développement de Laplace

Soit $A = [a_{ij}]$ une matrice carrée d'ordre n et α_{ij} le cofacteur associé à l'élément a_{ij}. Le développement de Laplace du déterminant de A est :

$1°$ selon la i-ième ligne,

$$\det A = a_{i1}\alpha_{i1} + a_{i2}\alpha_{i2} + ... + a_{in}\alpha_{in} = \sum_{j=1}^{n} a_{ij}\alpha_{ij}$$

$2°$ selon la j-ième colonne,

$$\det A = a_{1j}\alpha_{1j} + a_{2j}\alpha_{2j} + ... + a_{nj}\alpha_{nj} = \sum_{i=1}^{n} a_{ij}\alpha_{ij} \qquad \Box$$

Exemple 2.4

Soit

$$A = \begin{bmatrix} 3 & 5 & 2 \\ 4 & 2 & 3 \\ -1 & 2 & 4 \end{bmatrix}$$

Si on calcule le déterminant de A en appliquant le développement de Laplace :

$1°$ selon la deuxième ligne, on obtient

$$\det A = \sum_{j=1}^{3} a_{2j}\alpha_{2j}$$

$$= 4\alpha_{21} + 2\alpha_{22} + 3\alpha_{23}$$

$$= 4(-1)^{2+1} \det\begin{bmatrix} 5 & 2 \\ 2 & 4 \end{bmatrix} + 2(-1)^{2+2} \det\begin{bmatrix} 3 & 2 \\ -1 & 4 \end{bmatrix} + 3(-1)^{2+3} \det\begin{bmatrix} 3 & 5 \\ -1 & 2 \end{bmatrix}$$

$$= -4(16) + 2(14) - 3(11)$$

$$= -69$$

$2°$ selon la troisième colonne, on obtient

$$\det A = \sum_{i=1}^{3} a_{i3}\alpha_{i3}$$

$$= 2\alpha_{13} + 3\alpha_{23} + 4\alpha_{33}$$

$$= 2(-1)^{1+3} \det\begin{bmatrix} 4 & 2 \\ -1 & 2 \end{bmatrix} + 3(-1)^{2+3} \det\begin{bmatrix} 3 & 5 \\ -1 & 2 \end{bmatrix} + 4(-1)^{3+3} \det\begin{bmatrix} 3 & 5 \\ 4 & 2 \end{bmatrix}$$

$$= 2(10) - 3(11) + 4(-14)$$

$$= -69$$

On note que la valeur du déterminant est la même dans les deux cas.

Le développement de Laplace d'un déterminant d'ordre n a $n!$ termes qui contiennent chacun n facteurs; son calcul comporte donc $n(n!)$ opérations (additions et multiplications). Ainsi, pour évaluer un déterminant d'ordre 4, on doit effectuer $4(4!) = 96$ opérations arithmétiques. On constate que le calcul d'un déterminant peut être long et fastidieux, d'où l'importance d'étudier attentivement la matrice pour choisir judicieusement la ligne ou la colonne selon laquelle on développera le déterminant. Il ne faut pas oublier que ce choix peut simplifier grandement les calculs.

Il est possible de montrer, en utilisant un raisonnement par récurrence, que le déterminant d'une matrice carrée est un scalaire unique, indépendant de la ligne ou de la colonne suivant laquelle on le développe. On peut aussi prouver, à l'aide de la proposition 2.1, que le déterminant d'une matrice A et le **déterminant de la transposée** de A sont égaux :

$$\det(^{t}A) = \det A$$

Ainsi, tout ce qu'on énonce relativement aux lignes d'un déterminant s'applique également à ses colonnes, et vice versa.

Selon la proposition 2.1, si $A = [a_{ij}]$ est une matrice triangulaire d'ordre n, alors det $A = a_{11}a_{22}a_{33} \ldots a_{nn}$. Autrement dit, le **déterminant d'une matrice triangulaire** est égal au produit de ses éléments diagonaux.

Exemple 2.5

Soit la matrice triangulaire

$$A = \begin{bmatrix} 2 & -1 & 2 & 4 & 0 \\ 0 & 3 & 0 & 5 & 0 \\ 0 & 0 & 3 & -1 & 2 \\ 0 & 0 & 0 & 1 & -3 \\ 0 & 0 & 0 & 0 & 1 \end{bmatrix}$$

On a det $A = a_{11}a_{22}a_{33}a_{44}a_{55} = 2(3)(3)(1)(1) = 18$.

Une autre égalité utile peut être prouvée à l'aide de la proposition 2.1, soit que le déterminant d'un produit de deux matrices est égal au produit de leurs déterminants respectifs.

Proposition 2.2   Multiplicativité

Si A et B sont deux matrices d'ordre n, alors

$$\det(AB) = (\det A)(\det B) \qquad \qquad ❑$$

Il découle directement de la proposition 2.2 que le déterminant de la p-ième puissance d'une matrice A est égal à la p-ième puissance du déterminant de A :

$$\det(A^p) = (\det A)^p$$

Exercices suggérés : 3 à 11, p. 97-99.

2.2 Définition axiomatique du déterminant

Se fier aux notes de cours pour la définition et les propriétés des déterminant

Bien qu'on puisse évaluer le déterminant de n'importe quelle matrice carrée à l'aide du développement de Laplace, cette méthode n'est pas pratique pour calculer, par exemple, un déterminant d'ordre 10. Dans la présente section, on donne une définition axiomatique du déterminant et on énonce certaines de ses propriétés qui permettent de simplifier les calculs.

Notation vectorielle

La notation vectorielle appliquée aux matrices allège la formulation de la définition et des propriétés du déterminant.

On peut considérer chaque colonne (resp. chaque ligne) d'une matrice comme une matrice colonne (resp. matrice ligne). On convient d'utiliser les termes *vecteur colonne* et *vecteur ligne* comme des synonymes de matrice colonne et de matrice ligne respectivement, et d'adopter la notation suivante :

Soit $A = [a_{ij}]$ une matrice d'ordre n. Le j-ième **vecteur colonne** de A, noté $\vec{a}_j$, est donné par

$$\vec{a}_j = \begin{bmatrix} a_{1j} \\ a_{2j} \\ \vdots \\ a_{nj} \end{bmatrix} \text{ pour } j = 1, 2, ..., n$$

Ainsi, sous la **forme vectorielle**, on écrit $A = \left[\vec{a}_1, \vec{a}_2, ..., \vec{a}_n\right]$.

Soit $A = [a_{ij}]$ et $B = [b_{ij}]$ deux matrices d'ordre n, et k un scalaire. En appliquant la notation vectorielle, on a :

$$A + B = \left[\vec{a}_1, \vec{a}_2, ..., \vec{a}_n\right] + \left[\vec{b}_1, \vec{b}_2, ..., \vec{b}_n\right] = \left[\vec{a}_1 + \vec{b}_1, \vec{a}_2 + \vec{b}_2, ..., \vec{a}_n + \vec{b}_n\right]$$

$$kA = k\left[\vec{a}_1, \vec{a}_2, ..., \vec{a}_n\right] = \left[k\vec{a}_1, k\vec{a}_2, ..., k\vec{a}_n\right]$$

$$C = AB = A\left[\vec{b}_1, \vec{b}_2, ..., \vec{b}_n\right] = \left[A\vec{b}_1, A\vec{b}_2, ..., A\vec{b}_n\right] = \left[\vec{c}_1, \vec{c}_2, ..., \vec{c}_n\right]$$

$$I_n = \left[\vec{e}_1, \vec{e}_2, ..., \vec{e}_n\right] \qquad \text{où } \vec{e}_1 = \begin{bmatrix} 1 \\ 0 \\ \vdots \\ 0 \end{bmatrix}, \vec{e}_2 = \begin{bmatrix} 0 \\ 1 \\ \vdots \\ 0 \end{bmatrix}, ..., \vec{e}_n = \begin{bmatrix} 0 \\ 0 \\ \vdots \\ 1 \end{bmatrix}$$

On constate que, dans chaque vecteur colonne $\vec{e}_j$ de I_n, tous les éléments sont nuls, sauf le j-ième, qui est égal à 1.

Enfin, en notation vectorielle, une matrice nulle s'écrit $O = [\vec{0}, \vec{0}, ..., \vec{0}]$.

Définition du déterminant de Kronecker-Weierstrass

Définition 2.4   Déterminant

Un déterminant est une fonction, notée det, qui associe à chaque matrice carrée $A = [a_{ij}]$ de $\mathcal{M}_n(\mathbb{R})$ un scalaire unique :

$$\det: \mathcal{M}_n(\mathbb{R}) \to \mathbb{R}$$
$$A \to \det A$$

et qui vérifie les axiomes de Kronecker-Weierstrass :

D_1 Fonction multilinéaire

Pour tout $j = 1, 2, ..., n$ et pour tout scalaire k :

i) $\det\left[\vec{a}_1, \vec{a}_2, ..., \vec{a}_j + \vec{a}_j', ..., \vec{a}_n\right]$
   $= \det\left[\vec{a}_1, \vec{a}_2, ..., \vec{a}_j, ..., \vec{a}_n\right] + \det\left[\vec{a}_1, \vec{a}_2, ..., \vec{a}_j', ..., \vec{a}_n\right]$

ii) $\det\left[\vec{a}_1, \vec{a}_2, ..., k\vec{a}_j, ..., \vec{a}_n\right] = k \det\left[\vec{a}_1, \vec{a}_2, ..., \vec{a}_j, ..., \vec{a}_n\right]$

D_2 Fonction alternée

Si $\vec{a}_i = \vec{a}_j$ et $i \neq j$ pour tout $i = 1, 2, ..., n$ et $j = 1, 2, ..., n$:

$$\det\left[\vec{a}_1, \vec{a}_2, ..., \vec{a}_i, ..., \vec{a}_j, ..., \vec{a}_n\right] = 0$$

D_3 Fonction normée

$$\det\!\left[\vec{e}_1,\, \vec{e}_2,\, ...,\, \vec{e}_n\right] = \det I_n = 1 \qquad\qquad \square$$

Selon l'axiome D_1, le déterminant est une fonction multilinéaire de ses colonnes, c'est-à-dire une fonction linéaire de chacune de ses colonnes : *i*) Si le *j*-ième vecteur colonne d'une matrice est la somme de deux vecteurs colonnes $\vec{a}_j$ et $\vec{a}_j{}'$, alors le déterminant de cette matrice est égal à la somme des déterminants des matrices ayant respectivement comme *j*-ième colonne $\vec{a}_j$ et $\vec{a}_j{}'$, les autres colonnes étant inchangées. *ii*) Si on multiplie le *j*-ième vecteur colonne d'une matrice par un scalaire *k*, alors le déterminant de la matrice résultante est égal à *k* fois le déterminant de la matrice initiale. Selon l'axiome D_2, si une matrice a deux vecteurs colonnes identiques, alors son déterminant est nul. Enfin, selon l'axiome D_3, le déterminant de la matrice unité est égal à 1.

Exemple 2.6

a) On applique très souvent les axiomes de Kronecker-Weierstrass pour simplifier le calcul d'un déterminant :

$$\det\begin{bmatrix} 5/18 & 86 & 0 \\ -3/18 & 86 & 90 \\ 0 & 43 & 18 \end{bmatrix}$$

$$= (1/18)(43)(18)\det\begin{bmatrix} 5 & 2 & 0 \\ -3 & 2 & 5 \\ 0 & 1 & 1 \end{bmatrix} \qquad [\text{D}_1\ ii)]$$

$$= (43)[0 + (1)(-1)^{3+2}(25) + (1)(-1)^{3+3}(16)] \qquad [\text{Développement selon la } 3^e \text{ ligne}]$$

$$= (43)(-9)$$

$$= -387$$

b) On se propose de calculer la somme de deux déterminants en appliquant la multilinéarité du déterminant [axiome D_1 *i*)] :

$$\det\begin{bmatrix} 2 & 1 & 3 & 0 \\ -1 & 6 & 1 & -1 \\ 0 & -2 & 0 & 3 \\ 4 & -1 & 2 & 1 \end{bmatrix} + \det\begin{bmatrix} 2 & -1 & 3 & 0 \\ -1 & -6 & 1 & -1 \\ 0 & 2 & 0 & 3 \\ 4 & 3 & 2 & 1 \end{bmatrix}$$

$$= \det\begin{bmatrix} 2 & 0 & 3 & 0 \\ -1 & 0 & 1 & -1 \\ 0 & 0 & 0 & 3 \\ 4 & 2 & 2 & 1 \end{bmatrix}$$ [Axiome D_1 i)]

$$= (2)(-1)^{4+2}\det\begin{bmatrix} 2 & 3 & 0 \\ -1 & 1 & -1 \\ 0 & 0 & 3 \end{bmatrix}$$ [Développement selon la 2e colonne]

$$= (2)(3)(-1)^{3+3}(5)$$ [Développement selon la 3e ligne]

$$= 30$$

On a vu à la section 2.1 qu'il résulte de l'égalité $\det A = \det(^t A)$ que tout ce qu'on énonce relativement aux lignes d'un déterminant s'applique également à ses colonnes, et vice versa. Donc, tous les énoncés de la présente section demeurent vrais si on remplace le terme *vecteur colonne* par *vecteur ligne*.

Exemple 2.7

Soit $A = \begin{bmatrix} 1 & 3 & -2 \\ 2 & 4 & 5 \\ -4 & -12 & 8 \end{bmatrix}$.

Il est possible de montrer, à l'aide des axiomes de Kronecker-Weierstrass, que $\det A = 0$:

$$\det A = \det\begin{bmatrix} 1 & 3 & -2 \\ 2 & 4 & 5 \\ -4 & -12 & 8 \end{bmatrix}$$

$$= \det \begin{bmatrix} 1 & 3 & -2 \\ 2 & 4 & 5 \\ -4(1) & -4(3) & -4(-2) \end{bmatrix}$$

$$= (-4) \det \begin{bmatrix} 1 & 3 & -2 \\ 2 & 4 & 5 \\ 1 & 3 & -2 \end{bmatrix} \qquad \text{[Axiome } D_1 \text{ } ii\text{)]}$$

$$= (-4)(0) \qquad\qquad\qquad\qquad \text{[Axiome } D_2\text{]}$$

$$= 0$$

Propriétés du déterminant

On tire de la multilinéarité du déterminant (axiome D_1) les deux propriétés suivantes.

D_4 Invariance

Si on ajoute à un vecteur colonne d'une matrice A le produit d'un scalaire k par un autre des vecteurs colonnes de A, le déterminant de la matrice résultante est égal au déterminant de la matrice initiale :

$$\det\left[\vec{a}_1, \vec{a}_2, ..., \vec{a}_i + k\vec{a}_j, ..., \vec{a}_j, ..., \vec{a}_n\right] = \det\left[\vec{a}_1, \vec{a}_2, ..., \vec{a}_i, ..., \vec{a}_j, ..., \vec{a}_n\right]$$

pour tout $i = 1, 2, ..., n$ et $j = 1, 2, ..., n$, et $i \neq j$.

Il est important de noter que si on ajoute à un vecteur colonne d'une matrice ce même vecteur, le déterminant de la matrice résultante est en général différent du déterminant de la matrice initiale [axiome D_1 ii)]. Ainsi, si on exprime sous forme symbolique « ajouter k fois le vecteur colonne $\vec{a}_j$ au vecteur colonne $\vec{a}_i$ » par $C_i + kC_j \rightarrow C_i$, on a nécessairement $i \neq j$ et seul C_j peut être multiplié par un scalaire $k \neq 1$.

D_5 Vecteur colonne nul

Le déterminant de toute matrice A ayant un vecteur colonne nul est zéro :

$$\det\left[\vec{a}_1, \vec{a}_2, ..., \vec{a}_j, ..., \vec{a}_n\right] = 0 \text{ s'il existe un } \vec{a}_j = \vec{0} \text{ pour } j = 1, 2, ..., n$$

De l'axiome D_1 (multilinéarité) et de la propriété D_4 (invariance), on tire une autre propriété du déterminant.

D_6 Antisymétrie

Si on intervertit deux vecteurs colonnes quelconques d'une matrice A, le déterminant de la matrice résultante est égal à l'opposé du déterminant de la matrice initiale :

$$\det\left[\vec{a}_1, \vec{a}_2, ..., \vec{a}_j, ..., \vec{a}_i, ..., \vec{a}_n\right] = -\det\left[\vec{a}_1, \vec{a}_2, ..., \vec{a}_i, ..., \vec{a}_j, ..., \vec{a}_n\right]$$

pour tout $i = 1, 2, ..., n$ et $j = 1, 2, ..., n$, et $i \neq j$

Enfin, de l'axiome D_3 et de la multiplicativité du déterminant, on tire une dernière propriété.

D_7 Déterminant de l'inverse d'une matrice

Le déterminant de l'inverse A^{-1} d'une matrice A est égal à l'inverse multiplicatif du déterminant de cette matrice :

$$\det A^{-1} = \frac{1}{\det A}$$

En effet, selon la définition de l'inverse d'une matrice, $AA^{-1} = I$. Donc,

$$\det(AA^{-1}) = \det I$$
$$(\det A)(\det A^{-1}) = 1 \qquad \text{[Multiplicativité et axiome } D_3]$$
$$\det A^{-1} = \frac{1}{\det A}$$

Exemple 2.8

On emploie très souvent la propriété D_4 (invariance) pour simplifier le calcul d'un déterminant :

$$\det\begin{bmatrix} 2 & -1 & 1 \\ -2 & 1 & 1 \\ 3 & -4 & 1 \end{bmatrix} = \det\begin{bmatrix} 0 & -1 & 1 \\ 0 & 1 & 1 \\ -5 & -4 & 1 \end{bmatrix} \qquad [C_1 + 2C_2 \to C_1]$$

$$= (-5) \det\begin{bmatrix} -1 & 1 \\ 1 & 1 \end{bmatrix}$$

$$= (-5)(-2)$$

$$= 10$$

Il est bon de se rappeler que les axiomes de Kronecker-Weierstrass et les propriétés des déterminants s'appliquent aussi bien aux lignes qu'aux colonnes d'une matrice carrée.

Exemple 2.9

On veut montrer que

$$\det\begin{bmatrix} 1 & a & a^2 - bc \\ 1 & b & b^2 - ac \\ 1 & c & c^2 - ab \end{bmatrix} = 0$$

On a

$$\det\begin{bmatrix} 1 & a & a^2 - bc \\ 1 & b & b^2 - ac \\ 1 & c & c^2 - ab \end{bmatrix} = \det\begin{bmatrix} 1 & a & a^2 - bc \\ 0 & b-a & (b-a)(a+b+c) \\ 0 & c-a & (c-a)(a+b+c) \end{bmatrix}$$

$$[\text{Propriété } D_4;\ L_2 - L_1 \to L_2$$
$$\text{et } L_3 - L_1 \to L_3]$$

$$= (b-a)(c-a) \det\begin{bmatrix} 1 & a & a^2 - bc \\ 0 & 1 & a+b+c \\ 0 & 1 & a+b+c \end{bmatrix}$$

$$[\text{Axiome } D_1\ ii);\ 2^e \text{ et } 3^e \text{ lignes}]$$

$$= (b-a)(c-a)0 \qquad [\text{Axiome } D_2;\ 2^e \text{ et } 3^e \text{ lignes}]$$

$$= 0$$

Exemple 2.10

$$a) \quad \det\begin{bmatrix} 5 & 8 & 3 & 1/5 \\ 10 & 16 & 12 & 2/5 \\ 15 & 28 & 6 & 3/5 \\ 20 & 44 & 18 & 6/5 \end{bmatrix} = (5)(4)(3)(1/5) \det\begin{bmatrix} 1 & 2 & 1 & 1 \\ 2 & 4 & 4 & 2 \\ 3 & 7 & 2 & 3 \\ 4 & 11 & 6 & 6 \end{bmatrix} \quad [\text{Axiome } D_1 \; ii)]$$

$$= (12) \det\begin{bmatrix} 1 & 0 & 0 & 0 \\ 2 & 0 & 2 & 0 \\ 3 & 1 & -1 & 0 \\ 4 & 3 & 2 & 2 \end{bmatrix} \quad \begin{matrix} [\text{Propriété } D_4; \\ C_2 - 2C_1 \rightarrow C_2; \\ C_3 - C_1 \rightarrow C_3; \\ C_4 - C_1 \rightarrow C_4] \end{matrix}$$

$$= (12)(-1) \det\begin{bmatrix} 1 & 0 & 0 & 0 \\ 2 & 2 & 0 & 0 \\ 3 & -1 & 1 & 0 \\ 4 & 2 & 3 & 2 \end{bmatrix} \quad \begin{matrix} [\text{Propriété } D_6; \\ 2^e \text{ et } 3^e \text{ colonnes}] \end{matrix}$$

$$= (-12)(1)(2)(1)(2) \quad [\text{Matrice triangulaire}]$$

$$= -48$$

$$b) \quad \det\begin{bmatrix} 1 & 2 & -1 & 1 & 1 \\ 2 & 1 & 4 & 2 & 1 \\ 3 & 0 & 5 & 3 & 1 \\ -6 & 3 & 6 & 3 & 1 \\ 5 & 4 & 1 & 1 & 1 \end{bmatrix} + \det\begin{bmatrix} 1 & -2 & -1 & 1 & 1 \\ 2 & -1 & 4 & 2 & 1 \\ 3 & 0 & 5 & 3 & 1 \\ -6 & -3 & 6 & 3 & 1 \\ 5 & -3 & 1 & 1 & 1 \end{bmatrix}$$

$$= \det\begin{bmatrix} 1 & 0 & -1 & 1 & 1 \\ 2 & 0 & 4 & 2 & 1 \\ 3 & 0 & 5 & 3 & 1 \\ -6 & 0 & 6 & 3 & 1 \\ 5 & 1 & 1 & 1 & 1 \end{bmatrix} \quad [\text{Axiome } D_1 \; i)]$$

$$= (1)(-1)^{5+2} \det \begin{bmatrix} 1 & -1 & 1 & 1 \\ 2 & 4 & 2 & 1 \\ 3 & 5 & 3 & 1 \\ -6 & 6 & 3 & 1 \end{bmatrix} \qquad \text{[Développement selon la}\atop\text{2}^{\text{e}}\text{ colonne]}$$

$$= -\det \begin{bmatrix} 1 & -1 & 0 & 1 \\ 2 & 4 & 0 & 1 \\ 3 & 5 & 0 & 1 \\ -6 & 6 & 9 & 1 \end{bmatrix} \qquad \text{[Propriété D}_4; C_3 - C_1 \rightarrow C_3]$$

$$= -(9)(-1)^{4+3} \det \begin{bmatrix} 1 & -1 & 1 \\ 2 & 4 & 1 \\ 3 & 5 & 1 \end{bmatrix} \qquad \text{[Développement selon la}\atop\text{3}^{\text{e}}\text{ colonne]}$$

$$= (9) \det \begin{bmatrix} 1 & 0 & 0 \\ 2 & 6 & -1 \\ 3 & 8 & -2 \end{bmatrix} \qquad \text{[Propriété D}_4; C_2 + C_1 \rightarrow C_2;\atop C_3 - C_1 \rightarrow C_3]$$

$$= (9)(1)(-1)^{1+1}(-12 + 8) \qquad \text{[Développement selon la}\atop\text{1}^{\text{re}}\text{ ligne]}$$

$$= (9)(-4)$$

$$= -36$$

Exemple 2.11

Le déterminant

$$V_3 = \det \begin{bmatrix} 1 & a_1 & a_1^2 \\ 1 & a_2 & a_2^2 \\ 1 & a_3 & a_3^2 \end{bmatrix}$$

est appelé **déterminant de Vandermonde** d'ordre 3 et il est égal au produit des facteurs $(a_j - a_i)$ où $i < j$, pour $i = 1, 2, 3$ et $j = 1, 2, 3$. En effet,

$$V_3 = \det \begin{bmatrix} 1 & a_1 & a_1^2 \\ 0 & a_2 - a_1 & (a_2 - a_1)(a_2 + a_1) \\ 0 & a_3 - a_1 & (a_3 - a_1)(a_3 + a_1) \end{bmatrix}$$

[Propriété D_4; $L_2 - L_1 \to L_2$
$L_3 - L_1 \to L_3$]

$$= (a_2 - a_1)(a_3 - a_1) \det \begin{bmatrix} 1 & a_1 & a_1^2 \\ 0 & 1 & a_2 + a_1 \\ 0 & 1 & a_3 + a_1 \end{bmatrix}$$

[Axiome D_1 ii); 2e et 3e lignes]

$$= (a_2 - a_1)(a_3 - a_1) \det \begin{bmatrix} 1 & a_1 & a_1^2 \\ 0 & 1 & a_2 + a_1 \\ 0 & 0 & a_3 - a_2 \end{bmatrix}$$

[Propriété D_4; $L_3 - L_2 \to L_3$]

$$= (a_2 - a_1)(a_3 - a_1)(a_3 - a_2)$$

[Matrice triangulaire]

Le déterminant

$$V_4 = \det \begin{bmatrix} 1 & a_1 & a_1^2 & a_1^3 \\ 1 & a_2 & a_2^2 & a_2^3 \\ 1 & a_3 & a_3^2 & a_3^3 \\ 1 & a_4 & a_4^2 & a_4^4 \end{bmatrix} = (a_2 - a_1)(a_3 - a_1)(a_3 - a_2)(a_4 - a_1)(a_4 - a_2)(a_4 - a_3)$$

est un déterminant de Vandermonde d'ordre 4. En général, le nombre de facteurs $(a_j - a_i)$ d'un déterminant de Vandermonde d'ordre n est $(1/2)(n)(n-1)$ où $n \geq 2$. Il est à noter que ce type de déterminants joue un rôle important en analyse numérique.

Exemple 2.12

Le calcul de

$$\det \begin{bmatrix} 1+a & 1 & 1 & 1 \\ 1 & 1+b & 1 & 1 \\ 1 & 1 & 1+c & 1 \\ 1 & 1 & 1 & 1+d \end{bmatrix}$$

à l'aide de l'axiome D_1 *i*) et de la propriété D_4 est simplifié si on écrit d'abord la matrice sous forme vectorielle. En effet, si on pose

$$\vec{v} = \begin{bmatrix} 1 \\ 1 \\ 1 \\ 1 \end{bmatrix}, \ \vec{a} = \begin{bmatrix} a \\ 0 \\ 0 \\ 0 \end{bmatrix}, \ \vec{b} = \begin{bmatrix} 0 \\ b \\ 0 \\ 0 \end{bmatrix}, \ \vec{c} = \begin{bmatrix} 0 \\ 0 \\ c \\ 0 \end{bmatrix}, \ \vec{d} = \begin{bmatrix} 0 \\ 0 \\ 0 \\ d \end{bmatrix}$$

alors,

$$\det\begin{bmatrix} 1+a & 1 & 1 & 1 \\ 1 & 1+b & 1 & 1 \\ 1 & 1 & 1+c & 1 \\ 1 & 1 & 1 & 1+d \end{bmatrix} = \det\left[\vec{v}+\vec{a}, \ \vec{v}+\vec{b}, \ \vec{v}+\vec{c}, \ \vec{v}+\vec{d}\right]$$

et on a

$$\det\left[\vec{v}+\vec{a}, \ \vec{v}+\vec{b}, \ \vec{v}+\vec{c}, \ \vec{v}+\vec{d}\right]$$

$$= \det\left[\vec{v}, \ \vec{v}+\vec{b}, \ \vec{v}+\vec{c}, \ \vec{v}+\vec{d}\right] + \det\left[\vec{a}, \ \vec{v}+\vec{b}, \ \vec{v}+\vec{c}, \ \vec{v}+\vec{d}\right] \quad \text{[Axiome } D_1 \ i)]$$

$$= \det\left[\vec{v}, \ \vec{b}, \ \vec{c}, \ \vec{d}\right] + \det\left[\vec{a}, \ \vec{v}+\vec{b}, \ \vec{v}+\vec{c}, \ \vec{v}+\vec{d}\right] \quad \text{[Propriété } D_4]$$

$$= \det\left[\vec{v}, \ \vec{b}, \ \vec{c}, \ \vec{d}\right] + \det\left[\vec{a}, \ \vec{v}, \ \vec{v}+\vec{c}, \ \vec{v}+\vec{d}\right] + \det\left[\vec{a}, \ \vec{b}, \ \vec{v}+\vec{c}, \ \vec{v}+\vec{d}\right]$$

$$\text{[Axiome } D_1 \ i)]$$

$$= bcd + \det\left[\vec{a}, \ \vec{v}, \ \vec{v}+\vec{c}, \ \vec{v}+\vec{d}\right] + \det\left[\vec{a}, \ \vec{b}, \ \vec{v}+\vec{c}, \ \vec{v}+\vec{d}\right]$$

$$\text{[Matrice triangulaire]}$$

$$= bcd + \det\left[\vec{a}, \ \vec{v}, \ \vec{c}, \ \vec{d}\right] + \det\left[\vec{a}, \ \vec{b}, \ \vec{v}, \ \vec{v}+\vec{d}\right] + \det\left[\vec{a}, \ \vec{b}, \ \vec{c}, \ \vec{v}+\vec{d}\right]$$

$$\text{[Axiomes } D_1 \ i) \text{ et } D_2]$$

$$= bcd + acd + \det\left[\vec{a}, \ \vec{b}, \ \vec{v}, \ \vec{v}+\vec{d}\right] + \det\left[\vec{a}, \ \vec{b}, \ \vec{c}, \ \vec{v}+\vec{d}\right]$$

$$\text{[Propriété } D_4 \text{ et matrice triangulaire]}$$

$$= bcd + acd + \det\left[\vec{a}, \vec{b}, \vec{v}, \vec{d}\right] + \det\left[\vec{a}, \vec{b}, \vec{c}, \vec{v}\right] + \det\left[\vec{a}, \vec{b}, \vec{c}, \vec{d}\right]$$

[Axiomes D_1 i) et D_2]

$$= bcd + acd + abd + abc + abcd \qquad \text{[Propriété } D_4 \text{ et matrice triangulaire]}$$

Exemple 2.13

On veut évaluer par rapport à n le déterminant de la matrice d'ordre n

$$A_n = \begin{bmatrix} 2 & 1 & 0 & 0 & \cdots & & 0 \\ 1 & 2 & 1 & 0 & \cdots & & 0 \\ 0 & 1 & 2 & 1 & \cdots & & 0 \\ \vdots & \vdots & \vdots & \vdots & & & \vdots \\ 0 & & \cdots & & 1 & 2 & 1 \\ 0 & & \cdots & & 0 & 1 & 2 \end{bmatrix}$$

Si $n = 1$, alors $A_1 = [2]$ et $\det A_1 = 2$.

Si $n = 2$, alors $A_2 = \begin{bmatrix} 2 & 1 \\ 1 & 2 \end{bmatrix}$ et $\det A_2 = 3$.

Si $n > 2$, en développant A_n suivant la première ligne, on obtient

$$\det A_n = 2 \det A_{n-1} - \det\begin{bmatrix} 1 & 1 & 0 & \cdots & 0 \\ 0 & & & & \\ \vdots & & A_{n-2} & & \\ 0 & & & & \end{bmatrix} = 2 \det A_{n-1} - \det A_{n-2}$$

d'où il résulte que

$$\det A_n - \det A_{n-1} = \det A_{n-1} - \det A_{n-2}$$
$$\vdots$$
$$= \det A_2 - \det A_1$$
$$= 3 - 2$$
$$= 1$$

Donc,

$$\begin{aligned}
\det A_n &= \det A_{n-1} + 1 \\
&= \det A_{n-2} + 1 + 1 \\
&\;\;\vdots \\
&= \det A_{n-p} + p \\
&\;\;\vdots \\
&= \det A_{n-(n-1)} + n - 1 \\
&= \det A_1 + n - 1 \\
&= 2 + n - 1 \\
&= n + 1
\end{aligned}$$

et on a bien $\det A_n = n + 1$.

Exercices suggérés : 12 à 28, p. 99-103.

2.3   Matrice adjointe

Dans la présente section, on se propose de définir la notion de matrice adjointe d'une matrice et d'en énoncer les propriétés, puis d'indiquer comment calculer l'inverse d'une matrice à l'aide de sa matrice adjointe.

Définition 2.5   Matrice des cofacteurs

La matrice des cofacteurs des éléments a_{ij} d'une matrice A d'ordre n est la matrice obtenue en remplaçant chaque élément de A par son cofacteur :

$$\text{cof } A = \begin{bmatrix} \alpha_{11} & \cdots & \alpha_{1n} \\ \vdots & & \vdots \\ \alpha_{n1} & \cdots & \alpha_{nn} \end{bmatrix} = [\alpha_{ij}] = \left[(-1)^{i+j} m_{ij}\right] \qquad \square$$

Exemple 2.14

Soit $A = \begin{bmatrix} 2 & 1 & 1 \\ 1 & 1 & 1 \\ 1 & -1 & 3 \end{bmatrix}$. On se propose de calculer cof A.

On sait que

$$\alpha_{11} = (-1)^{1+1} \det \begin{bmatrix} 1 & 1 \\ -1 & 3 \end{bmatrix} = 4 \qquad \alpha_{12} = -2 \qquad \alpha_{13} = -2$$

$$\alpha_{21} = (-1)^{2+1} \det \begin{bmatrix} 1 & 1 \\ -1 & 3 \end{bmatrix} = -4 \qquad \alpha_{22} = 5 \qquad \alpha_{23} = 3$$

$$\alpha_{31} = (-1)^{3+1} \det \begin{bmatrix} 1 & 1 \\ 1 & 1 \end{bmatrix} = 0 \qquad \alpha_{32} = -1 \qquad \alpha_{33} = 1$$

Donc, cof $A = \begin{bmatrix} 4 & -2 & -2 \\ -4 & 5 & 3 \\ 0 & -1 & 1 \end{bmatrix}$.

Définition 2.6   Matrice adjointe

Soit $A = [a_{ij}]$ une matrice carrée d'ordre n. La matrice adjointe de A, notée adj A, est la transposée de la matrice des cofacteurs des éléments de A :

$$\text{adj } A = {}^t(\text{cof } A) = \begin{bmatrix} \alpha_{11} & \cdots & \alpha_{n1} \\ \alpha_{12} & \cdots & \alpha_{n2} \\ \vdots & & \vdots \\ \alpha_{1n} & \cdots & \alpha_{nn} \end{bmatrix} = [\alpha_{ji}] \qquad \square$$

Exemple 2.15

On a montré dans l'exemple 2.14 que la matrice des cofacteurs des éléments de

$$A = \begin{bmatrix} 2 & 1 & 1 \\ 1 & 1 & 1 \\ 1 & -1 & 3 \end{bmatrix}$$

est

$$\operatorname{cof} A = \begin{bmatrix} 4 & -2 & -2 \\ -4 & 5 & 3 \\ 0 & -1 & 1 \end{bmatrix}$$

Donc,

$$\operatorname{adj} A = {}^{t}\!\begin{bmatrix} 4 & -2 & -2 \\ -4 & 5 & 3 \\ 0 & -1 & 1 \end{bmatrix} = \begin{bmatrix} 4 & -4 & 0 \\ -2 & 5 & -1 \\ -2 & 3 & 1 \end{bmatrix}$$

Propriétés d'une matrice adjointe

Soit $A = [a_{ij}]$ et $B = [b_{ij}]$ deux matrices d'ordre n. Par définition, les matrices adjointes de A et de B sont respectivement adj $A = {}^{t}[\alpha_{ij}]$ et adj $B = {}^{t}[\beta_{ij}]$. On peut montrer que :

i) $A(\operatorname{adj} A) = (\operatorname{adj} A)A = (\det A)I_n$

ii) $\det(\operatorname{adj} A) = (\det A)^{n-1}$

iii) $\operatorname{adj}(\operatorname{adj} A) = (\det A)^{n-2}A$ où $n \geq 2$

iv) $\operatorname{adj}(AB) = (\operatorname{adj} B)(\operatorname{adj} A)$

v) Si A est inversible, alors adj A est aussi inversible et
$$(\operatorname{adj} A)^{-1} = (\det A^{-1})A = \operatorname{adj}(A^{-1})$$

vi) $\operatorname{adj}({}^{t}A) = {}^{t}(\operatorname{adj} A)$

Seule la propriété *i)* sera utilisée dans ce qui suit; les autres propriétés sont énoncées à titre de complément.

Calcul de l'inverse d'une matrice à l'aide de sa matrice adjointe

La propriété *i*) des matrices adjointes sert à démontrer une égalité fort utile pour le calcul de l'inverse d'une matrice.

Proposition 2.3   Inverse d'une matrice

Si $A = [a_{ij}]$ est une matrice inversible d'ordre n, alors

$$A^{-1} = \frac{1}{\det A} \operatorname{adj} A$$

Preuve

La propriété *i*) des matrices adjointes permet de poser :

$$A(\operatorname{adj} A) = (\det A)I_n$$
$$A^{-1}(A)(\operatorname{adj} A) = A^{-1}(\det A)I_n$$
$$(A^{-1}A)(\operatorname{adj} A) = A^{-1}(\det A)I_n$$
$$I_n(\operatorname{adj} A) = (\det A)A^{-1}I_n \qquad\qquad [A^{-1}A = I_n]$$
$$\operatorname{adj} A = (\det A)A^{-1}$$

Donc,

$$A^{-1} = \frac{1}{\det A} \operatorname{adj} A \qquad\qquad\qquad \square$$

La proposition 2.3 fournit un **critère** pour déterminer si une **matrice** donnée est **inversible** : toute matrice A d'ordre n est inversible si et seulement si $\det A \neq 0$.

Exemple 2.16

On veut calculer, en supposant qu'il existe, l'inverse de $A = \begin{bmatrix} 2 & 1 & 1 \\ 1 & 1 & 1 \\ 1 & -1 & 3 \end{bmatrix}$.

On sait que A est inversible si et seulement si det $A \neq 0$. Or, det $A = 4$, ce qui implique que A^{-1} existe. De plus, selon la proposition 2.3, on a

$$A^{-1} = \frac{1}{\det A} \text{ adj } A$$

et on a montré dans l'exemple 2.15 que

$$\text{adj } A = \begin{bmatrix} 4 & -4 & 0 \\ -2 & 5 & -1 \\ -2 & 3 & 1 \end{bmatrix}$$

Donc,

$$A^{-1} = \frac{1}{\det A} \text{ adj } A = \frac{1}{4} \begin{bmatrix} 4 & -4 & 0 \\ -2 & 5 & -1 \\ -2 & 3 & 1 \end{bmatrix}$$

Pour vérifier le résultat obtenu, il suffit de s'assurer que l'égalité $AA^{-1} = I_3$ est satisfaite (définition de l'inverse) :

$$AA^{-1} = \begin{bmatrix} 2 & 1 & 1 \\ 1 & 1 & 1 \\ 1 & -1 & 3 \end{bmatrix} \begin{bmatrix} 1 & -1 & 0 \\ -1/2 & 5/4 & -1/4 \\ -1/2 & 3/4 & 1/4 \end{bmatrix} = \begin{bmatrix} 1 & 0 & 0 \\ 0 & 1 & 0 \\ 0 & 0 & 1 \end{bmatrix} = I_3$$

Exemple 2.17

On veut calculer, s'il existe, l'inverse de $A = \begin{bmatrix} 1 & 2 & 3 \\ 1 & 3 & 4 \\ 1 & 4 & 4 \end{bmatrix}$.

On a det $A = -1 \neq 0$, ce qui implique que A^{-1} existe. Selon la proposition 2.3, $A^{-1} = (1/\det A)(\text{ adj } A)$. Puisque

$$\text{cof } A = \begin{bmatrix} -4 & 0 & 1 \\ 4 & 1 & -2 \\ -1 & -1 & 1 \end{bmatrix} \qquad \text{adj } A = {}^t(\text{cof } A) = \begin{bmatrix} -4 & 4 & -1 \\ 0 & 1 & -1 \\ 1 & -2 & 1 \end{bmatrix}$$

alors

$$A^{-1} = (-1) \begin{bmatrix} -4 & 4 & -1 \\ 0 & 1 & -1 \\ 1 & -2 & 1 \end{bmatrix} = \begin{bmatrix} 4 & -4 & 1 \\ 0 & -1 & 1 \\ -1 & 2 & -1 \end{bmatrix}$$

On laisse au lecteur le soin de vérifier que

$$AA^{-1} = \begin{bmatrix} 1 & 2 & 3 \\ 1 & 3 & 4 \\ 1 & 4 & 4 \end{bmatrix} \begin{bmatrix} 4 & -4 & 1 \\ 0 & -1 & 1 \\ -1 & 2 & -1 \end{bmatrix} = I_3$$

Exercices suggérés : 29 à 39, p. 103-105.

2.4 Applications du déterminant

On a choisi comme applications du déterminant deux méthodes de résolution d'un système de n équations linéaires à n inconnues. La première est généralement appelée formule ou règle de Cramer, et la seconde utilise la notion d'inverse d'une matrice carrée.

Les deux méthodes proposées pour résoudre un système d'équations linéaires se décrivent plus aisément si on écrit le système sous forme matricielle ou vectorielle. Ainsi, soit S le système de n équations linéaires à n inconnues

$$\begin{cases} a_{11}x_1 + a_{12}x_2 + \cdots + a_{1n}x_n = b_1 \\ a_{21}x_1 + a_{22}x_2 + \cdots + a_{2n}x_n = b_2 \\ \qquad\qquad\qquad \vdots \\ a_{n1}x_1 + a_{n2}x_2 + \cdots + a_{nn}x_n = b_n \end{cases}$$

Si on pose

$$A = \begin{bmatrix} a_{11} & a_{12} & \cdots & a_{1n} \\ a_{21} & a_{22} & \cdots & a_{2n} \\ & & \vdots & \\ a_{n1} & a_{n2} & \cdots & a_{nn} \end{bmatrix} \qquad X = \begin{bmatrix} x_1 \\ x_2 \\ \vdots \\ x_n \end{bmatrix} \qquad B = \begin{bmatrix} b_1 \\ b_2 \\ \vdots \\ b_n \end{bmatrix}$$

alors S s'écrit, sous **forme matricielle**, $AX = B$ où A est la matrice des coefficients de S, X la matrice des inconnues de S et B la matrice des constantes de S. Le même système S s'écrit également sous **forme vectorielle** :

$$x_1 \vec{a}_1 + x_2 \vec{a}_2 + ... + x_n \vec{a}_n = \vec{b} \quad \text{où} \quad \vec{a}_j = \begin{bmatrix} a_{1j} \\ a_{2j} \\ \vdots \\ a_{nj} \end{bmatrix} \text{ pour } j = 1, 2, ..., n \text{ et } \vec{b} = \begin{bmatrix} b_1 \\ b_2 \\ \vdots \\ b_n \end{bmatrix}$$

Définition 2.7   Système de Cramer

Soit un système S de n équations linéaires à n inconnues $AX = B$. Si $\det A \neq 0$, on dit que S est un système de Cramer. ❏

On s'intéresse maintenant à la résolution des systèmes de Cramer. Résoudre un tel système signifie trouver un ensemble de scalaires tels que, si on les substitue aux inconnues $x_1, x_2, ..., x_n$, l'égalité $AX = B$ est vérifiée. On suppose, sans le démontrer, que tout système de Cramer admet une solution unique. La proposition qui suit fournit une méthode pour résoudre n'importe quel système de Cramer. On y utilise la notation

$$A = \left[\vec{a}_1, \vec{a}_2, ..., \ \vec{a}_j, ..., \vec{a}_n \right] \quad \text{et} \quad A_j = \left[\vec{a}_1, \vec{a}_2, ..., \vec{a}_{j-1}, \vec{b}, \vec{a}_{j+1}, ..., \vec{a}_n \right]$$

On note que A_j est la matrice obtenue en remplaçant dans A le vecteur colonne $\vec{a}_j$ par le vecteur colonne $\vec{b}$ des constantes de S.

Proposition 2.4   Règle de Cramer

Soit S un système de Cramer $AX = B$ où A est d'ordre n. La solution de S est

$$\{x_1, x_2, ..., x_n\} \quad \text{où} \quad x_j = \frac{\det A_j}{\det A} \quad \text{pour } j = 1, 2, ..., n$$

Preuve

On sait que det $A \neq 0$ puisque S est, par hypothèse, un système de Cramer. De plus,

$$\det A_j = \det\left[\vec{a}_1, \vec{a}_2, ..., \vec{a}_{j-1}, \vec{b}, \vec{a}_{j+1}, ..., \vec{a}_n\right] \qquad \text{[Définition de } A_j\text{]}$$

$$= \det\left[\vec{a}_1, \vec{a}_2, ..., \vec{a}_{j-1}, x_1\vec{a}_1 + x_2\vec{a}_2 + ... + x_j\vec{a}_j + ... + x_n\vec{a}_n, \vec{a}_{j+1}, ..., \vec{a}_n\right]$$
$$\text{[Par hypothèse, } AX = B\text{]}$$

$$= \det\left[\vec{a}_1, \vec{a}_2, ..., \vec{a}_{j-1}, x_j\vec{a}_j, \vec{a}_{j+1}, ..., \vec{a}_n\right] \qquad \text{[Axiomes D}_1 \text{ et D}_2\text{]}$$

$$= x_j \det A \qquad \text{[Axiome D}_1 \text{ } ii)\text{]}$$

Donc,

$$x_j = \frac{\det A_j}{\det A} \qquad \text{pour } j = 1, 2, ..., n \qquad \qquad \square$$

Exemple 2.18

On veut résoudre le système S

$$\begin{cases} 2x_1 + x_2 + x_3 = 3 \\ x_1 - x_2 + x_3 = 0 \\ 4x_1 + 3x_2 - 2x_3 = -4 \end{cases}$$

On écrit d'abord S sous la forme matricielle $AX = B$ où

$$A = \begin{bmatrix} 2 & 1 & 1 \\ 1 & -1 & 1 \\ 4 & 3 & -2 \end{bmatrix} \qquad X = \begin{bmatrix} x_1 \\ x_2 \\ x_3 \end{bmatrix} \qquad B = \begin{bmatrix} 3 \\ 0 \\ -4 \end{bmatrix}$$

On a det $A = 11 \neq 0$. Donc, S est un système de Cramer et en appliquant la règle de Cramer on obtient :

$$x_1 = \frac{\det A_1}{\det A} = \frac{\det \begin{bmatrix} 3 & 1 & 1 \\ 0 & -1 & 1 \\ -4 & 3 & -2 \end{bmatrix}}{11} = -\frac{11}{11} = -1$$

$$x_2 = \frac{\det A_2}{\det A} = \frac{\det \begin{bmatrix} 2 & 3 & 1 \\ 1 & 0 & 1 \\ 4 & -4 & -2 \end{bmatrix}}{11} = \frac{22}{11} = 2$$

$$x_3 = \frac{\det A_3}{\det A} = \frac{\det \begin{bmatrix} 2 & 1 & 3 \\ 1 & -1 & 0 \\ 4 & 3 & -4 \end{bmatrix}}{11} = \frac{33}{11} = 3$$

Ainsi, $X = \begin{bmatrix} x_1 \\ x_2 \\ x_3 \end{bmatrix} = \begin{bmatrix} -1 \\ 2 \\ 3 \end{bmatrix}$ est l'unique solution du système S.

Il existe également une méthode de résolution des systèmes de Cramer qui est basée sur la notion d'inverse d'une matrice. Cette méthode est énoncée dans la proposition qui suit.

Proposition 2.5   Méthode de la matrice inverse

Soit $AX = B$ un système de Cramer où A est d'ordre n. La solution unique de ce système est

$$X = A^{-1}B$$

Preuve

Puisque $AX = B$ est un système de Cramer par hypothèse, on sait que $\det A \neq 0$. Donc, A^{-1} existe et de $AX = B$ on déduit

$$A^{-1}(AX) = A^{-1}B$$

$$(A^{-1}A)X = A^{-1}B \qquad \text{[Associativité de la multiplication matricielle]}$$

$$I_nX = A^{-1}B \qquad \text{[Définition de l'inverse d'une matrice]}$$

$$X = A^{-1}B \qquad \qquad \qquad \square$$

Exemple 2.19

On veut résoudre, à l'aide de la proposition 2.5, le système S

$$\begin{cases} 2x + y + z = 0 \\ x + y + z = 2 \\ x - y + 3z = -2 \end{cases}$$

On écrit d'abord S sous la forme matricielle $AX = B$:

$$\begin{bmatrix} 2 & 1 & 1 \\ 1 & 1 & 1 \\ 1 & -1 & 3 \end{bmatrix} \begin{bmatrix} x \\ y \\ z \end{bmatrix} = \begin{bmatrix} 0 \\ 2 \\ -2 \end{bmatrix}$$

On a $\det A = 4 \neq 0$, ce qui implique que S est un système de Cramer. Ainsi, on peut appliquer la proposition 2.5, selon laquelle $X = A^{-1}B$. Il ne reste plus qu'à déterminer A^{-1} et le produit $A^{-1}B$. On a déjà calculé A^{-1} dans l'exemple 2.16 :

$$A^{-1} = \frac{1}{4} \begin{bmatrix} 4 & -4 & 0 \\ -2 & 5 & -1 \\ -2 & 3 & 1 \end{bmatrix} = \begin{bmatrix} 1 & -1 & 0 \\ -1/2 & 5/4 & -1/4 \\ -1/2 & 3/4 & 1/4 \end{bmatrix}$$

Donc,

$$X = A^{-1}B = \begin{bmatrix} 1 & -1 & 0 \\ -1/2 & 5/4 & -1/4 \\ -1/2 & 3/4 & 1/4 \end{bmatrix} \begin{bmatrix} 0 \\ 2 \\ -2 \end{bmatrix} = \begin{bmatrix} -2 \\ 3 \\ 1 \end{bmatrix}$$

c'est-à-dire que $x = -2$, $y = 3$, $z = 1$.

Exemple 2.20 *pour les intéressé*

Pour enrayer une maladie qui a attaqué une récolte, il faut employer 6 unités d'un produit A, 10 unités d'un produit B et 8 unités d'un produit C. On dispose d'un pulvérisateur de type P, avec lequel on utilise des bonbonnes contenant respectivement 1, 3 et 4 unités des produits A, B et C, d'un pulvérisateur de type Q, avec lequel on utilise des bonbonnes contenant chacune 3 unités des produits A, B et C, et d'un pulvérisateur de type R, avec lequel on utilise des bonbonnes contenant respectivement 2 et 5 unités des produits A et B. Si on désire employer la quantité exacte de produits nécessaire pour enrayer la maladie, combien de bonbonnes de chaque type devra-t-on utiliser ?

Pulvérisateur	Produit		
	A	B	C
P	1	3	4
Q	3	3	3
R	2	5	0
Quantité nécessaire	6	10	8

On représente d'abord le problème sous la forme d'un tableau (fig. 2.1). Soit x_P, x_Q et x_R le nombre de bonbonnes des pulvérisateurs P, Q et R respectivement. Résoudre le problème revient à résoudre le système d'équations linéaires S

$$\begin{cases} x_P + 3x_Q + 2x_R = 6 \\ 3x_P + 3x_Q + 5x_R = 10 \\ 4x_P + 3x_Q = 8 \end{cases}$$

Le déterminant de la matrice des coefficients de S est

$$\det \begin{bmatrix} 1 & 3 & 2 \\ 3 & 3 & 5 \\ 4 & 3 & 0 \end{bmatrix} = 39 \neq 0$$

Le système S est donc un système de Cramer. Il admet une solution unique, qu'on trouve en appliquant la règle de Cramer :

$$x_P = \frac{\det \begin{bmatrix} 6 & 3 & 2 \\ 10 & 3 & 5 \\ 8 & 3 & 0 \end{bmatrix}}{39} = \frac{14}{13}$$

$$x_Q = \frac{\det \begin{bmatrix} 1 & 6 & 2 \\ 3 & 10 & 5 \\ 4 & 8 & 0 \end{bmatrix}}{39} = \frac{16}{13}$$

$$x_R = \frac{\det \begin{bmatrix} 1 & 3 & 6 \\ 3 & 3 & 10 \\ 4 & 3 & 8 \end{bmatrix}}{39} = \frac{8}{13}$$

On peut donc enrayer la maladie en répandant 14/13 de bonbonne avec le pulvérisateur P, 16/13 de bonbonne avec le pulvérisateur Q et 8/13 de bonbonne avec le pulvérisateur R.

Les deux méthodes de résolution des systèmes de Cramer présentées plus haut sont fastidieuses si on cherche à les appliquer à des systèmes dont la matrice des coefficients est d'ordre plus grand ou égal à 4. On expose dans le prochain chapitre une méthode plus générale de résolution des systèmes d'équations linéaires, qu'il s'agisse ou non de systèmes de Cramer.

Exercices suggérés : 40 à 51, p. 105-108.

EXERCICES

1. Calculer le déterminant de :

a) $\begin{bmatrix} 5 & 4 \\ 6 & -2 \end{bmatrix}$

b) $\begin{bmatrix} 2 & -4 \\ -5 & 3 \end{bmatrix}$

c) $\begin{bmatrix} -1 & 7 \\ 3 & -8 \end{bmatrix}$

d) $\begin{bmatrix} -3 & -7 \\ 5 & 6 \end{bmatrix}$

e) $\begin{bmatrix} 2 & 4 & 1 \\ -2 & -1 & 3 \\ 6 & -4 & 5 \end{bmatrix}$

f) $\begin{bmatrix} -1 & -4 & -3 \\ -6 & -2 & -5 \\ -2 & -1 & -3 \end{bmatrix}$

g) $\begin{bmatrix} 5 & 1 & 7 \\ 3 & -2 & 2 \\ 4 & -4 & 6 \end{bmatrix}$

h) $\begin{bmatrix} 6 & 5 & 3 \\ 4 & 1 & 1 \\ 5 & 4 & 2 \end{bmatrix}$

2. Calculer :

 ? be

a) $\det\begin{bmatrix} \sin\theta & \cos\theta \\ -\cos\theta & \sin\theta \end{bmatrix}$

? b) $\det\begin{bmatrix} \sin\theta & \cos\theta \\ \sin\alpha & \cos\alpha \end{bmatrix}$

c) $\det\begin{bmatrix} \tan\alpha & -1 \\ 1 & \tan\alpha \end{bmatrix}$

d) $\det\begin{bmatrix} 1+\sqrt{2} & 2-\sqrt{3} \\ 2+\sqrt{3} & 1-\sqrt{2} \end{bmatrix}$

à cause de log

? e) $\det\begin{bmatrix} 1 & \log_b a \\ \log_a b & 1 \end{bmatrix}$

f) $\det\begin{bmatrix} a+b & b+d \\ a+c & c+d \end{bmatrix}$

g) $\det\begin{bmatrix} x-1 & 1 \\ x^3 & x^2+x+1 \end{bmatrix}$

h) $\det\begin{bmatrix} a & a & a \\ -a & a & x \\ -a & -a & x \end{bmatrix}$

mineur
cofacteur

3. Trouver m_{13}, α_{13}, m_{21}, α_{21}, m_{32}, α_{32} pour chacune des matrices suivantes :

a) $\begin{bmatrix} 5 & 7 & -2 \\ 8 & 9 & 4 \\ -6 & 2 & -5 \end{bmatrix}$

b) $\begin{bmatrix} 6 & 3 & 2 \\ 3 & 5 & -4 \\ 5 & 1 & -7 \end{bmatrix}$

c) $\begin{bmatrix} 6 & 1 & 4 & 2 \\ 2 & -2 & 1 & -4 \\ -1 & 3 & -5 & -1 \\ 4 & -1 & 1 & 3 \end{bmatrix}$

d) $\begin{bmatrix} 2 & 1 & 3 & 2 \\ -1 & 5 & 6 & 3 \\ 4 & 2 & 2 & 1 \\ -3 & -4 & 8 & -7 \end{bmatrix}$

4. Résoudre les équations suivantes par rapport à x :

a) $\det \begin{bmatrix} 3 & x & 5 \\ 1 & 2 & 0 \\ 2 & x & 6 \end{bmatrix} = 0$
    b) $\det \begin{bmatrix} x & 1 & 1 \\ 4 & 2 & x \\ -1 & 2 & 5 \end{bmatrix} = 0$

5. Écrire le développement de Laplace selon la deuxième ligne de $\det A$ et calculer $\det A$ pour

$$A = \begin{bmatrix} 3 & 2 & -5 \\ 0 & 4 & 2 \\ -1 & 3 & 1 \end{bmatrix}$$

6. Développer par rapport à la troisième ligne le déterminant de

$$\begin{bmatrix} 1 & 0 & -1 & -1 \\ 0 & -1 & -1 & 1 \\ a & b & c & d \\ -1 & -1 & 1 & 0 \end{bmatrix}$$

7. Soit les matrices

$$A = \begin{bmatrix} 5 & 10 & 10 \\ -5 & 5 & -5 \end{bmatrix}, B = \begin{bmatrix} 0 & 1 & -1 \\ 1 & 0 & 1 \end{bmatrix}, C = \begin{bmatrix} 2 & 1 \\ -1 & 2 \end{bmatrix}, D = \begin{bmatrix} 2 & -1 & 3 \\ -1 & 2 & 1 \\ -1 & 2 & 2 \end{bmatrix}$$

Évaluer le déterminant de la matrice $A^t B - \dfrac{6}{\det D} C$.

8. *a)* Trouver la valeur de b pour laquelle l'égalité suivante est vérifiée :

$$\det \begin{bmatrix} 3 & -1 & x \\ 2 & 6 & y \\ -5 & 4 & z \end{bmatrix} = ax + by + cz$$

b) Trouver la valeur de c pour laquelle l'égalité suivante est vérifiée :

$$\det \begin{bmatrix} 2 & x & -1 \\ 1 & y & 3 \\ -3 & z & 4 \end{bmatrix} = ax + by + cz$$

9. Soit $A = \begin{bmatrix} a_1 & a_2 \\ a_3 & a_4 \end{bmatrix}$ et $B = \begin{bmatrix} b_1 & b_2 \\ b_3 & b_4 \end{bmatrix}$. Vérifier que $\det(AB) = (\det A)(\det B)$.

10. Pour chaque égalité, prouver qu'elle est vérifiée si c'est le cas; sinon, donner un contre-exemple.

a) $\det((A+B)^2) = (\det(A+B))^2$ \qquad *b)* $\det((A+B)^2) = \det(2AB + A^2 + B^2)$

c) $\det((A+B)^2) = \det(A^2 + B^2)$

11. Soit

$$A = \begin{bmatrix} a & 1 & -1 & 1 \\ -1 & a & -1 & -1 \\ 1 & 1 & a & -1 \\ -1 & 1 & 1 & a \end{bmatrix}$$

Calculer le produit $A \, {}^tA$, puis évaluer $\det A$.

12. Montrer, sans les développer, que les déterminants respectifs des matrices suivantes sont nuls :

a) $\begin{bmatrix} 1 & 3 & 4 \\ 5 & 7 & 2 \\ 2 & 6 & 8 \end{bmatrix}$ \qquad *b)* $\begin{bmatrix} a & 2a & 3a \\ 0 & 0 & 3b \\ b & 2b & 0 \end{bmatrix}$

13. À l'aide des propriétés des déterminants, évaluer

$$\det \begin{bmatrix} 1 & 2 & 1 & 3 & 1 \\ 3 & 1 & 0 & 6 & 1 \\ -1 & 1 & 1 & 1 & 1 \\ 1 & -1 & 1 & 1 & 1 \\ 0 & 0 & 1 & 1 & 1 \end{bmatrix}$$

14. À l'aide des propriétés des déterminants, calculer le déterminant de la matrice suivante en la transformant en une matrice triangulaire :

$$A = \begin{bmatrix} 1 & 1 & 3 & 0 & 2 \\ 3 & 1 & 0 & 1 & 2 \\ 0 & 1 & 3 & 0 & 2 \\ 4 & -2 & 3 & 1 & 0 \\ 5 & 1 & 0 & 0 & 6 \end{bmatrix}$$

15. Soit

$$A = \begin{bmatrix} 2 & 1 & 8 & 0 \\ 7 & 0 & -3 & 6 \\ -3 & -1 & 1 & 5 \\ 4 & 0 & 0 & -4 \end{bmatrix}$$

Sachant que $\vec{a}_j = \begin{bmatrix} a_{1j} \\ a_{2j} \\ a_{3j} \\ a_{4j} \end{bmatrix}$ est le j-ième vecteur colonne de A (pour $j = 1, 2, 3, 4$),

trouver $\vec{a}_3$ et $\vec{a}_1$.

16. Soit $\vec{a}_1 = \begin{bmatrix} 2 \\ 1 \\ 4 \end{bmatrix}$, $\vec{a}_2 = \begin{bmatrix} 3 \\ 4 \\ 5 \end{bmatrix}$ et $\vec{a}_3 = \begin{bmatrix} 4 \\ 1 \\ 2 \end{bmatrix}$.

a) Écrire sous la forme d'un tableau de nombres la matrice $A = [\vec{a}_1, \vec{a}_2, \vec{a}_3]$ et évaluer det A.

b) Écrire les matrices données sous la forme d'un tableau de nombres, évaluer leurs déterminants respectifs à l'aide des axiomes de Kronecker-Weierstrass et des propriétés des déterminants, et indiquer quels axiomes et (ou) propriétés ont été appliqués.

i) $B = [\vec{a}_1, 2\vec{a}_2, \vec{a}_3]$ ii) $C = [\vec{a}_1, \vec{a}_3, \vec{a}_2]$

iii) $D = [\vec{a}_1, \vec{a}_2, \vec{0}]$ iv) $E = [\vec{a}_1, \vec{a}_1, \vec{a}_3]$

v) $F = [\vec{a}_1, \vec{a}_2 + 2\vec{a}_3, \vec{a}_3]$

c) Soit $\vec{a}_4 = \begin{bmatrix} 3 \\ 0 \\ 1 \end{bmatrix}$ et $\vec{a}_5 = \begin{bmatrix} 1 \\ 1 \\ 1 \end{bmatrix}$. Évaluer det$[\vec{a}_1, \vec{a}_2, \vec{a}_4]$ + det$[\vec{a}_1, \vec{a}_2, \vec{a}_5]$.

17. Soit det $\begin{bmatrix} a_1 & a_2 & a_3 \\ b_1 & b_2 & b_3 \\ c_1 & c_2 & c_3 \end{bmatrix} = 4$.

Trouver les déterminants suivants :

a) $\det \begin{bmatrix} a_3 & a_2 & a_1 \\ b_3 & b_2 & b_1 \\ c_3 & c_2 & c_1 \end{bmatrix}$

b) $\det \begin{bmatrix} a_1 & a_2 & a_3 \\ b_1 & b_2 & b_3 \\ 2c_1 & 2c_2 & 2c_3 \end{bmatrix}$

c) $\det \begin{bmatrix} a_1 & a_2 & a_3 \\ b_1 + 7c_1 & b_2 + 7c_2 & b_3 + 7c_3 \\ c_1 & c_2 & c_3 \end{bmatrix}$

18. Sachant que $\det \begin{bmatrix} a & b & c \\ p & q & r \\ x & y & z \end{bmatrix} = -1$, calculer :

a) $\det \begin{bmatrix} -x & -y & -z \\ 3p+a & 3q+b & 3r+c \\ 2p & 2q & 2r \end{bmatrix}$

b) $\det \begin{bmatrix} -2a & -2b & -2c \\ 2p+x & 2q+y & 2r+z \\ 3x & 3y & 3z \end{bmatrix}$

19. Calculer les déterminants des matrices suivantes :

$$A = \begin{bmatrix} 2 & 2 & -1 & 9 \\ 4 & 2 & 1 & 17 \\ 7 & 6 & 5 & 4 \\ 11 & 10 & 3 & 22 \end{bmatrix}$$

$$B = \begin{bmatrix} 4 & 2 & 2 & 2 \\ 2 & 2 & 3 & 4 \\ 2 & 3 & 6 & 10 \\ 2 & 4 & 10 & 20 \end{bmatrix}$$

$$C = \begin{bmatrix} -1 & 2 & 3 & 4 \\ 2 & 3 & 4 & -1 \\ 3 & 4 & -1 & 2 \\ 4 & -1 & 2 & 3 \end{bmatrix}$$

$$D = \begin{bmatrix} 7/6 & 1/29 & 10 \\ 1/3 & -2/29 & 6 \\ 1 & -4/29 & 8 \end{bmatrix}$$

20. Calculer le déterminant de la matrice

$$\begin{bmatrix} am + bp & an + bq \\ cm + dp & cn + dq \end{bmatrix}$$

en appliquant les axiomes de Kronecker-Weierstrass et les propriétés des déterminants.

21. Montrer que

$$\det\begin{bmatrix} ka_1 + b_1 & kb_1 + c_1 & kc_1 + a_1 \\ ka_2 + b_2 & kb_2 + c_2 & kc_2 + a_2 \\ ka_3 + b_3 & kb_3 + c_3 & kc_3 + a_3 \end{bmatrix} = (k^3 + 1) \det\begin{bmatrix} a_1 & b_1 & c_1 \\ a_2 & b_2 & c_2 \\ a_3 & b_3 & c_3 \end{bmatrix}$$

22. Soit

$$A = \begin{bmatrix} 2 & 3 & 5 \\ 4 & 2 & 8 \\ 0 & 0 & 1 \end{bmatrix} \quad \text{et} \quad B = \begin{bmatrix} 5 & -1 & 0 \\ 5 & -1 & 2 \\ 1 & 0 & 5 \end{bmatrix}$$

Évaluer :

a) $\det A$ et $\det B$ *b)* $\det(2A)$ et $\det(AB)$ *c)* $\det(^tA)$ et $\det(^t(AB))$

23. Écrire le déterminant de chacune des matrices suivantes sous la forme d'un produit de facteurs :

a) $\begin{bmatrix} c & c & c \\ x & a & b \\ x^2 & a^2 & b^2 \end{bmatrix}$ *b)* $\begin{bmatrix} 1 & p & q \\ 1 & p^2 & q^2 \\ 1 & p^3 & q^3 \end{bmatrix}$

c) $\begin{bmatrix} a & b+c & a^2 \\ b & a+c & b^2 \\ c & a+b & c^2 \end{bmatrix}$ *d)* $\begin{bmatrix} x-y-z & 2x & 2x \\ 2y & y-z-x & 2y \\ 2z & 2z & z-x-y \end{bmatrix}$

24. Soit A, B et C trois matrices d'ordre n. Sachant que $\det A = -1$, $\det B = 2$ et $\det C = 3$, évaluer :

a) $\det(A^2B^tCB^{-1})$ *b)* $\det(B^2C^{-1}AB^{-1}(^tC))$

25. Soit A et B deux matrices inversibles d'ordre n. Évaluer :

a) $\det(B^{-1}AB)$ *b)* $\det(A^{-1}B^{-1}AB)$

26. Soit

$$A = \begin{bmatrix} a & b & c \\ p & q & r \\ u & v & w \end{bmatrix}$$

En supposant que det $A = 3$, calculer :

a) $\det(3B^{-1})$, étant donné que $B = \begin{bmatrix} 4u & 2a & -p \\ 4v & 2b & -q \\ 4w & 2c & -r \end{bmatrix}$

b) $\det(2C^{-1})$, étant donné que $C = \begin{bmatrix} 2p & -a+u & 3u \\ 2q & -b+v & 3v \\ 2r & -c+w & 3w \end{bmatrix}$

27. Soit

$$A = \begin{bmatrix} a_1 & a_2 \\ a_3 & a_4 \end{bmatrix} \text{ et } B = \begin{bmatrix} b_1 & b_2 \\ b_3 & b_4 \end{bmatrix}$$

Montrer que $\det(A + B) = \det A + \det B + \det\begin{bmatrix} a_1 & b_2 \\ a_3 & b_4 \end{bmatrix} + \det\begin{bmatrix} b_1 & a_2 \\ b_3 & a_4 \end{bmatrix}$.

28. Soit

$$A = \begin{bmatrix} a_1 & a_2 \\ a_3 & a_4 \end{bmatrix} \text{ et } B = \begin{bmatrix} b_1 & b_2 \\ b_3 & b_4 \end{bmatrix}$$

Vérifier que :

a) en général, $\det(A + B) \neq \det A + \det B$;

b) $\det(I_2 + A) = 1 + \det A$ si et seulement si $a_1 + a_4 = 0$.

29. Soit

$$A = \begin{bmatrix} 4 & 1 \\ 0 & -3 \end{bmatrix} \quad B = \begin{bmatrix} 1 & 0 & 3 \\ 0 & 1 & 4 \\ 2 & 1 & 0 \end{bmatrix} \quad C = \begin{bmatrix} -1 & 0 & 6 \\ 0 & 2 & 4 \\ 1 & 2 & -3 \end{bmatrix} \quad D = \begin{bmatrix} -3 & 0 & 0 & 0 \\ -4 & 7 & 0 & 0 \\ 5 & 8 & -1 & 0 \\ 2 & 3 & 0 & 6 \end{bmatrix}$$

a) Déterminer la matrice des cofacteurs des éléments de chaque matrice.

b) Déterminer la matrice adjointe de chaque matrice.

c) Dire si chaque matrice est inversible.

d) Calculer, s'il existe, l'inverse de chaque matrice.

30. Trouver A sachant que :

a) $(3A)^{-1} = \begin{bmatrix} 1 & -1 \\ 0 & 1 \end{bmatrix}$

b) $^t(2A) = \begin{bmatrix} 1 & -1 \\ 2 & 3 \end{bmatrix}^{-1}$

c) $(I_2 + 2A)^{-1} = \begin{bmatrix} 2 & 0 \\ 1 & 1 \end{bmatrix}$

d) $(I_2 - 2{}^tA)^{-1} = \begin{bmatrix} 2 & 1 \\ 1 & 1 \end{bmatrix}$

31. Soit

$$A = \begin{bmatrix} 1 & a & b \\ -a & 1 & c \\ -b & -c & 1 \end{bmatrix}$$

a) Montrer que $\det A = 1 + a^2 + b^2 + c^2$ pour tout $a, b, c \in \mathbb{R}$.

b) Calculer A^{-1}.

32. a) Soit A une matrice d'ordre 3 telle que $\det A = 2$. Trouver $\det(A^{-1} + 4 \operatorname{adj} A)$.

b) Soit $A^{-1} = \begin{bmatrix} 3 & 0 & 1 \\ 0 & 2 & 3 \\ 3 & 1 & -1 \end{bmatrix}$. Déterminer $\operatorname{adj} A$.

33. Montrer que si deux matrices A et B sont inversibles, alors AB l'est aussi.

A^{-1}, B^{-1} existent $(AB)^{-1}$ existe

AB est inversible $= B^{-1} A^{-1}$

34. Soit A et B deux matrices d'ordre n telles que $\det A = 2$ et $\det B = -3$. Montrer que $\det(A^{-1}({}^tB)) = -3/2$.

35. Soit A et B deux matrices d'ordre n. Montrer que :

a) $\det(AB) = 0$ si et seulement si $\det A = 0$ ou $\det B = 0$; $\det(AB) = \det A \cdot \det B$

b) si $AB = I_n$, alors $\det A \neq 0$ et $\det B \neq 0$.

36. Soit A une matrice d'ordre n. Montrer que :

a) si $A = A^{-1}$, alors $\det A = \pm 1$;

b) si $^tA = A^{-1}$, alors $\det A = \pm 1$.

37. Soit A une matrice d'ordre n. Montrer que si A est inversible et idempotente alors $\det A = 1$.

38. Soit A et B des matrices d'ordre n. Montrer que

$$\det({}^{t}A\,{}^{t}B) = (\det A)(\det {}^{t}B) = (\det {}^{t}A)(\det B)$$

39. Soit A une matrice idempotente d'ordre n. Montrer que $\det A = 0$ ou $\det A = 1$.

40. Dire si le système d'équations S suivant est un système de Cramer et justifier la réponse.

$$\begin{cases} x + 2y + z = 3 \\ x - y - z = 2 \\ x + z = 0 \end{cases}$$

41. Résoudre le système d'équations

$$\begin{cases} 2x - y + z = 3 \\ x - 2y + 3z = 1 \\ -2x + y + z = 4 \end{cases}$$

$a)$ à l'aide de la règle de Cramer;

$b)$ à l'aide de la proposition 2.5.

42. Résoudre le système d'équations $AX = B$ sachant que :

$a)$ $A = \begin{bmatrix} 2 & 1 \\ 1 & 2 \end{bmatrix}$ $\qquad X = \begin{bmatrix} x \\ y \end{bmatrix}$ $\qquad B = \begin{bmatrix} 1 \\ -3 \end{bmatrix}$

$b)$ $A = \begin{bmatrix} 4 & 1 & 1 \\ 3 & -1 & 1 \\ 1 & 1 & 2 \end{bmatrix}$ $\qquad X = \begin{bmatrix} x_1 \\ x_2 \\ x_3 \end{bmatrix}$ $\qquad B = \begin{bmatrix} 0 \\ -2 \\ -1 \end{bmatrix}$

43. Résoudre le système d'équations suivant à l'aide de la proposition 2.5 :

$$\begin{cases} x + y + z = -2 \\ 2x - y - z = -1 \\ 3x + y - 4z = 11 \end{cases}$$

44. Résoudre le système d'équations suivant à l'aide de la règle de Cramer :

$$\begin{cases} \dfrac{2}{x} + \dfrac{3}{y} + \dfrac{1}{z} = 4 \\[2mm] \dfrac{4}{x} - \dfrac{6}{y} + \dfrac{3}{z} = -7 \\[2mm] \dfrac{3}{x} - \dfrac{5}{y} + \dfrac{2}{z} = -5 \end{cases}$$

45. Soit $AX = B$ un système de Cramer. Montrer que l'unique solution du système d'équations homogène $AX = O$ est O. (On dit d'un système d'équations linéaires qu'il est homogène lorsque sa matrice des constantes est nulle.)

46. Une usine de Boisbriand fabrique deux produits : le PAB-2 et le QAM-24. Elle utilise à cette fin deux machines-outils : une MX-200 et une NX-300, qui sont respectivement en opération 12 h et 16 h par jour. Pour produire une unité de PAB-2, on doit faire fonctionner chacune des machines pendant 2 h, alors que pour produire une unité de QAM-24, on doit faire fonctionner la MX-200 pendant 1 h et la NX-300 pendant 3 h.

a) Exprimer sous la forme d'une équation matricielle $AX = B$ la production des deux machines-outils, en prenant comme variables x_1 et x_2 le nombre d'unités de chaque produit qu'on fabrique quotidiennement. Trouver ensuite A^{-1}.

b) Déterminer la matrice X de l'équation établie en *a*).

c) Quel serait l'effet sur la production de :

  i) l'achat d'une seconde machine NX-300 ?

  ii) l'achat de deux autres machines : une MX-200 et une NX-300 ?

47. Le tableau qui suit indique les ressources requises pour fabriquer une unité d'un produit P_1 et une unité d'un produit P_2.

	P_1	P_2
Plomb (kg)	5	7
Main-d'œuvre (heures-personnes)	3	4

a) Combien d'unités de chacun des produits P_1 et P_2 peut-on fabriquer avec :

    i) 13 400 kg de plomb et une main-d'œuvre de 7 800 heures-personnes ?

    ii) 15 000 kg de plomb et une main-d'œuvre de 8 800 heures-personnes ?

    iii) 23 000 kg de plomb et une main-d'œuvre de 13 500 heures-personnes ?

b) Exprimer sous la forme d'une équation matricielle $X = CD$ le nombre d'unités de chacun des produits P_1 et P_2 qu'on peut fabriquer avec p kg de plomb et une main-d'œuvre de m heures-personnes.

48. Une usine métallurgique québécoise produit deux types d'alliage : P et Q. Ses clients américains exigent que chaque tonne de l'alliage P contienne 200 kg de chacun des métaux M_1 et M_2 et que chaque tonne de l'alliage Q contienne 350 kg de M_1 et 150 kg de M_2. [1 tonne métrique (1 t) = 1 000 kg.]

a) Si l'usine dispose quotidiennement de 3 t de M_1 et de 2 t de M_2, combien de tonnes de chaque alliage peut-elle produire par jour ?

b) Si l'usine dispose quotidiennement de k_1 et de k_2 tonnes des métaux M_1 et M_2 respectivement, combien de tonnes de chaque alliage peut-elle produire par jour ?

49. Soit le triangle de la figure 2.1.

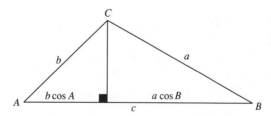

Figure 2.1

a) Montrer, à l'aide de la trigonométrie, qu'on peut poser le système S suivant :

$$\begin{cases} c\cos A & + \ a\cos C = b \\ b\cos A + \ a\cos B & = c \\ c\cos B + \ b\cos C = a \end{cases}$$

b) Le système S contient trois équations dont les trois inconnues sont $\cos A$, $\cos B$, $\cos C$. Montrer que le déterminant de la matrice des coefficients de S est non nul.

c) Utiliser la règle de Cramer pour calculer cos *C*.

d) Prouver la loi du cosinus :

$$c^2 = a^2 + b^2 - 2ab \cos C$$

50. Soit $(x_1, y_1), (x_2, y_2)$ et (x_3, y_3) trois points non colinéaires d'une courbe d'équation $y = f(x)$. Vérifier que par ces trois points on peut faire passer une parabole dont l'axe est vertical, c'est-à-dire une parabole d'équation $y = ax^2 + bx + c$ où $a \neq 0$.

51. Soit un triangle dont les sommets sont $P_1(x_1, y_1)$, $P_2(x_2, y_2)$ et $P_3(x_3, y_3)$, et $P(x, y)$ un point arbitraire du segment P_2P_3. On suppose que

$$\det \begin{bmatrix} x & y & 1 \\ x_2 & y_2 & 1 \\ x_3 & y_3 & 1 \end{bmatrix} = Ax + By + C \qquad \text{où } A, B \text{ et } C \in \mathbb{R},$$

que *b* désigne la longueur du segment P_2P_3 et *h*, la hauteur abaissée de P_1 sur P_2P_3.

a) Montrer que $b = \sqrt{A^2 + B^2}$.

b) Montrer que $h = \dfrac{|D|}{b}$ où $D = \det \begin{bmatrix} x_1 & y_1 & 1 \\ x_2 & y_2 & 1 \\ x_3 & y_3 & 1 \end{bmatrix}$ et $|D|$ est la valeur absolue de *D*.

c) Montrer que l'aire du triangle $P_1P_2P_3$ est égale à $\dfrac{|D|}{2}$.

d) Trouver l'aire du triangle dont les sommets sont les points $S_1(1, -1), S_2(3, 1)$ et $S_3(2, 4)$.

e) Expliquer pourquoi l'équation de la droite qui passe par les points $Q_1(2, 8)$ et $Q_2(4, 7)$ est

$$\det \begin{bmatrix} x & y & 1 \\ 2 & 8 & 1 \\ 4 & 7 & 1 \end{bmatrix} = 0 \text{ ou encore } x + 2y - 18 = 0$$

SYSTÈME D'ÉQUATIONS LINÉAIRES

CHAPITRE 3

Les mathématiciens s'intéressèrent à la résolution de systèmes d'équations dès l'Antiquité. Cependant, leurs progrès furent lents et ardus par manque de notations commodes. Qu'on puisse effectuer des opérations sur des quantités inconnues comme on le fait sur des nombres donnés n'était pas chose évidente. C'est précisément là le point de départ de l'algèbre, et les Babyloniens du deuxième millénaire avant notre ère furent les premiers à le comprendre. Toutefois, il fallut attendre jusqu'au XVIe siècle de l'ère chrétienne pour que l'algèbre acquière certaines caractéristiques de l'algèbre dite moderne.

En Occident, le Grec Diophante (vers 325 – vers 410) fut le premier à utiliser des abréviations, début de la symbolique de l'algèbre moderne. Avant lui, toutes les composantes de l'algèbre grecque étaient exprimées en clair, qu'il s'agisse de l'énoncé d'un problème, d'une opération, d'un raisonnement ou d'une solution. Diophante introduisit l'emploi d'un unique symbole, ς, appelé arithmos, pour désigner une quantité inconnue. Il créa aussi des symboles représentant la soustraction et les puissances d'un nombre (ou d'une inconnue); quant à l'addition, il l'écrivait en juxtaposant les termes. Membre de l'école d'Alexandrie (Égypte), il laissa un traité: les *Arithmétiques*; dix des treize livres qui le composaient nous sont parvenus. De nombreux sujets y sont traités, dont les équations déterminées ou indéterminées du premier degré à une ou plusieurs inconnues. Pour résoudre un système d'équations indéterminées à plusieurs inconnues, Diophante assigne une valeur arbitraire à une ou plusieurs inconnues.

L'antique cité d'Alexandrie, érigée sur le delta du Nil en 332 ou 331 av. J.-C. par Alexandre le Grand, devint le centre de la civilisation hellénique dont l'influence, à cette époque, s'étendait jusqu'en Inde et touchait tous les domaines du savoir. La célèbre bibliothèque d'Alexandrie, où étaient conservés des originaux, contenait environ 700 000 documents. Le saccage de ce monument par les Romains priva la postérité de nombreux ouvrages scientifiques et littéraires. Ainsi, il est difficile d'établir les sources auxquelles puisa Diophante. Il est plausible que son traité, comme les *Éléments* d'Euclide, soit en fait une compilation des travaux de plusieurs mathématiciens. On reconnaît par ailleurs que l'algèbre babylonienne fut une source d'inspiration pour la *géométrie algébrique* des Grecs, pour Diophante et pour les algébristes indiens et arabes. Enfin, la philosophe et mathématicienne grecque Hypatie (Alexandrie, 370 – 415) contribua par ses commentaires à faire connaître l'œuvre de Diophante.

Parmi les mathématiciens indiens ayant contribué à l'évolution de la théorie des équations indéterminées, on retient Âryabhata (vers 499), Brahmagupta, l'un des plus grands mathématiciens indiens du VIIe siècle, Mahâvîra (IXe siècle) et Bhâskara (XIIe siècle). Leur apport fut remarquable : la généralité de leur analyse surpasse celle de Diophante. Toutefois, leurs travaux ne furent connus que très tardivement en Occident.

Au Moyen Âge, l'Occident traversa une période obscure, peu propice à l'évolution des mathématiques. Les Arabes conquirent de vastes territoires et prirent en quelque sorte, sur le plan intellectuel, la relève de l'école d'Alexandrie. Le premier mathématicien important de l'école de Baghdâd fut Muhammad ibn Mûsâ al-Khwârigmî (fin du VIIIe siècle et début du IXe siècle). Il est intéressant de noter que la forme latine de al-Khwârigmî a fourni le terme *algorithme* (suite d'opérations menant à un résultat donné). Le principal ouvrage d'Al-Khwârigmî est son *Précis sur le calcul de al-jabr et al-mugabala*. *Al-jabr*, qui signifie complément ou rétablissement, a fourni le terme *algèbre*, synonyme de *science des équations*; *al-mugabala* signifie compensation, juxtaposition ou réduction. Les premiers chapitres de cet ouvrage portent sur la théorie des équations linéaires où les coefficients des inconnues et les solutions ne peuvent prendre que des valeurs positives. Le précis d'Al-Khwârigmî est considéré comme le premier traité de base d'algèbre. L'absence d'un symbolisme adéquat explique qu'il faudra attendre jusqu'au XVIe siècle pour que l'algèbre progresse à nouveau de façon notable.

L'algèbre dite moderne prit naissance avec le développement de la notation des variables par des lettres de l'alphabet (au lieu de couleurs ou de saveurs, comme en Inde, par exemple). On ne peut attribuer à une seule personne la création du symbolisme algébrique. Toutefois, l'apport du Français François Viète (Fontenay-le-Comte, 1540 – Paris, 1603) fut fondamental : il exposa dans son œuvre principale, l'*Art analytique*, une méthode de représentation littérale applicable à l'algèbre et à la géométrie. Bien qu'une certaine notation littérale ait existé avant Viète, il fut le premier à désigner par des lettres non seulement les inconnues et les puissances des inconnues, ce qui était courant en algèbre, mais aussi des coefficients indéterminés, ce qu'avaient fait les géomètres de l'Antiquité. De plus, il forma avec ces lettres des expressions algébriques sur lesquelles il effectua des opérations, comme on le faisait depuis un siècle avec les équations. Les mathématiciens de la première moitié du XVIIe siècle simplifièrent la notation de Viète, et les travaux de René Descartes (La Haye, Touraine, 1596 – Stockholm, 1650) lui donnèrent une forme qui s'apparente à celle de la notation actuellement en usage.

L'introduction des indices fut plus tardive. Les premiers qui les utilisèrent, au XVIIe siècle, furent Isaac Newton (Woolsthorpe, Lincolnshire, 1642 – Kensington, Middlesex, 1727) et Wilhelm Gottfried Leibniz (Leipzig, 1646 – Hanovre, 1716); toutefois, ce n'est que dans la formulation par Gabriel Cramer (Genève, 1704 – Bagnols, 1752), en 1750, d'une règle pour résoudre un système d'équations linéaires qu'on trouve une véritable méthode de notation à l'aide d'indices. En 1759, Joseph Louis de Lagrange (Turin, 1736 – Paris, 1813) généralisa cette méthode, et Pierre Simon de Laplace (Beaumont-en-Auge, Normandie, 1749 – Paris, 1827) la perfectionna. L'évolution fut lente; ainsi, quand le Français Camille Jordan (Lyon, 1838 – Paris, 1922) écrivit son *Traité des substitutions et des équations algébriques*, en 1870, l'usage des indices n'était pas encore courant.

Les Babyloniens savaient résoudre un système d'équations linéaires par élimination successive des inconnues, mais jusqu'en 1750 personne ne s'intéressa aux caractéristiques des systèmes auxquels cette méthode est applicable : lorsque le procédé par élimination ne donnait aucun résultat, on en concluait que le système à résoudre n'admettait aucune solution. Au milieu du XVIIIe siècle, Gabriel Cramer et Colin Maclaurin (Kilmodan, comté d'Argyll, 1698 – Édimbourg, 1746) exposèrent une méthode de résolution, basée sur la notion de déterminant, applicable à certains systèmes de n équations linéaires à n inconnues, mais il fallut attendre jusqu'au XIXe siècle la découverte d'une méthode générale de résolution d'un système quelconque d'équations linéaires. Celle-ci fut rendue possible par le développement de la théorie des matrices et des déterminants, au cours des XVIIIe et XIXe siècles.

Carl Friedrich Gauss (Brunswick, 1777 – Göttingen, 1855) créa une méthode générale de résolution d'un système d'équations linéaires. Ce mathématicien fut l'un des plus éminents de son siècle; certains lui ont décerné le titre de *Prince des mathématiques*. Il fut le premier à insister avec vigueur sur la nécessité de démonstrations rigoureuses où l'intuition ne joue aucun rôle. Son œuvre est d'une ampleur et d'une richesse remarquables. Gauss, qui fut non seulement un mathématicien mais aussi un géodésien et un astronome, publia *Disquisitio de clementis elliptics Palladis*, en 1810, une étude sur l'orbite de Pallas, le deuxième plus gros astéroïde du système solaire. Il avait à y résoudre un système d'équations linéaires à six inconnues, ne pouvant être satisfaites simultanément. Au lieu de s'attaquer simplement à ce problème, il introduisit une méthode générale de résolution des systèmes d'équations linéaires, où intervient la notion de matrice.

La généralisation de la méthode de Gauss par le géodésien allemand Wilhelm Jordan (1842 – 1899) est aujourd'hui connue sous le nom de méthode de Gauss-Jordan[1]. Elle fut publiée dans la troisième édition d'une œuvre posthume de W. Jordan : *Handbuch der Vermessungskunde* (un manuel de géodésie). Henry John Steven Smith (1826–1883) introduisit les notions de matrice des coefficients et de matrice complète d'un système d'équations linéaires quelconque, et Georg Ferdinand Frobenius (1849 – 1917) créa le concept de rang d'une matrice en 1879.

Dans le présent chapitre, on établit la terminologie de base des équations linéaires et des systèmes formés de telles équations, on définit le concept de matrice échelonnée réduite et on décrit un algorithme permettant de calculer une matrice de ce type, on expose les méthodes de Gauss et de Gauss-Jordan, on traite de la nature des solutions d'un système d'équations linéaires et de la résolution simultanée de plusieurs systèmes de ce type et, enfin, on donne quelques applications des systèmes d'équations linéaires.

---

1. La méthode de Gauss-Jordan est souvent attribuée à Camille Jordan. Steven C. Althoen et Renate McLaughlin traitent de cette controverse dans un article de *American Mathematical Monthly*, vol. 94, n° 2, fév. 1987.

3.1 Terminologie

La présente section porte sur la terminologie de base des équations linéaires et des systèmes formés de telles équations.

Équation linéaire

On se propose de formuler des définitions rigoureuses d'une équation linéaire et d'une solution d'une équation de ce type, et de classer les équations linéaires en fonction des solutions qu'elles admettent.

Définition 3.1 Équation linéaire

On appelle équation linéaire une équation du premier degré à une ou plusieurs inconnues. Par exemple, une équation linéaire à n inconnues x_1, x_2, ..., x_n s'écrit

$$a_1x_1 + a_2x_2 + ... + a_nx_n = b \qquad \text{où } a_i \in \mathbb{R} \text{ pour tout } i = 1, 2, ..., n \text{ et } b \in \mathbb{R}$$

Les scalaires a_i sont appelés les coefficients des inconnues x_i et b est la constante de l'équation. ❏

Exemple 3.1

Les égalités suivantes sont des équations linéaires :

$x + y = 2$	équation de degré 1 à 2 inconnues;
$x_1 + 2x_2 - 3x_3 + x_4 = 6$	équation de degré 1 à 4 inconnues;
$2x_1 - x_2 + ... + 4x_n = 8$	équation de degré 1 à n inconnues.

Définition 3.2 Solution d'une équation linéaire

Un ensemble de scalaires k_1, k_2, ..., k_n est une solution de l'équation linéaire

$$a_1x_1 + a_2x_2 + ... + a_nx_n = b$$

si l'égalité est vérifiée lorsqu'on assigne aux inconnues x_1, x_2, ..., x_n les valeurs k_1, k_2, ..., k_n respectivement, c'est-à-dire si l'égalité

$$a_1k_1 + a_2k_2 + \ldots + a_nk_n = b$$

est vérifiée. On désigne cette solution de l'équation par le n-uplet $(k_1, k_2, \ldots, k_n)$.

❏

Exemple 3.2

Soit l'équation $x_1 + 2x_2 - 4x_3 + 4x_4 = 3$. Le quadruplet $(3, 2, 1, 0)$ est une solution de cette équation, car $1(3) + 2(2) - 4(1) + 4(0) = 3$.

Exemple 3.3

On se propose de montrer, pour t et $s \in \mathbb{R}$, que $(t - s - 1, t + s + 1, s, t)$ est une solution de l'équation $2x_1 - x_2 + 3x_3 - x_4 = -3$.

En posant $x_1 = t - s - 1$, $x_2 = t + s + 1$, $x_3 = s$ et $x_4 = t$, on obtient, par substitution,

$$2x_1 - x_2 + 3x_3 - x_4 = 2(t - s - 1) - (t + s + 1) + 3s - t = -3$$

Donc, $(t - s - 1, t + s + 1, s, t)$ est une solution de l'équation donnée.

Nature des solutions d'une équation linéaire

Pour classer les équations linéaires $a_1x_1 + a_2x_2 + \ldots + a_nx_n = b$ en fonction de leurs solutions, on étudie les valeurs des coefficients a_i et de la constante b.

1er cas : $a_i = 0$ pour $i = 1, 2, \ldots, n$ et $b = 0$.

Par substitution, on obtient $0x_1 + 0x_2 + \ldots + 0x_n = 0$, donc n'importe quel n-uplet $(k_1, k_2, \ldots, k_n)$ de $\mathbb{R}^n$ est une solution de l'équation. En d'autres termes, l'équation admet une **infinité de solutions**.

2e cas : $a_i = 0$ pour $i = 1, 2, \ldots, n$ et $b \neq 0$.

Par substitution, on obtient $0x_1 + 0x_2 + \ldots + 0x_n = b$. Il n'existe aucun n-uplet $(k_1, k_2, \ldots, k_n)$ de $\mathbb{R}^n$ qui vérifie cette équation, c'est-à-dire qu'elle n'admet **aucune solution**.

3e cas : $a_i \neq 0$ pour au moins un i tel que $i = 1, 2, ..., n$.

Si on suppose que $a_2 \neq 0$, l'équation linéaire s'écrit

$$x_2 = \frac{b}{a_2} - \frac{a_1}{a_2}x_1 - \frac{a_3}{a_2}x_3 - ... - \frac{a_n}{a_2}x_n$$

En assignant des valeurs arbitraires aux $(n - 1)$ inconnues, $x_1, x_3, ..., x_n$, et en calculant ensuite la valeur de x_2, on obtient une solution de l'équation linéaire. Ce raisonnement s'applique quel que soit le coefficient a_j non nul, et il est évident que l'équation linéaire admet une **infinité de solutions**.

Système d'équations linéaires

Dans ce qui suit, on définit les notions de système d'équations linéaires et de solution d'un tel système, ainsi que celles de système compatible et homogène, et de systèmes équivalents.

Définition 3.3   Système d'équations linéaires

Un système d'équations linéaires S est un ensemble d'un nombre quelconque d'équations linéaires ayant les mêmes inconnues. Sous la **forme canonique**, un système S composé de m équations linéaires à n inconnues, $x_1, x_2, ..., x_n$, s'écrit

$$S \begin{cases} a_{11}x_1 + a_{12}x_2 + ... + a_{1n}x_n = b_1 \\ a_{21}x_1 + a_{22}x_2 + ... + a_{2n}x_n = b_2 \\ \vdots \\ a_{m1}x_1 + a_{m2}x_2 + ... + a_{mn}x_n = b_m \end{cases}$$

où $a_{ij} \in \mathbb{R}$ pour $i = 1, 2, ..., m$ et $j = 1, 2, ..., n$, et $b_i \in \mathbb{R}$ pour $i = 1, 2, ..., m$. $\square$

D'autres notations que la forme canonique sont utilisées pour décrire un système S de m équations linéaires à n inconnues, notamment les formes algébrique, matricielle et vectorielle.

Forme algébrique

$$S : \sum_{j=1}^{n} a_{ij}x_j = b_i \quad \text{où } i = 1, 2, ..., m$$

Forme matricielle

$$S : AX = B \quad \text{où} \quad A = \begin{bmatrix} a_{11} & a_{12} & \cdots & a_{1n} \\ a_{21} & a_{22} & \cdots & a_{2n} \\ \vdots & & & \vdots \\ a_{m1} & a_{m2} & \cdots & a_{mn} \end{bmatrix} \quad B = \begin{bmatrix} b_1 \\ b_2 \\ \vdots \\ b_m \end{bmatrix} \quad X = \begin{bmatrix} x_1 \\ x_2 \\ \vdots \\ x_n \end{bmatrix}$$

A étant la matrice des coefficients associée au système S, X la matrice des inconnues et B la matrice des constantes.

Forme vectorielle

$$S : x_1\vec{a}_1 + x_2\vec{a}_2 + ... + x_n\vec{a}_n = \vec{b} \quad \text{ou encore} \quad S : \sum_{j=1}^{n} x_j\vec{a}_j = \vec{b}$$

$$\text{où} \qquad \vec{a}_j = \begin{bmatrix} a_{1j} \\ a_{2j} \\ \vdots \\ a_{mj} \end{bmatrix} \qquad \vec{b} = \begin{bmatrix} b_1 \\ b_2 \\ \vdots \\ b_m \end{bmatrix}$$

Dans le présent ouvrage, on emploie surtout les formes canonique et matricielle d'un système linéaire S.

Exemple 3.4

La forme matricielle du système d'équations linéaires

$$\begin{cases} 2x + 3y - z + w = 2 \\ x + 2y - z + 4w = 3 \\ x + y + 6z - w = -4 \end{cases}$$

est

$$\begin{bmatrix} 2 & 3 & -1 & 1 \\ 1 & 2 & -1 & 4 \\ 1 & 1 & 6 & -1 \end{bmatrix} \begin{bmatrix} x \\ y \\ z \\ w \end{bmatrix} = \begin{bmatrix} 2 \\ 3 \\ -4 \end{bmatrix}$$

Définition 3.4   Solution d'un système d'équations linéaires

Soit un système linéaire à n inconnues $S : AX = B$. La matrice colonne

$$K = \begin{bmatrix} k_1 \\ \vdots \\ k_n \end{bmatrix}$$

est une solution de S si et seulement si $AK = B$.

Il est commode de noter la solution K par le n-uplet $(k_1, k_2, ..., k_n)$.   ❏

Exemple 3.5

$a)$ On veut vérifier si $K = \begin{bmatrix} 1 \\ 2 \\ 4 \\ 1 \end{bmatrix}$ est une solution du système linéaire S décrit par

$$\begin{bmatrix} 2 & -1 & 2 & 0 \\ 3 & -2 & 1 & 1 \\ 0 & 0 & -2 & 4 \end{bmatrix} \begin{bmatrix} x_1 \\ x_2 \\ x_3 \\ x_4 \end{bmatrix} = \begin{bmatrix} 8 \\ 4 \\ -4 \end{bmatrix}$$

Puisque

$$\begin{bmatrix} 2 & -1 & 2 & 0 \\ 3 & -2 & 1 & 1 \\ 0 & 0 & -2 & 4 \end{bmatrix} \begin{bmatrix} 1 \\ 2 \\ 4 \\ 1 \end{bmatrix} = \begin{bmatrix} 8 \\ 4 \\ -4 \end{bmatrix}$$

K est bien une solution de S.

b) On veut vérifier si $(1, -1, 2, 0)$ est une solution du système linéaire

$$\begin{cases} 3x_1 + 4x_2 - 2x_3 + 8x_4 = -5 & (1) \\ 3x_1 + 6x_2 + 4x_3 + 3x_4 = 5 & (2) \\ x_1 + x_2 + x_3 + x_4 = 4 & (3) \end{cases}$$

Si on pose $x_1 = 1$, $x_2 = -1$, $x_3 = 2$ et $x_4 = 0$, on obtient par substitution :

$$\begin{cases} 3(1) + 4(-1) - 2(2) + 8(0) = -5 \\ 3(1) + 6(-1) + 4(2) + 3(0) = 5 \\ 1(1) + 1(-1) + 1(2) + 1(0) = 2 \end{cases}$$

La dernière équation diffère par sa constante de l'équation (3). Le quadruplet $(1, -1, 2, 0)$ n'est donc pas une solution du système donné.

Définition 3.5   Système compatible

Un système d'équations linéaires $S : AX = B$ est dit compatible s'il admet au moins une solution. Un système linéaire qui n'admet aucune solution est dit **incompatible**.

❒

Exemple 3.6

Soit le système linéaire

$$\begin{cases} 2x + y - z = 4 & (1) \\ 4x + y + z = -6 & (2) \\ 4x + 2y - 2z = 10 & (3) \end{cases}$$

On note que l'équation (3) est équivalente à $2x + y - z = 5$. Or, cette dernière équation et l'équation (1) n'admettent simultanément aucune solution. Le système donné est donc incompatible.

Définition 3.6   Système homogène

Un système linéaire $S : AX = O$ est dit homogène.

❒

On constate que tout système homogène est compatible puisqu'il admet la solution

$\begin{bmatrix} 0 \\ 0 \\ \vdots \\ 0 \end{bmatrix}$, appelée **solution triviale** du système.

Définition 3.7 Systèmes équivalents

Deux systèmes d'équations linéaires S et S' sont dits équivalents si et seulement si ils admettent exactement les mêmes solutions. On note $S \sim S'$ deux systèmes S et S' équivalents. ◻

Exemple 3.7

Soit les systèmes linéaires

$$S \begin{cases} x + 4y + 3z = 10 \\ 2x + y - z = -1 \\ 3x - y + z = 11 \end{cases} \quad \text{et} \quad S' \begin{cases} 6x + 4y + 3z = 20 \\ 3x + 5y + 2z = 9 \\ 5x + y + 6z = 33 \end{cases}$$

Les deux systèmes sont des systèmes de Cramer : le déterminant de la matrice des coefficients de S est $-35 \neq 0$ et le déterminant de la matrice des coefficients de S' est $70 \neq 0$. Les deux systèmes admettent donc une solution unique et on peut vérifier par substitution que S et S' admettent la même solution. En effet, $(2, -1, 4)$ vérifie chacune des équations de S :

$$1(2) + 4(-1) + 3(4) = 10$$
$$2(2) + 1(-1) - 1(4) = -1$$
$$3(2) - 1(-1) + 1(4) = 11$$

et chacune des équations de S' :

$$6(2) + 4(-1) + 3(4) = 20$$
$$3(2) + 5(-1) + 2(4) = 9$$
$$5(2) + 1(-1) + 6(4) = 33$$

Ainsi, les deux systèmes S et S' sont équivalents.

En appliquant une ou plusieurs des opérations suivantes aux équations d'un système linéaire S, on obtient un système linéaire S' équivalent à S :

i) l'**interversion** de deux équations;

ii) la **multiplication** de chaque membre d'une équation par un même scalaire réel $k \neq 0$;

iii) l'**addition** membre à membre d'une équation à une autre équation.

Exemple 3.8

$$S_1 \begin{cases} x + 2y = 4 \\ 2x - y = 3 \end{cases} \text{ est équivalent à } S_2 \begin{cases} 2x - y = 3 \\ x + 2y = 4 \end{cases} \quad \text{[Interversion]}$$

$$S_2 \begin{cases} 2x - y = 3 \\ x + 2y = 4 \end{cases} \text{ est équivalent à } S_3 \begin{cases} 4x - 2y = 6 \\ x + 2y = 4 \end{cases} \quad \text{[Multiplication]}$$

$$S_3 \begin{cases} 4x - 2y = 6 \\ x + 2y = 4 \end{cases} \text{ est équivalent à } S_4 \begin{cases} 5x = 10 \\ x + 2y = 4 \end{cases} \quad \text{[Addition]}$$

Donc,

$$S_1 \begin{cases} x + 2y = 4 \\ 2x - y = 3 \end{cases} \text{ est équivalent à } S_4 \begin{cases} 5x = 10 \\ x + 2y = 4 \end{cases}$$

En fait, il est facile de vérifier que le couple ordonné $(x, y) = (2, 1)$ est l'unique solution de chacun des systèmes S_1 et S_4.

Exercices suggérés : 1 à 4, p. 164-165.

3.2 **Matrice échelonnée réduite**

On expose dans la prochaine section deux méthodes générales de résolution des systèmes d'équations linéaires qui sont basées, l'une sur la notion de matrice échelonnée et l'autre sur celle de matrice échelonnée réduite. On définit donc dans la présente section ces deux dernières notions, de même que celles de matrice complète d'un système linéaire, de matrices équivalentes et d'opérations élémentaires sur les lignes d'une matrice, qui servent à obtenir une matrice échelonnée réduite à partir d'une matrice donnée.

Définition 3.8   **Matrice complète**

Soit $S : AX = B$, le système linéaire qui s'écrit, sous forme canonique,

$$S \begin{cases} a_{11}x_1 & + & a_{12}x_2 & +...+ & a_{1n}x_n & = & b_1 \\ a_{21}x_1 & + & a_{22}x_2 & +...+ & a_{2n}x_n & = & b_2 \\ \vdots & & & & & & \vdots \\ a_{m1}x_1 & + & a_{m2}x_2 & +...+ & a_{mn}x_n & = & b_m \end{cases}$$

On appelle matrice complète de S la matrice, notée $A|B$, qui est obtenue en ajoutant à la matrice des coefficients de S une $(n + 1)$-ième colonne, formée des éléments de la matrice des constantes :

$$A|B = \begin{bmatrix} a_{11} & a_{12} & \cdots & a_{1n} & b_1 \\ a_{21} & a_{22} & \cdots & a_{2n} & b_2 \\ \vdots & \vdots & & \vdots & \vdots \\ a_{m1} & a_{m2} & \cdots & a_{mn} & b_m \end{bmatrix}$$

$\square$

Exemple 3.9

On veut déterminer la matrice complète du système

$$S \begin{cases} 2x - y + z - 6 = 0 \\ 3w + x - y = 4 - z \\ 2x + w - v + z = 2 \\ x - y + z - w + v - 10 = 0 \end{cases}$$

En regroupant, pour chaque équation, les inconnues dans le membre de gauche (en respectant toujours le même ordre) et les constantes dans le membre de droite, on obtient

$$S \begin{cases} 2x - y + z & = 6 \\ x - y + z + 3w & = 4 \\ 2x + z + w - v = 2 \\ x - y + z - w + v = 10 \end{cases}$$

La matrice complète de S est donc

$$A|B = \left[\begin{array}{ccccc|c} 2 & -1 & 1 & 0 & 0 & 6 \\ 1 & -1 & 1 & 3 & 0 & 4 \\ 2 & 0 & 1 & 1 & -1 & 2 \\ 1 & 1 & 1 & -1 & 1 & 10 \end{array} \right]$$

La première colonne a comme éléments les coefficients de la variable x, la deuxième ceux de la variable y, la troisième ceux de la variable z, la quatrième ceux de la variable w et la cinquième ceux de la variable v. Enfin, la dernière colonne est formée des constantes du système.

Définition 3.9   Opérations élémentaires sur les lignes

Soit une matrice M. On appelle opération élémentaire sur les lignes de M l'une quelconque des trois opérations suivantes :

$L_i \leftrightarrow L_j$:   **interversion** des i-ième et j-ième lignes de M;

$kL_i \rightarrow L_i$:   **multiplication** de chaque élément de la i-ième ligne de M par un scalaire réel $k \neq 0$;

$L_i + L_j \rightarrow L_i$:   **addition** des éléments de la j-ième ligne de M aux éléments de la i-ième ligne, en respectant leur rang.   ❑

Il faut bien distinguer les opérations $L_i + L_j \rightarrow L_i$ et $L_j + L_i \rightarrow L_j$. Dans le premier cas, on additionne les éléments de la j-ième ligne à ceux de la i-ième ligne et la *j*-ième ligne est inchangée; dans le second cas, on additionne les éléments de la *i*-ième ligne à ceux de la *j*-ième ligne et la *i*-ième ligne est inchangée.

Il est à noter qu'on peut combiner les opérations élémentaires et qu'on peut appliquer successivement autant d'opérations qu'on le désire. Ainsi, étant donné une matrice M et deux scalaires réels $p \neq 0$ et $q \neq 0$, on peut effectuer $pL_i \rightarrow L_i$, suivi de $qL_j \rightarrow L_j$, puis de $L_i + L_j \rightarrow L_i$. Ces trois opérations successives se notent de façon plus concise $pL_i + qL_j \rightarrow L_i$. De même, on peut effectuer $pL_i \leftrightarrow qL_j$.

Exemple 3.10

Soit la matrice $A = \begin{bmatrix} 2 & 8 & 6 \\ 4 & 2 & -2 \\ 3 & -1 & 1 \end{bmatrix}$

Appliqué à A $\quad (1/2)L_1 \rightarrow L_1 \quad$ donne $A_1 = \begin{bmatrix} 1 & 4 & 3 \\ 4 & 2 & -2 \\ 3 & -1 & 1 \end{bmatrix}$

Appliqué à A_1 $\quad \begin{matrix} L_2 - 4L_1 \rightarrow L_2 \\ L_3 - 3L_1 \rightarrow L_3 \end{matrix} \quad$ donne $A_2 = \begin{bmatrix} 1 & 4 & 3 \\ 0 & -14 & -14 \\ 0 & -13 & -8 \end{bmatrix}$

Appliqué à A_2 $\quad (-1/14)L_2 \rightarrow L_2 \quad$ donne $A_3 = \begin{bmatrix} 1 & 4 & 3 \\ 0 & 1 & 1 \\ 0 & -13 & -8 \end{bmatrix}$

Appliqué à A_3 $\quad L_3 + 13L_2 \rightarrow L_3 \quad$ donne $A_4 = \begin{bmatrix} 1 & 4 & 3 \\ 0 & 1 & 1 \\ 0 & 0 & 5 \end{bmatrix}$

Appliqué à A_4 $\quad (1/5)L_3 \rightarrow L_3 \quad$ donne $A_5 = \begin{bmatrix} 1 & 4 & 3 \\ 0 & 1 & 1 \\ 0 & 0 & 1 \end{bmatrix}$

Définition 3.10   Matrices équivalentes

Deux matrices de mêmes dimensions M et M' sont dites équivalentes, et on écrit $M \sim M'$, si l'une résulte de l'application d'un nombre quelconque d'opérations élémentaires sur les lignes de l'autre matrice.   ❐

Exemple 3.11

Dans l'exemple 3.10, en appliquant successivement à la matrice A plusieurs opérations élémentaires, on a obtenu la matrice A_5. Les matrices

$$A = \begin{bmatrix} 2 & 8 & 6 \\ 4 & 2 & -2 \\ 3 & -1 & 1 \end{bmatrix} \text{ et } A_5 = \begin{bmatrix} 1 & 4 & 3 \\ 0 & 1 & 1 \\ 0 & 0 & 1 \end{bmatrix}$$

sont donc équivalentes.

Proposition 3.1   Systèmes équivalents

Deux systèmes linéaires sont équivalents si et seulement si leurs matrices complètes sont équivalentes.   ❑

Exemple 3.12

Soit les systèmes linéaires

$$S \begin{cases} 2x_1 + 8x_2 + 6x_3 = 20 \\ 4x_1 + 2x_2 - 2x_3 = -2 \\ 3x_1 - x_2 + x_3 = 11 \end{cases} \text{ et } S' \begin{cases} x_1 + 4x_2 + 3x_3 = 10 \\ x_2 + x_3 = 3 \\ x_3 = 4 \end{cases}$$

Pour savoir si ces deux systèmes sont équivalents, il suffit de vérifier si leurs matrices complètes respectives sont équivalentes (proposition 3.1). Sous la forme matricielle $AX = B$, le système S s'écrit

$$\begin{bmatrix} 2 & 8 & 6 \\ 4 & 2 & -2 \\ 3 & -1 & 1 \end{bmatrix} \begin{bmatrix} x_1 \\ x_2 \\ x_3 \end{bmatrix} = \begin{bmatrix} 20 \\ -2 \\ 11 \end{bmatrix}$$

et sa matrice complète est

$$A|B = \begin{bmatrix} 2 & 8 & 6 & 20 \\ 4 & 2 & -2 & -2 \\ 3 & -1 & 1 & 11 \end{bmatrix}$$

De façon analogue, sous la forme matricielle $A'X = B'$, le système S' s'écrit

$$\begin{bmatrix} 1 & 4 & 3 \\ 0 & 1 & 1 \\ 0 & 0 & 1 \end{bmatrix} \begin{bmatrix} x_1 \\ x_2 \\ x_3 \end{bmatrix} = \begin{bmatrix} 10 \\ 3 \\ 4 \end{bmatrix}$$

et sa matrice complète est

$$A'|B' = \begin{bmatrix} 1 & 4 & 3 & 10 \\ 0 & 1 & 1 & 3 \\ 0 & 0 & 1 & 4 \end{bmatrix}$$

En appliquant uniquement des opérations élémentaires sur les lignes, on a :

$$A|B = \begin{bmatrix} 2 & 8 & 6 & 20 \\ 4 & 2 & -2 & -2 \\ 3 & -1 & 1 & 11 \end{bmatrix} \quad \underset{(1/2)L_1 \to L_1}{\sim} \quad \begin{bmatrix} 1 & 4 & 3 & 10 \\ 4 & 2 & -2 & -2 \\ 3 & -1 & 1 & 11 \end{bmatrix}$$

$$\underset{\substack{L_2 - 4L_1 \to L_2 \\ L_3 - 3L_1 \to L_3}}{\sim} \quad \begin{bmatrix} 1 & 4 & 3 & 10 \\ 0 & -14 & -14 & -42 \\ 0 & -13 & -8 & -19 \end{bmatrix}$$

$$\underset{(-1/14)L_2 \to L_2}{\sim} \quad \begin{bmatrix} 1 & 4 & 3 & 10 \\ 0 & 1 & 1 & 3 \\ 0 & -13 & -8 & -19 \end{bmatrix}$$

$$\underset{L_3 + 13L_2 \to L_3}{\sim} \quad \begin{bmatrix} 1 & 4 & 3 & 10 \\ 0 & 1 & 1 & 3 \\ 0 & 0 & 5 & 20 \end{bmatrix}$$

$$\underset{(1/5)L_3 \to L_3}{\sim} \quad \begin{bmatrix} 1 & 4 & 3 & 10 \\ 0 & 1 & 1 & 3 \\ 0 & 0 & 1 & 4 \end{bmatrix} = A'|B'$$

On conclut de ce qui précède que les matrices $A|B$ et $A'|B'$ sont équivalentes, d'où il résulte que les systèmes S et S' sont équivalents.

On aurait pu également vérifier que S et S' sont des systèmes de Cramer et qu'ils admettent tous deux la même solution, soit $(x_1, x_2, x_3) = (2, -1, 4)$.

Définition 3.11   Matrice échelonnée

Une matrice A est dite échelonnée (selon ses lignes) si elle satisfait aux deux conditions suivantes :

i) le premier élément non nul de chaque ligne est situé à droite du premier élément non nul de la ligne précédente;

ii) toutes les lignes nulles sont situées sous les lignes non nulles.   ❐

Les éléments d'une matrice échelonnée qui sont le premier élément non nul d'une ligne sont appelés **éléments remarquables** de la matrice.

Définition 3.12   Matrice échelonnée réduite

Une matrice échelonnée A est dite échelonnée réduite (selon ses lignes) si elle satisfait aux deux conditions suivantes :

i) tous les éléments remarquables de A sont le scalaire 1;

ii) chaque élément remarquable est le seul élément non nul de la colonne où il est situé.   ❐

Exemple 3.13

Soit les matrices échelonnées (définition 3.11)

$$A_1 = \begin{bmatrix} \boxed{2} & 0 & 2 & 4 \\ 0 & \boxed{1} & 1 & -5 \\ 0 & 0 & \boxed{3} & 9 \end{bmatrix} \quad A_2 = \begin{bmatrix} \boxed{1} & 0 & 1 & 2 \\ 0 & \boxed{1} & 1 & -5 \\ 0 & 0 & \boxed{1} & 3 \end{bmatrix} \quad A_3 = \begin{bmatrix} \boxed{2} & 1 & 2 & 3 & 0 & 4 \\ 0 & \boxed{1} & 1 & 2 & 0 & 1 \\ 0 & 0 & 0 & 0 & \boxed{1} & 2 \\ 0 & 0 & 0 & 0 & 0 & 0 \\ 0 & 0 & 0 & 0 & 0 & 0 \end{bmatrix}$$

dont on a encadré les éléments remarquables. On note que les éléments remarquables de A_2 sont tous égaux à 1. Aucune des matrices A_1, A_2 et A_3 n'est échelonnée réduite.

Les matrices

$$A_4 = \begin{bmatrix} \boxed{1} & 0 & 0 & 2 \\ 0 & \boxed{1} & 0 & -5 \\ 0 & 0 & \boxed{1} & 3 \end{bmatrix} \text{ et } A_5 = \begin{bmatrix} \boxed{1} & 0 & 0 & 3 & 0 & 1 \\ 0 & 0 & \boxed{1} & 2 & 0 & 2 \\ 0 & 0 & 0 & 0 & 0 & 0 \end{bmatrix}$$

sont échelonnées réduites (définition 3.12). On a encadré leurs éléments remarquables.

Exemple 3.14

Soit

$$B_1 = \begin{bmatrix} 1 & 3 & 0 & 3 \\ 0 & 0 & 0 & 0 \\ 0 & 0 & 1 & 2 \end{bmatrix} \quad B_2 = \begin{bmatrix} 1 & 0 & -2 & 1 \\ 0 & 4 & 2 & 2 \\ 0 & 2 & 1 & 3 \end{bmatrix} \quad B_3 = \begin{bmatrix} 1 & 0 & 2 & 1 \\ 0 & 0 & 1 & 2 \\ 0 & 1 & 2 & 3 \\ 0 & 0 & 0 & 0 \end{bmatrix}$$

Aucune des matrices B_1, B_2 et B_3 n'est échelonnée. En effet, la matrice B_1 ne vérifie pas la condition *ii*) de la définition 3.11. Dans la matrice B_2, le premier élément non nul de la 3e ligne est situé sous le premier élément non nul de la 2e ligne, et non à sa droite [définition 3.11 *i*)]. De même, dans la matrice B_3, l'élément 1 de la 3e ligne est situé à gauche de l'élément 1 de la 2e ligne.

La matrice

$$B_4 = \begin{bmatrix} 1 & 2 & 5 & -2 \\ 0 & 1 & 3 & 2 \\ 0 & 0 & 1 & 2 \\ 0 & 0 & 0 & 0 \end{bmatrix}$$

est échelonnée puisqu'elle vérifie les deux conditions de la définition 3.11, mais elle n'est pas échelonnée réduite, car elle ne satisfait pas à la condition *ii*) de la définition 3.12.

La proposition suivante s'avérera utile pour la résolution des systèmes d'équations linéaires. On l'énonce sans la démontrer.

Proposition 3.2

Soit M une matrice quelconque. Si M' est une matrice échelonnée réduite équivalente à M, alors M' est unique. ❑

Algorithme de calcul d'une matrice échelonnée réduite

L'algorithme décrit ci-dessous permet d'obtenir la matrice échelonnée réduite équivalente à une matrice donnée $A_{m,n}$. Dans ce processus, on effectue chacune des étapes pour chaque ligne de A, de la ligne $i = 1$ à la ligne $i = m$.

1°   Si tous les éléments de la i-ième ligne de A sont nuls, on place cette ligne sous toutes les autres lignes de la matrice.

2°   Si la i-ième ligne contient des éléments non nuls, on identifie le **premier** de ces éléments. On effectue ensuite les opérations élémentaires appropriées pour que tous les éléments situés sous le premier élément non nul de la i-ième ligne soient zéro.

3°   Si le premier élément non nul de la i-ième ligne n'est pas situé à droite du premier élément non nul de chacune des lignes précédentes, on effectue les opérations d'inversion requises pour que dans les i premières lignes le premier élément non nul soit situé à droite du premier élément non nul de la ligne précédente.

En appliquant les trois étapes décrites ci-dessus pour $i = 1, 2, ..., m$, on obtient une **matrice échelonnée** A' équivalente à la matrice de départ A.

4°   Soit a_{ij} l'élément remarquable de la ligne i, s'il existe. Si $a_{ij} \neq 1$, on effectue une opération élémentaire qui permette d'obtenir 1 comme élément remarquable de la ligne i, par exemple : $(1/a_{ij})L_i \rightarrow L_i$.

La quatrième étape donne une matrice échelonnée A'' (équivalente à A) dont tous les éléments remarquables sont égaux à 1.

5° On effectue les opérations élémentaires nécessaires pour que dans chaque colonne qui contient un élément remarquable (égal à 1) tous les autres éléments soient zéro.

La cinquième étape donne la **matrice échelonnée réduite** A''' équivalente à A.

❑

Il est à noter qu'il n'est pas toujours nécessaire d'appliquer les étapes de l'algorithme décrit ci-dessus dans l'ordre donné. On doit aussi se rappeler qu'il existe plusieurs matrices échelonnées équivalentes à une matrice donnée A, mais qu'il n'existe qu'une seule matrice échelonnée réduite qui soit équivalente à A.

Exemple 3.15

On cherche la matrice échelonnée réduite équivalente à

$$M = \begin{bmatrix} 3 & -2 & 1 & -1 \\ 1 & 2 & -5 & -3 \\ 1 & 0 & -1 & 1 \end{bmatrix}$$

$$M = \begin{bmatrix} 3 & -2 & 1 & -1 \\ 1 & 2 & -5 & -3 \\ 1 & 0 & -1 & 1 \end{bmatrix} \underset{L_1 \leftrightarrow L_3}{\sim} \begin{bmatrix} 1 & 0 & -1 & 1 \\ 1 & 2 & -5 & -3 \\ 3 & -2 & 1 & -1 \end{bmatrix}$$

$$\underset{\substack{-L_2+L_1 \to L_2 \\ -L_3+3L_1 \to L_3}}{\sim} \begin{bmatrix} 1 & 0 & -1 & 1 \\ 0 & -2 & 4 & 4 \\ 0 & 2 & -4 & 4 \end{bmatrix}$$

$$\underset{L_3+L_2 \to L_3}{\sim} \begin{bmatrix} \boxed{1} & 0 & -1 & 1 \\ 0 & \boxed{-2} & 4 & 4 \\ 0 & 0 & 0 & \boxed{8} \end{bmatrix}$$

(Matrice échelonnée équivalente à M)

$$\underset{(-1/2)L_2}{\sim} \begin{bmatrix} \boxed{1} & 0 & -1 & 1 \\ 0 & \boxed{1} & -2 & -2 \\ 0 & 0 & 0 & 8 \end{bmatrix}$$

$$\underset{(1/8)L_3}{\sim} \quad \begin{bmatrix} \boxed{1} & 0 & -1 & 1 \\ 0 & \boxed{1} & -2 & -2 \\ 0 & 0 & 0 & \boxed{1} \end{bmatrix}$$

(Matrice échelonnée dont tous les éléments remarquables sont 1)

$$\underset{\substack{L_1 - L_3 \to L_1 \\ L_2 + 2L_3 \to L_2}}{\sim} \quad \begin{bmatrix} \boxed{1} & 0 & -1 & 0 \\ 0 & \boxed{1} & -2 & 0 \\ 0 & 0 & 0 & \boxed{1} \end{bmatrix} = M'$$

La matrice M', tirée de M en effectuant des opérations élémentaires sur les lignes, est la matrice échelonnée réduite équivalente à M.

Exercices suggérés : 5 à 12, p. 165-168.

3.3   Méthodes de Gauss et de Gauss-Jordan

Les méthodes de Gauss et de Gauss-Jordan sont des méthodes générales de résolution des systèmes d'équations linéaires, basées sur l'utilisation des opérations élémentaires sur les lignes.

Méthode de Gauss

Appliquée à un système linéaire $S : AX = B$, la méthode de Gauss, qui en est une d'élimination, consiste à transformer d'abord la matrice complète du système S en une matrice échelonnée équivalente, dont les éléments remarquables sont le plus souvent égaux à 1. En revenant à la forme canonique du système équivalent, on obtient directement la valeur de la dernière inconnue. On trouve ensuite la valeur des autres inconnues par substitution.

Exemple 3.16

On veut résoudre, à l'aide de la méthode de Gauss, le système

$$S \begin{cases} 2x + 8y + 6z = 20 \\ 4x + 2y - 2z = -2 \\ 3x - y + z = 11 \end{cases}$$

La forme matricielle $AX = B$ de S est

$$\begin{bmatrix} 2 & 8 & 6 \\ 4 & 2 & -2 \\ 3 & -1 & 1 \end{bmatrix}\begin{bmatrix} x \\ y \\ z \end{bmatrix} = \begin{bmatrix} 20 \\ -2 \\ 11 \end{bmatrix}$$

et sa matrice complète est

$$A|B = \begin{bmatrix} 2 & 8 & 6 & | & 20 \\ 4 & 2 & -2 & | & -2 \\ 3 & -1 & 1 & | & 11 \end{bmatrix}$$

En appliquant des opérations élémentaires sur les lignes, on obtient une matrice échelonnée $A'|B'$ équivalente à $A|B$ (voir exemple 3.12) :

$$A'|B' = \begin{bmatrix} 1 & 4 & 3 & | & 10 \\ 0 & 1 & 1 & | & 3 \\ 0 & 0 & 1 & | & 4 \end{bmatrix}$$

Les matrices $A|B$ et $A'|B'$ étant équivalentes, les systèmes $AX = B$ et $A'X = B'$ sont équivalents (proposition 3.1). Sous forme canonique, $A'X = B'$ s'écrit

$$\begin{cases} x + 4y + 3z = 10 \\ y + z = 3 \\ z = 4 \end{cases}$$

On obtient directement $z = 4$ et, par substitution, $y = -1$ et $x = 2$. Donc, la solution de S est

$$\begin{bmatrix} x \\ y \\ z \end{bmatrix} = \begin{bmatrix} 2 \\ -1 \\ 4 \end{bmatrix}$$

Méthode de Gauss-Jordan

Appliquée à un système linéaire $S : AX = B$, la méthode de Gauss-Jordan, qui est aussi un procédé d'élimination, consiste d'abord à transformer la matrice complète de S en une matrice échelonnée réduite équivalente. En revenant à la forme canonique du système équivalent, on obtient directement les valeurs des inconnues.

Exemple 3.17

On veut résoudre, à l'aide de la méthode de Gauss-Jordan, le système linéaire de l'exemple 3.16, soit

$$S \begin{cases} 2x + 8y + 6z = 20 \\ 4x + 2y - 2z = -2 \\ 3x - y + z = 11 \end{cases}$$

On a

$$A|B = \begin{bmatrix} 2 & 8 & 6 & 20 \\ 4 & 2 & -2 & -2 \\ 3 & -1 & 1 & 11 \end{bmatrix} \sim \cdots \sim \begin{bmatrix} 1 & 0 & 0 & 2 \\ 0 & 1 & 0 & -1 \\ 0 & 0 & 1 & 4 \end{bmatrix} = A'|B'$$

où $A'|B'$ est une matrice échelonnée réduite, équivalente à $A|B$. Les systèmes $AX = B$ et $A'X = B'$ sont donc équivalents et la forme canonique de ce dernier est

$$\begin{cases} x = 2 \\ y = -1 \\ z = 4 \end{cases}$$

On obtient directement $x = 2$, $y = -1$, $z = 4$, c'est-à-dire que la solution de S est

$$\begin{bmatrix} x \\ y \\ z \end{bmatrix} = \begin{bmatrix} 2 \\ -1 \\ 4 \end{bmatrix}$$

On note que les solutions obtenues dans les exemples 3.16 et 3.17 sont identiques. Pour résoudre un système linéaire quelconque S, on emploie donc la méthode qui semble la plus appropriée : celle de Gauss ou celle de Gauss-Jordan. Par exemple, cette dernière s'avère utile pour résoudre simultanément plusieurs systèmes d'équations.

Les deux exemples étudiés plus haut portent sur un système linéaire qui admet une solution unique. Il existe d'autres cas; ainsi, en appliquant la méthode de Gauss au système $S : AX = B$, défini par

$$S \begin{cases} 2x + 3y - z = -1 \\ x + y + 2z = 12 \\ x + 2y - 3z = 2 \end{cases}$$

on a

$$A|B \sim \cdots \sim \begin{bmatrix} 1 & 2 & -3 & 2 \\ 0 & 1 & -5 & -10 \\ \boxed{0 & 0 & 0 & 1} \end{bmatrix} = A'|B'$$

La dernière ligne de $A'|B'$ correspond à l'équation $0x + 0y + 0z = 1$, qui n'admet aucune solution. Donc, le système S est incompatible, c'est-à-dire qu'il n'admet aucune solution.

Exercices suggérés : 13 à 17, p. 168-169.

3.4 Nature des solutions d'un système linéaire

On peut maintenant aborder la résolution d'un système linéaire quelconque dans toute sa généralité. Les méthodes de Gauss et de Gauss-Jordan sont des algorithmes qui s'appliquent à tout système linéaire, qu'il soit carré ou non.

Il importe parfois, avant de tenter de résoudre un système linéaire, de savoir s'il est compatible ou non, ou encore de déterminer la nature de ses solutions. On énonce donc dans la présente section des critères de compatibilité d'un système linéaire, et on définit les notions de rang d'une matrice et de rang d'un système linéaire.

Compatibilité d'un système linéaire

Les concepts de variable libre et de variable non libre s'avèrent utiles pour énoncer les critères de compatibilité d'un système linéaire.

Définition 3.13   Variable libre et variable non libre

Soit $A'|B'$ une matrice échelonnée équivalente à la matrice complète $A|B$ d'un système linéaire compatible $S : AX = B$. On appelle variable libre une inconnue de S dont aucun des coefficients n'est un élément remarquable de $A'|B'$. Si au moins un des coefficients d'une inconnue est un élément remarquable de $A'|B'$, on dit que cette inconnue est une variable non libre.   ❐

On sait que pour tout système linéaire $S : AX = B$, il existe une matrice échelonnée $A'|B'$ dont les éléments remarquables sont tous égaux à 1 et qui est équivalente à la matrice complète $A|B$ du système :

$$A'|B' = \left[\begin{array}{ccccc|c} 1 & d_{12} & \cdots & d_{1r} & \cdots & d_{1n} & p_1 \\ 0 & 1 & \cdots & d_{2r} & \cdots & d_{2n} & p_2 \\ \vdots & \vdots & & \vdots & & \vdots & \vdots \\ 0 & 0 & \cdots & 1 & \cdots & d_{rn} & p_r \\ 0 & 0 & \cdots & 0 & \cdots & 0 & p_{r+1} \\ \vdots & \vdots & & \vdots & & \vdots & \vdots \\ 0 & 0 & \cdots & 0 & \cdots & 0 & p_m \end{array}\right]$$

On sait également que deux systèmes linéaires sont équivalents si et seulement si leurs matrices complètes respectives sont équivalentes. Le système suivant, dont la matrice complète est $A'|B'$, est donc équivalent à S :

$$S' \begin{cases} x_1 + d_{12}x_2 + \cdots + d_{1r}x_r + \cdots + d_{1n}x_n = p_1 \\ \qquad x_2 + \cdots + d_{2r}x_r + \cdots + d_{2n}x_n = p_2 \\ \qquad\qquad\qquad\qquad \vdots \\ \qquad\qquad\qquad x_r + \cdots + d_{rn}x_n = p_r \qquad \text{où } r \le m \\ \qquad\qquad\qquad\qquad\qquad 0 = p_{r+1} \\ \qquad\qquad\qquad\qquad\qquad \vdots \\ \qquad\qquad\qquad\qquad\qquad 0 = p_m \end{cases}$$

C'est le système S' qu'on étudie lorsqu'on veut déterminer si le système S est compatible ou incompatible. (Deux systèmes équivalents ont le même ensemble solution.)

Système incompatible

Si, dans le système S' défini plus haut, les nombres $p_{r+1}, ..., p_m$ ne sont pas tous nuls, c'est-à-dire s'il existe un entier k tel que $p_k \ne 0$ pour $k = r + 1, ..., m$, le système S contient au moins une équation de la forme $0x_1 + 0x_2 + ... + 0x_n = p_k \ne 0$. Une telle équation n'est jamais vérifiée, ce qui implique que le système S est incompatible. Autrement dit, dans ce cas, S n'admet **aucune solution**.

Système compatible

Si les nombres $p_{r+1}, ..., p_m$ sont tous nuls, c'est-à-dire si $p_k = 0$ pour $k = r + 1, ..., m$, les équations correspondantes de S sont de la forme $0x_1 + 0x_2 + ... + 0x_n = 0$. De telles équations admettent une infinité de solutions et le système S est compatible. Il admet alors une **solution unique** ou une **infinité de solutions**.

Dans le cas où le système admet une infinité de solutions, on attribue des valeurs arbitraires, qu'on appelle paramètres, aux $n - r$ variables libres. Les variables non libres sont données en fonction de ces paramètres et la solution est dite de **forme paramétrique**.

Exemple 3.18

Soit $S : AX = B$ un système linéaire où $X = \begin{bmatrix} x_1 \\ x_2 \\ x_3 \\ x_4 \end{bmatrix}$ et soit

$$A'|B' = \begin{bmatrix} \boxed{1} & 0 & 0 & -6 & | & 4 \\ 0 & \boxed{1} & 0 & 2 & | & 1 \\ 0 & 0 & \boxed{2} & 2 & | & 6 \end{bmatrix}$$

une matrice échelonnée équivalente à la matrice complète de S.

Les variables non libres de S sont x_1, x_2 et x_3, puisqu'elles ont chacune un coefficient qui correspond à un élément remarquable de $A'|B'$; la variable x_4 est libre. Pour résoudre le système S, on pose $x_4 = t$ où $t \in \mathbb{R}$.

La matrice $A'|B'$ est la matrice complète du système d'équations

$$\begin{cases} x_1 & & & - 6x_4 & = 4 \\ & x_2 & & + 2x_4 & = 1 \\ & & 2x_3 & + 2x_4 & = 6 \end{cases}$$

Ainsi, toutes les solutions de la forme $\begin{bmatrix} x_1 \\ x_2 \\ x_3 \\ x_4 \end{bmatrix} = \begin{bmatrix} 4+6t \\ 1-2t \\ 3-t \\ t \end{bmatrix}$ vérifient le système S.

Rang d'une matrice

La notion de rang d'une matrice est très utile pour déterminer la nature des solutions d'un système linéaire, sans avoir à le résoudre. On se propose donc de définir ce concept et d'établir un procédé pour évaluer le rang d'une matrice.

Définition 3.14   Rang d'une matrice

Soit $A = [a_{ij}]$ une matrice (m, n). Le rang de A, noté rang(A), est l'ordre maximal d'une sous-matrice carrée de A de déterminant non nul. ❏

Exemple 3.19

On veut déterminer le rang de la matrice $A = \begin{bmatrix} 2 & 1 & 4 & 6 \\ 0 & 0 & 0 & 3 \\ 4 & 2 & -1 & 2 \end{bmatrix}$.

$$E = \begin{bmatrix} 2 & 1 & 4 \\ 0 & 0 & 0 \\ 4 & 2 & -1 \end{bmatrix} \qquad \text{est une sous-matrice de } A \text{ d'ordre 3;}$$

$$F = \begin{bmatrix} 2 & 4 \\ 4 & -1 \end{bmatrix} \qquad \text{est une sous-matrice de } A \text{ d'ordre 2;}$$

$$G = \begin{bmatrix} 1 & 4 & 6 \\ 0 & 0 & 3 \\ 2 & -1 & 2 \end{bmatrix} \qquad \text{est une sous-matrice de } A \text{ d'ordre 3;}$$

$$H = [4] \qquad \text{est une sous-matrice de } A \text{ d'ordre 1.}$$

Il n'y a pas de sous-matrice de A d'ordre 4. De plus, $\det E = 0$ et $\det G \neq 0$. Puisqu'il existe une sous-matrice d'ordre 3 de déterminant non nul, le rang de A est 3, ce qu'on écrit rang(A) = 3.

Exemple 3.20

Soit la matrice

$$M = \begin{bmatrix} 2 & 1 & -2 & -2 \\ 1 & -1 & 3 & 2 \\ 4 & -1 & 4 & 2 \end{bmatrix}$$

Puisque les sous-matrices carrées de M sont d'ordre plus petit ou égal à 3, alors rang(M) ≤ 3. On a

$$\det \begin{bmatrix} 2 & 1 & -2 \\ 1 & -1 & 3 \\ 4 & -1 & 4 \end{bmatrix} = 0 \quad \det \begin{bmatrix} 2 & 1 & -2 \\ 1 & -1 & 2 \\ 4 & -1 & 2 \end{bmatrix} = 0$$

$$\det \begin{bmatrix} 2 & -2 & -2 \\ 1 & 3 & 2 \\ 4 & 4 & 2 \end{bmatrix} = 0 \quad \det \begin{bmatrix} 1 & -2 & -2 \\ -1 & 3 & 2 \\ -1 & 4 & 2 \end{bmatrix} = 0$$

Il n'y a donc aucune sous-matrice de M d'ordre 3 de déterminant non nul. Pour les sous-matrices d'ordre 2, on a par exemple

$$\det \begin{bmatrix} 2 & 1 \\ 1 & -1 \end{bmatrix} \neq 0$$

Ainsi, l'ordre maximal d'une sous-matrice carrée de M de déterminant non nul est 2. Par conséquent, $\text{rang}(M) = 2$.

Proposition 3.3

Deux matrices équivalentes ont le même rang.   ❏

La proposition 3.3 implique que les opérations élémentaires effectuées sur les lignes d'une matrice n'en changent pas le rang. On peut donc, pour déterminer le rang d'une matrice M, utiliser une matrice échelonnée M' équivalente à M. Les sous-matrices de M' étant triangulaires, leurs déterminants respectifs se calculent aisément.

Exemple 3.21

a) Soit $A = \begin{bmatrix} 1 & 2 \\ 0 & 7 \end{bmatrix}$; puisque $\det \begin{bmatrix} 1 & 2 \\ 0 & 7 \end{bmatrix} = 7 \neq 0$, on a $\text{rang}(A) = 2$.

b) Soit $B = \begin{bmatrix} 1 & 2 & 0 \\ 0 & 2 & 0 \\ 0 & 0 & 3 \end{bmatrix}$; puisque $\det \begin{bmatrix} 1 & 2 & 0 \\ 0 & 2 & 0 \\ 0 & 0 & 3 \end{bmatrix} = 6 \neq 0$, on a $\text{rang}(B) = 3$.

c) Soit

$$C = \begin{bmatrix} 1 & 2 & 2 & 3 \\ 0 & 1 & -1 & 0 \\ 0 & 0 & 0 & 0 \end{bmatrix}$$

La matrice C ayant une ligne dont tous les éléments sont zéro, le déterminant de n'importe quelle sous-matrice de C d'ordre 3 est nul. Ainsi, $\text{rang}(C) < 3$. Puisque

$$\det \begin{bmatrix} 1 & 2 \\ 0 & 1 \end{bmatrix} = 1 \neq 0$$

rang$(C) = 2$.

d) Soit

$$D = \begin{bmatrix} 1 & 2 & -4 & 0 & 3 \\ 0 & 0 & 1 & 2 & 3 \\ 0 & 0 & 0 & 1 & 2 \\ 0 & 0 & 0 & 0 & 0 \\ 0 & 0 & 0 & 0 & 0 \end{bmatrix}$$

Étant donné que D possède 2 lignes nulles, le déterminant de n'importe quelle sous-matrice de D d'ordre 4 ou 5 est nul. Par contre, si on choisit comme sous-matrice de D la matrice formée des éléments encadrés, on a

$$\det \begin{bmatrix} 2 & -4 & 0 \\ 0 & 1 & 2 \\ 0 & 0 & 1 \end{bmatrix} = 2 \neq 0$$

Donc, rang$(D) = 3$.

Il est à noter que dans chaque cas la matrice donnée est une matrice échelonnée et que son rang est égal au nombre de ses lignes non nulles.

Exemple 3.22

Soit les matrices échelonnées

$$A = \begin{bmatrix} 1 & 0 & 0 \\ 0 & 1 & 1 \\ 0 & 0 & 0 \end{bmatrix} \quad \text{et} \quad B = \begin{bmatrix} 1 & 0 & 0 & 0 & 0 & 2 \\ 0 & 1 & 2 & 3 & 4 & 1 \\ 0 & 0 & 1 & 0 & 0 & 0 \\ 0 & 0 & 0 & 0 & 1 & 0 \\ 0 & 0 & 0 & 0 & 0 & 0 \\ 0 & 0 & 0 & 0 & 0 & 0 \end{bmatrix}$$

Le nombre de lignes non nulles de A est 2 et rang$(A) = 2$. De même, la matrice B a exactement 4 lignes non nulles et rang$(B) = 4$.

Exemple 3.23

Soit

$$M = \begin{bmatrix} 2 & 1 & -2 & -2 \\ 1 & -1 & 3 & 2 \\ 4 & -1 & 4 & 2 \end{bmatrix} \sim \cdots \sim \begin{bmatrix} 1 & -1 & 3 & 2 \\ 0 & 1 & -8/3 & -2 \\ 0 & 0 & 0 & 0 \end{bmatrix} = M'$$

Puisque le nombre de lignes non nulles de la matrice échelonnée M' est 2, alors rang$(M') = 2$. De plus, on sait que deux matrices équivalentes ont le même rang (proposition 3.3). Ainsi, rang$(M) = 2$.

Le **critère** suivant est commode pour déterminer le **rang** d'une matrice M quelconque.

Proposition 3.4   Rang d'une matrice

Le rang d'une matrice M est égal au nombre de lignes non nulles d'une matrice échelonnée équivalente à M.   ❑

Rang de la matrice complète d'un système linéaire

On se propose de déterminer la nature des solutions d'un système d'équations linéaires à l'aide du concept de rang appliqué à la matrice complète du système. On sait que deux matrices équivalentes sont de même rang (proposition 3.3). En particulier, si $A|B$ est la matrice complète d'un système linéaire S et que $A'|B'$ est une matrice échelonnée équivalente à $A|B$, on a

$$\text{rang}(A) = \text{rang}(A') \quad \text{et} \quad \text{rang}(A|B) = \text{rang}(A'|B')$$

De plus, pour tout système S de m équations linéaires à n inconnues,

$$\text{rang}(A) \leq \text{rang}(A|B)$$

car rang$(A) \leq \min\{m, n\}$.

Proposition 3.5 Nature des solutions

Soit $S : AX = B$ un système de m équations linéaires à n inconnues.

1° Si rang$(A) = $ rang$(A|B) = r$, où $r \leq n$, alors le système S est compatible :

  i) il admet une solution unique lorsque $r = n$;

  ii) il admet une infinité de solutions lorsque $r < n$.

2° Si rang$(A) <$ rang$(A|B)$, alors le système S est incompatible : il n'admet aucune solution. ❑

Exemple 3.24 Système linéaire incompatible

Soit le système $S : AX = B$ défini par

$$S \begin{cases} x_1 + 2x_2 - 3x_3 = -1 \\ -3x_1 + x_2 - 2x_3 = -7 \\ 5x_1 + 3x_2 - 4x_3 = 2 \end{cases}$$

Pour savoir si S est compatible ou incompatible, on compare le rang de la matrice A des coefficients de S et le rang de sa matrice complète $A|B$. On a

$$A|B = \begin{bmatrix} 1 & 2 & -3 & -1 \\ -3 & 1 & -2 & -7 \\ 5 & 3 & -4 & 2 \end{bmatrix} \sim \cdots \sim \begin{bmatrix} 1 & 2 & -3 & -1 \\ 0 & 7 & -11 & -10 \\ 0 & 0 & 0 & -3 \end{bmatrix} = A'|B'$$

Donc, rang$(A) = $ rang$(A') = 2$ et rang$(A|B) = $ rang$(A'|B') = 3$. Le système S est incompatible puisque rang$(A) <$ rang$(A|B)$ (proposition 3.5).

Exemple 3.25 Système linéaire qui admet une solution unique

Soit le système $S : AX = B$ défini par

$$S \begin{cases} - x_2 - x_3 + x_4 = 0 \\ x_1 + x_2 + x_3 + x_4 = 6 \\ 2x_1 + 4x_2 + x_3 - 2x_4 = -1 \\ 3x_1 + x_2 - 2x_3 + 2x_4 = 3 \end{cases}$$

Ce système a une solution unique. En effet

$$A|B = \begin{bmatrix} 0 & -1 & -1 & 1 & 0 \\ 1 & 1 & 1 & 1 & 6 \\ 2 & 4 & 1 & -2 & -1 \\ 3 & 1 & -2 & 2 & 3 \end{bmatrix} \sim \cdots \sim \begin{bmatrix} 1 & 1 & 1 & 1 & 6 \\ 0 & 1 & 1 & -1 & 0 \\ 0 & 0 & 3 & 2 & 13 \\ 0 & 0 & 0 & 1 & 2 \end{bmatrix} = A'|B'$$

Selon la proposition 3.4, $\text{rang}(A) = \text{rang}(A|B) = r = 4$. Le système S est donc compatible et il admet une solution unique, car $n = r = 4$ (proposition 3.5).

La dernière ligne de $A'|B'$ correspond à l'équation $x_4 = 2$. On obtient les valeurs des autres inconnues par substitution dans le système linéaire dont la matrice complète est $A'|B'$. Ainsi, la solution de S est

$$\begin{bmatrix} x_1 \\ x_2 \\ x_3 \\ x_4 \end{bmatrix} = \begin{bmatrix} 2 \\ -1 \\ 3 \\ 2 \end{bmatrix}$$

Exemple 3.26   Système linéaire qui admet une infinité de solutions

Soit le système linéaire $S : AX = B$ défini par

$$S \begin{cases} x_1 + x_2 + x_3 + x_4 + x_5 = 2 \\ x_1 + x_2 + x_3 + 2x_4 + 2x_5 = 3 \\ x_1 + x_2 + x_3 + 2x_4 + 3x_5 = 2 \end{cases}$$

On a

$$A|B = \begin{bmatrix} 1 & 1 & 1 & 1 & 1 & 2 \\ 1 & 1 & 1 & 2 & 2 & 3 \\ 1 & 1 & 1 & 2 & 3 & 2 \end{bmatrix} \sim \cdots \sim \begin{bmatrix} 1 & 1 & 1 & 1 & 1 & 2 \\ 0 & 0 & 0 & 1 & 1 & 1 \\ 0 & 0 & 0 & 0 & 1 & -1 \end{bmatrix} = A'|B'$$

Selon la proposition 3.4, $\text{rang}(A) = \text{rang}(A|B) = r = 3$. Donc, le système S est compatible, et il admet une infinité de solutions puisque $r < n = 5$.

On applique la méthode de Gauss-Jordan pour calculer l'ensemble solution de S.

$$A|B \sim \cdots \sim \begin{bmatrix} \boxed{1} & 1 & 1 & 0 & 0 & | & 1 \\ 0 & 0 & 0 & \boxed{1} & 0 & | & 2 \\ 0 & 0 & 0 & 0 & \boxed{1} & | & -1 \end{bmatrix} = M$$

Les éléments remarquables de M correspondent aux coefficients de x_1, x_4 et x_5. Ces trois inconnues sont donc les variables non libres, et x_2 et x_3 sont deux variables libres. On pose $x_2 = s$ et $x_3 = t$, où s et $t \in \mathbb{R}$.

La matrice M est la matrice complète du système linéaire

$$\begin{cases} x_1 + x_2 + x_3 & = 1 \\ x_4 & = 2 \\ x_5 = -1 \end{cases}$$

Toute solution du système S est donc de la forme

$$\begin{bmatrix} x_1 \\ x_2 \\ x_3 \\ x_4 \\ x_5 \end{bmatrix} = \begin{bmatrix} 1 - s - t \\ s \\ t \\ 2 \\ -1 \end{bmatrix}$$

Il est à noter que le système S, qui admet une infinité de solutions, compte moins d'équations que d'inconnues.

Exemple 3.27   Système linéaire qui admet une solution unique
Soit le système $S : AX = B$ défini par

$$S \begin{cases} x_1 + 2x_2 + x_3 = 1 \\ 2x_1 - x_2 + x_3 = 2 \\ 4x_1 + 3x_2 + 3x_3 = 4 \\ 2x_1 - x_2 + 3x_3 = 5 \end{cases}$$

On a

$$A|B = \begin{bmatrix} 1 & 2 & 1 & 1 \\ 2 & -1 & 1 & 2 \\ 4 & 3 & 3 & 4 \\ 2 & -1 & 3 & 5 \end{bmatrix} \begin{matrix} \sim \\ -L_2 + 2L_1 \to L_2 \\ -L_3 + 4L_1 \to L_3 \\ -L_4 + 2L_1 \to L_4 \end{matrix} \begin{bmatrix} 1 & 2 & 1 & 1 \\ 0 & 5 & 1 & 0 \\ 0 & 5 & 1 & 0 \\ 0 & 5 & -1 & -3 \end{bmatrix}$$

$$\begin{matrix} \sim \\ L_3 - L_2 \to L_3 \\ -L_4 + L_2 \to L_4 \end{matrix} \begin{bmatrix} 1 & 2 & 1 & 1 \\ 0 & 5 & 1 & 0 \\ 0 & 0 & 0 & 0 \\ 0 & 0 & 2 & 3 \end{bmatrix}$$

$$\begin{matrix} \sim \\ L_3 \leftrightarrow L_4 \end{matrix} \begin{bmatrix} 1 & 2 & 1 & 1 \\ 0 & 5 & 1 & 0 \\ 0 & 0 & 2 & 3 \\ 0 & 0 & 0 & 0 \end{bmatrix} = A'|B'$$

Le rang des matrices A et $A|B$ est respectivement égal au nombre de lignes non nulles des matrices A' et $A'|B'$. Ainsi,

$$\operatorname{rang}(A) = \operatorname{rang}(A|B) = r = 3$$

Le système S est compatible et il admet une solution unique, puisque $r = n = 3$ (proposition 3.5).

La matrice $A'|B'$ est la matrice complète du système

$$\begin{cases} x_1 + 2x_2 + x_3 = 1 \\ 5x_2 + x_3 = 0 \\ 2x_3 = 3 \\ 0x_1 + 0x_2 + 0x_3 = 0 \end{cases}$$

L'unique solution de S est donc

$$\begin{bmatrix} x_1 \\ x_2 \\ x_3 \end{bmatrix} = \begin{bmatrix} 1/10 \\ -3/10 \\ 3/2 \end{bmatrix}$$

Il est à noter que le système S compte plus d'équations que d'inconnues et qu'une des lignes de la matrice A est une combinaison linéaire des autres lignes.

Exercices suggérés : 18 à 28, p. 169-172.

Système homogène

Soit un système homogène $S : AX = O$. La matrice complète de S est $A|O$ et elle est équivalente à une matrice échelonnée $A'|O$. Tout système homogène est compatible puisqu'il admet au moins une solution, soit la solution triviale $(0, 0, ..., 0)$. Ainsi, quelle que soit la matrice des coefficients A de S, $\text{rang}(A) = \text{rang}(A|O)$.

La matrice complète de tout système homogène $S : AX = O$ de m équations à n inconnues est équivalente à une matrice échelonnée de la forme

$$A'|O = \begin{bmatrix} 1 & d_{12} & \cdots & d_{1r} & \cdots & d_{1n} & 0 \\ 0 & 1 & \cdots & d_{2r} & \cdots & d_{2n} & 0 \\ \vdots & 0 & & \vdots & & \vdots & \vdots \\ 0 & & \cdots & 1 & \cdots & d_{rn} & 0 \\ 0 & \vdots & \cdots & 0 & \cdots & 0 & 0 \\ \vdots & & & \vdots & & \vdots & \vdots \\ 0 & 0 & \cdots & 0 & \cdots & 0 & 0 \end{bmatrix} \begin{matrix} \left.\vphantom{\begin{matrix}1\\0\\ \vdots \\0\end{matrix}}\right\} r \text{ lignes non nulles } (r \text{ équations}) \\ \\ \left.\vphantom{\begin{matrix}0\\ \vdots \\0\end{matrix}}\right\} m - r \text{ lignes nulles } (m - r \text{ équations}) \end{matrix}$$

Ainsi, dans le cas d'un système homogène, la proposition 3.5 peut s'énoncer comme suit :

i) si $\text{rang}(A'|O) = r = n$, la matrice $A'|O$ a autant de lignes non nulles que le système a d'inconnues et celui-ci admet une solution unique : la solution triviale;

ii) si $\text{rang}(A'|O) = r < n$, le système admet une infinité de solutions, dont la solution triviale.

Proposition 3.6   Solutions non triviales d'un système homogène

Soit un système homogène $S : AX = O$ où A est une matrice (m, n). Le système S admet des solutions non triviales si l'une ou l'autre des conditions suivantes est satisfaite :

i) la matrice A est carrée $(m = n)$ et $\det A = 0$;

ii) le système S a plus d'inconnues que d'équations $(m < n)$.   ❑

Exemple 3.28   Système homogène $S : A_{m,n}X = O$ où $m \neq n$

Soit le système $S : AX = O$ dont la forme canonique est

$$S \begin{cases} 2x_1 - x_2 = 0 \\ 3x_1 + 5x_2 = 0 \\ 7x_1 - 3x_2 = 0 \\ -2x_1 + 3x_2 = 0 \end{cases}$$

En appliquant la méthode de Gauss à S, on obtient

$$A|O = \begin{bmatrix} 2 & -1 & 0 \\ 3 & 5 & 0 \\ 7 & -3 & 0 \\ -2 & 3 & 0 \end{bmatrix} \underset{\substack{-2L_2 + 3L_1 \to L_2 \\ 2L_3 - 7L_1 \to L_3 \\ L_4 + L_1 \to L_4}}{\overset{\sim}{}} \begin{bmatrix} 2 & -1 & 0 \\ 0 & -13 & 0 \\ 0 & 1 & 0 \\ 0 & 2 & 0 \end{bmatrix}$$

$$\underset{\substack{L_2 + 13L_3 \to L_2 \\ L_4 - 2L_3 \to L_4}}{\overset{\sim}{}} \begin{bmatrix} 2 & -1 & 0 \\ 0 & 0 & 0 \\ 0 & 1 & 0 \\ 0 & 0 & 0 \end{bmatrix}$$

$$\underset{L_2 \leftrightarrow L_3}{\overset{\sim}{}} \begin{bmatrix} 2 & -1 & 0 \\ 0 & 1 & 0 \\ 0 & 0 & 0 \\ 0 & 0 & 0 \end{bmatrix} = A'|O$$

Donc, $\text{rang}(A|O) = \text{rang}(A'|O) = r = 2$. Le nombre d'inconnues de S est $n = 2$. Ainsi, $r = n$ et S admet une solution unique (proposition 3.5) :

$$\begin{bmatrix} x_1 \\ x_2 \end{bmatrix} = \begin{bmatrix} 0 \\ 0 \end{bmatrix}$$

Exemple 3.29   Système homogène $S : AX = O$ **où** A **est carrée**

Soit le système $S : AX = O$ dont la forme canonique est

$$S \begin{cases} x_1 + 2x_2 - x_3 = 0 \\ 3x_1 - 3x_2 + 2x_3 = 0 \\ -x_1 - 11x_2 + 6x_3 = 0 \end{cases}$$

a) Pour savoir si S admet des solutions non triviales, on applique la proposition 3.6. On a

$$A = \begin{bmatrix} 1 & 2 & -1 \\ 3 & -3 & 2 \\ -1 & -11 & 6 \end{bmatrix} \text{ et } \det A = 0$$

Puisque A est une matrice carrée et que son déterminant est nul, alors la condition *i)* est satisfaite, ce qui implique que S admet des solutions non triviales.

b) On se propose maintenant de trouver l'ensemble solution de S. On a

$$A|O = \begin{bmatrix} 1 & 2 & -1 & | & 0 \\ 3 & -3 & 2 & | & 0 \\ -1 & -11 & 6 & | & 0 \end{bmatrix} \underset{\substack{-L_2 + 3L_1 \to L_2 \\ L_3 + L_1 \to L_3}}{\sim} \begin{bmatrix} 1 & 2 & -1 & | & 0 \\ 0 & 9 & -5 & | & 0 \\ 0 & -9 & 5 & | & 0 \end{bmatrix}$$

$$\underset{L_3 + L_2 \to L_3}{\sim} \begin{bmatrix} 1 & 2 & -1 & | & 0 \\ 0 & 9 & -5 & | & 0 \\ 0 & 0 & 0 & | & 0 \end{bmatrix}$$

$$\underset{(1/9)L_2 \to L_2}{\sim} \begin{bmatrix} 1 & 2 & -1 & | & 0 \\ 0 & 1 & -5/9 & | & 0 \\ 0 & 0 & 0 & | & 0 \end{bmatrix} = A'|O$$

Donc, rang $(A'|O) = r = 2$. Le système S a trois inconnues, $n = 3 \neq r$. Ainsi, S admet une infinité de solutions (proposition 3.5).

Puisque $n - r = 1$, il n'y a qu'une variable libre : x_3. Si on pose $x_3 = t$ où $t \in \mathbb{R}$, l'ensemble solution de S est donné par

$$\begin{bmatrix} x_1 \\ x_2 \\ x_3 \end{bmatrix} = \begin{bmatrix} -t/9 \\ 5t/9 \\ t \end{bmatrix}$$

Résumé

La proposition ci-dessous établit des liens entre les concepts de matrices équivalentes, de rang d'une matrice, de matrice inversible, de déterminant et de solution d'un système linéaire.

Proposition 3.7

Soit A une matrice d'ordre n et $S : AX = B$ un système de n équations linéaires à n inconnues, homogène ou non. Les énoncés suivants sont équivalents :

i) $A \sim I_n$;

ii) rang $(A) = n$;

iii) le système S a une solution unique;

iv) le système homogène $AX = O$ a comme unique solution la solution triviale;

v) A est inversible;

vi) $\det A \neq 0$. ❏

Le schéma qui suit est un résumé des critères utilisés pour déterminer la nature des solutions d'un système linéaire S. (Ces critères s'appliquent à tout système linéaire, homogène ou non.)

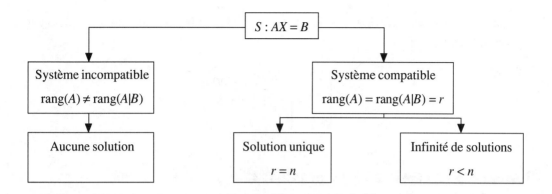

Exemple 3.30

Soit le système linéaire $S : AX = B$ dont la forme canonique est

$$S \begin{cases} x + 3y + z = a \\ -x - 2y + z = b \\ 3x + 7y - z = c \end{cases}$$

On cherche à déterminer les conditions que doivent vérifier les constantes a, b et c pour que le système S soit compatible, puis à calculer les solutions de S en fonction de a, b et c. Pour ce faire, on applique la méthode de Gauss-Jordan :

$$A|B = \begin{bmatrix} 1 & 3 & 1 & a \\ -1 & -2 & 1 & b \\ 3 & 7 & -1 & c \end{bmatrix} \sim \begin{bmatrix} 1 & 3 & 1 & a \\ 0 & 1 & 2 & a+b \\ 0 & -2 & -4 & -3a+c \end{bmatrix}$$

$$\sim \begin{bmatrix} 1 & 0 & -5 & -2a-3b \\ 0 & 1 & 2 & a+b \\ 0 & 0 & 0 & -a+2b+c \end{bmatrix} = A'|B'$$

On sait que le système S est compatible si $\text{rang}(A) = \text{rang}(A|B) = 2$, c'est-à-dire si $-a + 2b + c = 0$ ou encore $c = a - 2b$. Dans ce cas, on a

$$A|B \sim \begin{bmatrix} 1 & 0 & -5 & -2a-3b \\ 0 & 1 & 2 & a+b \\ 0 & 0 & 0 & 0 \end{bmatrix} = A'|B'$$

La variable z étant libre, on pose $z = t$ où $t \in \mathbb{R}$. Toute solution du système S est de la forme

$$\begin{bmatrix} x \\ y \\ z \end{bmatrix} = \begin{bmatrix} 5t - 2a - 3b \\ -2t + a + b \\ t \end{bmatrix}$$

Exercices suggérés : 29 à 35, p. 172-174.

3.5   Résolution simultanée de plusieurs systèmes linéaires

La méthode de Gauss-Jordan s'applique à la résolution simultanée de plusieurs systèmes linéaires dont les matrices des coefficients sont identiques. Cela est d'autant plus intéressant que la résolution simultanée de plusieurs systèmes linéaires peut être utilisée pour déterminer la matrice inverse d'une matrice donnée.

Exemple 3.31

On veut résoudre simultanément les systèmes linéaires :

$$S_1 \begin{cases} 2x + y - 2z = 10 \\ 3x + 2y + 2z = 7 \\ 5x + 4y + 3z = 15 \end{cases} \quad \text{et} \quad S_2 \begin{cases} 2x_1 + x_2 - 2x_3 = -9 \\ 3x_1 + 2x_2 + 2x_3 = 10 \\ 5x_1 + 4x_2 + 3x_3 = 13 \end{cases}$$

On note d'abord que les matrices des coefficients de S_1 et de S_2 sont identiques. On forme une nouvelle matrice en ajoutant à la matrice des coefficients deux colonnes qui correspondent respectivement aux matrices des constantes de S_1 et de S_2, puis on applique la méthode de Gauss-Jordan à cette nouvelle matrice :

$$\begin{array}{cc} & S_1 \quad S_2 \end{array}$$

$$\left[\begin{array}{ccc|c|c} 2 & 1 & -2 & 10 & -9 \\ 3 & 2 & 2 & 7 & 10 \\ 5 & 4 & 3 & 15 & 13 \end{array}\right] \begin{array}{c} \sim \\ {}_{2L_2 - 3L_1 \to L_2} \\ {}_{2L_3 - 5L_1 \to L_3} \end{array} \left[\begin{array}{ccc|c|c} 2 & 1 & -2 & 10 & -9 \\ 0 & 1 & 10 & -16 & 47 \\ 0 & 3 & 16 & -20 & 71 \end{array}\right]$$

$$\underset{\substack{L_1 - L_2 \to L_1 \\ L_3 - 3L_2 \to L_3}}{\sim}
\begin{bmatrix}
2 & 0 & -12 & 26 & -56 \\
0 & 1 & 10 & -16 & 47 \\
0 & 0 & -14 & 28 & -70
\end{bmatrix}$$

$$\underset{(-1/14)L_3 \to L_3}{\sim}
\begin{bmatrix}
2 & 0 & -12 & 26 & -56 \\
0 & 1 & 10 & -16 & 47 \\
0 & 0 & 1 & -2 & 5
\end{bmatrix}$$

$$\underset{\substack{L_1 + 12L_3 \to L_1 \\ L_2 - 10L_3 \to L_2}}{\sim}
\begin{bmatrix}
2 & 0 & 0 & 2 & 4 \\
0 & 1 & 0 & 4 & -3 \\
0 & 0 & 1 & -2 & 5
\end{bmatrix}$$

$$\underset{(1/2)L_1 \to L_1}{\sim}
\begin{bmatrix}
1 & 0 & 0 & 1 & 2 \\
0 & 1 & 0 & 4 & -3 \\
0 & 0 & 1 & -2 & 5
\end{bmatrix}$$

Les solutions respectives des systèmes S_1 et S_2 sont donc

$$\begin{bmatrix} x \\ y \\ z \end{bmatrix} = \begin{bmatrix} 1 \\ 4 \\ -2 \end{bmatrix} \text{ et } \begin{bmatrix} x_1 \\ x_2 \\ x_3 \end{bmatrix} = \begin{bmatrix} 2 \\ -3 \\ 5 \end{bmatrix}$$

L'exemple qui suit illustre la méthode de calcul de l'inverse d'une matrice donnée par la résolution simultanée de plusieurs systèmes linéaires à l'aide de la méthode de Gauss-Jordan.

Exemple 3.32

Soit la matrice

$$A = \begin{bmatrix} 1 & 0 & 0 \\ 2 & 2 & -1 \\ 1 & -1 & 1 \end{bmatrix}$$

Puisque $\det A = 1 \neq 0$, la matrice A est inversible. On veut trouver

$$A^{-1} = \begin{bmatrix} a & b & c \\ d & e & f \\ g & h & i \end{bmatrix}$$

telle que $AA^{-1} = I_3$. Or

$$AA^{-1} = I_3 \iff \begin{bmatrix} 1 & 0 & 0 \\ 2 & 2 & -1 \\ 1 & -1 & 1 \end{bmatrix}\begin{bmatrix} a & b & c \\ d & e & f \\ g & h & i \end{bmatrix} = \begin{bmatrix} 1 & 0 & 0 \\ 0 & 1 & 0 \\ 0 & 0 & 1 \end{bmatrix}$$

$$\iff \begin{bmatrix} a & b & c \\ 2a+2d-g & 2b+2e-h & 2c+2f-i \\ a-d+g & b-e+h & c-f+i \end{bmatrix} = \begin{bmatrix} 1 & 0 & 0 \\ 0 & 1 & 0 \\ 0 & 0 & 1 \end{bmatrix}$$

On exprime les conditions pour que la dernière égalité soit vérifiée sous la forme de trois systèmes linéaires :

$$S_1 \begin{cases} a & & = 1 \\ 2a + 2d - g & = 0; \\ a - d + g & = 0 \end{cases} S_2 \begin{cases} b & & = 0 \\ 2b + 2e - h & = 1; \\ b - e + h & = 0 \end{cases} S_3 \begin{cases} c & & = 0 \\ 2c + 2f - i & = 0 \\ c - f + i & = 1 \end{cases}$$

Les trois systèmes ont comme matrice des coefficients la matrice de départ A. On peut donc résoudre simultanément S_1, S_2 et S_3 à l'aide de la méthode de Gauss-Jordan.

On forme d'abord une nouvelle matrice A' en ajoutant à A trois colonnes qui correspondent respectivement aux matrices des constantes de S_1, de S_2 et de S_3 :

$$\begin{array}{ccc} & S_1 \ S_2 \ S_3 & \end{array}$$

$$A' = \left[\begin{array}{ccc|c|c|c} 1 & 0 & 0 & 1 & 0 & 0 \\ 2 & 2 & -1 & 0 & 1 & 0 \\ 1 & -1 & 1 & 0 & 0 & 1 \end{array} \right]$$

On calcule ensuite la matrice échelonnée réduite équivalente à A' en appliquant la méthode de Gauss-Jordan :

$$A' \sim \left[\begin{array}{ccc|c|c|c} 1 & 0 & 0 & 1 & 0 & 0 \\ 0 & 1 & 0 & -3 & 1 & 1 \\ 0 & 0 & 1 & -4 & 1 & 2 \end{array}\right]$$

Ainsi,

$$\begin{bmatrix} a \\ d \\ g \end{bmatrix} = \begin{bmatrix} 1 \\ -3 \\ -4 \end{bmatrix} \qquad \begin{bmatrix} b \\ e \\ h \end{bmatrix} = \begin{bmatrix} 0 \\ 1 \\ 1 \end{bmatrix} \qquad \begin{bmatrix} c \\ f \\ i \end{bmatrix} = \begin{bmatrix} 0 \\ 1 \\ 2 \end{bmatrix}$$

On a donc $A^{-1} = \begin{bmatrix} 1 & 0 & 0 \\ -3 & 1 & 1 \\ -4 & 1 & 2 \end{bmatrix}$. (On peut vérifier que $AA^{-1} = I_3$.)

La recherche de l'inverse d'une matrice donnée est une des applications de la résolution simultanée de plusieurs systèmes linéaires.

Proposition 3.8   Inverse d'une matrice

Soit A une matrice inversible d'ordre n et soit $A|I_n$ la matrice A augmentée de la matrice unité d'ordre n. Si en effectuant des opérations élémentaires sur les lignes de A on obtient la matrice $I_n|A'$, alors A' est l'inverse de A.   ❑

Exemple 3.33

Soit la matrice

$$A = \begin{bmatrix} 2 & 4 & 3 \\ 0 & 1 & -1 \\ 3 & 5 & 7 \end{bmatrix}$$

dont on veut déterminer l'inverse, s'il existe.

Puisque det $A = 3 \neq 0$, la matrice A est inversible. On a

$$A|I_3 = \begin{bmatrix} 2 & 4 & 3 & 1 & 0 & 0 \\ 0 & 1 & -1 & 0 & 1 & 0 \\ 3 & 5 & 7 & 0 & 0 & 1 \end{bmatrix}$$

$$\underset{-L_1+L_3 \to L_1}{\sim} \begin{bmatrix} 1 & 1 & 4 & -1 & 0 & 1 \\ 0 & 1 & -1 & 0 & 1 & 0 \\ 3 & 5 & 7 & 0 & 0 & 1 \end{bmatrix}$$

$$\underset{L_3-3L_1 \to L_3}{\sim} \begin{bmatrix} 1 & 1 & 4 & -1 & 0 & 1 \\ 0 & 1 & -1 & 0 & 1 & 0 \\ 0 & 2 & -5 & 3 & 0 & -2 \end{bmatrix}$$

$$\underset{\substack{L_1-L_2 \to L_1 \\ -L_3+2L_2 \to L_3}}{\sim} \begin{bmatrix} 1 & 0 & 5 & -1 & -1 & 1 \\ 0 & 1 & -1 & 0 & 1 & 0 \\ 0 & 0 & 3 & -3 & 2 & 2 \end{bmatrix}$$

$$\underset{(1/3)L_3}{\sim} \begin{bmatrix} 1 & 0 & 5 & -1 & -1 & 1 \\ 0 & 1 & -1 & 0 & 1 & 0 \\ 0 & 0 & 1 & -1 & 2/3 & 2/3 \end{bmatrix}$$

$$\underset{\substack{L_1-5L_3 \to L_1 \\ L_2+L_3 \to L_2}}{\sim} \begin{bmatrix} 1 & 0 & 0 & 4 & -13/3 & -7/3 \\ 0 & 1 & 0 & -1 & 5/3 & 2/3 \\ 0 & 0 & 1 & -1 & 2/3 & 2/3 \end{bmatrix} = I_3|A'$$

Selon la proposition 3.8, la matrice A' est égale à A^{-1} :

$$A^{-1} = \begin{bmatrix} 4 & -13/3 & -7/3 \\ -1 & 5/3 & 2/3 \\ -1 & 2/3 & 2/3 \end{bmatrix}$$

On peut en fait vérifier que

$$\begin{bmatrix} 4 & -13/3 & -7/3 \\ -1 & 5/3 & 2/3 \\ -1 & 2/3 & 2/3 \end{bmatrix} \begin{bmatrix} 2 & 4 & 3 \\ 0 & 1 & -1 \\ 3 & 5 & 7 \end{bmatrix} = I_3$$

Exemple 3.34

Soit le système linéaire

$$S \begin{cases} x & - z = 5 \\ 2x - y + z = 10 \\ - 2y + z = 15 \end{cases}$$

On veut résoudre S en calculant l'inverse de sa matrice des coefficients. La forme matricielle $AX = B$ de S est

$$\begin{bmatrix} 1 & 0 & -1 \\ 2 & -1 & 1 \\ 0 & -2 & 1 \end{bmatrix} \begin{bmatrix} x \\ y \\ z \end{bmatrix} = \begin{bmatrix} 5 \\ 10 \\ 15 \end{bmatrix}$$

On a det $A = 5 \neq 0$, ce qui implique que A est inversible. La solution du système est donc $X = A^{-1}B$. On détermine A^{-1} en appliquant la proposition 3.8 :

$$A|I_3 = \begin{bmatrix} 1 & 0 & -1 & | & 1 & 0 & 0 \\ 2 & -1 & 1 & | & 0 & 1 & 0 \\ 0 & -2 & 1 & | & 0 & 0 & 1 \end{bmatrix}$$

$$\underset{L_2 - 2L_1 \to L_2}{\overset{\sim}{}} \begin{bmatrix} 1 & 0 & -1 & | & 1 & 0 & 0 \\ 0 & -1 & 3 & | & -2 & 1 & 0 \\ 0 & -2 & 1 & | & 0 & 0 & 1 \end{bmatrix}$$

$$\underset{L_2 - L_3 \to L_2}{\overset{\sim}{}} \begin{bmatrix} 1 & 0 & -1 & | & 1 & 0 & 0 \\ 0 & 1 & 2 & | & -2 & 1 & -1 \\ 0 & -2 & 1 & | & 0 & 0 & 1 \end{bmatrix}$$

$$\underset{L_3 + 2L_2 \to L_3}{\overset{\sim}{}} \begin{bmatrix} 1 & 0 & -1 & | & 1 & 0 & 0 \\ 0 & 1 & 2 & | & -2 & 1 & -1 \\ 0 & 0 & 5 & | & -4 & 2 & -1 \end{bmatrix}$$

$$\underset{(1/5)L_3 \to L_3}{\overset{\sim}{}} \begin{bmatrix} 1 & 0 & -1 & 1 & 0 & 0 \\ 0 & 1 & 2 & -2 & 1 & -1 \\ 0 & 0 & 1 & -4/5 & 2/5 & -1/5 \end{bmatrix}$$

$$\underset{\substack{L_1+L_3 \to L_1 \\ L_2-2L_3 \to L_2}}{\overset{\sim}{}} \begin{bmatrix} 1 & 0 & 0 & 1/5 & 2/5 & -1/5 \\ 0 & 1 & 0 & -2/5 & 1/5 & -3/5 \\ 0 & 0 & 1 & -4/5 & 2/5 & -1/5 \end{bmatrix} = I_3|A'$$

Donc,

$$A^{-1} = \begin{bmatrix} 1/5 & 2/5 & -1/5 \\ -2/5 & 1/5 & -3/5 \\ -4/5 & 2/5 & -1/5 \end{bmatrix} = \frac{1}{5}\begin{bmatrix} 1 & 2 & -1 \\ -2 & 1 & -3 \\ -4 & 2 & -1 \end{bmatrix}$$

La solution de S est $X = A^{-1}B$.

$$X = \frac{1}{5}\begin{bmatrix} 1 & 2 & -1 \\ -2 & 1 & -3 \\ -4 & 2 & -1 \end{bmatrix}\begin{bmatrix} 5 \\ 10 \\ 15 \end{bmatrix} = \begin{bmatrix} 2 \\ -9 \\ -3 \end{bmatrix} = \begin{bmatrix} x \\ y \\ z \end{bmatrix}$$

La méthode exposée dans la présente section pour déterminer l'inverse d'une matrice donnée A a l'avantage d'être facilement programmable, et elle est moins fastidieuse que la méthode où intervient l'adjointe de A (chapitre 2).

Exercices suggérés : 36 à 41, p. 174-175.

3.6 Applications

Les systèmes linéaires sont employés pour résoudre de nombreux problèmes reliés à divers secteurs de l'activité humaine. On a choisi quelques exemples simples ayant trait surtout à l'économie et à l'urbanisme.

Modèle économique d'entrée-sortie de Leontief

Wassily Leontief, américain d'origine russe (Saint-Pétersbourg, 1906), reçut le prix Nobel de sciences économiques, en 1973, pour ses travaux de modélisation mathématique portant, en particulier, sur les échanges interindustriels. Les exemples 3.35 et 3.36 illustrent la théorie de Leontief sur les conditions d'équilibre d'une économie constituée de plusieurs industries interdépendantes.

Exemple 3.35

Un trust administre trois compagnies œuvrant dans le domaine de la production d'énergie : les mines Charbonnet & fils, qui extraient du charbon, la raffinerie Pétrobec et Lectrocité, qui produit de l'électricité. Les échanges entre les trois compagnies permettent à chacune de satisfaire tous ses besoins énergétiques.

On a construit la *matrice de consommation C*, dont chaque colonne indique la quantité de chaque type d'énergie nécessaire pour produire une unité d'énergie d'un type donné :

$$C = \begin{bmatrix} 0 & 0 & 1/5 \\ 1 & 1/5 & 2/5 \\ 1 & 2/5 & 1/5 \end{bmatrix} \begin{matrix} \text{Charbon} \\ \text{Carburant} \\ \text{Électricité} \end{matrix}$$

avec les en-têtes de colonnes : Charbon   Carburant   Électricité

Ainsi, pour produire une unité d'électricité, il faut respectivement 1/5, 2/5 et 1/5 d'une unité de charbon, de carburant et d'électricité.

Soit p_1, p_2 et p_3 le nombre d'unités de charbon, de carburant et d'électricité, respectivement, produit durant une période donnée. La *matrice de production* est

$$P = \begin{bmatrix} p_1 \\ p_2 \\ p_3 \end{bmatrix}$$

et la *consommation interne d'énergie servant à la production P* est donnée par

$$CP = \begin{bmatrix} 0 & 0 & 1/5 \\ 1 & 1/5 & 2/5 \\ 1 & 2/5 & 1/5 \end{bmatrix} \begin{bmatrix} p_1 \\ p_2 \\ p_3 \end{bmatrix}$$

Le carnet de commandes du trust (la demande externe) est de 200 unités de charbon, 600 unités de carburant et 300 unités d'électricité. La *matrice de la demande externe* est donc

$$D = \begin{bmatrix} 200 \\ 600 \\ 300 \end{bmatrix}$$

Pour répondre à la demande externe tout en satisfaisant ses propres besoins, le trust doit s'assurer que la condition suivante est vérifiée :

production = consommation interne + demande externe

$$P \quad = \quad CP \quad + \quad D$$

Donc, si on veut connaître le nombre d'unités de chaque type d'énergie que le trust doit produire durant la période donnée, il faut résoudre le système $P - CP = D$ ou encore $(I_3 - C)P = D$. Si $(I_3 - C)^{-1}$ existe, on a $P = (I_3 - C)^{-1}D$. Or,

$$(I_3 - C)^{-1} = \left(\begin{bmatrix} 1 & 0 & 0 \\ 0 & 1 & 0 \\ 0 & 0 & 1 \end{bmatrix} - \begin{bmatrix} 0 & 0 & 1/5 \\ 1 & 1/5 & 2/5 \\ 1 & 2/5 & 1/5 \end{bmatrix} \right)^{-1} = \begin{bmatrix} 1 & 0 & -1/5 \\ -1 & 4/5 & -2/5 \\ -1 & -2/5 & 4/5 \end{bmatrix}^{-1}$$

On détermine la matrice inverse $(I_3 - C)^{-1}$ à l'aide de la méthode de Gauss-Jordan :

$$\begin{bmatrix} 1 & 0 & -1/5 & | & 1 & 0 & 0 \\ -1 & 4/5 & -2/5 & | & 0 & 1 & 0 \\ -1 & -2/5 & 4/5 & | & 0 & 0 & 1 \end{bmatrix} \sim \cdots \sim \begin{bmatrix} 1 & 0 & 0 & | & 2 & 1/3 & 2/3 \\ 0 & 1 & 0 & | & 5 & 5/2 & 5/2 \\ 0 & 0 & 1 & | & 5 & 5/3 & 10/3 \end{bmatrix}$$

Ainsi, pour répondre à la demande externe (tout en satisfaisant à sa consommation interne), la production du trust doit être

$$P = (I_3 - C)^{-1}D = \begin{bmatrix} 2 & 1/3 & 2/3 \\ 5 & 5/2 & 5/2 \\ 5 & 5/3 & 10/3 \end{bmatrix} \begin{bmatrix} 200 \\ 600 \\ 300 \end{bmatrix} = \begin{bmatrix} 800 \\ 3250 \\ 3000 \end{bmatrix}$$

Le trust doit donc produire 800 unités de charbon, 3 250 unités de carburant et 3 000 unités d'électricité durant la période donnée pour remplir son carnet de commandes.

En fait, le modèle économique de Leontief peut se décrire comme suit. On considère une économie composée de n industries interdépendantes, chacune produisant pour répondre à ses propres besoins et à ceux des $(n - 1)$ autres industries (c'est la **demande interne**), et pour répondre aux commandes venant de l'extérieur (c'est la **demande externe**). Pour une période donnée, on désigne par :

i) p_j, la production de l'industrie j ;

ii) c_{ij}, le nombre d'unités de la production de l'industrie i nécessaire pour produire 1 unité de la production de l'industrie j ;

iii) $c_{ij}p_j$, la quantité de la production de l'industrie i consommée par l'industrie j ;

iv) d_i, la demande externe adressée à l'industrie i : c'est la portion de la production de l'industrie i excédant la demande interne.

Ainsi, $C = [c_{ij}]$ est la **matrice de consommation** (demande interne) des produits de i par l'industrie j et $[c_{ij}][p_j]$, où $i = 1, 2, ..., n$ et $j = 1, 2, ..., n$ est le nombre total d'unités des produits de i consommé par les n industries interdépendantes. Autrement dit, $[c_{ij}][p_j] = CP$ est la demande interne des n industries. Par ailleurs, $D = [d_i]$, où $i = 1, 2, ..., n$ est la **matrice de la demande externe** adressée à l'industrie i.

On dit que l'économie est en **équilibre** si la production est égale à la somme de la demande interne et de la demande externe, en d'autres termes si $P = CP + D$. On calcule la valeur de P pour laquelle l'économie est en équilibre en résolvant l'équation $P = (I_n - C)^{-1}D$ si $(I_n - C)^{-1}$ existe.

Exemple 3.36

Le système économique d'une petite communauté est fermé et il se réduit à trois composantes : l'agriculture, la construction et le vêtement. Chacune des trois composantes utilise une partie de la production de chaque industrie, y compris la sienne, selon les proportions figurant dans le tableau suivant. Par exemple, le secteur de la construction consomme 0,3 de la production agricole, 0,2 de sa propre production et 0,4 de la production du vêtement. On se propose de déterminer les conditions d'équilibre de cette économie fermée.

Consommation	Production		
	Agriculture	Construction	Vêtement
Agriculture	0,5	0,3	0,2
Construction	0,4	0,2	0,4
Vêtement	0,3	0,4	0,3

Soit r_1, r_2 et r_3 les revenus bruts annuels de l'agriculture, de la construction et du vêtement respectivement. Ainsi, le revenu brut annuel de l'agriculture est r_1 mais, selon la 1re colonne du tableau, cette industrie consomme 50 % de sa production, 40 % des produits de la construction et 30 % de la production du vêtement. Les dépenses de l'agriculture s'élèvent donc à $0,5r_1 + 0,4r_2 + 0,3r_3$ et il y a équilibre entre les dépenses et les revenus de l'agriculture si

$$0,5r_1 + 0,4r_2 + 0,3r_3 = r_1$$

En appliquant le même raisonnement pour les deux autres industries, on obtient le système d'équations linéaires suivant :

$$\begin{cases} 0,5r_1 + 0,4r_2 + 0,3r_3 = r_1 \\ 0,3r_1 + 0,2r_2 + 0,4r_3 = r_2 \\ 0,2r_1 + 0,4r_2 + 0,3r_3 = r_3 \end{cases}$$

Si on désigne par P la matrice des coefficients de ce système et par R celle des variables, on a

$$P = \begin{bmatrix} 0,5 & 0,4 & 0,3 \\ 0,3 & 0,2 & 0,4 \\ 0,2 & 0,4 & 0,3 \end{bmatrix} \quad R = \begin{bmatrix} r_1 \\ r_2 \\ r_3 \end{bmatrix}$$

et la forme matricielle du système est $PR = R$. Résoudre ce système revient donc à résoudre le système homogène équivalent $R - PR = O$ ou encore $(I_3 - P)R = O$, ce qui est plus simple. Ainsi, on applique la méthode de Gauss à la matrice complète $(I_3 - P)|O$ du système homogène :

$$
\begin{bmatrix} 0,5 & -0,4 & -0,3 & | & 0 \\ -0,3 & 0,8 & -0,4 & | & 0 \\ -0,2 & -0,4 & 0,7 & | & 0 \end{bmatrix} \sim \begin{bmatrix} 5 & -4 & -3 & | & 0 \\ -3 & 8 & -4 & | & 0 \\ -2 & -4 & 7 & | & 0 \end{bmatrix} \sim \cdots \sim \begin{bmatrix} 1 & 0 & -10/7 & | & 0 \\ 0 & 1 & -29/28 & | & 0 \\ 0 & 0 & 0 & | & 0 \end{bmatrix}
$$

Le système admet donc comme solution

$$
R = \begin{bmatrix} 10t/7 \\ 29t/28 \\ t \end{bmatrix}
$$

Ainsi, si la valeur de la production annuelle de vêtements est $t = 112\ 000$ \$, la valeur de la production annuelle de l'agriculture est de $160\ 000$ \$ et la valeur de la production annuelle de la construction est de $116\ 000$ \$.

On peut généraliser le modèle de Leontief pour une **économie fermée** (aucun produit n'est importé ni exporté) comme suit. On considère une économie composée de n industries interdépendantes, chacune utilisant une partie de la production des autres industries et, peut-être, une partie de sa propre production. Pour une période donnée, on suppose que l'industrie j consomme la proportion e_{ij} de la production de l'industrie i. La matrice d'entrée-sortie de l'économie, $E = [e_{ij}]$, présente les caractéristiques suivantes :

1) $0 \le e_{ij} \le 1$ pour $i = 1, 2, ..., n$ et $j = 1, 2, ..., n$;

2) $e_{i1} + e_{i2} + ... + e_{in} = 1$ pour chaque $i = 1, 2, ..., n$.

La seconde caractéristique se lit : la somme des éléments d'une ligne quelconque de E est égale à 1, autrement dit, toute la production de chaque industrie i est utilisée par l'une ou l'autre des n industries qui composent l'économie fermée. Toute matrice qui satisfait aux conditions 1) et 2) est dite **stochastique**.

Soit p_{ij} la production de l'industrie i consommée par l'industrie j et r_j le revenu annuel de l'industrie j. La matrice $P = [p_{ij}]$ est la transposée de $E = [e_{ij}]$ et l'équation $PR = R$ est appelée la **condition d'équilibre** de l'économie. Celle-ci s'exprime aussi à l'aide de l'équation $(I_n - P)R = O$, qui décrit un système homogène.

Application à l'urbanisme

Exemple 3.37

Une municipalité veut évaluer le débit dans diverses sections de son réseau de distribution d'eau, représenté par le diagramme de la figure 3.1. Les flèches indiquent le sens de l'écoulement de l'eau et on sait que le débit d'eau en A, en B et en D est respectivement de 20, 10 et 20 litres par minute.

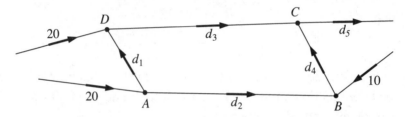

Figure 3.1

On suppose que le courant est régulier dans chaque section du réseau, c'est-à-dire que le débit à l'entrée d'une jonction est égal au débit à sa sortie. Ainsi, on a :

$$\text{en } A : d_1 + d_2 = 20 \qquad \text{en } B : d_2 + 10 = d_4$$
$$\text{en } C : d_3 + d_4 = d_5 \qquad \text{en } D : d_1 + 20 = d_3$$

Pour connaître le débit dans chaque section, on doit donc résoudre le système d'équations linéaires :

$$\begin{cases} d_1 + d_2 & & = & 20 \\ d_2 & - d_4 & = & -10 \\ & d_3 + d_4 - d_5 & = & 0 \\ d_1 & - d_3 & = & -20 \end{cases}$$

En appliquant la méthode de Gauss, on obtient

$$
\begin{bmatrix}
1 & 1 & 0 & 0 & 0 & | & 20 \\
0 & 1 & 0 & -1 & 0 & | & -10 \\
0 & 0 & 1 & 1 & -1 & | & 0 \\
1 & 0 & -1 & 0 & 0 & | & -20
\end{bmatrix}
\sim \cdots \sim
\begin{bmatrix}
1 & 0 & 0 & 1 & -1 & | & -20 \\
0 & 1 & 0 & -1 & 0 & | & -10 \\
0 & 0 & 1 & 1 & -1 & | & 0 \\
0 & 0 & 0 & 0 & 1 & | & 50
\end{bmatrix}
$$

La variable d_4 est libre. Pour $d_4 = t$, on a $d_1 = -t + 30$, $d_2 = t - 10$, $d_3 = -t + 50$ et $d_5 = 50$. Puisque $d_i \geq 0$ pour $i = 1, 2, \ldots, 5$, le paramètre t doit vérifier la condition $10 \leq t \leq 30$.

Autres applications

On appliquera la théorie des systèmes d'équations linéaires à l'étude de l'indépendance linéaire de vecteurs au chapitre 4 et à l'étude des espaces vectoriels au chapitre 8. Pour terminer le présent chapitre, on décrit une réalisation moderne qui illustre la puissance des méthodes de résolution des systèmes d'équations linéaires exposées plus haut.

En combinant les idées du XIXe siècle à la puissance des ordinateurs du XXe siècle, on a donné toute sa force à la théorie générale de résolution des systèmes d'équations linéaires. Les applications modernes sont nombreuses et intéressantes. À titre d'exemple, citons un cas en géodésie[2].

Aux États-Unis, en 1974, le National Oceanic Survey (NOS), membre du National Oceanic and Atmospheric Administration (NOAA), entreprit de réorganiser et de mettre à jour les informations géodésiques sur l'Amérique du Nord. Ces informations, dont l'ensemble est désigné par NAD 83, sont maintenant organisées en un réseau de 270 000 points de référence appelés stations. La localisation (latitude et longitude) de ces stations est connue à quelques centimètres près, et leur position au centre de masse de la terre est connue à un mètre près. L'ensemble des stations fournit aux États-Unis, au Canada, au Mexique, à l'Amérique centrale, à quelques îles des Caraïbes et au Danemark (qui administre le Groenland) un réseau cohérent

---

2.   John D. Bossler. « Geodesy Solves 900 000 Equations Simultaneously » dans *Eos*, 9 juin 1987, p. 569.

d'informations, utile aux explorateurs, aux arpenteurs, aux géographes, aux cartographes, aux ingénieurs et, en général, aux spécialistes des sciences de la Terre et de l'Espace. Pour réaliser cet exploit, il fallut tenir compte de 1,8 million d'observations et résoudre un système linéaire de 900 000 équations. Cela représente un des plus grands systèmes (sinon le plus grand) d'équations résolues simultanément. Le travail fut effectué sur une période d'environ 12 ans.

Exercices suggérés : 42 à 48, p. 175-180.

EXERCICES

1. Soit le système linéaire

$$S \begin{cases} x + y + 2z + 3w = 13 \\ x - 2y + z + w = 8 \\ 3x + y + z - w = 1 \end{cases}$$

Dire si le quadruplet donné est une solution de S :

a) $(x, y, z, w) = (-1, -1, 6, 2)$ \qquad b) $(x, y, z, w) = (-1, -1, 6, 1)$

c) $(x, y, z, w) = (-2, -1, 8, 0)$

2. a) Vérifier que $(19t - 35, 25 - 13t, t)$, où $t \in \mathbb{R}$, est une solution du système linéaire

$$\begin{cases} 2x + 3y + z = 5 \\ 5x + 7y - 4z = 0 \end{cases}$$

b) Montrer que $(2s + 12t + 13, s, -s - 3t - 3, t)$, où s et $t \in \mathbb{R}$, est une solution du système linéaire

$$\begin{cases} 2x_1 + 5x_2 + 9x_3 + 3x_4 = -1 \\ x_1 + 2x_2 + 4x_3 = 1 \end{cases}$$

3. Soit les systèmes linéaires

$$S_1 \begin{cases} 2x + 3y - z = 4 \\ y - z + 2x = 0 \\ y - 3z = 2x \end{cases}$$

$$S_2 \begin{cases} x_1 + 3x_2 + 4x_3 = 6 - 2x_4 + x_5 \\ 3x_4 - x_3 + 2x_2 = x_1 - x_5 \\ x_5 + 2x_4 - x_3 + x_2 - x_1 = 10 \\ x_3 + x_2 = x_1 - x_4 + x_5 + 7 \end{cases}$$

$$S_3 \begin{cases} x_1 + x_3 = -2x_4 \\ x_3 + x_2 + 1 + x_1 = 1 - 2x_4 \\ 3x_1 + 4x_3 = -7x_4 \\ 5 + x_1 + x_2 = 4 - x_3 - 4x_4 + 1 \end{cases}$$

a) Écrire chacun des systèmes d'équations sous forme matricielle.

b) Dire si les systèmes S_1 et S_3 sont compatibles. *qui a des solution*

c) Dire si les systèmes S_1, S_2 et S_3 sont homogènes.

4. Vérifier que les systèmes S et S' ont comme solution le triplet $(1, -2, 3)$:

$$S \begin{cases} x_1 + 2x_2 + 3x_3 = 6 \\ 2x_1 - 3x_2 + 2x_3 = 14 \\ 3x_1 + x_2 - x_3 = -2 \end{cases} \qquad S' \begin{cases} x + 2y + 3w = 6 \\ y + 2w = 4 \\ x + 2y + 4w = 9 \end{cases}$$

Les systèmes S et S' sont-ils équivalents ?

5. Quelle est la matrice complète de chacun des systèmes linéaires suivants :

a) $\begin{cases} 3x - 4y + z = 6 \\ 2x - y = 3 \\ x + y + z = 2 \end{cases}$
  b) $\begin{cases} 2x = 3y - z + w + 7 \\ y - x = z - w \\ 3x + 2y - z = 4 \\ 3w + z = 6 \end{cases}$

c) $\begin{cases} x_1 + x_2 + x_3 + x_4 + x_5 = 2 \\ 2x_1 + x_4 = x_3 + 3x_1 - 1 \\ -x_2 + x_5 = x_2 + x_4 + 6 \end{cases}$

6. Trouver un système linéaire dont la matrice complète est :

$a)$ $\begin{bmatrix} 2 & 1 & 3 & 4 & | & 0 \\ 3 & -1 & 2 & 0 & | & 3 \\ -2 & 1 & -4 & 3 & | & 2 \end{bmatrix}$ $b)$ $\begin{bmatrix} 2 & 1 & 3 & 4 & | & 0 \\ 3 & -1 & 2 & 0 & | & 3 \\ -2 & 1 & -4 & 3 & | & 2 \\ 0 & 0 & 0 & 0 & | & 0 \end{bmatrix}$

7. Soit le système

$$S \begin{cases} 2x_1 + 3x_2 - 3x_3 + x_4 + x_5 = 7 \\ 3x_1 + 2x_3 + 3x_5 = -2 \\ 2x_1 + 3x_2 - 4x_4 = 3 \\ x_3 + x_4 + x_5 = 5 \end{cases}$$

$a)$ Déterminer la matrice des coefficients de S.

$b)$ Écrire le système S sous sa forme matricielle.

$c)$ Trouver la matrice complète de S.

8. Quelles opérations élémentaires sur les lignes permettent de passer :

$a)$ de $\begin{bmatrix} 2 & -4 & 8 & 6 \\ 6 & 12 & 18 & 6 \\ 3 & -1 & 2 & 4 \end{bmatrix}$ à $\begin{bmatrix} 1 & -2 & 4 & 3 \\ 1 & 2 & 3 & 1 \\ 3 & -1 & 2 & 4 \end{bmatrix}$

$b)$ de $\begin{bmatrix} 1 & 0 & -2 & 4 \\ 2 & 1 & 1 & 1 \\ 3 & -1 & -6 & 1 \end{bmatrix}$ à $\begin{bmatrix} 1 & 0 & -2 & 4 \\ 0 & 1 & 5 & -7 \\ 0 & -1 & 0 & -11 \end{bmatrix}$

$c)$ de $\begin{bmatrix} 0 & 0 & -4 & 1 \\ 0 & 4 & -2 & 1 \\ 1 & 2 & 3 & 0 \end{bmatrix}$ à $\begin{bmatrix} 1 & 2 & 3 & 0 \\ 0 & 4 & -2 & 1 \\ 0 & 0 & -4 & 1 \end{bmatrix}$

9. Soit les matrices

$$A = \begin{bmatrix} 1 & 0 & 0 & 0 & -3 \\ 0 & 0 & 1 & 0 & 4 \\ 0 & 0 & 0 & 1 & 2 \end{bmatrix} \qquad B = \begin{bmatrix} 0 & 1 & 0 & 0 & 5 \\ 0 & 0 & 1 & 0 & -4 \\ 0 & 0 & 0 & -1 & 3 \end{bmatrix}$$

$$C = \begin{bmatrix} 0 & 1 & 0 & 0 & 5 \\ 0 & 0 & 0 & 0 & 4 \\ 0 & 1 & 1 & -2 & 3 \end{bmatrix} \qquad D = \begin{bmatrix} 0 & 1 & 0 & 1 & 2 & 2 \\ 0 & 0 & 0 & 0 & 0 & -1 \\ 0 & 0 & 0 & 1 & 3 & 4 \\ 0 & 0 & 0 & 0 & 0 & 0 \\ 0 & 0 & 0 & 0 & 0 & 1 \end{bmatrix}$$

$$E = \begin{bmatrix} 2 & 0 & 0 & 1 & 2 \\ 0 & 0 & 3 & 0 & 0 \\ 0 & 0 & 0 & 1 & 3 \\ 0 & 0 & 0 & 0 & 0 \end{bmatrix} \qquad F = \begin{bmatrix} 0 & 0 & 0 & 0 & 0 \\ 0 & 0 & 1 & 2 & -3 \\ 0 & 0 & 0 & 1 & 0 \\ 0 & 0 & 0 & 0 & 0 \end{bmatrix}$$

$$G = \begin{bmatrix} 1 & 0 & 0 & 0 & 1 \\ 0 & 1 & 0 & 0 & 1 \\ 0 & 0 & 0 & 1 & -1 \\ 0 & 0 & 0 & 0 & 0 \end{bmatrix} \qquad H = \begin{bmatrix} 1 & 0 & 0 & 1 \\ 0 & 1 & 0 & 2 \\ 0 & 0 & 0 & -1 \\ 0 & 0 & 0 & 0 \end{bmatrix}$$

Identifier :

a) les matrices échelonnées;

b) les matrices échelonnées réduites; A

c) les éléments remarquables de chaque matrice échelonnée.

10. Trouver une matrice échelonnée équivalente à

$$A = \begin{bmatrix} 0 & 2 & 3 & -4 & 1 \\ 0 & 0 & 2 & 3 & 4 \\ 2 & 2 & -5 & 2 & 4 \\ 2 & 0 & -6 & 9 & 7 \end{bmatrix}$$

La solution est-elle unique ?

11. Trouver une matrice échelonnée réduite équivalente à

$$A = \begin{bmatrix} 1 & -2 & 0 & 2 \\ 2 & -3 & -1 & 5 \\ 1 & 3 & 2 & 5 \\ 1 & 1 & 0 & 2 \end{bmatrix}$$

La solution est-elle unique ?

12. Soit

$$A = \begin{bmatrix} 3 & -5 & -1 & 7 \\ 2 & -3 & -1 & 5 \\ 1 & 3 & 2 & 5 \\ 2 & 4 & 2 & 7 \end{bmatrix}$$

Trouver :

a) une matrice échelonnée qui est équivalente à A et dont tous les éléments remarquables sont 1;

b) la matrice échelonnée réduite équivalente à A.

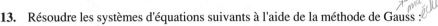

13. Résoudre les systèmes d'équations suivants à l'aide de la méthode de Gauss :

a) $\begin{cases} 3x + 4y + z = 1 \\ 2x + 3y = 0 \\ 4x + 3y - z = -2 \end{cases}$
    b) $\begin{cases} 3x - y = 0 \\ 2x - 3y = 1 \end{cases}$

14. Résoudre les systèmes d'équations suivants à l'aide de la méthode de Gauss-Jordan :

a) $\begin{cases} 2x - 3y = 5 \\ 3y - 2x = 2 \end{cases}$
    b) $\begin{cases} 2x_1 + x_2 - 3x_3 + 2x_4 = 13 \\ 2x_1 + 2x_2 - 3x_3 = 9 \\ x_2 - 6x_3 + 2x_4 = 14 \\ x_1 + x_2 + x_4 = 6 \end{cases}$

15. On peut louer trois voitures Nissan, deux de marque Ford et quatre de marque Chevrolet pour une somme totale de 424 $ par jour. Pour 428 $ par jour, on peut louer deux voitures Nissan, quatre de marque Ford et trois de marque Chevrolet. Enfin, pour 408 $ par jour, on peut louer quatre voitures Nissan, trois de marque Ford et deux de marque Chevrolet. Quel est le coût quotidien de location d'une voiture, selon sa marque ? (Utiliser la méthode de Gauss.)

16. On a introduit dans une île trois espèces différentes d'écureuils : l'écureuil commun, le tamia et l'écureuil volant du Sud. La population initiale totale, composée de 2 000 bêtes, s'est accrue à 2 500 bêtes dix ans plus tard : le nombre des écureuils communs a doublé, celui des tamias a augmenté de 50 % et l'écureuil volant du Sud s'est éteint. Sachant que l'accroissement des écureuils communs est égal (en nombre) à celui des tamias, déterminer à l'aide de la méthode de Gauss le nombre d'individus de chaque espèce qui furent introduits dans l'île.

17. Un fabricant vend trois types de fertilisants, qui sont chacun un mélange de trois produits A, B et C. Le fertilisant de type I contient, par unité, 10 kg de A, 30 kg de *B* et 60 kg de *C*; celui de type II, 20 kg de *A*, 30 kg de *B* et 50 kg de *C*; celui de type III, 50 kg de *A* et 50 kg de *C*. Il y a actuellement en stock 1 600 kg de *A*, 1 200 kg de *B* et 3 200 kg de *C*. Combien d'unités de chaque type de fertilisant le fabricant doit-il produire s'il veut épuiser les matières premières en stock ? (Utiliser la méthode de Gauss.)

18. Dans chaque cas, déterminer la matrice échelonnée réduite équivalente à *A* et donner le rang de *A*.

a) $A = \begin{bmatrix} 1 & 3 & 1 & 7 \\ 3 & -2 & 4 & 1 \\ 4 & 1 & 9 & 6 \end{bmatrix}$ b) $A = \begin{bmatrix} 1 & 2 & 1 \\ 1 & 3 & 5 \\ 2 & 5 & 6 \\ 3 & 7 & 7 \end{bmatrix}$ c) $A = \begin{bmatrix} 1 & 1 & 3 & 1 \\ 1 & 2 & 1 & 4 \\ 2 & 3 & 4 & 6 \\ 3 & 4 & 7 & 7 \end{bmatrix}$

d) Est-il nécessaire de transformer une matrice échelonnée *A* en une matrice échelonnée réduite équivalente pour obtenir le rang de *A* ?

19. Dans chaque cas, quelle est la valeur maximale du rang de *A* si :

a) $A \in \mathcal{M}_{3,4}$ b) $A \in \mathcal{M}_{5,2}$ c) $A \in \mathcal{M}_{2,5}$ d) $A \in \mathcal{M}_{4,4}$

20. La matrice échelonnée réduite équivalente à la matrice complète *A*|*B* du système *S* : *AX* = *B* est :

a) $\begin{bmatrix} 1 & 2 & 0 & 0 & | & 5 \\ 0 & 0 & 1 & 0 & | & 3 \\ 0 & 0 & 0 & 1 & | & 4 \end{bmatrix}$ b) $\begin{bmatrix} 1 & 2 & 0 & 0 & | & 0 \\ 0 & 0 & 1 & 0 & | & 0 \\ 0 & 0 & 0 & 0 & | & 1 \end{bmatrix}$

Dans chaque cas,

i) quel est le rang de la matrice des coefficients de *S* ?

ii) quel est le rang de la matrice complète de *S* ?

iii) le système *S* est-il compatible ?

iv) identifier les variables libres de *S* sachant que $X = \begin{bmatrix} x \\ y \\ z \\ w \end{bmatrix}$.

21. Soit un système linéaire $S : AX = B$. Dans chaque cas, le système S est-il compatible ? Admet-il une solution unique ? Sinon, combien compte-t-il de variables libres ?

a) $A \in \mathcal{M}_{4,3}$, rang$(A) = 2$ et rang$(A|B) = 2$

b) $A \in \mathcal{M}_{4,5}$, rang$(A) = 3$ et rang$(A|B) = 4$

c) $A \in \mathcal{M}_{4,5}$, rang$(A) = 4$ et rang$(A|B) = 4$

d) $A \in \mathcal{M}_{7,5}$, rang$(A) = 5$ et rang$(A|B) = 5$

22. Résoudre les systèmes $S : AX = B$ suivants par la méthode de Gauss, en indiquant bien les opérations élémentaires effectuées sur les lignes. Déterminer si le système est compatible ou non et, dans le premier cas, préciser s'il admet une solution unique ou une infinité de solutions.

a) $\begin{cases} 2x + y + z = 3 \\ x - y + z = 0 \\ 4x + 3y - 2z = -4 \end{cases}$

b) $\begin{cases} 2x + 3y - z = -1 \\ x + y + 2z = 12 \\ x + 2y - 3z = 2 \end{cases}$

c) $\begin{cases} 2x + y = 3 \\ x - y = 4 \end{cases}$

d) $\begin{cases} 2x - y = -5 \\ -3x + y = 3 \end{cases}$

e) $\begin{cases} 2x + y - 2z = 7 \\ x - y + 3z = 2 \\ 4x - y + 4z = 11 \end{cases}$

f) $\begin{cases} x - 2y + 3z = 16 \\ 2x + 2y - z = 0 \\ x + y + 5z = 11 \\ x + y - 6z = -11 \end{cases}$

g) $\begin{cases} 5x + 3y - z = 7 \\ 2x + y + 2z = 1 \\ x + y - 5z = 4 \end{cases}$

h) $\begin{cases} 2x + y + z - 4v + 5w = 4 \\ x - y + 2z + v + 7w = 5 \\ x + 2y + z - 3v = 3 \end{cases}$

i) $\begin{cases} 2x + y + 5z + v = 5 \\ x - y + 3z + 2v = 3 \\ 5x - 4y + z + 5v = 12 \\ 3x - 2y + z + v = 6 \end{cases}$

j) $\begin{cases} x + 5y - 2z + t = 3 \\ 2x - y + 2z + 2t = 2 \\ x + y + z + t = 1 \\ 3x + 7y + 3t = 7 \end{cases}$

k) $\begin{cases} x_1 + 2x_2 - x_3 = 4 \\ 2x_1 + 5x_2 + x_3 = 9 \\ 4x_1 + 9x_2 - x_3 = 14 \end{cases}$

l) $\begin{cases} x_1 - 3x_2 + x_3 = 10 \\ 2x_1 + 4x_2 - 3x_3 = -10 \\ 3x_1 - 2x_2 + 2x_3 = 19 \\ x_1 + 10x_2 - 8x_3 = -39 \end{cases}$

23. Soit la matrice non nulle

$$X = \begin{bmatrix} x_1 & x_2 & x_3 \\ x_4 & x_5 & x_6 \end{bmatrix}$$

Peut-on écrire X comme une combinaison linéaire des matrices suivantes :

$$A_1 = \begin{bmatrix} 2 & 1 & -1 \\ 3 & -2 & 4 \end{bmatrix} \quad A_2 = \begin{bmatrix} 1 & 1 & -3 \\ -2 & 0 & 5 \end{bmatrix} \quad A_3 = \begin{bmatrix} 4 & -1 & 2 \\ 1 & -2 & -3 \end{bmatrix}$$

24. Soit $A = \begin{bmatrix} 1 & 1 \\ 2 & 3 \end{bmatrix}$. Écrire A comme une combinaison linéaire de :

$$A_1 = \begin{bmatrix} 1 & 0 \\ 0 & 1 \end{bmatrix} \quad A_2 = \begin{bmatrix} 1 & 1 \\ 0 & 0 \end{bmatrix} \quad A_3 = \begin{bmatrix} 1 & 0 \\ 1 & 1 \end{bmatrix} \quad A_4 = \begin{bmatrix} 1 & 1 \\ 0 & 1 \end{bmatrix}$$

25. Pour quelle valeur de c le système

$$\begin{cases} cx + y = 1 \\ x + cy = 1 \end{cases}$$

a) est-il incompatible ?

b) admet-il une solution unique ?

c) admet-il une infinité de solutions ?

26. Résoudre le système suivant où $t \in \mathbb{R}$:

$$\begin{cases} x_1 + x_2 + tx_3 = 1 \\ x_1 + tx_2 + x_3 = 1 \\ tx_1 + x_2 + x_3 = 1 \end{cases}$$

27. Pour quelles valeurs de a les systèmes donnés :

i) n'admettent-ils aucune solution ?

ii) admettent-ils une solution unique ?

iii) admettent-ils une infinité de solutions ?

a) $\begin{cases} x + y - z = 2 \\ x + 2y + z = 3 \\ x + y + (a^2 - 5)z = a \end{cases}$ *b*) $\begin{cases} x + y - z = 2 \\ 2x + 3y + 2z = 5 \\ 2x + 3y + (a^2 - 1)z = a + 1 \end{cases}$

28. En effectuant une substitution appropriée, transformer le système donné en un système linéaire, puis résoudre ce dernier à l'aide de la méthode de Gauss. Donner la solution du système initial.

a)
$$\begin{cases} \sqrt{x} - \sqrt{y} + \sqrt{z} = 3 \\ 2\sqrt{x} + \sqrt{y} - \sqrt{z} = 3 \\ \sqrt{x} - \sqrt{y} + 2\sqrt{z} = 7 \end{cases}$$

b)
$$\begin{cases} 3\sqrt{x^2-1} - 2y = \sqrt{3} \\ 5\sqrt{x^2-1} - 4y = \sqrt{3} \end{cases}$$

c)
$$\begin{cases} \dfrac{1}{3x-y} + \dfrac{9}{x+3y} = 2 \\[2mm] \dfrac{10}{3x-y} + \dfrac{9}{x+3y} = 7 \end{cases}$$

d)
$$\begin{cases} x^2 + xy - y^2 = 1 \\ 2x^2 - xy + 3y^2 = 13 \\ x^2 + 3xy + 2y^2 = 0 \end{cases}$$

29. Résoudre les systèmes homogènes suivants :

a)
$$\begin{cases} x_1 + x_2 + 2x_3 = 0 \\ x_1 - 2x_2 + x_3 = 0 \\ 3x_1 + x_2 + x_3 = 0 \end{cases}$$

b)
$$\begin{cases} x_1 + x_2 + x_3 + x_4 = 0 \\ x_1 + x_4 = 0 \\ x_1 + 2x_2 + x_3 = 0 \end{cases}$$

c)
$$\begin{cases} x_1 + x_2 + x_5 = 0 \\ x_3 + x_5 = 0 \\ x_4 + x_5 = 0 \end{cases}$$

d)
$$\begin{cases} 2x_1 + x_2 + x_3 = 0 \\ x_1 - x_2 + x_3 = 0 \\ 4x_1 + 3x_2 - 2x_3 = 0 \end{cases}$$

e)
$$\begin{cases} 2x_1 + x_2 = 0 \\ 3x_2 - 2x_3 = 0 \\ 2x_3 + x_4 = 0 \\ 4x_1 - x_4 = 0 \end{cases}$$

30. Les systèmes homogènes donnés ont-ils des solutions non triviales ? Justifier la réponse.

a)
$$\begin{cases} x_1 + 2x_2 + 3x_3 = 0 \\ 2x_1 - 3x_2 + 2x_3 = 0 \\ 3x_1 + x_2 - x_3 = 0 \end{cases}$$

b)
$$\begin{cases} x_1 + x_2 + 2x_3 + 3x_4 = 0 \\ x_1 - 2x_2 + x_3 + x_4 = 0 \\ 3x_1 + x_2 + x_3 - x_4 = 0 \end{cases}$$

c)
$$\begin{cases} x_1 + x_2 + x_3 = 0 \\ x_1 + x_2 - 2x_3 = 0 \\ 2x_1 + x_2 + x_3 = 0 \end{cases}$$

d)
$$\begin{cases} 2x_1 + 2x_2 + 3x_3 = 0 \\ x_1 + x_2 + x_3 = 0 \\ x_1 + x_2 + 2x_3 = 0 \end{cases}$$

$$e) \begin{cases} x_1 + 2x_2 + 3x_3 = 0 \\ 2x_1 + 3x_2 = 0 \\ x_2 + 2x_3 = 0 \\ 2x_1 + x_2 + 4x_3 = 0 \end{cases}$$

31. Utiliser le déterminant de la matrice des coefficients des systèmes homogènes donnés pour déterminer la nature de leurs solutions.

$$a) \begin{cases} x - 2y + z = 0 \\ 2x + 3y + z = 0 \\ 3x + y + 2z = 0 \end{cases} \qquad b) \begin{cases} x + y - z = 0 \\ 2x + y + 2z = 0 \\ 3x - y + z = 0 \end{cases}$$

$$c) \begin{cases} x + 2y + w = 0 \\ x + 2y + 3z = 0 \\ z + 2w = 0 \\ y + 2z - w = 0 \end{cases} \qquad d) \begin{cases} x + y + 2z + w = 0 \\ 2x - y + z - w = 0 \\ 3x + y + 2z + 3w = 0 \\ 2x - y - z + w = 0 \end{cases}$$

32. Montrer que le système homogène

$$\begin{cases} (a - p)x_1 + dx_2 = 0 \\ cx_1 + (b - p)x_2 = 0 \end{cases}$$

admet une solution non triviale si et seulement si p vérifie l'équation

$$(a - p)(b - p) - cd = 0$$

33. Pour quelle valeur de k le système homogène

$$\begin{cases} (k - 1)x + 2y = 0 \\ 2x + (k - 1)y = 0 \end{cases}$$

admet-il une solution non triviale ?

34. En comparant le rang de la matrice des coefficients et le rang de la matrice complète de chaque système linéaire, déterminer si le système est compatible :

$$a) \begin{bmatrix} 1 & 2 & 5 & -2 \\ 2 & 3 & -2 & 3 \\ 5 & 1 & 0 & 2 \end{bmatrix} \begin{bmatrix} x_1 \\ x_2 \\ x_3 \\ x_4 \end{bmatrix} = \begin{bmatrix} 0 \\ 0 \\ 0 \end{bmatrix} \qquad b) \begin{bmatrix} 1 & 2 & 5 & -2 \\ 2 & 3 & -2 & 4 \\ 5 & 1 & 0 & 2 \end{bmatrix} \begin{bmatrix} x_1 \\ x_2 \\ x_3 \\ x_4 \end{bmatrix} = \begin{bmatrix} -1 \\ -13 \\ 3 \end{bmatrix}$$

$c)$ $\begin{bmatrix} 1 & -2 & -3 & 4 \\ 4 & -1 & -5 & 6 \\ 2 & 3 & 1 & -2 \end{bmatrix} \begin{bmatrix} x_1 \\ x_2 \\ x_3 \\ x_4 \end{bmatrix} = \begin{bmatrix} 1 \\ 2 \\ 2 \end{bmatrix}$ $\qquad$ $d)$ $\begin{bmatrix} 1 & 1 & 1 \\ 1 & -1 & 1 \\ 5 & 1 & 5 \end{bmatrix} \begin{bmatrix} x_1 \\ x_2 \\ x_3 \end{bmatrix} = \begin{bmatrix} 6 \\ 2 \\ 5 \end{bmatrix}$

35. Déterminer les conditions que doivent vérifier les scalaires a, b et c afin que le système donné n'admette aucune solution; admette une solution unique; admette une infinité de solutions. Résoudre ensuite le système.

$a)$ $\begin{cases} 2x + y - z = a \\ \qquad 2y + 3z = b \\ \qquad\qquad -z = c \end{cases}$ $\qquad$ $b)$ $\begin{cases} x + ay = 0 \\ y + bz = 0 \\ z + cx = 0 \end{cases}$

$c)$ $\begin{cases} x + \quad ay - \quad z = 1 \\ -x + (a-2)y + \quad z = -1 \\ 2x + \quad 2y + (a-2)z = 1 \end{cases}$ $\qquad$ $d)$ $\begin{cases} x + y + 3z = a \\ ax + y + 5z = 4 \\ x + ay + 4z = a \end{cases}$

36. Résoudre simultanément :

$a)$ $\begin{cases} 2x_1 + 5x_2 = 41 \\ 3x_1 - 4x_2 = -19 \end{cases}$ et $\begin{cases} 2x_1 + 5x_2 = 26 \\ 3x_1 - 4x_2 = 16 \end{cases}$

$b)$ $\begin{cases} 6x - 4y + 8z = 9 \\ x - y + z = 0 \\ x + y + 2z = 6 \end{cases}$ et $\begin{cases} 6x_1 - 4x_2 + 8x_3 = 10 \\ x_1 - x_2 + x_3 = -1 \\ x_1 + x_2 + 2x_3 = 3 \end{cases}$

37. Résoudre simultanément les systèmes S, S' et S'' suivants :

$S \begin{cases} 2x_1 + x_2 - 2x_3 = 10 \\ 3x_1 + 2x_2 + 2x_3 = 7 \\ 5x_1 + 4x_2 + 3x_3 = 15 \end{cases}$ $\qquad$ $S' \begin{cases} 2y + z - 2w = -9 \\ 3y + 2z + 2w = 10 \\ 5y + 4z + 3w = 13 \end{cases}$

$S'' \begin{cases} 2a + b - 2c = -1 \\ 3a + 2b + 2c = 3 \\ 5a + 4b + 3c = 4 \end{cases}$

38. Trouver la matrice inverse de A à l'aide de la méthode de Gauss-Jordan.

$a)$ $A = \begin{bmatrix} 1 & 2 & 3 \\ 2 & 3 & 1 \\ 3 & 2 & 1 \end{bmatrix}$ $\qquad$ $b)$ $A = \begin{bmatrix} 3 & 2 & 4 & 1 \\ 1 & 0 & 1 & 0 \\ 3 & 1 & 0 & 1 \\ 0 & 1 & 0 & 2 \end{bmatrix}$

39. Résoudre le système donné en calculant l'inverse de la matrice des coefficients du système.

a) $\begin{cases} x + 2y + 3z = 1 \\ 2x + 3y + z = 0 \\ 3x + 2y + z = -1 \end{cases}$

b) $\begin{cases} 3x + 2y + 4z + w = 1 \\ x + z = 1 \\ 3x + y + w = 1 \\ y + 2w = 1 \end{cases}$

c) $\begin{cases} x_1 + 4x_3 = 0 \\ 2x_1 + x_2 - 3x_3 = 0 \\ x_1 + 2x_2 - x_3 = 1 \end{cases}$

40. Une pâtisserie vend trois sortes de tartes. Les ingrédients nécessaires à la fabrication d'une tarte aux pommes coûtent 2,50 \$ et la durée de la préparation est de 20 min. Pour une tarte à la crème, les ingrédients coûtent 2,00 \$ et la préparation dure 10 min. Enfin, la tarte au fromage coûte 3,50 \$ d'ingrédients et exige 15 min de préparation. En moyenne, la pâtisserie vend en tout deux douzaines de tartes par jour; la durée totale de préparation est de 6 h par jour et le coût total des ingrédients est de 64 \$. Combien de tartes de chaque sorte la pâtisserie fabrique-t-elle ? (Définir un système linéaire et le résoudre en calculant l'inverse de la matrice des coefficients.)

41. Trois alliages contiennent les quantités suivantes (en pourcentage) de plomb, de zinc et de cuivre :

Alliage	Plomb	Zinc	Cuivre
X	50	30	20
Y	40	30	30
Z	30	70	0

a) Quelle proportion de chaque alliage doit-on combiner pour obtenir un nouvel alliage composé de 44 % de plomb, de 38 % de zinc et de 18 % de cuivre ?

b) Combien de grammes de chaque alliage doit-on combiner pour fabriquer 10 grammes du nouvel alliage ?

42. Dans le contexte du libre-échange entre le Canada et les États-Unis, trois compagnies québécoises doivent faire face à une plus grande compétition. Comme elles sont interdépendantes, elles décident de se regrouper. Elles signent des contrats d'échange de services leur assurant la satisfaction de leurs besoins internes, ce qui les oblige à produire suffisamment pour rencontrer leurs nouvelles obligations les unes à l'endroit des autres.

La matrice de consommation C donne (suivant ses colonnes) la production (en unités) nécessaire pour répondre aux besoins internes de chaque compagnie :

$$
\begin{array}{cccc}
& \text{Cie 1} & \text{Cie 2} & \text{Cie 3} \\
C = & \begin{bmatrix} 0,2 \\ 0,2 \\ 0,2 \end{bmatrix} & \begin{matrix} 0,3 \\ 0,2 \\ 0 \end{matrix} & \begin{matrix} 0,2 \\ 0,3 \\ 0 \end{matrix} \begin{matrix} \text{Cie 1} \\ \text{Cie 2} \\ \text{Cie 3} \end{matrix}
\end{array}
$$

a) Quel est le niveau de production nécessaire (en unités) pour satisfaire à une demande externe :

  i) de 53, de 106 et de 159 unités s'adressant respectivement à Cie 1, à Cie 2 et à Cie 3 ?

  ii) de 1 060, de 530 et de 530 unités s'adressant respectivement à Cie 1, à Cie 2 et à Cie 3 ?

  iii) de d_1, de d_2 et de d_3 unités s'adressant respectivement à Cie 1, à Cie 2 et à Cie 3 ?

b) Donner la consommation interne pour chaque niveau de production calculé en *a*).

43. On obtient une variante du modèle économique de Leontief, illustré par l'exemple 3.35, en remplaçant dans la matrice de consommation le nombre d'unités par leur valeur (en dollars). Ainsi, pour une économie composée de trois usines U_1, U_2 et U_3, la matrice de consommation associée aux besoins internes est

$$
\begin{array}{cccc}
& U_1 & U_2 & U_3 \\
C = & \begin{bmatrix} 0,2 \\ 0,5 \\ 0 \end{bmatrix} & \begin{matrix} 0,2 \\ 0,5 \\ 0 \end{matrix} & \begin{matrix} 0,3 \\ 0 \\ 0,2 \end{matrix} \begin{matrix} U_1 \\ U_2 \\ U_3 \end{matrix}
\end{array}
$$

où, par exemple, l'entrée $c_{13} = 0,3$ indique que la valeur des produits de U_1 nécessaires pour fabriquer chaque dollar de produits de U_3 est de 0,30 $.

a) Évaluer $(I - C)^{-1}$.

b) Déterminer la valeur (en millions de dollars) de la production de chaque industrie nécessaire pour répondre à la demande externe D si (en millions de dollars) :

$$i) \quad D = \begin{bmatrix} 9 \\ 12 \\ 16 \end{bmatrix} \begin{matrix} U_1 \\ U_2 \\ U_3 \end{matrix} \qquad\qquad ii) \quad D = \begin{bmatrix} 9 \\ 15 \\ 24 \end{bmatrix} \begin{matrix} U_1 \\ U_2 \\ U_3 \end{matrix}$$

c) Si la valeur (en millions de dollars) de la production est

$$\begin{bmatrix} 40 \\ 60 \\ 40 \end{bmatrix} \begin{matrix} U_1 \\ U_2 \\ U_3 \end{matrix}$$

quelle est la valeur de la demande externe ?

44. Les besoins internes d'une économie composée de cinq industries interdépendantes sont indiqués par la matrice de consommation suivante, où les éléments représentent les coûts calculés en dollars.

	Auto	Acier	Électricité	Charbon	Plastique
Auto	0,10	0,05	0,05	0,05	0,10
Acier	0,45	0,15	0,10	0,15	0,10
Électricité	0,10	0,25	0,20	0,10	0,20
Charbon	0,15	0,25	0,25	0,10	0,05
Plastique	0,20	0,05	0,05	0,02	0,05

a) Quel est le coût de l'électricité consommée pour produire 1 $ d'acier ?

b) Quel est le coût des produits du plastique consommé pour produire 1 $ de biens de l'industrie de l'auto ?

c) Quel est le coût de l'électricité nécessaire pour répondre aux besoins internes de l'économie ?

d) Quelle est la valeur de la production excédentaire d'acier ?

e) Quelle industrie consomme le plus de charbon ? le plus d'électricité ? le plus d'acier ?

f) L'économie est-elle fermée ? Pourquoi ?

45. On considère trois systèmes économiques, composés chacun de quatre industries interdépendantes, caractérisées par les matrices suivantes, où les éléments indiquent des proportions :

$$\text{Économie 1 :} \quad E_1 = \begin{bmatrix} 0,6 & 0,3 & 0,1 & 0 \\ 0,2 & 0,4 & 0,3 & 0,1 \\ 0,1 & 0,2 & 0,5 & 0,2 \\ 0,1 & 0 & 0,2 & 0,7 \end{bmatrix}$$

$$\text{Économie 2 :} \quad E_2 = \begin{bmatrix} 0,5 & 0,2 & 0,1 & 0,2 \\ 0 & 0,7 & 0,2 & 0,1 \\ 0,1 & 0 & 0,8 & 0,1 \\ 0,1 & 0,1 & 0,2 & 0,6 \end{bmatrix}$$

$$\text{Économie 3 :} \quad E_3 = \begin{bmatrix} 0,2 & 0,1 & 0,3 & 0,1 \\ 0,5 & 0,1 & 0 & 0 \\ 0,4 & 0,1 & 0,1 & 0,1 \\ 0,3 & 0,1 & 0,1 & 0,1 \end{bmatrix}$$

a) Identifier les économies fermées.

b) Pour chaque économie fermée, déterminer la matrice des revenus annuels R pour laquelle l'économie est en équilibre.

c) Dans le cas où la somme des éléments r_i de la matrice des revenus annuels R de chaque économie fermée est de 10 000 \$, déterminer la matrice R de chaque économie fermée. (Arrondir les r_i à 1 \$ près.)

46. Le diagramme de la figure 3.2 décrit un réseau de rues à sens unique. On évalue le débit d'autos comme suit : 500 autos par heure pénètrent dans le réseau par l'intersection A, et 400 et 100 autos par heure en sortent par les intersections B et C respectivement.

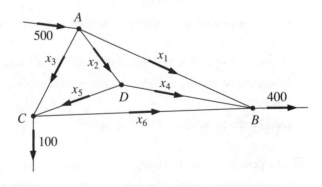

Figure 3.2

Si x_1, x_2, x_3, x_4, x_5 et x_6 désignent le débit d'autos dans les rues, dont le sens est indiqué par les flèches,

a) quel est le système d'équations linéaires correspondant au diagramme ?

b) quelles sont les solutions du système établi en *a*) ?

c) Toutes les solutions trouvées en *b*) sont-elles acceptables dans le contexte donné ?

47. Une municipalité projette d'effectuer des travaux sur la rue Chambly entre les rues Hochelaga et Ontario. La figure 3.3 est un plan de ce secteur; les sens uniques sont indiqués par les flèches et le débit aux intersections A, B, C, D, E et F est donné en nombre de véhicules par heure. La circulation est contrôlée par des feux à chacune de ces intersections et on cherche évidemment à ce qu'elle soit minimale entre C et D, le temps que durera la réfection de la chaussée.

a) Soit $x_1, x_2, x_3, x_4, x_5, x_6$ et x_7 le débit de véhicules sur les tronçons AB, BC, DE, EF, AF, EB et CD respectivement. Donner le débit à chaque intersection à l'aide d'une équation linéaire.

b) Quelle est la solution du système des équations linéaires établies en *a*) ?

c) Quel est le débit minimal sur la rue Chambly, entre Hochelaga et Ontario ?

d) Quelle mesure doit-on prendre pour que la circulation soit minimale sur le tronçon CD ?

e) Quel sera le débit de véhicules sur les tronçons BC et EB si on adopte la mesure déterminée en *d*) ?

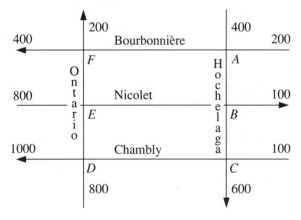

Figure 3.3

48. La figure 3.4 représente le système d'irrigation utilisé par un agriculteur. Le débit d'eau aux jonctions A, B, C et D est constant et il est respectivement de 55, de 20, de 15 et de 20 litres par minute. Le sens de l'écoulement de l'eau est indiqué par les flèches.

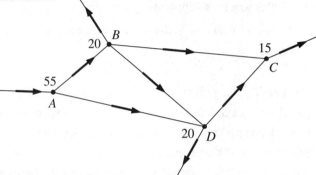

Figure 3.4

a) Déterminer le débit d'eau dans chaque section du système d'irrigation (sections AB, BD, BC, AD et DC).

b) Si le canal reliant les jonctions B et C est fermé, quel débit doit-on maintenir dans la section AB afin que le débit ne soit pas supérieur à 30 litres par minute dans aucun des canaux ouverts ?

VECTEUR GÉOMÉTRIQUE

CHAPITRE

4

Le XIXe siècle fut marqué par de nombreuses et importantes découvertes dans tous les domaines scientifiques, de la théorie de Darwin aux applications nouvelles de l'électricité. L'univers philosophique et physique de l'homme en fut transformé. Le centre de l'activité mathématique se situait alors en France et en Allemagne, et l'Angleterre sortit de l'ombre de Newton pour apporter de nouvelles contributions aux théories mathématiques.

Grâce à une plus grande liberté de pensée et à une motivation accrue, des concepts perçus intuitivement au cours des siècles antérieurs furent pleinement développés durant cette période d'effervescence intellectuelle. En plus des notions de matrice et de déterminant, qui permirent d'élaborer une théorie générale des systèmes d'équations linéaires, on introduisit le concept de vecteur. Ce dernier fut d'abord utilisé par les physiciens, en électricité, en mécanique et en électromagnétisme, et il fut repris par des mathématiciens vers le milieu du XIXe siècle.

L'idée de vecteur existait cependant depuis plusieurs siècles, tant en physique qu'en mathématiques. Un procédé pour additionner deux vecteurs, connu sous le nom de règle du parallélogramme, était familier au philosophe grec Aristote (Stagire, Macédoine, 384 – Chalcis, Eubée, 322), tout au moins dans le cas particulier d'un rectangle. Le Flamand Simon Stevin (Bruges, 1548 – La Haye, 1620) employa cette méthode dans ses travaux sur la mécanique statique. La règle du parallélogramme appliquée à la composition de forces fut énoncée par l'Italien Galileo Galilei, dit Galilée (Pise, 1564 – Arceti, 1642). Ce dernier conçut aussi la loi de composition des vitesses, mais il n'est pas certain qu'il en saisit toute la portée.

L'addition de vecteurs fut utilisée par Carl Friedrich Gauss (Brunswick, 1777 – Göttingen, 1855) dans sa représentation géométrique des nombres complexes (expression qu'il introduisit). Selon ses notes, non publiées, datant du début du XIXe siècle, il établit une correspondance biunivoque entre les points du plan et les nombres complexes, et il proposa une interprétation géométrique des opérations élémentaires sur ces nombres. Le Britannique John Wallis (Ashford, 1616 – Oxford, 1703) avait déjà donné une représentation géométrique du nombre complexe $a + bi$, mais l'idée d'un axe imaginaire n'est apparue qu'en 1798. Elle fut introduite par le Danois Caspar Wessel (1745 – 1818), qui publia en 1799 un mémoire contenant la première représentation satisfaisante des nombres complexes. Ce mémoire ne fut toutefois connu qu'en 1897, dans sa version française intitulée *Essai sur la représentation analytique de la direction*. Les nombres complexes jouèrent un rôle important dans le développement de la notion de vecteur : le premier exemple d'addition vectorielle fut l'addition de nombres complexes, ces deux opérations étant identiques. En 1831, au moins cinq mathématiciens avaient découvert de façon indépendante une représentation des nombres complexes. En plus de Wallis, Wessel et Gauss, on cite le Suisse Jean Robert Argand (1768 – 1822) et l'Anglais Edward Waring (1734 – 1798). C'est grâce à l'autorité de Gauss que la représentation des nombres complexes fut largement diffusée.

Dans l'application de l'addition de nombres complexes au calcul des forces et des vitesses, en cinématique et en dynamique, on utilisait des vecteurs d'origine variable, dits libres. Sans connaître les travaux de Gauss, l'Italien Giusto Bellavitis (1803 – 1880) explora l'idée de classes d'équipollence de vecteurs libres et créa, en 1832, le calcul sur les vecteurs du plan. Le besoin d'une théorie mathématique pour une loi de composition sur les vecteurs, qui aurait les mêmes propriétés que l'addition sur les nombres réels tout en étant de caractère différent, était urgent. Cette théorie était nécessaire, entre autres choses, pour décrire certaines lois de la physique et en vérifier l'universalité.

Inspirés par les travaux de Gauss sur les nombres complexes, Hermann Günther Grassmann (Stettin, 1809 – 1877), August Ferdinand Möbius (Schulpforta, 1790 – Leipzig, 1868) et William Rowan Hamilton (Dublin, 1805 – Dunsink, 1865) développèrent presque simultanément les règles du calcul vectoriel et généralisèrent les propriétés du plan et de l'espace. On considère que ce sont Hamilton et

Grassmann qui établirent les bases du calcul vectoriel, chacun adoptant un point de vue différent.

Hamilton, à qui on doit le terme *vecteur*, était motivé par le besoin d'outils mathématiques nécessaires à l'application de la mécanique de Newton à divers aspects de l'astronomie et de la physique. À la recherche d'une façon de représenter les objets dans le plan et dans l'espace, il découvrit d'abord les *quaternions*, et ce concept le conduisit à celui de vecteur. Du point de vue mathématique, il fut stimulé par la volonté de trouver une opération binaire pouvant être interprétée géométriquement comme une rotation dans l'espace. Les motivations de Grassmann furent plutôt de nature théorique. Il voulut développer une structure algébrique qui pourrait servir de base à une géométrie dans un espace de dimension n.

Les quaternions présentés par Hamilton en 1843 furent un premier exemple d'opération binaire non commutative. L'algèbre de Hamilton, basée sur quatre unités fondamentales, soit 1, i, j et k, permit de traiter divers aspects de la mécanique. Möbius, un élève de Gauss, avait déjà énoncé dans ses calculs de barycentre des réflexions apparentées à celles de Hamilton. Mais ce dernier eut une influence prédominante sur le développement ultérieur d'une théorie vectorielle, qui rencontra d'ailleurs de vives résistances. La version définitive de la théorie de Hamilton parut en 1853 sous le titre *Lectures on Quaternions*, puis dans un ouvrage posthume publié en 1886, *Elements of Quaternions*. Cette théorie, dont la structure était très complexe, ne put survivre malgré les efforts d'un disciple et compatriote de Hamilton, l'Écossais Peter Guthrie Tait (Dalkeith, 1831 – Édimbourg, 1901).

Quant à l'œuvre de Grassmann, elle fut peu appréciée de ses contemporains. La vision du mathématicien, exposée dans *Die lineale Ausdehnungslehre* (publié en 1844, soit un an après la découverte des quaternions par Hamilton), était d'une grande profondeur et dépassait largement le cadre du calcul vectoriel. Grassmann perçut les notions de produits scalaire et vectoriel et d'espace vectoriel, qui seront traitées aux chapitres 6 et 8. Cependant, il n'arriva pas à simplifier sa théorie malgré un remaniement et une nouvelle publication en 1862.

La tâche de clarifier le travail de Hamilton et de Grassmann fut entreprise par l'Américain Josiah Willard Gibbs (New Haven, 1839 – 1903), un physico-mathématicien remarquable. Ce dernier définit le cadre théorique moderne des méthodes vectorielles et, avec Oliver Heaviside (Londres, 1850 – Torquay, 1925), il donna au calcul vectoriel une forme proche de sa forme actuelle. Sous la direction de Gibbs, s'aidant des notes de cours de ce dernier, un autre physico-mathématicien américain, E.B. Wilson, publia *Vector Analysis* en 1901. Cet ouvrage contribua largement à la diffusion de la méthode vectorielle.

Le Suisse M. Grossmann (1878 – 1936) transmit plusieurs éléments du calcul tensoriel (un prolongement du calcul vectoriel) à Albert Einstein (Ulm, 1879 – Princeton, 1955). En présentant sa théorie générale de la relativité, Einstein mit de l'avant le calcul vectoriel et le calcul tensoriel. Alors qu'au XIXe siècle on débattait de l'utilité des quaternions et des vecteurs, le langage vectoriel est aujourd'hui présent dans tous les domaines de la physique classique et moderne. On l'utilise de plus en plus non seulement en physique, mais aussi en biologie et en sciences sociales. Le langage vectoriel, dont les bases furent jetées par Hamilton et Grassmann, est maintenant d'usage courant. Il a ouvert de nouvelles perspectives dont celles de la géométrie vectorielle.

L'étude des vecteurs géométriques qu'on se propose d'entreprendre porte sur des entités géométriques indépendantes des systèmes de coordonnées. Tous les concepts sont interprétés géométriquement, qu'il s'agisse de vecteur, d'opérations, de combinaison linéaire, de dépendance linéaire, d'indépendance linéaire ou de base d'un ensemble de vecteurs. Les liens entre les vecteurs et les systèmes de coordonnées sont établis au chapitre 5.

4.1 Terminologie

L'application des mathématiques à la résolution d'un problème quelconque amène à définir et à étudier diverses quantités qu'on peut classer en deux catégories. Certaines sont entièrement déterminées par leur grandeur : ce sont les quantités scalaires, telles une distance, une longueur, une aire, une masse. Une **quantité scalaire** se définit à l'aide d'un **nombre réel**, qu'on nomme alors scalaire. D'autres quantités ne sont entièrement déterminées que si on ajoute à l'être arithmétique qu'est la grandeur un être géométrique, l'orientation (c'est-à-dire la direction et le sens) : ce sont les quantités vectorielles, tels une vitesse, une force, un champ magnétique. On définit donc une **quantité vectorielle** à l'aide d'un **nombre réel** (un scalaire) **et** d'une **orientation**, et on la représente géométriquement par un segment de droite orienté.

Définition 4.1   Vecteur géométrique

Un vecteur géométrique du plan ou de l'espace est un segment de droite orienté. Si AB désigne le segment de droite reliant deux points A et B du plan ou de l'espace, on note $\overrightarrow{AB}$ le vecteur géométrique allant de A à B, et $\overrightarrow{BA}$ le vecteur géométrique allant de B à A (fig. 4.1).   ◻

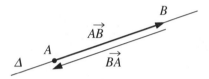

Figure 4.1

Un vecteur géométrique $\overrightarrow{AB}$ a une **origine**, le point A, et une **extrémité**, le point B. Si la droite à laquelle appartient le segment AB est désignée par Δ, on dit que Δ est le **support** de $\overrightarrow{AB}$. Tout vecteur géométrique $\overrightarrow{AB}$ est entièrement déterminé par :

i) sa **grandeur** : la longueur du segment AB, et

ii) son **orientation**, qui comprend sa **direction** : celle de son support, **et** son **sens**, qui est indiqué par la pointe de flèche.

La grandeur (ou longueur) de $\overrightarrow{AB}$, qui est un scalaire, se note $\|\overrightarrow{AB}\|$. Les symboles $\overrightarrow{AB}$ et $\overrightarrow{BA}$ désignent deux vecteurs qui ont la même longueur (celle de AB) et la même direction (celle de leur support) mais qui sont de sens opposés.

Exemple 4.1

a) Vecteur vitesse

Une particule décrit la trajectoire représentée à la figure 4.2. Le vecteur vitesse de cette particule, noté $\vec{v}$, a une direction : celle de la tangente T à la trajectoire au point P, un sens, qui est indiqué par la pointe de flèche, et une grandeur $\|\vec{v}\|$ (exprimée par exemple en mètres par seconde) : celle du segment orienté porté par T et originant en P.

Figure 4.2   **Figure 4.3**

b)   Force

Un corps de masse m est en mouvement rectiligne sous l'action d'une force de traction $\vec{F}$ (fig. 4.3). La force $\vec{F}$ a une orientation, qui détermine la trajectoire du corps, et une grandeur $\|\vec{F}\|$, qui détermine la grandeur de l'accélération du corps.

Définition 4.2   Vecteur nul
Un vecteur géométrique dont l'origine et l'extrémité coïncident est appelé vecteur nul et est noté $\vec{0}$. ☐

Si A désigne un point quelconque du plan ou de l'espace, le vecteur $\overrightarrow{AA}$ est nul : on le note aussi $\vec{0}$. La longueur de $\vec{0}$, notée $\|\vec{0}\|$, est 0 et son orientation est indéterminée.

Définition 4.3   Vecteur unitaire
Un vecteur géométrique $\vec{u}$ est dit unitaire si et seulement si sa longueur est 1. ☐

Définition 4.4   Vecteurs équipollents
Deux vecteurs géométriques $\vec{u}$ et $\vec{v}$ non nuls sont dits équipollents si et seulement si ils ont la même longueur ($\|\vec{u}\| = \|\vec{v}\|$) et la même orientation. La notation $\vec{u} = \vec{v}$ signifie $\vec{u}$ est équipollent à $\vec{v}$. ☐

Définition 4.5   Opposé d'un vecteur

L'opposé d'un vecteur $\overrightarrow{AB}$ quelconque, noté $-\overrightarrow{AB}$, est le segment de droite orienté allant de B à A; autrement dit, $-\overrightarrow{AB} = \overrightarrow{BA}$ (fig. 4.4).   ❏

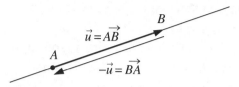

Figure 4.4

Il est à noter que deux vecteurs opposés ont la même longueur et la même direction mais qu'ils sont de sens opposés.

Exemple 4.2

Soit les vecteurs $\vec{a}$, $\vec{b}$, $\vec{c}$, $\vec{d}$ et $\vec{e}$ de la figure 4.5. On a $\vec{a} = \vec{c} = -\vec{e}$ alors que $\vec{a} \neq \vec{b}$, $\vec{a} \neq \vec{d}$ et $\vec{b} \neq \vec{d}$, où $\vec{a} \neq \vec{b}$, par exemple, signifie $\vec{a}$ n'est pas équipollent à $\vec{b}$.

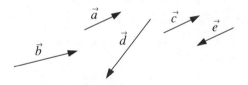

Figure 4.5

L'équipollence est une **relation d'équivalence** sur l'ensemble des vecteurs géométriques. En effet, si $\vec{u}$, $\vec{v}$ et $\vec{w}$ désignent des vecteurs géométriques, alors

i) $\vec{u} = \vec{u}$ réflexivité

ii) $\vec{u} = \vec{v} \Rightarrow \vec{v} = \vec{u}$ symétrie

iii) $\vec{u} = \vec{v}$ et $\vec{v} = \vec{w} \Rightarrow \vec{u} = \vec{w}$ transitivité

Ainsi, les vecteurs géométriques sont partagés en classes d'équivalence par la relation d'équipollence. On dit de deux vecteurs équipollents $\vec{u}$ et $\vec{v}$ qu'ils sont **géométriquement égaux**, d'où la notation $\vec{u} = \vec{v}$. Cette définition de l'égalité de deux vecteurs implique que l'origine d'un vecteur géométrique est un point arbitraire du plan ou de l'espace. En ce sens, on parle de **vecteur libre**.

Certaines applications exigent qu'on distingue les vecteurs libres des vecteurs liés et des vecteurs glissants, en restreignant la définition d'équipollence. Si on pose que l'origine d'un vecteur $\vec{u}$ est un point arbitraire de son support Δ, on dit que $\vec{u}$ est un **vecteur glissant**. Ainsi, deux vecteurs glissants sont dits équipollents (ou égaux) si, en plus d'avoir la même longueur, ils ont le même support et le même sens. Par ailleurs, si l'origine d'un vecteur $\vec{u}$ est fixe, on dit que $\vec{u}$ est un **vecteur lié**. Deux vecteurs liés sont équipollents (égaux) si, en plus d'avoir la même longueur et la même orientation, ils ont la même origine.

Exemple 4.3

Soit les vecteurs $\vec{a}$, $\vec{b}$, $\vec{c}$, $\vec{d}$, $\vec{e}$ et $\vec{f}$ de la figure 4.6, où Δ, Δ' et Δ'' sont des droites parallèles. On a $\|\vec{a}\| = \|\vec{b}\| = \|\vec{c}\| = \|\vec{d}\| = \|\vec{e}\| = \|\vec{f}\|$. Selon qu'on considère les vecteurs comme des vecteurs libres, liés ou glissants, on établit les égalités suivantes : si les vecteurs sont libres, $\vec{a} = \vec{b} = -\vec{c} = \vec{d} = -\vec{e} = \vec{f}$; si les vecteurs sont glissants, $\vec{a} = \vec{b}$, $\vec{c} = -\vec{d}$ et $\vec{e} = -\vec{f}$; si les vecteurs sont liés, $\vec{e} = -\vec{f}$.

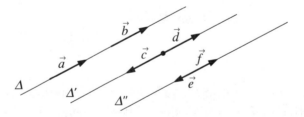

Figure 4.6

Dans le présent chapitre, à moins d'avis contraire, le terme *vecteur* est synonyme de *vecteur libre*.

La notion d'angle de deux vecteurs sert à définir leur position relative. Pour simplifier, on ne distingue pas les concepts d'angle et de mesure d'angle. De plus, on suppose que la notion d'angle de deux demi-droites est connue.

Définition 4.6   Angle de deux vecteurs

Soit $\vec{a}$ et $\vec{b}$ deux vecteurs non nuls, et soit O l'origine de $\vec{a}$. L'angle de $\vec{a}$ et $\vec{b}$, noté $\widehat{\vec{a},\vec{b}}$, est l'angle θ, compris entre $0°$ et $180°$, des deux demi-droites d'origine O portant respectivement le vecteur $\vec{a}$ et le vecteur d'origine O équipollent à $\vec{b}$ (fig. 4.7).   ☐

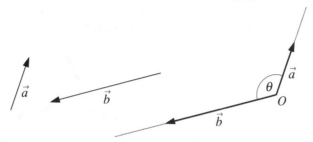

Figure 4.7

4.2   Opérations sur les vecteurs

Dans ce qui suit, on définit deux opérations sur les vecteurs : l'addition de deux ou plusieurs vecteurs et la multiplication d'un vecteur par un scalaire. On énonce également les propriétés de ces opérations et on aborde la notion de combinaison linéaire de vecteurs. La notation V_L désigne l'ensemble des vecteurs géométriques libres.

Addition de vecteurs

On se propose de définir l'addition de deux vecteurs et de généraliser cette opération à plusieurs vecteurs, puis d'énoncer les propriétés de l'addition vectorielle.

Définition 4.7   Addition vectorielle

L'addition sur V_L, notée +, est une opération interne définie par

$$+: \quad V_L \times V_L \quad \rightarrow \quad V_L$$
$$(\vec{a}, \vec{b}) \quad \rightarrow \quad \vec{c} = \vec{a} + \vec{b}$$

où $\vec{a} + \vec{b}$ s'obtient en appliquant la règle du parallélogramme ou la méthode de la résultante, qui sont décrites ci-dessous.   ☐

Règle du parallélogramme

Soit O un point arbitraire du plan ou de l'espace, et $\vec{a}$ et $\vec{b}$ deux vecteurs géométriques (fig. 4.8). On trace $\overrightarrow{OA} = \vec{a}$ et $\overrightarrow{OB} = \vec{b}$, puis on complète le parallélogramme $OACB$. La somme $\vec{a} + \vec{b}$ est $\vec{c} = \overrightarrow{OC}$, le segment de droite OC étant une diagonale du parallélogramme (fig. 4.9).

Figure 4.8   **Figure 4.9**

Méthode de la résultante

On fait coïncider l'origine de $\vec{b}$ avec l'extrémité de $\vec{a}$, sans changer l'orientation des vecteurs. La somme $\vec{c} = \vec{a} + \vec{b}$ est le vecteur allant de l'origine de $\vec{a}$ à l'extrémité de $\vec{b}$.

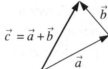

Figure 4.10

Si deux vecteurs $\vec{a}$ et $\vec{b}$ ont la même orientation, la somme $\vec{a} + \vec{b}$ a la même orientation que $\vec{a}$ et $\vec{b}$. Autrement, si $\vec{a}$ et $\vec{b}$ sont non nuls, le vecteur $\vec{a} + \vec{b}$ correspond au troisième côté du triangle déterminé par $\vec{a}$ et $\vec{b}$ (fig. 4.10). On sait que n'importe quel côté d'un triangle est plus petit que la somme des deux autres. Donc, quels que soient les vecteurs $\vec{a}$ et $\vec{b}$,

$$\|\vec{a} + \vec{b}\| \leq \|\vec{a}\| + \|\vec{b}\| \qquad \text{inégalité du triangle}$$

l'égalité n'étant vérifiée que si $\vec{a}$ et $\vec{b}$ ont la même direction, ou encore si au moins un des deux vecteurs est nul.

Exemple 4.4

Un avion se dirige vers l'est à une vitesse $v_a = 100$ kn (où kn est le symbole de nœud) par rapport à l'air, tandis qu'un vent du sud souffle à une vitesse $v_v = 80$ kn par rapport au sol. Pour déterminer le vecteur vitesse $\vec{v}_s$ de l'avion par rapport au sol, on calcule la somme $\vec{v}_s = \vec{v}_a + \vec{v}_v$ à l'aide de la règle du parallélogramme (fig. 4.11).

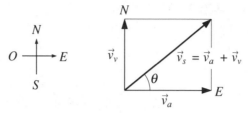

Figure 4.11

On a $\|\vec{v}_a\| = 100$ kn et $\|\vec{v}_v\| = 80$ kn. Puisque $\vec{v}_a$ et $\vec{v}_v$ déterminent un rectangle,

$$\|\vec{v}_s\| = \sqrt{100^2 + 80^2} \cong 128 \text{ kn} \qquad \text{[Théorème de Pythagore]}$$

De plus, si $\theta = \widehat{\vec{v}_a, \vec{v}_s}$, alors tg $\theta = \dfrac{\|\vec{v}_v\|}{\|\vec{v}_a\|} = \dfrac{80}{100} = 0,8$, d'où $\theta = 38,66°$.

Ainsi, l'avion se déplace à une vitesse de 128 kn par rapport au sol, suivant une direction de 38,66° au nord de l'est.

Proposition 4.1   Relation de Chasles

Pour tous points M, N et X du plan ou de l'espace, l'égalité

$$\overrightarrow{MN} = \overrightarrow{MX} + \overrightarrow{XN}$$

appelée relation de Chasles[1], est vérifiée (fig. 4.12).   ❏

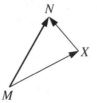

Figure 4.12

---

1. Michel Chasles (1793 – 1880) est un mathématicien français qui s'intéressa à la géométrie projective.

Exemple 4.5

Soit A et B respectivement les positions initiale et finale d'une particule. Le vecteur $\overrightarrow{AB}$ est le déplacement de la particule, quelle que soit sa trajectoire. Par exemple, pour les trajectoires ACB, ADB et AEB représentées à la figure 4.13, les égalités suivantes sont vérifiées (relation de Chasles) :

$$\overrightarrow{AB} = \overrightarrow{AC} + \overrightarrow{CB}$$

$$\overrightarrow{AB} = \overrightarrow{AD} + \overrightarrow{DB}$$

$$\overrightarrow{AB} = \overrightarrow{AE} + \overrightarrow{EB}$$

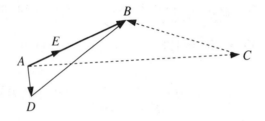

Figure 4.13

Addition d'un nombre quelconque de vecteurs

Soit n vecteurs $\vec{a}_1, \vec{a}_2, ..., \vec{a}_n$. Si on désigne respectivement par A_0 et A_1 l'origine et l'extrémité de $\vec{a}_1$, on a $\vec{a}_1 = \overrightarrow{A_0A_1}$. En déplaçant $\vec{a}_2$ de façon que son origine coïncide avec A_1, on obtient $\vec{a}_2 = \overrightarrow{A_1A_2}$. Par des déplacements successifs de $\vec{a}_3, \vec{a}_4, ..., \vec{a}_n$, on a également $\vec{a}_3 = \overrightarrow{A_2A_3}$, $\vec{a}_4 = \overrightarrow{A_3A_4}$, ..., $\vec{a}_n = \overrightarrow{A_{n-1}A_n}$. L'application réitérée de la relation de Chasles donne :

$$\vec{a}_1 + \vec{a}_2 = \overrightarrow{A_0A_1} + \overrightarrow{A_1A_2} = \overrightarrow{A_0A_2}$$

$$\vec{a}_1 + \vec{a}_2 + \vec{a}_3 = \overrightarrow{A_0A_2} + \overrightarrow{A_2A_3} = \overrightarrow{A_0A_3}$$

$$\vec{a}_1 + \vec{a}_2 + \vec{a}_3 + ... + \vec{a}_n = \overrightarrow{A_0A_{n-1}} + \overrightarrow{A_{n-1}A_n} = \overrightarrow{A_0A_n}$$

Ainsi, la somme des n vecteurs $\vec{a}_1, \vec{a}_2, ..., \vec{a}_n$ est le vecteur $\overrightarrow{A_0A_n}$ allant de l'origine de $\vec{a}_1$ à l'extrémité de $\vec{a}_n$.

Exemple 4.6

Soit $\vec{u} = \overrightarrow{A_0A_1}$, $\vec{v} = \overrightarrow{A_1A_2}$, $\vec{w} = \overrightarrow{A_2A_3}$ et $\vec{z} = \overrightarrow{A_3A_4}$ (fig. 4.14). On obtient le vecteur somme $\vec{t} = \vec{u} + \vec{v} + \vec{w} + \vec{z}$ en traçant le vecteur allant de l'origine A_0 de $\vec{u}$ à l'extrémité A_4 de $\vec{z}$. Ainsi $\vec{t} = \overrightarrow{A_0A_4}$.

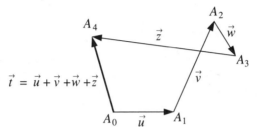

Figure 4.14

Définition 4.8   Différence de deux vecteurs

Soustraire un vecteur $\vec{b}$ d'un vecteur $\vec{a}$ signifie additionner l'opposé de $\vec{b}$ à $\vec{a}$ (fig. 4.15) :

$$\vec{a} - \vec{b} = \vec{a} + (-\vec{b}) \qquad \square$$

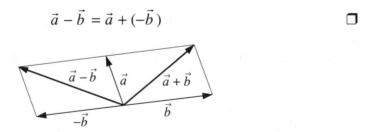

Figure 4.15

Proposition 4.2   Propriétés de l'addition

Soit $\vec{a}$, $\vec{b}$ et $\vec{c}$ des vecteurs géométriques. L'addition vectorielle possède les quatre propriétés suivantes :

$A_1 : \vec{a} + \vec{b} = \vec{b} + \vec{a}$ $\qquad$ commutativité

$A_2 : \vec{a} + (\vec{b} + \vec{c}) = (\vec{a} + \vec{b}) + \vec{c}$ $\qquad$ associativité

$A_3 : \vec{a} + \vec{0} = \vec{0} + \vec{a} = \vec{a}$ $\qquad$ $\vec{0}$ est l'élément neutre

$A_4 : \vec{a} + (-\vec{a}) = (-\vec{a}) + \vec{a} = \vec{0}$ $\qquad$ $-\vec{a}$ est l'opposé de $\vec{a}$ $\qquad \square$

La propriété A_1 découle directement de la règle du parallélogramme et la propriété A_2 est illustrée par la figure 4.16.

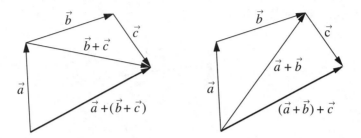

Figure 4.16

Exemple 4.7

On suppose que des forces $\vec{F}_1$, $\vec{F}_2$, $\vec{F}_3$, $\vec{F}_4$ et $\vec{F}_5$ agissent sur une particule P (fig. 4.17). La force résultante $\vec{F}$ qui agit sur P est égale à la somme

$$\vec{F}_1 + \vec{F}_2 + \vec{F}_3 + \vec{F}_4 + \vec{F}_5$$

qui s'obtient géométriquement à l'aide du procédé illustré par la figure 4.18.

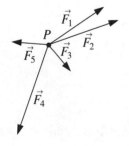   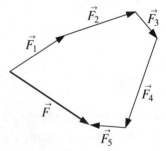

Figure 4.17   **Figure 4.18**

Multiplication d'un vecteur par un scalaire

On définit ci-dessous la multiplication d'un vecteur par un scalaire et on énonce les propriétés de cette opération.

Définition 4.9   Multiplication par un scalaire

Soit $\vec{a} \in V_L$ et $k \in \mathbb{R}$. La multiplication d'un vecteur $\vec{a}$ par un scalaire k est une opération externe définie par

$$\begin{aligned} \mathbb{R} \times V_L &\rightarrow V_L \\ (k, \vec{a}) &\rightarrow k\vec{a} \end{aligned}$$

où $k\vec{a}$ est un vecteur :

i) ayant la même direction que $\vec{a}$;

ii) dont le sens est le même que celui de $\vec{a}$ si $k > 0$, et est opposé à celui de $\vec{a}$ si $k < 0$;

iii) dont la longueur est $\|k\vec{a}\| = |k| \|\vec{a}\|$ où $|k|$ désigne la valeur absolue de k.☐

La figure 4.19 illustre la multiplication d'un vecteur $\vec{a}$ par un scalaire k pour des valeurs entières de k.

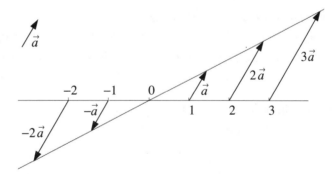

Figure 4.19

Proposition 4.3   Propriétés de la multiplication par un scalaire

Soit $\vec{a}$ et $\vec{b}$ des vecteurs géométriques, et p et q des scalaires. La multiplication par un scalaire possède les quatre propriétés suivantes :

$S_1 : 1\vec{a} = \vec{a}$ \qquad\qquad 1 est l'élément neutre

$S_2 : p(q\vec{a}) = (pq)\vec{a}$ \qquad associativité

$S_3 : p(\vec{a} \pm \vec{b}) = p\vec{a} \pm p\vec{b}$ \quad distributivité par rapport à l'addition vectorielle

$S_4 : (p \pm q)\vec{a} = p\vec{a} \pm q\vec{a}$ \quad distributivité par rapport à l'addition de deux scalaires

☐

L'ensemble V_L des vecteurs géométriques, muni de l'addition vectorielle et de la multiplication par un scalaire, est par définition un **espace vectoriel**[2]. C'est de la nature essentiellement vectorielle de l'espace physique dans lequel nous vivons qu'est né ce concept, dont les applications dépassent les seuls vecteurs géométriques.

Proposition 4.4   Produit nul

Soit $\vec{v} \in V_L$ et $k \in \mathbb{R}$. On a

$$k\vec{v} = \vec{0} \Leftrightarrow k = 0 \text{ ou } \vec{v} = \vec{0}$$

Preuve

$$
\begin{aligned}
k\vec{v} = \vec{0} &\Leftrightarrow \|k\vec{v}\| = \|\vec{0}\| = 0 && \text{[Définitions 4.2 et 4.4]} \\
&\Leftrightarrow |k|\|\vec{v}\| = 0 && \text{[Définition 4.9 \textit{iii})]} \\
&\Leftrightarrow |k| = 0 \text{ ou } \|\vec{v}\| = 0 && \text{[Produit nul dans } \mathbb{R}] \\
&\Leftrightarrow k = 0 \text{ ou } \vec{v} = \vec{0} && \text{[Définition 4.2]} \qquad \Box
\end{aligned}
$$

Définition 4.10   Vecteurs parallèles

Deux vecteurs géométriques $\vec{a}$ et $\vec{b}$ sont parallèles si et seulement si il existe un scalaire k tel que $\vec{a} = k\vec{b}$. La notation $\vec{a} \mathbin{/\!/} \vec{b}$ signifie $\vec{a}$ est parallèle à $\vec{b}$. $\Box$

L'angle (en radians) de deux vecteurs parallèles est 0 ou π, selon que les deux vecteurs sont de même sens ou de sens opposés.

Proposition 4.5

Soit $\vec{a}$ et $\vec{b}$ deux vecteurs parallèles non nuls. Le scalaire k tel que $\vec{a} = k\vec{b}$ est unique.

Preuve

S'il existe deux scalaires k_1 et k_2 tels que $\vec{a} = k_1\vec{b}$ et $\vec{a} = k_2\vec{b}$, alors

$$
\begin{aligned}
k_1\vec{b} &= k_2\vec{b} && \text{[Équipollence]} \\
k_1\vec{b} - k_2\vec{b} &= \vec{0} && \text{[Propriété A}_4] \\
(k_1 - k_2)\vec{b} &= \vec{0} && \text{[Propriété S}_4]
\end{aligned}
$$

---

2.   La notion d'espace vectoriel est traitée au chapitre 8. L'ensemble V_L sert alors à illustrer ce concept.

Étant donné que $\vec{b} \neq \vec{0}$ par hypothèse, il résulte de la dernière égalité que

$$k_1 - k_2 = 0 \qquad \text{[Proposition 4.4]}$$

ou encore que

$$k_1 = k_2$$

Donc, le scalaire k tel que $\vec{a} = k\vec{b}$ est unique.   ❑

Proposition 4.6

Pour tout vecteur géométrique $\vec{a}$, les vecteurs

$$\vec{u} = \frac{1}{\|\vec{a}\|}\vec{a} \;\; \text{et} \;\; \vec{v} = -\frac{1}{\|\vec{a}\|}\vec{a}$$

sont des vecteurs unitaires parallèles à $\vec{a}$.   ❑

Combinaison linéaire

Soit $\vec{x}_1$, $\vec{x}_2$ et $\vec{x}_3$ des vecteurs géométriques. En appliquant à ces trois vecteurs les opérations d'addition et de multiplication par un scalaire, on peut former différentes expressions, par exemple :

$$2\vec{x}_1 + \vec{x}_2 + \vec{x}_3$$

$$\vec{x}_1 + 3\vec{x}_2$$

$$\vec{x}_2 + \vec{x}_3 - 2\vec{x}_1$$

$$\vec{x}_1 - 4\vec{x}_2 + 3\vec{x}_3$$

$$0\vec{x}_1 + 0\vec{x}_2 + 0\vec{x}_3$$

Toutes ces expressions sont des combinaisons linéaires des vecteurs $\vec{x}_1$, $\vec{x}_2$ et $\vec{x}_3$: elles sont de la forme $k_1\vec{x}_1 + k_2\vec{x}_2 + k_3\vec{x}_3$ où k_1, k_2 et k_3 sont des scalaires.

Exemple 4.8

Soit les vecteurs $\vec{x}_1$, $\vec{x}_2$ et $\vec{x}_3$ de la figure 4.20. On construit les vecteurs

$$2\vec{x}_1 + \vec{x}_2 + \vec{x}_3 \qquad \vec{x}_1 + 3\vec{x}_2$$

$$\vec{x}_2 + \vec{x}_3 - 2\vec{x}_1 \qquad \vec{x}_1 - 4\vec{x}_2 + 3\vec{x}_3$$

en appliquant les définitions de multiplication par un scalaire et d'addition de plusieurs vecteurs (fig. 4.21).

Figure 4.20

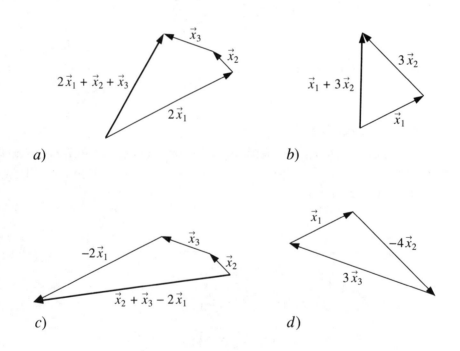

Figure 4.21

On constate que l'origine et l'extrémité du vecteur $\vec{x}_1 - 4\vec{x}_2 + 3\vec{x}_3$ coïncident (fig. 4.21 *d*)) : $\vec{x}_1 - 4\vec{x}_2 + 3\vec{x}_3 = \vec{0}$.

Soit $\vec{x}_1$, $\vec{x}_2$ et $\vec{x}_3$ les vecteurs de l'exemple 4.8, et

$$\vec{a} = 2\vec{x}_1 + \vec{x}_2 + \vec{x}_3 \qquad\qquad \vec{b} = \vec{x}_1 + 3\vec{x}_2$$

$$\vec{c} = \vec{x}_2 + \vec{x}_3 - 2\vec{x}_1 \qquad\qquad \vec{0} = \vec{x}_1 - 4\vec{x}_2 + 3\vec{x}_3$$

$$\vec{0} = 0\vec{x}_1 + 0\vec{x}_2 + 0\vec{x}_3$$

Chacun des vecteurs $\vec{a}$, $\vec{b}$, $\vec{c}$ et $\vec{0}$ est une combinaison linéaire des vecteurs $\vec{x}_1$, $\vec{x}_2$ et $\vec{x}_3$, car chacun s'écrit sous la forme d'une somme dont les termes sont soit un des trois vecteurs $\vec{x}_1$, $\vec{x}_2$ et $\vec{x}_3$, soit le produit d'un de ces vecteurs par un scalaire. Il est à noter que $\vec{0}$ s'écrit sous la forme non triviale $\vec{x}_1 - 4\vec{x}_2 + 3\vec{x}_3$ et sous la forme triviale $0\vec{x}_1 + 0\vec{x}_2 + 0\vec{x}_3$ (où tous les scalaires sont nuls).

Définition 4.11   Combinaison linéaire

Soit n vecteurs géométriques $\vec{v}_1$, $\vec{v}_2$, ..., $\vec{v}_n$. Un vecteur $\vec{u}$ quelconque est une combinaison linéaire des vecteurs $\vec{v}_i$ (où $i = 1, 2, ..., n$) s'il existe des scalaires k_i (où $i = 1, 2, ..., n$) tels que

$$\vec{u} = k_1\vec{v}_1 + k_2\vec{v}_2 + ... + k_n\vec{v}_n = \sum_{i=1}^{n} k_i\vec{v}_i$$

On dit alors que le vecteur $\vec{u}$ est **engendré** par les vecteurs $\vec{v}_i$ (où $i = 1, 2, ..., n$).

❑

Exemple 4.9

a) Tout vecteur $\vec{v}_i$ est une combinaison linéaire de n vecteurs $\vec{v}_i$ où $i = 1, 2, ..., n$ puisque

$$\vec{v}_i = 0\vec{v}_1 + 0\vec{v}_2 + ... + 0\vec{v}_{i-1} + 1\vec{v}_i + 0\vec{v}_{i+1} + ... + 0\vec{v}_n$$

b) Le vecteur $\vec{0}$ est une combinaison linéaire de n vecteurs $\vec{v}_i$ où $i = 1, 2, ..., n$, quels que soient les $\vec{v}_i$, puisque

$$\vec{0} = 0\vec{v}_1 + ... + 0\vec{v}_i + ... + 0\vec{v}_n$$

Cette **combinaison linéaire** est dite **triviale**.

Exemple 4.10

Soit $\vec{u}$ et $\vec{v} \in V_L$. Chacun des vecteurs $2\vec{u} + 3\vec{v}$, $-\vec{u} + 4\vec{v}$ et $3\vec{u} - 12\vec{v}$ est une combinaison linéaire des vecteurs $\vec{u}$ et $\vec{v}$.

Exemple 4.11

Soit les vecteurs $\vec{u}$, $\vec{v}$ et $\vec{w}$ de la figure 4.22. Pour représenter la combinaison linéaire $\vec{x} = -\vec{u} + 2\vec{v} + 3\vec{w}$, on applique les définitions de la multiplication par un scalaire et de l'addition de plusieurs vecteurs (fig. 4.23). La somme $\vec{x}$ est le vecteur allant de l'origine de $-\vec{u}$ à l'extrémité de $3\vec{w}$.

Figure 4.22

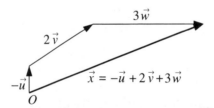

Figure 4.23

Exemple 4.12

Soit $\vec{e}_1$, $\vec{e}_2$ et $\vec{e}_3$ trois vecteurs géométriques, et soit les combinaisons linéaires suivantes de $\vec{e}_1$, $\vec{e}_2$ et $\vec{e}_3$:

$$\vec{a} = 2\vec{e}_1 - 3\vec{e}_2 + \vec{e}_3 \qquad \vec{b} = \vec{e}_1 - \vec{e}_2 + \vec{e}_3 \qquad \vec{c} = -\vec{e}_1 + 2\vec{e}_2 + \vec{e}_3$$

On veut exprimer le vecteur $\vec{v}$ comme une combinaison linéaire de $\vec{e}_1$, $\vec{e}_2$ et $\vec{e}_3$ sachant que $\vec{v}$ est aussi une combinaison linéaire de $\vec{a}$, $\vec{b}$ et $\vec{c}$:

$$\vec{v} = 2\vec{a} - \vec{b} + 2\vec{c}$$

On a

$$\begin{aligned}
\vec{v} &= 2\vec{a} - \vec{b} + 2\vec{c} \\
&= 2(2\vec{e}_1 - 3\vec{e}_2 + \vec{e}_3) - (\vec{e}_1 - \vec{e}_2 + \vec{e}_3) + 2(-\vec{e}_1 + 2\vec{e}_2 + \vec{e}_3) \\
&= (4\vec{e}_1 - \vec{e}_1 - 2\vec{e}_1) + (-6\vec{e}_2 + \vec{e}_2 + 4\vec{e}_2) + (2\vec{e}_3 - \vec{e}_3 + 2\vec{e}_3) \\
&= \vec{e}_1 - \vec{e}_2 + 3\vec{e}_3
\end{aligned}$$

Donc, le vecteur $\vec{v} = \vec{e}_1 - \vec{e}_2 + 3\vec{e}_3$ est une combinaison linéaire des vecteurs $\vec{e}_1$, $\vec{e}_2$ et $\vec{e}_3$. On dit aussi que $\vec{v}$ est engendré par les vecteurs $\vec{e}_1$, $\vec{e}_2$ et $\vec{e}_3$.

Exercices suggérés : 1 à 13, p. 224-228.

4.3 Dépendance linéaire et indépendance linéaire

Dans ce qui suit, on illustre d'abord les concepts de dépendance et d'indépendance linéaires par quelques exemples, on énonce ensuite des définitions rigoureuses de ces deux notions et, enfin, on étudie en détail les cas d'un vecteur, de deux vecteurs et de trois vecteurs.

Exemple 4.13

Soit $\vec{u}$ et $\vec{v}$ deux vecteurs géométriques non parallèles et non nuls, et soit $\vec{w}$ un vecteur géométrique quelconque (fig. 4.24).

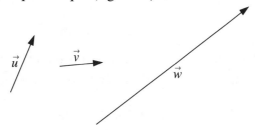

Figure 4.24

a) On veut représenter $\vec{w}$ comme une combinaison linéaire de $\vec{u}$ et de $\vec{v}$. Pour ce faire, on déplace d'abord les vecteurs $\vec{u}$, $\vec{v}$ et $\vec{w}$, sans modifier leur orientation, de façon que ces trois vecteurs aient une origine commune, qu'on note O. Soit Δ et Δ' les supports respectifs de $\vec{u}$ et de $\vec{v}$, et soit $\overrightarrow{OB} = \vec{w}$. Il ne reste plus qu'à décomposer $\vec{w}$ selon les vecteurs $\vec{u}$ et $\vec{v}$. En abaissant une parallèle à Δ' sur Δ à partir de B, on obtient le vecteur $\overrightarrow{OA}$; en abaissant une parallèle à Δ sur Δ' à partir de B, on obtient le vecteur $\overrightarrow{OC}$. Le vecteur $\vec{w}$ correspond à la diagonale OB du parallélogramme $OABC$. Les vecteurs $\overrightarrow{OA}$ et $\overrightarrow{OC}$ sont respectivement des produits de $\vec{u}$ et de $\vec{v}$ par des scalaires (fig. 4.25). La construction géométrique indique que $\vec{w} = 2\vec{u} + 3\vec{v}$, approximativement. On dit que $\vec{u}$, $\vec{v}$ et $\vec{w}$ sont **linéairement dépendants**, car il est possible d'écrire $\vec{w}$ sous la forme d'une combinaison linéaire de $\vec{u}$ et de $\vec{v}$.

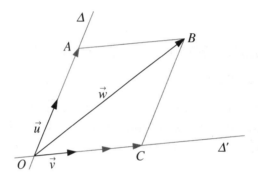

Figure 4.25

À l'aide de l'égalité $\vec{w} = 2\vec{u} + 3\vec{v}$, on peut aussi écrire le vecteur nul comme une combinaison linéaire de $\vec{u}$, $\vec{v}$ et $\vec{w}$:

$$\vec{0} = 2\vec{u} + 3\vec{v} - \vec{w}$$

Il est clair qu'il est toujours possible d'écrire le vecteur nul sous la forme d'une combinaison linéaire triviale de vecteurs donnés. Ainsi,

$$\vec{0} = 0\vec{u} + 0\vec{v} + 0\vec{w}$$

Cependant, dans le cas des vecteurs $\vec{u}$, $\vec{v}$ et $\vec{w}$ de la figure 4.24, la combinaison linéaire triviale n'est pas la seule combinaison linéaire égale à $\vec{0}$. En fait, il suffit que des vecteurs soient linéairement dépendants pour qu'il existe une combinaison linéaire de $\vec{u}$, $\vec{v}$ et $\vec{w}$ à la fois nulle et non triviale.

b) On peut se demander s'il est aussi possible d'écrire le vecteur nul comme une combinaison linéaire non triviale des deux vecteurs $\vec{u}$ et $\vec{v}$. En d'autres termes, existe-t-il des scalaires k_1 et k_2, tels que $k_1 \neq 0$ ou $k_2 \neq 0$, pour lesquels $\vec{0} = k_1\vec{u} + k_2\vec{v}$?

Si k_1 et k_2 existent alors $-k_1\vec{u} = k_2\vec{v}$, ce qui implique que

$$\vec{u} = -\frac{k_2}{k_1}\,\vec{v} \text{ ou } \vec{v} = -\frac{k_1}{k_2}\,\vec{u}$$

Or $\vec{u}$ et $\vec{v}$ sont non parallèles et non nuls; l'un de ces vecteurs ne peut donc être le produit de l'autre par un scalaire. Par conséquent, la seule combinaison linéaire des vecteurs $\vec{u}$ et $\vec{v}$ qui est égale à $\vec{0}$ est la combinaison triviale : $\vec{0} = 0\vec{u} + 0\vec{v}$. En fait, la seule combinaison linéaire de n'importe quels vecteurs **linéairement indépendants** qui est égale à $\vec{0}$ est la combinaison triviale.

Exemple 4.14

Soit trois vecteurs géométriques non coplanaires (c'est-à-dire qui ne sont pas situés dans un même plan) $\vec{u}$, $\vec{v}$ et $\vec{w}$ de supports respectifs Δ_1, Δ_2 et Δ_3 (fig. 4.26). Tout vecteur $\vec{a}$ de l'espace est une combinaison linéaire des vecteurs $\vec{u}$, $\vec{v}$ et $\vec{w}$. Pour tracer $\vec{a}$, il suffit de dessiner le parallélépipède déterminé par $\vec{u}$, $\vec{v}$ et $\vec{w}$: le vecteur $\vec{a}$ correspond à la diagonale issue de l'origine des trois vecteurs. La construction géométrique indique qu'on a approximativement

$$\vec{a} = 2\vec{u} + 3\vec{v} + 2\vec{w}$$

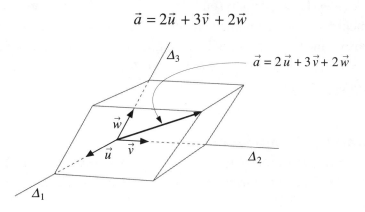

Figure 4.26

Comme il est possible d'écrire l'un des vecteurs $\vec{a}$, $\vec{u}$, $\vec{v}$ et $\vec{w}$ comme une combinaison linéaire des trois autres, ces quatre vecteurs sont **linéairement dépendants** et il existe une combinaison linéaire non triviale des vecteurs $\vec{a}$, $\vec{u}$, $\vec{v}$ et $\vec{w}$ qui est égale à $\vec{0}$:

$$\vec{0} = 2\vec{u} + 3\vec{v} + 2\vec{w} - \vec{a}$$

Puisque les vecteurs $\vec{u}$, $\vec{v}$ et $\vec{w}$ ne sont pas coplanaires, il est impossible d'écrire l'un d'eux comme une combinaison linéaire des deux autres. Ces trois vecteurs sont donc **linéairement indépendants** et la seule combinaison linéaire de $\vec{u}$, $\vec{v}$ et $\vec{w}$ qui est égale à $\vec{0}$ est la combinaison linéaire triviale

$$\vec{0} = 0\vec{u} + 0\vec{v} + 0\vec{w}$$

Définition 4.12   Indépendance linéaire
Soit n vecteurs géométriques $\vec{v}_1$, $\vec{v}_2$, ..., $\vec{v}_n$. Les n vecteurs sont linéairement indépendants si l'égalité

$$\vec{0} = k_1\vec{v}_1 + k_2\vec{v}_2 + ... + k_n\vec{v}_n$$

est vérifiée seulement lorsque $k_i = 0$ pour $i = 1, 2, ..., n$.   ❏

En d'autres termes, les vecteurs $\vec{v}_i$ (où $i = 1, 2, ..., n$) sont linéairement indépendants si et seulement si la seule combinaison linéaire des vecteurs $\vec{v}_i$ qui est égale à $\vec{0}$ est la combinaison linéaire triviale. S'il existe une combinaison linéaire non triviale des $\vec{v}_i$ (où $i = 1, 2, ..., n$) qui est égale à $\vec{0}$, les vecteurs $\vec{v}_i$ (où $i = 1, 2, ..., n$) sont dits linéairement dépendants.

Définition 4.13   Dépendance linéaire
Soit n vecteurs géométriques $\vec{v}_1$, $\vec{v}_2$, ..., $\vec{v}_n$. Les n vecteurs sont linéairement dépendants s'il existe au moins un scalaire $k_i \neq 0$ (où $i = 1, 2, ..., n$) tel que

$$\vec{0} = k_1\vec{v}_1 + k_2\vec{v}_2 + ... + k_n\vec{v}_n$$ ❏

Proposition 4.7

Soit n vecteurs linéairement dépendants $\vec{v}_1$, $\vec{v}_2$, ..., $\vec{v}_n$, et m vecteurs quelconques $\vec{u}_1, \vec{u}_2, ..., \vec{u}_m$. Les vecteurs $\vec{v}_1, \vec{v}_2, ..., \vec{v}_n, \vec{u}_1, \vec{u}_2, ..., \vec{u}_m$ sont linéairement dépendants.

❏

La proposition 4.7 affirme que si on ajoute des vecteurs quelconques à un ensemble de vecteurs linéairement dépendants, les vecteurs du nouvel ensemble sont aussi linéairement dépendants.

Exemple 4.15

Soit $\vec{u}$, $\vec{v}$ et $\vec{w}$ trois vecteurs linéairement indépendants, et soit $\vec{a}$, $\vec{b}$ et $\vec{c}$ tels que

$$\vec{a} = 2\vec{u} - 5\vec{v} + \vec{w} \qquad \vec{b} = \vec{u} + 2\vec{v} + 3\vec{w} \qquad \vec{c} = 3\vec{u} + \vec{v} + 4\vec{w}$$

a) Pour vérifier l'indépendance linéaire des vecteurs $\vec{a}$, $\vec{b}$ et $\vec{c}$, il suffit de montrer que toute combinaison linéaire de ces trois vecteurs qui est égale à $\vec{0}$ est une combinaison triviale.

Si on pose

$$\vec{0} = r\vec{a} + s\vec{b} + t\vec{c} \qquad \text{où } r, s, t \in \mathbb{R}$$

on obtient, par substitution,

$$\vec{0} = r(2\vec{u} - 5\vec{v} + \vec{w}) + s(\vec{u} + 2\vec{v} + 3\vec{w}) + t(3\vec{u} + \vec{v} + 4\vec{w})$$
$$\vec{0} = (2r + s + 3t)\vec{u} + (-5r + 2s + t)\vec{v} + (r + 3s + 4t)\vec{w}$$

Puisque $\vec{u}$, $\vec{v}$ et $\vec{w}$ sont linéairement indépendants, selon la définition 4.12,

$$\begin{cases} 2r + s + 3t = 0 \\ -5r + 2s + t = 0 \\ r + 3s + 4t = 0 \end{cases}$$

Il s'agit de résoudre le système homogène

$$AX = \begin{bmatrix} 2 & 1 & 3 \\ -5 & 2 & 1 \\ 1 & 3 & 4 \end{bmatrix} \begin{bmatrix} r \\ s \\ t \end{bmatrix} = \begin{bmatrix} 0 \\ 0 \\ 0 \end{bmatrix}$$

La matrice des coefficients de ce système a un déterminant non nul :

$$\det A = -20 \neq 0$$

Selon la proposition 3.5, rang$(A) = 3 = n$ implique que le système admet une solution unique, soit la solution triviale. Ainsi, $r = 0$, $s = 0$ et $t = 0$.

Les vecteurs $\vec{a}$, $\vec{b}$ et $\vec{c}$ sont linéairement indépendants puisque la seule combinaison linéaire de ces vecteurs qui est égale à $\vec{0}$ est la combinaison triviale.

b) Soit $\vec{d} = 9\vec{u} - 6\vec{v} + 7\vec{w}$. Pour écrire $\vec{d}$ sous la forme d'une combinaison linéaire des vecteurs $\vec{a}$, $\vec{b}$ et $\vec{c}$, il suffit de déterminer r, s, $t \in \mathbb{R}$ tels que $\vec{d} = r\vec{a} + s\vec{b} + t\vec{c}$.

Si on pose

$$\vec{0} = r\vec{a} + s\vec{b} + t\vec{c} - \vec{d}$$

on obtient, par substitution,

$$\begin{aligned} \vec{0} &= r(2\vec{u} - 5\vec{v} + \vec{w}) + s(\vec{u} + 2\vec{v} + 3\vec{w}) + t(3\vec{u} + \vec{v} + 4\vec{w}) \\ &\quad - (9\vec{u} - 6\vec{v} + 7\vec{w}) \\ &= (2r + s + 3t - 9)\vec{u} + (-5r + 2s + t + 6)\vec{v} + (r + 3s + 4t - 7)\vec{w} \end{aligned}$$

Puisque $\vec{u}$, $\vec{v}$ et $\vec{w}$ sont linéairement indépendants, on a

$$\begin{cases} 2r + s + 3t - 9 = 0 \\ -5r + 2s + t + 6 = 0 \\ r + 3s + 4t - 7 = 0 \end{cases}$$

Il s'agit de résoudre le système linéaire

$$\begin{bmatrix} 2 & 1 & 3 \\ -5 & 2 & 1 \\ 1 & 3 & 4 \end{bmatrix} \begin{bmatrix} r \\ s \\ t \end{bmatrix} = \begin{bmatrix} 9 \\ -6 \\ 7 \end{bmatrix}$$

En appliquant la méthode de Gauss-Jordan à la matrice complète du système, on obtient

$$\begin{bmatrix} 2 & 1 & 3 & | & 9 \\ -5 & 2 & 1 & | & -6 \\ 1 & 3 & 4 & | & 7 \end{bmatrix} \sim \cdots \sim \begin{bmatrix} 1 & 0 & 0 & | & 1 \\ 0 & 1 & 0 & | & -2 \\ 0 & 0 & 1 & | & 3 \end{bmatrix}$$

d'où $r = 1$, $s = -2$, $t = 3$. Donc,

$$\vec{d} = \vec{a} - 2\vec{b} + 3\vec{c}$$

Exemple 4.16

Soit $\vec{u}$, $\vec{v}$ et $\vec{w}$ trois vecteurs linéairement indépendants, et soit $\vec{a}$, $\vec{b}$ et $\vec{c}$ les vecteurs

$$\vec{a} = 2\vec{u} - \vec{v} \qquad \vec{b} = \vec{u} + \vec{w} \qquad \vec{c} = 3\vec{u} - \vec{v} + \vec{w}$$

Pour montrer que $\vec{a}$, $\vec{b}$ et $\vec{c}$ sont linéairement dépendants, on pose d'abord

$$\vec{0} = r\vec{a} + s\vec{b} + t\vec{c} \qquad \text{où } r, s, t \in \mathbb{R}$$

Par substitution, on obtient

$$\begin{aligned} \vec{0} &= r(2\vec{u} - \vec{v}) + s(\vec{u} + \vec{w}) + t(3\vec{u} - \vec{v} + \vec{w}) \\ &= (2r + s + 3t)\vec{u} + (-r - t)\vec{v} + (s + t)\vec{w} \end{aligned}$$

Puisque $\vec{u}$, $\vec{v}$ et $\vec{w}$ sont linéairement indépendants, on a

$$\begin{cases} 2r + s + 3t = 0 \\ -r \quad - \quad t = 0 \\ s + t = 0 \end{cases}$$

La matrice des coefficients du système homogène formé de ces trois équations a un déterminant nul :

$$\det \begin{bmatrix} 2 & 1 & 3 \\ -1 & 0 & -1 \\ 0 & 1 & 1 \end{bmatrix} = 0$$

Le système homogène admet donc des solutions non triviales (proposition 3.6), c'est-à-dire qu'il admet des solutions où $r \neq 0$ ou $s \neq 0$ ou $t \neq 0$. Ainsi, les vecteurs $\vec{a}$, $\vec{b}$ et $\vec{c}$ sont linéairement dépendants.

Exercices suggérés : 14 à 16, p. 228-229.

Dans ce qui suit, on donne une interprétation géométrique de la dépendance et de l'indépendance linéaires dans des espaces géométriques de dimension 1, 2 et 3. On introduit aussi graduellement le concept de base et on établit des liens entre les notions d'indépendance linéaire et de base.

Cas d'un vecteur

Dépendance linéaire

Le vecteur $\vec{0}$ est linéairement dépendant car il existe une combinaison linéaire nulle du vecteur $\vec{0}$ où le scalaire k est non nul :

$$\vec{0} = k\vec{0} \quad \text{où } k \neq 0$$

Indépendance linéaire

Tout vecteur $\vec{u}$ non nul est linéairement indépendant car dans toute combinaison linéaire nulle de $\vec{u}$, le scalaire k est égal à 0 :

$$\vec{0} = k\vec{u} \Leftrightarrow k = 0$$

Soit Δ le support d'un vecteur $\vec{u}$ non nul (fig. 4.27). Tout vecteur $\vec{w}$ porté par la droite Δ s'écrit comme une combinaison linéaire unique du vecteur $\vec{u}$. En effet, selon la proposition 4.5, il existe un scalaire k unique tel que $\vec{w} = k\vec{u}$. On dit que $\{\vec{u}\}$ engendre la droite Δ ou encore que $\{\vec{u}\}$ est une **base** de Δ.

Figure 4.27

Cas de deux vecteurs

Dépendance linéaire

Soit $\vec{u}$ et $\vec{v}$ deux vecteurs non nuls, linéairement dépendants. Il existe une combinaison linéaire non triviale de $\vec{u}$ et $\vec{v}$ qui est égale à $\vec{0}$:

$$k_1\vec{u} + k_2\vec{v} = \vec{0} \quad \text{pour } k_1 \neq 0 \text{ ou } k_2 \neq 0$$

On constate qu'il est possible d'exprimer un des vecteurs $\vec{u}$ et $\vec{v}$ comme une combinaison linéaire de l'autre. On peut poser, sans perte de généralité, $k_1 \neq 0$. On a alors

$$k_1\vec{u} + k_2\vec{v} = \vec{0}$$

$$\vec{u} = -\frac{k_2}{k_1}\vec{v}$$

$$\vec{u} = k\vec{v} \qquad \text{où } k = -\frac{k_2}{k_1}$$

Selon la définition 4.10, il résulte de la dernière égalité que $\vec{u}$ et $\vec{v}$ sont parallèles (fig. 4.28). Si on déplace l'un des vecteurs, sans modifier son orientation, de façon que $\vec{u}$ et $\vec{v}$ aient la même origine, les deux vecteurs ont aussi le même support Δ. On dit alors que $\vec{u}$ et $\vec{v}$ sont **colinéaires**. Chacun de ces deux vecteurs engendre la droite Δ, et on peut choisir l'un ou l'autre comme base de Δ.

Figure 4.28

Proposition 4.8   Dépendance de deux vecteurs

Soit $\vec{u}$ et $\vec{v}$ deux vecteurs géométriques non nuls. Les énoncés suivants sont équivalents :

    i) $\vec{u}$ et $\vec{v}$ sont linéairement dépendants;

    ii) $\vec{u}$ est le produit de $\vec{v}$ par un scalaire;

    iii) $\vec{u}$ et $\vec{v}$ sont parallèles;

    iv) $\vec{u}$ et $\vec{v}$ sont colinéaires.   ❏

Indépendance linéaire

Soit $\vec{u}$ et $\vec{v}$ deux vecteurs linéairement indépendants. Si on déplace l'un des vecteurs, sans modifier son orientation, de façon que $\vec{u}$ et $\vec{v}$ aient la même origine, les deux vecteurs engendrent un plan π (fig. 4.29). On dit que $\{\vec{u}, \vec{v}\}$ est une **base** de π. Tout vecteur $\vec{w}$ du plan π s'écrit comme une combinaison linéaire unique des vecteurs de la base $\{\vec{u}, \vec{v}\}$: $\vec{w} = k_1\vec{u} + k_2\vec{v}$ où k_1 et $k_2 \in \mathbb{R}$.

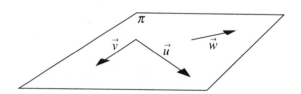

Figure 4.29

Proposition 4.9

Soit $\vec{u}$ et $\vec{v}$ deux vecteurs linéairement indépendants. Si $\vec{w}$ est engendré par $\vec{u}$ et $\vec{v}$, alors les scalaires k_1 et k_2 tels que $\vec{w} = k_1\vec{u} + k_2\vec{v}$ sont uniques.

Preuve

Soit $\vec{w} = p_1\vec{u} + p_2\vec{v}$ une combinaison linéaire de $\vec{u}$ et $\vec{v}$. On a

$$p_1\vec{u} + p_2\vec{v} = k_1\vec{u} + k_2\vec{v} \qquad \text{[Équipollence]}$$

$$\vec{0} = (k_1 - p_1)\vec{u} + (k_2 - p_2)\vec{v} \qquad \text{[Propriétés A}_1\text{, A}_4 \text{ et S}_4\text{]}$$

Puisque $\vec{u}$ et $\vec{v}$ sont linéairement indépendants, on a, selon la définition 4.12,

$$k_1 - p_1 = 0$$

$$k_2 - p_2 = 0$$

Donc,

$$k_1 = p_1 \quad \text{et} \quad k_2 = p_2$$

ce qui implique qu'il n'existe qu'une seule combinaison linéaire de $\vec{u}$ et $\vec{v}$ qui est égale à $\vec{w}$. ❏

Cas de trois vecteurs

Dépendance linéaire

Soit $\vec{u}$, $\vec{v}$ et $\vec{w}$ trois vecteurs linéairement dépendants. Il existe une combinaison linéaire non triviale de ces trois vecteurs qui est égale à $\vec{0}$:

$$k_1\vec{u} + k_2\vec{v} + k_3\vec{w} = \vec{0}$$

où k_1, k_2 et k_3 ne sont pas tous nuls. Si on pose, sans perte de généralité, $k_3 \neq 0$, on a

$$k_3\vec{w} = -k_1\vec{u} - k_2\vec{v}$$

$$\vec{w} = -\frac{k_1}{k_3}\vec{u} - \frac{k_2}{k_3}\vec{v}$$

Ainsi, le vecteur $\vec{w}$ est engendré par $\vec{u}$ et $\vec{v}$. Si on déplace les vecteurs, sans modifier leur orientation, de façon qu'ils aient la même origine, alors $\vec{u}$, $\vec{v}$ et $\vec{w}$ sont **coplanaires**, c'est-à-dire qu'ils sont dans le même plan. De plus :

i) si $\vec{u}$ et $\vec{v}$ sont colinéaires, $\vec{u}$, $\vec{v}$ et $\vec{w}$ le sont aussi, et il existe une infinité de plans contenant les trois vecteurs; $\vec{u}$, $\vec{v}$ et $\vec{w}$ engendrent une droite Δ;

ii) si $\vec{u}$ et $\vec{v}$ ne sont pas colinéaires, ils engendrent un plan π, qui contient $\vec{w}$.

Proposition 4.10   Dépendance de trois vecteurs

Soit $\vec{u}$, $\vec{v}$ et $\vec{w}$ trois vecteurs géométriques non nuls. Les énoncés suivants sont équivalents :

i) $\vec{u}$, $\vec{v}$ et $\vec{w}$ sont linéairement dépendants;

ii) au moins un des vecteurs $\vec{u}$, $\vec{v}$ et $\vec{w}$ s'exprime comme une combinaison linéaire des deux autres vecteurs;

iii) $\vec{u}$, $\vec{v}$ et $\vec{w}$ sont coplanaires. ❑

Indépendance linéaire

Soit $\vec{u}$, $\vec{v}$ et $\vec{w}$ trois vecteurs linéairement indépendants. Si on les déplace, sans modifier leur orientation, de façon qu'ils aient la même origine, $\vec{u}$, $\vec{v}$ et $\vec{w}$ ne sont pas coplanaires : ils engendrent l'espace (fig. 4.30). On dit alors que $\{\vec{u}, \vec{v}, \vec{w}\}$ est une **base** de l'espace. Ainsi, tout vecteur $\vec{x}$ de l'espace s'écrit comme une combinaison linéaire unique des vecteurs de la base $\{\vec{u}, \vec{v}, \vec{w}\}$:

$$\vec{x} = k_1\vec{u} + k_2\vec{v} + k_3\vec{w} \qquad \text{où } k_1, k_2, k_3 \in \mathbb{R}$$

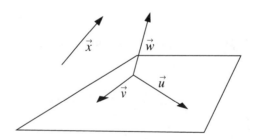

Figure 4.30

Proposition 4.11

Soit $\vec{u}$, $\vec{v}$, $\vec{w}$ et $\vec{x}$ des vecteurs géométriques. Si $\vec{u}$, $\vec{v}$ et $\vec{w}$ sont linéairement indépendants, les scalaires k_1, k_2 et k_3 tels que $\vec{x} = k_1\vec{u} + k_2\vec{v} + k_3\vec{w}$ sont uniques. ❑

Exercices suggérés : 17 à 27, p. 229-232.

4.4 Problèmes de géométrie

Dans la présente section, on applique des méthodes vectorielles à la résolution de problèmes de géométrie. On énonce aussi quelques propositions qui s'avéreront utiles dans les prochains chapitres.

Exemple 4.17

Soit un triangle ABC, et soit M le milieu de AB et N le milieu de BC (fig. 4.31). On veut montrer que $\overrightarrow{MN}$ est parallèle à $\overrightarrow{AC}$ et que la longueur de $\overrightarrow{MN}$ est la moitié de la longueur de $\overrightarrow{AC}$.

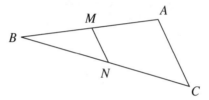

Figure 4.31

Preuve

Par hypothèse,

$$\overrightarrow{AM} = \overrightarrow{MB} = \frac{1}{2}\overrightarrow{AB} \tag{1}$$

et

$$\overrightarrow{BN} = \overrightarrow{NC} = \frac{1}{2}\overrightarrow{BC} \tag{2}$$

$1°$ $\overrightarrow{MN} = \overrightarrow{MB} + \overrightarrow{BN}$ [Relation de Chasles]

$\qquad = \frac{1}{2}\overrightarrow{AB} + \frac{1}{2}\overrightarrow{BC}$ [Égalités (1) et (2)]

$\qquad = \frac{1}{2}\left(\overrightarrow{AB} + \overrightarrow{BC}\right)$ [Propriété S_3]

$\qquad = \frac{1}{2}\overrightarrow{AC}$ [Relation de Chasles]

$\overrightarrow{MN} \;/\!/\; \overrightarrow{AC}$ [Définition 4.10]

2° $\left\|\overrightarrow{MN}\right\| = \left\|\frac{1}{2}\overrightarrow{AC}\right\| = \frac{1}{2}\left\|\overrightarrow{AC}\right\|$ [Définition 4.9]

Exemple 4.18

Soit M le milieu d'un segment de droite AB et O un point quelconque de l'espace (fig. 4.32). On veut montrer que

$$\overrightarrow{OM} = \frac{1}{2}\,\overrightarrow{OA} + \frac{1}{2}\,\overrightarrow{OB}$$

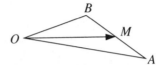

Figure 4.32

Preuve

Par hypothèse,

$$\overrightarrow{AM} = \overrightarrow{MB} = \frac{1}{2}\,\overrightarrow{AB} \qquad\qquad (1)$$

et, en appliquant deux fois la relation de Chasles, on obtient

$$\overrightarrow{OM} = \overrightarrow{OA} + \overrightarrow{AM} \qquad\qquad (2)$$

$$\overrightarrow{OM} = \overrightarrow{OB} + \overrightarrow{BM} \qquad\qquad (3)$$

Si on additionne membre à membre les égalités (2) et (3), on a

$$2\overrightarrow{OM} = \overrightarrow{OA} + \overrightarrow{OB} + \overrightarrow{AM} + \overrightarrow{BM} \qquad \text{[Propriété A}_1\text{]}$$

$$2\overrightarrow{OM} = \overrightarrow{OA} + \overrightarrow{OB} + \overrightarrow{AM} + \overrightarrow{MA} \qquad \text{[Égalité (1)]}$$

$$2\overrightarrow{OM} = \overrightarrow{OA} + \overrightarrow{OB} + \vec{0} \qquad \text{[Définition 4.2]}$$

$$\overrightarrow{OM} = \frac{1}{2}\,\overrightarrow{OA} + \frac{1}{2}\,\overrightarrow{OB} \qquad \text{[Propriétés A}_3\text{ et S}_3\text{]}$$

Exemple 4.19

Soit *ABCD* un quadrilatère quelconque, et soit *P*, *Q*, *R* et *S* les milieux respectifs des côtés de *ABCD*. On veut démontrer que *PQRS* est un parallélogramme (fig. 4.33).

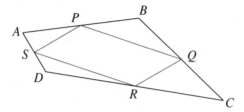

Figure 4.33

Preuve

Par hypothèse,

$$\overrightarrow{AP} = \overrightarrow{PB} = \frac{1}{2}\,\overrightarrow{AB} \tag{1}$$

$$\overrightarrow{AS} = \overrightarrow{SD} = \frac{1}{2}\,\overrightarrow{AD} \tag{2}$$

$$\overrightarrow{DR} = \overrightarrow{RC} = \frac{1}{2}\,\overrightarrow{DC} \tag{3}$$

$$\overrightarrow{BQ} = \overrightarrow{QC} = \frac{1}{2}\,\overrightarrow{BC} \tag{4}$$

Il suffit de montrer que $\overrightarrow{PQ} = \overrightarrow{SR}$. On a

$$\overrightarrow{PQ} = \overrightarrow{PB} + \overrightarrow{BQ} \qquad \text{[Relation de Chasles]}$$

$$= \frac{1}{2}\,\overrightarrow{AB} + \frac{1}{2}\,\overrightarrow{BC} \qquad \text{[Égalités (1) et (4)]}$$

$$= \frac{1}{2}\left(\overrightarrow{AB} + \overrightarrow{BC}\right) \qquad \text{[Propriété S}_3\text{]}$$

$$= \frac{1}{2}\,\overrightarrow{AC} \qquad \text{[Relation de Chasles]}$$

et

$$\overrightarrow{SR} = \overrightarrow{SD} + \overrightarrow{DR} \qquad \text{[Relation de Chasles]}$$

$$= \frac{1}{2}\overrightarrow{AD} + \frac{1}{2}\overrightarrow{DC} \qquad \text{[Égalités (2) et (3)]}$$

$$= \frac{1}{2}\left(\overrightarrow{AD} + \overrightarrow{DC}\right) \qquad \text{[Propriété S}_3\text{]}$$

$$= \frac{1}{2}\overrightarrow{AC} \qquad \text{[Relation de Chasles]}$$

Donc, $\overrightarrow{PQ} = \frac{1}{2}\overrightarrow{AC} = \overrightarrow{SR}$ et *PQRS* est un parallélogramme.

Proposition 4.12   Théorème des points alignés

Soit *C* un point d'un segment *AB* tel que $\overrightarrow{AC} = n\overrightarrow{AB}$ et $\overrightarrow{CB} = m\overrightarrow{AB}$ (fig. 4.34). Si $m + n = 1$ et *O* est un point quelconque de l'espace, alors

$$\overrightarrow{OC} = m\,\overrightarrow{OA} + n\,\overrightarrow{OB}$$

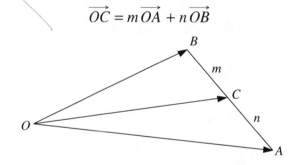

Figure 4.34

Preuve

$$\overrightarrow{OC} = \overrightarrow{OB} + \overrightarrow{BC} \qquad \text{[Relation de Chasles]}$$

$$= \overrightarrow{OB} + m\overrightarrow{BA} \qquad \text{[Par hypothèse, } \overrightarrow{CB} = m\overrightarrow{AB}\text{]}$$

$$= \overrightarrow{OB} + m(\overrightarrow{BO} + \overrightarrow{OA}) \qquad \text{[Relation de Chasles]}$$

$$= m\overrightarrow{OA} + \overrightarrow{OB} + m\overrightarrow{BO} \qquad \text{[Propriétés A}_1 \text{ et S}_3\text{]}$$

$$= m\overrightarrow{OA} + (1 - m)\overrightarrow{OB} \qquad \text{[Propriétés A}_2 \text{ et S}_4\text{; définition 4.5]}$$

$$= m\overrightarrow{OA} + n\overrightarrow{OB} \qquad [m + n = 1]$$

Donc, $\overrightarrow{OC} = m\,\overrightarrow{OA} + n\,\overrightarrow{OB}$.   ❏

Exemple 4.20

a) Soit le triangle de la figure 4.35 où $\overrightarrow{AB} = (1/4)\overrightarrow{AC}$. Pour écrire $\overrightarrow{OB}$ comme une combinaison linéaire de $\overrightarrow{OA}$ et $\overrightarrow{OC}$, on applique la proposition 4.12 :

$$\overrightarrow{OB} = (1/4)\overrightarrow{OC} + (3/4)\overrightarrow{OA}$$

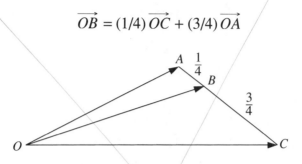

Figure 4.35

b) Soit D un point du prolongement du segment $\overrightarrow{AC}$ tel que $\overrightarrow{DC} = (-1/3)\overrightarrow{AC}$ (fig. 4.36). On veut écrire $\overrightarrow{OD}$ comme une combinaison linéaire de $\overrightarrow{OA}$ et $\overrightarrow{OC}$.

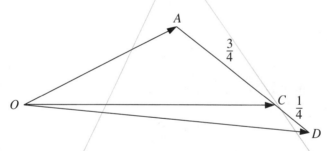

Figure 4.36

On a

$$
\begin{aligned}
\overrightarrow{AD} &= \overrightarrow{AC} + \overrightarrow{CD} && \text{[Relation de Chasles]}\\
&= \overrightarrow{AC} + (1/3)\overrightarrow{AC} && \text{[Par hypothèse, } \overrightarrow{DC} = (-1/3)\overrightarrow{AC}\text{]}\\
&= (4/3)\overrightarrow{AC} && \text{[Propriété S}_4\text{]}
\end{aligned}
$$

d'où

$$\overrightarrow{AC} = (3/4)\overrightarrow{AD} \quad \text{et} \quad \overrightarrow{CD} = (1/4)\overrightarrow{AD}$$

Donc,

$$\overrightarrow{OC} = (1/4)\,\overrightarrow{OA} + (3/4)\,\overrightarrow{OD} \qquad \text{[Proposition 4.12]}$$

$$(3/4)\,\overrightarrow{OD} = \overrightarrow{OC} - (1/4)\,\overrightarrow{OA} \qquad \text{[Propriétés } A_3 \text{ et } A_4]$$

$$\overrightarrow{OD} = (4/3)\,\overrightarrow{OC} - (1/3)\,\overrightarrow{OA} \qquad \text{[Propriété } S_3]$$

Proposition 4.13

Soit $\vec{u}_1$ et $\vec{v}_1$ deux vecteurs linéairement indépendants, et soit $\vec{u}_2$ et $\vec{v}_2$ des vecteurs respectivement parallèles à $\vec{u}_1$ et à $\vec{v}_1$. Si $\vec{u}_2 + \vec{v}_2 = \vec{0}$, alors $\vec{u}_2 = \vec{0}$ et $\vec{v}_2 = \vec{0}$.

Preuve

Puisque $\vec{u}_2 \mathbin{/\!/} \vec{u}_1$ et $\vec{v}_2 \mathbin{/\!/} \vec{v}_1$, il existe des scalaires m et n tels que

$$\vec{u}_2 = m\vec{u}_1 \quad \text{et} \quad \vec{v}_2 = n\vec{v}_1$$

Par hypothèse,

$$\vec{u}_2 + \vec{v}_2 = \vec{0}$$

et, par substitution, on obtient

$$m\vec{u}_1 + n\vec{v}_1 = \vec{0}$$

Mais selon la définition 4.12, $m = n = 0$, car $\vec{u}_1$ et $\vec{v}_1$ sont linéairement indépendants. Donc, $\vec{u}_2 = m\vec{u}_1 = \vec{0}$ et $\vec{v}_2 = n\vec{v}_1 = \vec{0}$.   ❑

L'exemple suivant illustre l'application de la proposition 4.13 à la résolution de problèmes de géométrie.

Exemple 4.21

Soit $ABCD$ un parallélogramme tel que $\overrightarrow{AB} = \overrightarrow{DC}$ et $\overrightarrow{AD} = \overrightarrow{BC}$, et soit M l'intersection des diagonales (fig. 4.37). Pour montrer que les diagonales du parallélogramme se coupent en leur milieu, il suffit de vérifier que $\overrightarrow{AM} = \overrightarrow{MC}$ et $\overrightarrow{DM} = \overrightarrow{MB}$.

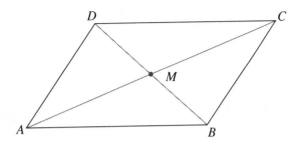

Figure 4.37

Selon la relation de Chasles,

$$\overrightarrow{AB} = \overrightarrow{AM} + \overrightarrow{MB} \qquad (1)$$

et, puisque $\overrightarrow{AB} = \overrightarrow{DC}$,

$$\overrightarrow{AB} = \overrightarrow{DM} + \overrightarrow{MC} \qquad (2)$$

En soustrayant membre à membre l'égalité (2) de l'égalité (1), on obtient

$$\vec{0} = \left(\overrightarrow{AM} - \overrightarrow{MC}\right) + \left(\overrightarrow{MB} - \overrightarrow{DM}\right)$$

Or, les vecteurs $\overrightarrow{AM} - \overrightarrow{MC}$ et $\overrightarrow{MB} - \overrightarrow{DM}$ ne sont pas parallèles. Selon la proposition 4.8, ils sont donc linéairement indépendants et la proposition 4.13 implique que

$$\overrightarrow{AM} - \overrightarrow{MC} = \vec{0} \quad \text{et} \quad \overrightarrow{MB} - \overrightarrow{DM} = \vec{0}$$

Ainsi,

$$\overrightarrow{AM} = \overrightarrow{MC} \quad \text{et} \quad \overrightarrow{DM} = \overrightarrow{MB}$$

Exemple 4.22

Soit un triangle ABC et soit O le point d'intersection de AA' et BB' tels que $\overrightarrow{AC} = (8/7)\,\overrightarrow{AB'}$ et $\overrightarrow{CB} = (5/4)\,\overrightarrow{A'B}$ (fig. 4.38). On veut évaluer les rapports

$$\frac{\left\|\overrightarrow{B'O}\right\|}{\left\|\overrightarrow{OB}\right\|} \quad \text{et} \quad \frac{\left\|\overrightarrow{A'O}\right\|}{\left\|\overrightarrow{OA}\right\|}$$

Par hypothèse, $\overrightarrow{AB'} = (7/8)\,\overrightarrow{AC}$ et $\overrightarrow{A'B} = (4/5)\,\overrightarrow{CB}$. De plus,

$$\overrightarrow{AA'} = \frac{1}{5}\overrightarrow{AB} + \frac{4}{5}\overrightarrow{AC} \qquad\qquad \text{[Proposition 4.12]}$$

$$= \frac{1}{5}\overrightarrow{AB} + \frac{4}{5}\left(\frac{8}{7}\overrightarrow{AB'}\right) \qquad \text{[Par hypothèse, } (7/8)\overrightarrow{AC} = \overrightarrow{AB'}\text{]}$$

$$= \frac{1}{5}\overrightarrow{AB} + \frac{32}{35}\overrightarrow{AB'} \qquad\qquad \text{[Propriété } S_2\text{]}$$

$$\vec{0} = \frac{1}{5}\overrightarrow{AB} + \frac{32}{35}\overrightarrow{AB'} - \overrightarrow{AA'} \qquad \text{[Propriété } A_4\text{]}$$

$$= \frac{1}{5}\left(\overrightarrow{AO} + \overrightarrow{OB}\right) + \frac{32}{35}\left(\overrightarrow{AO} + \overrightarrow{OB'}\right) + \overrightarrow{A'O} + \overrightarrow{OA}$$

$$\text{[Relation de Chasles]}$$

$$= \left(\frac{4}{35}\overrightarrow{AO} + \overrightarrow{A'O}\right) + \left(\frac{1}{5}\overrightarrow{OB} + \frac{32}{35}\overrightarrow{OB'}\right)$$

$$\text{[Propriétés } A_1, A_2 \text{ et } S_4\text{; définition 4.5]}$$

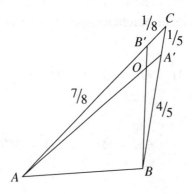

Figure 4.38

Il résulte de la proposition 4.13 que

$$\frac{4}{35}\overrightarrow{AO} + \overrightarrow{A'O} = \vec{0} \qquad\qquad (1)$$

et

$$\frac{1}{5}\overrightarrow{OB} + \frac{32}{35}\overrightarrow{OB'} = \vec{0} \qquad (2)$$

On tire de l'égalité (1),

$$\overrightarrow{A'O} = \frac{4}{35}\overrightarrow{OA}$$

$$\left\|\overrightarrow{A'O}\right\| = \left\|\frac{4}{35}\overrightarrow{OA}\right\|$$

$$\frac{\left\|\overrightarrow{A'O}\right\|}{\left\|\overrightarrow{OA}\right\|} = \frac{4}{35}$$

et de l'égalité (2) on tire

$$\frac{32}{35}\overrightarrow{B'O} = \frac{1}{5}\overrightarrow{OB}$$

$$\frac{\left\|\overrightarrow{B'O}\right\|}{\left\|\overrightarrow{OB}\right\|} = \frac{35}{5(32)} = \frac{7}{32}$$

Proposition 4.14

Soit $\vec{a}$ et $\vec{b}$ deux vecteurs géométriques, et $\theta = \widehat{\vec{a},\vec{b}}$. Si $\vec{a}$, $\vec{b}$ et θ sont donnés, on peut définir le vecteur $\vec{a} + \vec{b}$ comme suit :

i) $\left\|\vec{a} + \vec{b}\right\| = \sqrt{\left\|\vec{a}\right\|^2 + \left\|\vec{b}\right\|^2 - 2\left\|\vec{a}\right\|\left\|\vec{b}\right\|\cos(\pi - \theta)}$

ii) $\alpha = \widehat{\vec{a},\vec{a}+\vec{b}} = \arcsin\left(\dfrac{\left\|\vec{b}\right\|}{\left\|\vec{a}+\vec{b}\right\|}\sin\theta\right)$

Preuve

Soit $\vec{a} = \overrightarrow{OA}$, $\vec{b} = \overrightarrow{OB}$, $\vec{a} + \vec{b} = \overrightarrow{OC}$ et $\theta = \widehat{\vec{a}, \vec{b}}$ (fig. 4.39). Il suffit d'appliquer la loi du cosinus et la loi des sinus[3] au triangle OAC.

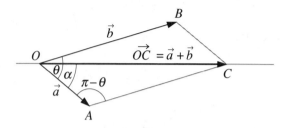

Figure 4.39

Pour le triangle OAC, la loi du cosinus donne

$$\left\|\overrightarrow{OC}\right\|^2 = \left\|\overrightarrow{OA}\right\|^2 + \left\|\overrightarrow{AC}\right\|^2 - 2\left\|\overrightarrow{OA}\right\|\left\|\overrightarrow{AC}\right\|\cos(\pi - \theta)$$

$$\left\|\vec{a} + \vec{b}\right\|^2 = \left\|\vec{a}\right\|^2 + \left\|\vec{b}\right\|^2 - 2\left\|\vec{a}\right\|\left\|\vec{b}\right\|\cos(\pi - \theta)$$

d'où

$$\left\|\vec{a} + \vec{b}\right\| = \sqrt{\left\|\vec{a}\right\|^2 + \left\|\vec{b}\right\|^2 - 2\left\|\vec{a}\right\|\left\|\vec{b}\right\|\cos(\pi - \theta)}$$

La loi des sinus, appliquée au triangle OAC donne

$$\frac{\left\|\overrightarrow{OC}\right\|}{\sin(\pi - \theta)} = \frac{\left\|\overrightarrow{AC}\right\|}{\sin \alpha}$$

$$\frac{\left\|\vec{a} + \vec{b}\right\|}{\sin \theta} = \frac{\left\|\vec{b}\right\|}{\sin \alpha} \qquad [\sin(\pi - \theta) = \sin \theta]$$

---

3. Soit un triangle ABC quelconque.

Loi du cosinus : $c^2 = a^2 + b^2 - 2ab \cos C$

Loi des sinus : $\dfrac{a}{\sin A} = \dfrac{b}{\sin B} = \dfrac{c}{\sin C}$

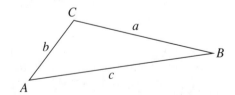

d'où

$$\sin \alpha = \frac{\|\vec{b}\|}{\|\vec{a}+\vec{b}\|} \sin \theta \quad \text{et} \quad \alpha = \arcsin\left(\frac{\|\vec{b}\|}{\|\vec{a}+\vec{b}\|} \sin \theta\right) \qquad \Box$$

Exemple 4.23

Soit deux vecteurs $\vec{a}$ et $\vec{b}$ tels que $\|\vec{a}\| = 4$, $\|\vec{b}\| = 5$ et $\theta = \widehat{\vec{a},\vec{b}} = 50°$ (fig. 4.40). On veut représenter graphiquement $\vec{a} + \vec{b}$, évaluer $\|\vec{a}+\vec{b}\|$ et donner la position de $\vec{a} + \vec{b}$ par rapport à $\vec{a}$.

Le vecteur $\vec{a} + \vec{b}$ est représenté dans la figure 4.41. Selon la loi du cosinus,

$$\begin{aligned}
\|\vec{a}+\vec{b}\|^2 &= \|\vec{a}\|^2 + \|\vec{b}\|^2 - 2\|\vec{a}\|\|\vec{b}\|\cos(180°-50°) \\
&= 16 + 25 - 2(4)(5)\cos 130° \\
&\cong 41 - 40(-0{,}6428) \\
&= 66{,}712 \\
\|\vec{a}+\vec{b}\| &= \sqrt{66{,}712} \cong 8{,}168
\end{aligned}$$

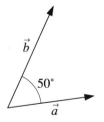

Figure 4.40

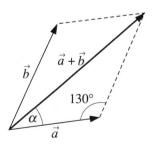

Figure 4.41

Selon la loi des sinus,

$$\frac{\left\|\vec{a} + \vec{b}\right\|}{\sin 130°} = \frac{\left\|\vec{b}\right\|}{\sin \alpha} \qquad \text{où } \alpha \text{ est l'angle de } \vec{a} \text{ et } \vec{a} + \vec{b} \text{ (fig. 4.41)}$$

$$\frac{8,168}{0,7660} = \frac{5}{\sin \alpha}$$

$$\sin \alpha = \frac{5(0,7660)}{8,168} \cong 0,4689$$

$$\alpha \cong 27,96°$$

Exercices suggérés : 28 à 37, p. 232-235.

EXERCICES

1.

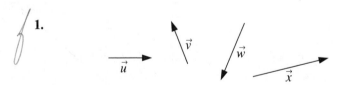

Figure 4.42

Soit les vecteurs $\vec{u}$, $\vec{v}$, $\vec{w}$ et $\vec{x}$ de la figure 4.42. Tracer :

a) $\vec{u} + \vec{w}$ b) $\vec{x} - \vec{w}$ c) $\vec{u} + \vec{v} - \vec{x}$

d) $\vec{x} - (\vec{u} + \vec{w})$ e) $(\vec{u} + \vec{w}) - (\vec{x} - \vec{w})$

2. Soit *ABCDEF* un hexagone régulier de centre *O* (figure 4.43). Simplifier les expressions suivantes :

a) $\left(\overrightarrow{AB} + \overrightarrow{OE}\right) + \left(\overrightarrow{AF} + \overrightarrow{BC}\right) + \left(\overrightarrow{AO} + \overrightarrow{CD}\right) + \left(\overrightarrow{ED} + \overrightarrow{AF}\right)$

b) $\left(\overrightarrow{AD} - \overrightarrow{AF}\right) + \left(\overrightarrow{FE} - \overrightarrow{BA}\right) + \left(\overrightarrow{AO} - \overrightarrow{OF}\right) + \left(\overrightarrow{FD} - \overrightarrow{DB}\right)$

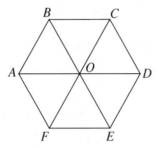

Figure 4.43

3. Soit le parallélépipède rectangle de la figure 4.44. Trouver un vecteur équipollent au vecteur donné. (Il peut en exister plus d'un.)

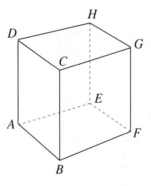

Figure 4.44

a) $\overrightarrow{AB} + \overrightarrow{BF}$

b) $\overrightarrow{AB} + \overrightarrow{BD}$

c) $\overrightarrow{AH} - \overrightarrow{EH}$

d) $\overrightarrow{AE} + \overrightarrow{AD} + \overrightarrow{EF}$

e) $\overrightarrow{AD} + \overrightarrow{CG} + \overrightarrow{AB}$

f) $\overrightarrow{AD} + \overrightarrow{AF} + \overrightarrow{BD} + \overrightarrow{HE}$

g) $\overrightarrow{AC} + \overrightarrow{CH} - \overrightarrow{GH}$

h) $\overrightarrow{AE} + \overrightarrow{FE}$

i) $-\overrightarrow{CD} - \overrightarrow{AB}$

j) $\overrightarrow{AH} + \overrightarrow{BG}$

k) $\vec{AF} + \vec{FB} + \vec{AG} + \vec{AH}$ l) $\vec{AB} + \vec{FE}$

m) $\vec{AD} + \vec{BC}$ n) $\vec{AH} + \vec{GF} + \vec{HG} + \vec{FC} + \vec{DA} + \vec{CD}$

o) $\vec{AE} + \vec{AD} - \vec{GH} + \vec{FA}$ p) $\vec{AE} + \vec{FA} - \vec{BA}$

q) $\vec{AB} + \vec{AF} + \vec{EA} + \vec{EF}$ r) $\vec{FH} + \vec{CB} + \vec{EG} + \vec{DA}$

 4. Soit le trapèze de la figure 4.45, et soit E et F deux points du segment CD tels que

$$\vec{AB} = \vec{EF} = \vec{FD} = 2\vec{CE}$$

On pose $\vec{u} = \vec{AB}$ et $\vec{v} = \vec{AC}$. Exprimer les vecteurs suivants comme une combinaison linéaire de $\vec{u}$ et de $\vec{v}$:

a) $\vec{AE}$ b) $\vec{EB}$ c) $\vec{BC}$

d) $\vec{AD}$ e) $\vec{AF}$ f) $\vec{BD}$

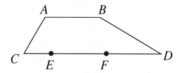

Figure 4.45

5. Simplifier les expressions suivantes et justifier chaque étape.

a) $2\vec{u} - \vec{v} + 3\vec{u} + 4\vec{v}$

b) $\vec{u} - 2\vec{v} + 2\vec{v} - 3\vec{u}$

c) $2(\vec{u} - 3\vec{v} + 4\vec{w}) - 3(\vec{u} + 2\vec{v} - \vec{w})$

d) $3\vec{u} - 2\vec{v} - [4\vec{u} - (5\vec{u} + 2\vec{v}) + 3\vec{v}]$

e) $-2\vec{u} + 7\vec{v} + 3\vec{w} - \dfrac{5}{2}\vec{u} + 2\vec{v} - \vec{w}$

f) $5[-\vec{u} + 2(\vec{v} - \vec{w})] - 2[\vec{v} + 5(\vec{u} - \vec{w})] - [\vec{u}(2 - 4) + 2(\vec{v} - \vec{w})]$

g) $\vec{u} + 2\vec{v} + \dfrac{1}{4}\vec{w} - 2\vec{v} + \dfrac{3}{2}\vec{u} + \vec{v} - \vec{w}$

6. Soit $\vec{u}$ et $\vec{v}$ deux vecteurs géométriques quelconques. Démontrer géométriquement que :

   a) $4\vec{u} + 3(\vec{v} - \vec{u}) = \vec{u} + 3\vec{v}$ *b)* $(\vec{u} + \vec{v}) - 2\vec{u} = \vec{v} - \vec{u}$

7. Soit $\vec{u}$, $\vec{v}$ et $\vec{w}$ les trois vecteurs de chaque cas de la figure 4.46. Représenter graphiquement les combinaisons linéaires suivantes :

   i) $\vec{u} + \vec{v} + \vec{w}$ *ii)* $2\vec{u} - 3\vec{v} + \vec{w}$ *iii)* $\vec{w} + \dfrac{1}{2}\vec{v} - \vec{u}$

a)   *b)*

Figure 4.46

8. Soit le parallélépipède rectangle de la figure 4.47. Étant donné que $\left\|\overrightarrow{BC}\right\| = 4$, $\left\|\overrightarrow{AB}\right\| = 3$ et $\left\|\overrightarrow{BF}\right\| = 4$, calculer :

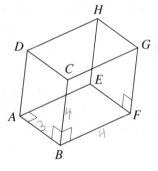

Figure 4.47

   a) $\left\|\overrightarrow{BC} + \overrightarrow{BA} + \overrightarrow{BF}\right\|$

   b) l'angle θ des vecteurs $\overrightarrow{BC} + \overrightarrow{BA} + \overrightarrow{BF}$ et $\overrightarrow{BC} + \overrightarrow{BF}$

9. Soit le parallélépipède rectangle déterminé par trois vecteurs $\vec{a}$, $\vec{b}$ et $\vec{c}$.

   a) Sachant que $\vec{a} = \vec{u}$, $\vec{b} = 3\vec{v}$ et $\vec{c} = 2\vec{w}$, exprimer $\vec{a} + \vec{b} + \vec{c}$ comme une combinaison linéaire des vecteurs $\vec{u}$, $\vec{v}$ et $\vec{w}$.

b) Sachant que $\|\vec{u}\| = 2$, $\|\vec{v}\| = 3$ et $\|\vec{w}\| = 3$, calculer :

i) $\|\vec{a} + \vec{b}\|$ ii) $\|\vec{a} + \vec{b} + \vec{c}\|$ iii) $\|3\vec{a} - \vec{b} - 2\vec{c}\|$

10. Soit $\vec{u}$ et $\vec{v}$ deux vecteurs tels que $\|\vec{u}\| = 2$ et $\|\vec{v}\| = 3$. Sachant que l'angle de $\vec{u}$ et $\vec{v}$ est $\theta = 60°$, tracer les vecteurs :

a) $2\vec{u}$ b) $-3\vec{u}$ c) $2\vec{u} - 2\vec{v}$

d) $\vec{u} + \vec{v}$ e) $\vec{u} - \vec{v}$ f) $0{,}7\vec{u} + 0{,}3\vec{v}$

11. Soit les vecteurs $\vec{u}$ et $\vec{v}$ de la figure 4.48. Représenter géométriquement la combinaison linéaire $\vec{w} = 2\vec{u} - \vec{v}$.

Figure 4.48

12. Un bateau se dirige vers le nord à une vitesse de 12 kn (kn est le symbole de nœud) par rapport à l'eau, tandis que la vitesse du courant, par rapport à la terre, est de 5 kn vers l'ouest. Quel est le vecteur vitesse du bateau par rapport à la terre ?

13. Une nageuse veut traverser une rivière perpendiculairement aux rives. La vitesse du courant par rapport à la rive est de 1 km/h et celle de la nageuse est de 2 km/h par rapport à l'eau. Quel doit être le vecteur vitesse de la nageuse par rapport à la rive ?

14. Soit les vecteurs $\vec{u}$, $\vec{v}$ et $\vec{w}$ de la figure 4.49. Décomposer graphiquement :

a) $\vec{w}$ selon $\vec{u}$ et $\vec{v}$ b) $\vec{v}$ selon $\vec{w}$ et $\vec{u}$ c) $\vec{u}$ selon $\vec{v}$ et $\vec{w}$

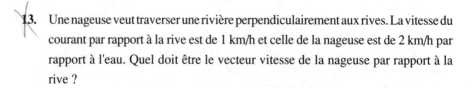

Figure 4.49

15. Soit $\vec{x}$ et $\vec{y}$ deux vecteurs linéairement indépendants, et soit

$$\vec{u} = 2\vec{x} + \vec{y} \qquad \vec{v} = \vec{x} - 3\vec{y} \qquad \vec{w} = 10\vec{x} - 9\vec{y}$$

Si possible, exprimer $\vec{w}$ comme une combinaison linéaire de $\vec{u}$ et $\vec{v}$.

16. Soit deux vecteurs $\vec{a}$ et $\vec{b}$ linéairement indépendants et soit

$$\vec{u} = \vec{a} - \vec{b} \qquad \vec{v} = 2\vec{a} + 3\vec{b} \qquad \vec{w} = 4\vec{a} + 7\vec{b}$$

a) Montrer que $\vec{u}$ et $\vec{v}$ sont linéairement indépendants.

b) Exprimer $\vec{w}$ comme une combinaison linéaire de $\vec{u}$ et $\vec{v}$.

c) Exprimer les vecteurs suivants comme une combinaison linéaire de $\vec{a}$ et $\vec{b}$:

i) $2\vec{u} + \vec{v}$ \qquad *ii*) $\vec{u} - 3\vec{w}$ \qquad *iii*) $\vec{u} + 4\vec{v} - 2\vec{w}$

d) Montrer que les vecteurs $2\vec{u} + \vec{v}$ et $\vec{u} - 3\vec{w}$ sont linéairement indépendants.

e) Montrer que les vecteurs $2\vec{u} + \vec{v}$, $\vec{u} - 3\vec{w}$ et $\vec{u} + 4\vec{v} - 2\vec{w}$ sont linéairement dépendants.

f) Exprimer le vecteur $\vec{u} + 4\vec{v} - 2\vec{w}$ comme une combinaison linéaire des vecteurs $2\vec{u} + \vec{v}$ et $\vec{u} - 3\vec{w}$.

17. *a*) L'ensemble $\{\vec{a}, \vec{b}\}$, où $\vec{a}$ et $\vec{b}$ sont les vecteurs étudiés dans l'exercice 16, est-il une base d'un plan ? (Pourquoi ?)

b) L'ensemble $\{2\vec{u} + \vec{v}, \vec{u} - 3\vec{w}\}$ est-il une base d'un plan ? (Pourquoi ?)

18. Démontrer que si $\vec{0}$ appartient à un ensemble de vecteurs, ces vecteurs sont linéairement dépendants.

19. Est-il vrai que trois vecteurs coplanaires sont toujours dans le même plan ?

20. Laquelle des affirmations suivantes est correcte ?

a) Deux vecteurs sont colinéaires si et seulement si ils sont sur la même droite.

b) Deux vecteurs sont colinéaires si et seulement si ils sont parallèles.

21. Deux vecteurs sont colinéaires si et seulement si ils sont linéairement dépendants. Est-ce encore vrai dans le cas de trois vecteurs ?

22. *a*) Est-il vrai que trois vecteurs sont coplanaires si et seulement si chacun s'écrit comme une combinaison linéaire des deux autres ? Justifier la réponse.

b) Est-il vrai que trois vecteurs ou plus sont coplanaires si et seulement si ils sont linéairement dépendants ? Justifier la réponse.

23. Soit les vecteurs $\vec{u}$, $\vec{v}$ et $\vec{w}$ de la figure 4.50. Décomposer graphiquement :

a) $\vec{w}$ selon $\vec{u}$ et $\vec{v}$.   *b*) $\vec{v}$ selon $\vec{w}$ et $\vec{u}$.

c) $\vec{u}$ et $\vec{v}$ sont-ils linéairement indépendants ? (Pourquoi ?)

d) $\vec{u}$, $\vec{v}$ et $\vec{w}$ sont-ils linéairement indépendants ? (Pourquoi ?)

Figure 4.50

24. Soit les vecteurs $\vec{u}$, $\vec{v}$ et $\vec{w}$ de la figure 4.51.

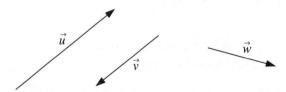

Figure 4.51

a) Les vecteurs $\vec{u}$ et $\vec{v}$ sont-ils linéairement indépendants ? (Pourquoi ?) L'ensemble $\{\vec{u}, \vec{v}\}$ est-il une base d'un plan ?

b) Les vecteurs $\vec{v}$ et $\vec{w}$ sont-ils linéairement indépendants ? (Pourquoi ?) L'ensemble $\{\vec{v}, \vec{w}\}$ est-il une base d'un plan ?

c) Les vecteurs $\vec{u}$, $\vec{v}$ et $\vec{w}$ sont-ils linéairement indépendants ? (Pourquoi ?) L'ensemble $\{\vec{u}, \vec{v}, \vec{w}\}$ est-il une base de l'espace ?

25. Soit les vecteurs $\vec{u}$, $\vec{v}$, $\vec{w}$ et $\vec{x}$ de la figure 4.52.

a) Les vecteurs suivants sont-ils linéairement indépendants ? (Justifier la réponse.)

i) $\vec{w}$ et $\vec{x}$ *ii*) $\vec{u}$, $\vec{w}$ et $\vec{x}$ *iii*) $\vec{v}$, $\vec{u}$, $\vec{w}$ et $\vec{x}$

b) Tracer le vecteur $\vec{t} = \dfrac{1}{2}\vec{v} + 2\vec{w}$.

c) Les vecteurs $\vec{t}$, $\vec{u}$, $\vec{v}$ et $\vec{w}$ sont-ils linéairement indépendants ?

d) Peut-on écrire le vecteur $\vec{t}$ comme une combinaison linéaire des vecteurs $\vec{u}$, $\vec{v}$, $\vec{w}$ et $\vec{x}$? Donner une combinaison linéaire s'il y a lieu.

e) Les vecteurs $\vec{t}$, $\vec{u}$, $\vec{v}$, $\vec{w}$ et $\vec{x}$ sont-ils linéairement indépendants ?

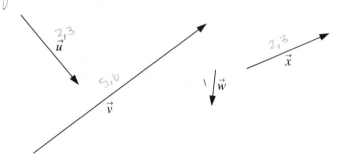

Figure 4.52

26. Soit trois vecteurs non coplanaires $\vec{c}_1$, $\vec{c}_2$ et $\vec{c}_3$. On pose $\vec{u} = 5\vec{c}_1 + 6\vec{c}_2 - \vec{c}_3$, $\vec{v} = \vec{c}_1 - \vec{c}_2 + 3\vec{c}_3$, $\vec{w} = -3\vec{c}_1 - 8\vec{c}_2 + 7\vec{c}_3$, $\vec{x} = 6\vec{c}_1 + 5\vec{c}_2 - 2\vec{c}_3$.

a) Montrer que les vecteurs $\vec{u}$, $\vec{v}$ et $\vec{w}$ sont linéairement dépendants; $\vec{u}$, $\vec{v}$ et $\vec{w}$ peuvent-ils engendrer l'espace ?

b) Peut-on exprimer $\vec{w}$ comme une combinaison linéaire de $\vec{u}$ et de $\vec{v}$? (Pourquoi ?) Si oui, quelle est cette combinaison ?

c) Montrer que les vecteurs $\vec{u}$, $\vec{v}$ et $\vec{x}$ sont linéairement indépendants; $\vec{u}$, $\vec{v}$ et $\vec{x}$ peuvent-ils engendrer l'espace ? L'ensemble $\{\vec{u}, \vec{v}, \vec{x}\}$ est-il une base ?

d) Peut-on exprimer $\vec{x}$ comme une combinaison linéaire de $\vec{u}$ et de $\vec{v}$? Pourquoi ?

e) Les vecteurs $\vec{u}$, $\vec{v}$, $\vec{w}$ et $\vec{x}$ sont-ils linéairement dépendants ? Pourquoi ?

f) Peut-on exprimer $\vec{w}$ comme une combinaison linéaire des vecteurs $\vec{u}$, $\vec{v}$ et $\vec{x}$? (Pourquoi ?) Si oui, quelles sont les composantes de $\vec{w}$ selon $\vec{u}$, $\vec{v}$ et $\vec{x}$? Écrire $\vec{w}$ comme une combinaison linéaire de $\vec{u}$, $\vec{v}$ et $\vec{x}$.

g) Peut-on exprimer $\vec{x}$ comme une combinaison linéaire de $\vec{u}$, $\vec{v}$ et $\vec{w}$? Si oui, trouver la combinaison linéaire; sinon, y a-t-il une contradiction ?

27. Dans la figure 4.53, M est l'intersection de QT et RS et $\vec{a} = \overrightarrow{PQ}$, $\vec{b} = \overrightarrow{PR}$, $\overrightarrow{PS} = 5\vec{a}$ et $\overrightarrow{PT} = 3\vec{b}$. Exprimer chacun des vecteurs suivants à l'aide de $\vec{a}$ et de $\vec{b}$.

a) $\overrightarrow{QR}$ b) $\overrightarrow{QS}$ c) $\overrightarrow{ST}$ d) $\overrightarrow{SR}$ e) $\overrightarrow{QM}$ f) $\overrightarrow{MS}$

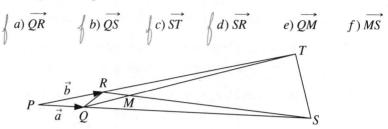

Figure 4.53

28. Soit P_1, P_2, P_3, P_4, P_5 et P_6 six points équidistants d'un cercle de centre C.

a) Montrer que $\overrightarrow{CP_1} + \overrightarrow{CP_2} + \overrightarrow{CP_3} + \overrightarrow{CP_4} + \overrightarrow{CP_5} + \overrightarrow{CP_6} = \vec{0}$.

b) Les vecteurs $\overrightarrow{CP_i}$ (où $i = 1, 2, ..., 6$) sont-ils linéairement indépendants ? (Pourquoi ?)

c) Montrer que si n points P_i (où $i = 1, 2, ..., n$) d'un cercle de centre C sont équidistants et si n est pair alors

$$\overrightarrow{CP_1} + \overrightarrow{CP_2} + ... + \overrightarrow{CP_n} = \vec{0}$$

29. Soit A, B, C et D quatre points de l'espace, et I, J, K et L les milieux respectifs des segments AC, BD, AD et BC. Montrer que :

a) $\overrightarrow{AB} + \overrightarrow{CD} = \overrightarrow{AD} + \overrightarrow{CB} = 2\overrightarrow{IJ}$ b) $\overrightarrow{AB} - \overrightarrow{CD} = \overrightarrow{AC} - \overrightarrow{BD} = 2\overrightarrow{KL}$

30. Soit A, B, C et D quatre points tels que $\overrightarrow{AB} = p\,\overrightarrow{CD}$ où $p \neq 0$, et soit M et N les milieux respectifs des segments AC et BD.

a) Montrer que

$$\overrightarrow{MN} = \frac{1}{2}\,\overrightarrow{CA} + \overrightarrow{AB} + \frac{1}{2}\,\overrightarrow{BD} = \frac{1}{2}\,\overrightarrow{AC} + \overrightarrow{CD} + \frac{1}{2}\,\overrightarrow{DB}$$

b) Déduire des égalités prouvées en a) que

$$\overrightarrow{MN} = \frac{1}{2}\,(p + 1)\overrightarrow{CD}$$

c) Que constate-t-on si :

    i) $p = 1$?   *ii*) $p = -1$?

31. Dans le triangle ABC de la figure 4.54, on a $\overrightarrow{AC} = (4/3)\overrightarrow{AB'}$ et $\overrightarrow{CB} = (4/3)\overrightarrow{A'B}$.

Évaluer les rapports $\dfrac{\left\|\overrightarrow{B'O}\right\|}{\left\|\overrightarrow{OB}\right\|}$ et $\dfrac{\left\|\overrightarrow{A'O}\right\|}{\left\|\overrightarrow{OA}\right\|}$.

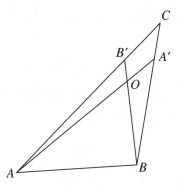

Figure 4.54

32. Dans le triangle de la figure 4.55, le point B' est le milieu de AC et $\overrightarrow{CA'} = (1/3)\overrightarrow{CB}$.

Évaluer les rapports $\dfrac{\left\|\overrightarrow{B'O}\right\|}{\left\|\overrightarrow{OB}\right\|}$ et $\dfrac{\left\|\overrightarrow{A'O}\right\|}{\left\|\overrightarrow{OA}\right\|}$.

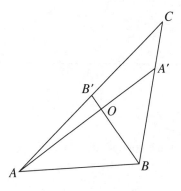

Figure 4.55

33. Soit E le milieu du côté CD du parallélogramme $ABCD$ de la figure 4.56. Montrer

que $\dfrac{\left\|\overrightarrow{CF}\right\|}{\left\|\overrightarrow{FA}\right\|} = \dfrac{1}{2}$ où F est l'intersection de BE et de la diagonale AC.

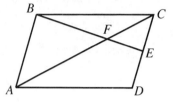

Figure 4.56

34. Soit ABC un triangle quelconque et M le milieu de AB (fig. 4.57). Sachant que P est un point de CM tel que

$$\frac{\left\|\overrightarrow{CP}\right\|}{\left\|\overrightarrow{PM}\right\|} = \frac{2}{1}$$

et que O est un point quelconque situé à l'extérieur du triangle ABC, montrer que

$\overrightarrow{OP} = \dfrac{1}{3}\left(\overrightarrow{OA} + \overrightarrow{OB} + \overrightarrow{OC}\right)$.

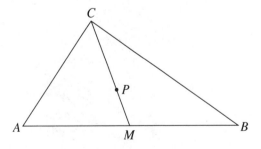

Figure 4.57

35. Soit un trapèze quelconque $ABCD$ (fig. 4.58).

a) Démontrer que $\dfrac{\left\|\overrightarrow{BF}\right\|}{\left\|\overrightarrow{FD}\right\|} = \dfrac{\left\|\overrightarrow{CF}\right\|}{\left\|\overrightarrow{FA}\right\|}$.

b) Si la grande base du trapèze est 5 fois plus grande que la petite base, quel est

le rapport $\dfrac{\left\|\overrightarrow{CF}\right\|}{\left\|\overrightarrow{AC}\right\|}$?

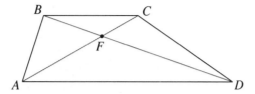

Figure 4.58

 36. Soit $\vec{u}$ et $\vec{v}$ deux vecteurs tels que $\|\vec{u}\| = 2$, $\|\vec{v}\| = 3$ et $\theta = \widehat{\vec{u}, \vec{v}} = 60°$. Évaluer :

a) $\|\vec{u} + \vec{v}\|$ *b*) $\|\vec{u} - \vec{v}\|$

c) α, l'angle de $\vec{u} + \vec{v}$ et $\vec{u}$ *d*) β, l'angle de $\vec{u} - \vec{v}$ et $\vec{u}$

 37. Un avion se déplace à une vitesse constante de 300 km/h par rapport à l'air, suivant une direction de 30° au sud de l'est, alors qu'un vent du sud souffle à 150 km/h par rapport au sol.

a) Déterminer la vitesse de l'avion par rapport au sol.

b) Déterminer la vitesse de l'avion dans le cas où un vent de l'ouest souffle à 150 km/h.

REPÈRE ET COORDONNÉES

5 CHAPITRE

Les contributions les plus importantes à l'évolution des mathématiques sont souvent des notions ou des théories unificatrices. C'est le cas de la géométrie analytique, créée par René Descartes (La Haye, Touraine, 1596 – Stockholm, 1650) et Pierre de Fermat (Beaumont-de-Lomagne, 1601 – Castres, 1665), qui permet d'exprimer des problèmes de géométrie sous une forme algébrique. Le développement de la géométrie analytique a de plus rendu possibles deux autres innovations marquantes du XVIIe siècle : le concept de fonction et le calcul infinitésimal.

L'idée de coordonnées, qui est à la base de la géométrie analytique, existait bien avant le XVIIe siècle. Ainsi, Ménechme (Preconnèse, vers 375 – vers 325), élève d'Eudoxe (Cnide, vers 406 – vers 355), aurait utilisé deux demi-droites perpendiculaires OX et OY pour localiser un point d'un plan. Au Moyen Âge, Nicole Oresme (Normandie, vers 1320 – Lisieux, 1382) donna une des premières représentations graphiques de la relation entre la vitesse et le temps; il employa une droite horizontale (qu'il appela *longitude*) pour représenter le temps et porta les vitesses instantanées parallèlement à une droite perpendiculaire à la longitude. Le progrès apporté par Oresme, par rapport aux travaux des Grecs, fut donc de représenter graphiquement une quantité variable. Un traité écrit en 1631 par Oresme ou un de ses disciples, *De latitudinibus formarum*, porte sur ce problème; il ferait partie d'une œuvre plus importante : *Tractatus de figuratione potentiarum et mensurarum*. Personne ne donna suite aux travaux d'Oresme avant environ deux cents ans, faute d'un symbolisme algébrique adéquat. Cette difficulté fut d'abord surmontée par François Viète (Fontenay-le-Comte, 1540 – Paris, 1603) et, plus tard, par Descartes.

Les travaux de Descartes et Fermat en géométrie analytique, menés de façon indépendante, aboutirent presque au même moment. Fermat, qui s'intéressait à ce sujet depuis 1629, communiqua le résultat de ses réflexions au géomètre Gilles Personne de Roberval (Roberval, Beauvoisis, 1602 – Paris, 1675) vers 1636. Quant à Descartes, il formula sa géométrie des coordonnées vers 1629 et la publia en 1637 sous le titre *Géométrie*, un appendice du *Discours de la méthode pour bien conduire sa raison et chercher la vérité dans les sciences*. On considère généralement Descartes comme le père de la géométrie analytique parce que sa théorie fut rendue publique avant celle de Fermat.

Bien qu'on utilise aujourd'hui les expressions *système de coordonnées cartésiennes* et *repère cartésien*, aucune des figures de la *Géométrie* de Descartes ne présente un tel repère. Les coordonnées de Descartes ne sont pas des couples de nombres. Sa méthode consiste à prendre une droite quelconque, qu'il appelle souvent *diamètre*, et à choisir un point arbitraire O de cette droite comme origine. Il porte ensuite sur le diamètre les valeurs appropriées d'une variable x en mesurant les longueurs correspondantes à partir de O. Les valeurs d'une seconde variable y correspondent à des longueurs mesurées à partir du diamètre, suivant une direction qui forme un angle donné avec celle du diamètre.

Fermat appliqua les méthodes d'analyse de Viète à l'étude des lieux géométriques. Il présenta les principes fondamentaux de la géométrie analytique sous le titre *Introduction aux lieux plans et solides*, un essai qui ne fut publié qu'en 1679 dans *Varia Opera Mathematica*, un recueil des principaux écrits de Fermat édité par son fils Samuel.

À l'aide des notions de combinaison linéaire, et de dépendance et d'indépendance linéaires définies sur les vecteurs géométriques, on développe dans le présent chapitre les concepts de repère, ou système de référence, de coordonnées d'un point, de composantes d'un vecteur et de vecteur algébrique. Ces notions permettent de déterminer la position relative de vecteurs et d'autres objets géométriques, de localiser les points d'un espace géométrique, et de définir analytiquement les vecteurs géométriques, les droites, les plans et les autres courbes et surfaces de l'espace. En établissant un lien entre un objet géométrique et sa description analytique, on applique une méthode mathématique importante, celle de la *géométrie analytique*.

5.1 Repère d'une droite

On sait qu'en géométrie euclidienne deux points distincts de l'espace déterminent une droite. Soit Δ une droite de l'espace, sur laquelle on choisit un point O comme origine, et soit $\vec{e} = \overrightarrow{OE}$ où E est un point de Δ distinct de O (fig. 5.1). On dit que le vecteur $\vec{e}$ engendre la droite Δ. Si P est un point quelconque de Δ, le vecteur $\overrightarrow{OP}$ est le produit de $\vec{e}$ par un scalaire, ou encore une combinaison linéaire de $\vec{e}$; autrement dit, il existe un scalaire x tel que

$$\overrightarrow{OP} = x\vec{e}$$

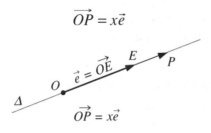

Figure 5.1

Définition 5.1   Vecteur position
Soit Δ une droite engendrée par un vecteur $\vec{e}$ d'origine O et soit P un point quelconque de Δ. Le vecteur $\overrightarrow{OP}$ est appelé vecteur position ou **rayon vecteur** de P.   ❑

Définition 5.2   Base d'une droite
L'ensemble $\{\vec{e}\}$ est une base d'une droite Δ si et seulement si le vecteur $\vec{e}$ est non nul et tout vecteur $\vec{v}$ de Δ est une combinaison linéaire de $\vec{e}$.   ❑

Définition 5.3   Repère d'une droite
Soit Δ une droite quelconque, O un point de Δ et $B = \{\vec{e}\}$ une base de Δ. Le couple $R : (O, \vec{e})$ est un repère d'**origine** O et de **base** B de la droite Δ.   ❑

Un repère $R : (O, \vec{e}\,)$ d'une droite Δ est un système de référence. Il permet de localiser tout point P de Δ à l'aide de son vecteur position $\overrightarrow{OP}$. En établissant une correspondance biunivoque entre l'ensemble des points P de Δ et l'ensemble des vecteurs positions $\overrightarrow{OP}$, on peut associer une coordonnée à chaque point de Δ.

Définition 5.4   Coordonnée d'un point

Soit $R : (O, \vec{e}\,)$ un repère d'une droite Δ et P un point quelconque de Δ. Le scalaire x tel que $\overrightarrow{OP} = x\vec{e}$ est appelé la coordonnée de P dans R; on dit aussi que x est l'**abscisse** de P. ❏

On emploie la notation $P(x)$ pour indiquer que x est l'abscisse d'un point P d'une droite Δ dans un repère $R : (O, \vec{e}\,)$. Ainsi,

$$\overrightarrow{OP} = x\vec{e} \iff P(x)$$

Une droite Δ munie d'un repère $R : (O, \vec{e}\,)$ est parfois appelée **axe des abscisses**, l'unité de mesure sur cet axe étant $\|\vec{e}\,\|$.

Définition 5.5   Composante d'un vecteur

Soit $R : (O, \vec{e}\,)$ un repère d'une droite Δ et $\vec{v}$ un vecteur quelconque de support Δ. Le scalaire x tel que $\vec{v} = x\vec{e}$ est appelé la composante du vecteur $\vec{v}$ selon $\vec{e}$. ❏

Proposition 5.1

Soit $R : (O, \vec{e}\,)$ un repère d'une droite Δ, et soit P_1 et P_2 deux points quelconques de Δ, d'abscisses respectives x_1 et x_2. La composante de $\overrightarrow{P_1P_2}$ selon $\vec{e}$ est $x_2 - x_1$.

Preuve

$\overrightarrow{OP_1} = x_1\vec{e}$ et $\overrightarrow{OP_2} = x_2\vec{e}$	[Par hypothèse]
$\overrightarrow{P_1P_2} = \overrightarrow{P_1O} + \overrightarrow{OP_2}$	[Relation de Chasles]
$= \overrightarrow{OP_2} - \overrightarrow{OP_1}$	[Définition 4.5]
$= x_2\vec{e} - x_1\vec{e}$	[Définition 5.4]
$= (x_2 - x_1)\vec{e}$	[Distributivité]

Donc, la composante de $\overrightarrow{P_1P_2}$ selon $\vec{e}$ est $x_2 - x_1$. ❏

La proposition 5.1 sert notamment à évaluer la longueur d'un vecteur $\overrightarrow{P_1P_2}$:

$$\left\| \overrightarrow{P_1P_2} \right\| = \left\| (x_2 - x_1)\vec{e} \right\| = |x_2 - x_1| \left\| \vec{e} \right\|$$

Exemple 5.1

a) Soit le vecteur $\vec{e}$ de la figure 5.2 a). On veut localiser les points M et P, d'abscisses respectives 3 et -2, dans le repère $R : (O, \vec{e})$ de la droite Δ.

On fait coïncider l'origine de $\vec{e}$ avec l'origine O du repère et on prend $\left\| \vec{e} \right\|$ comme unité de longueur. Si on parcourt la droite Δ dans le sens de $\vec{e}$, le point M se situe à 3 unités de longueur de O; si on parcourt Δ dans le sens opposé, le point P se situe à 2 unités de longueur de O (fig. 5.2 b)).

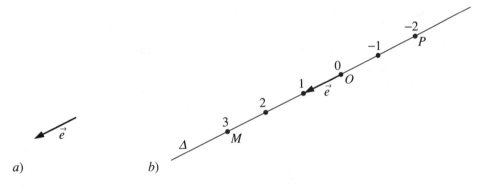

a)   b)

Figure 5.2

b) On veut écrire le vecteur $\overrightarrow{PM}$ à l'aide de $\vec{e}$ et évaluer $\left\| \overrightarrow{PM} \right\|$ étant donné que $\left\| \vec{e} \right\| = 0{,}58$ m.

Puisque l'abscisse de P est -2 et l'abscisse de M est 3, selon la proposition 5.1,

$$\overrightarrow{PM} = [3 - (-2)]\vec{e} = 5\vec{e}$$

Il en résulte que

$$\left\| \overrightarrow{PM} \right\| = \left\| 5\vec{e} \right\| = 5\left\| \vec{e} \right\| = 5(0{,}58 \text{ m}) = 2{,}9 \text{ m}$$

Donc, $\overrightarrow{PM} = 5\vec{e}$ et sa longueur est de 2,9 m.

Repère normé

Le concept de repère normé sert notamment à construire la droite réelle.

Définition 5.6   Repère normé

Un repère $R : (O, \vec{i})$ d'une droite Δ est dit normé si le vecteur $\vec{i}$ est unitaire.   ❑

La **droite réelle** est une droite horizontale munie d'un repère normé $R : (O, \vec{i})$ où $\vec{i}$ est orienté vers la droite. Ainsi, tout déplacement vers la droite est considéré comme positif et tout déplacement vers la gauche est considéré comme négatif.

Figure 5.3

Soit P_1 et P_2 deux points de la droite réelle, d'abscisses respectives x_1 et x_2 (fig. 5.3). Selon la proposition 5.1

$$\overrightarrow{P_1P_2} = (x_2 - x_1)\vec{i}$$

et, puisque $\|\vec{i}\| = 1$,

$$\left\|\overrightarrow{P_1P_2}\right\| = \left|x_2 - x_1\right|\left\|\vec{i}\right\| = \left|x_2 - x_1\right|$$

Exemple 5.2

Soit A, B et C trois points de la droite réelle, de coordonnées respectives -2, 5 et $-1/2$ dans un repère $R : (O, \vec{i})$.

a) On veut calculer les coordonnées respectives des points A, B et C dans le repère $R' : (O', \vec{i})$ où O' est le point d'abscisse -3 dans le repère $R : (O, \vec{i})$.

Il suffit d'évaluer respectivement les composantes des vecteurs positions $\overrightarrow{O'A}$, $\overrightarrow{O'B}$ et $\overrightarrow{O'C}$. On a

$$\overrightarrow{O'A} = \overrightarrow{O'O} + \overrightarrow{OA} = -\overrightarrow{OO'} + \overrightarrow{OA} = -(-3)\vec{i} + (-2)\vec{i} = \vec{i}$$

Or,

$$\overrightarrow{O'A} = \vec{i} \iff A(1) \text{ dans } R'$$

De façon analogue,

$$\overrightarrow{O'B} = \overrightarrow{O'O} + \overrightarrow{OB} = -\overrightarrow{OO'} + \overrightarrow{OB} = -(-3)\vec{i} + (5)\vec{i} = 8\vec{i}$$

et

$$\overrightarrow{O'B} = 8\vec{i} \iff B(8) \text{ dans } R'$$

Enfin,

$$\overrightarrow{O'C} = \overrightarrow{O'O} + \overrightarrow{OC} = -\overrightarrow{OO'} + \overrightarrow{OC} = -(-3)\vec{i} + (-1/2)\vec{i} = (5/2)\vec{i}$$

et

$$\overrightarrow{O'C} = (5/2)\vec{i} \iff C(5/2) \text{ dans } R'$$

Donc, dans le repère R', les coordonnées de A, B et C sont respectivement 1, 8 et 5/2 (fig. 5.4).

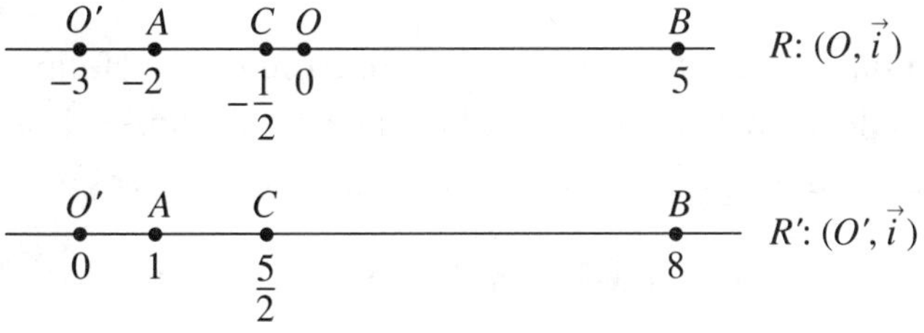

Figure 5.4

b) Pour déterminer les coordonnées respectives de O et de O' dans le repère $R'' : (C, \vec{i})$, on calcule les composantes des vecteurs positions $\overrightarrow{CO}$ et $\overrightarrow{CO'}$:

$$\overrightarrow{CO} = -\overrightarrow{OC} = (1/2)\vec{i} \iff O(1/2) \text{ dans } R''$$

$$\overrightarrow{CO'} = -\overrightarrow{O'C} = -(5/2)\vec{i} \iff O'(-5/2) \text{ dans } R''$$

Donc, dans le repère R'', les coordonnées respectives de O et de O' sont 1/2 et $-5/2$ (fig. 5.5).

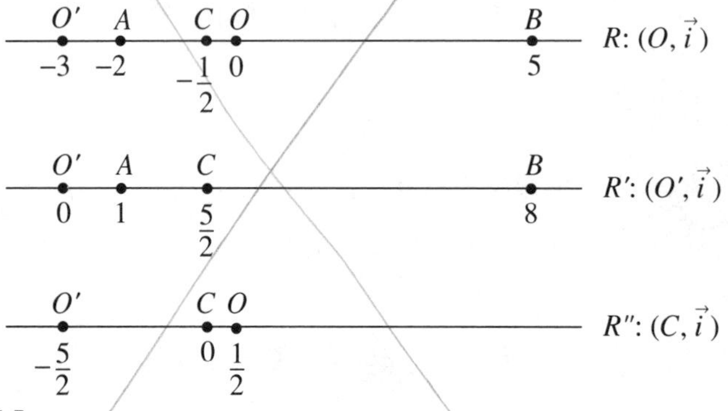

Figure 5.5

Exercices suggérés : 1 et 2, p. 270.

5.2   **Repère d'un plan**

On a vu au chapitre 4 que deux vecteurs non nuls et non parallèles, $\vec{e}_1$ et $\vec{e}_2$, sont linéairement indépendants et qu'ils engendrent un plan π. En choisissant un point O de l'espace comme origine commune des vecteurs $\vec{e}_1$ et $\vec{e}_2$, on fixe le plan π.

Tout vecteur du plan π est une combinaison linéaire des vecteurs $\vec{e}_1$ et $\vec{e}_2$. Soit P un point quelconque de π. Le vecteur $\overrightarrow{OP}$ est une combinaison linéaire de $\vec{e}_1$ et de $\vec{e}_2$ (fig. 5.6), c'est-à-dire qu'il existe des scalaires x et y tels que

$$\overrightarrow{OP} = x\vec{e}_1 + y\vec{e}_2 = \overrightarrow{OP_1} + \overrightarrow{OP_2}$$

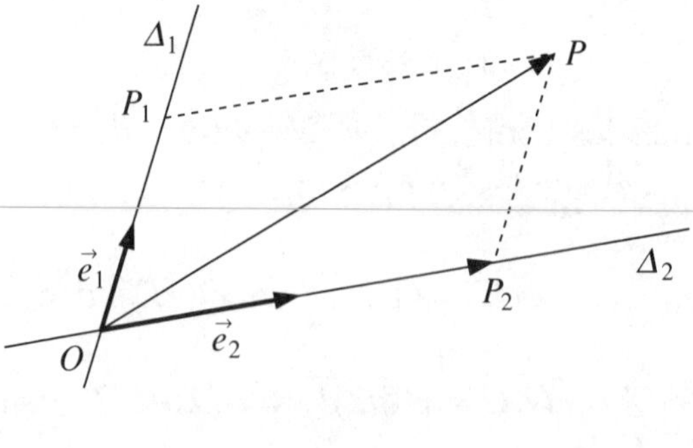

Figure 5.6

Définition 5.7   Vecteur position

Soit un plan π engendré par deux vecteurs $\vec{e}_1$ et $\vec{e}_2$ d'origine commune O et soit P un point quelconque de π. Le vecteur $\overrightarrow{OP}$ est appelé vecteur position ou **rayon vecteur** de P.   ❑

Les scalaires x et y tels que $\overrightarrow{OP} = x\vec{e}_1 + y\vec{e}_2$ sont uniques (proposition 4.9). Ainsi, si on fixe x et y, le vecteur $\overrightarrow{OP}$ est déterminé. On emploie donc indifféremment la notation géométrique $\overrightarrow{OP} = x\vec{e}_1 + y\vec{e}_2$ ou la notation algébrique $\overrightarrow{OP} = (x, y)$.

Définition 5.8   Base d'un plan

Soit $\vec{e}_1$ et $\vec{e}_2$ deux vecteurs d'un plan π. L'ensemble $\left\{ \vec{e}_1, \vec{e}_2 \right\}$ est une base de π si et seulement si $\vec{e}_1$ et $\vec{e}_2$ sont linéairement indépendants. Le couple $(\vec{e}_1, \vec{e}_2)$ est une **base ordonnée** de π si l'ensemble $\left\{ \vec{e}_1, \vec{e}_2 \right\}$ est une base de π.   ❑

Définition 5.9   Repère d'un plan

Soit π un plan, O un point de π et $B = (\vec{e}_1, \vec{e}_2)$ une base de π. Le triplet $R : (O, \vec{e}_1, \vec{e}_2)$ est un repère d'**origine** O et de **base** B du plan π.   ❑

Un repère $R : (O, \vec{e}_1, \vec{e}_2)$ d'un plan est un système de référence dans lequel on peut utiliser le vecteur position $\overrightarrow{OP}$ pour localiser tout point P du plan. En établissant une correspondance biunivoque entre l'ensemble des points P du plan et l'ensemble des vecteurs positions $\overrightarrow{OP}$, il est possible d'identifier chaque point du plan à l'aide de deux nombres, appelés coordonnées.

Définition 5.10   Coordonnées d'un point

Soit $R : (O, \vec{e}_1, \vec{e}_2)$ un repère d'un plan π et P un point quelconque de π. Les scalaires x et y tels que $\overrightarrow{OP} = x\vec{e}_1 + y\vec{e}_2$ sont appelés coordonnées du point P dans R. La première coordonnée x est l'**abscisse** de P et la seconde, y, son **ordonnée**.   ❑

Un point P est donc localisé dans un repère $R : (O, \vec{e}_1, \vec{e}_2)$ par ses coordonnées x et y, d'où la notation $P(x, y)$. Ainsi,

$$\overrightarrow{OP} = (x, y) \Leftrightarrow P(x, y)$$

Soit Δ_1 et Δ_2 les supports respectifs de $\vec{e}_1$ et de $\vec{e}_2$. La droite Δ_1, munie du repère $(O, \vec{e}_1)$, est appelée **axe des x ou axe des abscisses**, et la droite Δ_2, munie du repère $(O, \vec{e}_2)$, est appelée **axe des y ou axe des ordonnées**. Les unités de mesure sur l'axe des x et l'axe des y sont respectivement $\left\|\vec{e}_1\right\|$ et $\left\|\vec{e}_2\right\|$.

Exemple 5.3

Soit le repère $R : (O, \vec{e}_1, \vec{e}_2)$ d'un plan π (fig. 5.7), et soit $P(2, 2)$ et $N(-1, -3)$ deux points de π. Pour situer P et N dans π, on trace les vecteurs positions

$$\overrightarrow{OP} = 2\vec{e}_1 + 2\vec{e}_2 \quad \text{et} \quad \overrightarrow{ON} = -\vec{e}_1 - 3\vec{e}_2$$

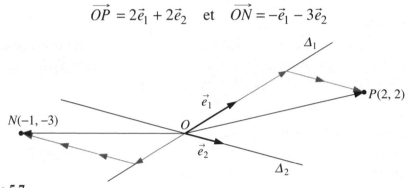

Figure 5.7

Non seulement un repère $R : (O, \vec{e}_1, \vec{e}_2)$ d'un plan permet de situer tout point P du plan, mais il permet aussi d'exprimer tout vecteur $\vec{v}$ du plan comme une combinaison linéaire unique de $\vec{e}_1$ et $\vec{e}_2$.

Définition 5.11   Composantes d'un vecteur

Soit $R : (O, \vec{e}_1, \vec{e}_2)$ un repère d'un plan π et $\vec{v}$ un vecteur quelconque de π. Les scalaires uniques x et y tels que $\vec{v} = x\vec{e}_1 + y\vec{e}_2$ sont appelés composantes de $\vec{v}$ selon les vecteurs $\vec{e}_1$ et $\vec{e}_2$. ❏

On emploie indifféremment la notation géométrique $\vec{v} = x\vec{e}_1 + y\vec{e}_2$ et la notation algébrique $\vec{v} = (x, y)$. On dit aussi que le vecteur géométrique $x\vec{e}_1 + y\vec{e}_2$ du plan π est associé au vecteur algébrique (x, y) de $\mathbb{R}^2$. En fait, on établit une correspondance biunivoque entre l'ensemble des vecteurs géométriques de π et l'ensemble des couples (x, y) de $\mathbb{R}^2$.

Définition 5.12   Vecteur algébrique de $\mathbb{R}^2$

Un vecteur algébrique $\vec{v}$ de $\mathbb{R}^2$ est un couple de nombres réels : $\vec{v} = (x, y)$, les scalaires x et y étant les composantes du vecteur.   □

Soit $\vec{u}$ et $\vec{v}$ deux vecteurs algébriques de $\mathbb{R}^2$ tels que $\vec{u} = (a, b)$ et $\vec{v} = (c, d)$. Les **opérations vectorielles** définies sur les vecteurs géométriques correspondant à $\vec{u}$ et $\vec{v}$ se traduisent analytiquement dans $\mathbb{R}^2$ comme suit :

i) addition : $\vec{u} + \vec{v} = (a + c, b + d)$

ii) multiplication par un scalaire : $k\vec{u} = (ka, kb)$

De plus, l'**équipollence** se traduit par

$$\vec{u} = \vec{v} \iff (a, b) = (c, d) \iff a = c \text{ et } b = d$$

et la longueur de $\vec{u}$ se calcule à l'aide de l'égalité (proposition 4.14)

$$\|\vec{u}\|^2 = \|a\vec{e_1}\|^2 + \|b\vec{e_2}\|^2 - 2\|a\vec{e_1}\|\|b\vec{e_2}\|\cos(\pi - \theta) \text{ où } \theta = \widehat{\vec{e_1}, \vec{e_2}}$$

Proposition 5.2

Si $A(x_1, y_1)$ et $B(x_2, y_2)$ sont deux points dans un repère $R : (O, \vec{e_1}, \vec{e_2})$, alors $\overrightarrow{AB} = (x_2 - x_1, y_2 - y_1)$.

Preuve

On trace d'abord le vecteur $\overrightarrow{OB'}$ équipollent à $\overrightarrow{AB}$ (fig. 5.8), puis on trace le parallélogramme dont $\overrightarrow{OB'}$ est une diagonale (fig. 5.9). On a

$$\overrightarrow{OB'} = \overrightarrow{OP_1} + \overrightarrow{OP_2} = x\vec{e_1} + y\vec{e_2}$$

Les vecteurs $\overrightarrow{OB'}$ et $\overrightarrow{AB}$ étant équipollents,

$$\overrightarrow{AB} = x\vec{e_1} + y\vec{e_2} \tag{1}$$

et, en appliquant la relation de Chasles, on obtient

$$\overrightarrow{AB} = \overrightarrow{AO} + \overrightarrow{OB} = \overrightarrow{OB} - \overrightarrow{OA} = (x_2\vec{e_1} + y_2\vec{e_2}) - (x_1\vec{e_1} + y_1\vec{e_2})$$

Ainsi,

$$\overrightarrow{AB} = (x_2 - x_1)\vec{e}_1 + (y_2 - y_1)\vec{e}_2 \qquad (2)$$

Des égalités (1) et (2) on tire

$$x\vec{e}_1 + y\vec{e}_2 = (x_2 - x_1)\vec{e}_1 + (y_2 - y_1)\vec{e}_2$$
$$\vec{0} = (x_2 - x_1 - x)\vec{e}_1 + (y_2 - y_1 - y)\vec{e}_2$$

Puisque $\vec{e}_1$ et $\vec{e}_2$ sont linéairement indépendants, selon la définition 4.12 on a :

$$x_2 - x_1 - x = 0 \quad \text{ou encore} \quad x = x_2 - x_1$$
$$y_2 - y_1 - y = 0 \quad \text{ou encore} \quad y = y_2 - y_1$$

Donc, $\overrightarrow{AB} = (x_2 - x_1, y_2 - y_1)$. ❑

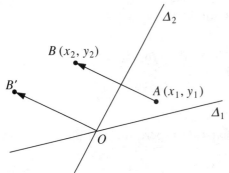

Figure 5.8

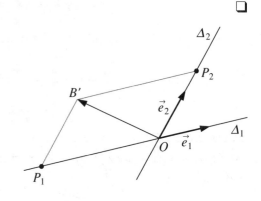

Figure 5.9

Proposition 5.3   Milieu d'un segment

Si $A(x_1, y_1)$ et $B(x_2, y_2)$ sont deux points d'un plan de repère $R : (O, \vec{e}_1, \vec{e}_2)$ et si M est le milieu de AB (fig. 5.10), alors $M\left(\dfrac{x_1 + x_2}{2}, \dfrac{y_1 + y_2}{2}\right)$.

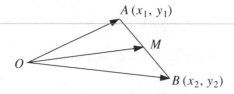

Figure 5.10

Preuve

Selon la proposition 4.12,

$$\overrightarrow{OM} = \frac{1}{2}\,\overrightarrow{OA} + \frac{1}{2}\,\overrightarrow{OB} = \frac{1}{2}(x_1, y_1) + \frac{1}{2}(x_2, y_2) = \left(\frac{x_1 + x_2}{2}, \frac{y_1 + y_2}{2}\right)$$

Donc, $M\left(\dfrac{x_1 + x_2}{2}, \dfrac{y_1 + y_2}{2}\right)$ est le milieu de AB.   ❑

Exemple 5.4

Soit un plan de repère $R : (O, \vec{e}_1, \vec{e}_2)$ où $\vec{e}_1$ et $\vec{e}_2$ sont les vecteurs représentés à la figure 5.11.

a) Pour situer les points $P(2, 2)$ et $N(-1, -3)$ dans R, on utilise les composantes des vecteurs positions $\overrightarrow{OP} = (2, 2) = 2\vec{e}_1 + 2\vec{e}_2$ et $\overrightarrow{ON} = (-1, -3) = -\vec{e}_1 - 3\vec{e}_2$.

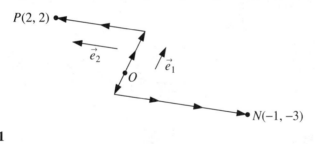

Figure 5.11

b) Le vecteur $\overrightarrow{NP}$ est représenté à la figure 5.12. Pour déterminer ses composantes, on applique la proposition 5.2 :

$$\overrightarrow{NP} = (2 - (-1), 2 - (-3)) = (3, 5)$$

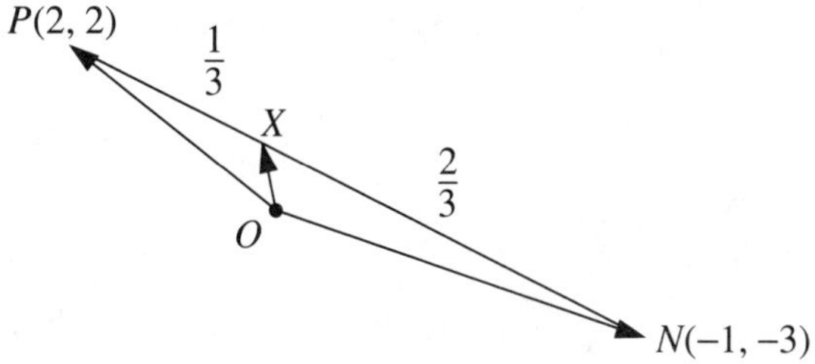

Figure 5.12

c) Pour calculer les coordonnées du point X tel que $\overrightarrow{PX} = (1/3)\,\overrightarrow{PN}$ (fig. 5.12), on applique la proposition 4.12 :

$$\overrightarrow{OX} = \frac{1}{3}\,\overrightarrow{ON} + \frac{2}{3}\,\overrightarrow{OP} = \frac{1}{3}\left(-\vec{e}_1 - 3\vec{e}_2\right) + \frac{2}{3}\left(2\vec{e}_1 + 2\vec{e}_2\right) = \vec{e}_1 + \frac{1}{3}\vec{e}_2$$

Donc, $\overrightarrow{OX} = (1, 1/3)$. Les coordonnées du point X étant égales aux composantes du vecteur position $\overrightarrow{OX}$, on a $X(1, 1/3)$.

Exemple 5.5

Soit $R : (O, \vec{c}_1, \vec{c}_2)$ un repère d'un plan π (fig. 5.13).

a) Dans R, le vecteur position du point $P(2, 1)$ de π est $\overrightarrow{OP} = 2\vec{c}_1 + \vec{c}_2$.

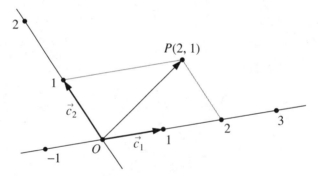

Figure 5.13

b) Pour tracer le vecteur $\overrightarrow{PM} = (1, -2)$, on construit, à partir de P, la somme $\overrightarrow{PM} = \vec{c}_1 - 2\vec{c}_2$ (fig. 5.14).

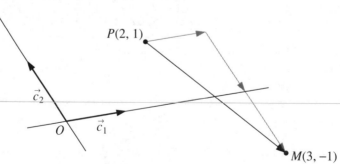

Figure 5.14

c) On trouve les coordonnées du point M dans R en appliquant la relation de Chasles :

$$\overrightarrow{OM} = \overrightarrow{OP} + \overrightarrow{PM} = (2,\,1) + (1,\,-2) = (3,\,-1) = 3\vec{c}_1 - \vec{c}_2$$

Donc, $M(3,\,-1)$.

Exemple 5.6

Soit $R : (O,\,\vec{e}_1,\,\vec{e}_2)$ un repère d'un plan π, et soit $\vec{d}_1 = (1,\,1)$ et $\vec{d}_2 = (1,\,-1)$ deux vecteurs de π (fig. 5.15). On veut déterminer les composantes de $\vec{u} = (2,\,4)$ dans le repère $R' : (O,\,\vec{d}_1,\,\vec{d}_2)$.

Figure 5.15

Dans R, on a $\vec{u} = 2\vec{e}_1 + 4\vec{e}_2$. Les deux vecteurs linéairement indépendants (non colinéaires) $\vec{d}_1$ et $\vec{d}_2$ forment également une base de π. Il s'agit de déterminer la combinaison linéaire de $\vec{d}_1$ et $\vec{d}_2$ qui est égale à $\vec{u}$, c'est-à-dire de trouver deux scalaires r et s tels que :

$$\begin{aligned}\vec{u} &= r\vec{d}_1 + s\vec{d}_2 \\ (2,\,4) &= r(1,\,1) + s(1,\,-1) = (r + s,\,r - s)\end{aligned}$$

Il faut donc résoudre

$$\begin{cases} r + s = 2 \\ r - s = 4 \end{cases}$$

ce qui donne $r = 3$ et $s = -1$. Ainsi, 3 et -1 sont les composantes du vecteur $\vec{u}$ relativement à la base $(\vec{d}_1,\,\vec{d}_2)$.

Donc, $\vec{u} = (2,\,4)$ dans le repère $R : (O,\,\vec{e}_1,\,\vec{e}_2)$, ce qu'on écrit $\vec{u} = (2,\,4)_{(\vec{e}_1,\,\vec{e}_2)}$, et $\vec{u} = (3,\,-1)$ dans le repère $R' : (O,\,\vec{d}_1,\,\vec{d}_2)$, ce qu'on écrit $\vec{u} = (3,\,-1)_{(\vec{d}_1,\,\vec{d}_2)}$ (fig. 5.16).

Il est à noter que le vecteur géométrique $\vec{u}$ est invariant. Les vecteurs algébriques $(2, 4)$ et $(3, -1)$ représentent tous deux le même vecteur $\vec{u}$ relativement à des bases différentes.

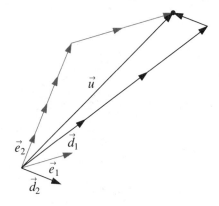

Figure 5.16

Repère orthonormé

Dans ce qui suit, on définit le concept de repère orthonormé et on établit une égalité qui permet de calculer la longueur d'un vecteur quelconque d'un plan.

Définition 5.13   Repère orthonormé

Un repère $R : (O, \vec{i}, \vec{j})$ d'un plan est dit orthonormé si $\vec{i}$ et $\vec{j}$ sont orthogonaux[1] et $\left\| \vec{i} \right\| = \left\| \vec{j} \right\| = 1$ (fig. 5.17).   ❐

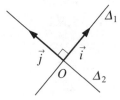

Figure 5.17

---

1. Deux vecteurs sont dits orthogonaux s'ils déterminent un angle de $90°$. La notation $\vec{u} \perp \vec{v}$ signifie $\vec{u}$ est orthogonal à $\vec{v}$.

Les expressions **le plan** et **plan cartésien** désignent un espace de dimension 2 muni d'un repère orthonormé. Les deux axes de coordonnées du plan séparent celui-ci en quatre régions, nommées **quadrants**. On convient que le sens de rotation positif est le sens antihoraire, allant de $\vec{i}$ vers $\vec{j}$.

Les composantes des vecteurs $\vec{i}$ et $\vec{j}$ de la base d'un repère orthonormé sont données par :

$$\vec{i} = 1\vec{i} + 0\vec{j} = (1, 0)$$

$$\vec{j} = 0\vec{i} + 1\vec{j} = (0, 1)$$

La base ordonnée $(\vec{i}, \vec{j})$ est appelée **base canonique** ou **base naturelle** du plan.

Proposition 5.4
Si $R : (O, \vec{i}, \vec{j})$ est un repère orthonormé du plan et $\vec{v} = x\vec{i} + y\vec{j}$ est un vecteur quelconque du plan, alors $\|\vec{v}\| = \sqrt{x^2 + y^2}$.

Preuve
Dans le plan cartésien, le vecteur $\vec{v}$ correspond à une diagonale du rectangle déterminé par $x\vec{i}$ et $y\vec{j}$ (fig. 5.18). D'après le théorème de Pythagore,

$$\|\vec{v}\|^2 = \left\|x\vec{i}\right\|^2 + \left\|y\vec{j}\right\|^2 = |x|^2\left\|\vec{i}\right\|^2 + |y|^2\left\|\vec{j}\right\|^2 = x^2 + y^2$$

Donc, $\|\vec{v}\| = \sqrt{x^2 + y^2}$. ❑

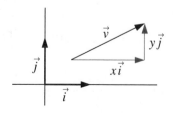

Figure 5.18

Corollaire 5.1

Si $A(x_1, y_1)$ et $B(x_2, y_2)$ sont deux points du plan cartésien, alors

$$\left\| \overrightarrow{AB} \right\| = \sqrt{\left(x_2 - x_1 \right)^2 + \left(y_2 - y_1 \right)^2} \qquad \qquad ❑$$

L'égalité ci-dessus donne la **distance entre deux points** A et B d'un plan cartésien.

Exemple 5.7

Pour montrer que $R : (O, \vec{u}, \vec{v})$ est un repère orthonormé du plan où

$$\vec{u} = \frac{\sqrt{3}}{2} \vec{i} + \frac{1}{2} \vec{j} \quad \text{et} \quad \vec{v} = -\frac{1}{2} \vec{i} + \frac{\sqrt{3}}{2} \vec{j}$$

il suffit de vérifier que $\left\| \vec{u} \right\| = \left\| \vec{v} \right\| = 1$ et que $\vec{u}$ est orthogonal à $\vec{v}$.

Soit les points $A\left(\dfrac{\sqrt{3}}{2}, \dfrac{1}{2} \right)$ et $B\left(-\dfrac{1}{2}, \dfrac{\sqrt{3}}{2} \right)$ dans le repère orthonormé $R' : (O, \vec{i}, \vec{j})$

(fig. 5.19). On a $\vec{u} = \overrightarrow{OA}$ et $\vec{v} = \overrightarrow{OB}$. Ainsi,

$$\left\| \vec{u} \right\| = \left\| \overrightarrow{OA} \right\| = \sqrt{\left(\frac{\sqrt{3}}{2} \right)^2 + \left(\frac{1}{2} \right)^2} = 1$$

$$\left\| \vec{v} \right\| = \left\| \overrightarrow{OB} \right\| = \sqrt{\left(-\frac{1}{2} \right)^2 + \left(\frac{\sqrt{3}}{2} \right)^2} = 1$$

c'est-à-dire que la première condition est satisfaite. De plus,

$$\overrightarrow{AB} = \left(\frac{-1 - \sqrt{3}}{2}, \frac{\sqrt{3} - 1}{2} \right)$$

d'où

$$\left\|\overrightarrow{AB}\right\| = \sqrt{\left(\frac{-1-\sqrt{3}}{2}\right)^2 + \left(\frac{\sqrt{3}-1}{2}\right)^2} = \sqrt{\frac{1+2\sqrt{3}+3}{4} + \frac{3-2\sqrt{3}+1}{4}} = \sqrt{2}$$

Donc, $\left\|\vec{u}\right\| = \left\|\vec{v}\right\| = 1$ et $\left\|\overrightarrow{AB}\right\| = \sqrt{2}$. Il découle de la loi du cosinus, appliquée au triangle isocèle OAB, que $\vec{u} \perp \vec{v}$.

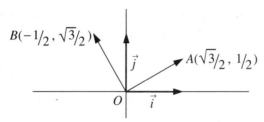

Figure 5.19

Exemple 5.8

Soit $A(2, -1)$, $B(-1, 3)$ et $C(4, 2)$ trois points d'un plan muni d'un repère ortho-normé $R : (O, \vec{i}, \vec{j})$ (fig. 5.20).

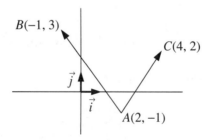

Figure 5.20

a) Les composantes des vecteurs $\overrightarrow{AB}$ et $\overrightarrow{AC}$ dans R sont données par :

$$\overrightarrow{AB} = (-1 - 2, 3 - (-1)) = (-3, 4)_{(\vec{i}, \vec{j})}$$
$$\overrightarrow{AC} = (4 - 2, 2 - (-1)) = (2, 3)_{(\vec{i}, \vec{j})}$$

b) On évalue $\overrightarrow{AB} + \overrightarrow{AC}$ à l'aide de l'addition définie sur les vecteurs algébriques de $\mathbb{R}^2$:

$$\overrightarrow{AB} + \overrightarrow{AC} = (-3, 4) + (2, 3) = (-1, 7)$$

c) On évalue $4\overrightarrow{AC}$ à l'aide de la multiplication d'un vecteur par un scalaire, définie sur les vecteurs algébriques de $\mathbb{R}^2$:

$$4\overrightarrow{AC} = 4(2, 3) = (8, 12)$$

d) Puisque les vecteurs $\overrightarrow{AB} = (-3, 4)$ et $\overrightarrow{BC} = (5, -1)$ sont non colinéaires, ils sont linéairement indépendants (proposition 4.8). Ainsi, $\{\overrightarrow{AB}, \overrightarrow{BC}\}$ est une base du plan déterminé par A, B et C (définition 5.8).

e) Pour exprimer le vecteur $\overrightarrow{AC}$ relativement à la base $(\overrightarrow{AB}, \overrightarrow{BC})$, on applique la relation de Chasles :

$$\overrightarrow{AC} = \overrightarrow{AB} + \overrightarrow{BC} = (1, 1)_{(\overrightarrow{AB}, \overrightarrow{BC})}$$

f) Soit le vecteur $\vec{v} = (-1, 7)$ dans le repère $R : (O, \vec{i}, \vec{j})$. On calcule les composantes de $\vec{v}$ relativement à la base $(\overrightarrow{AB}, \overrightarrow{BC})$ en déterminant les scalaires r et s tels que $\vec{v} = r\overrightarrow{AB} + s\overrightarrow{BC}$. On a

$$(-1, 7) = r(-3, 4) + s(5, -1) = (-3r + 5s, 4r - s)$$

Il faut donc résoudre le système linéaire

$$\begin{cases} -3r + 5s = -1 \\ 4r - s = 7 \end{cases}$$

En appliquant la règle de Cramer, on obtient

$$r = \frac{\det\begin{bmatrix} -1 & 5 \\ 7 & -1 \end{bmatrix}}{\det\begin{bmatrix} -3 & 5 \\ 4 & -1 \end{bmatrix}} = 2 \quad \text{et} \quad s = \frac{\det\begin{bmatrix} -3 & -1 \\ 4 & 7 \end{bmatrix}}{\det\begin{bmatrix} -3 & 5 \\ 4 & -1 \end{bmatrix}} = 1$$

Donc, $\vec{v} = (2, 1)_{(\overrightarrow{AB}, \overrightarrow{BC})}$

g) Le vecteur géométrique $\vec{v}$ s'écrit à l'aide de deux couples différents de $\mathbb{R}^2$. En effet, $\vec{v} = (-1, 7)$ relativement à la base $(\vec{i}, \vec{j})$ et $\vec{v} = (2, 1)$ relativement à la base $(\overrightarrow{AB}, \overrightarrow{BC})$:

$$\vec{v} = (2, 1)_{(\overrightarrow{AB}, \overrightarrow{BC})} = (-1, 7)_{(\vec{i}, \vec{j})}$$

Ainsi, le vecteur algébrique associé au vecteur géométrique $\vec{v}$ a des composantes différentes relativement à des bases différentes, mais le vecteur géométrique $\vec{v}$ est invariant sous un changement de base (fig. 5.21).

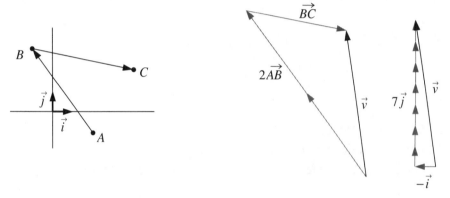

Figure 5.21

h) Il est plus facile d'évaluer la longueur de $\vec{v}$ dans le repère $R : (O, \vec{i}, \vec{j})$ que dans le repère $R' : (O, \overrightarrow{AB}, \overrightarrow{BC})$. En effet, dans le repère orthonormé R, on a

$$\|\vec{v}\| = \sqrt{(-1)^2 + (7)^2} = \sqrt{50}$$

Exercices suggérés : 3 à 18, p. 270-273.

5.3 Repère de l'espace

On sait que trois vecteurs géométriques non nuls et non coplanaires, $\vec{e}_1$, $\vec{e}_2$ et $\vec{e}_3$, sont linéairement indépendants et qu'ils engendrent l'espace. Ainsi, tout vecteur de l'espace est une combinaison linéaire des vecteurs $\vec{e}_1$, $\vec{e}_2$ et $\vec{e}_3$. Soit P un point quelconque de l'espace. Le vecteur $\overrightarrow{OP}$ est une combinaison linéaire des vecteurs $\vec{e}_1$, $\vec{e}_2$ et $\vec{e}_3$ (fig. 5.22), c'est-à-dire qu'il existe des scalaires x, y et z tels que

$$\overrightarrow{OP} = x\vec{e}_1 + y\vec{e}_2 + z\vec{e}_3 = \overrightarrow{OP_1} + \overrightarrow{OP_2} + \overrightarrow{OP_3}$$

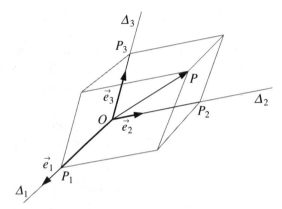

Figure 5.22

Définition 5.14   Vecteur position
Soit trois vecteurs linéairement indépendants $\vec{e}_1$, $\vec{e}_2$ et $\vec{e}_3$, d'origine commune O, et soit P un point de l'espace. Le vecteur $\overrightarrow{OP}$ est appelé vecteur position ou **rayon vecteur** de P.   ◻

Les scalaires x, y et z tels que $\overrightarrow{OP} = x\vec{e}_1 + y\vec{e}_2 + z\vec{e}_3$ sont uniques (proposition 4.11). Ainsi, si on fixe x, y et z, le vecteur $\overrightarrow{OP}$ est déterminé. On emploie donc indifféremment la notation géométrique $\overrightarrow{OP} = x\vec{e}_1 + y\vec{e}_2 + z\vec{e}_3$ ou la notation algébrique $\overrightarrow{OP} = (x, y, z)$.

Définition 5.15   Base de l'espace
Soit $\vec{e}_1$, $\vec{e}_2$ et $\vec{e}_3$ trois vecteurs géométriques. L'ensemble $\{\vec{e}_1, \vec{e}_2, \vec{e}_3\}$ est une base de l'espace si et seulement si $\vec{e}_1$, $\vec{e}_2$ et $\vec{e}_3$ sont linéairement indépendants. Le triplet $(\vec{e}_1, \vec{e}_2, \vec{e}_3)$ est une **base ordonnée** de l'espace si l'ensemble $\{\vec{e}_1, \vec{e}_2, \vec{e}_3\}$ est une base de l'espace.   ◻

Définition 5.16   Repère de l'espace
Soit O un point de l'espace et $B = \{\vec{e}_1, \vec{e}_2, \vec{e}_3\}$ une base de l'espace. Le quadruplet $R : (O, \vec{e}_1, \vec{e}_2, \vec{e}_3)$ est un repère d'**origine** O et de **base** B de l'espace.   ◻

Un repère $R : (O, \vec{e}_1, \vec{e}_2, \vec{e}_3)$ est un système de référence dans lequel on peut localiser tout point P de l'espace à l'aide de son vecteur position $\overrightarrow{OP}$. En établissant une correspondance biunivoque entre l'ensemble des points P de l'espace et l'ensemble des vecteurs positions $\overrightarrow{OP}$, il est possible d'identifier chaque point au moyen de trois nombres, appelés coordonnées.

Définition 5.17   Coordonnées d'un point

Soit $R : (O, \vec{e}_1, \vec{e}_2, \vec{e}_3)$ un repère de l'espace et P un point quelconque de l'espace. Les scalaires x, y et z tels que $\overrightarrow{OP} = x\vec{e}_1 + y\vec{e}_2 + z\vec{e}_3$ sont appelés coordonnées de P dans R. La première coordonnée, x, est l'**abscisse** de P, la deuxième, y, son **ordonnée** et la troisième, z, sa **cote**. ❑

Un point P est localisé dans un repère $R : (O, \vec{e}_1, \vec{e}_2, \vec{e}_3)$ par ses coordonnées x, y et z, d'où la notation $P(x, y, z)$. Ainsi,

$$\overrightarrow{OP} = (x, y, z) \Leftrightarrow P(x, y, z)$$

Soit Δ_1, Δ_2 et Δ_3 les supports respectifs de $\vec{e}_1$, $\vec{e}_2$ et $\vec{e}_3$. La droite Δ_1, munie du repère $(O, \vec{e}_1)$, est appelée **axe des** x ou **axe des abscisses**; la droite Δ_2, munie du repère $(O, \vec{e}_2)$, est appelée **axe des** y ou **axe des ordonnées**; et la droite Δ_3, munie du repère $(O, \vec{e}_3)$, est appelée **axe des** z ou **axe des cotes**. Les unités de mesure sur l'axe des x, l'axe des y et l'axe des z sont respectivement $\left\| \vec{e}_1 \right\|$, $\left\| \vec{e}_2 \right\|$ et $\left\| \vec{e}_3 \right\|$.

Non seulement un repère $R : (O, \vec{e}_1, \vec{e}_2, \vec{e}_3)$ de l'espace permet de situer tout point P de l'espace, mais il permet aussi d'exprimer tout vecteur $\vec{v}$ comme une combinaison linéaire unique de $\vec{e}_1$, $\vec{e}_2$ et $\vec{e}_3$.

Définition 5.18   Composantes d'un vecteur

Soit $R : (O, \vec{e}_1, \vec{e}_2, \vec{e}_3)$ un repère de l'espace et $\vec{v}$ un vecteur géométrique. Les scalaires uniques x, y et z tels que $\vec{v} = x\vec{e}_1 + y\vec{e}_2 + z\vec{e}_3$ sont appelés les composantes du vecteur $\vec{v}$ dans le repère R. ❑

On emploie indifféremment la notation géométrique $\vec{v} = x\vec{e}_1 + y\vec{e}_2 + z\vec{e}_3$ ou la notation algébrique $\vec{v} = (x, y, z)$. On dit aussi que le vecteur géométrique $x\vec{e}_1 + y\vec{e}_2 + z\vec{e}_3$ est associé au vecteur algébrique (x, y, z) de $\mathbb{R}^3$. En fait, on établit une correspondance biunivoque entre l'ensemble des vecteurs géométriques de l'espace et l'ensemble des vecteurs algébriques de $\mathbb{R}^3$.

Définition 5.19   Vecteur algébrique de $\mathbb{R}^3$

Un vecteur algébrique $\vec{v}$ de $\mathbb{R}^3$ est un triplet de scalaires : $\vec{v} = (x, y, z)$, les scalaires x, y et z étant les composantes du vecteur.   ❏

Soit $\vec{u}$ et $\vec{v}$ deux vecteurs algébriques de $\mathbb{R}^3$ tels que $\vec{u} = (a, b, c)$ et $\vec{v} = (d, e, f)$. Les **opérations vectorielles** définies sur les vecteurs géométriques correspondant à $\vec{u}$ et à $\vec{v}$ se traduisent analytiquement dans $\mathbb{R}^3$ comme suit :

i) addition :
$$\vec{u} + \vec{v} = (a + d, b + e, c + f)$$

ii) multiplication par un scalaire :
$$k\vec{u} = (ka, kb, kc)$$

De plus, l'**équipollence** se traduit par :

$$\vec{u} = \vec{v} \iff (a, b, c) = (d, e, f) \iff a = d, b = e, c = f$$

On peut considérer les points et les vecteurs d'un plan π comme des objets géométriques de l'espace. Ainsi, tout vecteur géométrique $\vec{x}$ de π représenté dans un repère $R : (O, \vec{u}, \vec{v})$ est un vecteur de l'espace muni du repère $R : (O, \vec{u}, \vec{v}, \vec{w})$, la composante de $\vec{x}$ selon $\vec{w}$ étant nulle.

Exemple 5.9

Soit un vecteur géométrique $\vec{x} = 2\vec{u} + 3\vec{v}$ dans un repère $R : (O, \vec{u}, \vec{v})$. Le vecteur algébrique $(2, 3)$ de $\mathbb{R}^2$ est associé à $\vec{x}$. On peut aussi écrire $\vec{x} = 2\vec{u} + 3\vec{v} + 0\vec{w}$ dans un repère $R' : (O, \vec{u}, \vec{v}, \vec{w})$, et le vecteur algébrique $(2, 3, 0)$ de $\mathbb{R}^3$ est alors associé à $\vec{x}$. Bien qu'il soit impossible d'établir une égalité entre les vecteurs algébriques $(2, 3)$ de $\mathbb{R}^2$ et $(2, 3, 0)$ de $\mathbb{R}^3$, ces deux vecteurs sont associés au même vecteur géométrique $\vec{x}$.

Proposition 5.5

Si $A(x_1, y_1, z_1)$ et $B(x_2, y_2, z_2)$ sont deux points quelconques de l'espace muni d'un repère $R : (O, \vec{e}_1, \vec{e}_2, \vec{e}_3)$, alors $\overrightarrow{AB} = (x_2 - x_1, y_2 - y_1, z_2 - z_1)$.

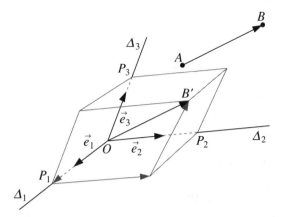

Figure 5.23

Preuve

Soit $\overrightarrow{OB'}$ un vecteur équipollent à $\overrightarrow{AB}$. En complétant le parallélépipède dont $\overrightarrow{OB'}$ est une diagonale (fig. 5.23), on obtient :

$$\overrightarrow{OB'} = \overrightarrow{OP_1} + \overrightarrow{OP_2} + \overrightarrow{OP_3} = x\vec{e}_1 + y\vec{e}_2 + z\vec{e}_3$$

Ainsi,

$$\overrightarrow{AB} = x\vec{e}_1 + y\vec{e}_2 + z\vec{e}_3 \tag{1}$$

et il découle de la relation de Chasles que (fig. 5.24)

$$\overrightarrow{AB} = \overrightarrow{AO} + \overrightarrow{OB} = \overrightarrow{OB} - \overrightarrow{OA} = x_2\vec{e}_1 + y_2\vec{e}_2 + z_2\vec{e}_3 - (x_1\vec{e}_1 + y_1\vec{e}_2 + z_1\vec{e}_3)$$

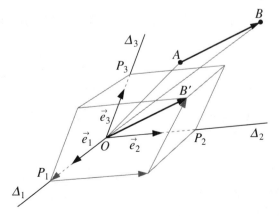

Figure 5.24

Donc,

$$\overrightarrow{AB} = (x_2 - x_1)\vec{e}_1 + (y_2 - y_1)\vec{e}_2 + (z_2 - z_1)\vec{e}_3 \qquad (2)$$

Des équations (1) et (2), on tire

$$x\vec{e}_1 + y\vec{e}_2 + z\vec{e}_3 = (x_2 - x_1)\vec{e}_1 + (y_2 - y_1)\vec{e}_2 + (z_2 - z_1)\vec{e}_3$$
$$\vec{0} = (x_2 - x_1 - x)\vec{e}_1 + (y_2 - y_1 - y)\vec{e}_2 + (z_2 - z_1 - z)\vec{e}_3$$

Puisque $\vec{e}_1$, $\vec{e}_2$ et $\vec{e}_3$ sont linéairement indépendants, selon la définition 4.12, la seule combinaison linéaire des vecteurs $\vec{e}_1$, $\vec{e}_2$ et $\vec{e}_3$ qui est égale à $\vec{0}$ est la combinaison triviale. Donc,

$$x = x_2 - x_1, \ \ y = y_2 - y_1 \ \text{ et } \ z = z_2 - z_1$$

Ainsi, on a bien $\overrightarrow{AB} = (x_2 - x_1, y_2 - y_1, z_2 - z_1)$. ❏

Exemple 5.10

Soit les points $A(1, 2, 3)$, $B(1, -1, 4)$ et $C(4, 5, 2)$ de l'espace muni d'un repère $R : (O, \vec{e}_1, \vec{e}_2, \vec{e}_3)$. On veut déterminer D tel que $\overrightarrow{CD} = \overrightarrow{AB}$.

Selon la proposition 5.5,

$$\overrightarrow{AB} = (1 - 1, -1 - 2, 4 - 3) = (0, -3, 1)$$

Si on pose $D(x, y, z)$, alors $\overrightarrow{CD} = (x - 4, y - 5, z - 2)$ et, puisque $\overrightarrow{CD} = \overrightarrow{AB}$,

$$(x - 4, y - 5, z - 2) = (0, -3, 1)$$

Donc,

$$x - 4 = 0 \qquad y - 5 = -3 \qquad z - 2 = 1$$

ou encore

$$x = 4 \qquad y = 2 \qquad z = 3$$

c'est-à-dire que $D(4, 2, 3)$.

Proposition 5.6 Milieu d'un segment

Si $A(x_1, y_1, z_1)$ et $B(x_2, y_2, z_2)$ sont deux points quelconques de l'espace, le point M, milieu du segment AB, est donné par

$$M\left(\frac{x_1 + x_2}{2}, \frac{y_1 + y_2}{2}, \frac{z_1 + z_2}{2} \right)$$ ❏

La preuve de la proposition 5.6 est analogue à celle de la proposition 5.3.

Exemple 5.11

Soit les vecteurs $\vec{u} = (3, 2, 1)$, $\vec{v} = (2, -1, 0)$, $\vec{w} = (0, 1, 1)$ et $\vec{x} = (7, 9, 5)$ dans un repère $R : (O, \vec{e}_1, \vec{e}_2, \vec{e}_3)$.

a) Selon la définition 4.11, pour exprimer $\vec{x}$ comme une combinaison linéaire de $\vec{u}$, $\vec{v}$ et $\vec{w}$, il suffit de déterminer les scalaires r, s et t tels que :

$$\vec{x} = r\vec{u} + s\vec{v} + t\vec{w}$$
$$(7, 9, 5) = r(3, 2, 1) + s(2, -1, 0) + t(0, 1, 1)$$
$$(7, 9, 5) = (3r + 2s, 2r - s + t, r + t)$$

Il s'agit donc de résoudre le système linéaire

$$\begin{cases} 3r + 2s \quad\ \ = 7 \\ 2r -\ \ s + t = 9 \\ r \qquad\ + t = 5 \end{cases}$$

dont la forme matricielle est

$$\begin{bmatrix} 3 & 2 & 0 \\ 2 & -1 & 1 \\ 1 & 0 & 1 \end{bmatrix} \begin{bmatrix} r \\ s \\ t \end{bmatrix} = \begin{bmatrix} 7 \\ 9 \\ 5 \end{bmatrix}$$

En appliquant la méthode de Gauss-Jordan, on obtient

$$A|B = \begin{bmatrix} 3 & 2 & 0 & | & 7 \\ 2 & -1 & 1 & | & 9 \\ 1 & 0 & 1 & | & 5 \end{bmatrix} \sim \cdots \sim \begin{bmatrix} 1 & 0 & 0 & | & 3 \\ 0 & 1 & 0 & | & -1 \\ 0 & 0 & 1 & | & 2 \end{bmatrix}$$

Ainsi,

$$r = 3, s = -1 \text{ et } z = 2$$

et

$$\vec{x} = 3\vec{u} - \vec{v} + 2\vec{w}$$

b) Soit les points $A(5, -6, 2)$ et $B(6, 7, 2)$. Selon la proposition 5.5,

$$\vec{AB} = (6 - 5, 7 - (-6), 2 - 2) = (1, 13, 0)$$

et le milieu M du segment AB est (proposition 5.6)

$$M\left(\frac{5+6}{2}, \frac{-6+7}{2}, \frac{2+2}{2}\right) = M\left(\frac{11}{2}, \frac{1}{2}, 2\right)$$

Repère orthonormé

Dans ce qui suit, on définit le concept de repère orthonormé et on établit une égalité qui permet de calculer la longueur d'un vecteur géométrique quelconque.

Définition 5.20   Repère orthonormé

Un repère $R : (O, \vec{i}, \vec{j}, \vec{k})$ est dit orthonormé si $\vec{i}$, $\vec{j}$ et $\vec{k}$ sont orthogonaux deux à deux et si $\|\vec{i}\| = \|\vec{j}\| = \|\vec{k}\| = 1$ (fig. 5.25). ❑

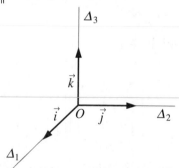

Figure 5.25

Les trois axes de coordonnées d'un repère orthonormé séparent l'espace en huit régions nommées **octants**. On donne dans la figure 5.26 les signes des coordonnées caractéristiques de chaque octant.

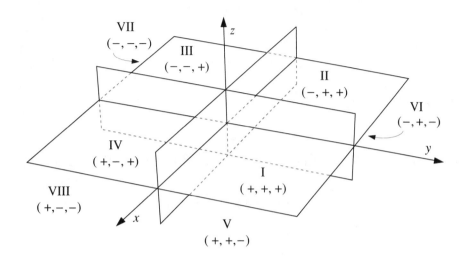

Figure 5.26

La base $(\vec{i}, \vec{j}, \vec{k})$ d'un repère orthonormé est parfois appelée **base canonique** ou **base naturelle**. On dit qu'un repère orthonormé $(O, \vec{i}, \vec{j}, \vec{k})$ est orienté dans le sens positif de l'espace (respectivement négatif) si, lorsqu'on enfonce une vis suivant l'orientation de $\vec{k}$, la vis tourne de $\vec{i}$ vers $\vec{j}$ (respectivement de $\vec{j}$ vers $\vec{i}$). Les vecteurs $\vec{i}, \vec{j}$ et $\vec{k}$ d'un repère orthonormé sont donnés par :

$$\vec{i} = 1\vec{i} + 0\vec{j} + 0\vec{k} = (1, 0, 0)$$
$$\vec{j} = 0\vec{i} + 1\vec{j} + 0\vec{k} = (0, 1, 0)$$
$$\vec{k} = 0\vec{i} + 0\vec{j} + 1\vec{k} = (0, 0, 1)$$

Proposition 5.7

Soit $R : (O, \vec{i}, \vec{j}, \vec{k})$ un repère orthonormé de l'espace et $\vec{v} = x\vec{i} + y\vec{j} + z\vec{k}$ un vecteur géométrique quelconque de R, alors $\|\vec{v}\| = \sqrt{x^2 + y^2 + z^2}$.

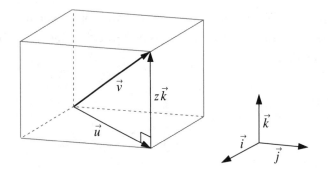

Figure 5.27

Preuve

Soit $\vec{u} = x\vec{i} + y\vec{j}$. On sait que $\|\vec{u}\| = \sqrt{x^2 + y^2}$. Si on pose (fig. 5.27)

$$\vec{v} = (x\vec{i} + y\vec{j}) + z\vec{k} = \vec{u} + z\vec{k}$$

on a

$$\|\vec{v}\|^2 = \|\vec{u}\|^2 + \|z\vec{k}\|^2 \qquad \text{[Théorème de Pythagore]}$$

$$= \left(\sqrt{x^2 + y^2}\right)^2 + z^2 \qquad [\|z\vec{k}\|^2 = z^2]$$

$$= x^2 + y^2 + z^2$$

d'où $\qquad \|\vec{v}\| = \sqrt{x^2 + y^2 + z^2}$. $\qquad\qquad\qquad\qquad\qquad$ ❏

Corollaire 5.2

Si $R : (O, \vec{i}, \vec{j}, \vec{k})$ est un repère orthonormé, et si $A(x_1, y_1, z_1)$ et $B(x_2, y_2, z_2)$ sont deux points de l'espace, alors

$$\|\overrightarrow{AB}\| = \sqrt{(x_2 - x_1)^2 + (y_2 - y_1)^2 + (z_2 - z_1)^2}$$

L'égalité ci-dessus donne la **distance entre deux points** A et B de l'espace. ❏

Exemple 5.12

Pour représenter le point $P(6, 5, 3)$ dans l'espace muni d'un repère orthonormé d'origine O, on effectue un déplacement de 6 unités à partir de O dans le sens positif de l'axe des x, puis un déplacement de 5 unités parallèlement à l'axe des y et dans le sens positif de cet axe et, enfin, un déplacement de 3 unités parallèlement à l'axe des z et dans le sens positif de cet axe (fig. 5.28).

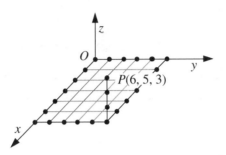

Figure 5.28

Pour obtenir une meilleure représentation de P dans l'espace, on peut tracer le parallélépipède rectangle dont une diagonale est $\overrightarrow{OP}$ et dont trois faces sont chacune dans un des plans déterminés par les axes de coordonnées pris deux à deux (fig. 5.29). Il est alors évident que P est situé à 3 unités au-dessus du plan déterminé par l'axe des x et l'axe des y. On donne dans la figure 5.30 les coordonnées de chaque sommet du parallélépipède.

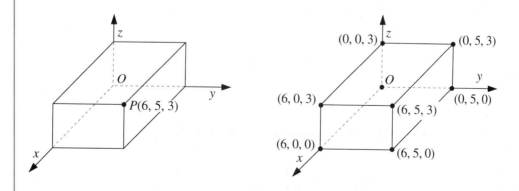

Figure 5.29   **Figure 5.30**

Exemple 5.13

Soit $\vec{u} = \vec{i} + \vec{k}$ et $\vec{v} = \vec{j} + \vec{k}$ dans un repère orthonormé $(O, \vec{i}, \vec{j}, \vec{k})$. On veut exprimer $\vec{c} = 2\vec{i} + 5\vec{j} + 3\vec{k}$ comme une combinaison linéaire de $\vec{u}$ et de $\vec{v}$.

On a

$$\vec{c} = r\vec{u} + s\vec{v} \Leftrightarrow 2\vec{i} + 5\vec{j} + 3\vec{k} = r(\vec{i} + \vec{k}) + s(\vec{j} + \vec{k})$$

$$\Leftrightarrow 2\vec{i} + 5\vec{j} + 3\vec{k} = r\vec{i} + s\vec{j} + (r+s)\vec{k}$$

$$\Leftrightarrow r = 2, s = 5 \text{ et } r + s = 3$$

Les trois conditions ne peuvent être satisfaites simultanément : $2 + 5 \neq 3$. Il n'existe donc pas de combinaison linéaire de $\vec{u}$ et de $\vec{v}$ qui soit égale à $\vec{c}$.

Exemple 5.14

Dans un repère $R : (O, \vec{i}, \vec{j}, \vec{k})$, soit $A = \{(1, -1, 0), (0, -2, -1), (0, 0, 1)\}$ et $\vec{w} = (3, -5, 2)$. Pour écrire $\vec{w}$ comme une combinaison linéaire des vecteurs de A, il suffit de déterminer les scalaires r, s et t tels que

$$\vec{w} = r(1, -1, 0) + s(0, -2, -1) + t(0, 0, 1)$$

Selon la définition de l'addition vectorielle, il faut que

$$(3, -5, 2) = (r, -r - 2s, -s + t)$$

Il s'agit donc de résoudre le système linéaire

$$\begin{cases} r & = 3 \\ -r - 2s & = -5 \\ -s + t & = 2 \end{cases}$$

En appliquant la méthode de Gauss-Jordan, on obtient

$$\begin{bmatrix} 1 & 0 & 0 & 3 \\ -1 & -2 & 0 & -5 \\ 0 & -1 & 1 & 2 \end{bmatrix} \sim \dots \sim \begin{bmatrix} 1 & 0 & 0 & 3 \\ 0 & 1 & 0 & 1 \\ 0 & 0 & 1 & 3 \end{bmatrix}$$

Le système a donc une solution unique : $r = 3$, $s = 1$ et $t = 3$. Il s'ensuit que

$$\vec{w} = 3(1, -1, 0) + (0, -2, -1) + 3(0, 0, 1)$$

Les composantes de $\vec{w}$ selon les vecteurs de la base A sont 3, 1 et 3, tandis que les composantes de $\vec{w}$ selon $\vec{i}$, $\vec{j}$, $\vec{k}$ sont 3, −5, 2 :

$$\vec{w} = (3, 1, 3)_A \quad \text{et} \quad \vec{w} = (3, -5, 2)_{(\vec{i}, \vec{j}, \vec{k})}$$

L'exemple qui précède illustre bien qu'un vecteur géométrique invariant $\vec{x}$ a des composantes différentes relativement à des bases différentes. Dans la figure 5.31, le vecteur $\vec{x}$ est représenté dans les repères $(O, \vec{i}, \vec{j}, \vec{k})$ et $(O', \vec{u}, \vec{v}, \vec{w})$.

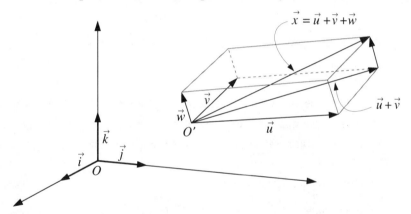

Figure 5.31

▶ **Exercices suggérés : 19 à 39, p. 273-277.**

EXERCICES

1. Soit les points $A(7)$, $B(-2)$, $C(5)$, $D(-3)$ et $E(6)$ d'une droite munie d'un repère $(\vec{O}, \vec{e}\,)$.

   a) Écrire $\overrightarrow{AC}$ à l'aide du vecteur $\vec{e}$.

   b) Écrire $\overrightarrow{CD}$ à l'aide du vecteur $\vec{e}$.

   c) Vérifier que $\overrightarrow{AB} + \overrightarrow{BC} + \overrightarrow{CD} + \overrightarrow{DE} + \overrightarrow{EA} = \vec{0}$.

   d) Déterminer l'abscisse de F sachant que $\overrightarrow{BF} = 8\vec{e}$.

   e) Dire si l'égalité $\overrightarrow{AB} = \overrightarrow{CB} - \overrightarrow{CA}$ est vérifiée.

   f) Dire pourquoi les deux sommes $\overrightarrow{AC} + \overrightarrow{CD} + \overrightarrow{DB}$ et $\overrightarrow{AD} + \overrightarrow{DE} + \overrightarrow{EB}$ sont égales.

2. Les coordonnées d'un point P dans trois repères $(O, \vec{i}\,)$, $(O_1, \vec{i}\,)$ et $(O_2, \vec{i}\,)$ sont respectivement x_0, x_1 et x_2, et les coordonnées de O_1 et de O_2 dans $(O, \vec{i}\,)$ sont respectivement a et b. Établir une relation entre x_0 et les coordonnées x_1, x_2, a et b.

3. Soit trois points non colinéaires O, A et B.

   a) Situer dans un repère les points M, N, P, Q et S définis par $\overrightarrow{OM} = 2\overrightarrow{OA}$, $\overrightarrow{ON} = -3\overrightarrow{OB}$, $\overrightarrow{OP} = \overrightarrow{OM} + \overrightarrow{ON}$, $\overrightarrow{OQ} = \overrightarrow{OM} - \overrightarrow{ON}$, $\overrightarrow{OS} = 3\overrightarrow{OP} - 2\overrightarrow{OQ}$.

   b) Déterminer les coordonnées de chacun des points M, N, P, Q et S dans le repère $R : (O, \overrightarrow{OA}, \overrightarrow{OB})$.

4. Soit les points $M(5, 7)$ et $N(2, 8)$ d'un plan muni d'un repère $(O, \vec{e}_1, \vec{e}_2)$, et soit les vecteurs $\vec{u} = (2, -1)$, $\vec{v} = (5, 2)$ et $\vec{w} = (0, 3)$.

   a) Déterminer les composantes du vecteur $\overrightarrow{MN}$.

   b) Exprimer le vecteur $2\vec{u} + \vec{v} - \vec{w}$ comme une combinaison linéaire de $\vec{u}$ et $\vec{v}$.

   c) L'ensemble $\{\vec{u}, \vec{v}\}$ est-il une base d'un plan ? Pourquoi ?

   d) Quelles sont, relativement à la base $(\vec{e}_1, \vec{e}_2)$, les coordonnées du point P tel que $\overrightarrow{NP} = 2\vec{u} + \vec{v}$?

e) Quelles sont, relativement à la base $(\vec{u}, \vec{v})$, les coordonnées du point *P* défini en *d*) ?

f) Soit les vecteurs $\vec{e}_1$ et $\vec{e}_2$ de la figure 5.32. Situer le point *P* à l'aide de son vecteur position dans un repère :

    i) $(O, \vec{e}_1, \vec{e}_2)$ *ii*) $(O, \vec{u}, \vec{v})$

Figure 5.32

5. Parmi les ensembles de vecteurs suivants, exprimés relativement à la base $\left(\vec{i}, \vec{j}\right)$ d'un repère orthonormé, lesquels engendrent les vecteurs géométriques du plan ?

    a) $A = \{(-4, 0), (0, 2)\}$ *si multiple = colinéaire*   *b*) $B = \{(8, -2), (0, 0)\}$

    c) $C = \{(8, -2), (2, -4)\}$ *d*) $D = \{(8, -2), (1, -1/4)\}$

    e) $E = \{(\sqrt{3}/2, 1/2), (1/2, -\sqrt{3}/2)\}$ *m chose*

6. Soit $\vec{v} = (5, -2)$ dans un repère orthonormé $(O, \vec{i}, \vec{j})$.

    a) Soit $A = \{3\vec{i} - \vec{j}, 5\vec{i} - 2\vec{j}\}$ et $B = \{-2\vec{i}, -3\vec{j}\}$. Vérifier si *A* et *B* sont des bases du plan.

    b) Exprimer $\vec{v}$ comme une combinaison linéaire des vecteurs de *A*, puis donner les composantes de $\vec{v}$ dans un repère de base $(3\vec{i} - \vec{j}, 5\vec{i} - 2\vec{j})$.

    c) Exprimer $\vec{v}$ comme une combinaison linéaire des vecteurs de *B*, puis donner les composantes de $\vec{v}$ dans un repère de base $(-2\vec{i}, -3\vec{j})$.

7. Soit $\vec{a}$ et $\vec{b}$ deux vecteurs non parallèles. Montrer que $\vec{a} + \vec{b}$ et $\vec{a} - \vec{b}$ sont linéairement indépendants.

8. Trouver les longueurs des médianes du triangle dont les sommets sont $A(5, 6)$, $B(-5, 2)$ et $C(9, -2)$ dans un repère orthonormé $R : (O, \vec{i}, \vec{j})$.

9. Soit $A(1, 3)$, $B(-5, -1)$ et $C(7, 5)$ trois sommets d'un parallélogramme dans un repère orthonormé $R : (O, \vec{i}, \vec{j})$. Donner les coordonnées du quatrième sommet. (Il existe trois solutions.)

10. Les milieux respectifs des trois côtés d'un triangle sont $M(5, 3)$, $N(1, 5)$ et $P(-1, -1)$ dans un repère orthonormé $R : (O, \vec{i}, \vec{j})$. Trouver les coordonnées des sommets du triangle.

11. Évaluer le périmètre des figures suivantes, les coordonnées étant données dans un repère orthonormé $R : (O, \vec{i}, \vec{j})$:

    a) le triangle dont les sommets sont $P_1(-3, 3)$, $P_2(6, 3)$ et $P_3(12, -5)$;

    b) le quadrilatère dont les sommets sont $P_1(-7, 3)$, $P_2(-4, -1)$, $P_3(6, -1)$ et $P_4(6, 3)$.

12. Soit, dans un repère orthonormé $R : (O, \vec{i}, \vec{j})$, les vecteurs $\vec{a} = (\sqrt{3}/2, 1/2)$ et $\vec{b} = (1/2, -\sqrt{3}/2)$. Montrer que $R' : (O', \vec{a}, \vec{b})$ est un repère orthonormé.

13. Dans un repère orthonormé $R : (O, \vec{i}, \vec{j})$, à partir de chacun des points $A(2, -1)$ et $B(-4, -3)$, porter un vecteur $\vec{v}$ équipollent à $4\vec{i} - 2\vec{j}$.

14. Porter, dans un repère orthonormé $R : (O, \vec{i}, \vec{j})$, le point $P(2, 4)$ et un vecteur d'origine P équipollent à $\vec{v} = (2, 4)$.

15. Dans un repère orthonormé $R : (O, \vec{i}, \vec{j})$, quelles sont les coordonnées du point N de AB situé trois fois plus près de $A(8, -8)$ que de $B(4, 4)$?

16. Dire si les ensembles suivants sont des bases de $\mathbb{R}^2$ et justifier la réponse :

    a) $\{(1, 1), (3, 1)\}$ b) $\{(2, 1), (1, -1), (0, 2)\}$

    c) $\{(0, 1), (0, -3)\}$ d) $\{(2, 1), (-3, 87)\}$

    Exprimer le vecteur $(7, -1)$ comme une combinaison linéaire des vecteurs de chaque base.

17. Soit les points $A(1, 0)$, $B(4, 3)$ et $C(2, -5)$ d'un plan muni d'un repère orthonormé $R : (O, \vec{i}, \vec{j})$.

    a) Déterminer graphiquement les coordonnées d'un point D tel que $\overrightarrow{CD}$ est parallèle à $\overrightarrow{AB}$ et $\left\|\overrightarrow{CD}\right\| = 2\left\|\overrightarrow{AB}\right\|$.

    b) Calculer le scalaire k tel que $\overrightarrow{AB} = k\overrightarrow{CD}$.

18. Soit les points $A(2, 4)$, $B(-4, 4)$ et $C(6, -2)$ d'un plan muni d'un repère orthonormé $R : (O, \vec{i}, \vec{j})$.

   a) Représenter graphiquement $\overrightarrow{OB}$ comme une combinaison linéaire de $\overrightarrow{OA}$ et $\overrightarrow{OC}$, puis trouver cette combinaison linéaire.

   b) Déterminer le milieu du segment BC.

19. On considère l'égalité $8[2(x, y, 1) + (3, -2, z) - 4(1, 1, -1)] = 4(2, y, 2)$.

   a) Les triplets sont-ils des points de l'espace ou des vecteurs ?

   b) Calculer la valeur de x, de y et de z.

   c) Soit $\vec{u} = (2, -4, 1)$ et $\vec{v} = (1, -6, 2)$. Trouver un vecteur $\vec{w}$ du plan engendré par $\vec{u}$ et $\vec{v}$.

20. Soit $E(5, 2, -1)$, $F(2, 4, 7)$ et $G(0, 5, 4)$ des points de $\mathbb{R}^3$.

   a) Déterminer le point P tel que $\overrightarrow{PF} = \overrightarrow{EG}$.

   b) Déterminer le point Q tel que $\overrightarrow{EQ} = \overrightarrow{GE}$.

   c) Déterminer le point S tel que $EFGS$ est un parallélogramme.

21. *a)* Soit $\vec{u} = (2, 1, -1)$, $\vec{v} = (1, 1, 1)$, $\vec{w} = (2, 3, 1)$ et $\vec{x} = (1, 2, 2)$. L'ensemble $E = \{\vec{u}, \vec{v}, \vec{w}, \vec{x}\}$ est-il une base de l'espace ? Pourquoi ?

   b) Peut-on former des bases de l'espace avec les vecteurs de E ? Si oui, déterminer ces bases.

   c) Exprimer le vecteur $(1, 4, 2)$ comme une combinaison linéaire des vecteurs de chaque base trouvée en *b)*.

22. Déterminer si les vecteurs suivants forment une base de $\mathbb{R}^3$ (justifier la réponse) :

   a) $\{(1, 2, -1), (0, 3, 1)\}$

   b) $\{(2, 4, -3), (0, 1, 1), (0, 1, -1)\}$

   c) $\{(1, 5, -6), (2, 1, 8), (3, -1, 4), (2, 1, 1)\}$

   d) $\{(1, 3, -4), (1, 4, -3), (2, 3, -11)\}$

e) $\{(3, 0, 1), (0, 0, 2), (1, 0, 0)\}$

S'il y a lieu, exprimer le vecteur $(2, -1, 3)$ relativement à chaque base identifiée ci-dessus.

23. Montrer que $\vec{e}_1 = (1, 2, 3)$, $\vec{e}_2 = (0, 1, 2)$ et $\vec{e}_3 = (0, 0, 1)$ engendrent les vecteurs de $\mathbb{R}^3$.

24. Les vecteurs suivants sont-ils coplanaires ?

a) $(1, 0, 1), (0, 1, 0), (2, 3, 4)$

b) $(-3, 11, -16), (1, 3, -4), (2, 1, 1)$

c) $(1, 0, 1), (2, 1, -2), (4, 2, -4)$

25. Dire si les vecteurs suivants sont colinéaires ou coplanaires. S'ils sont coplanaires, exprimer l'un des vecteurs comme une combinaison linéaire des autres.

a) $(1, -1, 0), (-3, 3, 0), (4, -4, 0), (1/2, -1/2, 0)$

b) $(2, 3, -1), (5, 1, 2), (-4, -6, 2), (-10, -2, -4)$

c) $(1, 0, 3), (0, 2, 0), (-2, 0, -6), (1, 2, 3)$

d) $(0, 0, -2), (-3, 1, 0), (0, 4, 0), (1, 1, 1)$

26. Déterminer les valeurs des paramètres pour lesquelles les vecteurs donnés sont colinéaires.

a) $(3, -2), (6, k)$ *b*) $(3, -1, 4), (k, -3, r)$

c) $(4, -1, 1), (1/2, k, r)$

27. Soit B, C et D des points colinéaires (fig. 5.33) tels que

$$\frac{\left\|\overrightarrow{DC}\right\|}{\left\|\overrightarrow{CB}\right\|} = \frac{2}{3}$$

et soit $\overrightarrow{AD} = \vec{v}$, $\overrightarrow{AC} = \vec{w}$ et $\overrightarrow{AB} = \vec{u}$.

a) Exprimer $\vec{w}$ comme une combinaison linéaire de $\vec{u}$ et de $\vec{v}$.

b) Quelles sont les coordonnées de C si $D(1, -4, 3)$ et $B(3, 6, 1)$?

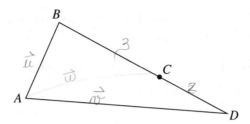

Figure 5.33

28. Montrer que les points $A(-1, 2, 3)$, $B(0, 1, 1)$ et $C(3, -2, -5)$ sont colinéaires et trouver le milieu M de AC.

29. Écrire les vecteurs suivants sous la forme d'un triplet de $\mathbb{R}^3$:

a) $\vec{i} + 2\vec{j}$ $(1, 2, 0)$ b) $2\vec{j} + 5\vec{k}$ $(0, 2, 5)$ c) $-5\vec{i} + 3\vec{j} - \vec{k}$ $(-5, 3, -1)$

d) $\vec{j}$ $(0, 1, 0)$ e) $2\vec{k}$ $(0, 0, 2)$

30. Soit $\vec{v} = (4, -2, 5)$. Trouver un vecteur unitaire parallèle à $\vec{v}$.

31. Soit $\vec{u} = (2, -1, 3)$, $\vec{v} = (2, -1, 1)$ et $\vec{w} = \vec{u} + 3\vec{v}$ dans un repère orthonormé $R : (O, \vec{i}, \vec{j}, \vec{k})$. Trouver un vecteur unitaire parallèle à :

a) $3\vec{u} + \vec{v} + \vec{w}$ b) $2\vec{u} - 3\vec{v}$

32. Soit deux points $A(2, 1, 1)$ et $B(4, 2, -1)$ dans un repère $R : (O, \vec{i}, \vec{j}, \vec{k})$.

a) Déterminer $\overrightarrow{AB}$ et $\left\|\overrightarrow{AB}\right\|$.

b) Donner les composantes d'un vecteur unitaire $\vec{u}$ parallèle à $\overrightarrow{AB}$.

c) Déterminer le milieu M du segment AB.

d) Déterminer le point N de AB situé quatre fois plus près de A que de B.

33. Soit $A(3, 0, -1)$, $B(-1, 1, 3)$, $C(4, 0, 2)$ et $D(-1, 2, 1)$ quatre points de l'espace muni d'un repère orthonormé.

a) Calculer les composantes des vecteurs $\overrightarrow{AB}$ et $\overrightarrow{DC}$.

b) Trouver un vecteur unitaire parallèle à $\overrightarrow{BD}$.

c) Évaluer $\left\|\overrightarrow{AD}\right\|$, $\left\|\overrightarrow{AD} + \overrightarrow{DC}\right\|$, $\left\|\overrightarrow{AC} + \overrightarrow{BC}\right\|$, $\left\|\overrightarrow{AC} + \overrightarrow{DB}\right\|$.

34. Soit $\vec{u} = (2, 1, -2)$, $\vec{v} = (-1, 1, 0)$ et $\vec{w} = (1, -4, 3)$ dans un repère orthonormé $R : (O, \vec{i}, \vec{j}, \vec{k})$. Trouver :

a) $\|\vec{u}\|$ et $\|\vec{v}\|$ b) $\|\vec{u} + \vec{v}\|$ et $\|\vec{u} - \vec{v}\|$ c) $\|\vec{u} + \vec{v} - \vec{w}\|$

Est-ce que $\|\vec{u} + \vec{v}\| = \|\vec{u}\| + \|\vec{v}\|$?

35. Représenter le point P dans un repère orthonormé $R : (O, \vec{i}, \vec{j}, \vec{k})$ et tracer le parallélépipède déterminé par les trois composantes de $\overrightarrow{OP}$.

a) $P(-2, 5, 3)$ b) $P(1, 3, 2)$ c) $P(3, -5, -1)$

36. Dans chaque cas, déterminer si les vecteurs donnés dans un repère orthonormé $R : (O, \vec{i}, \vec{j}, \vec{k})$ forment une base de l'espace.

a) $(1, 5, -4), (1, 6, -4), (1, 7, -4)$

b) $(1, 0, 0), (0, 1, 0), (0, 0, 0)$

c) $(1, 2, 3), (1, 4, 9), (1, 8, 7)$

d) $(1, 5, -4), (2, 3, -1)$

e) $(1, 1, 0), (0, 1, 1,), (3, -5, 12)$

f) $(1, 1, 1), (1, 2, 3), (1, 2, 9), (1, 6, 2)$

g) $(1, a, a^2), (1, b, b^2), (1, c, c^2)$ où a, b et c sont des scalaires distincts, non nuls

h) $(1, 0, 0), (1, 1, 0)$

i) $(1, 0, 0), (1, 1, 0), (1, 1, 1)$

37. Dans un repère orthonormé $R : (O, \vec{i}, \vec{j}, \vec{k})$, quelles sont les coordonnées du point M de AB situé cinq fois plus près de A que de B si $A(2, 4, 6)$ et $B(-1, 1, 3)$?

38. Soit les points $A(2, -1, 1)$, $B(4, 2, -3)$, $C(2, -3, 1)$ et $D(-1, 0, 2)$ dans un repère orthonormé $R : (O, \vec{i}, \vec{j}, \vec{k})$.

a) Représenter les points B et C dans l'espace cartésien et tracer les parallélépipèdes déterminés par les composantes de $\overrightarrow{OB}$ et de $\overrightarrow{OC}$.

b) Déterminer les composantes des vecteurs $\overrightarrow{AB}$, $\overrightarrow{AC}$ et $\overrightarrow{AD}$, puis évaluer les longueurs de ces vecteurs.

c) Démontrer que $R' : (A, \overrightarrow{AB}, \overrightarrow{AC}, \overrightarrow{AD})$ est un repère de l'espace.

d) Écrire $\overrightarrow{CD}$ comme une combinaison linéaire des vecteurs de la base du repère R', défini en *c*).

e) Quelles sont les composantes de $\overrightarrow{CD}$ dans le repère R' ?

f) Quelles sont les coordonnées du point C dans le repère :

    i) $R'(A, \overrightarrow{AB}, \overrightarrow{AC}, \overrightarrow{AD})$?   *ii*) $R''(O, \overrightarrow{AB}, \overrightarrow{AC}, \overrightarrow{AD})$?

g) Dans le repère $R : (O, \vec{i}, \vec{j}, \vec{k})$, trouver les coordonnées du point N de AB situé deux fois plus près de A que de B.

h) Quelle est la distance entre l'origine et le point N ?

i) Soit le triangle ABC dans $R : (O, \vec{i}, \vec{j}, \vec{k})$. Quelle est la longueur de la médiane issue de A ?

39. Soit $\vec{x}$ et $\vec{y}$ deux vecteurs géométriques auxquels sont associés les vecteurs algébriques $\vec{x} = (2, -4)$ et $\vec{y} = (-1, 3)$ dans un repère orthonormé $R : (O, \vec{i}, \vec{j})$.

a) Évaluer $2\vec{x} + \vec{y}$.

b) Quelle est la valeur de $\|2\vec{x} + \vec{y}\|$?

c) Quels vecteurs algébriques devrait-on associer à $\vec{x}$ et à $\vec{y}$ dans le repère orthonormé $R : (O, \vec{i}, \vec{j}, \vec{k})$?

d) Peut-on établir une égalité entre les vecteurs $(2, -4)$ de $\mathbb{R}^2$ et $(2, -4, 0)$ de $\mathbb{R}^3$? La réponse est-elle en contradiction avec celle de la question *c*) ?

e) Quelle est la propriété commune à tous les points de $\mathbb{R}^2$ si on les représente dans un repère orthonormé $R : (O, \vec{i}, \vec{j}, \vec{k})$?

PRODUITS DE VECTEURS

Les travaux théoriques de Hermann Günther Grassmann (Stettin, 1809 – 1877) l'amenèrent, entre autres, à introduire deux opérations vectorielles : le *produit intérieur* et le *produit extérieur* de deux vecteurs. Il définit le produit intérieur de deux vecteurs géométriques $\vec{u}$ et $\vec{v}$ comme le produit algébrique de la longueur de $\vec{v}$ par la longueur algébrique de la projection de $\vec{u}$ sur $\vec{v}$: le produit intérieur de $\vec{u}$ et de $\vec{v}$ est égal à $\|\vec{u}\|\|\vec{v}\|\cos\theta$ où θ est l'angle de $\vec{u}$ et $\vec{v}$. Ce produit correspond à ce qu'on appelle actuellement le *produit scalaire* de deux vecteurs.

En développant une idée exprimée par son père, lui-même professeur de mathématiques et de physique, Grassmann conçut la notion de grandeur orientée. Ainsi, il définit le produit extérieur de deux vecteurs $\vec{u}$ et $\vec{v}$, qu'il note $[u, v]$, comme l'aire orientée du parallélogramme déterminé par les deux vecteurs, cette aire étant égale à $\|\vec{u}\|\|\vec{v}\|\sin\theta$ où θ est l'angle de $\vec{u}$ et $\vec{v}$. Il remarqua l'anti-commutativité du produit extérieur. Ce concept a donné naissance à ce qu'on nomme aujourd'hui le *produit vectoriel* de deux vecteurs.

Grassmann appliqua sa notion de grandeur orientée à des espaces de dimension quelconque. Par exemple, il définit un produit de trois vecteurs comme le volume du parallélépipède qu'ils déterminent et démontra que ce produit est nul si les trois vecteurs sont coplanaires.

William Kingdon Clifford (Exeter, 1845–Londres, 1879), professeur au University College de Londres, s'intéressa à l'œuvre de Grassmann. Dans ses *Elements of Dynamics*, il énonça une formulation moderne des produits scalaire et vectoriel, et introduisit l'usage de définir ces deux produits comme des entités distinctes et non comme les deux parties du produit de deux quaternions (au sens d'Hamilton).

Dans le présent chapitre, on donne une définition géométrique des produits scalaire et vectoriel, puis l'expression algébrique de ces produits appliqués à des vecteurs géométriques de l'espace muni d'un repère orthonormé $R : (O, \vec{i}, \vec{j}, \vec{k})$. On définit aussi le produit mixte de deux vecteurs, qui se révèle utile pour déterminer si trois vecteurs sont linéairement indépendants.

6.1 Produit scalaire

Dans ce qui suit, on définit le produit scalaire de deux vecteurs, on énumère ses propriétés, puis on présente le produit scalaire au sens de Grassmann, en s'appuyant sur la notion de vecteur projection.

Définition 6.1 Produit scalaire
Le produit scalaire, noté •, est une opération externe définie sur l'ensemble V_L des vecteurs géométriques de l'espace par

$$•: V_L \times V_L \to \mathbb{R}$$
$$(\vec{u}, \vec{v}) \mapsto \vec{u} \cdot \vec{v} = \|\vec{u}\| \|\vec{v}\| \cos\theta$$

où θ est l'angle de $\vec{u}$ et $\vec{v}$ exprimé en radians. ❑

La formule $\vec{u} \cdot \vec{v} = \|\vec{u}\| \|\vec{v}\| \cos\theta$ est l'expression géométrique du produit scalaire des vecteurs $\vec{u}$ et $\vec{v}$. Il est à noter que si $\vec{u}$ et $\vec{v}$ sont non nuls, le signe de leur produit scalaire (qui est un scalaire) est celui du cosinus de leur angle θ :

i) $\vec{u} \cdot \vec{v} > 0 \Leftrightarrow \cos\theta > 0 \Leftrightarrow 0 \le \theta < \dfrac{\pi}{2}$

ii) $\vec{u} \cdot \vec{v} = 0 \Leftrightarrow \cos \theta = 0 \Leftrightarrow \theta = \dfrac{\pi}{2}$

iii) $\vec{u} \cdot \vec{v} < 0 \Leftrightarrow \cos \theta < 0 \Leftrightarrow \dfrac{\pi}{2} < \theta \leq \pi$

De plus, si $\vec{u}$ et $\vec{v}$ sont non nuls, leur **angle** θ (exprimé en radians) est donné par

$$\cos \theta = \frac{\vec{u} \cdot \vec{v}}{\|\vec{u}\| \|\vec{v}\|}$$

Proposition 6.1   Expression analytique du produit scalaire
Si $\vec{u} = (x_1, y_1, z_1)$ et $\vec{v} = (x_2, y_2, z_2)$ sont deux vecteurs géométriques de l'espace muni d'un repère orthonormé $R : (O, \vec{i}, \vec{j}, \vec{k})$, alors

$$\vec{u} \cdot \vec{v} = x_1 x_2 + y_1 y_2 + z_1 z_2$$

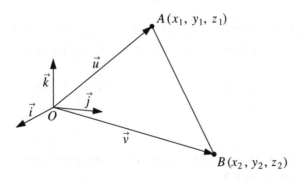

Figure 6.1

Preuve
On fait coïncider les origines respectives de $\vec{u}$ et de $\vec{v}$ avec l'origine O. Si A et B sont deux points tels que $\vec{u} = \overrightarrow{OA}$ et $\vec{v} = \overrightarrow{OB}$, alors $A(x_1, y_1, z_1)$ et $B(x_2, y_2, z_2)$ (fig. 6.1). En appliquant la loi du cosinus au triangle AOB, on obtient :

$$\|\overrightarrow{AB}\|^2 = \|\overrightarrow{OA}\|^2 + \|\overrightarrow{OB}\|^2 - 2\|\overrightarrow{OA}\| \|\overrightarrow{OB}\| \cos \theta \quad [\theta = \widehat{\overrightarrow{OA},\overrightarrow{OB}}]$$

$$\|\overrightarrow{OA}\| \|\overrightarrow{OB}\| \cos \theta = \frac{1}{2}\left(\|\overrightarrow{OA}\|^2 + \|\overrightarrow{OB}\|^2 - \|\overrightarrow{AB}\|^2\right)$$

d'où

$$\vec{u} \bullet \vec{v} = \frac{1}{2}\left\{x_1^2 + y_1^2 + z_1^2 + x_2^2 + y_2^2 + z_2^2 - \left[(x_2 - x_1)^2 + (y_2 - y_1)^2 + (z_2 - z_1)^2\right]\right\}$$

$$= \frac{1}{2}\left(2x_1x_2 + 2y_1y_2 + 2z_1z_2\right)$$

$$= x_1x_2 + y_1y_2 + z_1z_2 \qquad \qquad \square$$

La formule $\vec{u} \bullet \vec{v} = x_1x_2 + y_1y_2 + z_1z_2$ est l'expression algébrique du produit scalaire des vecteurs $\vec{u} = (x_1, y_1, z_1)$ et $\vec{v} = (x_2, y_2, z_2)$. Ainsi, dans un repère orthonormé $R : (O, \vec{i}, \vec{j})$, le produit scalaire de deux vecteurs $\vec{a} = (a_1, a_2)$ et $\vec{b} = (b_1, b_2)$ de $\mathbb{R}^2$ est

$$\vec{a} \bullet \vec{b} = a_1b_1 + a_2b_2$$

Si on choisit un repère orthonormé $R : (O, \vec{i}, \vec{j}, \vec{k})$ et qu'on considère $\vec{a}$ et $\vec{b}$ comme des vecteurs de $\mathbb{R}^3$, on a $\vec{a} = (a_1, a_2, 0)$ et $\vec{b} = (b_1, b_2, 0)$; donc,

$$\vec{a} \bullet \vec{b} = a_1b_1 + a_2b_2 + 0(0) = a_1b_1 + a_2b_2$$

Exemple 6.1

a) Soit $\vec{u} = (2, -1, 1)$ et $\vec{v} = (1, 1, 2)$ dans un repère orthonormé $R : (O, \vec{i}, \vec{j}, \vec{k})$. Selon la proposition 6.1,

$$\vec{u} \bullet \vec{v} = (2)(1) + (-1)(1) + (1)(2) = 3$$

et, d'après la définition 6.1, l'angle θ de $\vec{u}$ et $\vec{v}$ est donné par

$$\cos \theta = \frac{\vec{u} \bullet \vec{v}}{\|\vec{u}\|\|\vec{v}\|} = \frac{3}{\sqrt{6}\sqrt{6}} = \frac{1}{2}$$

$$\theta = \frac{\pi}{3} \text{ rad}$$

b) Pour déterminer l'angle α de $\vec{u} + \vec{v}$ et $\vec{v}$, on calcule $\vec{u} + \vec{v} = (3, 0, 3)$, puis $(\vec{u} + \vec{v}) \bullet \vec{v} = (3, 0, 3) \bullet (1, 1, 2) = 3 + 0 + 6 = 9$. Selon la définition 6.1,

$$\cos\alpha = \frac{(\vec{u} + \vec{v}) \bullet \vec{v}}{\|\vec{u} + \vec{v}\|\,\|\vec{v}\|} = \frac{9}{\sqrt{18}\,\sqrt{6}} = \frac{9}{6\sqrt{3}} = \frac{\sqrt{3}}{2}$$

$$\alpha = \frac{\pi}{6}\,\text{rad}$$

Si on compare la méthode de calcul de l'angle $\overset{\frown}{\vec{u} + \vec{v},\ \vec{v}}$ utilisée dans l'exemple ci-dessus et celle que fournit la proposition 4.14, il est évident que le produit scalaire facilite l'évaluation de l'angle de deux vecteurs.

Proposition 6.2   Propriétés du produit scalaire

Soit $\vec{u}$, $\vec{v}$ et $\vec{w}$ des vecteurs géométriques de l'espace, et soit k et m des scalaires. Le produit scalaire satisfait aux propriétés suivantes :

$P_1 : \vec{u} \bullet \vec{v} = \vec{v} \bullet \vec{u}$ commutativité

$P_2 : k\vec{u} \bullet m\vec{v} = km(\vec{u} \bullet \vec{v})$ associativité des scalaires

$P_3 : \vec{u} \bullet (\vec{v} + \vec{w}) = \vec{u} \bullet \vec{v} + \vec{u} \bullet \vec{w}$ distributivité par rapport à l'addition vectorielle

Preuve

On démontre ci-dessous la propriété P_3, la preuve des deux autres propriétés étant laissée au lecteur.

Soit $\vec{u} = (u_1, u_2, u_3)$, $\vec{v} = (v_1, v_2, v_3)$ et $\vec{w} = (w_1, w_2, w_3)$. Selon la définition 5.19 et la proposition 6.1,

$$\begin{aligned}
\vec{u} \bullet (\vec{v} + \vec{w}) &= (u_1, u_2, u_3) \bullet [(v_1, v_2, v_3) + (w_1, w_2, w_3)] \\
&= (u_1, u_2, u_3) \bullet (v_1 + w_1, v_2 + w_2, v_3 + w_3) \\
&= u_1(v_1 + w_1) + u_2(v_2 + w_2) + u_3(v_3 + w_3) \\
&= u_1 v_1 + u_2 v_2 + u_3 v_3 + u_1 w_1 + u_2 w_2 + u_3 w_3 \\
&= (u_1, u_2, u_3) \bullet (v_1, v_2, v_3) + (u_1, u_2, u_3) \bullet (w_1, w_2, w_3) \\
&= \vec{u} \bullet \vec{v} + \vec{u} \bullet \vec{w} \qquad\qquad \square
\end{aligned}$$

Proposition 6.3   Critère d'orthogonalité

Soit $\vec{u}$ et $\vec{v}$ deux vecteurs géométriques non nuls. Le produit scalaire $\vec{u} \bullet \vec{v}$ est nul si et seulement si $\vec{u}$ et $\vec{v}$ sont orthogonaux :

$$\vec{u} \bullet \vec{v} = 0 \Leftrightarrow \vec{u} \perp \vec{v}$$

Preuve

$$\vec{u} \bullet \vec{v} = 0 \quad \Leftrightarrow \quad \|\vec{u}\| \|\vec{v}\| \cos \theta = 0 \qquad\qquad [\theta = \widehat{\vec{u},\vec{v}}]$$

$$\Leftrightarrow \quad \|\vec{u}\| = 0 \text{ ou } \|\vec{v}\| = 0 \text{ ou } \cos \theta = 0$$

$$\Leftrightarrow \quad \theta = \frac{\pi}{2} \qquad\qquad [\text{Par hypothèse, } \vec{u} \neq \vec{0} \text{ et } \vec{v} \neq \vec{0}]$$

$$\Leftrightarrow \quad \vec{u} \perp \vec{v} \qquad\qquad\qquad\qquad\qquad\qquad\qquad \square$$

Le produit scalaire sert aussi à établir le parallélisme de deux vecteurs non nuls $\vec{u}$ et $\vec{v}$. On sait que $\vec{u}$ et $\vec{v}$ sont parallèles si et seulement si le cosinus de l'angle θ de ces deux vecteurs est égal à ±1 (fig. 6.2). Ainsi,

$$\vec{u} \mathbin{/\!/} \vec{v} \Leftrightarrow |\vec{u} \bullet \vec{v}| = \|\vec{u}\| \|\vec{v}\|$$

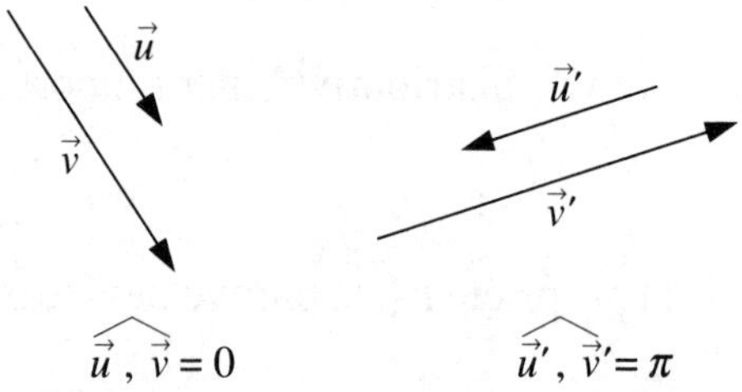

$$\widehat{\vec{u}, \vec{v}} = 0 \qquad\qquad\qquad \widehat{\vec{u}', \vec{v}'} = \pi$$

Figure 6.2

Dans le cas des vecteurs de la base $(\vec{i}, \vec{j}, \vec{k})$ d'un repère orthonormé, on a donc

$$\vec{i} \bullet \vec{i} = \vec{j} \bullet \vec{j} = \vec{k} \bullet \vec{k} = 1 \quad \text{et} \quad \vec{i} \bullet \vec{j} = \vec{i} \bullet \vec{k} = \vec{j} \bullet \vec{k} = 0$$

On peut aussi vérifier que $\vec{u} \bullet \vec{v} = \vec{u} \bullet \vec{w}$ n'implique pas nécessairement que $\vec{v} = \vec{w}$. Enfin $\vec{v} \bullet \vec{v}$, noté $\vec{v}^2$, est appelé le **carré scalaire** de $\vec{v}$ et, si $\vec{v} = (v_1, v_2, v_3)$, on a

$$\vec{v}^2 = \|\vec{v}\|^2 = v_1^2 + v_2^2 + v_3^2$$

Exemple 6.2

Soit $\vec{u} = 2\vec{i} + \vec{j} - \vec{k}$ et $\vec{v} = 3\vec{i} + 2\vec{j} + 8\vec{k}$. Pour montrer que $\vec{u}$ et $\vec{v}$ sont orthogonaux, il suffit de vérifier que $\vec{u} \bullet \vec{v} = 0$:

$$\vec{u} \bullet \vec{v} = (2, 1, -1) \bullet (3, 2, 8) = 6 + 2 - 8 = 0$$

Donc, $\vec{u} \perp \vec{v}$.

Exemple 6.3

On peut supposer que tout carré est déterminé par deux vecteurs orthogonaux et de même longueur, $\vec{u}$ et $\vec{v}$. Ainsi, on peut montrer que les diagonales d'un carré sont perpendiculaires en calculant le produit scalaire $(\vec{u} + \vec{v}) \bullet (\vec{u} - \vec{v})$ (fig. 6.3) :

$$(\vec{u} + \vec{v}) \bullet (\vec{u} - \vec{v}) = (\vec{u} + \vec{v}) \bullet \vec{u} - (\vec{u} + \vec{v}) \bullet \vec{v} \qquad \text{[Propriété P}_3\text{]}$$

$$= \vec{u} \bullet \vec{u} + \vec{v} \bullet \vec{u} - \vec{u} \bullet \vec{v} - \vec{v} \bullet \vec{v} \qquad \text{[Propriétés P}_1 \text{ et P}_3\text{]}$$

$$= \|\vec{u}\|^2 + \vec{u} \bullet \vec{v} - \vec{u} \bullet \vec{v} - \|\vec{v}\|^2 \qquad \text{[Propriété P}_1\text{]}$$

$$= \|\vec{u}\|^2 - \|\vec{v}\|^2$$

$$= 0 \qquad \text{[Par hypothèse, } \|\vec{u}\| = \|\vec{v}\|\text{]}$$

Donc, $\vec{u} + \vec{v}$ est orthogonal à $\vec{u} - \vec{v}$, ce qui implique que les diagonales du carré sont perpendiculaires.

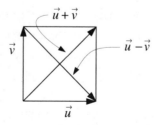

Figure 6.3

On peut aussi définir le produit scalaire en utilisant les notions de longueur algébrique et de vecteur projection.

Définition 6.2   Longueur algébrique

Soit $\vec{w}$ un vecteur géométrique de support Δ et $R : (O,\ \vec{e}\,)$ un repère de Δ. La longueur algébrique de $\vec{w}$, notée $l(\vec{w})$, est définie par :

i) $l(\vec{w}) = \|\vec{w}\|$ si $\vec{w}$ et $\vec{e}$ sont de même sens;

ii) $l(\vec{w}) = -\|\vec{w}\|$ si $\vec{w}$ et $\vec{e}$ sont de sens opposés.

On a $\vec{w} = l(\vec{w})\dfrac{\vec{e}}{\|\vec{e}\|}$.   ❑

Exemple 6.4

Soit un vecteur $\vec{w}$ de support Δ et $(O,\ \vec{v}\,)$ un repère de Δ tel que $\|\vec{v}\| = 2$ (fig. 6.4). Si $\vec{w} = 2\,\vec{v}$, alors $\vec{w}$ et $\vec{v}$ sont de même sens et

$$l(\vec{w}) = \|\vec{w}\| = \|2\vec{v}\| = 2\|\vec{v}\| = 4$$

Par ailleurs, si $\vec{x} = -3\,\vec{v}$, alors $\vec{x}$ et $\vec{v}$ sont de sens opposés et

$$l(\vec{x}) = -\|\vec{x}\| = -\|-3\vec{v}\| = -3\|\vec{v}\| = -6$$

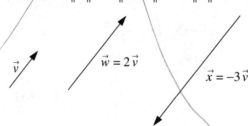

Figure 6.4

Définition 6.3   Vecteur projection

Soit $\vec{u}$ et $\vec{v}$ deux vecteurs géométriques. Le vecteur projection de $\vec{u}$ sur $\vec{v}$, noté $\text{proj}_{\vec{v}}\,\vec{u}$, est le vecteur dont l'origine et l'extrémité sont respectivement la projection orthogonale de l'origine et de l'extrémité de $\vec{u}$ sur le support de $\vec{v}$ (fig. 6.5).   ❑

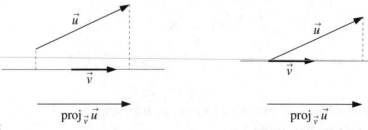

Figure 6.5

Il est clair que $\text{proj}_{\vec{v}}\,\vec{u}$ est parallèle à $\vec{v}$; la longueur algébrique de $\text{proj}_{\vec{v}}\,\vec{u}$ dans un repère $(O, \vec{v})$ indique si les deux vecteurs sont de même sens ou de sens opposés (fig. 6.6).

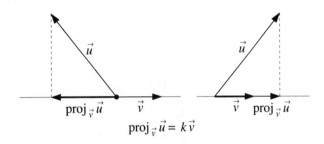

Figure 6.6

Proposition 6.4

Soit $\vec{u}$ et $\vec{v}$ deux vecteurs non nuls dont l'angle est θ. La longueur algébrique de $\text{proj}_{\vec{v}}\,\vec{u}$ est donnée par (fig. 6.7)

$$l(\,\text{proj}_{\vec{v}}\,\vec{u}\,) = \|\vec{u}\|\,\cos\,\theta \qquad\qquad\qquad ❑$$

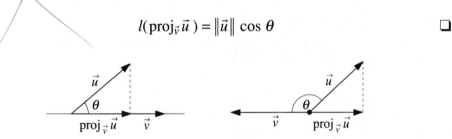

Figure 6.7

Il est à noter que :

i) $l(\,\text{proj}_{\vec{v}}\,\vec{u}\,) = 0$ si $\theta = \dfrac{\pi}{2}$, c'est-à-dire si $\vec{u}$ est orthogonal à $\vec{v}$;

ii) $l(\,\text{proj}_{\vec{v}}\,\vec{u}\,) > 0$ si $0 \le \theta < \dfrac{\pi}{2}$, c'est-à-dire si $\text{proj}_{\vec{v}}\,\vec{u}$ et $\vec{v}$ sont de même sens;

iii) $l(\,\text{proj}_{\vec{v}}\,\vec{u}\,) < 0$ si $\dfrac{\pi}{2} < \theta \le \pi$, c'est-à-dire si $\text{proj}_{\vec{v}}\,\vec{u}$ et $\vec{v}$ sont de sens opposés.

Proposition 6.5

Pour tous les vecteurs géométriques $\vec{u}$ et $\vec{v}$,

i) $\vec{u} \bullet \vec{v} = \|\vec{v}\| \, l(\text{proj}_{\vec{v}} \vec{u})$ *ii)* $\text{proj}_{\vec{v}} \vec{u} = \dfrac{\vec{u} \bullet \vec{v}}{\vec{v} \bullet \vec{v}} \vec{v}$

Preuve

i) Selon la proposition 6.4,

$$\|\vec{u}\|\cos\theta = l(\text{proj}_{\vec{v}} \vec{u})$$

d'où

$$\|\vec{u}\|\|\vec{v}\|\cos\theta = \|\vec{v}\| \, l(\text{proj}_{\vec{v}} \vec{u})$$
$$\vec{u} \bullet \vec{v} = \|\vec{v}\| \, l(\text{proj}_{\vec{v}} \vec{u})$$

ii)

$$\text{proj}_{\vec{v}} \vec{u} = k\vec{v} \qquad \text{[Définition 6.3]}$$

$$= l(\text{proj}_{\vec{v}} \vec{u}) \frac{\vec{v}}{\|\vec{v}\|} \qquad \text{[Définition 6.2]}$$

$$= \left(\frac{\vec{u} \bullet \vec{v}}{\|\vec{v}\|}\right)\left(\frac{\vec{v}}{\|\vec{v}\|}\right) \qquad \text{[Proposition 6.5 i)]}$$

$$= \frac{\vec{u} \bullet \vec{v}}{\vec{v} \bullet \vec{v}} \vec{v} \qquad [\vec{v} \bullet \vec{v} = \|\vec{v}\|^2]$$

Ainsi, $\text{proj}_{\vec{v}} \vec{u} = \dfrac{\vec{u} \bullet \vec{v}}{\vec{v} \bullet \vec{v}} \vec{v}$ et $k = \dfrac{\vec{u} \bullet \vec{v}}{\vec{v} \bullet \vec{v}}$ est le scalaire tel que $\text{proj}_{\vec{v}} \vec{u} = k\vec{v}$.   ❑

Exemple 6.5 *voir note de cours*

Soit $\vec{u} = (2, -1, 3)$ et $\vec{v} = (4, -1, 2)$.

a) En appliquant la proposition 6.5 *ii)* et la définition de produit scalaire, on obtient

$$\text{proj}_{\vec{v}} \vec{u} = \frac{\vec{u} \bullet \vec{v}}{\vec{v} \bullet \vec{v}} \vec{v} = \frac{(2, -1, 3) \bullet (4, -1, 2)}{(4, -1, 2) \bullet (4, -1, 2)} \vec{v} = \frac{15}{21}(4, -1, 2)$$

Donc, $\text{proj}_{\vec{v}} \vec{u} = (20/7, -5/7, 10/7)$.

b) Il découle de la proposition 6.5 *i*) que

$$l(\text{proj}_{\vec{v}}\vec{u}) = \frac{\vec{u} \cdot \vec{v}}{\|\vec{v}\|}$$

Donc,

$$l(\text{proj}_{\vec{v}}\vec{u}) = \frac{(2, -1, 3) \cdot (4, -1, 2)}{\sqrt{16 + 1 + 4}} = \frac{5\sqrt{21}}{7}$$

Soit $\vec{v}$ un vecteur géométrique non nul. Tout vecteur $\vec{u}$ s'écrit sous la forme d'une somme de deux vecteurs orthogonaux $\vec{d}_1$ et $\vec{d}_2$ où $\vec{d}_1$ est le produit de $\vec{v}$ par un scalaire (fig. 6.8). Autrement dit, il existe deux vecteurs orthogonaux $\vec{d}_1$ et $\vec{d}_2$ et un scalaire k tels que

$$\vec{u} = \vec{d}_1 + \vec{d}_2 = k\vec{v} + \vec{d}_2$$

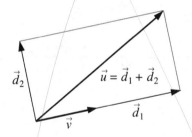

Figure 6.8

Le scalaire k doit vérifier

$$\begin{aligned}
\vec{u} \cdot \vec{v} &= k\vec{v} \cdot \vec{v} + \vec{d}_2 \cdot \vec{v} \\
&= k\vec{v} \cdot \vec{v} && [\vec{d}_2 \perp \vec{v}] \\
&= k(\vec{v} \cdot \vec{v}) && [\text{Propriété } P_2]
\end{aligned}$$

d'où

$$k = \frac{\vec{u} \cdot \vec{v}}{\vec{v} \cdot \vec{v}}$$

et

$$\vec{d}_1 = k\vec{v} = \frac{\vec{u} \cdot \vec{v}}{\vec{v} \cdot \vec{v}}\vec{v} = \text{proj}_{\vec{v}}\vec{u}$$

En résolvant l'équation $\vec{u} = \vec{d_1} + \vec{d_2}$ par rapport à $\vec{d_2}$, on obtient

$$\vec{d_2} = \vec{u} - \vec{d_1} = \vec{u} - \text{proj}_{\vec{v}}\,\vec{u}$$

Si on se réfère à la définition de $\text{proj}_{\vec{v}}\,\vec{u}$, il est clair que $\vec{d_1}$ et $\vec{d_2}$ sont orthogonaux.

Les composantes de $\vec{u}$ dans la base $\left(\dfrac{\vec{d_1}}{\left\| \vec{d_1} \right\|}, \dfrac{\vec{d_2}}{\left\| \vec{d_2} \right\|} \right)$ d'un repère orthonormé sont donc

$l(\text{proj}_{\vec{v}}\,\vec{u})$ et $\left\| \vec{u} - \text{proj}_{\vec{v}}\,\vec{u} \right\|$.

Exemple 6.6

Soit $\vec{u} = (1, 0)$ et $\vec{v} = (1, 1)$. La décomposition de $\vec{u}$ selon $\vec{v}$ et un vecteur orthogonal à $\vec{v}$ est (fig. 6.9)

$$\vec{d_1} = \text{proj}_{\vec{v}}\,\vec{u} = \frac{\vec{u} \bullet \vec{v}}{\vec{v} \bullet \vec{v}}\,\vec{v} = \frac{(1, 0) \bullet (1, 1)}{(1, 1) \bullet (1, 1)}(1, 1) = \left(\frac{1}{2}, \frac{1}{2} \right)$$

et

$$\vec{d_2} = \vec{u} - \text{proj}_{\vec{v}}\,\vec{u} = (1, 0) - \left(\frac{1}{2}, \frac{1}{2} \right) = \left(\frac{1}{2}, -\frac{1}{2} \right)$$

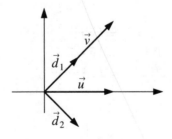

Figure 6.9

Exercices suggérés : 1 à 21, p. 304-307.

6.2   **Produit vectoriel**

Dans ce qui suit, on définit le produit vectoriel de deux vecteurs, on en présente une interprétation géométrique, proche de celle de Grassmann, de même que les principales propriétés, et on propose une formule mnémotechnique du produit vectoriel dans un repère orthonormé.

Définition 6.4   Produit vectoriel

Le produit vectoriel, noté $\wedge$, est une opération interne définie sur l'ensemble des vecteurs géométriques V_L par

$$\wedge: \quad V_L \times V_L \quad \rightarrow \quad V_L$$
$$(\vec{u}, \vec{v}) \quad \mapsto \quad \vec{u} \wedge \vec{v}$$

où $\vec{u} \wedge \vec{v}$ est un **vecteur** :

i) orthogonal à la fois à $\vec{u}$ et à $\vec{v}$;

ii) dont la longueur est $\|\vec{u} \wedge \vec{v}\| = \|\vec{u}\| \|\vec{v}\| \sin\theta$ où θ est l'angle de $\vec{u}$ et $\vec{v}$ exprimé en radians;

iii) dont le sens est donné par la règle de la main droite.   ❑

Règle de la main droite

Si on tend le pouce et l'index de la main droite suivant l'orientation de $\vec{u}$ et de $\vec{v}$ respectivement, le majeur levé perpendiculairement à la paume indique l'orientation de $\vec{u} \wedge \vec{v}$ (fig. 6.10).

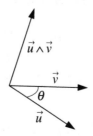

Figure 6.10

Le produit vectoriel $\vec{u} \wedge \vec{v}$ de deux vecteurs non nuls et non parallèles $\vec{u}$ et $\vec{v}$ est un vecteur orthogonal au plan engendré par $\vec{u}$ et $\vec{v}$. Ainsi, les vecteurs géométriques $\vec{u}$, $\vec{v}$ et $\vec{u} \wedge \vec{v}$ sont linéairement indépendants et ils forment une base de l'espace.

Proposition 6.6

Soit $\vec{u}$ et $\vec{v}$ deux vecteurs géométriques. L'aire du parallélogramme déterminé par $\vec{u}$ et $\vec{v}$ est $A = \| \vec{u} \wedge \vec{v} \|$.

Preuve

Soit $PQRS$ le parallélogramme tel que $\overrightarrow{PQ} = \vec{u}$ et $\overrightarrow{PS} = \vec{v}$. Si on désigne par θ l'angle de $\vec{u}$ et $\vec{v}$, et par h la hauteur du parallélogramme (fig. 6.11), on a $h = \| \vec{v} \| \sin \theta$.

L'aire A du parallélogramme est donnée par

$$
\begin{aligned}
A &= (\text{base}) \times (\text{hauteur}) \\
&= \| \vec{u} \| \, \| \vec{v} \| \sin \theta \\
&= \| \vec{u} \wedge \vec{v} \| \qquad\qquad \text{[Définition 6.4]} \qquad \square
\end{aligned}
$$

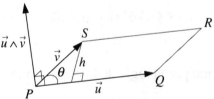

Figure 6.11

Proposition 6.7 Propriétés du produit vectoriel

Soit $\vec{u}$, $\vec{v}$ et $\vec{w}$ des vecteurs géométriques quelconques; soit k et m des scalaires. Le produit vectoriel possède les propriétés suivantes :

$V_1 : \vec{u} \wedge \vec{v} = - \vec{v} \wedge \vec{u}$ anti-commutativité

$V_2 : k\vec{u} \wedge m\vec{v} = km(\vec{u} \wedge \vec{v})$ associativité des scalaires

$V_3 : \vec{u} \wedge (\vec{v} + \vec{w}) = (\vec{u} \wedge \vec{v}) + (\vec{u} \wedge \vec{w})$ distributivité à gauche par rapport à l'addition vectorielle

$V_4 : (\vec{u} + \vec{v}) \wedge \vec{w} = (\vec{u} \wedge \vec{w}) + (\vec{v} \wedge \vec{w})$ distributivité à droite par rapport à l'addition vectorielle $\square$

On peut vérifier que $\vec{u} \wedge \vec{v} = \vec{u} \wedge \vec{w}$ n'implique pas nécessairement que $\vec{v} = \vec{w}$. Dans un repère orthonormé $R : (O, \vec{i}, \vec{j}, \vec{k})$, on a (fig. 6.12) :

$$\vec{i} \wedge \vec{j} = \vec{k} \qquad \vec{j} \wedge \vec{k} = \vec{i} \qquad \vec{k} \wedge \vec{i} = \vec{j} \qquad \vec{i} \wedge \vec{i} = \vec{j} \wedge \vec{j} = \vec{k} \wedge \vec{k} = \vec{0}$$

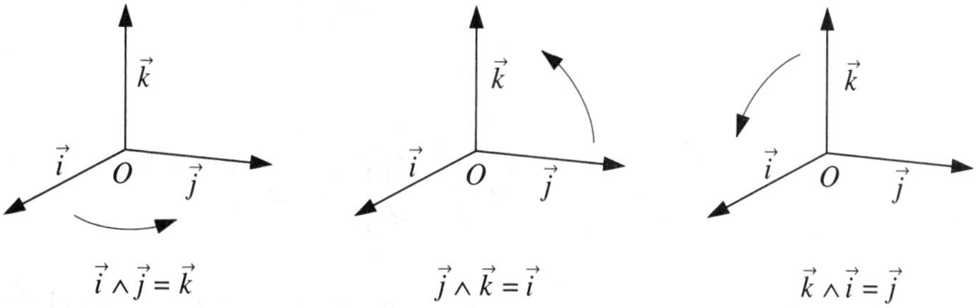

$$\vec{i} \wedge \vec{j} = \vec{k} \qquad\qquad \vec{j} \wedge \vec{k} = \vec{i} \qquad\qquad \vec{k} \wedge \vec{i} = \vec{j}$$

Figure 6.12

Proposition 6.8   Expression analytique du produit vectoriel

Soit $\vec{u} = (x_1, y_1, z_1)$ et $\vec{v} = (x_2, y_2, z_2)$ deux vecteurs géométriques dans un repère orthonormé $R : (O, \vec{i}, \vec{j}, \vec{k})$. L'expression algébrique de $\vec{u} \wedge \vec{v}$ est

$$\vec{u} \wedge \vec{v} = (y_1 z_2 - z_1 y_2)\vec{i} - (x_1 z_2 - z_1 x_2)\vec{j} + (x_1 y_2 - y_1 x_2)\vec{k}$$

Preuve

$$\vec{u} \wedge \vec{v} = (x_1\vec{i} + y_1\vec{j} + z_1\vec{k}) \wedge (x_2\vec{i} + y_2\vec{j} + z_2\vec{k})$$

$$= x_1\vec{i} \wedge (x_2\vec{i} + y_2\vec{j} + z_2\vec{k}) + y_1\vec{j} \wedge (x_2\vec{i} + y_2\vec{j} + z_2\vec{k}) + z_1\vec{k} \wedge (x_2\vec{i} + y_2\vec{j} + z_2\vec{k})$$

$$= (x_1 x_2 \vec{i} \wedge \vec{i} + x_1 y_2 \vec{i} \wedge \vec{j} + x_1 z_2 \vec{i} \wedge \vec{k}) + (y_1 x_2 \vec{j} \wedge \vec{i} + y_1 y_2 \vec{j} \wedge \vec{j} + y_1 z_2 \vec{j} \wedge \vec{k})$$

$$+ (z_1 x_2 \vec{k} \wedge \vec{i} + z_1 y_2 \vec{k} \wedge \vec{j} + z_1 z_2 \vec{k} \wedge \vec{k})$$

$$= x_1 x_2 \vec{0} + x_1 y_2 \vec{k} + x_1 z_2 (-\vec{j}) + y_1 x_2 (-\vec{k}) + y_1 y_2 \vec{0} + y_1 z_2 \vec{i}$$

$$+ z_1 x_2 \vec{j} + z_1 y_2 (-\vec{i}) + z_1 z_2 \vec{0}$$

$$= (y_1 z_2 - z_1 y_2)\vec{i} - (x_1 z_2 - z_1 x_2)\vec{j} + (x_1 y_2 - y_1 x_2)\vec{k} \qquad \square$$

Pour mémoriser l'expression algébrique de $\vec{u} \wedge \vec{v}$, on emploie la formule suivante où le déterminant ne représente qu'une notation commode :

$$\vec{u} \wedge \vec{v} = \det \begin{bmatrix} \vec{i} & \vec{j} & \vec{k} \\ x_1 & y_1 & z_1 \\ x_2 & y_2 & z_2 \end{bmatrix}$$

En effet,

$$\vec{u} \wedge \vec{v} = \det \begin{bmatrix} y_1 & z_1 \\ y_2 & z_2 \end{bmatrix} \vec{i} - \det \begin{bmatrix} x_1 & z_1 \\ x_2 & z_2 \end{bmatrix} \vec{j} + \det \begin{bmatrix} x_1 & y_1 \\ x_2 & y_2 \end{bmatrix} \vec{k}$$

Il est à noter que le produit vectoriel de deux vecteurs $\vec{u}$ et $\vec{v}$ est nul si l'un des vecteurs est nul, ou si $\vec{u}$ et $\vec{v}$ sont parallèles :

$$\vec{u} \wedge \vec{v} = \vec{0} \Leftrightarrow \vec{u} = \vec{0} \text{ ou } \vec{v} = \vec{0} \text{ ou } \vec{u} \mathbin{/\!/} \vec{v}$$

Proposition 6.9   Critère de parallélisme

Soit $\vec{u}$ et $\vec{v}$ deux vecteurs géométriques non nuls. Le produit vectoriel $\vec{u} \wedge \vec{v}$ est nul si et seulement si $\vec{u}$ et $\vec{v}$ sont parallèles :

$$\vec{u} \wedge \vec{v} = \vec{0} \Leftrightarrow \vec{u} \mathbin{/\!/} \vec{v}$$

Preuve

$$\vec{u} \wedge \vec{v} = \vec{0} \Leftrightarrow \|\vec{u} \wedge \vec{v}\| = 0$$

$$\Leftrightarrow \|\vec{u}\| \|\vec{v}\| \sin\theta = 0 \qquad [\theta \text{ est l'angle de } \vec{u} \text{ et } \vec{v}]$$

$$\Leftrightarrow \|\vec{u}\| = 0 \text{ ou } \|\vec{v}\| = 0 \text{ ou } \sin\theta = 0$$

$$\Leftrightarrow \theta = \pi \text{ ou } \theta = 0 \qquad [\text{Par hypothèse, } \vec{u} \neq \vec{0} \text{ et } \vec{v} \neq \vec{0}]$$

Donc, $\vec{u} \wedge \vec{v} = \vec{0} \Leftrightarrow \vec{u} \mathbin{/\!/} \vec{v}$.   ❑

Exemple 6.7

On veut trouver un vecteur qui soit orthogonal à la fois à $\vec{u} = \vec{i} + \vec{j} + 3\vec{k}$ et à $\vec{v} = -\vec{i} - \vec{j} + 5\vec{k}$.

On sait que le vecteur $\vec{u} \wedge \vec{v}$ est orthogonal à $\vec{u}$ et à $\vec{v}$. Il suffit donc d'évaluer $\vec{u} \wedge \vec{v}$, en utilisant la formule mnémotechnique :

$$\vec{u} \wedge \vec{v} = \det \begin{bmatrix} \vec{i} & \vec{j} & \vec{k} \\ 1 & 1 & 3 \\ -1 & -1 & 5 \end{bmatrix} = 8\vec{i} - 8\vec{j}$$

Il est à noter que tout produit de $\vec{u} \wedge \vec{v}$ par un scalaire est aussi orthogonal à $\vec{u}$ et à $\vec{v}$. L'ensemble des vecteurs recherchés est donc

$$\left\{ \vec{w} \in V_L \middle| \vec{w} = k\vec{i} - k\vec{j} \text{ où } k \in \mathbb{R} \text{ et } k \neq 0 \right\}$$

Exemple 6.8

Pour trouver l'aire A du parallélogramme déterminé par

$$\vec{u} = \vec{i} + \vec{j} + 3\vec{k} \quad \text{et} \quad \vec{v} = -\vec{i} - \vec{j} + 5\vec{k}$$

on applique la proposition 6.6 :

$$A = \| \vec{u} \wedge \vec{v} \|$$

On a montré dans l'exemple 6.7 que $\vec{u} \wedge \vec{v} = 8\vec{i} - 8\vec{j}$. Donc,

$$A = \sqrt{8^2 + (-8)^2 + 0^2} = 8\sqrt{2} \text{ unités d'aire}$$

Exemple 6.9

On veut trouver l'aire A du triangle PQR dont les sommets, dans un repère orthonormé, sont $P(2, 0, 5)$, $Q(0, 4, -3)$ et $R(5, 2, 0)$.

On sait que l'aire du triangle PQR est égale à la moitié de l'aire du parallélogramme déterminé par $\overrightarrow{PQ}$ et $\overrightarrow{PR}$. Donc,

$$A = \frac{1}{2} \| \overrightarrow{PQ} \wedge \overrightarrow{PR} \|$$

Puisque

$$\vec{PQ} = -2\vec{i} + 4\vec{j} - 8\vec{k} \quad \text{et} \quad \vec{PR} = 3\vec{i} + 2\vec{j} - 5\vec{k}$$

alors,

$$\vec{PQ} \wedge \vec{PR} = \det\begin{bmatrix} \vec{i} & \vec{j} & \vec{k} \\ -2 & 4 & -8 \\ 3 & 2 & -5 \end{bmatrix} = -4\vec{i} - 34\vec{j} - 16\vec{k}$$

Ainsi,

$$A = \frac{1}{2}\left\| \vec{PQ} \wedge \vec{PR} \right\| = \frac{1}{2}\sqrt{(-4)^2 + (-34)^2 + (-16)^2} = \frac{1}{2}\left(2\sqrt{357}\right) = \sqrt{357}$$

Exemple 6.10

Soit A, B, C et D les aires respectives des faces d'un tétraèdre, celles-ci étant délimitées par des triangles rectangles (fig. 6.13). On veut montrer que (théorème de Pythagore généralisé)

$$D^2 = A^2 + B^2 + C^2$$

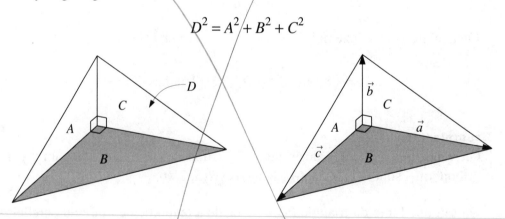

Figure 6.13   **Figure 6.14**

Soit $\vec{a}$, $\vec{b}$ et $\vec{c}$ les vecteurs qui engendrent le tétraèdre (fig. 6.14). L'aire D est donnée par

$$D^2 = \left(\frac{1}{2}\left\|(\vec{b}-\vec{a})\wedge(\vec{c}-\vec{a})\right\|\right)^2 \qquad \text{[Aire d'un triangle]}$$

$$= \frac{1}{4}\left\|(\vec{b}-\vec{a})\wedge(\vec{c}-\vec{a})\right\|^2$$

$$= \frac{1}{4}\left\|(\vec{b}\wedge\vec{c})-(\vec{a}\wedge\vec{c})-(\vec{b}\wedge\vec{a})+(\vec{a}\wedge\vec{a})\right\|^2 \qquad \text{[Propriétés } V_3 \text{ et } V_4]$$

$$= \frac{1}{4}\left\|(\vec{b}\wedge\vec{c})+(\vec{c}\wedge\vec{a})+(\vec{a}\wedge\vec{b})\right\|^2 \qquad \text{[Proposition 6.9 et propriété } V_1]$$

$$= \frac{1}{4}\Big((\vec{b}\wedge\vec{c})+(\vec{c}\wedge\vec{a})+(\vec{a}\wedge\vec{b})\Big)\bullet\Big((\vec{b}\wedge\vec{c})+(\vec{c}\wedge\vec{a})+(\vec{a}\wedge\vec{b})\Big)$$
$$[\|\vec{v}\|^2 = \vec{v}\bullet\vec{v}]$$

Or, $\vec{a}$, $\vec{b}$ et $\vec{c}$ sont orthogonaux deux à deux et

$$\vec{b}\wedge\vec{c} \ /\!/ \ \vec{a} \qquad \vec{c}\wedge\vec{a} \ /\!/ \ \vec{b} \qquad \vec{a}\wedge\vec{b} \ /\!/ \ \vec{c}$$

Ainsi, $\vec{b}\wedge\vec{c}$, $\vec{c}\wedge\vec{a}$ et $\vec{a}\wedge\vec{b}$ sont orthogonaux deux à deux, ce qui implique que

$$D^2 = \frac{1}{4}\left\|\vec{b}\wedge\vec{c}\right\|^2 + \frac{1}{4}\left\|\vec{c}\wedge\vec{a}\right\|^2 + \frac{1}{4}\left\|\vec{a}\wedge\vec{b}\right\|^2$$

$$= A^2 + B^2 + C^2$$

Exercices suggérés : 22 à 36, p. 307-309.

6.3 Produit mixte

Le produit mixte de deux vecteurs est défini à l'aide des opérations produit scalaire et produit vectoriel.

Définition 6.5 Produit mixte

Soit $\vec{u}$, $\vec{v}$ et $\vec{w}$ des vecteurs géométriques. On appelle produit mixte de $\vec{u}$, $\vec{v}$ et $\vec{w}$ le scalaire $\vec{u}\bullet(\vec{v}\wedge\vec{w})$. ❑

L'utilisation de parenthèses dans l'expression $\vec{u} \bullet (\vec{v} \wedge \vec{w})$ est facultative puisque $(\vec{u} \bullet \vec{v}) \wedge \vec{w}$ n'est pas défini, $\vec{u} \bullet \vec{v}$ étant un scalaire.

Proposition 6.10

Soit $\vec{u}$, $\vec{v}$ et $\vec{w}$ trois vecteurs de l'espace ayant la même origine. Le volume du parallélépipède déterminé par $\vec{u}$, $\vec{v}$ et $\vec{w}$ est $V = \left| \vec{u} \bullet (\vec{v} \wedge \vec{w}) \right|$.

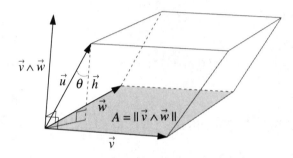

Figure 6.15

Preuve

On sait que l'aire du parallélogramme déterminé par $\vec{v}$ et $\vec{w}$ est $A = \left\| \vec{v} \wedge \vec{w} \right\|$ (proposition 6.6). Si on désigne par $\vec{h}$ la hauteur du parallélépipède déterminé par $\vec{u}$, $\vec{v}$ et $\vec{w}$ (fig. 6.15), le volume de ce solide est

$$V = \text{(aire de la base)} \times \text{(hauteur)} = \left\| \vec{v} \wedge \vec{w} \right\| \left\| \vec{h} \right\| \qquad (1)$$

Or, $\vec{h} \; /\!/ \; \vec{v} \wedge \vec{w}$, c'est-à-dire que $\vec{h} = k(\vec{v} \wedge \vec{w})$. De plus, si θ est l'angle de $\vec{u}$ et $\vec{h}$, alors

$$l(\vec{h}) = \left\| \vec{u} \right\| \cos \theta = l(\text{proj}_{\vec{h}} \, \vec{u}) = \frac{\vec{u} \bullet \vec{h}}{\left\| \vec{h} \right\|} = \frac{\vec{u} \bullet k(\vec{v} \wedge \vec{w})}{|k| \left\| \vec{v} \wedge \vec{w} \right\|} = \pm \frac{\vec{u} \bullet (\vec{v} \wedge \vec{w})}{\left\| \vec{v} \wedge \vec{w} \right\|}$$

Ainsi,

$$\left\| \vec{h} \right\| = \left| l(\vec{h}) \right| = \frac{\left| \vec{u} \bullet (\vec{v} \wedge \vec{w}) \right|}{\left\| \vec{v} \wedge \vec{w} \right\|}$$

et, par substitution dans (1), on obtient :

$$V = \|\vec{v} \wedge \vec{w}\| \frac{\left|\vec{u} \cdot (\vec{v} \wedge \vec{w})\right|}{\|\vec{v} \wedge \vec{w}\|} = \left|\vec{u} \cdot (\vec{v} \wedge \vec{w})\right| \qquad \square$$

Le produit mixte sert aussi à vérifier si trois vecteurs sont coplanaires ou encore s'ils sont linéairement dépendants.

Proposition 6.11   Critère de coplanarité

Trois vecteurs géométriques $\vec{u}$, $\vec{v}$ et $\vec{w}$ sont coplanaires si et seulement si leur produit mixte est nul :

$$\vec{u}, \vec{v} \text{ et } \vec{w} \text{ sont coplanaires} \Leftrightarrow \vec{u} \cdot (\vec{v} \wedge \vec{w}) = 0 \qquad \square$$

En effet, trois vecteurs $\vec{u}$, $\vec{v}$ et $\vec{w}$ sont coplanaires si et seulement si le volume V du parallélépipède qu'ils déterminent est nul ($V = \left|\vec{u} \cdot (\vec{v} \wedge \vec{w})\right| = 0$), c'est-à-dire si et seulement si $\vec{u} \cdot (\vec{v} \wedge \vec{w}) = 0$.

Corollaire 6.1

Trois vecteurs $\vec{u}$, $\vec{v}$ et $\vec{w}$ sont linéairement dépendants si et seulement si leur produit mixte $\vec{u} \cdot (\vec{v} \wedge \vec{w})$ est nul. $\qquad \square$

Proposition 6.12   Expression analytique du produit mixte

Soit $\vec{u} = (x_1, y_1, z_1)$, $\vec{v} = (x_2, y_2, z_2)$ et $\vec{w} = (x_3, y_3, z_3)$ trois vecteurs géométriques dans un repère orthonormé $R : (O, \vec{i}, \vec{j}, \vec{k})$. La forme algébrique du produit mixte est donnée par

$$\vec{u} \cdot (\vec{v} \wedge \vec{w}) = \det \begin{bmatrix} x_1 & y_1 & z_1 \\ x_2 & y_2 & z_2 \\ x_3 & y_3 & z_3 \end{bmatrix}$$

Preuve

$$\vec{u} \bullet (\vec{v} \wedge \vec{w}) = (x_1, y_1, z_1) \bullet \left(\det \begin{bmatrix} y_2 & z_2 \\ y_3 & z_3 \end{bmatrix} \vec{i} - \det \begin{bmatrix} x_2 & z_2 \\ x_3 & z_3 \end{bmatrix} \vec{j} + \det \begin{bmatrix} x_2 & y_2 \\ x_3 & y_3 \end{bmatrix} \vec{k} \right)$$

$$= x_1 \det \begin{bmatrix} y_2 & z_2 \\ y_3 & z_3 \end{bmatrix} - y_1 \det \begin{bmatrix} x_2 & z_2 \\ x_3 & z_3 \end{bmatrix} + z_1 \det \begin{bmatrix} x_2 & y_2 \\ x_3 & y_3 \end{bmatrix}$$

$$= \det \begin{bmatrix} x_1 & y_1 & z_1 \\ x_2 & y_2 & z_2 \\ x_3 & y_3 & z_3 \end{bmatrix}$$

❑

Proposition 6.13 Propriétés du produit mixte

Soit $\vec{u}$, $\vec{v}$ et $\vec{w}$ trois vecteurs géométriques; soit k, m et n trois scalaires. Le produit mixte possède les propriétés suivantes :

M_1 : Le produit mixte n'est pas affecté par une permutation circulaire des vecteurs :

$$\vec{u} \bullet (\vec{v} \wedge \vec{w}) = \vec{w} \bullet (\vec{u} \wedge \vec{v}) = \vec{v} \bullet (\vec{w} \wedge \vec{u})$$

M_2 : On peut permuter les opérations $\bullet$ et $\wedge$:

$$\vec{u} \bullet (\vec{v} \wedge \vec{w}) = (\vec{u} \wedge \vec{v}) \bullet \vec{w}$$

M_3 : $k\vec{u} \bullet (m\vec{v} \wedge n\vec{w}) = kmn(\vec{u} \bullet \vec{v} \wedge \vec{w})$ associativité des scalaires

Preuve

On démontre ci-dessous la propriété M_3, la preuve des deux autres propriétés étant laissée au lecteur.

Soit $\vec{u} = (x_1, y_1, z_1)$, $\vec{v} = (x_2, y_2, z_2)$ et $\vec{w} = (x_3, y_3, z_3)$. Selon la proposition 6.12,

$$k\vec{u} \bullet (m\vec{v} \wedge n\vec{w}) = \det \begin{bmatrix} kx_1 & ky_1 & kz_1 \\ mx_2 & my_2 & mz_2 \\ nx_3 & ny_3 & nz_3 \end{bmatrix} = kmn \det \begin{bmatrix} x_1 & y_1 & z_1 \\ x_2 & y_2 & z_2 \\ x_3 & y_3 & z_3 \end{bmatrix} = kmn(\vec{u} \bullet \vec{v} \wedge \vec{w})$$

❑

Exemple 6.11

Pour montrer que les points $P(1, 1, 2)$, $Q(-1, 0, 2)$, $R(4, 1, 2)$ et $S(4, 3, 5)$ n'appartiennent pas tous à un même plan, il suffit d'évaluer $\overrightarrow{PQ} \bullet \left(\overrightarrow{PR} \wedge \overrightarrow{PS} \right)$:

$$\overrightarrow{PQ} = (-2, -1, 0) \qquad \overrightarrow{PR} = (3, 0, 0) \qquad \overrightarrow{PS} = (3, 2, 3)$$

et

$$\overrightarrow{PQ} \bullet \left(\overrightarrow{PR} \wedge \overrightarrow{PS} \right) = \det \begin{bmatrix} -2 & -1 & 0 \\ 3 & 0 & 0 \\ 3 & 2 & 3 \end{bmatrix} = 9 \neq 0$$

Le parallélépipède déterminé par $\overrightarrow{PQ}$, $\overrightarrow{PR}$ et $\overrightarrow{PS}$ a donc un volume non nul et, selon la proposition 6.11, ces trois vecteurs ne sont pas coplanaires. Ainsi, les points P, Q, R et S n'appartiennent pas tous à un même plan.

Exemple 6.12

Le volume du parallélépipède déterminé par $\vec{u} = 2\vec{i} + \vec{j} + 3\vec{k}$, $\vec{v} = \vec{i} - \vec{j} + \vec{k}$ et $\vec{w} = -\vec{i} - \vec{j} + 2\vec{k}$ est, selon la proposition 6.10,

$$V = \left| \vec{u} \bullet (\vec{v} \wedge \vec{w}) \right|$$

Or,

$$\vec{u} \bullet (\vec{v} \wedge \vec{w}) = \det \begin{bmatrix} 2 & 1 & 3 \\ 1 & -1 & 1 \\ -1 & -1 & 2 \end{bmatrix} = -11$$

donc,

$$V = \left| -11 \right| = 11$$

Exemple 6.13

On peut vérifier l'indépendance linéaire des vecteurs de l'ensemble

$$\{(0, -1, 4), (1, 0, 2), (-4, 1, 3)\}$$

en calculant leur produit mixte :

$$\det \begin{bmatrix} 0 & -1 & 4 \\ 1 & 0 & 2 \\ -4 & 1 & 3 \end{bmatrix} = 15 \neq 0$$

Donc, les trois vecteurs donnés ne sont pas coplanaires (proposition 6.11); ils sont linéairement indépendants (proposition 4.10).

Exemple 6.14

Le volume du tétraèdre déterminé par les vecteurs $\vec{u}$, $\vec{v}$ et $\vec{w}$ est

$$V = \frac{1}{6}\left|\vec{u} \bullet \vec{v} \wedge \vec{w}\right|$$

En effet, la base du tétraèdre engendré par $\vec{u}$, $\vec{v}$ et $\vec{w}$ est le triangle déterminé par $\vec{v} - \vec{u}$ et $\vec{w} - \vec{u}$ (fig. 6.16) et l'aire de ce triangle est

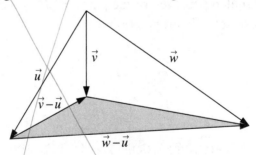

Figure 6.16

$$A = \frac{1}{2}\left\|(\vec{v} - \vec{u}) \wedge (\vec{w} - \vec{u})\right\| = \frac{1}{2}\left\|\vec{N}\right\| \qquad \text{où } \vec{N} = (\vec{v} - \vec{u}) \wedge (\vec{w} - \vec{u})$$

La hauteur du tétraèdre est égale à la longueur de la projection de $\vec{u}$ sur un vecteur orthogonal à la base. Ainsi, on peut poser

$$h = \left|l(\text{proj}_{\vec{N}}\,\vec{u})\right| = \frac{\left|\vec{u} \bullet \vec{N}\right|}{\left\|\vec{N}\right\|}$$

Or, le volume d'un tétraèdre est

$$V = \frac{1}{3}\text{(aire de la base)(hauteur)} = Ah = \left(\frac{1}{3}\right)\left(\frac{1}{2}\right)\frac{\left\|\vec{N}\right\|\left|\vec{u}\bullet\vec{N}\right|}{\left\|\vec{N}\right\|} = \frac{1}{6}\left|\vec{u}\bullet\vec{N}\right|$$

Puisque

$$\vec{N} = (\vec{v}-\vec{u})\wedge(\vec{w}-\vec{u})$$
$$= (\vec{v}\wedge\vec{w})-(\vec{v}\wedge\vec{u})-(\vec{u}\wedge\vec{w})+(\vec{u}\wedge\vec{u})$$
$$= (\vec{v}\wedge\vec{w})-(\vec{v}\wedge\vec{u})-(\vec{u}\wedge\vec{w})$$

et

$$\vec{u}\bullet\vec{N} = (\vec{u}\bullet\vec{v}\wedge\vec{w})-(\vec{u}\bullet\vec{v}\wedge\vec{u})-(\vec{u}\bullet\vec{u}\wedge\vec{w})$$
$$= \vec{u}\bullet\vec{v}\wedge\vec{w} \qquad\qquad [\vec{u}\perp\vec{v}\wedge\vec{u} \ \ \text{et} \ \ \vec{u}\perp\vec{u}\wedge\vec{w}]$$

alors,

$$V = \frac{1}{6}\left|\vec{u}\bullet\vec{v}\wedge\vec{w}\right|$$

Exercices suggérés : 37 à 50, p. 309-311.

EXERCICES

1. Calculer le produit scalaire des vecteurs $\vec{u}$ et $\vec{v}$, exprimés relativement à la base canonique, et déterminer l'angle de $\vec{u}$ et $\vec{v}$.

a) $\vec{u} = (-1, 2)$ et $\vec{v} = (1, 3)$

b) $\vec{u} = (-1, 2, 1)$ et $\vec{v} = (1, -4, 0)$

c) $\vec{u} = (-1, 1/2, 3)$ et $\vec{v} = (1, -4, 2)$

2. Calculer :

a) $\vec{i} \cdot \vec{j}$ b) $\vec{j} \cdot \vec{k}$ c) $\vec{i} \cdot \vec{i}$ d) $\vec{k} \cdot \vec{i}$ e) $\vec{j} \cdot \vec{j}$

3. Trouver un scalaire k tel que :

a) $(2, -k) \cdot (2, k) = 0$ b) $(2, -4) \cdot (k, -3) = -7$

c) $(-2, k, 3) \cdot (4, 2, -1) = 1$ d) $(-k, 3, -4) \cdot (2, -1, k) = 6$

4. Trouver le cosinus de l'angle des deux vecteurs donnés :

a) $5\vec{i} + 7\vec{j}$ et $-2\vec{i} + 3\vec{j}$ b) $(3, -1, -1)$ et $(4, 2, 1)$

c) $(4, 1)$ et $(-7, 0)$ d) $3\vec{i} - \vec{j}$ et $4\vec{i} - 3\vec{k}$

5. Soit $\vec{u}$ et $\vec{v}$ deux vecteurs orthogonaux et $\vec{w}$ un vecteur tel que $\widehat{\vec{u}, \vec{w}} = \widehat{\vec{v}, \vec{w}} = \pi/3$. Sachant que $\|\vec{u}\| = 3$, $\|\vec{v}\| = 5$ et $\|\vec{w}\| = 8$, calculer :

a) $(3\vec{u} - 2\vec{v}) \cdot (\vec{v} + 3\vec{w})$ b) $(\vec{u} + \vec{v} + \vec{w})^2$ $(\vec{u} + \vec{v} + \vec{w})$

6. Soit $\vec{u} = 4\vec{i} - \vec{j} - \vec{k}$, $\vec{v} = -3\vec{i} + \vec{j} + 5\vec{k}$ et $\vec{w} = 4\vec{i} - \vec{j} + 2\vec{k}$. Calculer :

a) $3\vec{v} \cdot 4\vec{w}$ b) $\vec{v} \cdot (\vec{u} + \vec{w})$ c) $\vec{v} \cdot \vec{u} + \vec{v} \cdot \vec{w}$

d) $\vec{u} \cdot \vec{v} \cdot \vec{w}$ e) $(\vec{u} \cdot \vec{v})\vec{w}$

7. Pour quelle valeur du paramètre a les deux vecteurs donnés sont-ils orthogonaux ?

a) $5\vec{i} + 7\vec{j}$ et $-2\vec{i} + 3a\vec{j}$ b) $(6, -1)$ et $(a, 3)$

c) $4\vec{i} - \vec{j} + 3\vec{k}$ et $2\vec{i} - a\vec{j} + 5\vec{k}$ d) $(3, -1, 2a)$ et $(5, -6, 1)$

e) $(2, a, -3)$ et $(1, -5, 4)$

8. Soit $A(1, 2, 1)$, $B(3, 2, 4)$, $C(6, 2, 2)$ et $H(4, 15, -1)$ quatre sommets du parallélépi-
    pède de la figure 6.17.

    a) Trouver les coordonnées des sommets D, E, F et G.

    b) Le parallélépipède est-il rectangle ?

    c) Le parallélépipède est-il un cube ?

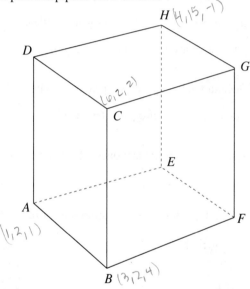

Figure 6.17

9. Soit $\vec{u} = (2, -1)$ et $\vec{v} = (x, y)$ deux vecteurs du plan muni d'un repère orthonormé
    $R : (O, \vec{i}, \vec{j})$. Pour quelles valeurs de x et de y le vecteur $\vec{v}$ est-il orthogonal à $\vec{u}$ si
    $\|\vec{v}\| = 2$?

10. Soit $\vec{v} = (2, 3, -1)$ et $\vec{w} = (1, 2, -3)$ deux vecteurs de l'espace muni d'un repère
    orthonormé $R : (O, \vec{i}, \vec{j}, \vec{k})$. Trouver un vecteur $\vec{u}$ orthogonal à la fois à $\vec{v}$ et à
    $\vec{w}$, et tel que $\vec{u} \bullet (2\vec{i} - \vec{j} + \vec{k}) = -6$.

11. Calculer le vecteur projection de $\vec{u} = (5, 2, 5)$ sur $\vec{w} = (2, -1, 2)$. Quelle est la
    longueur algébrique de $\text{proj}_{\vec{w}}\,\vec{u}$?

12. Soit $\vec{u} = 3\vec{i} - 6\vec{j} - \vec{k}$, $\vec{v} = \vec{i} + 4\vec{j} - 5\vec{k}$ et $\vec{w} = 3\vec{i} - 4\vec{j} + 12\vec{k}$. Calculer :

    a) $\text{proj}_{\vec{w}}(\vec{u} + \vec{v})$ et $l(\text{proj}_{\vec{w}}(\vec{u} + \vec{v}))$ *b)* $\text{proj}_{\vec{u}+\vec{v}}\,\vec{w}$ et $l(\text{proj}_{\vec{u}+\vec{v}}\,\vec{w})$

13. Soit les points $A(2, 3, -1)$, $B(-3, 2, 5)$, $C(1, -1, 2)$ et $D(3, 2, -4)$.

    a) Calculer $\text{proj}_{\overrightarrow{CD}}\,\overrightarrow{AB}$.

    b) Évaluer la longueur algébrique de $\text{proj}_{\overrightarrow{CD}}\,\overrightarrow{AB}$.

14. Soit $\vec{u} = -3\vec{i} + 2\vec{j} + \vec{k}$ et $\vec{v} = 2\vec{i} - 2\vec{j} + 4\vec{k}$. Évaluer :

    a) $\text{proj}_{\vec{v}}\,\vec{u}$ et $\text{proj}_{\vec{u}}\,\vec{v}$;   *b)* la longueur de $\text{proj}_{\vec{v}}\,\vec{u}$ et de $\text{proj}_{\vec{u}}\,\vec{v}$;

    c) la longueur algébrique de $\text{proj}_{\vec{v}}\,\vec{u}$ et de $\text{proj}_{\vec{u}}\,\vec{v}$.

15. Soit $\vec{u}$ un vecteur quelconque et $\vec{w}$ un vecteur unitaire. Montrer que

$$\text{proj}_{\vec{w}}\,\vec{u} = (\vec{u} \bullet \vec{w})\vec{w}$$

16. Soit $\vec{u}$ et $\vec{v}$ deux vecteurs quelconques. Montrer que $\vec{u} - \text{proj}_{\vec{v}}\,\vec{u}$ est orthogonal à $\vec{v}$.

17. Si $\vec{v} = (1, -1, 1)$, déterminer les composantes de $\vec{u}$ relativement à la base $\left(\dfrac{\vec{v}}{\|\vec{v}\|},\ \dfrac{\vec{u} - \text{proj}_{\vec{v}}\,\vec{u}}{\|\vec{u} - \text{proj}_{\vec{v}}\,\vec{u}\|} \right)$.

    a) $\vec{u} = (0, 1, 0)$ *b)* $\vec{u} = (-1, 1, -1)$

    c) $\vec{u} = (1, 2, 1)$ *d)* $\vec{u} = (2, 3, 4)$

18. Soit $\vec{u} = (5, 2, 5)$ et $\vec{v} = (2, 3, -6)$. Trouver les composantes du vecteur $\vec{u}$ relativement à un vecteur unitaire de même orientation que $\vec{v}$ et un vecteur unitaire orthogonal à $\vec{v}$.

19. Soit PQR un triangle, O le milieu du segment PR et QH la hauteur issue de Q.

    a) Montrer que $\overrightarrow{QP}^{\,2} + \overrightarrow{QR}^{\,2} = 2\overrightarrow{OQ}^{\,2} + \dfrac{1}{2}\overrightarrow{PR}^{\,2}$.

    b) Montrer que $\overrightarrow{QP}^{\,2} - \overrightarrow{QR}^{\,2} = 2\overrightarrow{PR} \bullet \overrightarrow{OH}$.

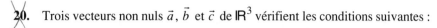

20. Trois vecteurs non nuls $\vec{a}$, $\vec{b}$ et $\vec{c}$ de $\mathbb{R}^3$ vérifient les conditions suivantes :

$$\|\vec{a}\| = \|\vec{c}\| = 8$$

$$\|\vec{a} - \vec{b} + \vec{c}\| = \|\vec{a} + \vec{b} + \vec{c}\|$$

Si l'angle de $\vec{a}$ et $\vec{b}$ est $5\pi/7$, quel est l'angle de $\vec{b}$ et $\vec{c}$?

21. À l'aide du **produit scalaire**, trouver un vecteur $\vec{x}$ orthogonal à chacun des vecteurs $3\vec{i} - \vec{j} + 2\vec{k}$ et $2\vec{i} + 5\vec{j} + 7\vec{k}$, et tel que $\|\vec{x}\| = 2$.

22. À l'aide du **produit vectoriel**, trouver un vecteur $\vec{x}$ orthogonal à chacun des vecteurs $3\vec{i} - \vec{j} + 2\vec{k}$ et $2\vec{i} + 5\vec{j} + 7\vec{k}$, et tel que $\|\vec{x}\| = 2$.

23. Soit $\vec{u} = (2, -1, 3)$ et $\vec{v} = (6, 2, 0)$. Calculer :

a) $\vec{u} \wedge \vec{v}$ 　　　　　　　　　b) $\vec{v} \wedge \vec{u}$

c) $(\vec{u} - \vec{v}) \wedge (\vec{u} + \vec{v})$ 　　　　d) $(\vec{u} - \vec{v}) \cdot (\vec{u} + \vec{v})$

24. Soit $\vec{u} = 2\vec{i} + \vec{j} - 2\vec{k}$, $\vec{v} = 2\vec{i} - 3\vec{k}$ et $\vec{w} = -\vec{j} + \vec{k}$. Calculer :

a) $\vec{u} \wedge \vec{v}$ 　　　b) $\vec{u} \wedge \vec{w}$ 　　　c) $\vec{v} \wedge \vec{w}$

d) $\vec{u} \wedge (\vec{v} \wedge \vec{w})$ 　　e) $(\vec{u} \wedge \vec{v}) \wedge \vec{w}$ 　　f) $(\vec{u} \wedge \vec{v}) \wedge (\vec{u} \wedge \vec{w})$

25. Soit $\vec{u} = \vec{i} + \vec{j} - 2\vec{k}$ et $\vec{v} = 2\vec{i} - \vec{k}$. Trouver un vecteur unitaire orthogonal à $\vec{u}$ et à $\vec{v}$.

26. Évaluer chaque vecteur en utilisant les propriétés du produit vectoriel.

a) $\vec{j} \wedge (3\vec{i} + 4\vec{k})$ 　　　　　　b) $(2\vec{i} - 4\vec{j}) \wedge (\vec{j} + 5\vec{k})$

c) $\vec{k} \wedge (\vec{i} + 2\vec{j})$ 　　　　　　d) $(3\vec{i} - 4\vec{k}) \wedge (\vec{j} + 4\vec{k})$

e) $(6\vec{i} + 3\vec{j} - \vec{k}) \wedge (\vec{i} + 2\vec{j} - \vec{k})$ 　　f) $(4\vec{i} + 2\vec{j} + 9\vec{k}) \wedge (-\vec{i} - \vec{j})$

27. Soit $\vec{u} = 2\vec{i} - \vec{j} - \vec{k}$, $\vec{v} = -\vec{i} + 2\vec{j} + \vec{k}$ et $\vec{w} = 4\vec{i} + \vec{j} - \vec{k}$. Évaluer :

a) $\vec{u} \wedge \vec{v}$ 　　　　　　　　b) $(\vec{u} + \vec{v}) \wedge (\vec{v} \wedge \vec{w})$

c) $(\vec{u} - \vec{v}) \wedge (\vec{v} - \vec{w})$ 　　　d) $(\vec{u} + 2\vec{v} - \vec{w}) \wedge (\vec{v} + \vec{w})$

28. Calculer l'aire du parallélogramme déterminé par $\overrightarrow{AB}$ et $\overrightarrow{AC}$ sachant que :

   a) $A(2, 2, 3)$, $B(7, 2, 4)$, $C(2, 7, 5)$ *b)* $A(-1, 0, 1)$, $B(3, 1, 2)$, $C(0, 4, 4)$

29. Calculer l'aire du triangle ABC dont les sommets sont : *la moitié d l'aire d'un parallélogramme*

   a) $A(-1, -1, 0)$, $B(-5, -3, 0)$, $C(-3, -8, 0)$

   b) $A(0, 0, 0)$, $B(1, 1, 1)$, $C(-1, -1, -1)$

   c) $A(1, 1, 1)$, $B(1, 3, 11)$, $C(0, 4, 9)$

30. Soit $A(1, -1, 2)$, $B(5, 1, 1)$ et $C(2, 4, 3)$ trois points de l'espace muni d'un repère $(O, \vec{i}, \vec{j}, \vec{k})$. À l'aide du produit vectoriel : $\overrightarrow{AB} \times \overrightarrow{AC}$

ex. $\left(\frac{1}{\sqrt{2}}, \frac{1}{\sqrt{2}}, 0\right)$ *a)* trouver deux vecteurs unitaires orthogonaux au plan qui contient A, B et C;

$\left(\frac{1}{\sqrt{2}}, \frac{1}{\sqrt{2}}, 0\right)$ *b)* trouver deux vecteurs unitaires orthogonaux au plan qui contient O, B et C;

    c) prouver que $\vec{v} = -8\vec{i} - 4\vec{j} + 2\vec{k}$ est parallèle au plan qui contient A, B et C.

31. Trouver un vecteur $\vec{u}$ non nul tel que $\vec{u} \wedge \vec{v} = \vec{0}$ où $\vec{v} = \vec{i} - 16\vec{j} + 5\vec{k}$.

32. Montrer, à l'aide de contre-exemples, que $\vec{a} \wedge \vec{b} = \vec{a} \wedge \vec{c}$ n'entraîne pas nécessairement $\vec{b} = \vec{c}$, et que $\vec{a} \cdot \vec{b} = \vec{a} \cdot \vec{c}$ n'entraîne pas nécessairement $\vec{b} = \vec{c}$.

33. *a)* Soit $A(1, 1, 1)$, $B(2, 4, 4)$, $C(2, 5, 11)$ et $D(2, 2, 5)$ des points de l'espace. Trouver l'aire de la surface délimitée par les segments AB, BC, CD et DA.

    b) Les points A, B, C et D sont-ils coplanaires ?

34. Soit $\vec{a} = 2\vec{i} + \vec{j} - \vec{k}$ et $\vec{b} = -3\vec{i} + 2\vec{j} + \vec{k}$.

    a) Trouver un vecteur unitaire $\vec{u}$ orthogonal à $\vec{a}$ et à $\vec{b}$.

    b) Déterminer l'angle θ de $\vec{a}$ et $\vec{b}$.

    c) Vérifier que $(\vec{a} + \vec{b}) \wedge (\vec{a} - \vec{b}) = -2\vec{a} \wedge \vec{b}$.

    d) Démontrer que $(\vec{a} + \vec{b}) \wedge (\vec{a} - \vec{b}) = -2\vec{a} \wedge \vec{b}$ pour tout $\vec{a}$ et $\vec{b} \in V_L$.

35. Trouver un vecteur $\vec{x}$ orthogonal à la fois à $\vec{a} = (2, -3, 1)$ et à $\vec{b} = (1, -2, 3)$, et satisfaisant à l'égalité $\vec{x} \cdot (\vec{i} + 2\vec{j} - 7\vec{k}) = 10$.

36. Calculer $(\vec{u} \wedge \vec{v}) \cdot (\vec{w} \wedge \vec{p})$ où $\vec{u} = \vec{i}$, $\vec{v} = \vec{j}$, $\vec{w} = \vec{j} + \vec{k}$ et $\vec{p} = \vec{i} + \vec{k}$.

37. Calculer le produit mixte $\vec{u} \cdot \vec{v} \wedge \vec{w}$ des vecteurs :

   a) $\vec{u} = \vec{i} + \vec{j} + 5\vec{k}$, $\vec{v} = 3\vec{i} - 2\vec{j} + \vec{k}$ et $\vec{w} = 4\vec{i} + 2\vec{j}$

   b) $\vec{u} = \vec{i} + \vec{j} + 5\vec{k}$, $\vec{v} = 3\vec{i} - 2\vec{j} + \vec{k}$ et $\vec{w} = 7\vec{i} - 3\vec{j} + 7\vec{k}$

38. Les expressions suivantes ont-elles un sens ? Pourquoi ?

   a) $\vec{u} \cdot (\vec{v} \cdot \vec{w})$ *b)* $(\vec{u} \cdot \vec{v})\vec{w}$

   c) $\vec{u} \wedge (\vec{v} \cdot \vec{w})$ *d)* $\vec{u} \wedge (\vec{v} \wedge \vec{w})$

   e) $(\vec{u} \cdot \vec{v}) \wedge (\vec{v} \wedge \vec{w})$ *f)* $(\vec{u} \cdot \vec{v}) \wedge (\vec{w} \cdot \vec{x})$

39. Trouver le volume du parallélépipède déterminé par les vecteurs :

   a) $\vec{u} = 7\vec{i} - 2\vec{j} + \vec{k}$, $\vec{v} = \vec{i} + 3\vec{j} + \vec{k}$ et $\vec{w} = 2\vec{i} - \vec{j} + \vec{k}$

   b) $\vec{u} = (1, 1, 6)$, $\vec{v} = (-4, 4, 2)$ et $\vec{w} = (3, 4, 1)$

40. Pour quelle(s) valeur(s) du paramètre m les vecteurs donnés sont-ils coplanaires ?

   a) $\vec{u} = 2\vec{i} + \vec{j} + \vec{k}$, $\vec{v} = \vec{i} + 2\vec{j} + 3\vec{k}$ et $\vec{w} = 3\vec{i} + m\vec{j} + 5\vec{k}$

   b) $\vec{u} = 3\vec{i} + \vec{j} + 3\vec{k}$, $\vec{v} = -m\vec{i} + \vec{j} - 2\vec{k}$ et $\vec{w} = \vec{i} + \vec{j} + m\vec{k}$

   c) $\vec{u} = \vec{i} + \vec{j} + 3\vec{k}$, $\vec{v} = m\vec{i} + \vec{j} + 2\vec{k}$ et $\vec{w} = \vec{i} + \vec{j} + m\vec{k}$

41. Démontrer les identités suivantes :

   a) $(\vec{a} + \vec{b}) \cdot [(\vec{b} + \vec{c}) \wedge (\vec{c} + \vec{a})] = 2\vec{a} \cdot (\vec{b} \wedge \vec{c})$

   b) $\vec{a} \cdot [\vec{b} \wedge (\vec{c} + p\vec{a} + q\vec{b})] = \vec{a} \cdot (\vec{b} \wedge \vec{c})$ où p et q sont des scalaires

42. Soit les points $A(4, 1, 2)$, $B(-2, 2, 3)$ et $C(-1, -2, 3)$ dans un repère orthonormé $(O, \vec{i}, \vec{j}, \vec{k})$.

   a) Construire le parallélépipède déterminé par les vecteurs $\overrightarrow{OA}$, $\overrightarrow{OB}$ et $\overrightarrow{OC}$, puis calculer le volume de ce solide.

   b) Déterminer les coordonnées de G sachant que $\overrightarrow{OG}$ est une diagonale du parallélépipède.

c) Démontrer que $\overrightarrow{OA}$ et $\overrightarrow{OB}$ sont orthogonaux.

d) Le vecteur $\overrightarrow{OC}$ est-il orthogonal au plan qui contient les points O, A et B ?

43. Trouver le volume du tétraèdre dont les quatre sommets sont, dans un repère $R : (O, \vec{i}, \vec{j}, \vec{k})$:

a) $(0, 0, 0)$, $(1, 0, 0)$, $(0, 1, 0)$, $(0, 0, 1)$

b) $(0, 0, 0)$, $(1, 0, 0)$, $(0, 2, 0)$, $(1, 1, 3)$

c) $(1, 1, 0)$, $(-1, 2, 0)$, $(1, -3, 0)$, $(0, 0, 6)$

d) $(1, 3, -4)$, $(-2, 1, 1)$, $(1, -1, 0)$, $(3, -2, -1)$

44. À l'aide du produit mixte, montrer que :

a) $A(5, 1, 2)$, $B(1, 5, 3)$ et $C(8, -8, -2)$ sont des points d'un plan passant par l'origine;

voir exemple 6.11 b) $A(6, 3, 3)$, $B(2, 7, 4)$, $C(9, -6, -1)$ et $D(1, 2, 1)$ sont quatre points coplanaires.

45. Soit trois points $A(2, 0, 0)$, $B(0, 3, 0)$ et $C(0, 0, 4)$. Quelle condition les coordonnées x, y et z d'un point P quelconque doivent-elles vérifier pour que A, B, C et P soient coplanaires ?

46. À l'aide du produit mixte, étudier l'indépendance linéaire des vecteurs :

a) $(-1, 1, 2)$, $(1, 2, 3)$ et $(5, 1, 0)$

b) $(1, 1, 0)$, $(0, 1, 1)$ et $(3, -5, 12)$

c) $\vec{i} + \vec{j} + \vec{k}$, $\vec{i} + 2\vec{j} + 3\vec{k}$ et $\vec{i} + 4\vec{j} + 9\vec{k}$

d) $(0, 1, -1)$, $(1, 0, -1)$ et $(1, -1, 0)$

e) $\vec{i} + 5\vec{j} - 4\vec{k}$, $\vec{i} + 6\vec{j} - 4\vec{k}$ et $\vec{i} + 2\vec{j} - 4\vec{k}$

47. Soit, dans un repère orthonormé $R : (O, \vec{i}, \vec{j}, \vec{k})$, quatre vecteurs $\vec{p}, \vec{q}, \vec{r}$ et $\vec{n}$. Démontrer que $\vec{a} = \vec{p} \wedge \vec{n}$, $\vec{b} = \vec{q} \wedge \vec{n}$ et $\vec{c} = \vec{r} \wedge \vec{n}$ sont coplanaires.

48. Soit les vecteurs

$$\vec{a} = 2\vec{i} - \vec{j} + \vec{k} \qquad \vec{b} = \vec{i} + 2\vec{j} - \vec{k} \qquad \vec{c} = \vec{i} + \vec{j} - 2\vec{k}$$

Trouver un vecteur unitaire $\vec{u}$ orthogonal à $\vec{a}$ et appartenant au plan déterminé par $\vec{b}$ et $\vec{c}$.

49. Soit les points $A(0, 1, 0)$, $B(1, 2, -1)$, $C(3, 0, -2)$ et $D(m, -1, m)$ dans un repère $R : (O, \vec{i}, \vec{j}, \vec{k})$.

a) Trouver un scalaire m tel que $\overrightarrow{AD}$ et $\overrightarrow{AB} - 2\overrightarrow{AC}$ sont orthogonaux.

b) Trouver un vecteur orthogonal au plan contenant A, B et C.

c) Trouver tous les vecteurs unitaires orthogonaux au plan contenant A, B et C.

50. Les diagonales d'un parallélogramme correspondent aux vecteurs

$$\vec{d}_1 = 3\vec{i} - 4\vec{j} - \vec{k} \text{ et } \vec{d}_2 = 2\vec{i} + 3\vec{j} - 6\vec{k}$$

a) Montrer, à l'aide du produit scalaire, que le parallélogramme est un losange.

b) Déterminer la longueur des côtés et les angles intérieurs du losange.

c) Déterminer, à l'aide du produit vectoriel, l'aire du losange.

d) Soit $\vec{d}_3 = 5\vec{i} - \vec{j} - 7\vec{k}$. Les vecteurs $\vec{d}_1$, $\vec{d}_2$ et $\vec{d}_3$ déterminent-ils un parallélépipède ?

DROITE ET PLAN

CHAPITRE

La géométrie analytique traite essentiellement des relations entre la géométrie et l'algèbre. Elle consiste en particulier à associer :

i) une équation ou une représentation algébrique à une figure géométrique donnée;

ii) une représentation géométrique à une équation donnée.

En d'autres termes, la géométrie analytique repose sur l'association de relations numériques à des notions géométriques, et sur l'usage de systèmes de coordonnées et de représentations graphiques. Chacune de ces trois composantes évolua de l'Antiquité à la Renaissance, et leur rapprochement n'eut lieu qu'au XVIIe siècle.

On sait que, au XIVe siècle, Nicole Oresme (Normandie, vers 1320 – Lisieux, 1382) utilisa des procédés graphiques qui s'apparentent à nos coordonnées rectangulaires et qu'il fut en ce sens, du moins sur le plan des idées, un précurseur de la méthode de la géométrie analytique, créée au XVIIe siècle par les Français René Descartes (La Haye, Touraine, 1596 – Stockholm, 1650) et Pierre de Fermat (Beaumont-de-Lomagne, 1601 – Castres, 1665). L'adoption de cette méthode introduisit l'emploi de coordonnées pour localiser d'abord des points dans un plan et, beaucoup plus tard, des points dans l'espace (chapitre 5). Il n'y eut plus ensuite qu'un pas à faire pour déterminer l'équation du lieu des points satisfaisant à une ou plusieurs contraintes géométriques, c'est-à-dire pour obtenir une description algébrique de lieux géométriques.

La géométrie analytique prit sa forme actuelle au XVIIIe siècle. L'astronome et mathématicien Alexis Claude Clairaut (Paris, 1713 – 1765) publia en 1731, à l'âge de 18 ans, le premier ouvrage d'ensemble sur le sujet : *Recherches sur les courbes à double courbure*. Il montra entre autres qu'une courbe de l'espace peut être décrite comme l'intersection de deux surfaces. Leonhard Euler (Bâle, 1707 – Saint-Pétersbourg, 1783) traita de l'étude analytique des courbes planes et des surfaces dans son *Introduction à l'analyse des infiniment petits*, qui parut en 1748. Cette œuvre fut une source d'inspiration pour de nombreux mathématiciens dont le comte Joseph Louis de Lagrange (Turin, 1736 – Paris, 1813) qui publia, en 1797, *Théorie des fonctions analytiques*. Lagrange établit aussi les équations de la droite et du plan et l'usage systématique de trois axes de coordonnées.

Dans *Mémoire sur les développées, les rayons de courbure et les différents genres d'inflexion des courbes à double courbure*, Gaspard Monge, comte de Péluse (Beaune, 1746 – Paris, 1818), montra entre autres que si un plan contient un point donné $P_0(x_0, y_0, z_0)$ et qu'il est perpendiculaire à la droite d'équations

$$ax + by + cz + d = 0 \qquad (1)$$
$$a'x + b'y + c'z + d' = 0 \qquad (2)$$

alors l'équation de ce plan est

$$A(x - x_0) + B(y - y_0) + C(z - z_0) = 0$$

où A, B et C sont des constantes déterminées par les coefficients des variables dans (1) et (2).

En 1795, dans ses *Feuilles d'analyse appliquée à la géométrie*, Monge contribua à l'évolution de la géométrie analytique en résolvant analytiquement de nombreux problèmes. En 1797, Sylvestre François Lacroix (Paris, 1765 – 1843) fut le premier à employer, dans son *Traité du calcul différentiel et intégral*, l'expression *géométrie analytique* pour désigner l'application de l'algèbre à la géométrie.

La création de la géométrie analytique accéléra l'évolution de l'algèbre et fut un facteur important du développement, au cours du XIXe siècle, du calcul vectoriel. L'étude approfondie des courbes et des surfaces de l'espace nécessitait une méthode de définition de ces objets géométriques à l'aide d'équations.

Dans le présent chapitre, on aborde la droite (une courbe) et le plan (une surface) d'un point de vue vectoriel, en employant la méthode de la géométrie analytique et les opérations produit scalaire et produit vectoriel définies dans le chapitre 6. On donne les équations de ces lieux géométriques ainsi que des formules pour les angles et les distances. Cette étude permet d'entrevoir la richesse de la géométrie analytique même si elle n'en dévoile pas toutes les possibilités.

7.1 La droite

Dans ce qui suit, on définit les notions de vecteur directeur et de paramètres directeurs d'une droite, puis on donne l'équation vectorielle de même que les équations paramétriques et canoniques d'une droite.

Par un point donné P_0 de l'espace, il passe une infinité de droites (fig. 7.1). Cependant, selon l'axiome d'Euclide[1], étant donné un vecteur $\vec{v}$, il y a une et une seule droite Δ telle que $P_0 \in \Delta$ et $\vec{v} \,//\, \Delta$.

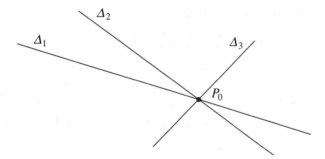

Figure 7.1

Définition 7.1   Vecteur directeur et paramètres directeurs
Soit une droite Δ et un vecteur non nul $\vec{v} = (a, b, c)$ dans un repère orthonormé $R : (O, \vec{i}, \vec{j}, \vec{k})$. Si $\vec{v}$ est parallèle à Δ, on dit qu'il est un vecteur directeur de Δ et ses composantes a, b et c sont appelées paramètres directeurs de Δ par rapport à R.

❐

---

1. Par un point M d'un plan π, extérieur à une droite Δ de π, on peut mener dans π une unique droite Δ' parallèle à Δ.

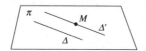

Soit $\vec{v}$ un vecteur non nul de l'espace. La droite Δ qui passe par un point donné P_0, parallèlement à la direction de $\vec{v}$, est unique. Du point de vue vectoriel, on peut considérer que la géométrie analytique de la droite dans l'espace repose essentiellement sur deux éléments : un point d'appui P_0 et un vecteur directeur $\vec{v}$ (fig. 7.2).

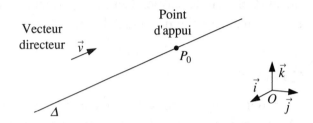

Figure 7.2

Proposition 7.1   Équation vectorielle d'une droite

Dans un repère orthonormé $R : (O, \vec{i}, \vec{j}, \vec{k})$, soit $P_0(x_0, y_0, z_0)$ un point donné d'une droite Δ et $\vec{v} = (a, b, c)$ un vecteur directeur de Δ. Si $P(x, y, z)$ est un point quelconque de Δ, alors l'équation vectorielle de Δ est

$$(x, y, z) = (x_0, y_0, z_0) + t(a, b, c) \qquad \text{où } t \in \mathbb{R}$$

Preuve

On fait coïncider l'origine du vecteur $\vec{v}$ avec P_0 (fig. 7.3). On sait que le vecteur non nul $\vec{v}$ engendre la droite Δ, ce qui implique que $\overrightarrow{P_0 P}$ est le produit de $\vec{v}$ par un scalaire : $\overrightarrow{P_0 P} = t\vec{v}$ où $t \in \mathbb{R}$.

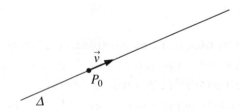

Figure 7.3

D'après la relation de Chasles, le vecteur position de $P(x, y, z)$ est (fig. 7.4)

$$\overrightarrow{OP} = \overrightarrow{OP_0} + \overrightarrow{P_0 P}$$

ou encore

$$\overrightarrow{OP} = \overrightarrow{OP_0} + t\vec{v} \qquad \text{où } t \in \mathbb{R}$$

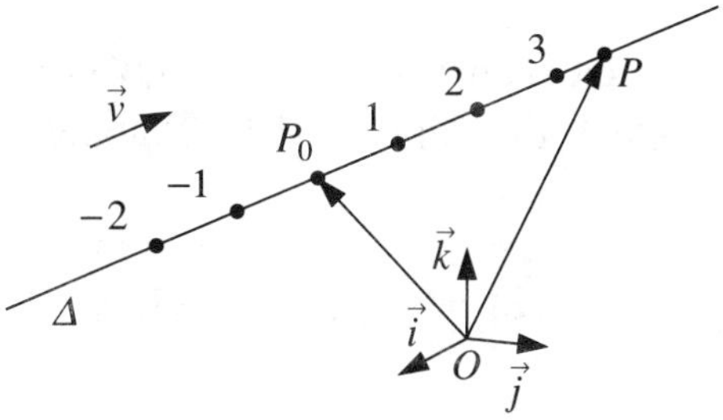

Figure 7.4

Si, dans la dernière équation, on exprime les vecteurs $\overrightarrow{OP}$, $\overrightarrow{OP_0}$ et $\vec{v}$ à l'aide de leurs composantes relativement à la base $(\vec{i}, \vec{j}, \vec{k})$, on obtient l'équation vectorielle de la droite Δ :

$$(x, y, z) = (x_0, y_0, z_0) + t(a, b, c) \qquad \text{où } t \in \mathbb{R} \qquad \square$$

Étant donné une droite Δ qui passe par un point P_0 et dont $\vec{v}$ est un vecteur directeur, le scalaire t tel que $\overrightarrow{P_0P_1} = t\vec{v}$ est unique, quel que soit le point P_1 de Δ. Réciproquement, étant donné un scalaire t, il existe un unique point P_1 de Δ tel que $\overrightarrow{P_0P_1} = t\vec{v}$. Autrement dit, il existe une correspondance biunivoque entre les points de Δ et les nombres réels (fig. 7.4). De même, dans l'équation vectorielle d'une droite, $(x, y, z) = (x_0, y_0, z_0) + t(a, b, c)$, à chaque valeur de t correspond un unique point $P_1(x_1, y_1, z_1)$ de la droite et à chaque point $P_1(x_1, y_1, z_1)$ de la droite correspond une unique valeur de t.

Exemple 7.1

Soit la droite Δ d'équation vectorielle $(x, y, z) = (1, -1, 3) + t(1, 0, 1)$ où $t \in \mathbb{R}$.

Si $t = 0$, alors $P(x, y, z) = (1, -1, 3)$;
si $t = 1$, alors $P(x, y, z) = (2, -1, 4)$;
si $t = -2$, alors $P(x, y, z) = (-1, -1, 1)$.

Donc, $P_0(1, -1, 3)$, $P_1(2, -1, 4)$ et $P_2(-1, -1, 1)$ sont des points de Δ.

Exemple 7.2

Soit

$$(x, y, z) = (-1, 1, 1) + t(1, -2, 1) \qquad \text{où } t \in \mathbb{R}$$

l'équation vectorielle du lieu d'un ensemble de points $P(x, y, z)$. On sait que cette équation décrit une droite Δ. Le point $M(-1, 1, 2)$ appartient donc à Δ seulement si l'équation

$$(-1, 1, 2) = (-1, 1, 1) + t(1, -2, 1)$$

ou encore

$$(-1, 1, 2) = (-1 + t, 1 - 2t, 1 + t)$$

admet une solution, c'est-à-dire, d'après la définition d'équipollence de deux vecteurs, si le système linéaire

$$\begin{cases} -1 + \ t = -1 \\ \ 1 - 2t = \ \ 1 \\ \ 1 + \ t = \ \ 2 \end{cases}$$

admet une solution. Or, ce système est incompatible. Donc, le point $M(-1, 1, 2)$ n'appartient pas à la droite Δ.

De façon analogue, le point $N(2, -5, 4)$ appartient à Δ seulement si l'équation

$$(2, -5, 4) = (-1, 1, 1) + t(1, -2, 1) = (-1 + t, 1 - 2t, 1 + t)$$

admet une solution, c'est-à-dire si le système linéaire

$$\begin{cases} -1 + \ t = \ \ 2 \\ \ 1 - 2t = -5 \\ \ 1 + \ t = \ \ 4 \end{cases}$$

admet une solution. Or, il est clair que $t = 3$ est l'unique solution de ce système. Donc, $N(2, -5, 4)$ est un point de la droite Δ et $\overrightarrow{P_0N} = 3\vec{v}$ pour $P_0(-1, 1, 1)$ et $\vec{v} = (1, -2, 1)$.

Si on connaît deux points d'une droite Δ, on peut aisément trouver un vecteur directeur de Δ. En effet, si $P_0(x_0, y_0, z_0)$ et $P_1(x_1, y_1, z_1)$ sont deux points d'une droite Δ, alors tout vecteur parallèle à $\overrightarrow{P_0P_1} = (x_1 - x_0, y_1 - y_0, z_1 - z_0)$ est un vecteur directeur de Δ. L'équation vectorielle de Δ est dans ce cas

$$(x, y, z) = (x_0, y_0, z_0) + t(x_1 - x_0, y_1 - y_0, z_1 - z_0) \quad \text{où } t \in \mathbb{R}$$

Exemple 7.3

Soit Δ la droite qui passe par les points $M(1, 0, 2)$ et $N(5, 4, -8)$. Étant donné que $\overrightarrow{MN} = (4, 4, -10)$, on peut choisir, par exemple, $\vec{v} = (1/2)\overrightarrow{MN} = (2, 2, -5)$ comme vecteur directeur de Δ. L'équation vectorielle de cette droite est alors

$$(x, y, z) = (1, 0, 2) + t(2, 2, -5) \quad \text{où } t \in \mathbb{R}$$

ou encore

$$(x, y, z) = (5, 4, -8) + s(2, 2, -5) \quad \text{où } s \in \mathbb{R}$$

Il existe en fait une infinité de façons d'écrire l'équation vectorielle de Δ, qui dépendent du choix du point d'appui et du vecteur directeur.

Proposition 7.2 Équations paramétriques d'une droite
Dans un repère $R : (O, \vec{i}, \vec{j}, \vec{k})$, soit $P_0(x_0, y_0, z_0)$ un point donné d'une droite Δ, et $\vec{v} = (a, b, c)$ un vecteur directeur de Δ. Si $P(x, y, z)$ est un point quelconque de Δ, alors les équations paramétriques de Δ sont

$$x = x_0 + at \qquad y = y_0 + bt \qquad z = z_0 + ct \qquad \text{où } t \in \mathbb{R}$$

Preuve
On sait que l'équation vectorielle de Δ est (proposition 7.1)

$$(x, y, z) = (x_0, y_0, z_0) + t(a, b, c) \quad \text{où } t \in \mathbb{R}$$

En calculant la somme vectorielle du membre de droite, on obtient

$$(x, y, z) = (x_0 + at, y_0 + bt, z_0 + ct) \quad \text{où } t \in \mathbb{R}$$

La définition de l'équipollence de deux vecteurs permet d'établir les équations paramétriques de la droite Δ :

$$x = x_0 + at \qquad y = y_0 + bt \qquad z = z_0 + ct \qquad \text{où } t \in \mathbb{R}$$

Ces équations donnent respectivement l'abscisse, l'ordonnée et la cote de tout point $P(x, y, z)$ de Δ. ❏

Exemple 7.4

Soit Δ une droite parallèle au vecteur $\vec{v} = (1, -1, 2)$, et P un point de Δ. On veut trouver les coordonnées de P sachant que le point $P_0(1, 0, 1)$ appartient à Δ et que l'abscisse de P est 2.

Les équations paramétriques de Δ sont :

$$x = 1 + t \qquad y = -t \qquad z = 1 + 2t \qquad \text{où } t \in \mathbb{R}$$

Le point P de Δ, d'abscisse 2, doit vérifier l'équation paramétrique

$$2 = 1 + t \quad \text{ou encore} \quad t = 1$$

Pour $t = 1$, les équations paramétriques de l'ordonnée et de la cote sont respectivement

$$y = -t = -1 \qquad z = 1 + 2t = 3$$

Ainsi, le point de Δ ayant 2 comme abscisse est $P(2, -1, 3)$.

Proposition 7.3   Équations canoniques d'une droite

Dans un repère $R : (O, \vec{i}, \vec{j}, \vec{k})$, soit $P_0(x_0, y_0, z_0)$ un point donné d'une droite Δ et $\vec{v} = (a, b, c)$ un vecteur directeur de Δ tel que $a \neq 0$, $b \neq 0$ et $c \neq 0$. Si $P(x, y, z)$ est un point quelconque de Δ, alors les équations canoniques de Δ sont

$$\frac{x - x_0}{a} = \frac{y - y_0}{b} = \frac{z - z_0}{c}$$

Preuve

Les équations paramétriques de la droite Δ sont (proposition 7.2)

$$x = x_0 + at \qquad y = y_0 + bt \qquad z = z_0 + ct \qquad \text{où } t \in \mathbb{R}$$

En isolant t dans chacune des équations, on obtient (puisque a, b et c sont non nuls par hypothèse) :

$$t = \frac{x - x_0}{a} \,, \qquad t = \frac{y - y_0}{b} \,, \qquad t = \frac{z - z_0}{c}$$

Les équations canoniques de la droite Δ sont donc

$$\frac{x - x_0}{a} = \frac{y - y_0}{b} = \frac{z - z_0}{c} \qquad \text{où } a \neq 0, \, b \neq 0 \text{ et } c \neq 0 \qquad \square$$

Une droite Δ dont les trois paramètres directeurs a, b et c sont non nuls n'est perpendiculaire à aucun des vecteurs du repère. Dans le cas d'une droite Δ perpendiculaire à l'un des vecteurs du repère, en isolant le paramètre t, on obtient les formes suivantes :

$$x = x_0, \qquad \frac{y - y_0}{b} = \frac{z - z_0}{c} \qquad \text{si } a = 0 \text{, c'est-à-dire } \Delta \perp \vec{i}$$

$$y = y_0, \qquad \frac{x - x_0}{a} = \frac{z - z_0}{c} \qquad \text{si } b = 0 \text{, c'est-à-dire } \Delta \perp \vec{j}$$

$$z = z_0, \qquad \frac{x - x_0}{a} = \frac{y - y_0}{b} \qquad \text{si } c = 0 \text{, c'est-à-dire } \Delta \perp \vec{k}$$

Si la droite Δ est perpendiculaire à deux vecteurs du repère, alors deux de ses paramètres directeurs sont nuls. Dans ce cas,

$$x = x_0, y = y_0 \;\; \text{si } a = 0 \text{ et } b = 0 \text{, c'est-à-dire si } \Delta \perp \vec{i} \text{ et } \Delta \perp \vec{j}$$

$$x = x_0, z = z_0 \;\; \text{si } a = 0 \text{ et } c = 0 \text{, c'est-à-dire si } \Delta \perp \vec{i} \text{ et } \Delta \perp \vec{k}$$

$$y = y_0, z = z_0 \;\; \text{si } b = 0 \text{ et } c = 0 \text{, c'est-à-dire si } \Delta \perp \vec{j} \text{ et } \Delta \perp \vec{k}$$

Exemple 7.5

Soit la droite Δ d'équations

$$\frac{2x-4}{2} = \frac{3-3y}{9} = z$$

On cherche un vecteur directeur et trois points de Δ.

Les équations canoniques de Δ sont

$$x - 2 = \frac{y-1}{-3} = z$$

Donc, $\vec{v} = (1, -3, 1)$ est un vecteur directeur de Δ et $P_0(2, 1, 0)$ est le point d'appui de Δ. On trouve deux autres points de Δ en assignant une valeur soit à x, soit à y, soit à z. Par exemple, en posant $x = 0$, on obtient $y = 7$ et $z = -2$; en posant $z = -1$, on obtient $x = 1$ et $y = 4$. Ainsi, $P_1(0, 7, -2)$ et $P_2(1, 4, -1)$ sont deux points de Δ.

Exemple 7.6

Il est plus facile de trouver des points d'une droite Δ si celle-ci est donnée par ses équations paramétriques. La droite Δ de l'exemple 7.5 a comme équations paramétriques

$$x = 2 + t \qquad y = 1 - 3t \qquad z = t \qquad \text{où } t \in \mathbb{R}$$

Il suffit d'assigner des valeurs à t pour déterminer des points de cette droite. Ainsi, si $t = 0$, alors $x = 2$, $y = 1$, $z = 0$; si $t = 1$, alors $x = 3$, $y = -2$, $z = 1$. Donc, $M(2, 1, 0)$ et $N(3, -2, 1)$ sont des points de Δ.

Exercices suggérés : 1 à 13, p. 378-382.

7.2   Position relative de deux droites

Deux droites de l'espace peuvent être parallèles (confondues ou disjointes) ou encore non parallèles (concourantes ou gauches). Dans la présente section, on indique comment déterminer la position relative de deux droites quelconques de l'espace. Ainsi, on définit les notions de droites parallèles (confondues ou disjointes), de droites concourantes et de droites gauches.

Droites parallèles

Deux droites Δ_1 et Δ_2 sont parallèles si et seulement si leurs vecteurs directeurs respectifs, $\vec{v}_1$ et $\vec{v}_2$, sont parallèles :

$$\Delta_1 \mathbin{/\!/} \Delta_2 \iff \vec{v}_1 = k\vec{v}_2$$

Deux droites parallèles sont soit confondues, soit disjointes (fig. 7.5).

1er cas :   Droites parallèles confondues

Deux droites parallèles sont dites confondues si elles contiennent les mêmes points. Étant donné deux droites parallèles Δ_1 et Δ_2, il suffit de prendre un point P quelconque de Δ_1 et de vérifier qu'il satisfait à l'équation de Δ_2 pour montrer que Δ_1 et Δ_2 sont confondues.

2e cas :   Droites parallèles disjointes

Deux droites parallèles sont dites disjointes (ou **distinctes**) si elles n'ont aucun point commun. Étant donné deux droites parallèles Δ_1 et Δ_2, il suffit de prendre un point P quelconque de Δ_1 et de vérifier qu'il ne satisfait pas à l'équation de Δ_2 pour montrer que Δ_1 et Δ_2 sont disjointes.

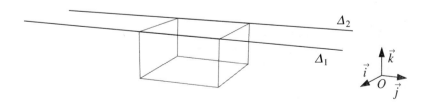

Figure 7.5   Droites parallèles disjointes.

Droites non parallèles

Deux droites Δ_1 et Δ_2 non parallèles (c'est-à-dire dont les vecteurs directeurs ne sont pas parallèles) sont soit concourantes soit gauches.

1er cas : Droites concourantes

Deux droites sont dites concourantes (ou **sécantes**) si elles ont un et un seul point commun (fig. 7.6). Pour déterminer l'intersection de deux droites Δ_1 et Δ_2, on vérifie par exemple que les coordonnées d'un point P_1 données par les équations paramétriques de Δ_1 satisfont aux équations canoniques de Δ_2, ou encore on résout un système linéaire formé des équations paramétriques de Δ_1 et de Δ_2.

2e cas : Droites gauches

Deux droites Δ_1 et Δ_2 non parallèles sont dites gauches si elles n'ont aucun point commun (fig. 7.7). Pour montrer que deux droites non parallèles Δ_1 et Δ_2 sont gauches, on prouve que les coordonnées d'un point P_1 données par les équations paramétriques de Δ_1 ne satisfont pas aux équations canoniques de Δ_2, ou encore qu'un système linéaire formé des équations paramétriques de Δ_1 et de Δ_2 est incompatible.

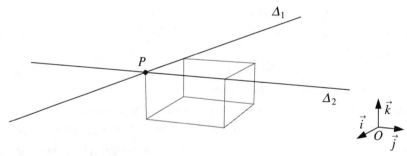

Figure 7.6 Droites concourantes.

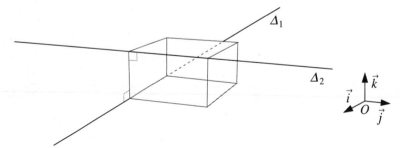

Figure 7.7 Droites gauches.

Exemple 7.7

Étudier la position relative des droites suivantes :

$$\Delta_1 : \frac{x-4}{3} = \frac{y-2}{-1} = \frac{z+1}{-3} \qquad \Delta_2 : \frac{x-7}{-6} = \frac{y+1}{2} = \frac{z+10}{6}$$

$$\Delta_3 : \frac{x+1}{6} = \frac{y-1}{-2} = \frac{z+1}{-6} \qquad \Delta_4 : \frac{x+2}{3} = \frac{y-5}{-2} = \frac{z+3}{5}$$

a) Δ_1 et Δ_2

Les vecteurs directeurs de Δ_1 et de Δ_2 sont respectivement $\vec{v}_1 = (3, -1, -3)$ et $\vec{v}_2 = (-6, 2, 6)$. Puisque $\vec{v}_2 = -2\vec{v}_1$, alors $\vec{v}_1 \mathbin{/\!/} \vec{v}_2$ et les droites Δ_1 et Δ_2 sont parallèles. De plus, $P_1(4, 2, -1) \in \Delta_1$, mais $P_1 \notin \Delta_2$ étant donné que ce point ne vérifie pas l'égalité

$$\frac{x-7}{-6} = \frac{y+1}{2}$$

En effet,

$$\frac{4-7}{-6} \neq \frac{2+1}{2}$$

Les droites Δ_1 et Δ_2 sont donc parallèles et disjointes.

b) Δ_1 et Δ_3

Les vecteurs directeurs de Δ_1 et de Δ_3 sont respectivement $\vec{v}_1 = (3, -1, -3)$ et $\vec{v}_3 = (6, -2, -6)$. Puisque $\vec{v}_3 = 2\vec{v}_1$, alors $\vec{v}_1 \mathbin{/\!/} \vec{v}_3$ et les droites Δ_1 et Δ_2 sont parallèles. De plus, $P_1(4, 2, -1) \in \Delta_1$, mais $P_1 \notin \Delta_3$ étant donné que ce point ne vérifie pas l'égalité

$$\frac{x+1}{6} = \frac{y-1}{-2}$$

En effet,

$$\frac{4+1}{6} \neq \frac{2-1}{-2}$$

Les droites Δ_1 et Δ_3 sont parallèles et disjointes.

c) Δ_1 et Δ_4

Les vecteurs directeurs de Δ_1 et de Δ_4 sont respectivement $\vec{v}_1 = (3, -1, -3)$ et $\vec{v}_4 = (3, -2, 5)$. Puisqu'il n'existe aucun scalaire k tel que $\vec{v}_1 \neq k\vec{v}_4$, les droites Δ_1 et Δ_4 ne sont pas parallèles.

Si les droites Δ_1 et Δ_4 sont concourantes, elles ont un et un seul point commun. Les équations paramétriques de Δ_1 sont :

$$x = 4 + 3t \qquad y = 2 - t \qquad z = -1 - 3t \qquad \text{où } t \in \mathbb{R}$$

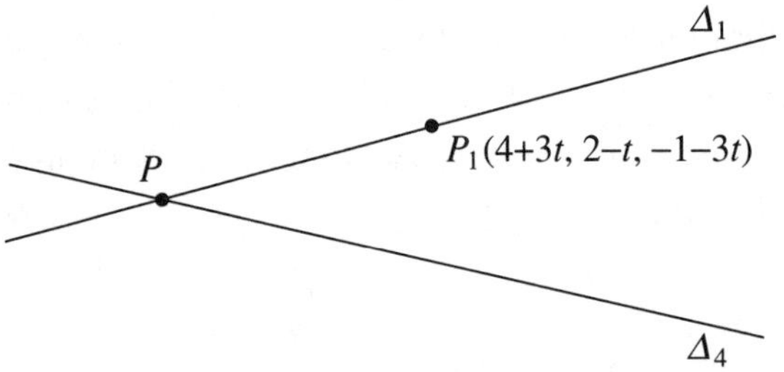

Figure 7.8

Ainsi, $P_1 \in \Delta_1 \Leftrightarrow P_1(4 + 3t, 2 - t, -1 - 3t)$ où $t \in \mathbb{R}$ (fig. 7.8). On veut déterminer s'il existe une valeur de t telle que $P_1 \in \Delta_4$, c'est-à-dire telle que les équations canoniques de Δ_4 sont vérifiées. On a

$$\Delta_4 : \frac{x + 2}{3} = \frac{y - 5}{-2} = \frac{z + 3}{5}$$

et $P_1 \in \Delta_4$ si et seulement si il existe une valeur de t telle que

$$\frac{(4 + 3t) + 2}{3} = \frac{(2 - t) - 5}{-2} = \frac{(-1 - 3t) + 3}{5}$$

Ces égalités sont vérifiées si $t = -1$; en remplaçant t par -1 dans les équations paramétriques de Δ_1, on obtient :

$$x = 4 + 3t = 4 + 3(-1) = 1$$
$$y = 2 - t = 2 - (-1) = 3$$
$$z = -1 - 3t = -1 - 3(-1) = 2$$

Donc, $P_1(1, 3, 2)$ est un point commun de Δ_1 et Δ_4 : ces deux droites sont concourantes.

On peut aussi déterminer si Δ_1 et Δ_4 sont concourantes en résolvant un système linéaire formé des équations paramétriques des deux droites. Il faut alors prendre soin d'employer un paramètre différent pour chaque droite. Soit s et t deux scalaires. On a (fig. 7.9)

$$\Delta_1 : x = 4 + 3s \qquad y = 2 - s \qquad z = -1 - 3s \qquad \text{où } s \in \mathbb{R}$$

et

$$\Delta_4 : x = -2 + 3t \qquad y = 5 - 2t \qquad z = -3 + 5t \qquad \text{où } t \in \mathbb{R}$$

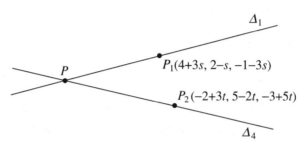

Figure 7.9

Si P est un point commun de Δ_1 et Δ_4, alors

$$\begin{array}{ll}
\text{abscisse :} & 4 + 3s = -2 + 3t \\
\text{ordonnée :} & 2 - s = 5 - 2t \\
\text{cote :} & -1 - 3s = -3 + 5t
\end{array} \qquad \text{où } s, t \in \mathbb{R}$$

Il s'agit donc de résoudre le système linéaire

$$\begin{cases} 3s - 3t = -6 \\ -s + 2t = 3 \\ -3s - 5t = -2 \end{cases}$$

En appliquant la méthode de Gauss-Jordan à la matrice complète du système, on obtient

$$\begin{bmatrix} 3 & -3 & -6 \\ -1 & 2 & 3 \\ -3 & -5 & -2 \end{bmatrix} \sim \cdots \sim \begin{bmatrix} 1 & 0 & -1 \\ 0 & 1 & 1 \\ 0 & 0 & 0 \end{bmatrix}$$

d'où $s = -1$ et $t = 1$. Les droites Δ_1 et Δ_4 ont donc un et un seul point commun et on trouve, par substitution dans les équations paramétriques d'une des droites, que ce point est $P(1, 3, 2)$.

d) Δ_3 et Δ_4

Les vecteurs directeurs de Δ_3 et de Δ_4 sont $\vec{v}_3 = (6, -2, -6) = 2(3, -1, -3)$ et $\vec{v}_4 = (3, -2, 5)$ respectivement. Puisqu'il n'existe aucun scalaire k tel que $\vec{v}_3 = k\vec{v}_4$, les droites Δ_3 et Δ_4 ne sont pas parallèles : elles peuvent être concourantes ou gauches.

Les équations paramétriques de Δ_3 sont :

$$x = -1 + 3s \qquad y = 1 - s \qquad z = -1 - 3s \qquad \text{où } s \in \mathbb{R}$$

Ainsi, $P \in \Delta_3 \Leftrightarrow P(-1 + 3s, 1 - s, -1 - 3s)$ où $s \in \mathbb{R}$. Les droites Δ_3 et Δ_4 ont un point commun si et seulement si il existe une valeur de s telle que le point P vérifie les équations canoniques de Δ_4 :

$$\frac{x+2}{3} = \frac{y-5}{-2} = \frac{z+3}{5}$$

Autrement dit,

$$P \in \Delta_4 \Leftrightarrow \frac{(-1+3s)+2}{3} = \frac{(1-s)-5}{-2} = \frac{(-1-3s)+3}{5}$$

La première égalité est satisfaite si $s = 10/3$, et la dernière si $s = -16/11$. Ainsi, il n'existe pas de valeur de s telle que le point P vérifie les équations canoniques de Δ_4. Donc, les droites Δ_3 et Δ_4 n'ont aucun point commun et, puisqu'elles ne sont pas parallèles, ce sont des droites gauches.

On peut aussi montrer que Δ_3 et Δ_4 sont des droites gauches en utilisant leurs équations paramétriques :

$$\Delta_3 : x = -1 + 3s \qquad y = 1 - s \qquad z = -1 - 3s \qquad \text{où } s \in \mathbb{R}$$

et

$$\Delta_4 : x = -2 + 3t \qquad y = 5 - 2t \qquad z = -3 + 5t \qquad \text{où } t \in \mathbb{R}$$

Si Δ_3 et Δ_4 ont un point commun, ce point est donné par

$$
\begin{aligned}
\text{abscisse :} \quad & -1 + 3s = -2 + 3t \\
\text{ordonnée :} \quad & 1 - s = 5 - 2t \\
\text{cote :} \quad & -1 - 3s = -3 + 5t
\end{aligned}
$$

Le système d'équations linéaires associé à ces trois équations est

$$
\left\{
\begin{aligned}
3s - 3t &= -1 \\
-s + 2t &= 4 \\
-3s - 5t &= -2
\end{aligned}
\right.
$$

Il est incompatible puisque sa matrice complète est équivalente à la matrice échelonnée réduite

$$
\left[
\begin{array}{cc|c}
1 & 0 & 0 \\
0 & 1 & 0 \\
0 & 0 & 1
\end{array}
\right]
$$

Donc, Δ_3 et Δ_4 n'ont aucun point commun : ce sont des droites gauches.

Exercices suggérés : 14 à 25, p. 382-384.

7.3 Le plan

En géométrie plane, on définit un plan comme une surface telle qu'une droite qui joint deux de ses points y est contenue tout entière. Cette géométrie étudie les figures dont toutes les parties sont dans un même plan. Par une droite donnée de l'espace, on peut faire passer une infinité de plans distincts; ainsi, une droite ne suffit pas à déterminer un plan. Cependant, par une droite donnée et un point fixe extérieur à cette droite, on peut faire passer un plan et un seul.

On représente graphiquement un plan par un parallélogramme, bien qu'il s'agisse en fait d'une surface illimitée (fig. 7.10).

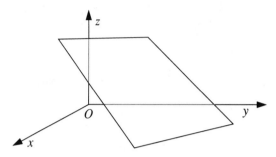

Figure 7.10

Définition 7.2   Vecteur directeur
Un vecteur non nul parallèle à un plan π est un vecteur directeur de π.   ❑

La géométrie vectorielle permet de décrire les plans de l'espace à l'aide de vecteurs. Pour déterminer l'équation d'un plan π, on doit connaître deux vecteurs directeurs de π, non parallèles entre eux, et un point de π, appelé point d'appui. Ces éléments peuvent être donnés sous diverses formes. En voici quelques-unes.

Trois points non colinéaires
Soit P_0, P_1 et P_2 trois points non colinéaires d'un plan π. Ces trois points fournissent (fig. 7.11) :

i) deux vecteurs directeurs de π, les vecteurs $\vec{v}_1 = \overrightarrow{P_0P_1}$ et $\vec{v}_2 = \overrightarrow{P_0P_2}$ où $\vec{v}_1 \neq k\vec{v}_2$ pour tout scalaire k;

ii) un point d'appui P_0 dans π.

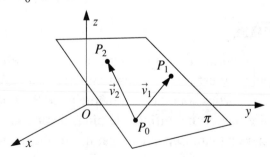

Figure 7.11

Une droite et un point extérieur à la droite

Soit une droite Δ d'un plan π et P_0 un point de π extérieur à Δ. Ces éléments fournissent (fig. 7.12) :

i) deux vecteurs directeurs de π, soit $\vec{v}_1$ un vecteur directeur de Δ et $\vec{v}_2$ le vecteur directeur de π qui joint un point connu P_1 de Δ au point donné P_0 du plan π ($\vec{v}_2 = k\overrightarrow{P_1 P_0}$ où k est un scalaire);

ii) un point d'appui P_0 dans π.

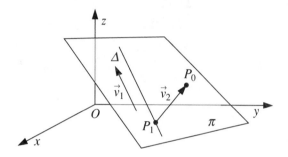

Figure 7.12

Deux droites concourantes

Soit Δ_1 et Δ_2 deux droites concourantes de π. Ces droites fournissent (fig. 7.13):

i) deux vecteurs directeurs de π, soit les vecteurs $\vec{v}_1$ et $\vec{v}_2$, respectivement des vecteurs directeurs de Δ_1 et de Δ_2;

ii) un point d'appui P_0 dans π, soit le point d'intersection de Δ_1 et de Δ_2, par exemple.

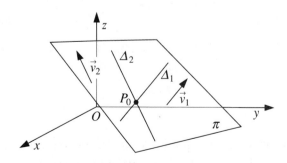

Figure 7.13

Deux droites parallèles disjointes

Soit Δ_1 et Δ_2 deux droites parallèles disjointes. Ces droites fournissent (fig. 7.14) :

i) deux vecteurs directeurs de π, soit $\vec{v}_1$ un vecteur directeur des droites parallèles et $\vec{v}_2$ un vecteur qui joint un point P_1 de Δ_1 à un point P_2 de Δ_2 ($\vec{v}_2 = k\overrightarrow{P_1P_2}$ où k est un scalaire);

ii) un point d'appui P_0 dans π, par exemple un point P_1 de Δ_1.

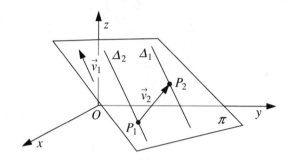

Figure 7.14

En géométrie analytique, on détermine donc l'équation algébrique d'un plan π dans un repère orthonormé $R : (O, \vec{i}, \vec{j}, \vec{k})$ à l'aide d'un point d'appui $P_0(x_0, y_0, z_0)$ et de deux vecteurs directeurs $\vec{v}_1$ et $\vec{v}_2$ de π tels que $\vec{v}_1 \neq k\vec{v}_2$ pour tout scalaire k (fig. 7.15).

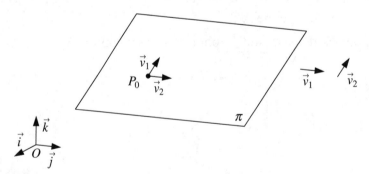

Figure 7.15

Dans ce qui suit, on présente les équations vectorielle, paramétriques et cartésienne du plan, de même que le concept de vecteur normal à un plan. On remarquera les liens étroits qui existent entre la géométrie vectorielle et la géométrie analytique.

Proposition 7.4   Équation vectorielle d'un plan

Dans un repère $R : (O, \vec{i}, \vec{j}, \vec{k})$, soit $P_0(x_0, y_0, z_0)$ un point donné d'un plan π, et $\vec{v}_1 = (a_1, b_1, c_1)$ et $\vec{v}_2 = (a_2, b_2, c_2)$ deux vecteurs directeurs de π. Si $P(x, y, z)$ désigne un point quelconque de π, alors l'équation vectorielle de π est

$$(x, y, z) = (x_0, y_0, z_0) + r(a_1, b_1, c_1) + s(a_2, b_2, c_2) \qquad \text{où } r, s \in \mathbb{R}$$

Preuve

Dans π, on fait coïncider l'origine de $\vec{v}_1$ et de $\vec{v}_2$ avec le point d'appui P_0 de π (fig. 7.16). Puisque $\vec{v}_1$ et $\vec{v}_2$ sont linéairement indépendants, ils engendrent tous les vecteurs de π. Dans le repère $(P_0, \vec{v}_1, \vec{v}_2)$ de π, le vecteur position $\overrightarrow{P_0P}$ de $P(x, y, z)$ s'écrit comme une combinaison linéaire des vecteurs $\vec{v}_1$ et $\vec{v}_2$:

$$\overrightarrow{P_0P} = r\vec{v}_1 + s\vec{v}_2 \qquad \text{où } r, s \in \mathbb{R}$$

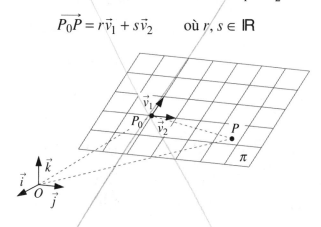

Figure 7.16

D'après la relation de Chasles, le vecteur position du point $P(x, y, z)$ dans le repère $R : (O, \vec{i}, \vec{j}, \vec{k})$ est

$$\overrightarrow{OP} = \overrightarrow{OP_0} + \overrightarrow{P_0P}$$

ou encore

$$\overrightarrow{OP} = \overrightarrow{OP_0} + r\vec{v}_1 + s\vec{v}_2 \qquad \text{où } r, s \in \mathbb{R}$$

En écrivant $\overrightarrow{OP}$, $\overrightarrow{OP_0}$, $\vec{v}_1$ et $\vec{v}_2$ à l'aide de leurs composantes dans R, on obtient l'équation vectorielle de π :

$$(x, y, z) = (x_0, y_0, z_0) + r(a_1, b_1, c_1) + s(a_2, b_2, c_2) \qquad r, s \in \mathbb{R} \qquad \square$$

On sait qu'à chaque point d'un plan π est associé un unique couple (r, s) de $\mathbb{R}^2$ et qu'à chaque couple (r, s) de $\mathbb{R}^2$ correspond un unique point de π. Autrement dit, il existe une correspondance biunivoque entre $\mathbb{R}^2$ et les points de tout plan π.

Si $P_0(x_0, y_0, z_0)$, $P_1(x_1, y_1, z_1)$ et $P_2(x_2, y_2, z_2)$ sont trois points non colinéaires d'un plan π, alors $\vec{v}_1 = \overrightarrow{P_0P_1}$ et $\vec{v}_2 = \overrightarrow{P_0P_2}$ sont deux vecteurs directeurs de π. L'équation vectorielle du plan π

$$\overrightarrow{OP} = \overrightarrow{OP_0} + r\vec{v}_1 + s\vec{v}_2$$

devient

$$\begin{aligned}
\overrightarrow{OP} &= \overrightarrow{OP_0} + r\overrightarrow{P_0P_1} + s\overrightarrow{P_0P_2} \\
&= \overrightarrow{OP_0} + r\left(\overrightarrow{P_0O} + \overrightarrow{OP_1}\right) + s\left(\overrightarrow{P_0O} + \overrightarrow{OP_2}\right) \\
&= (1 - r - s)\overrightarrow{OP_0} + r\overrightarrow{OP_1} + s\overrightarrow{OP_2}
\end{aligned}$$

En écrivant chaque vecteur à l'aide de ses composantes dans $R : (O, \vec{i}, \vec{j}, \vec{k})$, on obtient

$$(x, y, z) = (1 - r - s)(x_0, y_0, z_0) + r(x_1, y_1, z_1) + s(x_2, y_2, z_2) \qquad \text{où } r, s \in \mathbb{R}$$

On peut aussi déterminer les deux vecteurs directeurs $\vec{v}_1$ et $\vec{v}_2$ à l'aide des points P_0, P_1 et P_2 et appliquer directement la proposition 7.4.

Exemple 7.8

Soit π un plan passant par $P_0(1, -1, 1)$ et parallèle aux vecteurs $\vec{v}_1 = (2, -1, 3)$ et $\vec{v}_2 = (1, 2, 1)$. L'équation vectorielle de π est

$$\overrightarrow{OP} = \overrightarrow{OP_0} + r\vec{v}_1 + s\vec{v}_2$$

ou encore

$$(x, y, z) = (1, -1, 1) + r(2, -1, 3) + s(1, 2, 1) \qquad \text{où } r, s \in \mathbb{R}$$

En posant, par exemple, $r = 1$ et $s = 0$, puis $r = 1$ et $s = 1$, on obtient deux points de π :

$$P_1(3, -2, 4) \quad \text{et} \quad P_2(4, 0, 5)$$

Proposition 7.5   Équations paramétriques d'un plan

Dans un repère $R : (O, \vec{i}, \vec{j}, \vec{k})$, soit $P_0(x_0, y_0, z_0)$ un point fixe d'un plan π, et soit $\vec{v}_1 = (a_1, b_1, c_1)$ et $\vec{v}_2 = (a_2, b_2, c_2)$ deux vecteurs directeurs non parallèles de π. Si $P(x, y, z)$ désigne un point quelconque de π, alors les équations paramétriques de π sont

$$x = x_0 + ra_1 + sa_2 \qquad y = y_0 + rb_1 + sb_2 \qquad z = z_0 + rc_1 + sc_2 \qquad \text{où } r, s \in \mathbb{R}$$

Preuve

L'équation vectorielle de π est (proposition 7.4)

$$(x, y, z) = (x_0, y_0, z_0) + r(a_1, b_1, c_1) + s(a_2, b_2, c_2) \qquad \text{où } r, s \in \mathbb{R}$$

En effectuant l'addition vectorielle du membre de droite, on obtient

$$(x, y, z) = (x_0 + ra_1 + sa_2, y_0 + rb_1 + sb_2, z_0 + rc_1 + sc_2)$$

et, selon la définition de l'équipollence de deux vecteurs,

$$x = x_0 + ra_1 + sa_2 \quad y = y_0 + rb_1 + sb_2 \quad z = z_0 + rc_1 + sc_2 \qquad \text{où } r, s \in \mathbb{R} \qquad \square$$

Exemple 7.9

Soit π un plan défini par les équations paramétriques

$$x = 1 + r - s \qquad y = -1 + 2r - s \qquad z = 1 - r + 2s \qquad \text{où } r, s \in \mathbb{R}$$

On veut trouver deux points de π et deux vecteurs parallèles à π.

En posant $r = 0$ et $s = 0$, on obtient le point $P_1(1, -1, 1)$, puis en posant $r = 1$ et $s = 2$, on obtient le point $P_2(0, -1, 4)$. Si on se réfère à la forme vectorielle de l'équation de π, on constate que les coefficients de r et de s dans les équations paramétriques de π sont respectivement les composantes de deux vecteurs directeurs $\vec{v}_1$ et $\vec{v}_2$ de π :

$$\vec{v}_1 = (1, 2, -1) \quad \text{et} \quad \vec{v}_2 = (-1, -1, 2)$$

Proposition 7.6   Équation cartésienne d'un plan

Dans un repère $R : (O, \vec{i}, \vec{j}, \vec{k})$, soit $P_0(x_0, y_0, z_0)$ un point fixe d'un plan π, et soit $\vec{v}_1 = (a_1, b_1, c_1)$ et $\vec{v}_2 = (a_2, b_2, c_2)$ deux vecteurs directeurs non parallèles de π. Si $P(x, y, z)$ désigne un point quelconque de π, alors l'équation cartésienne de π est

$$Ax + By + Cz + D = 0$$

Preuve

Puisque les vecteurs $\vec{v}_1$, $\vec{v}_2$ et $\overrightarrow{P_0P}$ sont coplanaires, leur produit mixte est nul :

$$\overrightarrow{P_0P} \bullet (\vec{v}_1 \wedge \vec{v}_2) = \det \begin{bmatrix} x - x_0 & y - y_0 & z - z_0 \\ a_1 & b_1 & c_1 \\ a_2 & b_2 & c_2 \end{bmatrix} = 0$$

En développant le déterminant selon la première ligne, on a

$$(x - x_0)(b_1c_2 - b_2c_1) - (y - y_0)(a_1c_2 - a_2c_1) + (z - z_0)(a_1b_2 - a_2b_1) = 0$$

Si on pose $A = b_1c_2 - b_2c_1$, $B = -(a_1c_2 - a_2c_1)$ et $C = a_1b_2 - a_2b_1$, l'équation ci-dessus devient

$$A(x - x_0) + B(y - y_0) + C(z - z_0) = 0$$

En regroupant les termes en x, en y et en z, et en posant $D = -Ax_0 - By_0 - Cz_0$, on obtient la forme cartésienne de l'équation du plan :

$$Ax + By + Cz + D = 0 \qquad \qquad \Box$$

Selon la proposition 7.6, un plan dans l'espace est représenté par une équation linéaire à trois inconnues et, inversement, une équation linéaire à trois inconnues représente un plan dans l'espace. La forme cartésienne de l'équation d'un plan est l'une des plus commodes.

Si $P_0(x_0, y_0, z_0)$, $P_1(x_1, y_1, z_1)$ et $P_2(x_2, y_2, z_2)$ sont trois points donnés d'un plan π, un point arbitraire $P(x, y, z)$ de l'espace appartient à π si et seulement si les vecteurs $\overrightarrow{P_0P}$, $\overrightarrow{P_0P_1}$ et $\overrightarrow{P_0P_2}$ sont coplanaires. Autrement dit, P est un point de π si et seulement si

$$\overrightarrow{P_0P} \bullet \left(\overrightarrow{P_0P_1} \wedge \overrightarrow{P_0P_2}\right) = \det \begin{bmatrix} x - x_0 & y - y_0 & z - z_0 \\ x_1 - x_0 & y_1 - y_0 & z_1 - z_0 \\ x_2 - x_0 & y_2 - y_0 & z_2 - z_0 \end{bmatrix} = 0$$

En développant le déterminant du deuxième membre de cette égalité, on obtient une équation de la forme

$$Ax + By + Cz + D = 0$$

Définition 7.3   Vecteur normal à un plan

Un vecteur normal à un plan π est un vecteur $\vec{N}$ orthogonal à toutes les droites de π (fig. 7.17).   ❑

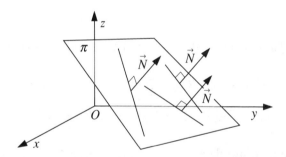

Figure 7.17

Proposition 7.7

Soit $Ax + By + Cz + D = 0$ l'équation cartésienne d'un plan π et $P_0(x_0, y_0, z_0)$ un point fixe de π. Le vecteur $\vec{N} = (A, B, C)$ est normal à π.

Preuve

Soit $\vec{v} = (a, b, c)$ un vecteur directeur de π. On fait coïncider l'origine de $\vec{v}$ avec P_0 et on désigne par $P(x, y, z)$ l'extrémité de $\vec{v}$ (fig. 7.18) :

$$\overrightarrow{P_0P} = \vec{v} = (a, b, c)$$
$$(x - x_0, y - y_0, z - z_0) = (a, b, c)$$

Les coordonnées de P sont alors

$$x = x_0 + a \qquad\qquad y = y_0 + b \qquad\qquad z = z_0 + c$$

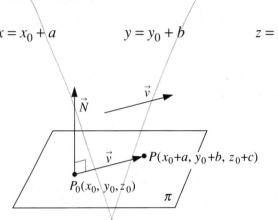

Figure 7.18

Puisque le point P appartient à π, il vérifie l'équation $Ax + By + Cz + D = 0$:

$$A(x_0 + a) + B(y_0 + b) + C(z_0 + c) + D = 0$$

$$(Ax_0 + By_0 + Cz_0 + D) + Aa + Bb + Cc = 0$$

Or, $P(x_0, y_0, z_0)$ est un point de π, ce qui implique que $Ax_0 + By_0 + Cz_0 + D = 0$. On a donc

$$Aa + Bb + Cc = 0$$

d'où

$$\vec{N} \bullet \vec{v} = 0$$

Ainsi, le vecteur $\vec{N}$ est orthogonal à tout vecteur directeur $\vec{v}$ de π et il est normal à π. ❏

⊳ Soit $\vec{v}_1$ et $\vec{v}_2$ deux vecteurs directeurs d'un plan π, et $\vec{N}$ un vecteur normal à π. Le vecteur $\vec{v}_1 \wedge \vec{v}_2$ est parallèle à $\vec{N}$ (fig. 7.19).

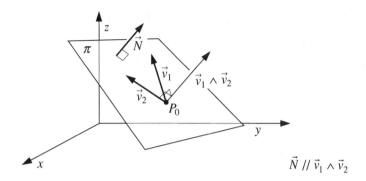

Figure 7.19

Exemple 7.10

On veut trouver l'équation cartésienne du plan π parallèle à chacun des vecteurs $\vec{v}_1 = (-1, -1, 4)$ et $\vec{v}_2 = (5, 1, 1)$, et passant par $P_0(1, 1, 1)$.

Soit $P(x, y, z)$ un point arbitraire de π. Les vecteurs $\overrightarrow{P_0P}$, $\vec{v}_1$ et $\vec{v}_2$ sont coplanaires, d'où

$$\overrightarrow{P_0P} \bullet (\vec{v}_1 \wedge \vec{v}_2) = 0$$

$$\det \begin{bmatrix} x-1 & y-1 & z-1 \\ -1 & -1 & 4 \\ 5 & 1 & 1 \end{bmatrix} = 0$$

Donc, l'équation cartésienne de π est

$$5x - 21y - 4z + 20 = 0$$

Exemple 7.11

On cherche l'équation cartésienne du plan π orthogonal au vecteur $2\vec{i} + \vec{j} + 2\vec{k}$ et passant par le point $M(-1, 1, 1)$.

Puisque $2\vec{i} + \vec{j} + 2\vec{k}$ est orthogonal au plan π, on peut prendre comme vecteur normal à ce plan $\vec{N} = (A, B, C) = (2, 1, 2)$. L'équation $Ax + By + Cz + D = 0$ s'écrit alors

$$2x + y + 2z + D = 0 \tag{1}$$

C'est l'équation générale de tous les plans (parallèles entre eux) auxquels le vecteur $\vec{N} = (2, 1, 2)$ est normal. Pour trouver l'équation cartésienne du plan π passant par le point $M(-1, 1, 1)$, on porte $x = -1$, $y = 1$ et $z = 1$ dans l'équation (1) :

$$2(-1) + 1(1) + 2(1) + D = 0$$
$$D = -1$$

Ainsi, l'équation recherchée est

$$2x + y + 2z - 1 = 0$$

Toute équation linéaire de la forme $Ax + By + Cz + D = 0$ définit un plan de l'espace dans un repère orthonormé. Si $D = 0$, le plan passe par l'origine du repère. Si seulement un des coefficients A, B et C est nul, l'équation ne détermine que deux des coordonnées des points $P(x, y, z)$ du plan; celui-ci est parallèle à l'axe des coordonnées non déterminées par l'équation. Si exactement deux des coefficients A, B et C sont nuls, l'équation ne détermine qu'une des coordonnées des points $P(x, y, z)$ du plan; celui-ci est parallèle aux axes des coordonnées non déterminées par l'équation, c'est-à-dire parallèle au plan portant ces deux axes. Ainsi, le plan d'équation $2x + 3y + 4z = 0$ passe par l'origine ($D = 0$). Le plan d'équation $3y + 4z + 3 = 0$ est parallèle à l'axe des x ($A = 0$), tandis que le plan d'équation $2x + 3y - 4 = 0$ est parallèle à l'axe des z ($C = 0$). Le plan d'équation $y = 3$ est parallèle à l'axe des x ($A = 0$) et à l'axe des z ($C = 0$) et, par conséquent, parallèle au plan déterminé par ces deux axes; le plan d'équation $y = 0$ ($D = 0$) est le plan supportant l'axe des x et l'axe des z.

Exercices suggérés : 26 à 34, p. 384-386.

7.4   **Position relative de plusieurs plans**

Deux plans de l'espace peuvent être parallèles (confondus ou disjoints) ou concourants. Trois plans non parallèles de l'espace se coupent en un point ou suivant une droite. Dans la présente section, on étudie ces différents cas, on définit ensuite la notion de faisceau de plans, puis on traite de la position relative d'une droite et d'un plan de l'espace.

Dans ce qui suit, on désigne par π_1 et π_2 deux plans auxquels les vecteurs

$$\vec{N}_1 = (A_1, B_1, C_1) \quad \text{et} \quad \vec{N}_2 = (A_2, B_2, C_2)$$

sont respectivement normaux.

Deux plans parallèles

Deux plans π_1 et π_2 sont parallèles si et seulement si les vecteurs $\vec{N}_1$ et $\vec{N}_2$ sont parallèles :

$$\pi_1 \,//\, \pi_2 \;\Leftrightarrow\; \vec{N}_1 = k\vec{N}_2 \qquad \text{où } k \in \mathbb{R}$$

Soit

$$\pi_1 : A_1 x + B_1 y + C_1 z + D_1 = 0 \quad \text{et} \quad \pi_2 : A_2 x + B_2 y + C_2 z + D_2 = 0$$

On a alors

$$\vec{N}_1 = k\vec{N}_2 \;\Leftrightarrow\; (A_1, B_1, C_1) = k(A_2, B_2, C_2)$$

ou encore, si $A_2 \neq 0$, $B_2 \neq 0$ et $C_2 \neq 0$,

$$\vec{N}_1 = k\vec{N}_2 \;\Leftrightarrow\; \frac{A_1}{A_2} = \frac{B_1}{B_2} = \frac{C_1}{C_2} = k$$

1er cas : Plans parallèles confondus

Si $D_1/D_2 = k$, les plans parallèles π_1 et π_2 sont confondus, c'est-à-dire que

$$P(x, y, z) \in \pi_1 \;\Leftrightarrow\; P(x, y, z) \in \pi_2$$

2e cas :   **Plans parallèles disjoints**

Si $D_1/D_2 \neq k$, les plans parallèles π_1 et π_2 n'ont aucun point commun; on dit qu'ils sont disjoints (fig. 7.20).

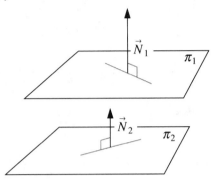

Figure 7.20   Plans parallèles disjoints.

Exemple 7.12

Soit deux plans

$$\pi_1 : 2x + y + z - 6 = 0 \quad \text{et} \quad \pi_2 : x + \frac{y}{2} + \frac{z}{2} + 10 = 0$$

Ces deux plans sont parallèles, car

$$\frac{A_1}{A_2} = 2 \qquad \frac{B_1}{B_2} = 2 \qquad \frac{C_1}{C_2} = 2$$

De plus, π_1 et π_2 sont disjoints puisque

$$\frac{D_1}{D_2} = -\frac{6}{10} \neq 2$$

Deux plans concourants

Deux plans π_1 et π_2 sont concourants si et seulement si $\vec{N}_1 \neq k\vec{N}_2$ pour tout scalaire k. L'intersection de π_1 et de π_2 est alors une droite Δ perpendiculaire aux vecteurs $\vec{N}_1$ et $\vec{N}_2$ (fig. 7.21) : si $\vec{v}$ est un vecteur directeur de Δ,

$$\vec{v} \perp \vec{N}_1 \quad \text{et} \quad \vec{v} \perp \vec{N}_2$$

Ainsi,

$$\vec{v} \,/\!/\, \vec{N}_1 \wedge \vec{N}_2$$

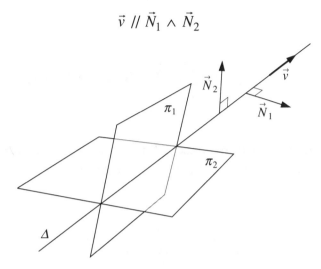

Figure 7.21 Deux plans concourants d'intersection Δ.

La droite d'intersection Δ est définie par le système linéaire

$$\begin{cases} A_1 x + B_1 y + C_1 z + D_1 = 0 \\ A_2 x + B_2 y + C_2 z + D_2 = 0 \end{cases}$$

tel qu'aucun scalaire k ne vérifie $A_1 = kA_2$, $B_1 = kB_2$ et $C_1 = kC_2$.

Le prochain exemple illustre une méthode géométrique et une méthode algébrique de calcul de la droite d'intersection de deux plans concourants.

Exemple 7.13

On veut trouver les équations paramétriques de la droite d'intersection Δ des plans

$$\pi_1 : 3x + 2y + 4z - 11 = 0 \quad \text{et} \quad \pi_2 : 2x + y - 3z - 1 = 0$$

Solution géométrique

Puisque $\Delta \in \pi_1$, le vecteur $\vec{N}_1$, normal à π_1, est orthogonal à Δ. De même, le vecteur $\vec{N}_2$, normal à π_2, est orthogonal à Δ, car $\Delta \in \pi_2$. Si $\vec{v}$ est un vecteur directeur de Δ, alors

$$\vec{v} \perp \vec{N}_1 \quad \text{et} \quad \vec{v} \perp \vec{N}_2$$

Ainsi, $\vec{v}$ // $\vec{N}_1 \wedge \vec{N}_2$ et on peut déterminer $\vec{v}$ en calculant $\vec{N}_1 \wedge \vec{N}_2$. On choisit, par exemple,

$$\vec{v} = \vec{N}_1 \wedge \vec{N}_2 = \det\begin{bmatrix} \vec{i} & \vec{j} & \vec{k} \\ 3 & 2 & 4 \\ 2 & 1 & -3 \end{bmatrix} = -10\vec{i} + 17\vec{j} - \vec{k}$$

Pour déterminer un point de Δ, on fixe arbitrairement la valeur d'une des variables dans les équations de π_1 et de π_2. Si on porte, par exemple, $x = 1$ dans les équations de π_1 et de π_2, on obtient

$$\begin{cases} 2y + 4z - 8 = 0 \\ y - 3z + 1 = 0 \end{cases}$$

d'où $y = 2$ et $z = 1$. Ainsi, le point $P_0(1, 2, 1)$ est un point de Δ.

Donc, les équations paramétriques de la droite Δ sont :

$$x = 1 - 10t \qquad y = 2 + 17t \qquad z = 1 - t \qquad \text{où } t \in \mathbb{R}$$

Solution algébrique

Il suffit de résoudre le système linéaire formé des équations de π_1 et de π_2 :

$$\begin{cases} 3x + 2y + 4z = 11 \\ 2x + y - 3z = 1 \end{cases}$$

En appliquant la méthode de Gauss-Jordan à ce système, on obtient :

$$A|B = \begin{bmatrix} 3 & 2 & 4 & | & 11 \\ 2 & 1 & -3 & | & 1 \end{bmatrix} \underset{L_1 - L_2 \to L_1}{\sim} \begin{bmatrix} 1 & 1 & 7 & | & 10 \\ 2 & 1 & -3 & | & 1 \end{bmatrix}$$

$$\underset{-L_2 + 2L_1 \to L_2}{\sim} \begin{bmatrix} 1 & 1 & 7 & | & 10 \\ 0 & 1 & 17 & | & 19 \end{bmatrix}$$

$$\underset{L_1 - L_2 \to L_1}{\sim} \begin{bmatrix} 1 & 0 & -10 & | & -9 \\ 0 & 1 & 17 & | & 19 \end{bmatrix}$$

On a rang$(A|B)$ = rang(A) = r = 2 : le système est compatible. Le nombre de variables est n = 3 et le nombre de variables libres est $n - r$ = 1. La variable libre étant z, on pose $z = s$ où $s \in \mathbb{R}$. Ainsi, les équations paramétriques de Δ sont

$$x = -9 + 10s \qquad y = 19 - 17s \qquad z = s \qquad \text{où } s \in \mathbb{R}$$

Bien que les équations paramétriques de Δ obtenues par les méthodes géométrique et algébrique diffèrent, elles sont vérifiées pour les mêmes ensembles de points. En effet, les vecteurs directeurs de Δ donnés par

$$\Delta : x = 1 - 10t \qquad y = 2 + 17t \qquad z = 1 - t \qquad \text{où } t \in \mathbb{R}$$

$$\Delta : x = -9 + 10s \qquad y = 19 - 17s \qquad z = s \qquad \text{où } s \in \mathbb{R}$$

sont parallèles. De plus, le point $P(1, 2, 1)$ vérifie les deux formes des équations paramétriques de Δ :

$$\begin{aligned}
1 &= 1 - 10(0) = -9 + 10(1) \\
2 &= 2 + 17(0) = 19 - 17(1) \\
1 &= 1 - 1(0) = 0 + 1(1)
\end{aligned}$$

Donc, les deux formes des équations paramétriques de Δ sont équivalentes.

Trois plans

Pour déterminer l'intersection de plus de deux plans de l'espace, il suffit de résoudre, par la méthode de Gauss-Jordan, le système linéaire formé des équations cartésiennes des plans. Pour trois plans π_1, π_2 et π_3, on a le système linéaire

$$\begin{cases}
A_1 x + B_1 y + C_1 z + D_1 = 0 \\
A_2 x + B_2 y + C_2 z + D_2 = 0 \\
A_3 x + B_3 y + C_3 z + D_3 = 0
\end{cases}$$

L'intersection des trois plans est donnée par l'ensemble solution du système. Les différents cas sont présentés dans la figure 7.22.

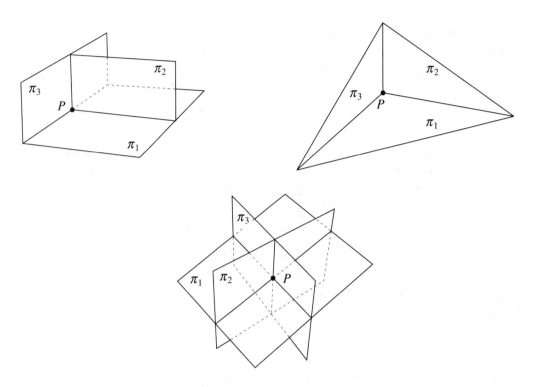

Système admettant une solution unique : l'intersection des plans π_1, π_2 et π_3 est un point unique $P(x, y, z)$ où (x, y, z) est la solution du système.

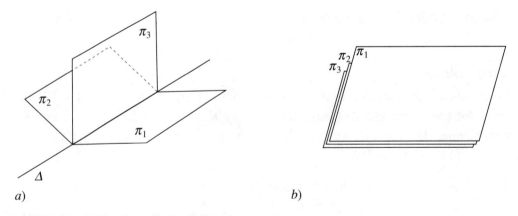

a)   *b)*

Système admettant une infinité de solutions : *a)* L'ensemble solution est l'ensemble des points d'une droite Δ, qui est l'intersection de π_1, π_2 et π_3. *b)* Les trois équations sont équivalentes; donc, π_1, π_2 et π_3 sont confondus. Tout point du plan donné est une solution du système.

Figure 7.22

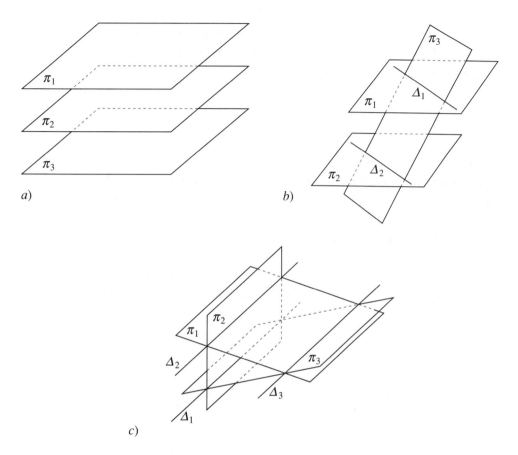

a)

b)

c)

Système incompatible : aucun point n'est commun aux trois plans π_1, π_2 et π_3. *a)* Les trois plans sont parallèles et disjoints. *b)* Deux des trois plans sont parallèles et le troisième les coupe suivant deux droites Δ_1 et Δ_2. *c)* Les trois plans se coupent deux à deux, suivant trois droites Δ_1, Δ_2 et Δ_3.

Figure 7.22 (suite)

Faisceau de plans

Proposition 7.8

Soit $A_1x + B_1y + C_1z + D_1 = 0$ et $A_2x + B_2y + C_2z + D_2 = 0$ les équations de deux plans non parallèles qui se coupent suivant une droite Δ. Si α et β sont deux scalaires dont au moins un est non nul, alors

$$\alpha(A_1x + B_1y + C_1z + D_1) + \beta(A_2x + B_2y + C_2z + D_2) = 0 \qquad (1)$$

est l'équation d'un plan passant par Δ.   ❑

Tout plan contenant la droite Δ est défini par une équation de la forme (1). De plus, puisque α et β ne sont pas tous deux nuls, on peut écrire, pour $\alpha \neq 0$ par exemple, $\lambda = \beta/\alpha$ et l'équation (1) devient :

$$A_1x + B_1y + C_1z + D_1 + \lambda(A_2x + B_2y + C_2z + D_2) = 0$$

Définition 7.4   Faisceau de plans

On appelle faisceau de plans l'ensemble de tous les plans passant par une droite donnée Δ (fig. 7.23). Un tel faisceau est défini par une équation de la forme

$$\alpha(A_1x + B_1y + C_1z + D_1) + \beta(A_2x + B_2y + C_2z + D_2) = 0$$

où $A_1x + B_1y + C_1z + D_1 = 0$ et $A_2x + B_2y + C_2z + D_2 = 0$ sont les équations de deux plans du faisceau, et α et β sont des scalaires dont au moins un est non nul.   ❏

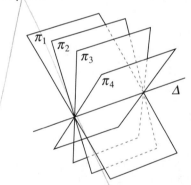

Figure 7.23   Faisceau de plans passant par une droite Δ.

Exemple 7.14

Pour déterminer l'équation du plan π appartenant au faisceau d'équation

$$10x - 8y - 15z + 56 + \lambda(4x + y + 3z - 1) = 0$$

et passant par le point $M(-1, 2, 3)$, il suffit de calculer λ. Pour ce faire, on porte les coordonnées de M dans l'équation du faisceau :

$$10(-1) - 8(2) - 15(3) + 56 + \lambda(4(-1) + 2 + 3(3) - 1) = 0$$
$$-15 + 6\lambda = 0$$

Ainsi, $\lambda = \dfrac{5}{2}$ et le plan π est défini par

$$10x - 8y - 15z + 56 + \frac{5}{2}(4x + y + 3z - 1) = 0$$

Donc, l'équation cartésienne de π est $40x - 11y - 15z + 107 = 0$.

Exemple 7.15

On veut déterminer si le plan π d'équation $4x - 8y + 17z - 8 = 0$ appartient au faisceau d'équation

$$\alpha(5x - y + 4z - 1) + \beta(2x + 2y - 3z + 2) = 0$$

On écrit l'équation du faisceau sous la forme

$$(5x - y + 4z - 1) + \lambda(2x + 2y - 3z + 2) = 0$$

où $\lambda = \beta/\alpha$ pour $\alpha \neq 0$, ou encore sous la forme

$$(5 + 2\lambda)x + (-1 + 2\lambda)y + (4 - 3\lambda)z - 1 + 2\lambda = 0$$

Le plan π d'équation $4x - 8y + 17z - 8 = 0$ appartient au faisceau donné si et seulement si il existe une valeur de λ telle qu'un plan du faisceau se confond avec π :

$$\frac{4}{5 + 2\lambda} = \frac{-8}{-1 + 2\lambda} = \frac{17}{4 - 3\lambda} = \frac{-8}{-1 + 2\lambda}$$

De $\dfrac{4}{5 + 2\lambda} = \dfrac{-8}{-1 + 2\lambda}$, on tire $\lambda = -\dfrac{3}{2}$ et de $\dfrac{-8}{-1 + 2\lambda} = \dfrac{17}{4 - 3\lambda}$, on tire $\lambda = -\dfrac{3}{2}$.

Ainsi, le plan d'équation $4x - 8y + 17z - 8 = 0$ appartient au faisceau donné.

Étant donné une droite Δ de vecteur directeur $\vec{v} = (a, b, c)$ et un plan π auquel le vecteur $\vec{N} = (A, B, C)$ est normal, on veut trouver la position relative de Δ et de π.

Droite parallèle à un plan

Si Δ est une droite parallèle à un plan π, alors le vecteur normal à π est orthogonal à Δ :

$$\Delta \,/\!/\, \pi \Leftrightarrow \vec{v} \perp \vec{N} \Leftrightarrow \vec{v} \cdot \vec{N} = 0$$

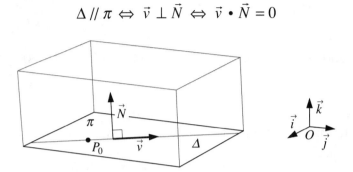

Figure 7.24

1er cas : La droite appartient au plan

La droite Δ appartient au plan π si et seulement si il existe un point P_0 commun à Δ et à π. Tous les points de Δ sont alors des points de π (fig. 7.24).

2e cas : La droite est extérieure au plan

S'il existe un point P_0 de Δ qui n'appartient pas à π, alors Δ est extérieure à π (fig. 7.25).

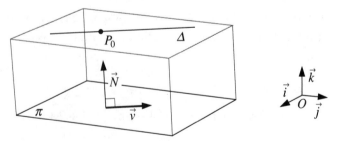

Figure 7.25

Droite et plan concourants

Une droite Δ et un plan π sont dits concourants si Δ n'est pas parallèle à π ; on dit aussi que la droite Δ est **sécante** au plan π. Pour vérifier qu'une droite Δ et un plan π sont concourants, il suffit de montrer que le vecteur $\vec{N}$ normal à π et le vecteur directeur $\vec{v}$ de Δ ne sont pas orthogonaux, ou encore que le produit scalaire de $\vec{v}$ et de $\vec{N}$ est non nul :

$$\vec{v} \cdot \vec{N} \neq 0$$

Soit M le point d'intersection de Δ et de π. Puisque $M \in \Delta$, il existe un scalaire t tel que $M(x_0 + at, y_0 + bt, z_0 + ct)$ (fig. 7.26). Comme de plus $M \in \pi$, ce point vérifie l'équation du plan $Ax + By + Cz + D = 0$. En portant dans cette dernière équation les coordonnées de M, on obtient une équation en t et il suffit de déterminer t pour connaître le point M commun à Δ et à π.

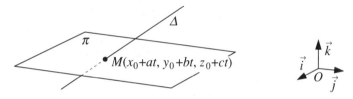

Figure 7.26

Exemple 7.16

Soit

$$\Delta : x - 2 = y - 3 = \frac{z - 4}{2} \quad \text{et} \quad \pi : 2x + y + z - 6 = 0$$

Puisque le produit scalaire d'un vecteur $\vec{N}$ normal à π et d'un vecteur directeur $\vec{v}$ de Δ est $\vec{N} \cdot \vec{v} = (2, 1, 1) \cdot (1, 1, 2) \neq 0$, la droite Δ est sécante au plan π (fig. 7.27). Les équations paramétriques de Δ sont :

$$\Delta : x = 2 + t \qquad y = 3 + t \qquad z = 4 + 2t \qquad \text{où } t \in \mathbb{R}$$

Figure 7.27

Ainsi, tout point M de Δ est donné par $M(2 + t, 3 + t, 4 + 2t)$. En portant les coordonnées de M dans l'équation de π, on obtient une valeur de t telle que M est un point de π :

$$2(2 + t) + (3 + t) + (4 + 2t) - 6 = 0$$
$$t = -1$$

Le point d'intersection de Δ et de π est donné par

$$x = 2 + t = 2 - 1 = 1$$
$$y = 3 + t = 3 - 1 = 2$$
$$z = 4 + 2t = 4 - 2 = 2$$

c'est-à-dire que Δ coupe le plan π au point $M(1, 2, 2)$.

Exercices suggérés : 35 à 59, p. 386-393.

7.5 Angles

Dans la présente section, on montre comment évaluer l'angle de deux droites, l'angle de deux plans, et l'angle d'une droite et d'un plan. On définit d'abord la notion de cosinus directeur d'une droite, qui indique l'orientation d'une droite dans un repère orthonormé.

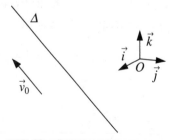

Figure 7.28

Soit Δ une droite et soit $\vec{v}$ un vecteur directeur de Δ dans un repère orthonormé $R : (O, \vec{i}, \vec{j}, \vec{k})$. Le vecteur $\vec{v}_0 = \vec{v} / \|\vec{v}\| = (a_0, b_0, c_0)$ est un vecteur directeur unitaire de Δ (fig. 7.28). Les angles α, β et γ que forme $\vec{v}_0$ avec les vecteurs $\vec{i}$, $\vec{j}$ et $\vec{k}$ respectivement sont donnés par

$$\cos \alpha = \frac{\vec{v}_0 \bullet \vec{i}}{\|\vec{v}_0\| \|\vec{i}\|} = \frac{(a_0, b_0, c_0) \bullet (1, 0, 0)}{(1)(1)} = a_0$$

$$\cos \beta = \frac{\vec{v}_0 \bullet \vec{j}}{\|\vec{v}_0\| \|\vec{j}\|} = \frac{(a_0, b_0, c_0) \bullet (0, 1, 0)}{(1)(1)} = b_0$$

$$\cos \gamma = \frac{\vec{v}_0 \bullet \vec{k}}{\|\vec{v}_0\| \|\vec{k}\|} = \frac{(a_0, b_0, c_0) \bullet (0, 0, 1)}{(1)(1)} = c_0$$

Définition 7.5   Cosinus directeurs d'une droite

Soit Δ une droite et $\vec{v}_0$ un vecteur directeur unitaire de Δ. Les composantes a_0, b_0 et c_0 de $\vec{v}_0$ dans un repère orthonormé $R : (O, \vec{i}, \vec{j}, \vec{k})$ sont appelées cosinus directeurs de Δ dans le repère R.   □

On peut vérifier que $\cos^2 \alpha + \cos^2 \beta + \cos^2 \gamma = 1$. En effet :

$$\cos^2 \alpha + \cos^2 \beta + \cos^2 \gamma = a_0^2 + b_0^2 + c_0^2 = \left(\sqrt{a_0^2 + b_0^2 + c_0^2}\right)^2 = \|\vec{v}_0\|^2 = 1$$

Angle de deux droites

Soit Δ_1 et Δ_2 deux droites de l'espace, et $\vec{v}_1$ et $\vec{v}_2$ des vecteurs directeurs de Δ_1 et de Δ_2 respectivement. On sait que l'angle θ' des vecteurs $\vec{v}_1$ et $\vec{v}_2$ est donné par (fig. 7.29 a))

$$\cos \theta' = \frac{\vec{v}_1 \bullet \vec{v}_2}{\|\vec{v}_1\| \|\vec{v}_2\|} \quad \text{où } 0 \leq \theta' \leq \pi$$

Par ailleurs, les droites Δ_1 et Δ_2 qui supportent respectivement les vecteurs $\vec{v}_1$ et $\vec{v}_2$ déterminent quatre angles, soit deux paires d'angles opposés par le sommet (fig. 7.29 *b*)). On choisit comme angle des deux droites le plus petit de ces angles. Ainsi, l'angle θ de deux droites est compris entre 0 et $\pi/2$, et son cosinus est positif.

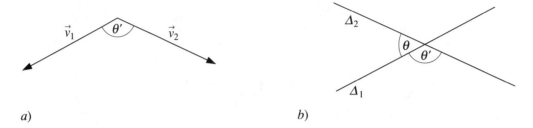

a)   *b)*

Figure 7.29

Proposition 7.9

Soit deux droites Δ_1 et Δ_2 ayant comme vecteurs directeurs respectifs $\vec{v}_1$ et $\vec{v}_2$. L'angle θ de Δ_1 et Δ_2 est donné par

$$\cos\theta = \frac{\left|\vec{v}_1 \bullet \vec{v}_2\right|}{\left\|\vec{v}_1\right\|\left\|\vec{v}_2\right\|} \qquad \text{où } 0 \leq \theta \leq \pi/2 \qquad\qquad \Box$$

On peut poser

$$\Delta_1 \mathbin{/\mkern-5mu/} \Delta_2 \iff \vec{v}_1 = k\vec{v}_2 \iff \theta = 0 \qquad \text{et} \qquad \Delta_1 \perp \Delta_2 \iff \vec{v}_1 \bullet \vec{v}_2 = 0 \iff \theta = \pi/2$$

Exemple 7.17

Pour déterminer l'angle θ de

$$\Delta_1 : \frac{x-4}{3} = \frac{y-2}{-1} = \frac{z+2}{-3} \qquad \text{et} \qquad \Delta_2 : \frac{x+2}{3} = \frac{y-5}{-2} = \frac{z+3}{5}$$

on applique la proposition 7.9. Si $\vec{v}_1$ et $\vec{v}_2$ sont des vecteurs directeurs de Δ_1 et de Δ_2 respectivement, alors

$$\cos\theta = \frac{\left|\vec{v}_1 \bullet \vec{v}_2\right|}{\left\|\vec{v}_1\right\|\left\|\vec{v}_2\right\|} = \frac{\left|(3,-1,-3)\bullet(3,-2,5)\right|}{\left\|(3,-1,-3)\right\|\left\|(3,-2,5)\right\|} = \frac{4}{19\sqrt{2}}$$

et

$$\theta = \arccos \frac{4}{19\sqrt{2}} \cong 81{,}44°$$

Angle de deux plans

Définition 7.6   Dièdre

On appelle dièdre la figure formée par deux demi-plans ayant une frontière commune (fig. 7.30). Les deux demi-plans sont les **faces** du dièdre et leur frontière commune, l'**arête** du dièdre. ❐

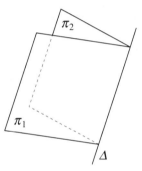

Figure 7.30

Deux dièdres ayant la même arête et une seule face commune sont dits **adjacents**. Deux dièdres sont dits **opposés par l'arête** si l'un est obtenu par prolongement des faces de l'autre (fig. 7.31).

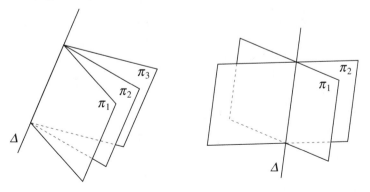

a) Dièdres adjacents.   *b*) Dièdres opposés par l'arête.

Figure 7.31

Définition 7.7   Rectiligne d'un dièdre

On appelle rectiligne d'un dièdre (ou **angle** d'un dièdre) l'angle θ de deux demi-droites résultant de l'intersection du dièdre et d'un plan perpendiculaire à l'arête (fig. 7.32). ❑

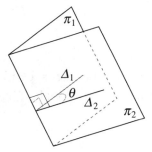

Figure 7.32

Définition 7.8   Angle de deux plans

Soit π_1 et π_2 deux plans concourants dont l'intersection est une droite Δ. L'angle de π_1 et π_2 est l'angle θ de deux droites Δ_1 de π_1 et Δ_2 de π_2, perpendiculaires à Δ (fig. 7.33). ❑

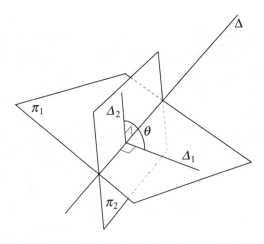

Figure 7.33

Par convention, l'angle θ de deux plans parallèles est nul.

Proposition 7.10

Soit $\vec{N}_1$ et $\vec{N}_2$ des vecteurs respectivement normaux à deux plans concourants π_1 et π_2. L'angle θ de π_1 et π_2 est donné par

$$\cos\theta = \frac{\left|\vec{N}_1 \bullet \vec{N}_2\right|}{\left\|\vec{N}_1\right\|\left\|\vec{N}_2\right\|}$$

Preuve

Soit Δ_1 et Δ_2 des droites de π_1 et de π_2 respectivement, perpendiculaires à la droite d'intersection Δ de π_1 et π_2. La somme des angles intérieurs du quadrilatère déterminé par Δ_1, Δ_2, $\vec{N}_1$ et $\vec{N}_2$ est 2π (fig. 7.34) :

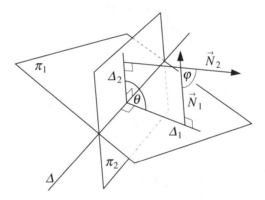

Figure 7.34

$$\theta + \frac{\pi}{2} + \frac{\pi}{2} + (\pi - \varphi) = 2\pi$$

où φ est l'angle des droites qui portent $\vec{N}_1$ et $\vec{N}_2$. Ainsi, $\varphi = \theta$.

Donc, pour déterminer l'angle des plans π_1 et π_2, il suffit de déterminer l'angle des droites qui portent $\vec{N}_1$ et $\vec{N}_2$. D'après la proposition 7.9,

$$\cos\theta = \frac{\left|\vec{N}_1 \bullet \vec{N}_2\right|}{\left\|\vec{N}_1\right\|\left\|\vec{N}_2\right\|} \qquad \square$$

Exemple 7.18

Pour déterminer l'angle θ des plans

$$\pi_1 : 2x - 2y + z = 6 \quad \text{et} \quad \pi_2 : 3x - y + 4z - 2 = 0$$

on prend

$$\vec{N}_1 = (2, -2, 1) \quad \text{et} \quad \vec{N}_2 = (3, -1, 4)$$

comme vecteurs normaux à π_1 et à π_2 respectivement. Selon la proposition 7.10,

$$\cos \theta = \frac{\left| \vec{N}_1 \bullet \vec{N}_2 \right|}{\left\| \vec{N}_1 \right\| \left\| \vec{N}_2 \right\|} = \frac{4}{\sqrt{26}}$$

et

$$\theta = \text{arc cos } \frac{4}{\sqrt{26}} \cong 38,33°$$

Angle d'une droite et d'un plan

Définition 7.9   Angle d'une droite et d'un plan

On appelle angle d'une droite Δ et d'un plan π l'angle de Δ et de sa projection orthogonale sur π. ❑

Proposition 7.11

L'angle θ d'une droite Δ et d'un plan π est donné par

$$\sin \theta = \frac{\left| \vec{v} \bullet \vec{N} \right|}{\left\| \vec{v} \right\| \left\| \vec{N} \right\|}$$

où $\vec{v}$ est un vecteur directeur de Δ, et $\vec{N}$ un vecteur normal à π.

Preuve

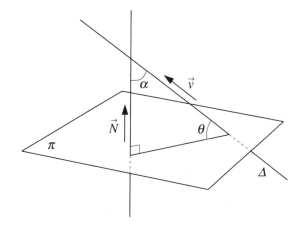

Figure 7.35

Soit $Ax + By + Cz + D = 0$ l'équation de π et

$$x = x_0 + at \qquad y = y_0 + bt \qquad z = z_0 + ct \qquad \text{où } t \in \mathbb{R}$$

les équations paramétriques de Δ. Le vecteur $\vec{N} = (A, B, C)$ est normal au plan π et $\vec{v} = (a, b, c)$ est un vecteur directeur de Δ. L'angle α des supports respectifs de $\vec{v}$ et de $\vec{N}$ est donné par

$$\cos \alpha = \frac{\left| \vec{v} \bullet \vec{N} \right|}{\left\| \vec{v} \right\| \left\| \vec{N} \right\|}$$

L'angle θ de la droite Δ et du plan π vérifie la relation (fig. 7.35)

$$\alpha = 90° - \theta$$

d'où

$$\cos(90° - \theta) = \frac{\left| \vec{v} \bullet \vec{N} \right|}{\left\| \vec{v} \right\| \left\| \vec{N} \right\|}$$

Or, on sait que $\cos(90° - \theta) = \sin \theta$. Donc,

$$\sin \theta = \frac{\left| \vec{v} \bullet \vec{N} \right|}{\left\| \vec{v} \right\| \left\| \vec{N} \right\|} \qquad \qquad \square$$

Exemple 7.19

Soit les plans

$$\pi_1 : 2x - 3y + 6z - 4 = 0 \quad \text{et} \quad \pi_2 : 3x - 6y + z - 12 = 0$$

et la droite

$$\Delta : \frac{x-2}{4} = \frac{y+6}{-1} = \frac{z-4}{3}$$

a) Soit $\vec{N}_1$ et $\vec{N}_2$ deux vecteurs normaux aux plans π_1 et π_2 respectivement. L'angle θ de π_1 et π_2 est donné par (proposition 7.10)

$$\cos \theta = \frac{\left| \vec{N}_1 \bullet \vec{N}_2 \right|}{\left\| \vec{N}_1 \right\| \left\| \vec{N}_2 \right\|} = \frac{\left| (2, -3, 6) \bullet (3, -6, 1) \right|}{\left\| (2, -3, 6) \right\| \left\| (3, -6, 1) \right\|} = \frac{30}{7\sqrt{46}} \cong 0{,}632$$

Donc,

$$\theta \cong 50{,}8°$$

b) Soit $\vec{v}$ un vecteur directeur de Δ. L'angle θ' de la droite Δ et du plan π_1 est donné par (proposition 7.11)

$$\sin \theta' = \frac{\left| \vec{v} \bullet \vec{N}_1 \right|}{\left\| \vec{v} \right\| \left\| \vec{N}_1 \right\|} = \frac{\left| (4, -1, 3) \bullet (2, -3, 6) \right|}{\left\| (4, -1, 3) \right\| \left\| (2, -3, 6) \right\|} = \frac{29}{7\sqrt{26}} \cong 0{,}812$$

et

$$\theta \cong 54{,}3°$$

Exercices suggérés : 60 à 65, p. 393-394.

7.6 Distance *Voir note de cours*

On se propose de montrer comment évaluer la distance d'un point à une droite, la distance entre deux droites, la distance d'un point à un plan, la distance entre deux plans et la distance d'une droite à un plan.

Distance d'un point à une droite

Définition 7.10 Distance d'un point à une droite

La distance d'un point P à une droite Δ, notée $d(P, \Delta)$, est la longueur du segment PP' où P' est la projection orthogonale de P sur Δ.   □

Proposition 7.12

Soit Δ une droite de vecteur directeur $\vec{v} = (a, b, c)$ et de point d'appui $P_0(x_0, y_0, z_0)$. Si $P(m, n, p)$ est un point quelconque de l'espace et si $\vec{u} = \overrightarrow{P_0P}$, alors la distance de P à Δ est

$$d(P, \Delta) = \frac{\| \vec{u} \wedge \vec{v} \|}{\| \vec{v} \|}$$

Preuve

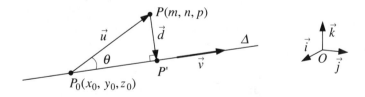

Figure 7.36

Soit $\theta = \widehat{\vec{u}, \vec{v}}$ et $\vec{d} = \overrightarrow{PP'}$ où P' est la projection orthogonale de P sur la droite Δ (fig. 7.36). On a

$$\vec{u} = \overrightarrow{P_0P} = (m - x_0, n - y_0, p - z_0)$$

et, puisque $0 \le \sin\theta \le 1$,

$$d(P, \Delta) = \left\| \vec{d} \right\| = \left\| \vec{u} \right\| \sin\theta = \frac{\left\| \vec{u} \right\| \left\| \vec{v} \right\| \sin\theta}{\left\| \vec{v} \right\|}$$

Donc, $d(P, \Delta) = \dfrac{\left\| \vec{u} \wedge \vec{v} \right\|}{\left\| \vec{v} \right\|}$. ❑

Distance entre deux droites parallèles

Définition 7.11   Distance entre deux droites parallèles
La distance entre deux droites parallèles Δ_1 et Δ_2, notée $d(\Delta_1, \Delta_2)$, est la longueur du segment PP' où P est un point quelconque de Δ_1 et P' est la projection orthogonale de P sur Δ_2. ❑

Pour déterminer la distance $d(\Delta_1, \Delta_2)$, il suffit de choisir un point connu P_1 de la droite Δ_1 (fig. 7.37) et d'évaluer la distance $d(P_1, \Delta_2)$. On pose $\vec{u} = \overrightarrow{P_2P_1}$ où P_2 est un point quelconque de Δ_2. Si $\vec{v}$ est un vecteur directeur de Δ_2, alors

$$d(\Delta_1, \Delta_2) = d(P_1, \Delta_2) = \frac{\left\| \vec{u} \wedge \vec{v} \right\|}{\left\| \vec{v} \right\|}$$

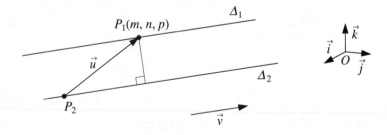

Figure 7.37

Exemple 7.20

a) On veut calculer la distance du point $P(4, 1, 2)$ à la droite Δ d'équations

$$\frac{2-x}{-4} = \frac{2y+2}{10} = \frac{3z+6}{-6}$$

Les équations canoniques de Δ sont

$$\frac{x-2}{4} = \frac{y+1}{5} = \frac{z+2}{-2}$$

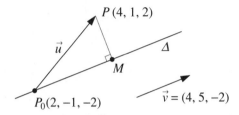

Figure 7.38

Donc, $P_0(2, -1, -2)$ est un point de Δ et $\vec{v} = (4, 5, -2)$ est un vecteur directeur de Δ (fig. 7.38). Si on pose $\vec{u} = \overrightarrow{P_0P}$, alors $\vec{u} = (2, 2, 4)$ et

$$\vec{u} \wedge \vec{v} = \det\begin{bmatrix} \vec{i} & \vec{j} & \vec{k} \\ 2 & 2 & 4 \\ 4 & 5 & -2 \end{bmatrix} = -24\vec{i} + 20\vec{j} + 2\vec{k}$$

$$d(P, \Delta) = \frac{\|\vec{u} \wedge \vec{v}\|}{\|\vec{v}\|} = \frac{\sqrt{(-24)^2 + (20)^2 + (2)^2}}{\sqrt{(4)^2 + (5)^2 + (-2)^2}} = \frac{14}{3}$$

b) On veut trouver le point $M(x, y, z)$ de Δ le plus proche de $P(4, 1, 2)$. On sait que $\overrightarrow{P_0M} = \text{proj}_{\vec{v}}\, \vec{u}$. Ainsi,

$$\overrightarrow{P_0M} = \frac{\vec{u} \bullet \vec{v}}{\vec{v} \bullet \vec{v}}\, \vec{v} = \frac{(2, 2, 4) \bullet (4, 5, -2)}{(4, 5, -2) \bullet (4, 5, -2)}\, (4, 5, -2)$$

d'où

$$\overrightarrow{P_0M} = \frac{2}{9}\,(4, 5, -2) \tag{1}$$

De plus,

$$\overrightarrow{P_0M} = (x - 2, y + 1, z + 2) \tag{2}$$

En comparant les équations (1) et (2), on obtient

$$(x - 2, y + 1, z + 2) = \frac{2}{9}\,(4, 5, -2)$$

et, selon la définition d'équipollence de deux vecteurs,

$$x = \frac{26}{9}\,,\, y = \frac{1}{9}\ \text{et}\ z = -\frac{22}{9}$$

Donc, $M\left(\dfrac{26}{9}, \dfrac{1}{9}, -\dfrac{22}{9}\right)$ est le point de la droite Δ le plus proche du point P.

Selon la définition 7.10, on doit avoir $\left\|\overrightarrow{PM}\right\| = d(P, \Delta)$. On peut ainsi vérifier l'exactitude du résultat obtenu ci-dessus en comparant la valeur de $\left\|\overrightarrow{PM}\right\|$ et de $d(P, \Delta)$ calculée en a). On a

$$\overrightarrow{PM} = \left(\frac{26}{9} - 4, \frac{1}{9} - 1, -\frac{22}{9} - 2\right) = \left(-\frac{10}{9}, -\frac{8}{9}, -\frac{40}{9}\right)$$

$$\left\|\overrightarrow{PM}\right\| = \left\|-\frac{2}{9}(5, 4, 20)\right\| = \sqrt{\frac{4}{81}(25 + 16 + 400)} = \frac{14}{3} = d(P, \Delta)$$

c) On peut aussi déterminer le point $M(x, y, z)$ de Δ le plus proche de $P(4, 1, 2)$ à l'aide des équations paramétriques de la droite Δ. Puisque M est un point de Δ, alors $M(2 + 4t, -1 + 5t, -2 - 2t)$ où $t \in \mathbb{R}$. Il suffit de trouver la valeur de t pour laquelle $\overrightarrow{PM}$ est orthogonal à $\vec{v}$ (fig. 7.39), c'est-à-dire pour laquelle $\overrightarrow{PM} \cdot \vec{v} = 0$. On a $\overrightarrow{PM} = (-2 + 4t, -2 + 5t, -4 - 2t)$. Ainsi,

$$\overrightarrow{PM} \cdot \vec{v} = 0 \iff (-2 + 4t, -2 + 5t, -4 - 2t) \cdot (4, 5, -2) = 0$$

$$\iff 45t - 10 = 0$$

$$\iff t = \frac{2}{9}$$

d'où

$$M(2 + 4t, -1 + 5t, -2 - 2t) = M(2 + 4(2/9), -1 + 5(2/9), -2 - 2(2/9))$$

Donc, le point de Δ le plus proche de P est $M\left(\dfrac{26}{9}, \dfrac{1}{9}, -\dfrac{22}{9}\right)$.

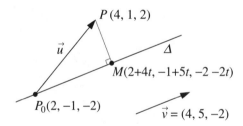

Figure 7.39

Distance d'un point à un plan

Définition 7.12   Distance d'un point à un plan

La distance d'un point P à un plan π, notée $d(P, \pi)$, est la longueur du segment PP' où P' est la projection orthogonale de P sur π.   ❒

Il est à noter que tout plan de l'espace, muni d'un repère orthonormé, coupe au moins un des axes de coordonnées. Ainsi, un plan π d'équation $Ax + By + Cz + D = 0$ contient au moins un des points $Q(-D/A, 0, 0)$, $Q'(0, -D/B, 0)$ et $Q''(0, 0, -D/C)$.

Proposition 7.13

Soit $P(r, s, t)$ un point quelconque de l'espace muni d'un repère orthonormé et π un plan d'équation $Ax + By + Cz + D = 0$. La distance de P au plan π est

$$d(P, \pi) = \frac{\left| Ar + Bs + Ct + D \right|}{\sqrt{A^2 + B^2 + C^2}}$$

Preuve

Soit Q le point d'intersection du plan π et d'un axe de coordonnées. On peut supposer, sans perte de généralité, que π coupe l'axe des x au point $Q(-D/A, 0, 0)$. Soit $\vec{u} = \overrightarrow{QP} = (r + D/A, s, t)$ et M la projection orthogonale de P sur π (fig. 7.40). Le vecteur $\vec{N} = (A, B, C)$ est normal à π et $\overrightarrow{PM} \mathbin{/\!/} \vec{N}$. Ainsi,

$$d(P, \pi) = \left\| \operatorname{proj}_{\vec{N}} \vec{u} \right\| = \left| l\!\left(\operatorname{proj}_{\vec{N}} \vec{u} \right) \right| = \frac{\left| \vec{u} \bullet \vec{N} \right|}{\left\| \vec{N} \right\|}$$

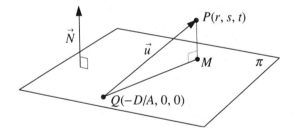

Figure 7.40

Donc,

$$d(P, \pi) = \frac{\left| (A, B, C) \bullet (r + D/A, s, t) \right|}{\sqrt{A^2 + B^2 + C^2}} = \frac{\left| Ar + Bs + Ct + D \right|}{\sqrt{A^2 + B^2 + C^2}} \qquad \square$$

Par définition, la **distance algébrique** d'un point $P(r, s, t)$ à un plan π d'équation $Ax + By + Cz + D = 0$ est le rapport

$$\frac{Ar + Bs + Ct + D}{\sqrt{A^2 + B^2 + C^2}}$$

Si cette expression est négative, le point P et l'origine du repère sont du même côté du plan π ; sinon P et l'origine du repère sont de part et d'autre de π.

Exemple 7.21

a) On calcule la distance du point $P_0(2, 5, 11)$ au plan $\pi : 4x - 3y + 5z + 2 = 0$ en appliquant la proposition 7.13 :

$$d(P_0, \pi) = \frac{\left|Ar + Bs + Ct + D\right|}{\sqrt{A^2 + B^2 + C^2}} = \frac{\left|4(2) + (-3)(5) + 5(11) + 2\right|}{\sqrt{16 + 9 + 25}} = \frac{50}{\sqrt{50}} = 5\sqrt{2}$$

b) On veut trouver le point $M(x, y, z)$ du plan π le plus proche de $P_0(2, 5, 11)$.

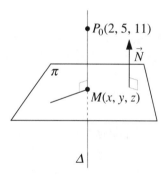

Figure 7.41

Le support Δ de $\overrightarrow{MP_0}$ est perpendiculaire au plan π (fig. 7.41). Ainsi, le vecteur $\vec{N} = (4, -3, 5)$ est un vecteur directeur de Δ. Les équations paramétriques de cette droite sont donc

$$x = 2 + 4t \qquad y = 5 - 3t \qquad z = 11 + 5t \qquad \text{où } t \in \mathbb{R}$$

L'intersection de la droite Δ et du plan π est le point M recherché. Or,

$$M \in \Delta \quad \Rightarrow \quad M(2 + 4t, 5 - 3t, 11 + 5t)$$

$$\begin{aligned} M \in \pi \quad \Rightarrow \quad 4(2 + 4t) - 3(5 - 3t) + 5(11 + 5t) + 2 &= 0 \\ 50 + 50t &= 0 \\ t &= -1 \end{aligned}$$

d'où

$$\begin{aligned} x &= 2 + 4(-1) = -2 \\ y &= 5 - 3(-1) = 8 \\ z &= 11 + 5(-1) = 6 \end{aligned}$$

Donc, le point le plus près de $P_0(2, 5, 11)$ est le point $M(-2, 8, 6)$.

Distance entre deux plans parallèles

Définition 7.13   Distance entre deux plans parallèles

La distance entre deux plans parallèles π_1 et π_2, notée $d(\pi_1, \pi_2)$, est la distance d'un point de π_1 au plan π_2.   ❏

Soit $P_1(r, s, t)$ un point d'un plan π_1 et π_2 un plan parallèle à π_1 (fig. 7.42). Si $\vec{N} = (A, B, C)$ est le vecteur normal au plan π_2, alors la distance entre π_1 et π_2 est (proposition 7.13) :

$$d(\pi_1, \pi_2) = d(P_1, \pi_2) = \frac{\left| Ar + Bs + Ct + D \right|}{\sqrt{A^2 + B^2 + C^2}}$$

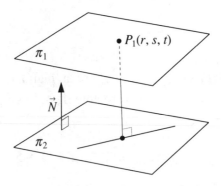

Figure 7.42

Distance entre une droite et un plan parallèles

Définition 7.14   Distance entre une droite et un plan parallèles

La distance d'une droite Δ à un plan π qui lui est parallèle est la distance d'un point de Δ à π. On désigne cette distance par $d(\Delta, \pi)$. ❏

Soit Δ une droite parallèle à un plan $\pi : Ax + By + Cz + D = 0$, et $P(r, s, t)$ un point de Δ (fig. 7.43). Selon la proposition 7.13,

$$d(\Delta,\, \pi) = d(P,\, \pi) = \frac{\left| Ar + Bs + Ct + D \right|}{\sqrt{A^2 + B^2 + C^2}}$$

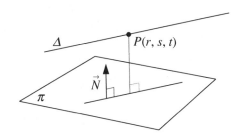

Figure 7.43

Distance entre deux droites gauches

Définition 7.15   Distance entre deux droites gauches

On appelle distance entre deux droites gauches Δ_1 et Δ_2 la longueur du segment A_1A_2 perpendiculaire aux deux droites, où A_1 est un point de Δ_1 et A_2 est un point de Δ_2. On désigne cette distance par $d(\Delta_1, \Delta_2)$. ❏

Proposition 7.14

Soit Δ_1 et Δ_2 deux droites gauches de vecteurs directeurs respectifs $\vec{v}_1$ et $\vec{v}_2$. Si P_1 et P_2 sont respectivement des points de Δ_1 et de Δ_2, et $\vec{u} = \overrightarrow{P_1P_2}$, alors

$$d(\Delta_1, \Delta_2) = \frac{\left| \vec{u} \bullet \vec{N} \right|}{\left\| \vec{N} \right\|}$$

où $\vec{N} = k(\vec{v}_1 \wedge \vec{v}_2)$.

Preuve

Soit A_1 et A_2 respectivement les points d'intersection de Δ_1 et Δ_2 et de la perpendiculaire commune à ces deux droites (fig. 7.44). On a

$$\vec{N} = k(\vec{v}_1 \wedge \vec{v}_2) \ // \ \overrightarrow{A_1 A_2}$$

et

$$d(\Delta_1, \Delta_2) = \left\| \overrightarrow{A_1 A_2} \right\| = \left| l\left(\text{proj}_{\vec{N}} \vec{u} \right) \right| = \frac{\left| \vec{u} \cdot \vec{N} \right|}{\left\| \vec{N} \right\|} \qquad \square$$

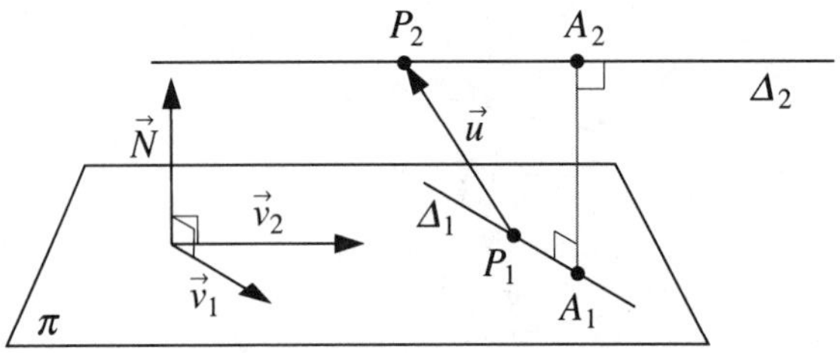

Figure 7.44

On peut aussi évaluer la distance entre deux droites gauches, Δ_1 et Δ_2, en calculant la distance d'un point $P_2(r, s, t)$ de Δ_2 au plan π contenant Δ_1 et parallèle à Δ_2. Ainsi, il s'agit d'abord de déterminer l'équation cartésienne $Ax + By + Cz + D = 0$ du plan π, puis d'utiliser la formule de la distance de la proposition 7.13 :

$$d(\Delta_1, \Delta_2) = d(P_2, \pi) = \frac{\left| Ar + Bs + Ct + D \right|}{\sqrt{A^2 + B^2 + C^2}}$$

Exemple 7.22

On veut trouver la distance entre les droites

$$\Delta_1 : \frac{x-2}{2} = \frac{y-1}{-3} = z - 3 \quad \text{et} \quad \Delta_2 : \frac{x-2}{-2} = \frac{y-3}{4} = z - 1$$

Le point $P_1(2, 1, 3)$ appartient à Δ_1 et $P_2(2, 3, 1)$ est un point de Δ_2, et Δ_1 n'est pas parallèle à Δ_2. De plus, les vecteurs $\vec{v}_1 = (2, -3, 1)$ et $\vec{v}_2 = (-2, 4, 1)$ sont des vecteurs directeurs de Δ_1 et de Δ_2 respectivement. Ainsi, si on pose

$$\vec{u} = \overrightarrow{P_1P_2} = (0, 2, -2) \quad \text{et} \quad \vec{N} = \vec{v}_1 \wedge \vec{v}_2$$

alors

$$d(\Delta_1, \Delta_2) = \frac{\left| \vec{u} \bullet \vec{N} \right|}{\left\| \vec{N} \right\|}$$

Puisque

$$\vec{v}_1 \wedge \vec{v}_2 = \begin{vmatrix} \vec{i} & \vec{j} & \vec{k} \\ 2 & -3 & 1 \\ -2 & 4 & 1 \end{vmatrix} = -7\vec{i} - 4\vec{j} + 2\vec{k} = \vec{N}$$

on a

$$d(\Delta_1, \Delta_2) = \frac{\left|(0, 2, -2) \bullet (-7, -4, 2)\right|}{\sqrt{49 + 16 + 4}} = \frac{\left|-12\right|}{\sqrt{69}} \cong 1,44$$

Exercices suggérés : 66 à 84, p. 394-398.

7.7 Équation normale et équation réduite d'un plan

Dans ce qui suit, on présente deux formes nouvelles de l'équation d'un plan, qui présentent chacune des avantages : les formes normale et réduite.

Équation normale d'un plan

L'équation normale d'un plan fait intervenir les cosinus directeurs d'une droite qui porte un vecteur normal au plan. Soit $Ax + By + Cz + D = 0$ l'équation cartésienne d'un plan π dans un repère $R : (O, \vec{i}, \vec{j}, \vec{k})$ et $\vec{N} = (A, B, C)$, un vecteur normal à π. On obtient un vecteur unitaire parallèle à $\vec{N}$ en posant

$$\vec{n} = \frac{\vec{N}}{\|\vec{N}\|} = \left(\frac{A}{\sqrt{A^2 + B^2 + C^2}}, \frac{B}{\sqrt{A^2 + B^2 + C^2}}, \frac{C}{\sqrt{A^2 + B^2 + C^2}} \right)$$

Ce vecteur est orthogonal au plan π et il détermine des angles α, β et γ avec les vecteurs $\vec{i}$, $\vec{j}$ et $\vec{k}$ respectivement :

$$\cos \alpha = \frac{\vec{n} \cdot \vec{i}}{\|\vec{n}\|\|\vec{i}\|} = \frac{A}{\sqrt{A^2 + B^2 + C^2}}$$

$$\cos \beta = \frac{\vec{n} \cdot \vec{j}}{\|\vec{n}\|\|\vec{j}\|} = \frac{B}{\sqrt{A^2 + B^2 + C^2}}$$

$$\cos \gamma = \frac{\vec{n} \cdot \vec{k}}{\|\vec{n}\|\|\vec{k}\|} = \frac{C}{\sqrt{A^2 + B^2 + C^2}}$$

Ainsi, les cosinus directeurs du support de $\vec{n}$ donnent la direction du vecteur normal unitaire $\vec{n}$ et on écrit

$$\vec{n} = (\cos \alpha, \cos \beta, \cos \gamma)$$

On sait que $\cos^2\alpha + \cos^2\beta + \cos^2\gamma = 1$ et que les angles α, β et γ appartiennent à l'intervalle $[0, \pi]$. En multipliant par $1/\|\vec{N}\|$ chaque membre de l'équation cartésienne du plan π, soit $Ax + By + Cz + D = 0$, on obtient :

$$\frac{Ax}{\sqrt{A^2 + B^2 + C^2}} + \frac{By}{\sqrt{A^2 + B^2 + C^2}} + \frac{Cz}{\sqrt{A^2 + B^2 + C^2}} + \frac{D}{\sqrt{A^2 + B^2 + C^2}} = 0$$

ou encore, si on pose $p = D / \sqrt{A^2 + B^2 + C^2}$,

$$x \cos \alpha + y \cos \beta + z \cos \gamma + p = 0$$

Cette dernière équation est l'**équation normale** du plan π.

La distance de l'origine du repère au plan π est (proposition 7.13)

$$d(O, \pi) = \frac{|Ar + Bs + Ct + D|}{\sqrt{A^2 + B^2 + C^2}} = \frac{|D|}{\sqrt{A^2 + B^2 + C^2}} = |p|$$

Ainsi, l'équation normale d'un plan π donne directement la distance à l'origine de π. Au signe près, le rapport $D / \sqrt{A^2 + B^2 + C^2}$ représente cette distance.

Équation réduite d'un plan

Soit $Ax + By + Cz + D = 0$ l'équation cartésienne d'un plan π, où A, B, C et D sont non nuls. Cette équation s'écrit aussi

$$Ax + By + Cz = -D$$

En divisant chaque membre par $-D$, on obtient

$$\frac{Ax}{-D} + \frac{By}{-D} + \frac{Cz}{-D} = 1$$

ou encore

$$\frac{x}{-D/A} + \frac{y}{-D/B} + \frac{z}{-D/C} = 1$$

qui est l'**équation réduite** du plan π. Celle-ci donne directement les points d'intersection de π avec les axes de coordonnées :

$$(-D/A, 0, 0) \qquad (0, -D/B, 0) \qquad (0, 0, -D/C)$$

Exemple 7.23

Soit le plan $\pi : 2x - y + z - 6 = 0$ dans un repère orthonormé $R : (O, \vec{i}, \vec{j}, \vec{k})$.

a) Pour obtenir l'équation normale de π, on divise chaque membre de son équation cartésienne par $\|\vec{N}\| = \|(2, -1, 1)\| = \sqrt{4+1+1} = \sqrt{6}$:

$$\frac{2x}{\sqrt{6}} - \frac{y}{\sqrt{6}} + \frac{z}{\sqrt{6}} - \sqrt{6} = 0$$

est l'équation normale de π.

b) La distance du plan π à l'origine du repère est $d(O, \pi) = \left| - \sqrt{6} \right| = \sqrt{6}$.

c) Le vecteur $\vec{N}$, normal au plan π, forme avec les vecteurs $\vec{i}$, $\vec{j}$ et $\vec{k}$ respectivement des angles α, β et γ donnés par :

$$\cos \alpha = \frac{2}{\sqrt{6}} \quad \Rightarrow \quad \alpha = \text{arc cos } \frac{2}{\sqrt{6}} \cong 35,26°$$

$$\cos \beta = \frac{-1}{\sqrt{6}} \quad \Rightarrow \quad \beta = \text{arc cos } \frac{-1}{\sqrt{6}} \cong 114,09°$$

$$\cos \gamma = \frac{1}{\sqrt{6}} \quad \Rightarrow \quad \gamma = \text{arc cos } \frac{1}{\sqrt{6}} \cong 65,91°$$

On remarque que

$$\cos^2 \alpha + \cos^2 \beta + \cos^2 \gamma = \left(\frac{2}{\sqrt{6}}\right)^2 + \left(\frac{-1}{\sqrt{6}}\right)^2 + \left(\frac{1}{\sqrt{6}}\right)^2 = 1$$

Traces d'un plan

Définition 7.16   Traces d'un plan

Les droites suivant lesquelles un plan π coupe les plans de coordonnées sont appelées traces de π.   ❏

Soit $Ax + By + Cz + D = 0$ l'équation cartésienne d'un plan π. On trouve la trace de π dans les plans xOy, xOz et yOz en posant $z = 0$, $y = 0$ et $x = 0$ respectivement.

Exemple 7.24

On sait que le lieu des points définis par l'équation linéaire $3x + 2y + 6z = 12$ est un plan π, dans un repère orthonormé.

a) Les paramètres directeurs d'une normale au plan π sont 3, 2 et 6. Le vecteur $\vec{N} = (3, 2, 6)$ est normal à π et $\| \vec{N} \| = 7$. L'équation normale de π est donc

$$\frac{3}{7}x + \frac{2}{7}y + \frac{6}{7}z - \frac{12}{7} = 0$$

et les cosinus directeurs de la normale sont :

$$\cos \alpha = \frac{3}{7}, \quad \cos \beta = \frac{2}{7}, \quad \cos \gamma = \frac{6}{7}$$

La distance du plan π à l'origine du repère est $d(O, \pi) = |-12 / 7| = 12 / 7$.

b) L'équation réduite du plan π s'obtient en divisant chaque membre de l'équation cartésienne par 12 :

$$\frac{x}{4} + \frac{y}{6} + \frac{z}{2} = 1$$

Cette équation donne les points d'intersection de π et des axes de coordonnées : $P_1(4, 0, 0)$, $P_2(0, 6, 0)$ et $P_3(0, 0, 2)$.

c) Pour déterminer la trace de $\pi : 3x + 2y + 6z = 12$ dans le plan xOy, on pose $z = 0$ dans l'équation cartésienne de π :

$$3x + 2y = 12$$

$$x = 4 - \frac{2}{3}y$$

La trace de π dans le plan xOy est donc la droite

$$\Delta_1 : x = 4 - 2t \qquad y = 3t \qquad z = 0 \qquad \text{où } t \in \mathbb{R}$$

On détermine la trace de π dans le plan yOz en posant $x = 0$ dans l'équation cartésienne de π :

$$2y + 6z = 12$$
$$y = 6 - 3z$$

La trace de π dans le plan yOz est donc la droite

$$\Delta_2 : x = 0 \qquad y = 6 - 3t \qquad z = t \qquad \text{où } t \in \mathbb{R}$$

On détermine la trace de π dans le plan xOz en posant $y = 0$ dans l'équation cartésienne de π :

$$3x + 6z = 12$$
$$x = 4 - 2z$$

La trace de π dans le plan xOz est donc la droite

$$\Delta_3 : x = 4 - 2t \qquad y = 0 \qquad z = t \qquad \text{où } t \in \mathbb{R}$$

d) Pour déterminer de quel côté du plan π est situé le point $P(-2, 2, 1)$, il suffit d'évaluer la distance algébrique de P au plan π :

$$\frac{Ar + Bs + Ct + D}{\sqrt{A^2 + B^2 + C^2}} = \frac{3(-2) + 2(2) + 6(1) - 12}{\sqrt{9 + 4 + 36}} = -\frac{8}{7}$$

Puisque la distance algébrique de P à π est négative, le point P est du même côté de π que l'origine du repère.

La géométrie analytique comprend aussi l'étude de courbes et de surfaces de l'espace autres que les droites et les plans. Par exemple, les coniques et les quadriques peuvent aussi être décrites à l'aide d'équations à deux ou à trois variables. Ainsi, dans un repère $R : (O, \vec{i}, \vec{j})$, l'équation $x^2 + y^2 = 16$ décrit un cercle de rayon 4 centré à l'origine O, tandis que $\dfrac{x^2}{16} + \dfrac{y^2}{4} = 1$ est l'équation d'une ellipse centrée à l'origine O, dont le grand axe et le petit axe sont respectivement de longueur 8 et 4. Cependant, dans un repère $R : (O, \vec{i}, \vec{j}, \vec{k})$, l'équation $x^2 + y^2 = 16$ représente un cylindre de révolution de rayon 4, dont l'axe de révolution est l'axe des z, tandis que $x^2 + y^2 + z^2 = 16$ est l'équation d'une sphère centrée à l'origine O et de rayon 4. L'équation $\dfrac{x^2}{16} + \dfrac{y^2}{9} + \dfrac{z^2}{9} = 1$, quant à elle, décrit un ellipsoïde centré à l'origine O et dont les axes, parallèles à l'axe des x, à l'axe des y et à l'axe des z, sont respectivement de longueur 8, 6 et 6 (fig. 7.45).

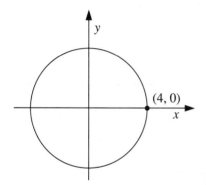

Cercle de rayon 4, d'équation $x^2 + y^2 = 16$

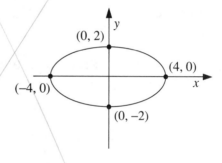

Ellipse d'équation $\dfrac{x^2}{16} + \dfrac{y^2}{4} = 1$

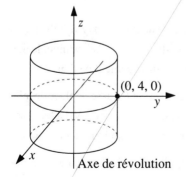

Cylindre de révolution
d'équation $x^2 + y^2 = 16$

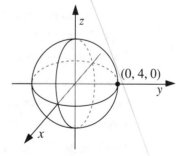

Sphère de rayon 4,
d'équation $x^2 + y^2 + z^2 = 16$

Figure 7.45

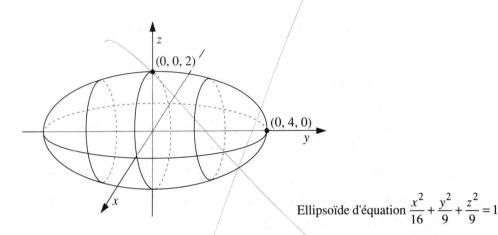

Ellipsoïde d'équation $\dfrac{x^2}{16} + \dfrac{y^2}{9} + \dfrac{z^2}{9} = 1$

Figure 7.45 (suite)

Exercices suggérés : 85 à 92, p. 398-401.

EXERCICES

1. a) Soit deux points M et N d'un plan π. Un point P se déplace dans π de telle façon que sa distance à M est constamment égale à sa distance à N. Déterminer le lieu des positions successives de P et représenter graphiquement ce lieu.

   b) Dans l'espace, soit deux points fixes M et N et un point P qui se déplace de telle façon que sa distance à M est constamment égale à sa distance à N. Déterminer le lieu des positions successives de P et représenter graphiquement ce lieu.

   c) Soit Δ_1 et Δ_2 deux droites d'un plan π. Un point P se déplace dans π en demeurant toujours à égale distance de Δ_1 et de Δ_2. Déterminer le lieu des positions successives de P et représenter graphiquement ce lieu sachant que :

   i) Δ_1 et Δ_2 sont parallèles;

   ii) Δ_1 et Δ_2 sont concourantes.

d) Soit Δ_1 et Δ_2 deux droites de l'espace. Un point P se déplace dans l'espace en demeurant toujours à égale distance de Δ_1 et de Δ_2. Déterminer le lieu des positions successives de P et représenter graphiquement ce lieu sachant que :

    i) Δ_1 et Δ_2 sont parallèles;

    ii) Δ_1 et Δ_2 sont concourantes.

e) Soit un point Q d'un plan π. Quel est le lieu des positions successives d'un point P qui se déplace dans π de telle façon que sa distance à Q soit constamment égale à k ?

f) Soit un point Q de l'espace. Quel est le lieu des positions successives d'un point P qui se déplace dans l'espace de telle façon que sa distance à Q soit constamment égale à k ?

g) Soit O un point fixe de l'espace. Quel est, dans $R : (O, \vec{i}\,)$, $R : (O, \vec{i}\,,\vec{j}\,)$ et $R : (O, \vec{i}\,,\vec{j}\,,\vec{k}\,)$ le lieu des points P tels que :

    i) $\left\|\overrightarrow{OP}\right\| = 3$ *ii*) $\left\|\overrightarrow{OP}\right\| < 3$ *iii*) $\left\|\overrightarrow{OP}\right\| \geq 3$

2. Soit $P_1(1, 2, 1)$ et $P_2(3, 6, 9)$ deux points dans un repère $R : (O, \vec{i}\,,\vec{j}\,,\vec{k}\,)$.

a) Représenter le segment P_1P_2 et établir une relation vectorielle donnant la position de tout point $P(x, y, z)$ de ce segment.

b) Montrer que $P(2, 4, 5)$ est un point du segment P_1P_2.

c) Le point $P(5, 10, 17)$ appartient-il au segment P_1P_2 ? Pourquoi ?

d) Le point $P(4/3, 8/3, 1/3)$ appartient-il au segment P_1P_2 ? Pourquoi ?

3. Sachant que $A(3, 2, 1)$ et $B(6, 8, 10)$ sont deux points dans un repère orthonormé $R : (O, \vec{i}\,,\vec{j}\,,\vec{k}\,)$:

a) trouver une équation vectorielle donnant la position de tout point $P(x, y, z)$ du segment AB;

b) déterminer les coordonnées x et z du point $P(x, 6, z)$ du segment AB.

4. Soit $P_1(3, 6, 15)$ et $P_2(-3, -6, -3)$ deux points d'une droite Δ.

a) Trouver une équation vectorielle donnant la position de tout point $P(x, y, z)$ de la droite Δ.

b) Déterminer les coordonnées des points de la droite Δ :

    i) d'abscisse nulle,   *ii*) d'ordonnée nulle,   *iii*) de cote nulle.

5. *a*) Trouver des paramètres directeurs de la droite dont les équations paramétriques sont

$$x = -7 - 2r \qquad y = 4 \qquad z = 2 - 3r \qquad \text{où } r \in \mathbb{R}$$

    b) Écrire les équations canoniques de la droite passant par les points $P(2, -3, 4)$ et $Q(5, 2, -1)$.

6. *a*) Quelle est la propriété commune aux points $P(x, y, z)$ de :

    i) l'axe des x ?   *ii*) l'axe des y ?   *iii*) l'axe des z ?

    b) Donner quelques points de :

    i) l'axe des x,   *ii*) l'axe des y,   *iii*) l'axe des z.

    c) Définir symboliquement :

    i) l'axe des x,   *ii*) l'axe des y,   *iii*) l'axe des z.

    d) Donner les équations paramétriques de la droite correspondant à :

    i) l'axe des x,   *ii*) l'axe des y,   *iii*) l'axe des z.

7. Déterminer les équations paramétriques de la droite qui passe par le point $M(0, 2, -1)$ et qui est parallèle :

    a) au vecteur $\vec{v} = (1, 2, -5)$;

    b) à la droite $\Delta : \dfrac{x-2}{5} = \dfrac{y+1}{3} = \dfrac{z+11}{-8}$;

    c) à l'axe des x;

    d) à l'axe des y;

    e) à l'axe des z;

    f) à la droite d'équations $x = 3t - 2$, $y = -2t + 1$, $z = 5t + 7$ où $t \in \mathbb{R}$.

8. Trouver les équations paramétriques et canoniques (s'il y a lieu) des droites passant par

    a) $P_1(3, -1, 2)$ et $P_2(2, 1, 1)$;   *b*) $P_1(0, 0, 1)$ et $P_2(0, 1, -2)$.

9. La droite Δ est représentée par le système linéaire

$$\begin{cases} 3x - y - 6 = 0 \\ y + z + 3 = 0 \end{cases}$$

a) Donner les équations paramétriques et canoniques de Δ.

b) Trouver deux points de Δ.

10. Soit les points $A(2, -1, 5)$, $B(-6, 1, 3)$ et $C(-4, -3, 5)$ de l'espace muni d'un repère orthonormé. Déterminer les équations paramétriques de la droite qui porte la médiane du triangle ABC passant par le point C.

11. Soit une droite Δ dans un repère $R : (O, \vec{i}, \vec{j})$, soit $P_0(x_0, y_0)$ un point de Δ et $\vec{v} = (a, b)$ un vecteur directeur de Δ. Trouver :

a) l'équation vectorielle de Δ;

b) les équations paramétriques de Δ;

c) les équations canoniques de Δ pour $a \neq 0$ et $b \neq 0$;

d) l'équation de Δ de la forme $y = mx + k$ où m et k sont des scalaires;

e) la valeur de la pente m de Δ;

f) la valeur de l'ordonnée à l'origine, k, de Δ.

12. Dans un repère $R : (O, \vec{i}, \vec{j})$, les équations canoniques d'une droite Δ sont

$$\frac{x-3}{4} = \frac{y+6}{3}$$

a) Donner deux points de Δ.

b) Déterminer la pente de Δ.

c) Écrire l'équation de Δ sous la forme $y = mx + k$.

13. Soit les droites :

$$\Delta_1 : x + 1 = \frac{y-2}{2} = \frac{z}{3}$$

$$\Delta_2 : x = 3 - t \qquad y = 2 + 3t \qquad z = 2 - t \qquad \text{où } t \in \mathbb{R}$$

$$\Delta_3 : \frac{x - 1}{5} = \frac{2 - y}{2} = \frac{z + 1}{-1}$$

$$\Delta_4 : x = 3 - s \qquad y = 2 - 3s \qquad z = 2 - s \qquad \text{où } s \in \mathbb{R}$$

Pour chaque droite :

a) donner deux de ses points;

b) trouver les coordonnées du point de cote 2;

c) donner les paramètres directeurs.

14. Soit $\Delta_1 : \dfrac{4 - 4x}{5} = \dfrac{2y + 2}{4} = \dfrac{2z - 4}{2}$ et $\Delta_2 : 2x - 1 = 4y + 8 = 3z - 5$.

a) Déterminer les paramètres directeurs de Δ_1 et Δ_2.

b) Trouver un point de Δ_1 et un point de Δ_2.

c) Donner les équations paramétriques de Δ_1.

d) Trouver, s'il y a lieu, les coordonnées de l'intersection de Δ_1 et de Δ_2.

15. a) Démontrer, en utilisant la méthode de Gauss, que l'intersection des lieux décrits respectivement par les équations

$$x + 2y - z - 6 = 0 \quad \text{et} \quad 2x - y + z + 1 = 0$$

est une droite Δ. Écrire l'équation de cette droite.

b) Donner un vecteur directeur de Δ.

c) Déterminer l'équation vectorielle de Δ.

16. Trouver l'équation de la droite parallèle au vecteur $\vec{i} - 2\vec{k}$ et passant par l'intersection des droites

$$\Delta_1 : \frac{x - 6}{4} = \frac{y - 3}{2} = z$$

et

$$\Delta_2 : x = 3 + t \qquad y = -t \qquad z = -1 \qquad \text{où } t \in \mathbb{R}$$

17. Une droite Δ passe par $P_0(1, 3, 2)$ et ses paramètres directeurs sont 1, 2 et p.

   a) Déterminer p sachant que la droite Δ est parallèle au plan contenant les points $P_1(1, -1, -1)$, $P_2(2, -3, -1)$ et $P_3(3, -4, -2)$.

   b) Donner une équation vectorielle de Δ.

18. Trouver les équations de la droite passant par le point $P(1, 4, -3)$ et perpendiculaire à chacune des droites :

   a) $\Delta_1 : x - 3 = \dfrac{y-3}{2} = \dfrac{z+2}{4}$

   et

   $\Delta_2 : x = 4 \qquad y = 3 + t \qquad z = -2 + 4t \qquad$ où $t \in \mathbb{R}$

   b) $\Delta_1 : \dfrac{x-4}{4} = \dfrac{y+3}{2} = \dfrac{z-3}{-1}$ et $\Delta_2 : \dfrac{x-2}{-1} = \dfrac{y+2}{-2} = \dfrac{z-5}{5}$

19. Trouver l'équation vectorielle de la droite passant par le point $P_0(2, -1, 3)$ et perpendiculaire au plan déterminé par les points $P_1(-3, -3, 2)$, $P_2(-1, 0, -1)$ et $P_3(-2, 1, -7)$.

20. Trouver l'intersection des deux droites données.

   a) $\Delta_1 : x - 2 = \dfrac{y-4}{2} = \dfrac{z-6}{3}$ et $\Delta_2 : \dfrac{x+2}{-3} = \dfrac{y-6}{4} = \dfrac{z-10}{7}$

   b) $\Delta_1 : x - 1 = \dfrac{y-2}{2} = \dfrac{z-3}{3}$

   et

   $\Delta_2 : x = 4 + 2t \qquad y = 5 + t \qquad z = 9 + 3t \qquad$ où $t \in \mathbb{R}$

   c) $\Delta_1 : x - 3 = y - 2 = z - 4$

   et

   $\Delta_2 : x = -1 + 2t \qquad y = 2 \qquad z = 2 + t, \qquad$ où $t \in \mathbb{R}$

   d) $\Delta_1 : x = 3 + s \qquad y = 2 \qquad z = 5 + s \qquad$ où $s \in \mathbb{R}$

   et

   $\Delta_2 : x - 3 = y - 2 = z - 4$

21. Soit Δ_1 et Δ_2 deux droites concourantes. La droite Δ_1 est donnée par les équations $\dfrac{x+2}{3} = \dfrac{y+3}{2} = \dfrac{z-8}{-5}$; la droite Δ_2 est perpendiculaire à $\vec{v} = (6, -2, -3)$ et elle passe par le point $P(3, -4, 9)$.

   a) Quelles sont les équations canoniques de Δ_2 ?

   b) Quelle est l'intersection de Δ_1 et de Δ_2 ?

22. Écrire les équations canoniques de la droite Δ passant par le point $P(2, -5, 4)$ et perpendiculaire aux droites de paramètres directeurs 2, −1, 2 et 1, 1, 3.

23. Soit les droites

$$\Delta_1 : \dfrac{x-2}{2} = \dfrac{y+6}{-3} = \dfrac{z-9}{4} \quad \text{et} \quad \Delta_2 : \dfrac{x+3}{m} = \dfrac{y+7}{4} = \dfrac{z-3}{2}$$

   a) Pour quelle valeur de m les droites Δ_1 et Δ_2 sont-elles concourantes ?

   b) Quelle est l'intersection de Δ_1 et de Δ_2 si m prend la valeur calculée en *a)* ?

24. Soit les droites

   $\Delta_1 : x = 3t - 4 \qquad y = -2t + 2 \qquad z = 3t + 7 \qquad$ où $t \in \mathbb{R}$

   et

   $\Delta_2 : x = s + 2 \qquad y = 2s - 7 \qquad z = -s - 13 \qquad$ où $s \in \mathbb{R}$

   a) Quelle est la position relative de Δ_1 et de Δ_2 ?

   b) Trouver l'équation vectorielle de la perpendiculaire commune à Δ_1 et à Δ_2.

25. Soit deux droites

$$\Delta_1 : \dfrac{x-2}{-3} = \dfrac{y+1}{2} = z - 1 \quad \text{et} \quad \Delta_2 : \dfrac{x-4}{2} = \dfrac{y-2}{3} = \dfrac{z+4}{-5}$$

   a) Montrer que Δ_1 et Δ_2 sont des droites concourantes.

   b) Donner les équations canoniques de la droite qui passe par le point $M(7, 2, -4)$ et l'intersection de Δ_1 et de Δ_2.

26. Soit π le plan déterminé par les points $A(3, 0, 0)$, $B(0, 4, 0)$ et $C(0, 0, 5)$.

   a) Trouver l'équation vectorielle de π.

b) Soit $P(1, 2, z)$ un point de π. Déterminer z.

c) Montrer que le point $Q(-3, 4, 5)$ appartient à π.

27. *a*) Déterminer les équations paramétriques du plan π qui passe par les points $P_1(0, -1, 2)$, $P_2(3, -1, 1)$ et $P_3(1, -6, 1)$.

b) Quelle est l'équation cartésienne de π ?

28. Déterminer l'équation cartésienne du plan qui passe par le point $P_1(3, -1, 2)$ et :

a) par la droite d'équations

$$x = 1 + 2t \qquad y = 2 - 3t \qquad z = -3 + 2t \qquad \text{où } t \in \mathbb{R}$$

b) qui est perpendiculaire au vecteur $\overrightarrow{P_1P_2}$ où $P_2(7, -5, -10)$.

29. *a*) Déterminer l'intersection des droites

$$\Delta_1 : \frac{x - 5}{4} = \frac{y - 1}{2} = \frac{z - 5}{3} \qquad \text{et} \qquad \Delta_2 : \frac{x - 1}{5} = \frac{y + 1}{4} = \frac{z - 2}{3}$$

b) Quelle est l'équation cartésienne du plan déterminé par Δ_1 et Δ_2 ?

30. Trouver l'équation du plan qui passe par $P_1(1, -10, 3)$ et $P_2(0, 9, 7)$, et qui est parallèle au vecteur $\vec{u} = (3, -1, -4)$.

31. Donner les composantes d'un vecteur normal au plan donné et trouver un point de ce plan.

a) $2x - y - 2z = 0$ *b*) $2x + 5y - z = 0$

c) $3x - 2y - 9 = 0$ *d*) $8y - 5z = 0$

e) $x + 12 = 0$ *f*) $y - 5 = 0$

32. Trouver l'équation cartésienne du plan qui passe par le point $P(1, 3, -3)$ et qui est parallèle aux vecteurs $3\vec{i} - \vec{j} + 6\vec{k}$ et $2\vec{i} + \vec{j} - \vec{k}$.

33. *a*) Donner quelques points appartenant :

    i) au plan xOy,   *ii*) au plan xOz,   *iii*) au plan yOz.

b) Quelle est la propriété commune à tous les points :

   i) du plan xOy ?   ii) du plan xOz ?   iii) du plan yOz ?

c) Dans le repère $R : (O, \vec{i}, \vec{j}, \vec{k})$, que représentent les ensembles suivants ?

   i) $\{(x, y, z) \in \mathbb{R}^3 | z = 0\}$ ii) $\{(x, y, z) \in \mathbb{R}^3 | y = 0\}$

   iii) $\{(x, y, z) \in \mathbb{R}^3 | x = 0\}$

d) Quelle est l'intersection :

   i) des plans xOy et xOz ?   ii) des plans xOy et yOz ?

   iii) des plans xOz et yOz ?

e) Donner l'équation cartésienne du plan :

   i) xOy ii) xOz iii) yOz

f) Donner un vecteur normal au plan :

   i) xOy ii) xOz iii) yOz

34. a) Quel est le lieu géométrique d'équation $x = -1$ dans un repère :

   i) $R : (O, \vec{i})$?   ii) $R : (O, \vec{i}, \vec{j})$?   iii) $R : (O, \vec{i}, \vec{j}, \vec{k})$?

b) Quel est le lieu géométrique défini par les équations $x = -1$ et $y = 2$ dans un repère :

   i) $R : (O, \vec{i}, \vec{j})$?   ii) $R : (O, \vec{i}, \vec{j}, \vec{k})$?

c) Dans un repère $R : (O, \vec{i}, \vec{j}, \vec{k})$, quel est le lieu géométrique des points de :

   i) $\{(x, y, z) \in \mathbb{R}^3 | z = 2\}$?   ii) $\{(x, y, z) \in \mathbb{R}^3 | x = y = z = 2\}$?

   iii) $\{(x, y, z) \in \mathbb{R}^3 | x = y = z\}$?   iv) $\{(x, y, z) \in \mathbb{R}^3 | y = 2, z = -3\}$?

35. Une droite Δ contient le segment MN où $M(4, -1, 3)$ et $N(5, 0, 6)$. Trouver l'intersection de cette droite avec chaque plan de coordonnées.

36. Décrire la position relative de :

   a) deux droites du plan;   b) deux droites de l'espace;

   c) deux plans de l'espace;   d) trois plans de l'espace;

   e) un plan et une droite de l'espace.

37. Soit le parallélépipède rectangle de la figure 7.46. (Justifier la réponse à chacune des questions suivantes.)

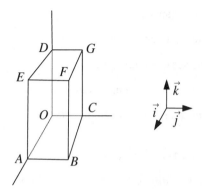

Figure 7.46

a) Quelle est la position relative :

    i) des droites qui contiennent respectivement les segments *AF* et *OG* ?

    ii) des droites qui contiennent respectivement les segments *OF* et *BC* ?

    iii) des droites qui contiennent respectivement les segments *AF* et *CD* ?

b) Quelle est la position relative :

    i) de la droite qui contient le segment *BC* et du plan qui passe par les points *A*, *D*, *G* et *B* ?

    ii) du plan qui passe par les points *E*, *F*, *C* et *O* et du plan qui passe par les points *E*, *D*, *C* et *B* ?

c) Donner deux segments appartenant à des droites concourantes.

d) Donner deux segments appartenant à des plans distincts et non parallèles.

e) Donner trois segments appartenant respectivement à trois droites concourantes deux à deux.

f) Donner trois segments appartenant respectivement à trois droites gauches deux à deux.

g) Soit $\left\|\overrightarrow{AE}\right\| = 2\left\|\overrightarrow{AB}\right\|$, soit $\left\|\overrightarrow{AB}\right\| = 2\left\|\overrightarrow{AO}\right\|$ et soit $C(0, 4, 0)$. Déterminer les coordonnées de chaque sommet du parallélépipède.

38. Représenter graphiquement :

a) deux plans concourants,

b) deux droites gauches,

c) une droite qui coupe deux droites gauches,

d) une droite sécante à un plan,

e) trois plans qui se coupent suivant une droite Δ,

f) trois plans qui se coupent en un point P.

39. Combien de plans peuvent passer par :

a) deux points distincts ?

b) une droite ?

c) deux droites concourantes ?

d) deux droites gauches ?

e) deux droites parallèles distinctes ?

40. Combien de plans peuvent passer par :

a) un point ?

b) deux points et une droite passant par un de ces points ?

c) trois points colinéaires ?

d) trois points non colinéaires ?

41. Représenter graphiquement et décrire en langage symbolique les lieux suivants :

a) le plan parallèle au plan xOz et situé à une distance de trois unités à gauche de ce plan;

b) deux droites parallèles à l'axe des y, dont l'une passe par le point $P_1(5, 0, 4)$ et l'autre par le point $P_2(3, 4, -2)$;

c) le plan perpendiculaire au segment reliant les points $P(1, -1, 1)$ et $Q(0, 2, 3)$, et qui passe par le point $S(1, 0, -3)$;

d) la droite reliant les points $P(1, -1, 1)$ et $Q(0, 2, 3)$.

42. Dans chaque cas, dire si les deux plans donnés sont parallèles.

a) $\pi_1 : 2x + 6y + 5z + 17 = 0$ et $\pi_2 : 2x + 6y + 5z + 13 = 0$

b) $\pi_1 : 4x + 2y - 4z + 5 = 0$ et $\pi_2 : 2x + y + 2z - 1 = 0$

c) $\pi_1 : 2x - 3z + 2 = 0$ et $\pi_2 : 4x - 6z - 7 = 0$

43. Dans chaque cas, dire si les deux plans donnés sont perpendiculaires.

a) $\pi_1 : 3x - y - 2z - 7 = 0$ et $\pi_2 : x + 9y - 3z + 4 = 0$

b) $\pi_1 : 2x + 3y - z - 3 = 0$ et $\pi_2 : 2x - 2y - 2z + 5 = 0$

c) $\pi_1 : 2x + 6y - 2z + 2 = 0$ et $\pi_2 : x + 2z - 3 = 0$

44. Donner les équations paramétriques de la droite

$$\Delta : \begin{cases} x - y + z = 3 \\ x + y + 2z = 5 \end{cases}$$

45. *a*) Trouver l'équation du plan passant par le point $P_0(6, 0, 1)$ et perpendiculaire à la droite

$$\Delta : \begin{cases} 3x - 2y + z = 4 \\ 2x + 3y - 5z = 1 \end{cases}$$

b) Trouver l'équation du plan qui passe par la droite

$$\Delta : \frac{x - 1}{2} = \frac{y + 2}{-3} = \frac{z - 2}{2}$$

et qui est perpendiculaire au plan d'équation $3x + 2y - z - 5 = 0$

c) Donner l'équation du plan qui passe par le point $P_0(2, -1, 1)$ et qui est perpendiculaire à chacun des plans

$$\pi_1 : 2x - z + 1 = 0 \quad \text{et} \quad \pi_2 : y = 0$$

d) Donner l'équation du plan qui passe par la droite

$$\Delta_1 : x = 4 + 3s \qquad y = 5 + 2s \qquad z = -3 - s \qquad \text{où } s \in \mathbb{R}$$

et qui est parallèle à la droite

$$\Delta_2 : \begin{cases} 2x - y + z - 3 = 0 \\ x + 2y - z + 5 = 0 \end{cases}$$

e) Trouver l'équation du plan qui passe par le point $P_0(2, -3, 4)$ et qui est perpendiculaire à l'intersection des plans d'équations respectives $x - y + 2z = 0$ et $4x - y - z + 9 = 0$.

46. Donner les équations paramétriques de la droite qui passe par $M(-6, 19, 15)$ et qui est parallèle à la droite

$$\Delta : \begin{cases} 3x - y + 2z - 7 = 0 \\ x + 3y - 2z + 3 = 0 \end{cases}$$

47. Une droite Δ passe par les points $P_1(-6, 6, -5)$ et $P_2(-9, 8, -6)$. Trouver l'intersection de cette droite et de chacun des plans de coordonnées.

48. *a*) Trouver l'intersection des plans

$$\pi_1 : 2x - y + 2z = 5 \qquad \pi_2 : 4x + y + 3z = 1 \qquad \pi_3 : 8x - y + z = 5$$

b) Décrire le lieu d'intersection des trois plans suivants et donner l'équation de ce lieu.

$$\pi_1 : x + y + z = 3 \qquad \pi_2 : x + 2y + z = 6 \qquad \pi_3 : 3x + 4y + 3z = 12$$

49. Soit le faisceau de plans d'équation

$$\alpha(5x - 9y - 2z + 2) + \beta(x - 2y - z - 5) = 0$$

a) Dire si le plan d'équation $2x - 3y + z - 5 = 0$ appartient au faisceau.

b) Dans le faisceau, quel est le plan auquel $\vec{N} = (2, -3, 1)$ est normal ?

c) Donner l'équation de deux plans du faisceau d'équation

$$(3x - 4y + z + 6) + \lambda(2x - 3y + z + 2) = 0$$

50. Trouver l'équation du plan qui passe par la droite d'intersection des plans

$$\pi_1 : 2x + y - z + 1 = 0 \qquad \text{et} \qquad \pi_2 : x + y + 2z + 1 = 0$$

et qui est parallèle au segment d'extrémités $M_1(2, 5, -3)$ et $M_2(3, -2, 2)$. (Utiliser l'équation du faisceau de plans contenant π_1 et π_2.)

51. Identifier un plan du faisceau d'équation

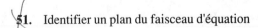

$$3x - 4y + 2z - 4 + \lambda(x + 2y + 3z - 1) = 0$$

a) qui passe par le point $M_1(3, 0, -1)$;   *b*) qui est parallèle à l'axe des x;

c) qui est parallèle à l'axe des y;   *d*) qui est parallèle à l'axe des z.

52. Déterminer les valeurs de l et de m pour lesquelles le plan $\pi : 5x + ly + 7z + m = 0$ appartient au faisceau de plans engendré par

$$\pi_1 : 8x - 7y + z + 3 = 0 \quad \text{et} \quad \pi_2 : x - 9y - 2z + 5 = 0$$

53. Trouver l'intersection de la droite Δ et du plan π.

a) $\Delta : x + 1 = \dfrac{y - 3}{-2} = \dfrac{z + 12}{6}$ $\qquad \pi : 2x + 3y + z - 1 = 0$

b) $\Delta : \dfrac{x + 6}{3} = \dfrac{y - 3}{-1} = \dfrac{z - 4}{-5}$ $\qquad \pi : x - 2y + z - 15 = 0$

c) $\Delta : \dfrac{x}{-2} = \dfrac{y + 2}{3} = \dfrac{z - 1}{2}$ $\qquad \pi : x + 2y - 2z - 15 = 0$

d) $\Delta : \dfrac{x - 2}{10} = \dfrac{2y - 2}{11} = \dfrac{z - 5}{7}$ $\qquad \pi : 3x - 8y + 2z = 8$

54. Montrer que les deux droites données sont parallèles :

a) $\Delta_1 : \dfrac{x + 2}{3} = \dfrac{y - 1}{-2} = z$ $\qquad$ et $\qquad \Delta_2 : \begin{cases} x + y - z = 0 \\ x - y - 5z - 8 = 0 \end{cases}$

b) $\Delta_1 : \begin{cases} x = 2t + 5 \\ y = -t + 2 \\ z = t - 7 \end{cases}$ $\qquad$ et $\qquad \Delta_2 : \begin{cases} x + 3y + z + 2 = 0 \\ x - y - 3z - 2 = 0 \end{cases}$

c) $\Delta_1 : \begin{cases} x + y - 3z + 1 = 0 \\ x - y + z + 3 = 0 \end{cases}$ $\qquad$ et $\qquad \Delta_2 : \begin{cases} x + 2y - 5z - 1 = 0 \\ x - 2y + 3z - 9 = 0 \end{cases}$

55. Montrer que les deux droites données sont perpendiculaires :

a) $\Delta_1 : x = \dfrac{y - 1}{-2} = \dfrac{z}{3}$ $\qquad$ et $\qquad \Delta_2 : \begin{cases} 3x + y - 5z + 1 = 0 \\ 2x + 3y - 8z + 3 = 0 \end{cases}$

b) $\Delta_1 : \begin{cases} x = 2t + 1 \\ y = 3t - 2 \\ z = -6t + 1 \end{cases}$ $\qquad$ et $\qquad \Delta_2 : \begin{cases} 2x + y - 4z + 2 = 0 \\ 4x - y - 5z + 4 = 0 \end{cases}$

c) $\Delta_1 : \begin{cases} x + y - 3z - 1 = 0 \\ 2x - y - 9z - 2 = 0 \end{cases}$ $\qquad$ et $\qquad \Delta_2 : \begin{cases} 2x + y + 2z + 5 = 0 \\ 2x - 2y - z + 2 = 0 \end{cases}$

56. Peut-on affirmer que la droite $\Delta : \dfrac{x-2}{3} = 2y = \dfrac{z}{-1}$ est perpendiculaire au plan

$\pi_1 : 18x + 3y - 6z + 17 = 0$ et parallèle au plan $\pi_2 : x + 3z + 7 = 0$?

57. Trouver l'intersection des lieux géométriques donnés :

a) $\dfrac{x-4}{3} = \dfrac{y-2}{-1} = \dfrac{z+1}{-3}$ et $\dfrac{x+2}{3} = \dfrac{y-5}{-2} = \dfrac{z+3}{5}$

b) $\dfrac{x-7}{3} = \dfrac{y-1}{4} = \dfrac{z+1}{6}$ et $x + 2y - 5z + 5 = 0$

c) $\dfrac{x-7}{6} = \dfrac{y+1}{-3} = \dfrac{z-2}{-1}$ et $4x - 5y + z + 3 = 0$

d) $2x + y - 2z = 7$, $x - y + 3z = 2$ et $4x - y + 4z = 11$

e) $x - 2y + 3z = 16$, $2x + 2y - z = 10$, $x + y + 5z = 11$ et $x + y - 6z = -11$

f) $2x + 3y - z = -1$, $x + y + 2z = 12$ et $x + 2y - 3z = 2$

58. Trouver les valeurs de m et de p pour lesquelles l'énoncé est vrai :

a) La droite

$$\Delta : \begin{cases} 3x - 2y + z + 3 = 0 \\ 4x - 3y + 4z + 1 = 0 \end{cases}$$

est parallèle au plan $\pi : 2x - y + pz - 2 = 0$.

b) La droite

$\Delta : x = 3 + 4t$ $y = 1 - 4t$ $z = -3 + t$ où $t \in \mathbb{R}$

appartient à $\pi : px - 4z + m = 0$.

c) La droite

$$\Delta : \dfrac{x-2}{m} = \dfrac{y+1}{4} = \dfrac{z-5}{-3}$$

est perpendiculaire au plan $\pi : 3x - 2y + pz + 1 = 0$.

d) La droite

$$\Delta : \dfrac{x+1}{3} = \dfrac{y-2}{m} = \dfrac{z+3}{-2}$$

est parallèle au plan $\pi : x - 2y + 6z + 7 = 0$.

59. Déterminer les valeurs de m et de p pour lesquelles les plans

$\pi_1 : 2x - y + 3z - 1 = 0 \qquad \pi_2 : x + 2y - z + p = 0 \qquad \pi_3 : x + my - 6z + 10 = 0$

a) ont un seul point commun;

b) passent par une même droite;

c) se coupent suivant trois droites parallèles disjointes.

60. Calculer l'angle des droites :

a) $\Delta_1 : x = 7 + 3s \qquad\qquad y = 0 \qquad\qquad z = -s \qquad\qquad$ où $s \in \mathbb{R}$

et

$\Delta_2 : x = -2 + 2t \qquad\quad y = 0 \qquad\qquad z = -3 + t \qquad$ où $t \in \mathbb{R}$

b) $\Delta_1 : \dfrac{x-2}{6} = \dfrac{y+2}{-3} = \dfrac{z-4}{6} \qquad$ et $\qquad \Delta_2 = \dfrac{x+2}{3} = \dfrac{y+3}{6} = \dfrac{z+4}{-2}$

c) $\Delta_1 : \begin{cases} x - y - 4z - 5 = 0 \\ 2x + y - 2z - 4 = 0 \end{cases}$ et $\quad \Delta_2 : \begin{cases} x - 6y - 6z + 2 = 0 \\ 2x + 2y + 9z - 1 = 0 \end{cases}$

61. Soit trois points $A(3, -1, -1)$, $B(1, 2, -7)$ et $C(-5, 14, -3)$ dans l'espace muni d'un repère orthonormé. Trouver les équations canoniques de la bissectrice de l'angle intérieur de sommet B du triangle ABC. (*Indice* : Déterminer les coordonnées paramétriques de tout point P du segment AC et utiliser le vecteur $\overrightarrow{BP}$.)

62. Trouver l'angle des deux plans donnés :

a) $\pi_1 : 3x + 2y + z + 4 = 0 \qquad$ et $\qquad \pi_2 : x - 2y - 3z + 7 = 0$

b) $\pi_1 : x - 2y - 3 = 0 \qquad\qquad$ et $\qquad \pi_2 : y + 2z = 0$

c) $\pi_1 : 2x - y + z = 7 \qquad\qquad$ et $\qquad \pi_2 : x + y + 2z - 11 = 0$

63. Soit $\Delta : x - 2 = \dfrac{y+5}{7} = \dfrac{z+3}{4}$ et $\pi : x - 4y + 3z + 2 = 0$.

Trouver :

a) l'angle de la droite Δ et du plan π ;

b) les coordonnées du point d'intersection de la droite Δ et du plan π ;

c) les cosinus directeurs de la droite Δ.

64. Soit $P_1(3, 0, 1)$, $P_2(1, 6, 2)$, $P_3(4, 7, 8)$ et $P_4(8, 1, 3)$.

   a) Déterminer l'angle du plan xOy et du plan π_1 passant par P_1, P_2 et P_3.

   b) Déterminer l'angle de la droite Δ qui contient le segment P_1P_3 et du plan π_2 passant par P_1, P_2 et P_4.

65. Trouver l'angle de :

   a) $\pi_1 : x - y\sqrt{2} + z - 1 = 0$ et $\pi_2 : x + y\sqrt{2} - z + 3 = 0$

   b) $\pi_1 : 3y - z = 0$ et $\pi_2 : 2y + z = 0$

   c) $\Delta_1 : x - 3 = \dfrac{y + 2}{-1} = \dfrac{z}{\sqrt{2}}$ et $\Delta_2 : x + 2 = y - 3 = \dfrac{z + 5}{\sqrt{2}}$

   d) $\Delta_1 : x = 3t - 2 \qquad y = 0 \qquad z = -t + 3 \qquad$ où $t \in \mathbb{R}$

   et

   $\Delta_2 : x = 2t - 1 \qquad y = 0 \qquad z = t - 3 \qquad$ où $t \in \mathbb{R}$

   e) $\Delta : \dfrac{x - 2}{10} = \dfrac{2y - 2}{11} = \dfrac{z - 5}{7}$ et $\pi : 3x - 8y + 2z = 8$

66. Calculer la distance du point $P(2, 3, -1)$ à chacune des droites suivantes :

   a) $\Delta_1 : \dfrac{x - 5}{3} = \dfrac{y}{2} = \dfrac{z + 25}{-2}$

   b) $\Delta_2 : x = t + 1 \qquad y = t + 2 \qquad z = 4t + 13 \qquad$ où $t \in \mathbb{R}$

67. Trouver la distance du point P à la droite Δ :

   a) $P(4, 1, 2)$ $\qquad\qquad\qquad$ $\Delta : \dfrac{x - 2}{4} = \dfrac{y + 1}{5} = \dfrac{z + 2}{-2}$

   b) $P(-3, 1, 2)$

   $\Delta : x = 2 + 5t \qquad y = 4 + 3t \qquad z = 5 + 3t \qquad$ où $t \in \mathbb{R}$

   c) $P(2, 2, 2)$ $\qquad\qquad\qquad$ $\Delta : \dfrac{x - 1}{3} = \dfrac{y}{8} = \dfrac{z + 3}{5}$

68. Trouver la distance entre les droites Δ_1 et Δ_2 :

   a) $\Delta_1 : \dfrac{x-1}{2} = y+3 = \dfrac{z-3}{-5}$ et $\Delta_2 : \dfrac{x}{-2} = \dfrac{y-1}{-1} = \dfrac{z+2}{5}$

   b) $\Delta_1 : \dfrac{x-1}{-1} = y-2 = \dfrac{z-3}{2}$ et $\Delta_2 : x-3 = \dfrac{y-2}{-1} = \dfrac{z-2}{-2}$

69. Trouver la distance du point $P(2, 3, -1)$ à la droite d'équation

$$(x, y, z) = (7, 2, 2) + t(3, 1, 4) \quad \text{où } t \in \mathbb{R}$$

et déterminer le point de Δ le plus proche de P.

70. Soit la droite $\Delta : x-2 = \dfrac{y-4}{2} = \dfrac{z-7}{5}$ et le point $Q(4, 3, 1)$. Quelles sont les coordonnées du point de Δ le plus proche de Q ?

comp. **71.** Trouver la distance du point P au plan π :

   a) $P(-1, 3, 1)$ $\pi : x + 2y - 3z + 7 = 0$

   b) $P(1, 2, 3)$ $\pi : 2x - 3y - 6z - 14 = 0$

   c) $P(1, 3, 6)$ $\pi : 2x + 3y + 4z - 12 = 0$

   d) $P(-1, -3, 2)$ $\pi : x + 2y = -3z + 6$

comp. **72.** Trouver la distance entre les plans π_1 et π_2 :

   a) $\pi_1 : 3x - y + z = -4$ $\pi_2 : 3x - y + z + 14 = 0$

   b) $\pi_1 : 2x + 3y + 5z = 15$ $\pi_2 : 2x + 3y + 5z - 10 = 0$

   c) $\pi_1 : x - 3y - 5z = 6$ $\pi_2 : -x + 3y + 5z = 6$

73. Soit $P(2, 0, -1)$ un point de l'espace et π le plan d'équation $2x + y - z = 2$.

   a) Trouver la distance entre P et π.

   b) Quel est le point de π le plus proche de P ?

74. Soit $\pi : x + 2y - 3z = 2$ et $P(10, -1, 9)$. Quelles sont les coordonnées du point M de π qui est le plus proche de P ?

75. Trouver la distance entre les droites Δ_1 et Δ_2 :

a) $\Delta_1 : x = 2 + 2t$ $y = 1 - t$ $z = 3 + 3t$ où $t \in \mathbb{R}$

    $\Delta_2 : x = -1 - 4s$ $y = 2 + 2s$ $z = -3 - 6s$ où $s \in \mathbb{R}$

b) $\Delta_1 : x = 1 + s$ $y = 2 - s$ $z = 3 + 2s$ où $s \in \mathbb{R}$

    $\Delta_2 : x = -t$ $y = 3 + t$ $z = 4 + t$ où $t \in \mathbb{R}$

c) $\Delta_1 : \dfrac{x - 2}{2} = \dfrac{1 - y}{3} = z - 3$ $\Delta_2 : \dfrac{2 - x}{2} = \dfrac{y - 3}{4} = 1 - 2z$

d) $\Delta_1 : \begin{cases} 4x + 2y + z - 22 = 0 \\ 3x + 3y + z - 23 = 0 \end{cases}$ $\Delta_2 : \dfrac{x - 5}{3} = \dfrac{y - 7}{4} = z - 9$

76. Trouver la distance entre les droites :

a) $\Delta_1 : x = 2s - 4$ $y = -s + 4$ $z = -2s - 1$ où $s \in \mathbb{R}$

    et

    $\Delta_2 : x = 4t - 5$ $y = -3t + 5$ $z = -5t + 5$ où $t \in \mathbb{R}$

b) $\Delta_1 : \dfrac{x + 5}{3} = \dfrac{y + 5}{2} = \dfrac{z - 1}{-2}$

    et

    $\Delta_2 : x = 6t + 9$ $y = -2t$ $z = -t + 2$ où $t \in \mathbb{R}$

77. Trouver les coordonnées des extrémités du segment de longueur minimale joignant les droites Δ_1 et Δ_2.

a) $\Delta_1 : x = 8 + 2t$ $y = 4 + t$ $z = 10 + 2t$ où $t \in \mathbb{R}$

    et

    $\Delta_2 : x = 5 - s$ $y = -7 + s$ $z = 3 + s$ où $s \in \mathbb{R}$

b) $\Delta_1 : x = -3 + 2t$ $y = 1 - t$ $z = 1 + t$ où $t \in \mathbb{R}$

    et

    $\Delta_2 : x = 2 + s$ $y = 7 + 4s$ $z = -3 + 2s$ où $s \in \mathbb{R}$

c) $\Delta_1 : x = -4 + t$ $y = 1 - 2t$ $z = 2 + t$ où $t \in \mathbb{R}$

    et

    $\Delta_2 : x = 2 + 2s$ $y = 3 - s$ $z = 1 + 3s$ où $s \in \mathbb{R}$

78. Trouver la distance entre les deux lieux géométriques donnés :

   a) $\pi_1 : 4x + y - 5z + 2 = 0$ $\pi_2 : 4\pi x + \pi y - 5\pi z + 6 = 0$

   b) $\Delta_1 : \dfrac{x-2}{3} = \dfrac{y+2}{7} = \dfrac{z-1}{-4}$ $\Delta_2 : \dfrac{x+1}{3} = \dfrac{y-2}{7} = \dfrac{z+2}{-4}$

   c) $\Delta_1 : \dfrac{x-2}{3} = \dfrac{y+2}{7} = \dfrac{z-2}{-4}$

        $\Delta_2 : x = -2 - r$ $y = 3 + 2r$ $z = -2 - r$ où $r \in \mathbb{R}$

   d) $P(2, 5, 11)$ $\pi : x - 3y + z - 5 = 0$

   e) $\Delta : \dfrac{x-1}{2} = \dfrac{y-3}{4} = z + 1$ $\pi : x - 2y + 6z - 5 = 0$

   f) $P_1(-1, 2, 3)$ $P_2(4, -1, 6)$

79. Trouver les coordonnées de la projection orthogonale :

   a) du point $P(2, -1, 3)$ sur la droite

      $\Delta : x = 3t$ $y = 5t - 7$ $z = 2t + 2$ où $t \in \mathbb{R}$

   b) du point $P(5, 2, -1)$ sur le plan $\pi : 2x - y + 3z + 23 = 0$

80. Trouver l'équation du lieu géométrique des points équidistants des plans parallèles :

   a) $\pi_1 : 4x - 3y - 2z - 7 = 0$ et $\pi_2 : 4x - 3y - 2z - 5 = 0$

   b) $\pi_1 : 5x + 2y - z + 5 = 0$ et $\pi_2 : 5x + 2y - z - 1 = 0$

   c) $\pi_1 : 5x - 3y + z + 3 = 0$ et $\pi_2 : 10x - 6y + 2z + 7 = 0$

81. Trouver les équations du lieu géométrique des points situés à égale distance des deux demi-plans d'un dièdre déterminé par les deux plans sécants donnés. (Il s'agit de deux plans bissecteurs orthogonaux.)

   a) $\pi_1 : 2x - y + 5z + 3 = 0$ et $\pi_2 : 2x - 10y + 4z - 2 = 0$

   b) $\pi_1 : x + 2y - 2z + 6 = 0$ et $\pi_2 : 4x + 2y - 4z + 7 = 0$

82. Quelle valeur faut-il assigner à p pour que la distance entre le point $P(2, 1, 3)$ et le plan d'équation $x + 2y - 2z + p = 0$ soit égale à 3 ?

83. *a*) Trouver les équations des plans perpendiculaires à $5\vec{i} + 3\vec{j} - \vec{k}$ et situés à deux unités de longueur de l'origine du repère orthonormé $R : (O, \vec{i}, \vec{j}, \vec{k})$.

b) Trouver les équations des plans parallèles à $\pi : 2x - 3y - 6z - 14 = 0$ et situés à cinq unités de longueur de l'origine du repère orthonormé $R : (O, \vec{i}, \vec{j}, \vec{k})$.

c) Donner les équations des plans appartenant au faisceau d'équation

$$10x - 8y - 15z + 56 + \lambda(4x + y + 3z - 1) = 0$$

et situés à une distance $d = 7$ du point $C(3, -2, -3)$.

84. Trouver le lieu géométrique des points dont la distance au plan

$$\pi_1 : 3x - 2y - 6z - 12 = 0$$

est constamment égale au double de la distance à $\pi_2 : x - 2y + 2z + 4 = 0$.

85. Soit le plan $\pi : 2x + 3y + 6z = 12$ dans un repère orthonormé $R : (O, \vec{i}, \vec{j}, \vec{k})$.

a) Écrire l'équation normale de π et déterminer :

    i) les cosinus directeurs d'une normale au plan π,

    ii) la distance de π à l'origine du repère.

b) Écrire l'équation réduite de π et déterminer les points d'intersection de π et des axes de coordonnées.

c) Déterminer les équations paramétriques des traces de π.

d) De quel côté de π se trouve le point :

    i) $M(0, -1, 1)$?   *ii*) $N(4, 9, 1)$?

86. Trouver l'équation du plan π passant par le point $P(5, 4, 3)$ et dont l'intersection avec les axes de coordonnées sont trois points situés à égale distance de l'origine du repère.

87. Dans un repère $R : (O, \vec{i}, \vec{j})$, soit une droite Δ de vecteur directeur $\vec{v} = (a, b)$ et de point d'appui $P_0(x_0, y_0)$.

a) À l'aide des équations canoniques de Δ, démontrer que l'équation de Δ s'écrit sous la forme $Ax + By + C = 0$, appelée forme cartésienne d'une droite dans le plan.

b) À l'aide de l'équation cartésienne $Ax + By + C = 0$ de Δ, donner la pente de cette droite ainsi que son ordonnée à l'origine sous la forme d'une expression en A, B et C.

c) La forme réduite de Δ est $\dfrac{x}{-C/A} + \dfrac{y}{-C/B} = 1$. Déterminer les coordonnées à l'origine de Δ.

d) Démontrer que le vecteur $\vec{N} = (A, B)$ est orthogonal à $\Delta : Ax + By + C = 0$.

e) Démontrer que l'angle θ de

$$\Delta_1 : A_1 x + B_1 y + C_1 \quad \text{et} \quad \Delta_2 : A_2 x + B_2 y + C_2$$

est donné par $\cos\theta = \dfrac{\left| \vec{N}_1 \bullet \vec{N}_2 \right|}{\left\| \vec{N}_1 \right\| \left\| \vec{N}_2 \right\|}$ où $\vec{N}_1 = (A_1, B_1)$ et $\vec{N}_2 = (A_2, B_2)$.

f) Montrer que la distance du point $P(r, s)$ à la droite $\Delta : Ax + By + C = 0$ est donnée par $\dfrac{\left| Ar + Bs + C \right|}{\sqrt{A^2 + B^2}}$.

88. a) Déterminer les équations canoniques de la droite Δ passant par les points $M(3, 7)$ et $N(-6, 1)$.

b) Quelle est l'équation cartésienne de Δ ?

c) Écrire l'équation de Δ sous la forme $y = mx + b$.

d) Quelle est la forme réduite de l'équation de Δ ? Déterminer les coordonnées à l'origine de Δ.

e) Évaluer la distance du point $P(7, 9)$ à la droite Δ.

f) Quelle est l'équation de la perpendiculaire à Δ qui passe par $P(7, 9)$?

g) Quel est le point Q de Δ le plus proche de $P(7, 9)$?

h) Donner un vecteur directeur de la droite d'équation $2x - 3y + 17 = 0$ et un vecteur orthogonal à cette droite.

89. Que représente l'équation $3x - 4y + 6 = 0$:

a) dans un repère $R : (O, \vec{i}, \vec{j})$?   b) dans un repère $R : (O, \vec{i}, \vec{j}, \vec{k})$?

90. Représenter graphiquement et décrire les lieux géométriques suivants :

a) $\{(x, y, z) \in \mathbb{R}^3 | z^2 = 4\}$

b) $\{(x, y) \in \mathbb{R}^2 | (x - 1)^2 + (y - 3)^2 = 0\}$

c) $\{(x, y, z) \in \mathbb{R}^3 | (x - 1)^2 + (z - 3)^2 = 0\}$

d) $\{(x, y) \in \mathbb{R}^2 | x^2 + y^2 = 25\}$

e) $\{(x, y, z) \in \mathbb{R}^3 | x^2 + y^2 = 25\}$

f) $\{(x, y, z) \in \mathbb{R}^3 | 2x + 3y - z = 6\}$

g) $\{(x, y, z) \in \mathbb{R}^3 | x = y - 4 = z\}$

91.

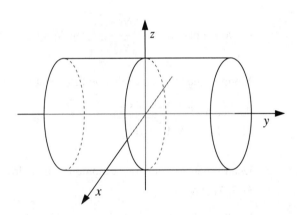

Figure 7.47

Soit le cylindre de révolution de rayon 5 de la figure 7.47.

a) Déterminer l'axe de révolution du cylindre.

b) Décrire le cylindre algébriquement.

c) Quelle est l'intersection du cylindre et :

    i) du plan xOy ?   *ii)* du plan xOz ?   *iii)* du plan yOz ?

    iv) de l'axe des x ?   *v)* de l'axe des y ?   *vi)* de l'axe des z ?

d) Décrire l'intersection du cylindre et de :

    i) $\left\{ (x, y, z) \in \mathbb{R}^3 \middle| x - 2 = \dfrac{y - 1}{2} = z - 1 \right\}$

    ii) $\{(x, y, z) \in \mathbb{R} | z^2 = 9\}$

92. Décrire les lieux géométriques suivants :

a) $\{(x, y, z) \in \mathbb{R}^3 | x = y \text{ et } z = 3\}$

b) $\{(x, y, z) \in \mathbb{R}^3 | x^2 + y^2 = 16 \text{ et } z = 2\}$

c) $\{(x, y, z) \in \mathbb{R}^3 | y^2 + z^2 = 16\}$

d) $\{(x, y, z) \in \mathbb{R}^3 | xyz = 0\}$

e) $\{(x, y, z) \in \mathbb{R}^3 | x + y + z = 1\}$

f) $\{(x, y, z) \in \mathbb{R}^3 | 2x = y \text{ et } x + y - z = 6\}$

ESPACE ET SOUS-ESPACE VECTORIELS

8

CHAPITRE

C'est vers le milieu du XIXe siècle que l'Allemand Hermann Günther Grassmann (Stettin, 1809 – 1877) eut l'idée d'une algèbre dans laquelle la représentation symbolique des objets géométriques (points, droites, plans, etc.) serait régie par des règles précises. Il construisit une structure algébrico-géométrique basée sur une conception quasi axiomatique d'un espace à *n* dimensions (*Die lineale Ausdenungslehre*, 1844). On lui doit des définitions de l'indépendance linéaire de vecteurs et de la dimension d'un espace vectoriel. Il introduisit également le concept de sous-espace vectoriel et énonça des théorèmes portant sur la dimension des sous-espaces vectoriels, où la notion de coordonnées n'intervient pas.

Le concept d'espace vectoriel prit forme à un moment où l'algèbre linéaire connaissait un développement important. En effet, à la même époque, une théorie générale des équations linéaires fut élaborée, Arthur Cayley (Richmond, 1821 – Cambridge, 1895) posa les fondements du calcul matriciel, Georg Ferdinand Frobenius (1849 – 1917) créa la notion de rang d'une matrice, et Leopold Kronecker (Liegnitz, Silésie, 1823 – Berlin, 1891) et Karl Weierstrass (Ostenfelde, Westphalie,1815 – Berlin, 1897) formulèrent une définition axiomatique des déterminants, que Grassmann utilisa pour définir son produit extérieur de vecteurs. Vers 1888, Giuseppe Peano (Cuneo, 1858 – Turin, 1932) définit les espaces vectoriels généraux sur le corps des nombres réels de façon axiomatique, et les applications linéaires dans ces espaces. Les concepts de l'algèbre linéaire et multilinéaire relatifs aux espaces vectoriels de dimension finie étaient ainsi établis.

La structure d'espace vectoriel est l'une des plus riches; elle s'applique à presque tous les domaines des mathématiques. Voici quelques réflexions de Jean Dieudonné sur ce sujet :

> « [On sait que sous les] défroques d'un autre âge se cache toujours *une seule et même discipline*, l'*Algèbre linéaire* des mathématiciens modernes, qui englobe aussi, bien entendu, la théorie classique des systèmes d'équations linéaires, mais est devenue, avec ses ramifications actuelles, [...] une des théories les plus centrales et les plus efficaces de la Mathématique contemporaine, riche en applications les plus variées, de la Théorie des nombres à la Physique théorique, en passant par l'Analyse, la Géométrie et la Topologie. Il me semble qu'il y a intérêt à familiariser le débutant le plus tôt possible avec les notions essentielles de cette discipline, à lui apprendre à « penser linéairement » [...]. À notre époque de prolifération intense dans toutes les sciences, tout ce qui condense et tend à l'unification a une vertu qu'on ne saurait surestimer[1]. »

Dans le présent chapitre, on propose une définition rigoureuse d'un espace et d'un sous-espace vectoriels, et on généralise les notions de combinaison linéaire, d'indépendance linéaire, de base et de composante. De plus, on illustre géométriquement le concept de sous-espace vectoriel à l'aide des notions sur la droite et le plan exposées au chapitre 7. Le concept d'espace vectoriel permet d'établir des liens entre les matrices, les vecteurs géométriques, les vecteurs algébriques et les systèmes d'équations linéaires.

8.1   Espace vectoriel

On a présenté dans les chapitres précédents l'ensemble $\mathcal{M}_{m,n}(\mathbb{R})$ des matrices à m lignes et à n colonnes, et l'ensemble V_L des vecteurs géométriques. On a ensuite défini deux opérations sur chacun de ces ensembles : une *addition* et une *multiplication par un scalaire*, puis on a énoncé huit propriétés communes à ces

---

1. Jean Dieudonné. *Algèbre linéaire et géométrie élémentaire*, p. 12, 3ᵉ éd., Paris, Hermann, 1968, 240 p.

opérations. Un ensemble muni de deux opérations possédant ces propriétés constitue une structure appelée espace vectoriel.

On définit un espace vectoriel relativement à un *corps* arbitraire dont les éléments sont appelés *scalaires*. Dans ce qui suit, on choisit comme corps l'ensemble des nombres réels $\mathbb{R}$ dont on désigne les éléments par p, q, r et k. Un espace vectoriel est noté V et ses éléments, généralement appelés **vecteurs**, sont notés $\boldsymbol{u}$, $\boldsymbol{v}$ et $\boldsymbol{w}$.

Définition 8.1 Espace vectoriel

Un espace vectoriel sur le corps $\mathbb{R}$ des réels est un ensemble V non vide muni d'une opération interne appelée *addition* et notée + :

$$+ : V \times V \rightarrow V$$
$$(\boldsymbol{u}, \boldsymbol{v}) \mapsto \boldsymbol{u} + \boldsymbol{v}$$

et d'une opération externe appelée *multiplication par un scalaire* :

$$\mathbb{R} \times V \rightarrow V$$
$$(p, \boldsymbol{v}) \mapsto p\boldsymbol{v}$$

qui possèdent les propriétés énoncées ci-dessous.

i) La somme de deux éléments quelconques de V est un unique élément de V (*fermeture pour l'addition*). De plus, les propriétés suivantes sont satisfaites :

$V_1 :$ $\boldsymbol{u} + \boldsymbol{v} = \boldsymbol{v} + \boldsymbol{u}$ commutativité de l'addition

$V_2 :$ $\boldsymbol{u} + (\boldsymbol{v} + \boldsymbol{w}) = (\boldsymbol{u} + \boldsymbol{v}) + \boldsymbol{w}$ associativité de l'addition

$V_3 :$ Il existe un unique élément $\boldsymbol{0}$ de V tel que
$\boldsymbol{v} + \boldsymbol{0} = \boldsymbol{0} + \boldsymbol{v} = \boldsymbol{v}$ $\boldsymbol{0}$ est l'*élément neutre pour l'addition*

$V_4 :$ Pour chaque élément $\boldsymbol{v}$ de V, il existe un élément unique $-\boldsymbol{v}$ de V tel que
$\boldsymbol{v} + (-\boldsymbol{v}) = (-\boldsymbol{v}) + \boldsymbol{v} = \boldsymbol{0}$ $-\boldsymbol{v}$ est l'*opposé* de $\boldsymbol{v}$

ii) Le produit de tout élément de V et d'un scalaire est un unique élément de V (*fermeture pour la multiplication par un scalaire*). De plus, les propriétés suivantes sont satisfaites :

V_5 : $1v = v$ 1 est l'élément neutre pour la multiplica-
                          tion par un scalaire

V_6 : $(pq)v = p(qv)$ associativité des scalaires

V_7 : $p(u + v) = pu + pv$ distributivité par rapport à l'addition de
                          deux vecteurs

V_8 : $(p + q)v = pv + qv$ distributivité par rapport à l'addition de
                          deux scalaires   ❐

Définition 8.2   Différence de deux vecteurs

Soit V un espace vectoriel sur $\mathbb{R}$, et soit u et v deux éléments de V. La différence
de u et v, notée $u - v$, est $u + (-v)$.   ❐

On donne ci-dessous quelques exemples d'espaces vectoriels. On définit pour
chacun une addition, une multiplication par un scalaire, un élément neutre pour
l'addition et l'opposé d'un élément.

Exemple 8.1

L'ensemble des nombres complexes

$$\mathbb{C} = \left\{ a + bi \mid a, b \in \mathbb{R} \text{ et } i^2 = -1 \right\}$$

muni de l'addition et de la multiplication par un scalaire définies ci-dessous est
un espace vectoriel.

Soit $z_1, z_2 \in \mathbb{C}$ tels que $z_1 = a_1 + b_1 i$ et $z_2 = a_2 + b_2 i$, et soit $p \in \mathbb{R}$. L'*addition* sur
$\mathbb{C}$ est définie par

$$z_1 + z_2 = a_1 + b_1 i + a_2 + b_2 i = (a_1 + a_2) + (b_1 + b_2)i$$

Ainsi, $z_1 + z_2$ est le nombre complexe $a + bi$ où $a = a_1 + a_2$ et $b = b_1 + b_2$.

La *multiplication par un scalaire* sur $\mathbb{C}$ est définie par

$$pz_1 = p(a_1 + b_1 i) = pa_1 + (pb_1)i$$

Ainsi, pz_1 est le nombre complexe $c + di$ où $c = pa_1$ et $d = pb_1$.

L'*élément neutre pour l'addition* est $z_0 = 0 + 0i$:

$$a_1 + b_1i + (0 + 0i) = (a_1 + 0) + (b_1 + 0)i = a_1 + b_1i$$

L'*opposé* de $z_1 = a_1 + b_1i$ est $-a_1 - b_1i$:

$$(a_1 + b_1i) + (-a_1 - b_1i) = (a_1 - a_1) + (b_1 - b_1)i = 0 + 0i$$

Exemple 8.2

L'ensemble des matrices carrées d'ordre 2 à éléments dans $\mathbb{R}$,

$$\mathcal{M}_2(\mathbb{R}) = \left\{ \begin{bmatrix} a & b \\ c & d \end{bmatrix} \middle| a, b, c, d \in \mathbb{R} \right\}$$

muni de l'addition matricielle et de la multiplication d'une matrice par un scalaire est un espace vectoriel. La matrice nulle O_2 est l'élément neutre pour l'addition et l'opposé d'une matrice A est la matrice $-A$ dont chaque élément est l'opposé de l'élément correspondant de A. (Voir le chapitre 1.)

Exemple 8.3

L'ensemble des droites du plan

$$\mathcal{D} = \left\{ y = mx + b \text{ où } x \in \mathbb{R} \middle| m, b \in \mathbb{R} \right\}$$

muni de l'addition et de la multiplication par un scalaire définies ci-dessous est un espace vectoriel.

Soit $y_1, y_2 \in \mathcal{D}$ tels que $y_1 = m_1x + b_1$ et $y_2 = m_2x + b_2$, et soit $p \in \mathbb{R}$. L'*addition* sur $\mathcal{D}$ est définie par

$$y_1 + y_2 = (m_1x + b_1) + (m_2x + b_2) = (m_1 + m_2)x + (b_1 + b_2)$$

Ainsi, $y_1 + y_2$ est la droite d'équation $y = mx + b$ où $m = m_1 + m_2$ et $b = b_1 + b_2$.

La *multiplication par un scalaire* sur $\mathcal{D}$ est définie par

$$py_1 = p(m_1x + b_1) = (pm_1)x + pb_1$$

Ainsi, py_1 est la droite d'équation $y = mx + b$ où $m = pm_1$ et $b = pb_1$.

La droite d'équation $0 = 0x + 0$ est l'*élément neutre pour l'addition* :

$$(m_1x + b_1) + (0x + 0) = (m_1 + 0)x + (b_1 + 0) = m_1x + b_1$$

Finalement, l'*opposé* de la droite d'équation $y_1 = m_1x + b_1$ est la droite d'équation $y = -m_1x - b_1$:

$$(m_1x + b_1) + (-m_1x - b_1) = (m_1 - m_1)x + (b_1 - b_1) = 0x + 0$$

Exemple 8.4

L'ensemble des polynômes en x à coefficients réels, de degré inférieur ou égal à n,

$$P_n[x] = \left\{ a_0 + a_1x + \ldots + a_nx^n \,\middle|\, a_i \in \mathbb{R} \text{ pour } i = 0,1, \ldots, n \text{ et } n \in \mathbb{N} \right\}$$

muni de l'addition et de la multiplication par un scalaire définies ci-dessous est un espace vectoriel.

Soit

$$Q(x) = b_0 + b_1x + \ldots + b_nx^n \quad \text{et} \quad R(x) = c_0 + c_1x + \ldots + c_nx^n$$

deux éléments de $P_n[x]$, et soit p un nombre réel. L'*addition* sur $P_n[x]$ est définie par

$$Q(x) + R(x) = (b_0 + b_1x + \ldots + b_nx^n) + (c_0 + c_1x + \ldots + c_nx^n)$$
$$= (b_0 + c_0) + (b_1 + c_1)x + \ldots + (b_n + c_n)x^n$$

Par conséquent, $Q(x) + R(x)$ est le polynôme $a_0 + a_1x + \ldots + a_nx^n$ de $P_n[x]$ tel que $a_i = b_i + c_i \in \mathbb{R}$ pour $i = 0, 1, \ldots, n$. La *multiplication par un scalaire* sur $P_n[x]$ est définie par

$$pQ(x) = p(b_0 + b_1x + \ldots + b_nx^n) = pb_0 + pb_1x + \ldots + pb_nx^n$$

Ainsi, $pQ(x)$ est le polynôme $a_0 + a_1 x + ... + a_n x_n$ de $P_n[x]$ tel que $a_i = pb_i \in \mathbb{R}$ pour $i = 0, 1, ..., n$. Le polynôme à coefficients nuls $0 + 0x + ... + 0x_n$ est l'*élément neutre pour l'addition* :

$$(b_0 + b_1 + ... + b_n x^n) + (0 + 0x + ... + 0x^n) = (b_0 + 0) + (b_1 + 0)x + ... + (b_n + 0)x^n$$
$$= b_0 + b_1 x + ... + b_n x^n$$

L'*opposé* du polynôme $Q(x)$ est le polynôme $-b_0 - b_1 x - ... - b_n x_n$ de $P_n[x]$:

$$(b_0 + b_1 + ... + b_n x^n) + (-b_0 - b_1 - ... - b_n x_n) = (b_0 - b_0) + (b_1 - b_1)x + ... + (b_n - b_n)x^n$$
$$= 0 + 0x + ... + 0x^n$$

Exemple 8.5

L'ensemble des fonctions d'une variable, continues sur l'intervalle fermé $[0, 1]$,

$$C[0, 1] = \left\{ f \mid f \text{ est une fonction d'une variable, continue sur } [0,1] \right\}$$

muni de l'addition et de la multiplication par un scalaire définies ci-dessous est un espace vectoriel.

Soit f et g deux fonctions de x qui appartiennent à $C[0, 1]$, et p un nombre réel. L'*addition* sur $C[0, 1]$ est définie par

$$(f + g)(x) = f(x) + g(x)$$

Ainsi, $f + g$ est une fonction de $C[0, 1]$. La *multiplication par un scalaire* sur $C[0, 1]$ est définie par

$$(pf)(x) = p(f(x))$$

Ainsi, pf est une fonction de $C[0, 1]$. L'*élément neutre pour l'addition* est la fonction f_0 telle que $f_0(x) = 0$ pour tout x de $[0, 1]$:

$$(f + f_0)(x) = f(x) + f_0(x) = f(x)$$

L'*opposé* de f est la fonction $-f$ telle que $(-f)(x) = -f(x)$ pour tout x de $[0, 1]$:

$$(f + (-f))(x) = f(x) - f(x) = f_0(x)$$

Exemple 8.6

a) Soit $A = \left\{(x, y) \in \mathbb{R}^2 \middle| y = 2x + 1\right\}$. L'ensemble A n'est pas fermé pour l'addition usuelle. En effet, soit (x_1, y_1) et (x_2, y_2) des éléments de A. On a

$$
\begin{aligned}
(x_1, y_1) + (x_2, y_2) &= (x_1 + x_2, y_1 + y_2) \\
&= (x_1 + x_2, 2x_1 + 1 + 2x_2 + 1) \\
&= (x_1 + x_2, 2(x_1 + x_2) + 2)
\end{aligned}
$$

Ainsi, $(x_1, y_1) + (x_2, y_2)$ n'est pas un élément de A. L'ensemble A muni de l'addition usuelle n'est donc pas un espace vectoriel.

b) Soit $B = \left\{(a, b) \middle| a, b \in \mathbb{R}\right\}$, et soit (a_1, b_1) et (a_2, b_2) deux éléments de B. On définit l'*addition* sur B par

$$
(a_1, b_1) + (a_2, b_2) = (a_1 + a_2, b_1 + b_2)
$$

et la *multiplication par un scalaire* sur B par

$$
p(a_1, b_1) = (pa_1, 0)
$$

L'addition et la multiplication par un scalaire sont fermées sur B, et on peut vérifier que les propriétés V_1 à V_4 et V_6 à V_8 sont satisfaites. Cependant, la propriété V_5 n'est pas satisfaite :

$$
1(a_1, b_1) = (1a_1, 0) = (a_1, 0)
$$

Ainsi, $1(a_1, b_1) \neq (a_1, b_1)$ sauf si $b_1 = 0$. L'ensemble B muni de l'addition et de la multiplication par un scalaire définies ci-dessus n'est donc pas un espace vectoriel.

L'espace vectoriel $\mathbb{R}^n$

Dans ce qui suit, on définit l'ensemble $\mathbb{R}^n$, de même qu'une addition et une multiplication par un scalaire sur $\mathbb{R}^n$, un élément neutre pour l'addition et l'opposé d'un élément de $\mathbb{R}^n$. Enfin, on donne des exemples portant sur $\mathbb{R}^5$ et $\mathbb{R}^{10}$.

Définition 8.3   L'ensemble $\mathbb{R}^n$

L'ensemble $\mathbb{R}^n$ (pour $n \in \mathbb{N}$) est le produit cartésien $\mathbb{R} \times \mathbb{R} \times ... \times \mathbb{R}$ où $\mathbb{R}$ intervient n fois :

$$\mathbb{R}^n = \left\{ (x_1, x_2, ..., x_n) \middle| x_i \in \mathbb{R} \text{ pour } i = 1, 2, ..., n) \right\} \qquad \square$$

Un élément x de $\mathbb{R}^n$ est donc un n-uplet $(x_1, x_2, ..., x_n)$ de nombres réels, appelé **vecteur algébrique**. Les nombres x_i (où $i = 1, 2, ..., n$) sont appelés les **composantes** du vecteur algébrique x.

Soit $x = (x_1, x_2, ..., x_n)$ et $y = (y_1, y_2, ..., y_n)$ deux éléments de $\mathbb{R}^n$, et $p \in \mathbb{R}$. On définit l'*addition* sur $\mathbb{R}^n$ par

$$x + y = (x_1 + y_1, x_2 + y_2, ..., x_n + y_n)$$

et la *multiplication par un scalaire* sur $\mathbb{R}^n$ par

$$px = (px_1, px_2, ..., px_n)$$

L'*élément neutre pour l'addition* est le vecteur $\mathbf{0} = (0, 0, ..., 0)$ de $\mathbb{R}^n$ et l'*opposé* de x est le vecteur $-x = (-x_1, -x_2, ..., -x_n)$ de $\mathbb{R}^n$. Le lecteur peut vérifier, en guise d'exercice, que $\mathbb{R}^n$ est un espace vectoriel sur le corps $\mathbb{R}$.

On définit dans $\mathbb{R}^n$ la relation d'égalité suivante :

$$x = y \Leftrightarrow (x_1, x_2, ..., x_n) = (y_1, y_2, ..., y_n) \Leftrightarrow x_i = y_i \text{ pour } i = 1, 2, ..., n$$

On peut représenter $\mathbb{R}^n$ géométriquement si $n \leq 3$. Ainsi, pour $n = 1$, on représente $\mathbb{R}$ par une droite munie d'un repère $(O, \vec{i}\,)$, appelée droite des réels; pour $n = 2$, on représente $\mathbb{R}^2$ par un plan muni d'un repère orthonormé $(O, \vec{i}, \vec{j}\,)$, appelé plan cartésien; pour $n = 3$, on représente $\mathbb{R}^3$ par l'espace muni d'un repère orthonormé $(O, \vec{i}, \vec{j}, \vec{k}\,)$.

Exemple 8.7   Vecteurs de $\mathbb{R}^5$ et de $\mathbb{R}^{10}$

Le travail de dix élèves a été évalué cinq fois au cours d'une session, chaque évaluation étant notée sur 100. Les résultats sont donnés dans le tableau 8.1.

Tableau 8.1

	Test 1	Test 2	Test 3	Test 4	Test 5
Almeida	80	60	90	96	84
Beaulieu	40	60	30	50	20
Caron	80	50	70	90	92
Dubé	50	90	80	80	76
Forget	70	76	70	74	78
Gosselin	100	90	92	96	94
Hughs	44	60	48	64	58
Lemelin	70	40	54	82	60
Marcotte	56	50	62	54	62
Tran	80	72	70	64	76

On peut aussi représenter les résultats à chaque test par cinq vecteurs colonnes de $\mathbb{R}^{10}$:

$$\begin{bmatrix} 80 \\ 40 \\ 80 \\ 50 \\ 70 \\ 100 \\ 44 \\ 70 \\ 56 \\ 80 \end{bmatrix} \begin{bmatrix} 60 \\ 60 \\ 50 \\ 90 \\ 76 \\ 90 \\ 60 \\ 40 \\ 50 \\ 72 \end{bmatrix} \begin{bmatrix} 90 \\ 30 \\ 70 \\ 80 \\ 70 \\ 92 \\ 48 \\ 54 \\ 62 \\ 70 \end{bmatrix} \begin{bmatrix} 96 \\ 50 \\ 90 \\ 80 \\ 74 \\ 96 \\ 64 \\ 82 \\ 54 \\ 64 \end{bmatrix} \begin{bmatrix} 84 \\ 20 \\ 92 \\ 76 \\ 78 \\ 94 \\ 58 \\ 60 \\ 62 \\ 76 \end{bmatrix}$$

Si on désigne ces cinq vecteurs colonnes par les vecteurs algébriques x_1, x_2, x_3, x_4 et x_5 de $\mathbb{R}^{10}$ respectivement, on obtient un vecteur de $\mathbb{R}^{10}$ qui donne la moyenne de chaque élève en additionnant $x_1, x_2, ..., x_5$ et en multipliant la somme par 1/5 :

$$\frac{1}{5}(x_1 + x_2 + x_3 + x_4 + x_5) = \frac{1}{5}\begin{bmatrix} 410 \\ 200 \\ 382 \\ 376 \\ 368 \\ 472 \\ 274 \\ 306 \\ 284 \\ 362 \end{bmatrix} = \begin{bmatrix} 82 \\ 40 \\ 76,4 \\ 75,2 \\ 73,6 \\ 94,4 \\ 54,8 \\ 61,2 \\ 56,8 \\ 72,4 \end{bmatrix}$$

On peut aussi représenter les résultats de chaque élève par un vecteur ligne de $\mathbb{R}^5$. Ainsi, $(70, 40, 54, 82, 60)$ donne les notes de l'élève Lemelin. Pour évaluer la note moyenne du groupe à chaque test, il suffit alors d'additionner dix vecteurs lignes de $\mathbb{R}^5$ et de multiplier la somme par 1/10. Si on représente les notes des dix élèves par les vecteurs algébriques w_1, w_2, ..., w_{10} de $\mathbb{R}^5$,

$$\frac{1}{10}(w_1 + w_2 + ... + w_{10}) = \frac{1}{10}(670, 648, 666, 750, 700)$$

$$= (67, 64,8, 66,6, 75, 70)$$

La moyenne du groupe pour le test 3, par exemple, est 66,6.

Règles de calcul

Les propositions qui suivent sont des règles de calcul valides dans n'importe quel espace vectoriel; leur démonstration ne dépend pas de la nature des vecteurs.

Note de cours

Proposition 8.1   Simplification

Soit V un espace vectoriel, et soit u, v, $w \in V$.

$$v + u = v + w \text{ si et seulement si } u = w$$

Preuve

Soit $v + u = v + w$. Selon les propriétés de l'addition

$$(v + u) - v = (v - v) + u = \mathbf{0} + u = u$$
$$(v + u) - v = (v + w) - v = (v - v) + w = \mathbf{0} + w = w$$

Ainsi, $u = w$.

Soit $u = w$. On a

$$
\begin{aligned}
v + u &= v + u && \text{[Réflexivité]} \\
&= v + w && \text{[Car } u = w\text{]}
\end{aligned}
$$

Donc, $v + u = v + w$ si et seulement si $u = w$. ❏

Proposition 8.2

Soit V un espace vectoriel, et soit $u, v \in V$. L'équation $x + v = u$ admet une solution unique dans V, soit $x = u - v$.

Preuve

La différence $x = u - v$ est une solution de l'équation $x + v = u$:

$$
\begin{aligned}
(u - v) + v &= [u + (-v)] + v && \text{[Définition 8.2]} \\
&= u + (-v + v) && \text{[Propriété } V_2] \\
&= u + 0 && \text{[Propriété } V_4] \\
&= u && \text{[Propriété } V_3]
\end{aligned}
$$

De plus, on peut montrer à l'aide de la proposition 8.1 que toute autre solution de $x + v = u$ est égale à $u - v$. ❏

Proposition 8.3

Soit V un espace vectoriel, v un vecteur quelconque de V et p un scalaire quelconque.

i) $0v = 0$ *ii)* $p0 = 0$

iii) $pv = 0$ si et seulement si $p = 0$ ou $v = 0$ *iv)* $(-1)v = -v$

v) $(-p)v = -(pv) = p(-v)$

Preuve

La preuve de *ii)* et de *v)* est laissée au lecteur.

$$
\begin{aligned}
i) \quad 0v + 0v &= (0 + 0)v && \text{[Propriété } V_8] \\
&= 0v \\
&= 0v + 0 && \text{[Propriété } V_3] \\
0v &= 0 && \text{[Proposition 8.1]}
\end{aligned}
$$

iii) *a*) Soit $p\boldsymbol{v} = \boldsymbol{0}$. Il suffit de montrer que si $p \neq 0$, alors $\boldsymbol{v} = \boldsymbol{0}$:

$$\boldsymbol{v} = 1\boldsymbol{v} \qquad\qquad \text{[Propriété V}_5]$$

$$= \left(\frac{1}{p}\, p\right)\boldsymbol{v} \qquad\qquad [\, p \neq 0, \text{ par hypothèse]}$$

$$= \frac{1}{p}(p\boldsymbol{v}) \qquad\qquad \text{[Propriété V}_6]$$

$$= \frac{1}{p}\,\boldsymbol{0} \qquad\qquad \text{[Par hypothèse]}$$

$$= \boldsymbol{0} \qquad\qquad \text{[Proposition 8.3 } ii)]$$

b) Soit $p = 0$ ou $\boldsymbol{v} = \boldsymbol{0}$. Si $p = 0$, alors $p\boldsymbol{v} = 0\boldsymbol{v} = \boldsymbol{0}$, selon la proposition 8.3 *i*). Si $\boldsymbol{v} = \boldsymbol{0}$, alors $p\boldsymbol{v} = p\boldsymbol{0} = \boldsymbol{0}$, selon la proposition 8.3 *ii*). Ainsi, si $p = 0$ ou $\boldsymbol{v} = \boldsymbol{0}$, alors $p\boldsymbol{v} = \boldsymbol{0}$.

iv)

$$(-1)\boldsymbol{v} + \boldsymbol{v} = (-1)\boldsymbol{v} + 1\boldsymbol{v} \qquad\qquad \text{[Propriété V}_5]$$
$$= (-1 + 1)\boldsymbol{v} \qquad\qquad \text{[Propriété V}_8]$$
$$= 0\boldsymbol{v}$$
$$= \boldsymbol{0} \qquad\qquad \text{[Proposition 8.3 } i)]$$
$$= -\boldsymbol{v} + \boldsymbol{v} \qquad\qquad \text{[Propriété V}_4]$$

Ainsi,

$$(-1)\boldsymbol{v} + \boldsymbol{v} = -\boldsymbol{v} + \boldsymbol{v}$$
$$(-1)\boldsymbol{v} = -\boldsymbol{v} \qquad\qquad \text{[Proposition 8.1]} \qquad \square$$

Proposition 8.4

Soit V un espace vectoriel, et soit $\boldsymbol{u}$, $\boldsymbol{v}$ des vecteurs quelconques de V et p, q des scalaires quelconques.

i) $-(\boldsymbol{u} + \boldsymbol{v}) = (-\boldsymbol{u}) + (-\boldsymbol{v})$

ii) Si $p\boldsymbol{u} = p\boldsymbol{v}$ et $p \neq 0$, alors $\boldsymbol{u} = \boldsymbol{v}$

iii) Si $p\boldsymbol{u} = q\boldsymbol{u}$ et $\boldsymbol{u} \neq \boldsymbol{0}$, alors $p = q$ $\qquad\qquad \square$

Exemple 8.8

Soit u, v et w des vecteurs d'un espace vectoriel V. On se propose de simplifier l'expression

$$3(u + 2w) - 2(3w + v) - 2[3(u + v - 2w) - (u - 4w)]$$

On a

$$3(u + 2w) - 2(3w + v) - 2[3(u + v - 2w) - (u - 4w)]$$
$$= 3u + 6w - 6w - 2v - 2[3u + 3v - 6w - u + 4w]$$
$$= 3u - 2v - 2[2u + 3v - 2w]$$
$$= 3u - 2v - 4u - 6v + 4w$$
$$= -u - 8v + 4w$$

Exemple 8.9

Soit u et v des vecteurs d'un espace vectoriel V. Pour résoudre le système d'équations

$$\begin{cases} 4x + y = u \\ 2x + y = v \end{cases}$$

par rapport aux vecteurs x et y, on peut tenter de résoudre le système

$$AX = \begin{bmatrix} 4 & 1 \\ 2 & 1 \end{bmatrix} \begin{bmatrix} x \\ y \end{bmatrix} = \begin{bmatrix} u \\ v \end{bmatrix}$$

à l'aide d'opérations élémentaires sur les lignes ou à l'aide de la matrice inverse de A. On a

$$\begin{bmatrix} 4 & 1 \\ 2 & 1 \end{bmatrix}^{-1} = \frac{1}{2} \begin{bmatrix} 1 & -1 \\ -2 & 4 \end{bmatrix}$$

d'où

$$\begin{bmatrix} x \\ y \end{bmatrix} = \begin{bmatrix} 4 & 1 \\ 2 & 1 \end{bmatrix}^{-1} \begin{bmatrix} u \\ v \end{bmatrix}$$

$$= \frac{1}{2}\begin{bmatrix} 1 & -1 \\ -2 & 4 \end{bmatrix}\begin{bmatrix} u \\ v \end{bmatrix}$$

$$= \frac{1}{2}\begin{bmatrix} u - v \\ -2u + 4v \end{bmatrix}$$

Donc, $\begin{bmatrix} x \\ y \end{bmatrix} = \begin{bmatrix} (1/2)(u - v) \\ (1/2)(-2u + 4v) \end{bmatrix}$ est la solution recherchée.

Exercices suggérés : 1 à 12, p. 482-484.

8.2 **Sous-espace vectoriel**

Il arrive souvent que des espaces vectoriels intéressants soient des sous-ensembles d'un espace vectoriel. Ainsi, le sous-ensemble de $\mathbb{R}^2$

$$U = \left\{ (x, y) \big| y = 2x \text{ et } x \in \mathbb{R} \right\}$$

muni de l'addition et de la multiplication par un scalaire usuelles est lui-même un espace vectoriel.

Les éléments de $\mathbb{R}^2$ peuvent être représentés géométriquement dans un espace de dimension 2. Par exemple, dans un repère orthonormé $R : (O, \vec{i}, \vec{j})$, on représente $\mathbb{R}^2$ par l'ensemble des vecteurs positions des points du plan cartésien. Le sous-ensemble U de $\mathbb{R}^2$ est, quant à lui, représenté par l'ensemble des vecteurs issus de l'origine O, de forme générale $(x, 2x)$, ou encore par l'ensemble des vecteurs obtenus en multipliant le vecteur $(1, 2)$ par un scalaire. L'élément neutre pour l'addition dans $\mathbb{R}^2$, soit $\mathbf{0} = (0, 0)$, est aussi l'élément neutre pour l'addition dans U. En fait, U est l'espace vectoriel constitué des vecteurs positions sur la droite $y = 2x$ (fig. 8.1).

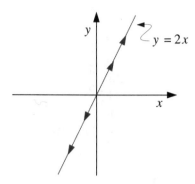

Figure 8.1

Puisque le sous-ensemble U de l'espace vectoriel $\mathbb{R}^2$ est lui-même un espace vectoriel, on dit que U est un sous-espace vectoriel de $\mathbb{R}^2$. Cependant, tous les sous-ensembles de $\mathbb{R}^2$ ne sont pas des sous-espaces vectoriels de $\mathbb{R}^2$. Par exemple, le sous-ensemble de $\mathbb{R}^2$

$$E = \left\{ (x,y) \in \mathbb{R}^2 \,\middle|\, x \in \mathbb{R} \text{ et } y = 2x + 3 \right\}$$

muni de l'addition usuelle n'est pas un espace vectoriel, car il n'est pas fermé pour l'addition. En effet, soit $v_1 = (x_1, y_1)$ et $v_2 = (x_2, y_2)$ deux éléments de E. On a

$$\begin{aligned} v_1 + v_2 &= (x_1, y_1) + (x_2, y_2) \\ &= (x_1 + x_2, y_1 + y_2) \\ &= (x_1 + x_2, 2x_1 + 3 + 2x_2 + 3) \\ &= (x_1 + x_2, 2x_1 + 2x_2 + 6) \\ &= (x_1 + x_2, 2(x_1 + x_2) + 6) \end{aligned}$$

Donc, $v_1 + v_2 = (x, y)$ où $x = x_1 + x_2$ et $y = 2x + 6 \neq 2x + 3$. Ainsi, $v_1 + v_2$ n'appartient pas à E, et E n'est pas un espace vectoriel bien que ce soit un sous-ensemble de $\mathbb{R}^2$.

Dans ce qui suit, on définit le concept de sous-espace vectoriel, puis on énonce un critère permettant de vérifier rapidement si un sous-ensemble d'un espace vectoriel est lui-même un espace vectoriel.

Définition 8.4 Sous-espace vectoriel

Soit V un espace vectoriel et H un sous-ensemble non vide de V. On dit que H est un sous-espace vectoriel de V si H, muni des opérations d'addition et de multiplication par un scalaire définies sur V, est lui-même un espace vectoriel. ❏

Pour établir qu'un sous-ensemble H de V est un espace vectoriel, il faut vérifier que H est fermé pour les deux opérations définies sur V et que les propriétés V_1 à V_8 des espaces vectoriels sont satisfaites. La proposition suivante énonce un critère qui facilite cette vérification.

Proposition 8.5 Critère d'un sous-espace vectoriel

Soit U un sous-ensemble non vide d'un espace vectoriel V. L'ensemble U muni de l'addition et de la multiplication par un scalaire définies sur V est un sous-espace vectoriel de V si et seulement si les trois conditions suivantes sont vérifiées :

i) $\mathbf{0} \in U$ où $\mathbf{0}$ est l'élément neutre pour l'addition dans V;

ii) $\boldsymbol{u}_1, \boldsymbol{u}_2 \in U \Rightarrow \boldsymbol{u}_1 + \boldsymbol{u}_2 \in U$;

iii) $\boldsymbol{u} \in U$ et $p \in \mathbb{R} \Rightarrow p\boldsymbol{u} \in U$.

Preuve

Si U muni de l'addition et de la multiplication par un scalaire définies sur V est un sous-espace vectoriel de V, par définition, U est fermé pour ces deux opérations. Ainsi, les conditions *ii)* et *iii)* sont vérifiées. Si z est l'élément neutre pour l'addition dans U, alors $z = 0z$ selon la proposition 8.3 *ii)*. Mais selon la proposition 8.3 *i)*, on a $0z = \mathbf{0}$ dans V. Ainsi $z = \mathbf{0}$ est un élément de U.

Si les conditions *ii)* et *iii)* sont vérifiées, U est fermé pour l'addition et la multiplication par un scalaire. De plus, puisque tout vecteur de U est aussi un vecteur de V, les propriétés V_1, V_2 et V_5 à V_8 sont satisfaites. Si la condition *i)* est vérifiée, la propriété V_3 l'est également. Enfin, puisque, selon *iii)*, $-\boldsymbol{u} = (-1)\boldsymbol{u}$ est un vecteur de U et que tout vecteur de U est aussi un vecteur de V, la propriété V_4 est satisfaite. ❏

La proposition 8.5 indique bien que tout sous-espace vectoriel de V doit contenir l'élément neutre $\mathbf{0}$ de V. De plus, tout espace vectoriel V a deux sous-espaces vectoriels dits **impropres** :

  i) l'espace vectoriel V lui-même;

  ii) le sous-espace vectoriel $\{\mathbf{0}\}$, qui est un sous-espace de tous les sous-espaces vectoriels de V.

Exemple 8.10

L'ensemble $H = \{(a,b,a+b) \mid a,b \in \mathbb{R}\}$ est un sous-espace vectoriel de $\mathbb{R}^3$. En effet, les trois conditions de la proposition 8.5 sont vérifiées :

  i) $(0, 0, 0) = (0, 0, 0 + 0) \in H$ et $H \neq \varnothing$.

  ii) Si $\boldsymbol{u} = (c, d, c + d)$ et $\boldsymbol{v} = (e, f, e + f)$ sont deux éléments de H, alors

$$\boldsymbol{u} + \boldsymbol{v} = (c + e, d + f, c + d + e + f) = (c + e, d + f, (c + e) + (d + f))$$

  Ainsi, $\boldsymbol{u} + \boldsymbol{v} \in H$.

  iii) Si $\boldsymbol{u} = (c, d, c + d) \in H$ et $p \in \mathbb{R}$, alors

$$p\boldsymbol{u} = p(c, d, c + d) = (pc, pd, p(c + d)) = (pc, pd, pc + pd)$$

  Ainsi, $p\boldsymbol{u} \in H$.

Selon la proposition 8.5, H est donc un sous-espace vectoriel de $\mathbb{R}^3$.

Exemple 8.11

Soit $W = \{(x,y,1) \mid x, y \in \mathbb{R}\}$. Puisque $(0, 0, 0) \notin W$, selon la proposition 8.5, W n'est pas un sous-espace vectoriel de $\mathbb{R}^3$. Dans un repère orthonormé de l'espace, les éléments de W sont des vecteurs dont l'extrémité est dans le plan $z = 1$, mais la somme de deux de ces vecteurs est un vecteur dont l'extrémité est dans le plan $z = 2$ (fig. 8.2).

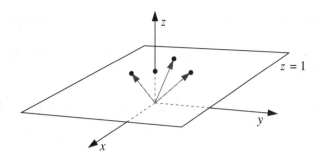

Figure 8.2

Exemple 8.12

Soit $W = \{(x, 0, z) \mid x, z \in \mathbb{R}\}$. Selon la proposition 8.5, l'ensemble W, muni de l'addition et de la multiplication par un scalaire définies sur $\mathbb{R}^3$, est un sous-espace vectoriel de $\mathbb{R}^3$. En effet :

i) $\mathbf{0} = (0, 0, 0) \in W$.

ii) Si $\mathbf{u} = (x_1, 0, z_1)$ et $\mathbf{v} = (x_2, 0, z_2)$ sont des éléments de W, alors

$$\mathbf{u} + \mathbf{v} = (x_1, 0, z_1) + (x_2, 0, z_2) = (x_1 + x_2, 0, z_1 + z_2)$$

Ainsi, $\mathbf{u} + \mathbf{v} \in W$.

iii) Si $\mathbf{u} = (x_1, 0, z_1) \in W$ et $p \in \mathbb{R}$, alors

$$p\mathbf{u} = p(x_1, 0, z_1) = (px_1, 0, pz_1)$$

Ainsi, $p\mathbf{u} \in W$.

Exemple 8.13

Soit la matrice de $\mathcal{M}_2(\mathbb{R})$

$$A = \begin{bmatrix} 0 & 0 \\ 1 & 1 \end{bmatrix}$$

et soit $W = \{M \in \mathcal{M}_2(\mathbb{R}) \mid AM = MA\}$, l'ensemble des matrices d'ordre 2 qui commutent avec A.

a) Selon la proposition 8.5, W est un sous-espace vectoriel de $\mathcal{M}_2(\mathbb{R})$. En effet :

   i) $O_2 A = A O_2$ implique que O_2 (l'élément neutre pour l'addition dans $\mathcal{M}_2(\mathbb{R})$) est un élément de W.

   ii) Si X_1 et $X_2 \in W$, alors, selon la proposition 1.3 (propriété M_2),
   $$A(X_1 + X_2) = AX_1 + AX_2 = X_1 A + X_2 A = (X_1 + X_2)A$$
   Ainsi, $X_1 + X_2 \in W$ puisque $X_1 + X_2$ et A sont commutables.

   iii) Si $X_1 \in W$ et $p \in \mathbb{R}$, alors, selon la proposition 1.3 (propriété M_3),
   $$A(pX_1) = p(AX_1) = p(X_1 A) = (pX_1)A$$
   Ainsi, $pX_1 \in W$ puisque pX_1 commute avec A.

b) Si $M = \begin{bmatrix} a & b \\ c & d \end{bmatrix} \in W$, alors

$$\begin{bmatrix} 0 & 0 \\ 1 & 1 \end{bmatrix}\begin{bmatrix} a & b \\ c & d \end{bmatrix} = \begin{bmatrix} a & b \\ c & d \end{bmatrix}\begin{bmatrix} 0 & 0 \\ 1 & 1 \end{bmatrix}$$
$$\begin{bmatrix} 0 & 0 \\ a+c & b+d \end{bmatrix} = \begin{bmatrix} b & b \\ d & d \end{bmatrix}$$

d'où $b = 0$ et $d = a + c$, et

$$M = \begin{bmatrix} a & 0 \\ c & a+c \end{bmatrix}$$

Donc,

$$W = \left\{ \begin{bmatrix} a & 0 \\ c & a+c \end{bmatrix} \middle| a, c \in \mathbb{R} \right\}$$

est l'ensemble des matrices qui commutent avec A. On peut montrer que les trois conditions de la proposition 8.5 sont vérifiées en utilisant cette définition de W.

Exemple 8.14

Soit $P[x]$ l'ensemble des polynômes à une variable à coefficients réels, et W le sous-ensemble de $P[x]$ composé des polynômes ayant une racine égale à 4 :

$$W = \left\{ P(x) \in P[x] \,\middle|\, P(4) = 0 \right\}$$

Selon la proposition 8.5, l'ensemble W, muni de l'addition et de la multiplication par un scalaire définies sur $P[x]$, est un sous-espace vectoriel de $P[x]$. En effet :

i) Le polynôme à coefficients nuls est un élément de W puisque $0(4) = 0$.

ii) Si $Q(x)$ et $R(x) \in W$, alors $Q(4) = 0$ et $R(4) = 0$, d'où

$$(Q + R)(4) = Q(4) + R(4) = 0$$

Ainsi, $(Q + R)(x) \in W$.

iii) Si $Q(x) \in W$ et $p \in \mathbb{R}$, alors

$$(kQ)(4) = k(Q(4)) = k0 = 0$$

Ainsi, $(kQ)(x) \in W$.

Donc, W est le sous-espace vectoriel de $P[x]$ constitué de tous les polynômes à une variable à coefficients réels, ayant une racine égale à 4.

Proposition 8.6

Si U et W sont des sous-espaces d'un espace vectoriel V, alors l'intersection de U et de W, notée $U \cap W$, est aussi un sous-espace vectoriel de V.

Preuve

On applique la proposition 8.5 :

i) $\mathbf{0} \in U$ et $\mathbf{0} \in W \Rightarrow \mathbf{0} \in U \cap W$.

ii) Soit v_1 et $v_2 \in U \cap W$. On a v_1 et $v_2 \in U$, d'où $v_1 + v_2 \in U$, et v_1 et $v_2 \in W$, d'où $v_1 + v_2 \in W$. Ainsi, $v_1 + v_2 \in U \cap W$.

iii) Soit $p \in \mathbb{R}$ et $v_1 \in U \cap W$. On a $v_1 \in U$, d'où $pv_1 \in U$, et $v_1 \in W$, d'où $pv_1 \in W$. Ainsi, $pv_1 \in U \cap W$.

Donc, $U \cap W$ est un sous-espace vectoriel de V.   ❑

On peut généraliser la proposition précédente à l'intersection d'un nombre fini de sous-espaces vectoriels. Ainsi, si $V_1, V_2, ..., V_n$ sont des sous-espaces d'un espace vectoriel de V, alors $V_1 \cap V_2 \cap ... \cap V_n = \bigcap_{i=1}^{n} V_n$ est un sous-espace vectoriel de V.

Exemple 8.15

Soit V l'espace vectoriel constitué des fonctions réelles d'une variable définies sur l'intervalle [0, 1], et soit

V_1 l'ensemble des fonctions polynomiales d'une variable définies sur [0, 1],
V_2 l'ensemble des fonctions d'une variable dérivables sur [0, 1],
V_3 l'ensemble des fonctions d'une variable continues sur [0, 1],
V_4 l'ensemble des fonctions d'une variable intégrables sur [0, 1].

On se propose de vérifier que $V_1 \subset V_2 \subset V_3 \subset V_4 \subset V$.

Selon un théorème du calcul différentiel et intégral, toute fonction polynomiale est dérivable. Ainsi, $V_1 \subset V_2$. De plus, $V_2 \subset V_3$ puisque toute fonction dérivable est continue, et $V_3 \subset V_4$ car toute fonction continue est intégrable. Enfin, il est clair que $V_4 \subset V$.

Exercices suggérés : 13 à 17, p. 484-485.

8.3   Système de générateurs

Dans la présente section, on s'intéresse aux ensembles de vecteurs d'un espace vectoriel V qui peuvent être combinés pour donner tout vecteur de V. De tels ensembles sont des systèmes de générateurs de l'espace vectoriel V.

On définit d'abord les notions de combinaison linéaire de vecteurs et de système de générateurs d'un espace vectoriel, de même que l'ensemble $\mathcal{L}(A)$ de toutes les combinaisons linéaires des vecteurs d'un sous-ensemble A de V. On montre ensuite que pour $A \neq \{\mathbf{0}\}$, l'ensemble $\mathcal{L}(A)$ est soit un sous-espace vectoriel propre de V, soit l'espace vectoriel V lui-même; en d'autres termes, A est toujours un système de générateurs d'un sous-espace vectoriel de V.

Définition 8.5   Combinaison linéaire

Un vecteur v d'un espace vectoriel V est une combinaison linéaire des vecteurs v_1, v_2, ..., v_n de V s'il existe n scalaires k_1, k_2, ..., k_n tels que

$$v = k_1 v_1 + k_2 v_2 + ... + k_n v_n \qquad \square$$

Si un vecteur v est une combinaison linéaire de n vecteurs v_1, v_2, ..., v_n, on dit que v est **engendré** par v_1, v_2, ..., v_n.

Exemple 8.16

Soit quatre vecteurs de $\mathbb{R}^4$

$$v_1 = (1, 2, 1, 3) \qquad v_2 = (2, 1, 4, 0) \qquad w = (0, 3, -2, 6) \qquad u = (-1, 4, -5, 9)$$

Le vecteur w est une combinaison linéaire de v_1 et de v_2, car

$$w = (0, 3, -2, 6) = 2(1, 2, 1, 3) - (2, 1, 4, 0) = 2v_1 - v_2$$

Il en est de même du vecteur u puisque

$$u = (-1, 4, -5, 9) = 3(1, 2, 1, 3) - 2(2, 1, 4, 0) = 3v_1 - 2v_2$$

Exemple 8.17

Soit

$$A = \begin{bmatrix} 1 & 0 \\ -1 & 1 \\ 2 & 3 \end{bmatrix} \qquad B = \begin{bmatrix} 2 & -1 \\ 4 & 1 \\ -1 & 0 \end{bmatrix} \qquad C = \begin{bmatrix} 0 & 1 \\ 0 & -1 \\ 1 & 3 \end{bmatrix} \qquad D = \begin{bmatrix} 0 & -2 \\ -6 & 4 \\ 2 & -3 \end{bmatrix}$$

La matrice D s'écrit comme une combinaison linéaire des matrices A, B et C s'il existe des scalaires r, s, $t \in \mathbb{R}$ tels que

$$D = rA + sB + tC$$

$$\begin{bmatrix} 0 & -2 \\ -6 & 4 \\ 2 & -3 \end{bmatrix} = r\begin{bmatrix} 1 & 0 \\ -1 & 1 \\ 2 & 3 \end{bmatrix} + s\begin{bmatrix} 2 & -1 \\ 4 & 1 \\ -1 & 0 \end{bmatrix} + t\begin{bmatrix} 0 & 1 \\ 0 & -1 \\ 1 & 3 \end{bmatrix}$$

$$\begin{bmatrix} 0 & -2 \\ -6 & 4 \\ 2 & -3 \end{bmatrix} = \begin{bmatrix} r + 2s & -s + t \\ -r + 4s & r + s - t \\ 2r - s + t & 3r + 3t \end{bmatrix}$$

Pour déterminer r, s et t, s'ils existent, on résout le système linéaire

$$\begin{cases} r + 2s & = 0 \\ -r + 4s & = -6 \\ 2r - s + t & = 2 \\ -s + t & = -2 \\ r + s - t & = 4 \\ 3r + 3t & = -3 \end{cases}$$

En appliquant la méthode de Gauss-Jordan à la matrice complète du système, on obtient

$$\begin{bmatrix} 1 & 2 & 0 & | & 0 \\ -1 & 4 & 0 & | & -6 \\ 2 & -1 & 1 & | & 2 \\ 0 & -1 & 1 & | & -2 \\ 1 & 1 & -1 & | & 4 \\ 3 & 0 & 3 & | & -3 \end{bmatrix} \sim \cdots \sim \begin{bmatrix} 1 & 0 & 0 & | & 2 \\ 0 & 1 & 0 & | & -1 \\ 0 & 0 & 1 & | & -3 \\ 0 & 0 & 0 & | & 0 \\ 0 & 0 & 0 & | & 0 \\ 0 & 0 & 0 & | & 0 \end{bmatrix}$$

Ainsi, $(r, s, t) = (2, -1, -3)$ est une solution du système. La matrice D s'écrit donc comme une combinaison linéaire de A, B et C :

$$D = 2A - B - 3C$$

c'est-à-dire

$$\begin{bmatrix} 0 & -2 \\ -6 & 4 \\ 2 & -3 \end{bmatrix} = 2\begin{bmatrix} 1 & 0 \\ -1 & 1 \\ 2 & 3 \end{bmatrix} - \begin{bmatrix} 2 & -1 \\ 4 & 1 \\ -1 & 0 \end{bmatrix} - 3\begin{bmatrix} 0 & 1 \\ 0 & -1 \\ 1 & 3 \end{bmatrix}$$

Définition 8.6   Système de générateurs

L'ensemble $\{v_1, v_2, ..., v_n\}$ est un système de générateurs de l'espace vectoriel V si et seulement si les deux conditions suivantes sont satisfaites :

i) $v_i \in V$, pour $i = 1, 2, ..., n$;

ii) pour tout vecteur $v \in V$, il existe n scalaires $k_1, k_2, ..., k_n \in \mathbb{R}$ pour lesquels
$v = k_1 v_1 + k_2 v_2 + ... + k_n v_n$. ❏

En d'autres termes, $\{v_1, v_2, ..., v_n\} \subset V$ est un système de générateurs de l'espace vectoriel V si tout vecteur v de V est une combinaison linéaire des vecteurs $v_1, v_2, ..., v_n$. On dit aussi que $\{v_1, v_2, ..., v_n\}$ engendre V.

Exemple 8.18

a) Pour montrer que l'ensemble $A = \{(1,3), (2,4)\}$ est un système de générateurs de $\mathbb{R}^2$, il suffit de vérifier qu'un vecteur quelconque $w = (a, b)$ de $\mathbb{R}^2$ est une combinaison linéaire des vecteurs de A, c'est-à-dire qu'il existe des scalaires k_1 et k_2 tels que

$$w = (a, b) = k_1(1, 3) + k_2(2, 4) = (k_1 + 2k_2, 3k_1 + 4k_2)$$

Il s'agit donc de résoudre le système linéaire

$$\begin{cases} k_1 + 2k_2 = a \\ 3k_1 + 4k_2 = b \end{cases}$$

En appliquant la méthode de Gauss, on obtient

$$\begin{bmatrix} 1 & 2 & | & a \\ 3 & 4 & | & b \end{bmatrix} \sim \begin{bmatrix} 1 & 2 & | & a \\ 0 & 2 & | & 3a - b \end{bmatrix}$$

Le système admet donc une solution unique, ce qui implique que tout vecteur w de $\mathbb{R}^2$ s'écrit comme une combinaison linéaire des vecteurs $(1, 3)$ et $(2, 4)$. Autrement dit, $A = \{(1, 3), (2, 4)\}$ engendre $\mathbb{R}^2$.

b)   On détermine les scalaires k_1 et k_2 tels que

$$w = (a, b) = k_1(1, 3) + k_2(2, 4)$$

en exprimant la matrice échelonnée obtenue en a) sous la forme d'une matrice échelonnée réduite :

$$\begin{bmatrix} 1 & 2 & | & a \\ 3 & 4 & | & b \end{bmatrix} \sim \cdots \sim \begin{bmatrix} 1 & 0 & | & b - 2a \\ 0 & 1 & | & \dfrac{3a}{2} - \dfrac{b}{2} \end{bmatrix}$$

Ainsi,

$$k_1 = b - 2a \quad \text{et} \quad k_2 = \frac{3a}{2} - \frac{b}{2}$$

c)   Par exemple, pour écrire le vecteur $(a, b) = (6, 2)$ de $\mathbb{R}^2$ comme une combinaison linéaire des vecteurs de $A = \{(1, 3), (2, 4)\}$, on calcule les scalaires k_1 et k_2 comme suit :

$$k_1 = b - 2a = 2 - 2(6) = -10$$

$$k_2 = \frac{3}{2}a - \frac{1}{2}b = \frac{3}{2}(6) - \frac{1}{2}(2) = 8$$

Donc, $(6, 2) = -10(1, 3) + 8(2, 4)$.

Exemple 8.19

a)   Soit $B = \{x^2 + 1, x - 3, x^2 - 7\}$. Pour montrer que l'ensemble B est un système de générateurs de $P_2[x]$ (l'ensemble des polynômes à une indéterminée de degré inférieur ou égal à 2), il suffit de vérifier qu'un polynôme quelconque $ax^2 + bx + c$ de $P_2[x]$ est une combinaison linéaire des polynômes de B, c'est-à-dire qu'il existe des scalaires k_1, k_2 et k_3 tels que

$$ax^2 + bx + c = k_1(x^2 + 1) + k_2(x - 3) + k_3(x^2 - 7)$$
$$= (k_1 + k_3)x^2 + k_2x + (k_1 - 3k_2 - 7k_3)$$

Puisque deux polynômes en x sont égaux si les coefficients d'une même puissance de x sont égaux, il s'agit de résoudre le système linéaire

$$\begin{cases} k_1 & + & k_3 = a \\ & k_2 & = b \\ k_1 & - 3k_2 & - 7k_3 = c \end{cases}$$

En appliquant la méthode de Gauss-Jordan, on obtient

$$\begin{bmatrix} 1 & 0 & 1 & | & a \\ 0 & 1 & 0 & | & b \\ 1 & -3 & -7 & | & c \end{bmatrix} \sim \cdots \sim \begin{bmatrix} 1 & 0 & 0 & | & \dfrac{7a}{8} + \dfrac{3b}{8} + \dfrac{c}{8} \\ 0 & 1 & 0 & | & b \\ 0 & 0 & 1 & | & \dfrac{a}{8} - \dfrac{3b}{8} - \dfrac{c}{8} \end{bmatrix}$$

Donc, le système admet une solution unique et tout polynôme de $P_2[x]$ s'écrit comme une combinaison linéaire des polynômes $x^2 + 1$, $x - 3$ et $x^2 - 7$.

b) Les scalaires k_1, k_2 et k_3 tels que

$$ax^2 + bx + c = k_1(x^2 + 1) + k_2(x - 3) + k_3(x^2 - 7)$$

sont

$$k_1 = \frac{7a}{8} + \frac{3b}{8} + \frac{c}{8} \qquad k_2 = b \qquad k_3 = \frac{a}{8} - \frac{3b}{8} - \frac{c}{8}$$

c) Pour le polynôme $2x^2 - 4x + 1$ de $P_2[x]$, on a

$$k_1 = \frac{7(2)}{8} + \frac{3(-4)}{8} + \frac{1}{8} = \frac{3}{8} \qquad k_2 = -4 \qquad k_3 = \frac{2}{8} - \frac{3(-4)}{8} - \frac{1}{8} = \frac{13}{8}$$

Donc,

$$2x^2 - 4x + 1 = \frac{3}{8}(x^2 + 1) - 4(x - 3) + \frac{13}{8}(x^2 - 7)$$

Exemple 8.20

a) L'ensemble $C = \{(1, 0, 0), (0, 1, 0), (1, 1, 0)\}$ n'engendre pas $\mathbb{R}^3$. En effet, il n'existe pas, par exemple, de scalaires k_1, k_2 et k_3 pour lesquels

$$(1, 1, 5) = k_1(1, 0, 0) + k_2(0, 1, 0) + k_3(1, 1, 0)$$

puisque $k_1(0) + k_2(0) + k_3(0) \neq 5$ pour tout $k_1, k_2, k_3 \in \mathbb{R}$.

b) L'ensemble des vecteurs de $\mathbb{R}^3$ dont la dernière composante est nulle, soit $H = \{(a,b,0) \,|\, a,b \in \mathbb{R}\}$, est un sous-espace vectoriel de $\mathbb{R}^3$. De plus, les vecteurs de C engendrent H. En effet, soit $(a, b, 0) \in H$. On a

$$(a, b, 0) = k_1(1, 0, 0) + k_2(0, 1, 0) + k_3(1, 1, 0) \Leftrightarrow \begin{cases} k_1 \quad\quad + \quad k_3 = a \\ \quad\quad k_2 + \quad k_3 = b \\ 0k_1 + 0k_2 + 0k_3 = 0 \end{cases}$$

La matrice complète du système linéaire est

$$\begin{bmatrix} 1 & 0 & 1 & | & a \\ 0 & 1 & 1 & | & b \\ 0 & 0 & 0 & | & 0 \end{bmatrix}$$

Le système admet une infinité de solutions; il existe donc une infinité de combinaisons linéaires des vecteurs $(1, 0, 0)$, $(0, 1, 0)$ et $(1, 1, 0)$ qui sont égales à un vecteur donné de H. Par exemple,

$$\begin{aligned} (2, 3, 0) &= 2(1, 0, 0) + 3(0, 1, 0) + 0(1, 1, 0) \\ &= (1, 0, 0) + 2(0, 1, 0) + (1, 1, 0) \\ &= -2(1, 0, 0) - (0, 1, 0) + 4(1, 1, 0) \end{aligned}$$

Ainsi, l'ensemble $C = \{(1, 0, 0), (0, 1, 0), (1, 1, 0)\}$ est un système de générateurs de $H = \{(a,b,0) \,|\, a,b \in \mathbb{R}\} \subset \mathbb{R}^3$.

Définition 8.7 Ensemble $\mathcal{L}(A)$

Soit $A = \{v_1, v_2, ..., v_n\}$ un sous-ensemble non vide d'un espace vectoriel V. On désigne par $\mathcal{L}(A)$ l'ensemble des combinaisons linéaires des vecteurs de A :

$$\mathcal{L}(A) = \left\{ v = k_1 v_1 + k_2 v_2 + ... + k_n v_n \,\middle|\, v_i \in A \text{ et } k_i \in \mathbb{R} \text{ pour } i = 1, 2, ..., n \right\}$$

Proposition 8.7 $\mathcal{L}(A)$ **est un sous-espace vectoriel**

Soit A un sous-ensemble non vide d'un espace vectoriel V. L'ensemble $\mathcal{L}(A)$ est un sous-espace vectoriel de V.

Preuve

Soit $A = \{v_1, v_2, ..., v_n\}$. Par définition,

$$\mathcal{L}(A) = \left\{ v = \sum_{i=1}^{n} k_i v_i \,\middle|\, v_i \in A \text{ et } k_i \in \mathbb{R} \text{ pour } i = 1, 2, ..., n \right\}$$

Il suffit d'appliquer la proposition 8.5 :

i) $\mathbf{0} \in \mathcal{L}(A)$, car $\mathbf{0} = 0v_1 + 0v_2 + ... + 0v_n = \displaystyle\sum_{i=1}^{n} 0v_i$

Soit $x, y \in \mathcal{L}(A)$ et $s \in \mathbb{R}$. On a $x = \displaystyle\sum_{i=1}^{n} p_i v_i$ et $y = \displaystyle\sum_{i=1}^{n} q_i v_i$.

ii) $x + y = \displaystyle\sum_{i=1}^{n} p_i v_i + \sum_{i=1}^{n} q_i v_i = \sum_{i=1}^{n} (p_i v_i + q_i v_i) = \sum_{i=1}^{n} (p_i + q_i) v_i = \sum_{i=1}^{n} k_i v_i$

où $k_i = p_i + q_i$. Ainsi, $x + y \in \mathcal{L}(A)$.

iii) $sx = s \displaystyle\sum_{i=1}^{n} p_i v_i = \sum_{i=1}^{n} (sp_i) v_i = \sum_{i=1}^{n} k_i v_i$

où $k_i = sp_i$. Ainsi, $sx \in \mathcal{L}(A)$.

Donc, $\mathcal{L}(A)$ est un sous-espace vectoriel de V.

Si W est un sous-espace vectoriel de V contenant A, alors $L(A) \subseteq W$. En d'autres termes, $L(A)$ est le plus petit sous-espace vectoriel de V contenant A. On dit que $L(A)$ est le sous-espace vectoriel de V engendré par A, ou encore que A est un système de générateurs de $L(A)$. Enfin, A est soit un système de générateurs de V (dans ce cas, $L(A) = V$) ou un système de générateurs d'un sous-espace vectoriel propre de V (dans ce cas, $L(A) = U \subset V$). Par convention, on pose $L(\emptyset) = \{\mathbf{0}\}$.

Exemple 8.21

Le sous-espace vectoriel de $\mathbb{R}^3$ engendré par les vecteurs $(1, 1, 1)$ et $(2, 1, 3)$ est l'ensemble des combinaisons linéaires de ces vecteurs : $L(\{(1, 1, 1), (2, 1, 3)\})$. Soit v un vecteur arbitraire de $\mathbb{R}^3$. On a $v = (x, y, z) \in L(\{(1, 1, 1), (2, 1, 3)\})$ si et seulement si il existe des scalaires k_1 et k_2 tels que

$$(x, y, z) = k_1(1, 1, 1) + k_2(2, 1, 3) = (k_1 + 2k_2, k_1 + k_2, k_1 + 3k_2)$$

Pour déterminer k_1 et k_2, s'ils existent, il faut résoudre le système linéaire

$$\begin{cases} k_1 + 2k_2 = x \\ k_1 + k_2 = y \\ k_1 + 3k_2 = z \end{cases}$$

En appliquant la méthode de Gauss-Jordan, on obtient

$$\begin{bmatrix} 1 & 2 & | & x \\ 1 & 1 & | & y \\ 1 & 3 & | & z \end{bmatrix} \sim \cdots \sim \begin{bmatrix} 1 & 0 & | & -x+2y \\ 0 & 1 & | & x-y \\ 0 & 0 & | & -2x+y+z \end{bmatrix}$$

Donc, le système est compatible si $-2x + y + z = 0$. On a alors

$$k_1 = -x + 2y \qquad k_2 = x - y$$

Ainsi, tout vecteur $v = (x, y, z) \in L(\{(1, 1, 1), (2, 1, 3)\})$ s'écrit sous la forme

$$(x, y, z) = (-x + 2y)(1, 1, 1) + (x - y)(2, 1, 3)$$

Dans un repère orthonormé $R : (O, \vec{i}, \vec{j}, \vec{k})$, les vecteurs de $\mathbb{R}^3$ satisfaisant l'équation $-2x + y + z = 0$ sont représentés par un plan qui passe par l'origine O. Ainsi, le sous-espace vectoriel $\mathcal{L}(\{(1, 1, 1), (2, 1, 3)\})$ de $\mathbb{R}^3$ est représenté par le plan déterminé par les vecteurs $(1, 1, 1)$ et $(2, 1, 3)$ et passant par le point $O(0, 0, 0)$ (fig. 8.3).

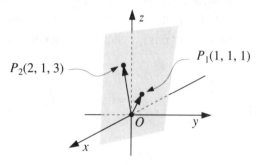

Figure 8.3

Exemple 8.22

a) Soit $A = \{\vec{i} + \vec{j}\}$ dans un repère orthonormé $(O, \vec{i}, \vec{j})$;

$$\mathcal{L}(A) = \mathcal{L}\{(1, 1)\} = \big\{(a,a) \,\big|\, a \in \mathbb{R}\big\} \subset \mathbb{R}^2$$

Autrement dit, A engendre le sous-espace vectoriel $\mathcal{L}(A)$ de $\mathbb{R}^2$, formé des vecteurs dont les deux composantes sont égales. L'ensemble $\mathcal{L}(A)$ peut être représenté géométriquement par les vecteurs ayant comme support la droite qui passe par O et le point $P(1, 1)$. Dans le plan cartésien, il s'agit de la droite d'équation $y = x$ (fig. 8.4).

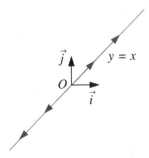

Figure 8.4

b) Soit $B = \{\vec{j}\}$ dans un repère orthonormé $(O, \vec{i}, \vec{j})$;

$$L(B) = L\{(0, 1)\} = \big\{(0,a)\,\big|\,a \in \mathbb{R}\big\} \subset \mathbb{R}^2$$

Autrement dit, B engendre le sous-espace vectoriel $L(B)$ de $\mathbb{R}^2$, constitué des vecteurs dont la première composante est nulle, c'est-à-dire des vecteurs positions des points de la droite d'équation $x = 0$. L'ensemble $L(B)$ peut être représenté géométriquement par les vecteurs issus de l'origine O et portés par l'axe des y (fig. 8.5).

Figure 8.5

c) Soit $C = \{a\vec{i} + b\vec{j}\}$ dans un repère orthonormé $(O, \vec{i}, \vec{j})$;

$$L(C) = \big\{v = a\vec{i} + b\vec{j}\,\big|\,a,b \in \mathbb{R}\big\} = \big\{(a,b)\,\big|\,a,b \in \mathbb{R}\big\} = \mathbb{R}^2$$

Autrement dit, C engendre $L(C)$, l'ensemble des vecteurs positions des points du plan (fig. 8.6).

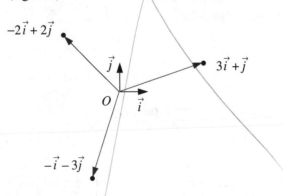

Figure 8.6

Exemple 8.23

a) Soit $A = \left\{ \vec{i} \right\}$ dans un repère orthonormé $(O, \vec{i}, \vec{j}, \vec{k})$;

$$\mathcal{L}(A) = \left\{ v = a\vec{i} \mid a \in \mathbb{R} \right\} = \left\{ (a,0,0) \mid a \in \mathbb{R} \right\} \subset \mathbb{R}^3$$

Autrement dit, A engendre le sous-espace vectoriel de $\mathbb{R}^3$ constitué des vecteurs dont les deuxième et troisième composantes sont nulles. L'ensemble $\mathcal{L}(A)$ est représenté par les vecteurs positions des points de la droite qui passe par l'origine O et le point $P(1, 0, 0)$ (fig. 8.7).

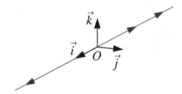

Figure 8.7

b) Soit $B = \left\{ \vec{i}, \vec{j} \right\}$ dans un repère orthonormé $(O, \vec{i}, \vec{j}, \vec{k})$;

$$\mathcal{L}(B) = \left\{ v = a\vec{i} + b\vec{j} \mid a,b \in \mathbb{R} \right\} = \left\{ (a,b,0) \mid a,b \in \mathbb{R} \right\} \subset \mathbb{R}^3$$

Autrement dit, B engendre le sous-espace vectoriel de $\mathbb{R}^3$ constitué des vecteurs de cote nulle. L'ensemble $\mathcal{L}(B)$ est représenté par les vecteurs du plan qui passe par l'origine O et les points $P_1(1, 0, 0)$ et $P_2(0, 1, 0)$ (fig. 8.8).

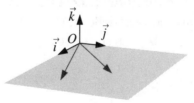

Figure 8.8

c) Soit $C = \{(1, 3, 4)\}$ dans un repère orthonormé $(O, \vec{i}, \vec{j}, \vec{k})$;

$$\mathcal{L}(C) = \left\{ v = a(1, 3, 4) \mid a \in \mathbb{R} \right\} = \left\{ (a,3a,4a) \mid a \in \mathbb{R} \right\} \subset \mathbb{R}^3$$

Autrement dit, C engendre le sous-espace vectoriel $\mathcal{L}(C)$ de $\mathbb{R}^3$ représenté géométriquement par les vecteurs positions des points de la droite qui passe par l'origine O et dont $(1, 3, 4)$ est un vecteur directeur. Il s'agit de la droite d'équations canoniques $x = \dfrac{y}{3} = \dfrac{z}{4}$ (fig. 8.9).

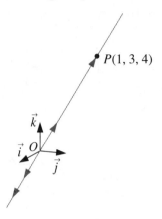

Figure 8.9

d)   Soit $D = \{(1, 2, 0), (0, 0, 1)\}$ dans un repère orthonormé $(O, \vec{i}, \vec{j}, \vec{k})$;

$$L(D) = \left\{ v = a(1,2,0) + b(0,0,1) \,\middle|\, a,b \in \mathbb{R} \right\} = \left\{ (a,2a,b) \,\middle|\, a,b \in \mathbb{R} \right\} \subset \mathbb{R}^3$$

Autrement dit, D engendre le sous-espace vectoriel $L(D)$ formé des vecteurs dont la deuxième composante est le double de la première : $y = 2x$. L'ensemble $L(D)$ peut être représenté géométriquement par les vecteurs positions des points du plan qui passe par l'origine O et les points $P_1(1, 2, 0)$ et $P_2(0, 0, 1)$. Il s'agit du plan d'équation vectorielle $(x, y, z) = r(1, 2, 0) + s(0, 0, 1)$, ou encore d'équation cartésienne $2x - y = 0$ (fig. 8.10).

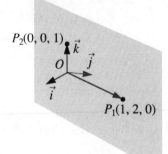

Figure 8.10

e) Soit $E = \left\{ \vec{i}, \vec{j}, \vec{k} \right\}$, la base d'un repère orthonormé $(O, \vec{i}, \vec{j}, \vec{k})$;

$$\mathcal{L}(E) = \left\{ v = a\vec{i} + b\vec{j} + c\vec{k} \,|\, a,b,c \in \mathbb{R} \right\} = \left\{ (a,b,c) \,|\, a,b,c \in \mathbb{R} \right\} \subseteq \mathbb{R}^3$$

Autrement dit, E engendre l'espace vectoriel $\mathcal{L}(E) = \mathbb{R}^3$, c'est-à-dire l'espace cartésien.

f) Soit $F = \{(1, 3, 4), (2, 1, 4)\}$ dans un repère orthonormé $(O, \vec{i}, \vec{j}, \vec{k})$;

$$\begin{aligned}
\mathcal{L}(F) &= \left\{ v = a(1,3,4) + b(2,1,4) \,|\, a,b \in \mathbb{R} \right\} \\
&= \left\{ (a+2b, 3a+b, 4a+4b) \,|\, a,b \in \mathbb{R} \right\} \subset \mathbb{R}^3
\end{aligned}$$

Autrement dit, $\mathcal{L}(F)$ est le sous-espace vectoriel de $\mathbb{R}^3$ engendré par F et représenté géométriquement par les vecteurs positions des points du plan qui passe par l'origine O et les points $P_1(1, 3, 4)$ et $P_2(2, 1, 4)$. Il s'agit du plan auquel le vecteur $\vec{N} = (8, 4, -5)$ est normal et dont l'équation cartésienne est $8x + 4y - 5z = 0$ (fig. 8.11).

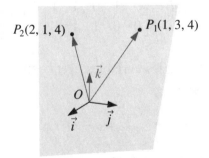

Figure 8.11

L'exemple qui suit illustre qu'un vecteur donné d'un espace vectoriel V peut être égal à plus d'une combinaison linéaire des vecteurs d'un système de générateurs de V.

Exemple 8.24

L'ensemble $A = \{(1, 0, 0), (0, 1, 0), (0, 0, 1), (2, 1, 1), (1, 1, 0)\}$ est un système de générateurs de $\mathbb{R}^3$: $\mathcal{L}(A) = \mathbb{R}^3$. Soit $w = (a, b, c)$ un vecteur quelconque de $\mathbb{R}^3$. Il est impossible d'écrire w de façon unique comme une combinaison linéaire des vecteurs de A. En effet,

$$
\begin{aligned}
w &= (a, b, c) \\
&= k_1(1, 0, 0) + k_2(0, 1, 0) + k_3(0, 0, 1) + k_4(2, 1, 1) + k_5(1, 1, 0) \\
&= (k_1 + 2k_4 + k_5, \, k_2 + k_4 + k_5, \, k_3 + k_4)
\end{aligned}
$$

si et seulement si

$$
\begin{cases}
k_1 & & + 2k_4 + k_5 = a \\
& k_2 & + k_4 + k_5 = b \\
& k_3 + k_4 & = c
\end{cases}
$$

La matrice complète $A|B$ de ce système linéaire est échelonnée réduite :

$$
A|B = \begin{bmatrix}
1 & 0 & 0 & 2 & 1 & a \\
0 & 1 & 0 & 1 & 1 & b \\
0 & 0 & 1 & 1 & 0 & c
\end{bmatrix}
$$

Le système est compatible, et les variables k_4 et k_5 sont libres. Si on pose $k_4 = m$ et $k_5 = n$ où $m, n \in \mathbb{R}$, on a

$$
k_1 = a - 2m - n \qquad k_2 = b - m - n \qquad k_3 = c - m
$$

Ainsi, le vecteur w s'écrit sous la forme

$$
\begin{aligned}
w &= (a, b, c) \\
&= (a - 2m - n)(1, 0, 0) + (b - m - n)(0, 1, 0) + (c - m)(0, 0, 1) \\
&\quad + m(2, 1, 1) + n(1, 1, 0) \qquad\qquad\qquad\qquad\qquad \text{où } m, n \in \mathbb{R}
\end{aligned}
$$

Les scalaires m et n pouvant prendre une infinité de valeurs, il existe une infinité de combinaisons linéaires des vecteurs de A qui sont égales à w. Par exemple, si $m = 0$ et $n = 0$, on a

$$
w = a(1, 0, 0) + b(0, 1, 0) + c(0, 0, 1) + 0(2, 1, 1) + 0(1, 1, 0) \qquad (1)
$$

si $m = 1$ et $n = 2$, on a

$$w = (a - 4)(1, 0, 0) + (b - 3)(0, 1, 0) + (c - 1)(0, 0, 1)$$
$$+ (2, 1, 1) + 2(1, 1, 0) \qquad (2)$$

et si $m = 1$ et $n = 1$, on a

$$w = (a - 3)(1, 0, 0) + (b - 2)(0, 1, 0) + (c - 1)(0, 0, 1)$$
$$+ (2, 1, 1) + (1, 1, 0) \qquad (3)$$

Selon (1), (2) et (3), le vecteur $w = (-3, 1, 2)$ peut s'écrire comme suit :

$$(-3, 1, 2) = -3(1, 0, 0) + (0, 1, 0) + 2(0, 0, 1) + 0(2, 1, 1) + 0(1, 1, 0)$$
$$= -7(1, 0, 0) - 2(0, 1, 0) + (0, 0, 1) + (2, 1, 1) + 2(1, 1, 0)$$
$$= -6(1, 0, 0) - (0, 1, 0) + (0, 0, 1) + (2, 1, 1) + (1, 1, 0)$$

Bien que l'ensemble A soit un système de générateurs de $\mathbb{R}^3$, il existe plus d'une combinaison linéaire des vecteurs de A qui est égale à un vecteur donné de $\mathbb{R}^3$. On en conclut que A n'est pas le plus petit système de générateurs de $\mathbb{R}^3$.

L'exemple qui suit illustre qu'il est parfois possible d'écrire tout vecteur d'un espace vectoriel V comme une combinaison linéaire unique des vecteurs d'un système de générateurs de V.

Exemple 8.25

L'ensemble $B = \{(1, 1, 1, 1,), (1, 1, 1, 0), (1, 1, 0, 0), (1, 0, 0, 0)\}$ est un système de générateurs de $\mathbb{R}^4$: $L(B) = \mathbb{R}^4$. Soit $w = (a, b, c, d)$ un vecteur quelconque de $\mathbb{R}^4$. Le vecteur w s'écrit comme une combinaison linéaire unique des vecteurs de B. En effet,

$$w = (a, b, c, d)$$
$$= k_1(1, 1, 1, 1) + k_2(1, 1, 1, 0) + k_3(1, 1, 0, 0) + k_4(1, 0, 0, 0)$$
$$= (k_1 + k_2 + k_3 + k_4, k_1 + k_2 + k_3, k_1 + k_2, k_1)$$

si et seulement si

$$\begin{cases} k_1 + k_2 + k_3 + k_4 = a \\ k_1 + k_2 + k_3 \quad\;\; = b \\ k_1 + k_2 \qquad\;\; = c \\ k_1 \qquad\qquad = d \end{cases}$$

La matrice complète de ce système linéaire est

$$\left[\begin{array}{cccc|c} 1 & 1 & 1 & 1 & a \\ 1 & 1 & 1 & 0 & b \\ 1 & 1 & 0 & 0 & c \\ 1 & 0 & 0 & 0 & d \end{array}\right] \sim\cdots\sim \left[\begin{array}{cccc|c} 1 & 0 & 0 & 0 & d \\ 0 & 1 & 0 & 0 & c-d \\ 0 & 0 & 1 & 0 & b-c \\ 0 & 0 & 0 & 1 & a-b \end{array}\right]$$

Le système admet donc une solution unique

$$(k_1, k_2, k_3, k_4) = (d, c - d, b - c, a - b)$$

et tout vecteur $w = (a, b, c, d)$ de $\mathbb{R}^4$ est une combinaison linéaire unique des vecteurs de B :

$(a, b, c, d) =$
$$d(1, 1, 1, 1) + (c - d)(1, 1, 1, 0) + (b - c)(1, 1, 0, 0) + (a - b)(1, 0, 0, 0)$$

Par exemple, si $w = (2, -1, 4, 3)$, on a

$$(2, -1, 4, 3) = 3(1, 1, 1, 1) + (1, 1, 1, 0) - 5(1, 1, 0, 0) + 3(1, 0, 0, 0)$$

Les exemples qui précèdent illustrent bien qu'il existe plusieurs systèmes de générateurs d'un espace vectoriel donné, et que ces systèmes ne contiennent pas tous le même nombre d'éléments. Dans la prochaine section, on verra à quelles conditions doit satisfaire un système de générateurs d'un espace vectoriel V pour que tout vecteur de V s'écrive comme une combinaison linéaire unique des vecteurs du système de générateurs.

Exercices suggérés : 18 à 29, p. 485-488.

8.4 Base et dimension d'un espace vectoriel

Certains systèmes de générateurs sont formés de vecteurs linéairement dépendants et d'autres, de vecteurs linéairement indépendants. Ces derniers sont les plus importants et les plus pratiques, et ils pourront constituer une base d'un espace vectoriel. Les ensembles suivants, par exemple, engendrent tous $\mathbb{R}^2$:

$$A = \{(1, 2), (1, 3)\}$$
$$B = \{(1, 3), (6, 1), (1, 0)\}$$
$$C = \{(2, 1), (4, 1), (2, 0), (5, 2)\}$$
$$D = \{(1, 7), (3, 1), (2, 4), (7, 8), (4, 3)\}$$

Intuitivement, l'ensemble A semble le plus intéressant puisqu'il a le plus petit nombre d'éléments. De plus, tout vecteur de $\mathbb{R}^2$ s'exprime comme une combinaison linéaire unique des vecteurs de A. Cette unicité de l'écriture est une caractéristique importante.

Dans ce qui suit, on définit les concepts de dépendance et d'indépendance linéaires, on distingue les ensembles de vecteurs liés et libres, et on détermine les meilleurs systèmes de générateurs d'un espace vectoriel : les bases. On établit enfin des liens entre la dimension d'un espace vectoriel et ses bases.

Définition 8.8 Indépendance linéaire

Soit n vecteurs v_1, v_2, ..., v_n d'un espace vectoriel V. Les vecteurs v_i ($i = 1, 2, ..., n$) sont linéairement indépendants si l'unique solution de l'équation vectorielle

$$k_1 v_1 + k_2 v_2 + ... + k_n v_n = \mathbf{0}$$

est la solution triviale $k_1 = k_2 = ... = k_n = 0$. On dit alors que l'ensemble $\{v_1, v_2, ..., v_n\}$ est **libre**. ❑

Définition 8.9 Dépendance linéaire

Soit n vecteurs v_1, v_2, ..., v_n d'un espace vectoriel V. Les vecteurs v_i ($i = 1, 2, ..., n$) sont linéairement dépendants s'il existe des solutions non triviales de l'équation vectorielle $k_1 v_1 + k_2 v_2 + ... + k_n v_n = \mathbf{0}$. On dit alors que l'ensemble $\{v_1, v_2, ..., v_n\}$ est **lié**. ❑

Si un ensemble H est constitué de vecteurs linéairement dépendants, **au moins un** des vecteurs de H est une combinaison linéaire des autres vecteurs de H. De plus, deux vecteurs $\boldsymbol{u}$ et $\boldsymbol{v}$ d'un espace vectoriel V sont linéairement dépendants si et seulement si l'un est égal au produit de l'autre par un scalaire. Par ailleurs, si un ensemble H, générateur d'un espace vectoriel V, est constitué de vecteurs linéairement indépendants, **aucun vecteur** de H n'est une combinaison linéaire des autres vecteurs de H. On verra que H est alors un système de générateurs commode de V.

Exemple 8.26

Soit

$$A = \left\{ \begin{bmatrix} 1 & 0 \\ 0 & 0 \end{bmatrix}, \begin{bmatrix} 1 & 0 \\ 1 & 0 \end{bmatrix}, \begin{bmatrix} 0 & 1 \\ 1 & 1 \end{bmatrix}, \begin{bmatrix} 0 & 0 \\ 0 & 1 \end{bmatrix} \right\}$$

On veut montrer que A est un ensemble libre.

On prend une combinaison linéaire des éléments de A qui est égale à la matrice nulle :

$$O_2 = k_1 \begin{bmatrix} 1 & 0 \\ 0 & 0 \end{bmatrix} + k_2 \begin{bmatrix} 1 & 0 \\ 1 & 0 \end{bmatrix} + k_3 \begin{bmatrix} 0 & 1 \\ 1 & 1 \end{bmatrix} + k_4 \begin{bmatrix} 0 & 0 \\ 0 & 1 \end{bmatrix}$$

Il suffit ensuite de vérifier que la seule solution de cette équation est la solution triviale. En calculant la somme du membre de droite, on obtient

$$\begin{bmatrix} 0 & 0 \\ 0 & 0 \end{bmatrix} = \begin{bmatrix} k_1 + k_2 & k_3 \\ k_2 + k_3 & k_3 + k_4 \end{bmatrix}$$

Selon la définition de l'égalité matricielle, on a le système homogène

$$S \begin{cases} k_1 + k_2 & = 0 \\ k_2 + k_3 & = 0 \\ k_3 & = 0 \\ k_3 + k_4 = 0 \end{cases}$$

Il s'agit d'un système de Cramer puisque le déterminant de la matrice des coefficients de S est non nul (définition 2.7) :

$$\det \begin{bmatrix} 1 & 1 & 0 & 0 \\ 0 & 1 & 1 & 0 \\ 0 & 0 & 1 & 0 \\ 0 & 0 & 1 & 1 \end{bmatrix} = 1 \neq 0$$

Ainsi, le système S admet une solution unique, soit la solution triviale. Par conséquent, $k_1 = k_2 = k_3 = k_4 = 0$.

Les matrices $\begin{bmatrix} 1 & 0 \\ 0 & 0 \end{bmatrix}, \begin{bmatrix} 1 & 0 \\ 1 & 0 \end{bmatrix}, \begin{bmatrix} 0 & 1 \\ 1 & 1 \end{bmatrix}, \begin{bmatrix} 0 & 0 \\ 0 & 1 \end{bmatrix}$ sont donc linéairement indépendantes, c'est-à-dire que

$$A = \left\{ \begin{bmatrix} 1 & 0 \\ 0 & 0 \end{bmatrix}, \begin{bmatrix} 1 & 0 \\ 1 & 0 \end{bmatrix}, \begin{bmatrix} 0 & 1 \\ 1 & 1 \end{bmatrix}, \begin{bmatrix} 0 & 0 \\ 0 & 1 \end{bmatrix} \right\}$$

est un ensemble libre. On peut aussi démontrer que $\mathcal{L}(A) = \mathcal{M}_2(\mathbb{R})$.

La proposition suivante énonce que le nombre de vecteurs indépendants d'un sous-ensemble libre d'un espace vectoriel ne peut excéder le nombre de vecteurs d'un système de générateurs de cet espace.

Proposition 8.8 Théorème fondamental

Soit V un espace vectoriel engendré par n vecteurs $v_1, v_2, ..., v_n$. Si un sous-ensemble de V est constitué de m vecteurs linéairement indépendants, alors $m \leq n$.

Preuve

Par hypothèse, $V = \mathcal{L}(\{v_1, v_2, ..., v_n\})$. Soit $w_i \in V$ (où $i = 1, 2, ..., m$) et $m > n$. Il suffit de montrer que $\{w_1, w_2, ..., w_m\}$ est lié, c'est-à-dire (selon la définition 8.9) qu'il existe des scalaires k_i (où $i = 1, 2, ..., m$) non tous nuls tels que

$$0 = k_1 w_1 + k_2 w_2 + ... + k_m w_m \tag{1}$$

Puisque V est engendré par les vecteurs $v_1, v_2, ..., v_n$, chaque vecteur w_j est lui-même une combinaison linéaire des vecteurs v_i (où $i = 1, 2, ..., n$) :

$$w_j = a_{j1}v_1 + a_{j2}v_2 + ... + a_{jn}v_n$$

On a ainsi le système linéaire

$$\begin{cases} w_1 = a_{11}v_1 + a_{12}v_2 + ... + a_{1n}v_n \\ w_2 = a_{21}v_1 + a_{22}v_2 + ... + a_{2n}v_n \\ \vdots \\ w_m = a_{m1}v_1 + a_{m2}v_2 + ... + a_{mn}v_n \end{cases}$$

Par substitution dans l'équation (1), on obtient

$$k_1(a_{11}v_1 + a_{12}v_2 + ... + a_{1n}v_n) + ... + k_m(a_{m1}v_1 + a_{m2}v_2 + ... + a_{mn}v_n) = \mathbf{0}$$

et, en regroupant les termes, cette équation devient

$$(k_1a_{11} + k_2a_{21} + ... + k_ma_{m1})v_1 + ... + (k_1a_{1n} + k_2a_{2n} + ... + k_ma_{mn})v_n = \mathbf{0}$$

Puisque $v_1, v_2, ..., v_n$ sont linéairement indépendants, on a le système homogène suivant, à n équations et à m inconnues $k_1, k_2, ..., k_m$:

$$S \begin{cases} k_1a_{11} + k_2a_{21} + ... + k_ma_{m1} = 0 \\ \vdots \\ k_1a_{1n} + k_2a_{2n} + ... + k_ma_{mn} = 0 \end{cases}$$

Si $n < m$, alors le système S admet une infinité de solutions (proposition 3.6). Ainsi, si $n < m$, il existe des scalaires k_i (où $i = 1, 2, ..., m$) non tous nuls qui vérifient l'équation (1) et les vecteurs $w_1, w_2, ..., w_m$ sont linéairement dépendants. Donc, si m vecteurs $w_1, w_2, ..., w_m$ sont linéairement indépendants, alors $m \leq n$. ❑

Définition 8.10   Base

Soit V un espace vectoriel et $B = \{v_1, v_2, ..., v_n\} \subseteq V$. L'ensemble B est une base de V si les vecteurs v_i (où $i = 1, 2, ..., n$) sont linéairement indépendants et s'ils engendrent l'espace vectoriel V. ❑

Il est à noter que toute base d'un espace vectoriel V est un système de générateurs de V, mais un système de générateurs d'un espace vectoriel V n'est pas nécessairement une base de V. Le nombre d'éléments d'une base d'un espace vectoriel est le plus petit nombre de vecteurs linéairement indépendants nécessaires pour engendrer tous les vecteurs de cet espace.

Proposition 8.9

Toutes les bases d'un espace vectoriel V ont le même nombre d'éléments.

Preuve

Soit $B_1 = \{v_1, v_2, ..., v_n\}$ et $B_2 = \{w_1, w_2, ..., w_m\}$ deux bases de V. Puisque V est engendré par B_2 et que B_1 est une base de V, selon la proposition 8.8,

$$n \leq m$$

De même, puisque V est engendré par B_1 et que B_2 est une base de V,

$$m \leq n$$

Donc, $n = m$. ❑

Proposition 8.10

Si $B = \{b_1, b_2, ..., b_n\}$ est une base d'un espace vectoriel V, alors chaque vecteur de V s'exprime de façon unique comme une combinaison linéaire des vecteurs de B.

Preuve

Soit $v \in V$. Comme B est une base de V, par définition, v s'écrit comme une combinaison linéaire des vecteurs de B. Soit

$$v = c_1 b_1 + c_2 b_2 + ... + c_n b_n \qquad \text{et} \qquad v = k_1 b_1 + k_2 b_2 + ... + k_n b_n$$

On a

$$c_1 b_1 + c_2 b_2 + ... + c_n b_n = k_1 b_1 + k_2 b_2 + ... + k_n b_n$$

$$(c_1 - k_1)b_1 + (c_2 - k_2)b_2 + ... + (c_n - k_n)b_n = 0$$

Les vecteurs $b_1, b_2, ..., b_n$ étant linéairement indépendants, selon la définition 8.10,

$$c_1 - k_1 = 0 \qquad c_2 - k_2 = 0 \qquad ... \qquad c_n - k_n = 0$$

d'où

$$c_i = k_i \qquad \text{pour } i = 1, 2, ..., n$$

Par conséquent, v s'exprime de façon unique comme une combinaison linéaire des vecteurs de la base B. ❑

Il est à noter que si $\{v_1, v_2, ..., v_n\}$ est un système de générateurs d'un espace vectoriel V sans être une base de V, alors il y a plusieurs combinaisons linéaires distinctes de $v_1, v_2, ..., v_n$ qui sont égales à un même vecteur w de V (voir exemple 8.24).

On définit ci-dessous la dimension d'un espace vectoriel comme le nombre d'éléments de l'une de ses bases, puis on énonce quelques propositions qui établissent des liens entre les bases et la dimension d'un espace vectoriel.

Définition 8.11   Dimension d'un espace vectoriel

Soit $\{v_1, v_2, ..., v_n\}$ une base quelconque d'un espace vectoriel V. La dimension de V, notée dim V, est égale à n. ❑

Un espace vectoriel V est fini si une base de V contient un nombre fini de vecteurs. De plus, par convention, la dimension de l'espace vectoriel $V = \{\mathbf{0}\}$ est 0 : dim $\{\mathbf{0}\} = 0$.

Exemple 8.27

On utilise souvent la base dite **canonique** ou **naturelle** d'un espace vectoriel.

a) L'ensemble $P_n[x]$ des polynômes en x à coefficients réels, de degré inférieur ou égal à n, a comme base canonique $B = \{x^n, x^{n-1}, ..., x, 1\}$.

b) L'ensemble $\mathbb{R}^n$ des vecteurs algébriques a comme base canonique

$$B = \{(1, 0, ..., 0), (0, 1, 0, ..., 0), ..., (0, 0, ..., 0, 1)\}$$

c) L'ensemble $\mathcal{M}_{m,n}(\mathbb{R})$ des matrices à m lignes et à n colonnes, à éléments réels, a comme base canonique l'ensemble B formé de mn matrices ayant chacune un seul élément non nul, égal à 1 :

$$B = \left\{ \begin{bmatrix} 1 & 0 & \cdots & 0 \\ 0 & 0 & \cdots & 0 \\ \vdots & \vdots & & \vdots \\ 0 & 0 & \cdots & 0 \end{bmatrix}, \begin{bmatrix} 0 & 0 & \cdots & 0 \\ 0 & 1 & \cdots & 0 \\ \vdots & \vdots & & \vdots \\ 0 & 0 & \cdots & 0 \end{bmatrix}, \ldots, \begin{bmatrix} 0 & 0 & \cdots & 0 \\ 0 & 0 & \cdots & 0 \\ \vdots & \vdots & & \vdots \\ 0 & 0 & \cdots & 1 \end{bmatrix} \right\}$$

Exemple 8.28

a) Si

$$e_1 = (1, 0, 0, \ldots, 0)$$
$$e_2 = (0, 1, 0, \ldots, 0)$$
$$\vdots$$
$$e_n = (0, 0, 0, \ldots, 1)$$

alors $\mathcal{L}(\{e_1, e_2, \ldots, e_n\}) = \mathbb{R}^n$. En effet, tout vecteur $v = (a_1, a_2, \ldots, a_n)$ de $\mathbb{R}^n$ est une combinaison linéaire de $e_1, e_2, \ldots, e_n$:

$$v = (a_1, a_2, \ldots, a_n) = a_1 e_1 + a_2 e_2 + \ldots + a_n e_n$$

b) L'ensemble $P_n[x]$ des polynômes en x à coefficients réels, de degré inférieur ou égal à n, est égal à $\mathcal{L}(\{1, x, x^2, \ldots, x^n\})$. En effet, tout polynôme $P(x)$ de $P_n[x]$ est une combinaison linéaire de $1, x, \ldots, x^n$:

$$P(x) = a_0(1) + a_1 x + a_2 x^2 + \ldots + a_n x^n$$

Proposition 8.11

Soit V un espace vectoriel de dimension n.

i) Tout sous-ensemble de V contenant plus de n vecteurs est lié (les vecteurs sont linéairement dépendants).

ii) Tout sous-ensemble de V contenant moins de n vecteurs ne peut engendrer V.

Preuve

i) Toute base de V contient n vecteurs (définition 8.11) et l'énoncé *i)* découle directement de la proposition 8.8.

ii) Les n vecteurs d'une base de V sont linéairement indépendants, par définition, et il découle de la proposition 8.8 que tout ensemble contenant moins de n vecteurs ne peut engendrer V. ❏

Proposition 8.12

Soit V un espace vectoriel engendré par n vecteurs $v_1, v_2, ..., v_n$ et $V \neq \{0\}$.

i) Un sous-ensemble de V formé de vecteurs linéairement indépendants est un sous-ensemble d'une base de V.

ii) Tout système de générateurs de V contient une base de V.

iii) Il existe au moins une base de V et dim $V \leq n$. ❏

Il découle de l'énoncé *i)* de la proposition 8.12 qu'il est toujours possible d'ajouter des vecteurs à un sous-ensemble libre d'un espace vectoriel V de façon à former une base de V. De plus, il découle des énoncés *ii)* et *iii)* qu'on peut toujours trouver un sous-ensemble d'un système de générateurs de V qui soit une base de V.

Proposition 8.13

Dans un espace vectoriel de dimension n, tout ensemble de n vecteurs linéairement indépendants constitue une base de l'espace.

Preuve

Soit n vecteurs linéairement indépendants $v_1, v_2, ..., v_n$ d'un espace vectoriel V de dimension n, et soit w un vecteur de V distinct de $v_1, v_2, ..., v_n$. D'après la proposition 8.11 *i)*, les vecteurs $w, v_1, v_2, ..., v_n$ sont linéairement dépendants, c'est-à-dire qu'il existe des scalaires $k, k_1, k_2, ..., k_n$ non tous nuls tels que

$$kw + k_1v_1 + k_2v_2 + ... + k_nv_n = 0$$

Si k est nul, alors au moins un des scalaires k_1, k_2, ..., k_n doit être non nul, ce qui contredit l'hypothèse que v_1, v_2, ..., v_n sont linéairement indépendants. Donc, $k \neq 0$ et on peut poser

$$w = \left(-\frac{k_1}{k}\right)v_1 + ... + \left(-\frac{k_n}{k}\right)v_n$$

Ainsi, v_1, v_2, ..., v_n engendrent V, et ces vecteurs étant linéairement indépendants, ils constituent une base de V. ❑

Il découle des propositions 8.12 et 8.13 que si V est un espace vectoriel de dimension n, alors un système de générateurs de V constitué de n vecteurs non nuls est une base de V, c'est-à-dire qu'un tel système est nécessairement un ensemble libre.

Exemple 8.29

a) Soit $A = \{(1, 0, 0), (0, 1, 0)\}$. Puisque $L(A) \subset \mathbb{R}^3$, l'ensemble A (qui est libre) n'engendre pas $\mathbb{R}^3$. Ainsi, A n'est pas une base de $\mathbb{R}^3$. Par exemple, le vecteur $(0, 3, 4)$ n'est pas engendré par A. On peut, en ajoutant des vecteurs à A, prendre $\{(1, 0, 0), (0, 1, 0), (0, 3, 4)\}$ comme base de $\mathbb{R}^3$.

b) Soit $B = \{(1, 0, 0), (0, 1, 0), (1, 0, 1), (2, 1, 1)\}$. Puisque $L(B) = \mathbb{R}^3$, l'ensemble B est un système de générateurs de $\mathbb{R}^3$ mais il est lié. L'ensemble B n'est donc pas une base de $\mathbb{R}^3$. Toutefois, on peut extraire de l'ensemble B la base $\{(1, 0, 0), (1, 0, 1), (2, 1, 1)\}$, par exemple.

c) Soit $C = \{(1, 0, 0), (0, 0, 1), (1, 1, 1)\}$. Puisque $L(C) = \mathbb{R}^3$, l'ensemble C est un système de générateurs de $\mathbb{R}^3$; de plus, C est libre. Par conséquent, C est une base de $\mathbb{R}^3$.

d) Soit $D = \{(1, 0, 0), (0, 1, 0), (1, 1, 0)\}$. Puisque $L(D) \subset \mathbb{R}^3$, l'ensemble D n'est pas un système de générateurs de $\mathbb{R}^3$; de plus, D est lié. Donc, l'ensemble D n'est pas une base de $\mathbb{R}^3$. Cependant, $\{(1, 0, 0), (0, 1, 0)\}$ est un ensemble libre. Si on lui ajoute le vecteur $(0, 1, 2)$, par exemple, on obtient l'ensemble $\{(1, 0, 0), (0, 1, 0), (0, 1, 2)\}$, qui est une base de $\mathbb{R}^3$.

e) Soit $E = \{(1, 0, 0), (0, 1, 0), (0, 0, 1)\}$. Puisque $\mathcal{L}(E) = \mathbb{R}^3$, l'ensemble E est un système de générateurs de $\mathbb{R}^3$; de plus, E est libre. L'ensemble E est la base canonique ou naturelle de $\mathbb{R}^3$.

f) Soit $F = \{(1, 0), (1, 1), (1, 2)\}$. Puisque $\mathcal{L}(F) = \mathbb{R}^2$, l'ensemble F est un système de générateurs de $\mathbb{R}^2$, mais il est lié. L'ensemble F n'est donc pas une base de $\mathbb{R}^2$. Cependant, on peut extraire de F la base $\{(1, 0), (1, 2)\}$.

g) Soit $H = \{(0, 1), (1, 0)\}$. Puisque $\mathcal{L}(H) = \mathbb{R}^2$, l'ensemble H est un système de générateurs de $\mathbb{R}^2$; de plus, H est libre. L'ensemble H est la base canonique ou naturelle de $\mathbb{R}^2$.

On peut également définir les concepts de base et de dimension d'un sous-espace H d'un espace vectoriel V.

Proposition 8.14

Soit V un espace vectoriel de dimension n, et soit U et W des sous-espaces vectoriels de V.

i) Le sous-espace U est de dimension finie et dim $U \leq n$.

ii) Toute base de U est un sous-ensemble d'une base de V.

iii) Si $U \subseteq W$ et que dim $U =$ dim W, alors $U = W$. ❏

Exemple 8.30

Tout ensemble libre de vecteurs d'un espace vectoriel V est une base d'un sous-espace vectoriel de V.

a) L'ensemble $\{(0, 0, 0)\}$ est un sous-espace vectoriel de $\mathbb{R}^3$, dont la dimension est nulle, par convention.

b) Un sous-espace vectoriel H de dimension 1 de $\mathbb{R}^3$ est représenté par une droite passant par le point $O(0, 0, 0)$. Si dim $H = 1$, alors toute base de H contient un seul vecteur $v = (a, b, c)$, non nul, et $H = \mathcal{L}(\{v\})$. Pour tout vecteur x de H, il existe un scalaire t tel que $x = t(a, b, c)$ et x est représenté par un vecteur géométrique porté par une droite passant par $O(0, 0, 0)$.

c) Un sous-espace vectoriel H de dimension 2 de $\mathbb{R}^3$ est représenté par un plan passant par le point $O(0, 0, 0)$. Si dim $H = 2$, alors toute base de H contient deux vecteurs $v_1 = (a_1, b_1, c_1)$ et $v_2 = (a_2, b_2, c_2)$ linéairement indépendants, et $H = \mathcal{L}(\{v_1, v_2\})$. Pour tout vecteur x de H, il existe des scalaires r et t tels que

$$x = r(a_1, b_1, c_1) + t(a_2, b_2, c_2) = (ra_1 + ta_2, rb_1 + tb_2, rc_1 + tc_2)$$

et x est représenté par un vecteur géométrique d'un plan passant par le point $O(0, 0, 0)$.

d) L'unique sous-espace vectoriel de dimension 3 de $\mathbb{R}^3$ est $\mathbb{R}^3$.

Ainsi, les sous-espaces vectoriels **propres** de $\mathbb{R}^3$ sont de dimension 1 ou de dimension 2. Ils sont représentés géométriquement par des droites et des plans passant par l'origine $O(0, 0, 0)$.

Exemple 8.31

a) Le sous-ensemble $A = \{(2, 3)\}$ de $\mathbb{R}^2$ n'est pas une base de $\mathbb{R}^2$. Toutefois, le vecteur $(2, 3)$ engendre une droite, c'est-à-dire que $\{(2, 3)\}$ est la base d'un sous-espace vectoriel de $\mathbb{R}^2$ représenté par une droite. Ainsi, A engendre un espace vectoriel de dimension 1.

b) Le sous-ensemble $B = \{(0, 1, 1), (0, 1, 0)\}$ de $\mathbb{R}^3$ est un ensemble libre de vecteurs, mais ce n'est pas un système de générateurs de $\mathbb{R}^3$. Cependant, les vecteurs $(0, 1, 1)$ et $(0, 1, 0)$ engendrent un plan, c'est-à-dire que B est la base d'un sous-espace vectoriel de $\mathbb{R}^3$ représenté par un plan. Ainsi, B engendre un espace vectoriel de dimension 2.

c) Le sous-ensemble $C = \{(1,0,0,0), (0,1,0,0), (0,0,0,1)\}$ de $\mathbb{R}^4$ est un ensemble libre de vecteurs, mais ce n'est pas un système de générateurs de $\mathbb{R}^4$. Cependant, les vecteurs $(1, 0, 0, 0)$, $(0, 1, 0, 0)$ et $(0, 0, 0, 1)$ engendrent un sous-espace vectoriel de $\mathbb{R}^4$, c'est-à-dire que $\{(1, 0, 0, 0), (0, 1, 0, 0), (0, 0, 0, 1)\}$ est une base d'un sous-espace vectoriel de $\mathbb{R}^4$. Ainsi, C engendre un espace vectoriel de dimension 3.

Exemple 8.32

Soit V l'ensemble des matrices symétriques d'ordre 2. On peut montrer que V est un espace vectoriel et on peut déterminer dim V.

On sait que ${}^{t}O_2 = O_2$, c'est-à-dire que $O_2 \in V$. Soit $A, B \in V$. Puisque A et B sont symétriques, ${}^{t}A = A$ et ${}^{t}B = B$. Il s'ensuit que

$$
\begin{aligned}
{}^{t}(A + B) &= {}^{t}A + {}^{t}B = A + B \\
{}^{t}(kA) &= k({}^{t}A) = kA
\end{aligned}
$$

Ainsi, $A + B$ et kA sont des matrices symétriques d'ordre 2 et, d'après la proposition 8.5, V est un espace vectoriel.

L'ensemble $\left\{ \begin{bmatrix} 1 & 0 \\ 0 & 0 \end{bmatrix}, \begin{bmatrix} 0 & 0 \\ 0 & 1 \end{bmatrix}, \begin{bmatrix} 0 & 1 \\ 1 & 0 \end{bmatrix} \right\}$ est libre et il engendre V, c'est-à-dire que c'est une base de V. En effet,

$$
\begin{bmatrix} a & c \\ c & b \end{bmatrix} = a \begin{bmatrix} 1 & 0 \\ 0 & 0 \end{bmatrix} + b \begin{bmatrix} 0 & 0 \\ 0 & 1 \end{bmatrix} + c \begin{bmatrix} 0 & 1 \\ 1 & 0 \end{bmatrix}
$$

et il suffit de vérifier l'indépendance linéaire de $\begin{bmatrix} 1 & 0 \\ 0 & 0 \end{bmatrix}$, $\begin{bmatrix} 0 & 0 \\ 0 & 1 \end{bmatrix}$ et $\begin{bmatrix} 0 & 1 \\ 1 & 0 \end{bmatrix}$. Puisqu'une base de V contient 3 éléments, dim $V = 3$.

Exercices suggérés : 30 à 43, p. 488-491.

8.5   Composantes d'un vecteur et changement de base

Dans la présente section, on définit la notion de composante d'un vecteur relativement à une base ordonnée d'un espace vectoriel V, et on expose une méthode de changement de base pour l'expression d'un vecteur à l'aide de ses composantes.

Pour définir la notion de composante d'un vecteur, on doit utiliser le concept de base ordonnée d'un espace vectoriel. Une **base ordonnée** d'un espace vectoriel V de dimension n est un n-uplet dont les éléments sont ceux d'une base B de V. Si $B = \{b_1, b_2, ..., b_n\}$, alors la base ordonnée formée des éléments de B est notée $(b_1, b_2, ..., b_n)$.

Définition 8.12   Composantes d'un vecteur

Soit v un vecteur quelconque d'un espace vectoriel V de dimension n et soit $B = (b_1, b_2, ..., b_n)$ une base de V. Si l'expression de v comme une combinaison linéaire des vecteurs de B (proposition 8.10) est

$$v = c_1 b_1 + ... + c_n b_n$$

alors les scalaires $c_1, c_2, ..., c_n$ sont appelés les composantes de v relativement à la base B et

$$[v]_B = \begin{bmatrix} c_1 \\ c_2 \\ \vdots \\ c_n \end{bmatrix}$$

est la **matrice colonne des composantes** de v relativement à la base B. On écrit aussi $v = (c_1, c_2, ..., c_n)_B$. ◻

Exemple 8.33

Soit $A = \{(1, 0, 0), (0, 1, 0), (0, 0, 1), (2, 1, 1), (1, 1, 0)\}$ où les composantes des vecteurs sont exprimées relativement à la base canonique (e_1, e_2, e_3) de $\mathbb{R}^3$. On a montré dans l'exemple 8.24 que l'ensemble A est un système de générateurs de $\mathbb{R}^3$.

a) On peut extraire de A des bases de $\mathbb{R}^3$. On sait que dim $\mathbb{R}^3 = 3$ et que toute base de $\mathbb{R}^3$ contient exactement 3 vecteurs. Puisque les ensembles B et C suivants sont libres, ils sont des bases de $\mathbb{R}^3$:

$$B = \{(1, 0, 0), (1, 1, 0), (0, 0, 1)\}$$
$$C = \{(1, 0, 0), (2, 1, 1), (1, 1, 0)\}$$

b) Soit $w = (a, b, c)$ un vecteur quelconque de $\mathbb{R}^3$, relativement à la base canonique de $\mathbb{R}^3$. Pour déterminer les composantes de w relativement à la base B, il suffit de trouver des scalaires r, s et t tels que

$$w = r(1, 0, 0) + s(1, 1, 0) + t(0, 0, 1)$$

ou encore tels que

$$(a, b, c) = (r + s, s, t)$$

Deux vecteurs sont égaux seulement si leurs composantes sont égales, d'où

$$r = a - b \qquad s = b \qquad t = c$$

Donc, $w = (a - b)(1, 0, 0) + b(1, 1, 0) + c(0, 0, 1)$ et les **composantes** de w relativement à la base B sont $a - b$, b et c, ce qu'on note $w = (a - b, b, c)_B$.

c) Pour déterminer les composantes de $w = (a, b, c)$ relativement à la base C, il suffit de trouver des scalaires p, m et n tels que

$$w = p(1, 0, 0) + m(2, 1, 1) + n(1, 1, 0)$$

ou encore tels que

$$(a, b, c) = (p + 2m + n, m + n, m)$$

On doit donc résoudre le système linéaire

$$\begin{cases} p + 2m + n = a \\ m + n = b \\ m = c \end{cases}$$

Ce système admet une solution unique :

$$p = a - b - c \qquad m = c \qquad n = b - c$$

Par conséquent, $w = (a - b - c)(1, 0, 0) + c(2, 1, 1) + (b - c)(1, 1, 0)$ et les **composantes** de w relativement à la base C sont $a - b - c$, c et $b - c$, ce qu'on note $w = (a - b - c, c, b - c)_C$.

d) L'expression du vecteur $w = -3e_1 + e_2 + 2e_3$ de $\mathbb{R}^3$ à l'aide de ses composantes dépend du choix de la base de $\mathbb{R}^3$. Ainsi, selon les résultats obtenus en *b*) et en *c*),

$$w = (-3, 1, 2)_{(e_1, e_2, e_3)} \qquad w = (-4, 1, 2)_B \qquad w = (-6, 2, -1)_C$$

Il faut toutefois se rappeler que, relativement à une base donnée, l'expression de w à l'aide de ses composantes est unique.

Exemple 8.34

On veut trouver une méthode qui permette d'exprimer un vecteur x d'un espace vectoriel V relativement à n'importe quelle base de V, lorsqu'on connaît l'expression de x à l'aide de ses composantes relativement à une base donnée de V.

Soit $A = ((1, 0, 0), (0, 1, 0), (0, 0, 1))$ la base canonique de $\mathbb{R}^3$, et $u = (2, 0, 1)$, $v = (1, -1, 0)$ et $w = (0, 2, -1)$ trois vecteurs de $\mathbb{R}^3$ exprimés relativement à la base A.

a) Les vecteurs u, v et w sont linéairement indépendants. En effet,

$$ru + sv + tw = 0 \quad \text{où } r, s, t \in \mathbb{R}$$

implique que

$$r(2, 0, 1) + s(1, -1, 0) + t(0, 2, -1) = 0$$

$$(2r + s, -s + 2t, r - t) = (0, 0, 0)$$

Le système homogène

$$\begin{cases} 2r + s & = 0 \\ -s + 2t & = 0 \\ r \quad\quad - t & = 0 \end{cases}$$

a comme unique solution la solution triviale, car

$$\det \begin{bmatrix} 2 & 1 & 0 \\ 0 & -1 & 2 \\ 1 & 0 & -1 \end{bmatrix} = 4 \neq 0$$

Ainsi, $r = 0$, $s = 0$ et $t = 0$, et $\boldsymbol{u}$, $\boldsymbol{v}$ et $\boldsymbol{w}$ sont linéairement indépendants. L'ensemble $B = (\boldsymbol{u}, \boldsymbol{v}, \boldsymbol{w})$ est donc une base de $\mathbb{R}^3$ puisque dim $\mathbb{R}^3 = 3$.

b) Soit $\boldsymbol{x} = (5, 2, 3)_A$. Pour exprimer $\boldsymbol{x}$ relativement à la base B, il suffit de déterminer r, s, $t \in \mathbb{R}$ tels que $\boldsymbol{x} = r\boldsymbol{u} + s\boldsymbol{v} + t\boldsymbol{w}$, c'est-à-dire tels que

$$\begin{aligned} (5, 2, 3) &= r(2, 0, 1) + s(1, -1, 0) + t(0, 2, -1) \\ &= (2r + s, -s + 2t, r - t) \end{aligned}$$

Selon la définition de l'égalité de deux vecteurs, on obtient les scalaires recherchés en résolvant le système linéaire

$$\begin{cases} 2r + s & = 5 \\ -s + 2t & = 2 \\ r \quad - t & = 3 \end{cases}$$

En appliquant la méthode de Gauss-Jordan, on a

$$\begin{bmatrix} 2 & 1 & 0 & 5 \\ 0 & -1 & 2 & 2 \\ 1 & 0 & -1 & 3 \end{bmatrix} \sim \cdots \sim \begin{bmatrix} 1 & 0 & 0 & 13/4 \\ 0 & 1 & 0 & -3/2 \\ 0 & 0 & 1 & 1/4 \end{bmatrix}$$

Ainsi,

$$\boldsymbol{x} = \frac{13}{4}\boldsymbol{u} - \frac{3}{2}\boldsymbol{v} + \frac{1}{4}\boldsymbol{w} = \left(\frac{13}{4}, -\frac{3}{2}, \frac{1}{4} \right)_B$$

c) Soit $\boldsymbol{x} = (a, b, c)_A$ un vecteur quelconque de $\mathbb{R}^3$. Pour exprimer $\boldsymbol{x}$ relativement à la base B, on doit déterminer les scalaires r, s et t tels que

$$\begin{aligned} \boldsymbol{x} &= r\boldsymbol{u} + s\boldsymbol{v} + t\boldsymbol{w} \\ &= r(2, 0, 1) + s(1, -1, 0) + t(0, 2, -1) \end{aligned}$$

ou encore tels que

$$(a, b, c) = (2r + s, -s + 2t, r - t)$$

Selon la définition de l'égalité de deux vecteurs, on obtient les scalaires recherchés en résolvant le système linéaire

$$\begin{cases} 2r + s \quad\quad = a \\ \quad\; -s + 2t = b \\ r \quad\quad - t = c \end{cases}$$

Si on applique la méthode de Gauss-Jordan, on a

$$\begin{bmatrix} 2 & 1 & 0 & | & a \\ 0 & -1 & 2 & | & b \\ 1 & 0 & -1 & | & c \end{bmatrix} \sim \cdots \sim \begin{bmatrix} 1 & 0 & 0 & | & \dfrac{a+b+2c}{4} \\ 0 & 1 & 0 & | & \dfrac{a-b-2c}{2} \\ 0 & 0 & 1 & | & \dfrac{a+b-2c}{4} \end{bmatrix}$$

Donc,

$$r = \frac{a+b+2c}{4} \qquad s = \frac{a-b-2c}{2} \qquad t = \frac{a+b-2c}{4}$$

d'où

$$x = \left(\frac{a+b+2c}{4}\right)u + \left(\frac{a-b-2c}{2}\right)v + \left(\frac{a+b-2c}{4}\right)w$$

ou encore

$$x = \left(\frac{a+b+2c}{4}, \frac{a-b-2c}{2}, \frac{a+b-2c}{4}\right)_B$$

d) On veut exprimer $x = (5, 2, 3)_A$ relativement à la base B en utilisant le résultat obtenu en c). Si on pose $a = 5$, $b = 2$ et $c = 3$ dans

$$x = \left(\frac{a+b+2c}{4}, \frac{a-b-2c}{2}, \frac{a+b-2c}{4}\right)_B$$

on obtient

$$x = \left(\frac{5+2+6}{4}, \frac{5-2-6}{2}, \frac{5+2-6}{4} \right)_B = \left(\frac{13}{4}, -\frac{3}{2}, \frac{1}{4} \right)_B$$

Il est à noter que les composantes sont identiques à celles qu'on a calculées en *b*).

e) On se propose de généraliser la méthode (illustrée en *d*)), pour passer de la base canonique à une base quelconque d'un espace vectoriel. On prend de nouveau

$$A = ((1, 0, 0), (0, 1, 0), (0, 0, 1)) = (e_1, e_2, e_3)$$
$$B = ((2, 0, 1), (1, -1, 0), (0, 2, -1)) = (u, v, w)$$

Soit $x = (a, b, c)_A$. La matrice colonne des composantes de x relativement à la base A se note

$$[x]_A = \begin{bmatrix} a \\ b \\ c \end{bmatrix}$$

Si $x = (r, s, t)_B$, la matrice colonne des composantes de x relativement à la base B se note

$$[x]_B = \begin{bmatrix} r \\ s \\ t \end{bmatrix}$$

On a montré en *c*) que les relations entre les scalaires r, s et t et les scalaires a, b et c sont données par le système linéaire

$$\begin{cases} 2r + s = a \\ - s + 2t = b \\ r - t = c \end{cases}$$

Ainsi, pour passer de la base A à la base B, on doit résoudre par rapport à $\begin{bmatrix} r \\ s \\ t \end{bmatrix}$

l'équation matricielle

$$\begin{bmatrix} 2 & 1 & 0 \\ 0 & -1 & 2 \\ 1 & 0 & -1 \end{bmatrix} \begin{bmatrix} r \\ s \\ t \end{bmatrix} = \begin{bmatrix} a \\ b \\ c \end{bmatrix}$$

qu'on écrit aussi sous la forme

$$P[x]_B = [x]_A$$

où P est la **matrice de passage de la base B à la base A**, $[x]_A$ est la matrice colonne des composantes du vecteur x relativement à la base A et $[x]_B$ est la matrice colonne des composantes du vecteur x relativement à la base B. On détermine donc les composantes de x relativement à B en multipliant l'équation $P[x]_B = [x]_A$ par la matrice P^{-1} :

$$[x]_B = P^{-1}[x]_A$$

$$\begin{bmatrix} r \\ s \\ t \end{bmatrix} = \begin{bmatrix} 2 & 1 & 0 \\ 0 & -1 & 2 \\ 1 & 0 & -1 \end{bmatrix}^{-1} \begin{bmatrix} a \\ b \\ c \end{bmatrix} = \frac{1}{4} \begin{bmatrix} 1 & 1 & 2 \\ 2 & -2 & -4 \\ 1 & 1 & -2 \end{bmatrix} \begin{bmatrix} a \\ b \\ c \end{bmatrix} = \frac{1}{4} \begin{bmatrix} a + b + 2c \\ 2a - 2b - 4c \\ a + b - 2c \end{bmatrix}$$

Ainsi,

$$x = \left(\frac{a+b+2c}{4}, \frac{a-b-2c}{2}, \frac{a+b-2c}{4} \right)_B$$

On constate que ce résultat est identique à celui qu'on a obtenu en c). De plus, dans la matrice de passage P de la base B à la base canonique, les éléments des 1re, 2e et 3e colonnes sont respectivement les composantes des 1er, 2e et 3e vecteurs de B, exprimés relativement à A. Donc, $P = [u, v, w]$.

En général, la matrice de passage de la base canonique à une base quelconque B de $\mathbb{R}^n$ est facile à déterminer. En effet, si $B = (b_1, b_2, ..., b_n)$, la matrice de passage de la base B à la base canonique de $\mathbb{R}^n$ est la matrice $P = [b_1, b_2, ..., b_n]$, et la matrice P^{-1} est la matrice de passage de la base canonique à la base B. Les deux prochaines propositions indiquent une méthode efficace pour déterminer la matrice de passage d'une base B à une base B' où B et B' sont deux bases quelconques de $\mathbb{R}^n$.

Proposition 8.15

Si P est la matrice de passage d'une base B à une base B' de $\mathbb{R}^n$, alors P est inversible et la matrice de passage de B' à B est P^{-1}.   ❑

Sous forme d'équation, le passage entre deux bases quelconques de $\mathbb{R}^n$ est donné par :

$$P[x]_B = [x]_{B'} \qquad \text{passage de la base } B \text{ à la base } B'$$

$$[x]_B = P^{-1}[x]_{B'} \qquad \text{passage de la base } B' \text{ à la base } B$$

Proposition 8.16

Soit $B = (u_1, u_2, ..., u_n)$ et $B' = (v_1, v_2, ..., v_n)$ deux bases de $\mathbb{R}^n$. Si P est la matrice de passage de B à B', alors la matrice de passage P^{-1} de B' à B est déterminée en appliquant la méthode de Gauss-Jordan à la matrice $[u_j]$ augmentée de la matrice $[v_j]$:

$$[u_j]|[v_j] \sim \cdots \sim I_n|P^{-1}$$

où u_j et v_j sont respectivement les j-ièmes vecteurs de B et de B'.   ❑

Exemple 8.35

Soit deux bases de $\mathbb{R}^3$:

$$B = (b_1, b_2, b_3) = ((2, 1, 1), (1, 1, -1), (1, 1, 3))$$
$$B' = (b'_1, b'_2, b'_3) = ((1, -1, 0), (2, 3, 1), (1, -1, 2))$$

où les vecteurs de B et de B' sont exprimés relativement à une même base C de $\mathbb{R}^3$.

a) La matrice de passage P de la base B à la base B' est donnée par $P[x]_B = [x]_{B'}$ et la matrice de passage de la base B' à la base B est P^{-1} :

$$[x]_B = P^{-1}[x]_{B'}$$

On détermine P^{-1} en appliquant la méthode de Gauss-Jordan à la matrice $[b_j]$ augmentée de la matrice $[b'_j]$:

$$[b_j] | [b'_j] = \begin{bmatrix} 2 & 1 & 1 & 1 & 2 & 1 \\ 1 & 1 & 1 & -1 & 3 & -1 \\ 1 & -1 & 3 & 0 & 1 & 2 \end{bmatrix} \sim \cdots \sim \begin{bmatrix} 1 & 0 & 0 & 2 & -1 & 2 \\ 0 & 1 & 0 & -7/4 & 5/2 & -9/4 \\ 0 & 0 & 1 & -5/4 & 3/2 & -3/4 \end{bmatrix}$$

Ainsi, la matrice de passage de B' à B est

$$P^{-1} = \begin{bmatrix} 2 & -1 & 2 \\ -7/4 & 5/2 & -9/4 \\ -5/4 & 3/2 & -3/4 \end{bmatrix}$$

b) La matrice de passage P de la base B à la base B' est donnée par

$$P[x]_B = [x]_{B'}$$

En appliquant la méthode de Gauss-Jordan à la matrice $[b'_j]$ augmentée de la matrice $[b_j]$, on obtient

$$[b'_j] | [b_j] = \begin{bmatrix} 1 & 2 & 1 & 2 & 1 & 1 \\ -1 & 3 & -1 & 1 & 1 & 1 \\ 0 & 1 & 2 & 1 & -1 & 3 \end{bmatrix} \sim \cdots \sim \begin{bmatrix} 1 & 0 & 0 & 3/5 & 9/10 & -11/10 \\ 0 & 1 & 0 & 3/5 & 2/5 & 2/5 \\ 0 & 0 & 1 & 1/5 & -7/10 & 13/10 \end{bmatrix}$$

Ainsi, la matrice de passage de B à B' est

$$P = \begin{bmatrix} 3/5 & 9/10 & -11/10 \\ 3/5 & 2/5 & 2/5 \\ 1/5 & -7/10 & 13/10 \end{bmatrix}$$

Il est facile de vérifier que

$$PP^{-1} = \begin{bmatrix} 3/5 & 9/10 & -11/10 \\ 3/5 & 2/5 & 2/5 \\ 1/5 & -7/10 & 13/10 \end{bmatrix} \begin{bmatrix} 2 & -1 & 2 \\ -7/4 & 5/2 & -9/4 \\ -5/4 & 3/2 & -3/4 \end{bmatrix} = I_3$$

c) Soit $x = (4, 8, -8)_{B'}$; les composantes de x relativement à la base B sont données par

$$[x]_B = P^{-1}[x]_{B'} = \begin{bmatrix} 2 & -1 & 2 \\ -7/4 & 5/2 & -9/4 \\ -5/4 & 3/2 & -3/4 \end{bmatrix} \begin{bmatrix} 4 \\ 8 \\ -8 \end{bmatrix} = \begin{bmatrix} -16 \\ 31 \\ 13 \end{bmatrix}_B$$

d) Puisque $B = ((2, 1, 1), (1, 1, -1), (1, 1, 3))$, alors

$$\begin{aligned} x &= (-16, 31, 13)_B \\ &= -16(2, 1, 1) + 31(1, 1, -1) + 13(1, 1, 3) \\ &= (12, 28, -8)_C \end{aligned}$$

et puisque $B' = ((1, -1, 0), (2, 3, 1), (1, -1, 2))$, alors

$$x = (4, 8, -8)_{B'} = 4(1, -1, 0) + 8(2, 3, 1) - 8(1, -1, 2) = (12, 28, -8)_C$$

Ainsi, $x = (-16, 31, 13)_B$ et $x = (4, 8, -8)_{B'}$ sont bien deux représentations différentes d'un même vecteur.

En résumé, si $B = (b_1, b_2, ..., b_n)$ et $B' = (b'_1, b'_2, ..., b'_n)$ sont deux bases de $\mathbb{R}^n$, pour déterminer la matrice de passage d'une base à l'autre, on procède comme suit. Soit $[b_j]$ et $[b'_j]$ les matrices d'ordre n dont les j-ièmes colonnes sont formées respectivement des composantes des j-ièmes vecteurs de B et de B'. La matrice de passage P^{-1} de B' à B est donnée par

$$[b_j]|[b'_j] \sim I_n|P^{-1}$$

c'est-à-dire que

$$[x]_B = P^{-1}[x]_{B'}$$

et la matrice de passage de la base B à la base B' est donnée par

$$[b'_j] | [b_j] \sim I_n | P$$

c'est-à-dire que

$$P[x]_B = [x]_{B'}$$

Exercices suggérés : 44 à 51, p. 491-493.

8.6 Rang d'une matrice de vecteurs

Le rang d'une matrice est un concept qui met en évidence les liens étroits qui existent entre les notions de dépendance et d'indépendance linéaires, de système de générateurs, de base, de combinaison linéaire, de sous-espace vectoriel et de dimension d'un sous-espace vectoriel. C'est donc un concept unificateur pour divers objets mathématiques, dont les vecteurs, les matrices et les systèmes d'équations linéaires.

Exemple 8.36

Soit $B = \{b_1, b_2, b_3\}$ où $b_1 = (-1, 0, 2)$, $b_2 = (2, 4, 7)$ et $b_3 = (1, 4, 9)$. On donne ci-dessous deux méthodes différentes pour vérifier si l'ensemble B est une base de $\mathbb{R}^3$. La seconde méthode permet aussi d'extraire de B une base du sous-espace vectoriel de $\mathbb{R}^3$ engendré par B dans le cas où B n'est pas une base.

a) **Méthode basée sur la définition d'indépendance linéaire**

L'ensemble B est une base de $\mathbb{R}^3$ si B est libre. Il suffit donc de vérifier si les vecteurs b_1, b_2 et b_3 sont linéairement indépendants. On pose

$$0 = rb_1 + sb_2 + tb_3 \qquad \text{où } r, s \text{ et } t \in \mathbb{R}$$
$$0 = r(-1, 0, 2) + s(2, 4, 7) + t(1, 4, 9)$$
$$(0, 0, 0) = (-r + 2s + t, 4s + 4t, 2r + 7s + 9t)$$

Pour savoir s'il existe des scalaires r, s et t qui satisfont à cette équation, il faut résoudre le système homogène

$$S \begin{cases} -r + 2s + t = 0 \\ 4s + 4t = 0 \\ 2r + 7s + 9t = 0 \end{cases}$$

dont la matrice des coefficients est $[\boldsymbol{b}_j]$, soit la matrice dont la j-ième colonne est formée des composantes du vecteur d'indice j de B. On a

$$\det[\boldsymbol{b}_j] = \det \begin{bmatrix} -1 & 2 & 1 \\ 0 & 4 & 4 \\ 2 & 7 & 9 \end{bmatrix} = 0$$

Donc, le rang du système est $r \leq 2$. Puisque le nombre d'inconnues est $n = 3$, le système admet une infinité de solutions ($n \neq r$). Ainsi, les vecteurs $\boldsymbol{b}_1$, $\boldsymbol{b}_2$ et $\boldsymbol{b}_3$ sont linéairement dépendants et l'ensemble $\{\boldsymbol{b}_1, \boldsymbol{b}_2, \boldsymbol{b}_3\}$ n'est pas une base de $\mathbb{R}^3$.

Cette méthode ne permet pas de déterminer la dimension du sous-espace vectoriel de $\mathbb{R}^3$ engendré par $\{\boldsymbol{b}_1, \boldsymbol{b}_2, \boldsymbol{b}_3\}$. On ne peut donc pas l'utiliser pour extraire de B une base de ce sous-espace.

b) **Méthode basée sur la matrice $[\boldsymbol{b}_j]$**

Soit le système homogène établi en a) :

$$S \begin{cases} -r + 2s + t = 0 \\ 4s + 4t = 0 \\ 2r + 7s + 9t = 0 \end{cases}$$

On applique la méthode de Gauss-Jordan à la matrice complète de S :

$$[\boldsymbol{b}_j] | O = \begin{bmatrix} -1 & 2 & 1 & | & 0 \\ 0 & 4 & 4 & | & 0 \\ 2 & 7 & 9 & | & 0 \end{bmatrix} \sim \cdots \sim \begin{bmatrix} 1 & 0 & 1 & | & 0 \\ 0 & 1 & 1 & | & 0 \\ 0 & 0 & 0 & | & 0 \end{bmatrix}$$

On a $\text{rang}([\boldsymbol{b}_j]) = \text{rang}([\boldsymbol{b}_j] | O) = r = 2$ et le nombre d'inconnues est $n = 3$. Puisque $r \neq n$, le système homogène a une infinité de solutions. Les vecteurs $\boldsymbol{b}_1$, $\boldsymbol{b}_2$

et b_3 sont donc linéairement dépendants et $B = \{b_1, b_2, b_3\}$ n'est pas une base de $\mathbb{R}^3$. Le rang de la matrice $[b_j]$ détermine en fait la dépendance ou l'indépendance linéaires des vecteurs de B. Il y a indépendance linéaire seulement si $\text{rang}([b_j]) = r = n$.

Puisqu'une matrice et sa transposée ont le même rang, $\text{rang}([b_j]) = \text{rang}(^t[b_j])$, on peut utiliser indifféremment $[b_j]$ ou $^t[b_j]$ pour déterminer le nombre de vecteurs linéairement indépendants de l'ensemble B. La matrice $^t[b_j]$ est la matrice dont la j-ième ligne est formée des composantes du vecteur d'indice j de B et

$$^t[b_j] = \begin{bmatrix} b_1 \\ b_2 \\ b_3 \end{bmatrix} = \begin{bmatrix} -1 & 0 & 2 \\ 2 & 4 & 7 \\ 1 & 4 & 9 \end{bmatrix} \sim \cdots \sim \begin{bmatrix} 1 & 0 & -2 \\ 0 & 4 & 11 \\ 0 & 0 & 0 \end{bmatrix}$$

Donc, on a bien $\text{rang}(^t[b_j]) = 2 = \text{rang}([b_j])$.

L'ensemble $B = \{b_1, b_2, b_3\}$ est constitué de vecteurs linéairement dépendants. On peut toutefois extraire de B deux vecteurs indépendants, car la matrice échelonnée équivalente à $^t[b_j]$ a deux lignes non nulles. Ainsi, l'ensemble $\{b_1, b_2\} = \{(-1, 0, 2), (2, 4, 7)\}$ est une base du sous-espace vectoriel de $\mathbb{R}^2$, de dimension 2, engendré par $\{b_1, b_2, b_3\}$. Ce sous-espace est $\mathcal{L}(\{b_1, b_2\})$ et on le représente géométriquement par le plan passant par le point $O(0, 0, 0)$ et contenant les vecteurs $b_1 = (-1, 0, 2)$ et $b_2 = (2, 4, 7)$. Il est donc possible de déterminer si un ensemble B de vecteurs est libre ou lié, de calculer la dimension du sous-espace $\mathcal{L}(B)$ et de trouver une base de $\mathcal{L}(B)$ à l'aide de $^t[b_j]$.

Les définitions et les propositions qui suivent servent à généraliser la méthode illustrée dans la seconde partie de l'exemple 8.36.

Définition 8.13

Soit $A \in \mathcal{M}_{m,n}(\mathbb{R})$. Les lignes de A peuvent être considérées comme des **vecteurs lignes**, notés $l_1, l_2, ..., l_m$, et les colonnes de A comme des **vecteurs colonnes**, notés $c_1, c_2, ..., c_n$. Chaque vecteur ligne a n composantes et chaque vecteur colonne a m composantes. L'ensemble des vecteurs lignes de A engendre un sous-espace vectoriel de $\mathbb{R}^n$, appelé l'**espace ligne** de A, et l'ensemble des vecteurs colonnes de A engendre un sous-espace vectoriel de $\mathbb{R}^m$, appelé l'**espace colonne** de A.   ❏

Exemple 8.37

Soit

$$A = \begin{bmatrix} 1 & 2 & 1 & 0 \\ 3 & 4 & -1 & 4 \\ 5 & 4 & 1 & 1 \end{bmatrix}$$

Les vecteurs lignes de A sont

$$l_1 = (1, 2, 1, 0) \qquad l_2 = (3, 4, -1, 4) \qquad l_3 = (5, 4, 1, 1)$$

et $\{l_1, l_2, l_3\}$ engendre un sous-espace de $\mathbb{R}^4$, soit $\mathcal{L}(l_1, l_2, l_3)$. Par ailleurs, les vecteurs colonnes de A sont

$$c_1 = \begin{bmatrix} 1 \\ 3 \\ 5 \end{bmatrix} \qquad c_2 = \begin{bmatrix} 2 \\ 4 \\ 4 \end{bmatrix} \qquad c_3 = \begin{bmatrix} 1 \\ -1 \\ 1 \end{bmatrix} \qquad c_4 = \begin{bmatrix} 0 \\ 4 \\ 1 \end{bmatrix}$$

et $\{c_1, c_2, c_3, c_4\}$ engendre un sous-espace de $\mathbb{R}^3$, soit $\mathcal{L}(c_1, c_2, c_3, c_4)$.

L'espace ligne et l'espace colonne d'une matrice ont plusieurs propriétés en commun. On se propose de considérer d'abord l'espace ligne d'une matrice donnée, les opérations élémentaires sur les lignes ayant été étudiées en détail au chapitre 3.

Proposition 8.17

Soit $A, B \in \mathcal{M}_{m,n}(\mathbb{R})$. Si les matrices A et B sont équivalentes, alors leurs espaces lignes respectifs sont égaux.

Preuve

En appliquant les opérations élémentaires appropriées sur les lignes de la matrice A, on obtient la matrice B équivalente à A. Les vecteurs lignes de B sont donc des combinaisons linéaires des vecteurs lignes de A. En d'autres termes, tous les vecteurs lignes de B appartiennent à l'espace ligne de A. De façon analogue, la matrice A s'obtient en appliquant les opérations élémentaires sur les lignes de B, et tous les vecteurs lignes de A appartiennent à l'espace ligne de B. Donc, l'espace ligne de A et l'espace ligne de B sont égaux. ❏

La proposition 8.17 indique que les opérations élémentaires sur les lignes ne modifient pas l'espace ligne d'une matrice. Cependant, les opérations élémentaires sur les lignes changent l'espace colonne d'une matrice.

Proposition 8.18
L'ensemble des vecteurs lignes non nuls d'une matrice échelonnée E est une base de l'espace ligne de E. ❏

Il découle de la proposition 8.18 que la dimension de l'espace ligne d'une matrice échelonnée E est égale au nombre de lignes non nulles de E; autrement dit, la dimension de l'espace ligne de E est égale au rang de E.

Proposition 8.19
Si A est une matrice équivalente à une matrice échelonnée E, alors l'ensemble des vecteurs lignes non nuls de E est une base de l'espace ligne de A. ❏

Exemple 8.38
On cherche une base de l'espace ligne de

$$A = \begin{bmatrix} 1 & 4 & 3 & 3 \\ 0 & 1 & 2 & 0 \\ -2 & 3 & 8 & 2 \\ 0 & 4 & 8 & 0 \\ 5 & 4 & -1 & -1 \end{bmatrix}$$

En appliquant des opérations élémentaires sur les lignes de la matrice A, on obtient une matrice échelonnée E équivalente à A :

$$E = \begin{bmatrix} 1 & 4 & 3 & 3 \\ 0 & 1 & 2 & 0 \\ 0 & 0 & 1 & -1 \\ 0 & 0 & 0 & 0 \\ 0 & 0 & 0 & 0 \end{bmatrix}$$

Selon la proposition 8.19, l'ensemble suivant est une base de l'espace ligne de A :

$$\{(1, 4, 3, 3), (0, 1, 2, 0), (0, 0, 1, -1)\}$$

Exemple 8.39

Pour déterminer une base de l'espace colonne de la matrice

$$A = \begin{bmatrix} 1 & 2 & 2 & 4 \\ 0 & 1 & 1 & 2 \\ -3 & 3 & 4 & 7 \\ 3 & 1 & 0 & 1 \\ 2 & -2 & -3 & -5 \end{bmatrix}$$

on trouve d'abord une base de l'espace ligne de la matrice ^tA. Soit

$$c_1 = \begin{bmatrix} 1 \\ 0 \\ -3 \\ 3 \\ 2 \end{bmatrix} \quad c_2 = \begin{bmatrix} 2 \\ 1 \\ 3 \\ 1 \\ -2 \end{bmatrix} \quad c_3 = \begin{bmatrix} 2 \\ 1 \\ 4 \\ 0 \\ -3 \end{bmatrix} \quad c_4 = \begin{bmatrix} 4 \\ 2 \\ 7 \\ 1 \\ -5 \end{bmatrix}$$

les vecteurs colonnes de A. On a

$$^tA = \begin{bmatrix} ^tc_1 \\ ^tc_2 \\ ^tc_3 \\ ^tc_4 \end{bmatrix} = \begin{bmatrix} 1 & 0 & -3 & 3 & 2 \\ 2 & 1 & 3 & 1 & -2 \\ 2 & 1 & 4 & 0 & -3 \\ 4 & 2 & 7 & 1 & -5 \end{bmatrix} \sim \cdots \sim \begin{bmatrix} 1 & 0 & -3 & 3 & 2 \\ 0 & 1 & 9 & -5 & -6 \\ 0 & 0 & 1 & -1 & -1 \\ 0 & 0 & 0 & 0 & 0 \end{bmatrix}$$

Donc, $B = \{(1, 0, -3, 3, 2), (0, 1, 9, -5, -6), (0, 0, 1, -1, -1)\}$ est une base de l'espace ligne de ^tA. On obtient une base B' de l'espace colonne de A en écrivant chaque vecteur de B sous la forme d'un vecteur colonne :

$$B' = \left\{ \begin{bmatrix} 1 \\ 0 \\ -3 \\ 3 \\ 2 \end{bmatrix}, \begin{bmatrix} 0 \\ 1 \\ 9 \\ -5 \\ -6 \end{bmatrix}, \begin{bmatrix} 0 \\ 0 \\ 1 \\ -1 \\ -1 \end{bmatrix} \right\}$$

Proposition 8.20

Si $A \in \mathcal{M}_{m,n}(\mathbb{R})$, alors l'espace ligne et l'espace colonne de A ont la même dimension. ❑

Il est à noter que la dimension de l'espace ligne, ou de l'espace colonne, d'une matrice A est égale au rang de A.

Exemple 8.40

On se propose de déterminer la dimension du sous-espace ligne et du sous-espace colonne de la matrice A donnée et de trouver une base pour chacun de ces sous-espaces. Soit

$$A = \begin{bmatrix} 2 & -4 & 1 & -1 \\ 1 & -1 & 2 & 2 \\ 1 & 1 & 2 & 4 \\ 2 & -4 & 1 & 2 \\ 3 & 4 & -6 & 1 \end{bmatrix}$$

On veut trouver la dimension et une base de l'espace ligne et de l'espace colonne de la matrice A.

a) Les vecteurs colonnes de A sont :

$$c_1 = \begin{bmatrix} 2 \\ 1 \\ 1 \\ 2 \\ 3 \end{bmatrix} \qquad c_2 = \begin{bmatrix} -4 \\ -1 \\ 1 \\ -4 \\ 4 \end{bmatrix} \qquad c_3 = \begin{bmatrix} 1 \\ 2 \\ 2 \\ 1 \\ -6 \end{bmatrix} \qquad c_4 = \begin{bmatrix} -1 \\ 2 \\ 4 \\ 2 \\ 1 \end{bmatrix}$$

et

$$
{}^{t}A = \begin{bmatrix} {}^{t}c_1 \\ {}^{t}c_2 \\ {}^{t}c_3 \\ {}^{t}c_4 \end{bmatrix} = \begin{bmatrix} 2 & 1 & 1 & 2 & 3 \\ -4 & -1 & 1 & -4 & 4 \\ 1 & 2 & 2 & 1 & -6 \\ -1 & 2 & 4 & 2 & 1 \end{bmatrix} \sim \cdots \sim \begin{bmatrix} 1 & 3 & 5 & 4 & 4 \\ 0 & 1 & 3 & 0 & 10 \\ 0 & 0 & 2 & 1 & 15 \\ 0 & 0 & 0 & 3 & 0 \end{bmatrix}
$$

La matrice échelonnée équivalente à ${}^{t}A$ a quatre lignes non nulles. L'espace colonne de A est donc de dimension 4. On a $L(\{c_1, c_2, c_3, c_4\}) \subset \mathbb{R}^5$ et l'ensemble $B = \{c_1, c_2, c_3, c_4\}$ est une base de l'espace colonne de A. L'ensemble B' suivant est également une base de l'espace colonne de A :

$$
B' = \left\{ \begin{bmatrix} 1 \\ 3 \\ 5 \\ 4 \\ 4 \end{bmatrix}, \begin{bmatrix} 0 \\ 1 \\ 3 \\ 0 \\ 10 \end{bmatrix}, \begin{bmatrix} 0 \\ 0 \\ 2 \\ 1 \\ 15 \end{bmatrix}, \begin{bmatrix} 0 \\ 0 \\ 0 \\ 3 \\ 0 \end{bmatrix} \right\}
$$

b) Les vecteurs lignes de la matrice A sont : $l_1 = (2, -4, 1, -1)$, $l_2 = (1, -1, 2, 2)$, $l_3 = (1, 1, 2, 4)$, $l_4 = (2, -4, 1, 2)$ et $l_5 = (3, 4, -6, 1)$. On a

$$
A = \begin{bmatrix} l_1 \\ l_2 \\ l_3 \\ l_4 \\ l_5 \end{bmatrix} = \begin{bmatrix} 2 & -4 & 1 & -1 \\ 1 & -1 & 2 & 2 \\ 1 & 1 & 2 & 4 \\ 2 & -4 & 1 & 2 \\ 3 & 4 & -6 & 1 \end{bmatrix} \sim \cdots \sim \begin{bmatrix} 1 & -1 & 2 & 2 \\ 0 & 1 & 0 & 1 \\ 0 & 0 & 1 & 1 \\ 0 & 0 & 0 & 1 \\ 0 & 0 & 0 & 0 \end{bmatrix}
$$

La matrice échelonnée équivalente à A a quatre lignes non nulles. L'espace ligne de A est donc de dimension 4 et $L(\{l_1, l_2, l_3, l_4, l_5\}) = \mathbb{R}^4$. L'ensemble C suivant est une base de l'espace ligne de A :

$$
C = \{(1, -1, 2, 2), (0, 1, 0, 1), (0, 0, 1, 1), (0, 0, 0, 1)\}
$$

L'espace ligne et l'espace colonne de A ont bien la même dimension.

Proposition 8.21

Soit V un espace vectoriel et $U = \{v_1, v_2, ..., v_n\}$ un système de générateurs d'un sous-espace vectoriel de V. Soit M la matrice dont le i-ième vecteur ligne est le vecteur d'indice i de U :

$$M = \begin{bmatrix} v_1 \\ v_2 \\ \vdots \\ v_n \end{bmatrix}$$

i) L'ensemble U est libre si et seulement si $\text{rang}(M) = n$.

ii) L'ensemble U est lié si et seulement si $\text{rang}(M) < n$. ❏

Il découle de la proposition 8.21 que le nombre de vecteurs linéairement indépendants de $U = \{v_1, v_2, ..., v_n\}$ est égal au rang de la matrice M, dont le i-ième vecteur ligne est le vecteur d'indice i de U. Si $\text{rang}(M) = r$, les r vecteurs lignes linéairement indépendants forment une base de l'espace ligne de M et déterminent une base de $\mathcal{L}(U)$. En particulier, si $\text{rang}(M) = n$, les n vecteurs lignes de M sont linéairement indépendants; U est alors une base de $\mathcal{L}(U)$. Enfin, la dimension de $\mathcal{L}(U)$ est égale à la dimension de l'espace ligne de M, et donc égale au rang de M.

Exemple 8.41

On veut déterminer le sous-espace vectoriel de $\mathbb{R}^4$ engendré par

$$v_1 = (1, -2, 4, 1) \qquad v_2 = (2, -3, 9, -1)$$

$$v_3 = (1, 0, 6, -5) \qquad v_4 = (2, -5, 7, 5)$$

On a

$$M = \begin{bmatrix} v_1 \\ v_2 \\ v_3 \\ v_4 \end{bmatrix} = \begin{bmatrix} 1 & -2 & 4 & 1 \\ 2 & -3 & 9 & -1 \\ 1 & 0 & 6 & -5 \\ 2 & -5 & 7 & 5 \end{bmatrix} \sim \cdots \sim \begin{bmatrix} 1 & -2 & 4 & 1 \\ 0 & 1 & 1 & -3 \\ 0 & 0 & 0 & 0 \\ 0 & 0 & 0 & 0 \end{bmatrix}$$

Puisque la matrice échelonnée équivalente à M comporte deux lignes non nulles,

$$\text{rang}(M) = r = 2 < n = 4$$

Ainsi, $U = \{v_1, v_2, v_3, v_4\}$ est lié [proposition 8.21 *ii*)], mais deux des vecteurs de U sont linéairement indépendants. Donc, $\{v_1, v_2, v_3, v_4\}$ engendre un sous-espace vectoriel de $\mathbb{R}^4$ de dimension 2. Si on choisit $\{(1, -2, 4, 1), (0, 1, 1, -3)\}$ comme base, le sous-espace vectoriel est $U = \mathcal{L}(\{(1, -2, 4, 1), (0, 1, 1, -3)\})$.

Exemple 8.42

Pour déterminer une base du sous-espace vectoriel de $\mathbb{R}^4$ engendré par les vecteurs $v_1 = (1, 2, 3, 4)$, $v_2 = (-1, -1, -4, -2)$ et $v_3 = (3, 4, 11, 8)$, il suffit de calculer une base de l'espace ligne de la matrice

$$M = \begin{bmatrix} v_1 \\ v_2 \\ v_3 \end{bmatrix} = \begin{bmatrix} 1 & 2 & 3 & 4 \\ -1 & -1 & -4 & -2 \\ 3 & 4 & 11 & 8 \end{bmatrix}$$

En appliquant la méthode de Gauss à la matrice M, on obtient

$$M \sim \begin{bmatrix} 1 & 2 & 3 & 4 \\ 0 & 1 & -1 & 2 \\ 0 & 0 & 0 & 0 \end{bmatrix} = E$$

L'ensemble des vecteurs lignes non nuls de E, soit $\{(1, 2, 3, 4), (0, 1, -1, 2)\}$, est une base du sous-espace vectoriel de $\mathbb{R}^4$ engendré par $(1, 2, 3, 4)$, $(-1, -1, -4, -2)$ et $(3, 4, 11, 8)$. Ainsi,

$$\mathcal{L}\{(1, 2, 3, 4), (-1, -1, -4, -2), (3, 4, 11, 8)\} = \mathcal{L}\{(1, 2, 3, 4), (0, 1, -1, 2)\}$$

Exemple 8.43

Soit les vecteurs $u = (1, 1, 1)$, $v = (1, 2, 3)$ et $w = (2, -1, 1)$ de $\mathbb{R}^3$. On veut déterminer le sous-espace vectoriel U de $\mathbb{R}^3$ engendré par $\{u, v, w\}$. On a

$$M = \begin{bmatrix} u \\ v \\ w \end{bmatrix} = \begin{bmatrix} 1 & 1 & 1 \\ 1 & 2 & 3 \\ 2 & -1 & 1 \end{bmatrix} \sim \cdots \sim \begin{bmatrix} 1 & 1 & 1 \\ 0 & 1 & 2 \\ 0 & 0 & 5 \end{bmatrix}$$

Ainsi, rang$(M) = r = 3 = n$ et $\{u, v, w\}$ est libre [proposition 8.21 i)]. L'ensemble $\{u, v, w\}$ est donc une base du sous-espace vectoriel $U = L(\{u, v, w\}) = \mathbb{R}^3$.

Exemple 8.44

a) On veut déterminer si les matrices A, B et C suivantes sont linéairement indépendantes :

$$A = \begin{bmatrix} 1 & 2 \\ 3 & 1 \end{bmatrix} \qquad B = \begin{bmatrix} 3 & -1 \\ 2 & 2 \end{bmatrix} \qquad C = \begin{bmatrix} 1 & -5 \\ -4 & 0 \end{bmatrix}$$

Soit $a = (1, 2, 3, 1)$, $b = (3, -1, 2, 2)$ et $c = (1, -5, -4, 0)$ les vecteurs lignes associés aux matrices A, B et C respectivement. On a

$$M = \begin{bmatrix} a \\ b \\ c \end{bmatrix} = \begin{bmatrix} 1 & 2 & 3 & 1 \\ 3 & -1 & 2 & 2 \\ 1 & -5 & -4 & 0 \end{bmatrix} \sim \cdots \sim \begin{bmatrix} 1 & 2 & 3 & 1 \\ 0 & 7 & 7 & 1 \\ 0 & 0 & 0 & 0 \end{bmatrix}$$

Donc, rang$(M) = r = 2 < n = 3$ et les trois matrices A, B et C sont donc linéairement dépendantes [proposition 8.21 ii)].

b) On sait que la dimension du sous-espace vectoriel U de $\mathcal{M}_2(\mathbb{R})$ engendré par $\{A, B, C\}$ est dim $U = \text{rang}(M) = 2$. On peut donc prendre comme base de ce sous-espace, par exemple,

$$D = \left\{ \begin{bmatrix} 1 & 2 \\ 3 & 1 \end{bmatrix}, \begin{bmatrix} 3 & -1 \\ 2 & 2 \end{bmatrix} \right\} \quad \text{ou encore} \quad E = \left\{ \begin{bmatrix} 1 & 2 \\ 3 & 1 \end{bmatrix}, \begin{bmatrix} 0 & 7 \\ 7 & 1 \end{bmatrix} \right\}$$

Le sous-espace engendré par $\{A, B, C\}$, soit $U = L(\{A, B, C\}) = L(\{A, B\})$, est différent de $\mathcal{M}_2(\mathbb{R})$ dont la dimension est $2 \times 2 = 4$.

Exemple 8.45

Soit

$$v_1 = 1 + 4t - 2t^2 + t^3 \qquad\qquad v_2 = -1 + 9t - 3t^2 + 2t^3$$
$$v_3 = -5 + 6t + t^3 \qquad\qquad v_4 = 5 + 7t - 5t^2 + 2t^3$$

des vecteurs de $P_3[t]$, l'ensemble des polynômes d'une variable t de degré infé-rieur ou égal à 3. Pour trouver une base du sous-espace vectoriel U de $P_3[t]$ engendré par $\{v_1, v_2, v_3, v_4\}$, on peut écrire les polynômes sous forme de vecteurs :

$$v_1 = (1, 4, -2, 1) \qquad v_2 = (-1, 9, -3, 2)$$
$$v_3 = (-5, 6, 0, 1) \qquad v_4 = (5, 7, -5, 2)$$

On a alors

$$M = \begin{bmatrix} v_1 \\ v_2 \\ v_3 \\ v_4 \end{bmatrix} = \begin{bmatrix} 1 & 4 & -2 & 1 \\ -1 & 9 & -3 & 2 \\ -5 & 6 & 0 & 1 \\ 5 & 7 & -5 & 2 \end{bmatrix} \sim \cdots \sim \begin{bmatrix} 1 & 4 & -2 & 1 \\ 0 & 13 & -5 & 3 \\ 0 & 0 & 0 & 0 \\ 0 & 0 & 0 & 0 \end{bmatrix}$$

Donc, rang$(M) = 2 < n = 4$ et $\{v_1, v_2, v_3, v_4\}$ est lié [proposition 8.21 ii)]. Le sous-espace vectoriel de $P_3[t]$ engendré par $\{v_1, v_2, v_3, v_4\}$ est de dimension 2 et on peut prendre comme base de ce sous-espace, par exemple,

$$\{1 + 4t - 2t^2 + t^3, 13t - 5t^2 + 3t^3\}$$

ou encore

$$\{1 + 4t - 2t^2 + t^3, -1 + 9t - 3t^2 + 2t^3\}$$

Donc, le sous-espace vectoriel de $P_3[t]$ engendré par $\{v_1, v_2, v_3, v_4\}$ est

$$U = L(\{1 + 4t - 2t^2 + t^3, 13t - 5t^2 + 3t^3\})$$

Exemple 8.46

On veut vérifier si deux ensembles distincts de vecteurs de $\mathbb{R}^n$ peuvent engendrer le même sous-espace vectoriel de $\mathbb{R}^n$. Soit

$$A = \{(1, -1, 2), (3, 2, 3), (1, 14, -7)\}$$

et

$$B = \{(1, -6, 5), (10, -5, 17), (4, 1, 5), (1, 4, -1)\}$$

La matrice dont les vecteurs lignes sont les vecteurs de A est

$$M = \begin{bmatrix} 1 & -1 & 2 \\ 3 & 2 & 3 \\ 1 & 14 & -7 \end{bmatrix} \sim \cdots \sim \begin{bmatrix} 1 & -1 & 2 \\ 0 & 5 & -3 \\ 0 & 0 & 0 \end{bmatrix}$$

Donc, rang(M) = r = 2, ce qui implique que le sous-espace vectoriel de $\mathbb{R}^n$ engendré par A est de dimension 2. On peut prendre comme base de ce sous-espace $\{(1, -1, 2), (0, 5 -3)\}$.

La matrice dont les vecteurs lignes sont les vecteurs de B est

$$M' = \begin{bmatrix} 1 & -6 & 5 \\ 10 & -5 & 17 \\ 4 & 1 & 5 \\ 1 & 4 & -1 \end{bmatrix} \sim \cdots \sim \begin{bmatrix} 1 & -6 & 5 \\ 0 & 5 & -3 \\ 0 & 0 & 0 \\ 0 & 0 & 0 \end{bmatrix}$$

Donc, rang(M') = r = 2, ce qui implique que le sous-espace vectoriel de $\mathbb{R}^n$ engendré par B est de dimension 2. On peut prendre $\{(1, -6, 5), (0, 5, -3)\}$ comme base de ce sous-espace.

Pour vérifier si A et B engendrent le même sous-espace vectoriel de $\mathbb{R}^n$, on considère la matrice M'' dont les vecteurs lignes sont les vecteurs des bases respectives des sous-espaces engendrés par A et B, soit $\{(1, -1, 2), (0, 5, -3)\}$ et $\{(1, -6, 5), (0, 5, -3)\}$. On a

$$M'' = \begin{bmatrix} 1 & -1 & 2 \\ 0 & 5 & -3 \\ 1 & -6 & 5 \\ 0 & 5 & -3 \end{bmatrix} \sim \cdots \sim \begin{bmatrix} 1 & -1 & 2 \\ 0 & 5 & -3 \\ 0 & 0 & 0 \\ 0 & 0 & 0 \end{bmatrix}$$

Le sous-espace vectoriel de $\mathbb{R}^n$ engendré par $\{(1, -1, 2), (0, 5, -3), (1, -6, 5)\}$ est donc également de dimension 2 et, puisqu'on peut prendre comme base de ce sous-espace $\{(1, -1, 2), (0, 5, -3)\}$, A et B engendrent le même sous-espace vectoriel de $\mathbb{R}^n$. On peut représenter géométriquement ce sous-espace par un plan passant par le point $O(0,0,0)$ et contenant les vecteurs $(1,-1,2)$ et $(1,-6,5)$. L'équation vectorielle de ce plan est $(x,y,z)=r(1,-1,2)+s(1,-6,5)$ et son équation cartésienne est $7x-3y-5z=0$.

Exercices suggérés : 52 à 61, p. 493-496.

8.7   Espace solution d'un système homogène

Dans la présente section, on définit l'espace solution d'un système homogène comme un sous-espace vectoriel de $\mathbb{R}^n$ et on montre comment calculer une base de ce sous-espace.

Proposition 8.22   Espace solution d'un système homogène

Soit $A \in \mathcal{M}_{m,n}(\mathbb{R})$. L'ensemble des solutions d'un système homogène $S : Ax = 0$ est un sous-espace vectoriel de $\mathbb{R}^n$. On appelle ce sous-espace l'espace solution de S et on le note $\mathcal{S}$.

Preuve

Soit A la matrice des coefficients du système homogène

$$S\begin{cases} a_{11}x_1 & + & a_{12}x_2 & + & ... & + & a_{1n}x_n & = & 0 \\ a_{21}x_1 & + & a_{22}x_2 & + & ... & + & a_{2n}x_n & = & 0 \\ \vdots & & & & & & & & \\ a_{m1}x_1 & + & a_{m2}x_2 & + & ... & + & a_{mn}x_n & = & 0 \end{cases}$$

et $\mathcal{S}$ l'ensemble des solutions de ce système. Puisque $A \in \mathcal{M}_{m,n}(\mathbb{R})$, on sait que le vecteur colonne $x \in \mathcal{M}_{n,1}(\mathbb{R})$. Ainsi,

$$x = \begin{bmatrix} x_1 \\ x_2 \\ \vdots \\ x_n \end{bmatrix}$$

et l'ensemble des solutions S est un sous-ensemble de $\mathbb{R}^n$. Pour vérifier que S est un sous-espace vectoriel de $\mathbb{R}^n$, il suffit d'appliquer la proposition 8.5 :

$i)$ $\mathbf{0} = \begin{bmatrix} 0 \\ 0 \\ \vdots \\ 0 \end{bmatrix}_{n,1} \in S$ puisque $A\mathbf{0} = \mathbf{0}$.

Soit $p \in \mathbb{R}$ et $x_1, x_2 \in S$. On a $Ax_1 = \mathbf{0}$ et $Ax_2 = \mathbf{0}$.

$ii)$ $A(x_1 + x_2) = Ax_1 + Ax_2 = \mathbf{0} + \mathbf{0} = \mathbf{0}$; ainsi, $x_1 + x_2 \in S$.

$iii)$ $A(px_1) = p(Ax_1) = p\mathbf{0} = \mathbf{0}$; ainsi, $px_1 \in S$.

Donc, l'ensemble des solutions S d'un système homogène de m équations à n inconnues est un sous-espace vectoriel de $\mathbb{R}^n$. ❏

Exemple 8.47

On veut déterminer l'espace solution S du système homogène

$$\begin{cases} x_1 + x_2 + x_3 - 2x_4 = 0 \\ -x_1 \quad\quad + x_3 + 2x_4 = 0 \\ 2x_1 + x_2 \quad\quad - 4x_4 = 0 \end{cases}$$

En appliquant la méthode de Gauss, on obtient

$$\begin{bmatrix} 1 & 1 & 1 & -2 & | & 0 \\ -1 & 0 & 1 & 2 & | & 0 \\ 2 & 1 & 0 & -4 & | & 0 \end{bmatrix} \sim \cdots \sim \begin{bmatrix} 1 & 1 & 1 & -2 & | & 0 \\ 0 & 1 & 2 & 0 & | & 0 \\ 0 & 0 & 0 & 0 & | & 0 \end{bmatrix}$$

Le système admet donc une infinité de solutions. Les variables libres sont x_3 et x_4. En posant $x_3 = s$ et $x_4 = t$ où $s, t \in \mathbb{R}$, on a $x_1 = s + 2t$ et $x_2 = -2s$. Ainsi, toutes les solutions du système homogène sont données par

$$\begin{bmatrix} x_1 \\ x_2 \\ x_3 \\ x_4 \end{bmatrix} = \begin{bmatrix} s + 2t \\ -2s \\ s \\ t \end{bmatrix} = s\begin{bmatrix} 1 \\ -2 \\ 1 \\ 0 \end{bmatrix} + t\begin{bmatrix} 2 \\ 0 \\ 0 \\ 1 \end{bmatrix}$$

où t et s sont des paramètres arbitraires; autrement dit, les solutions du système sont des combinaisons linéaires de

$$\begin{bmatrix} 1 \\ -2 \\ 1 \\ 0 \end{bmatrix} \text{ et } \begin{bmatrix} 2 \\ 0 \\ 0 \\ 1 \end{bmatrix}$$

Ainsi, l'espace solution du système homogène est le sous-espace vectoriel de $\mathbb{R}^4$

$$S = \mathcal{L}\left(\begin{bmatrix} 1 \\ -2 \\ 1 \\ 0 \end{bmatrix}, \begin{bmatrix} 2 \\ 0 \\ 0 \\ 1 \end{bmatrix} \right)$$

Exemple 8.48

Selon la proposition 8.22, l'ensemble des solutions d'un système homogène est un sous-espace vectoriel de $\mathbb{R}^n$. On veut déterminer la dimension de l'espace solution S du système homogène

$$A\boldsymbol{x} = \begin{bmatrix} 1 & -1 & 0 & -5 & -3 \\ 1 & 0 & 0 & 3 & 2 \\ 1 & -1 & 1 & -1 & -1 \\ 0 & 1 & 0 & 8 & 5 \end{bmatrix} \begin{bmatrix} x_1 \\ x_2 \\ x_3 \\ x_4 \\ x_5 \end{bmatrix} = \begin{bmatrix} 0 \\ 0 \\ 0 \\ 0 \end{bmatrix}$$

La matrice A des coefficients de ce système est équivalente à la matrice échelonnée réduite

$$\begin{bmatrix} 1 & 0 & 0 & 3 & 2 \\ 0 & 1 & 0 & 8 & 5 \\ 0 & 0 & 1 & 4 & 2 \\ 0 & 0 & 0 & 0 & 0 \end{bmatrix}$$

Ainsi, rang$(A) = r = 3$ et le nombre d'inconnues du système est $n = 5$. Il y a donc deux variables libres et les solutions du système sont données par

$$x = \begin{bmatrix} x_1 \\ x_2 \\ x_3 \\ x_4 \\ x_5 \end{bmatrix} = \begin{bmatrix} -3s - 2t \\ -8s - 5t \\ -4s - 2t \\ s \\ t \end{bmatrix} = s \begin{bmatrix} -3 \\ -8 \\ -4 \\ 1 \\ 0 \end{bmatrix} + t \begin{bmatrix} -2 \\ -5 \\ -2 \\ 0 \\ 1 \end{bmatrix} = su_1 + tu_2 \quad \text{où } s, t \in \mathbb{R}$$

Ainsi, dim $S = n - r = 5 - 3 = 2$ et $S = \mathcal{L}(u_1, u_2)$. L'ensemble $\{u_1, u_2\}$ est une base de S.

La prochaine proposition établit une relation entre la dimension de l'espace solution S d'un système homogène et le rang de la matrice des coefficients de ce système.

Proposition 8.23

Soit un système homogène $S : Ax = 0$ où $A \in \mathcal{M}_{m,n}(\mathbb{R})$ et rang$(A) = r$. La dimension de l'espace solution de S est donnée par dim $S = n - r$. ❑

Proposition 8.24

Si x_p est une solution particulière du système linéaire non homogène $S : Ax = b$, alors chaque solution x de S s'écrit sous la forme

$$x = x_p + x_h$$

où x_h est une solution du système homogène $Ax = 0$.

Preuve

Puisque

$$A(x - x_p) = Ax - Ax_p = b - b = 0$$

$(x - x_p)$ est une solution du système $Ax = 0$. Si on pose $x_h = x - x_p$, on a

$$x = x_p + x_h \qquad \square$$

Exemple 8.49

Soit le système linéaire

$$S \begin{cases} x_1 - x_2 \quad - 5x_4 - 3x_5 = -3 \\ x_1 \quad\quad + 3x_4 + 2x_5 = -1 \\ x_1 - x_2 + x_3 - x_4 - x_5 = 0 \\ x_2 \quad\quad + 8x_4 + 5x_5 = 2 \end{cases}$$

La forme matricielle $Ax = b$ de S est

$$\begin{bmatrix} 1 & -1 & 0 & -5 & -3 \\ 1 & 0 & 0 & 3 & 2 \\ 1 & -1 & 1 & -1 & -1 \\ 0 & 1 & 0 & 8 & 5 \end{bmatrix} \begin{bmatrix} x_1 \\ x_2 \\ x_3 \\ x_4 \\ x_5 \end{bmatrix} = \begin{bmatrix} -3 \\ -1 \\ 0 \\ 2 \end{bmatrix}$$

et la matrice complète de S est équivalente à la matrice échelonnée réduite

$$\left[\begin{array}{ccccc|c} 1 & 0 & 0 & 3 & 2 & -1 \\ 0 & 1 & 0 & 8 & 5 & 2 \\ 0 & 0 & 1 & 4 & 2 & 3 \\ 0 & 0 & 0 & 0 & 0 & 0 \end{array} \right]$$

Ainsi, les variables x_3 et x_4 sont libres, et on pose $x_3 = s$ et $x_4 = t$ où $s, t \in \mathbb{R}$. Les variables non libres x_1, x_2 et x_3 vérifient

$$x_1 = -3s - 2t - 1$$
$$x_2 = -8s - 5t + 2$$
$$x_3 = -4s - 2t + 3$$

Donc,

$$x = \begin{bmatrix} x_1 \\ x_2 \\ x_3 \\ x_4 \\ x_5 \end{bmatrix} = \begin{bmatrix} -3s - 2t - 1 \\ -8s - 5t + 2 \\ -4s - 2t + 3 \\ s \\ t \end{bmatrix} = s \begin{bmatrix} -3 \\ -8 \\ -4 \\ 1 \\ 0 \end{bmatrix} + t \begin{bmatrix} -2 \\ -5 \\ -2 \\ 0 \\ 1 \end{bmatrix} + \begin{bmatrix} -1 \\ 2 \\ 3 \\ 0 \\ 0 \end{bmatrix}$$

ou encore

$$x = su_1 + tu_2 + x_p = x_h + x_p$$

où x_p est une solution particulière de $Ax = b$ et x_h est une solution arbitraire de $Ax = 0$. On remarque que l'expression de x_h est bien la même que celle qu'on a calculée dans l'exemple 8.48.

On termine le présent chapitre en présentant une proposition qui complète la proposition 3.7 et qui établit des liens entre les matrices, les systèmes d'équations linéaires, les déterminants et les espaces vectoriels.

Proposition 8.25

Soit A une matrice carrée d'ordre n. Les affirmations suivantes sont équivalentes :

i) A est équivalente à I_n;

ii) $\text{rang}(A) = n$;

iii) le système linéaire $Ax = b$ admet une solution unique quel que soit le vecteur b;

iv) le système homogène $Ax = 0$ a comme unique solution la solution triviale;

v) *A* est inversible;

vi) det *A* ≠ 0;

vii) l'espace ligne de *A* est de dimension *n*;

viii) l'espace colonne de *A* est de dimension *n*. ❑

Exercices suggérés : 62 à 71, p. 497-499.

EXERCICES

1. Quel est l'élément neutre pour l'addition dans :

    a) $\mathcal{M}_{1,4}(\mathbb{R})$ *b*) $\mathbb{R}^6$ *c*) $P_4[x]$

    d) $\mathcal{M}_2(\mathbb{R})$ *e*) $\mathbb{R}^5$ *f*) $\mathcal{M}_{2,3}(\mathbb{R})$

2. Décrire l'opposé d'un vecteur de :

    a) $\mathcal{M}_{1,4}(\mathbb{R})$ *b*) $\mathbb{R}^6$ *c*) $P_4[x]$

    d) $\mathcal{M}_2(\mathbb{R})$ *e*) $\mathbb{R}^5$ *f*) $\mathcal{M}_{2,3}(\mathbb{R})$

3. Montrer que chaque ensemble *V* muni des opérations d'addition et de multiplication par un scalaire appropriées est un espace vectoriel.

    a) $V = \mathcal{M}_{2,3}(\mathbb{R})$ *b*) $V = P_3[x]$

    c) $V = \left\{ \begin{bmatrix} a & b \\ c & 0 \end{bmatrix} \middle| a, b, c \in \mathbb{R} \right\}$ *d*) $V = \{(2x - y, x + y) | x, y \in \mathbb{R}\}$

4. Simplifier les expressions :

    a) $3[2(\boldsymbol{u} - 2\boldsymbol{v} - \boldsymbol{w}) + 3(\boldsymbol{w} - \boldsymbol{v})] - 7(\boldsymbol{u} - 3\boldsymbol{v} - \boldsymbol{w})$

    b) $4(3\boldsymbol{u} - \boldsymbol{v} + \boldsymbol{w}) - 2[(3\boldsymbol{u} - 2\boldsymbol{v}) - 3(\boldsymbol{v} - \boldsymbol{w})] + 6(\boldsymbol{w} - \boldsymbol{u} - \boldsymbol{v})$

5. Trouver un élément $u = (u_1, u_2, u_3, u_4, u_5, u_6)$ de $\mathbb{R}^6$ tel que :

    a) $u = (5, 1, 3, 2, -1, 6) + (8, 2, 1, 5, 4, 3)$

    b) $u = 3(4, 1, 6, 2, -1, -3)$

    c) $(2, 1, 3, 4, 6, 8) + u = (2, 1, 3, 4, 6, 8)$

    d) $(5, 8, -4, 6, 4, -3) + u = (0, 0, 0, 0, 0, 0)$

6. Soit $u \in \mathbb{R}^2$. Résoudre chaque équation par rapport à u :

    a) $2u + (1, 1) = (7, 3)$

    b) $3u - (5, -2) = (-6, 2)$

    c) $-4u + (1, 2) = (3, 4)$

7. Soit $u \in \mathbb{R}^4$. Résoudre chaque équation par rapport à u :

    a) $3u + (4, 1, 8, 2) = (6, -1, 7, 2)$

    b) $5u + 3(1, 1, 2, 1) = (5, 8, 6, 2)$

    c) $-6u + 4(2, 1, 8, 1) = (-3, 4, -7, 6)$

8. Résoudre chaque système d'équations par rapport à x et à y :

    a) $\begin{cases} 2x + y = u \\ 5x + 3y = v \end{cases}$ *b)* $\begin{cases} 3x - 2y = u \\ 4x - 5y = v \end{cases}$

9. Résoudre par rapport à x, y et z le système

$$\begin{cases} 3x - 2y + z = u \\ x - y + 3z = v \\ -x + y + z = w \end{cases}$$

10. Résoudre les systèmes d'équations suivants :

    a) $\begin{cases} x + 3y = (2, 1) \\ 4x - y = (1, 1) \end{cases}$ *b)* $\begin{cases} 4x - 3y = (-1, 2) \\ x + y = (5, 1) \end{cases}$

    c) $\begin{cases} 2x - y + 2z = (1, 2, 1) \\ x - y + 3z = (1, 2, 0) \\ 4x + 4z = (3, 4, 1) \end{cases}$ *d)* $\begin{cases} x + y + 3z = (1, 0, 1) \\ x + 2y + 4z = (-1, 2, 0) \\ 2x + y + 5z = (1, 2, 3) \end{cases}$

11. Résoudre chaque système par rapport à x, y et z :

a) $\begin{cases} x - 2y + z = 2u - v \\ 2x - 3y - z = v - u \\ -x + 3y - 4z = 4v - 7u \end{cases}$ b) $\begin{cases} x - y + 2z = 3u - v \\ -3x + 4y - z = v - u \\ 5x - 6y + 5z = 7u - 3v \end{cases}$

12. Résoudre :

a) $\begin{cases} 3x + 2y + z = 0 \\ 2x + y - 2z = 0 \\ x + y + 3z = 0 \end{cases}$ b) $\begin{cases} 3x - y + 4z = 0 \\ x + y - 5z = 0 \\ x - 3y + 14z = 0 \end{cases}$

13. Utiliser la proposition 8.5 pour vérifier si U est un sous-espace vectoriel de $\mathbb{R}^2$.

a) $U = \{(a, a)|a \in \mathbb{R}\}$;

b) $U = \{(a, a^2)|a \in \mathbb{R}\}$;

c) $U = \{(a, a+1)|a \in \mathbb{R}\}$;

d) $U = \{(x_1, x_2)|2x_1 - 3x_2 = 0; x_1, x_2 \in \mathbb{R}\}$;

e) $U = \{(x_1, x_2)|2x_1 - 3x_2 = 5; x_1, x_2 \in \mathbb{R}\}$.

14. Utiliser la proposition 8.5 pour vérifier si U est un sous-espace vectoriel de $\mathbb{R}^3$.

a) $U = \{(a, 2a, 3a)|a \in \mathbb{R}\}$;

b) $U = \{(a, a^2, a^3)|a \in \mathbb{R}\}$;

c) $U = \{(a, b, a-b)|a, b \in \mathbb{R}\}$;

d) $U = \{(0, a, b)|a, b \in \mathbb{R}\}$;

e) $U = \{(a, a, b)|a, b \in \mathbb{R}\}$;

f) $U = \{(a, a, 3a)|a \in \mathbb{R}\}$;

g) $U = \{(0, 0, 0)\}$;

h) $U = \{(x_1, x_2, x_3)|2x_1 - x_2 + x_3 = 0; x_1, x_2, x_3 \in \mathbb{R}\}$;

i) $U = \{(x_1, x_2, x_3)|2x_1 - x_2 + x_3 = 5; x_1, x_2, x_3 \in \mathbb{R}\}$.

15. Soit $V = \mathcal{M}_n(\mathbb{R})$ l'espace vectoriel des matrices d'ordre n à éléments réels. Montrer que W est un sous-espace vectoriel de V sachant que :

a) W est l'ensemble des matrices qui commutent avec une matrice donnée T de V, c'est-à-dire $W = \left\{ A \in V \mid AT = TA \right\}$;

b) W est l'ensemble des matrices symétriques;

c) W est l'ensemble des matrices antisymétriques;

d) W est l'ensemble des matrices triangulaires supérieures;

e) W est l'ensemble des matrices diagonales;

f) W est l'ensemble des matrices scalaires.

16. Montrer que W n'est pas un sous-espace vectoriel de $V = \mathcal{M}_2(\mathbb{R})$ si

a) W est l'ensemble des matrices d'ordre 2 dont le déterminant est nul;

b) W est l'ensemble des matrices idempotentes d'ordre 2.

17. Soit $V = \left\{ f \mid f : \mathbb{R} \to \mathbb{R} \right\}$ l'espace vectoriel des fonctions d'une variable réelle à valeurs réelles. Montrer que W est un sous-espace vectoriel de V pour :

a) $W = \left\{ f \mid f(3) = 0 \right\}$;

b) $W = \left\{ f \mid f(-x) = -f(x) \right\}$;

c) $W = \left\{ f \mid f(-x) = f(x) \right\}$;

d) $W = \left\{ f \mid f \text{ est continue sur } [a,b] \right\}$;

e) $W = \left\{ f \mid f \text{ est dérivable sur }]a,b[\right\}$;

f) $W = \left\{ f \mid f \text{ est intégrable sur } [a,b] \right\}$;

g) $W = \left\{ f \mid \text{il existe } M \in \mathbb{R} \text{ tel que } |f(x)| \le M \right\}$ (ensemble des fonctions bornées)

18. Écrire chaque vecteur comme une combinaison linéaire de $(1,-1,1)$, $(1,0,1)$ et $(1,1,0)$:

a) $(3,-2,2)$ b) $(0,0,0)$ c) $(9,-1,6)$ d) (a,b,c)

19. Écrire si possible chaque polynôme comme une combinaison linéaire de $x^2 - 2x$, $x+1$ et x^2+2 :

a) $5x^2 - 3x + 7$ b) $x^2 - x + 3$

20. Dire si v est un élément de $\mathcal{L}(\{u, w\})$ pour :

a) $v = (1, 6, -1)$, $u = (1, 2, 1)$, $w = (1, 0, 2)$

b) $v = (0, 4)$, $u = (1, 2)$, $w = (3, 4)$

c) $v = x$, $u = x^2 + 1$, $w = 5x + 2$

d) $v = 2x + 6$, $u = x^2 + 1$, $w = x^2 - x - 2$

e) $v = \begin{bmatrix} 9 & -4 \\ 7 & 3 \end{bmatrix}$, $u = \begin{bmatrix} 4 & -1 \\ 2 & 1 \end{bmatrix}$, $w = \begin{bmatrix} 3 & 1 \\ -1 & 0 \end{bmatrix}$

f) $v = \begin{bmatrix} 4 & 2 \\ 3 & 7 \end{bmatrix}$, $u = \begin{bmatrix} 2 & 1 \\ 1 & 1 \end{bmatrix}$, $w = \begin{bmatrix} 0 & 0 \\ 2 & -1 \end{bmatrix}$

21. Soit

$$A = \begin{bmatrix} 0 & 4 \\ 1 & -3 \end{bmatrix} \quad B = \begin{bmatrix} 2 & -1 \\ 3 & 1 \end{bmatrix}$$

Si possible, écrire chacune des matrices suivantes comme une combinaison linéaire des matrices A et B :

a) $\begin{bmatrix} 4 & 2 \\ 7 & -1 \end{bmatrix}$ b) $\begin{bmatrix} 2 & -6 \\ 4 & 1 \end{bmatrix}$ c) $\begin{bmatrix} 0 & 0 \\ 0 & 0 \end{bmatrix}$ d) $\begin{bmatrix} -2 & 13 \\ 0 & -10 \end{bmatrix}$

22. Soit

$$A = \left\{ \begin{bmatrix} 1 & 0 \\ 0 & 0 \end{bmatrix}, \begin{bmatrix} 1 & 0 \\ 1 & 0 \end{bmatrix}, \begin{bmatrix} 1 & 0 \\ 1 & 1 \end{bmatrix}, \begin{bmatrix} 1 & 1 \\ 1 & 1 \end{bmatrix} \right\}$$

Écrire chacune des matrices suivantes comme une combinaison linéaire des matrices de A :

a) $\begin{bmatrix} a & b \\ c & d \end{bmatrix}$ b) $\begin{bmatrix} 2 & 4 \\ 3 & 1 \end{bmatrix}$ c) $\begin{bmatrix} 2 & -2 \\ 0 & 1 \end{bmatrix}$ d) $\begin{bmatrix} -2 & -4 \\ -8 & -3 \end{bmatrix}$

23. Parmi les ensembles de vecteurs suivants, lesquels sont générateurs du plan d'équation $x + y - z = 0$ dans $\mathbb{R}^3$?

a) $\{(-1, 1, 0)\}$ b) $\{(1, -1, 0), (-1, 1, 0)\}$

c) $\{(1, -1, 0), (1, 1, 2)\}$ *d)* $\{(1, -1, 0), (1, 1, 2), (1, 0, 1)\}$

e) $\{(1, 0, 0), (0, 1, 0)\}$

24. Trouver un système de générateurs du plan passant par l'origine et représenté par l'équation :

a) $x_1 + x_2 + x_3 = 0$ *b)* $x_2 + x_3 = 0$

c) $2x_1 - 3x_2 + 4x_3 = 0$ *d)* $x_3 = 0$

25. Parmi les ensembles suivants, lesquels sont générateurs de $\mathbb{R}^3$?

a) $\{(-1, 1, 2), (2, 0, 1)\}$

b) $\{(2, 1, 1), (1, 2, 1), (1, 1, 2)\}$

c) $\{(0, -1, 1), (-1, 0, 1), (-1, 1, 0)\}$

d) $\{(1, 2, 3), (4, 5, 6), (7, 8, 9), (10, 11, 12)\}$

e) $\{(1, 1, 1), (1, 2, 4), (1, 3, 9), (1, 4, 16)\}$

26. Parmi les ensembles suivants, lesquels sont générateurs de $\mathbb{R}^4$?

a) $\{(-1, 1, 0, 2), (1, 3, -1, 1), (2, 5, 4, 0)\}$

b) $\{(1, 1, 1, 1), (1, 2, 4, 8), (1, 3, 9, 27), (1, 4, 16, 64)\}$

c) $\{(1, 0, 0, 0), (0, 1, 0, 0), (0, 0, 1, 0), (0, 0, 0, 1), (1, 1, 1, 1)\}$

d) $\{(1, 1, 0, 0), (-1, 0, 1, 0), (-1, 0, 0, 1), (0, -1, 1, 0), (0, -1, 0, 1),$
$(0, 0, -1, 1)\}$

27. Les vecteurs de l'ensemble $A = \{(1, 2, 3), (1, 0, -2), (-1, 0, 2)\}$ sont linéairement dépendants mais $(1, 2, 3)$ ne s'écrit pas comme une combinaison linéaire de $(1, 0, -2)$ et $(-1, 0, 2)$. Y a-t-il là une contradiction et pourquoi ?

28. Donner une formule qui permette d'écrire n'importe quel vecteur (a, b, c, d) de $\mathbb{R}^4$ comme une combinaison linéaire des vecteurs du système de générateurs :

a) $A = \{(1, 0, 0, 0), (1, 1, 0, 0), (1, 1, 1, 0), (0, 0, 0, 1)\}$

b) $B = \{(1, 0, 0, 0), (0, 1, 0, 0), (0, 0, 1, 0), (0, 0, 0, 1), (1, 1, 1, 1)\}$

29. Écrire les vecteurs suivants de $\mathbb{R}^4$ comme une combinaison linéaire des vecteurs de $A = \{(1, 0, 0, 0), (1, 1, 0, 0), (1, 1, 1, 0), (0, 0, 0, 1)\}$:

a) $x = (2, -6, 1, 4)$ b) $y = (-1, 0, 2, 5)$ c) $z = (1, 2, -1, 4)$

30. Démontrer que les ensembles de vecteurs suivants sont libres.

a) $\{(1, 2), (-1, 1)\} \subseteq \mathbb{R}^2$

b) $\{(1, 1, 1), (0, 1, 1), (0, 0, 1)\} \subseteq \mathbb{R}^3$

c) $\{(1, 2)\} \subseteq \mathbb{R}^2$

d) $\{(2, -1, 1), (2, 2, 2)\} \subseteq \mathbb{R}^3$

e) $\{x^2, x + 1, 1 - x - x^2\} \subseteq P_2[x]$

f) $\left\{ \begin{bmatrix} 1 & 1 \\ 1 & 0 \end{bmatrix}, \begin{bmatrix} 0 & 1 \\ 1 & 1 \end{bmatrix}, \begin{bmatrix} 1 & 0 \\ 1 & 1 \end{bmatrix}, \begin{bmatrix} 1 & 1 \\ 0 & 1 \end{bmatrix} \right\} \subseteq \mathcal{M}_2(\mathbb{R})$

g) $\left\{ \begin{bmatrix} 1 & 0 \\ 2 & -1 \end{bmatrix}, \begin{bmatrix} 4 & 1 \\ -6 & 1 \end{bmatrix} \right\} \subseteq \mathcal{M}_2(\mathbb{R})$

31. Le sous-ensemble donné de l'espace vectoriel V est-il composé de vecteurs linéairement indépendants ? Génère-t-il l'espace V ? Est-il une base de V ? Justifier chaque réponse.

a) $V = \mathbb{R}^3$; $\{(1, -1, 0), (2, 2, -1), (3, 5, -2)\}$

b) $V = \mathbb{R}^3$; $\{(1, 1, 1), (1, -1, 1), (0, 0, 1)\}$

c) $V = \mathbb{R}^3$; $\{(2, 5, -6), (1, 4, 3)\}$

d) $V = \mathbb{R}^3$; $\{(1, -1, 4), (2, 1, 6), (1, 0, -1), (2, 1, 4)\}$

e) $V = \mathbb{R}^4$; $\{(1, 1, 0, 0), (1, 0, 1, 0), (0, 0, 1, 1), (0, 1, 0, 1)\}$

f) $V = P_2[x]$; $\{x^2 - x + 3, 2x^2 + x + 5, x^2 + 5x + 1\}$

g) $V = \mathcal{M}_2(\mathbb{R})$; $\left\{ \begin{bmatrix} -1 & 0 \\ 0 & -1 \end{bmatrix}, \begin{bmatrix} 1 & 1 \\ -1 & 1 \end{bmatrix}, \begin{bmatrix} 1 & 1 \\ 1 & 1 \end{bmatrix}, \begin{bmatrix} 0 & -1 \\ -1 & 0 \end{bmatrix} \right\}$

h) $V = \mathcal{M}_2(\mathbb{R})$; $\left\{ \begin{bmatrix} 2 & 1 \\ 6 & 4 \end{bmatrix}, \begin{bmatrix} -1 & 3 \\ 1 & 1 \end{bmatrix}, \begin{bmatrix} 1 & 0 \\ 1 & 0 \end{bmatrix} \right\}$

i) $V = C[0, 1]$; $\left\{ f_1(x) = \dfrac{1}{x^2 + x - 6}, f_2(x) = \dfrac{1}{x^2 - 5x + 6}, f_3(x) = \dfrac{1}{x^2 - 9} \right\}$

32. Pour quelles valeurs de x les ensembles de vecteurs suivants sont-ils libres ?

a) $\{(1, -1, 0), (x, 1, 0), (0, 2, 3)\} \subseteq \mathbb{R}^3$

b) $\{(2, x, 1), (1, 0, 1), (0, 1, 3)\} \subseteq \mathbb{R}^3$

33. Montrer que l'ensemble donné est une base de l'espace vectoriel V.

a) $\{(-1, 1, 1), (1, -1, 1), (1, 1, -1)\}; V = \mathbb{R}^3$

b) $\{(1, 1, 0), (1, 0, 1), (0, 1, 1)\}; V = \mathbb{R}^3$

c) $\left\{ \begin{bmatrix} 1 & 0 \\ 0 & 1 \end{bmatrix}, \begin{bmatrix} 0 & 1 \\ 1 & 0 \end{bmatrix}, \begin{bmatrix} 1 & 1 \\ 0 & 1 \end{bmatrix}, \begin{bmatrix} 1 & 0 \\ 0 & 0 \end{bmatrix} \right\}; V = \mathcal{M}_2(\mathbb{R})$

d) $\{1 + x, x + x^2, x^2 + x^3, x^3\}; V = P_3[x]$

34. Donner une base et évaluer la dimension de chacun des sous-espaces vectoriels suivants de $\mathbb{R}^4$:

a) $U_1 = \left\{ (a + b, a - b, a, b) \mid a, b \in \mathbb{R} \right\}$

b) $U_2 = \left\{ (a - b, b + c, a, b + c) \mid a, b, c \in \mathbb{R} \right\}$

c) $U_3 = \left\{ (a, b, c, d) \mid a + b = c + d \right\}$

35. Trouver une base et évaluer la dimension du sous-espace donné de l'espace vectoriel V.

a) $U_1 = \left\{ a + b(x + x^2) \mid a, b \in \mathbb{R} \right\}; V = P_2[x]$

b) $U_2 = \left\{ P(x) \mid P(x) = P(-x) \right\}; V = P_2[x]$

c) $U_3 = \left\{ A \mid A \begin{bmatrix} 1 & 1 \\ -1 & 0 \end{bmatrix} = \begin{bmatrix} 1 & 1 \\ -1 & 0 \end{bmatrix} A \right\}; V = \mathcal{M}_2(\mathbb{R})$

d) $U_4 = \left\{ A \mid A \begin{bmatrix} 1 & 1 \\ -1 & 0 \end{bmatrix} = \begin{bmatrix} 0 & 1 \\ -1 & 1 \end{bmatrix} A \right\}; V = \mathcal{M}_2(\mathbb{R})$

36. Dans chaque cas, déterminer une base de V qui contient le vecteur $\boldsymbol{v}$.

a) $V = \mathbb{R}^3, \boldsymbol{v} = (0, 1, 1)$ b) $V = P_3[x], \boldsymbol{v} = x^2 - x + 1$

37. Dans chaque cas, déterminer une base de V contenue dans l'ensemble donné.

a) $V = \mathbb{R}^3$, $\{(1, 1, -1), (2, 0, 1), (-1, 1, -2), (1, 2, 1)\}$

b) $V = P_2[x]$, $\{x^2 + 3, x + 2, x^2 - 2x - 1, x^2 + x\}$

38. Dans chaque cas, déterminer une base de V qui contient les vecteurs v et w.

a) $V = \mathbb{R}^4$, $v = (0, 0, 1, 1)$ et $w = (1, 1, 1, 1)$

b) $V = \mathcal{M}_2(\mathbb{R})$, $v = \begin{bmatrix} 1 & 0 \\ 0 & 1 \end{bmatrix}$, $w = \begin{bmatrix} 0 & 1 \\ 1 & 0 \end{bmatrix}$

c) $V = P_3[x]$, $v = x^2 + 1$, $w = x^2 + x$

39. Soit V un espace vectoriel de dimension n. Dire si les énoncés suivants sont vrais ou faux, et justifier la réponse.

a) Il existe un ensemble de $n - 1$ vecteurs de V qui engendre V.

b) Il existe un ensemble de $n + 1$ vecteurs de V qui engendre V.

c) Tout ensemble de $n + 1$ vecteurs de V est lié.

d) Tout ensemble de $n - 1$ vecteurs de V est libre.

40. Le vecteur $w = (3, 9, -4, -2)$ est-il une combinaison linéaire des vecteurs

$$v_1 = (1, -2, 0, 3), \ v_2 = (2, 3, 0, -1) \text{ et } v_3 = (2, -1, 2, 1)$$

Si oui, donner une telle combinaison linéaire, déterminer si elle est unique et justifier la réponse.

Est-ce qu'un vecteur quelconque $w = (a, b, c, d)$ de $\mathbb{R}^4$ peut s'écrire comme une combinaison linéaire des vecteurs v_1, v_2 et v_3 ? (Justifier la réponse.)

41. Montrer que les polynômes de $\{t^2 + 2t + 3, t^2 + 3t + 5, t^2 + t + 1\}$ sont linéairement dépendants. Ajouter des éléments à cet ensemble, ou en retrancher, de façon à obtenir une base de $P_2[t]$.

42. Soit $A = \{t^2 - 2t + 5, 2t^2 - 3t, t + 3\}$ où $t \in \mathbb{R}$.

a) Décrire $L(A)$.

b) Déterminer la dimension du sous-espace vectoriel de $P_2[t]$ engendré par A.

c) L'ensemble A est-il une base d'un sous-espace vectoriel de $P_2[t]$? Si oui, lequel ?

d) Peut-on écrire $P(t) = t^2 + 4t - 3$ comme une combinaison linéaire des vecteurs de A ? (Pourquoi ?) Si oui, quelle est cette combinaison linéaire ?

43. Soit $a_1 = (1, -2, 0, 3)$, $a_2 = (2, 3, 0, -1)$, $a_3 = (2, -1, 2, 1)$ et $A = \{a_1, a_2, a_3\}$. L'ensemble A est-il libre ? L'ensemble A est-il une base de $\mathbb{R}^4$? (Pourquoi ?) Sinon, former une base de $\mathbb{R}^4$ en ajoutant des vecteurs à l'ensemble A.

44. Dans chaque cas,

i) montrer que B est une base;

ii) trouver les composantes du vecteur donné relativement à la base B.

a) $(-1, 1) \in \mathbb{R}^2$; $B = ((0, 1), (1, 0))$

b) $(-2, 4) \in \mathbb{R}^2$; $B = \left((0, -2), \left(-\frac{1}{2}, 0 \right) \right)$

c) $(4, 6, 2) \in \mathbb{R}^3$; $B = ((2, 0, 0), (0, 1, 1), (0, 0, 1))$

d) $(4, -2, 1) \in \mathbb{R}^3$; $B = ((0, 1, 1), (2, 0, 0), (0, 3, 0))$

e) $(1, 13, -1) \in \mathbb{R}^3$; $B = ((0, 3, -2), (4, 1, 3), (-1, 2, 0))$

f) $(9, 6, 11, 0) \in \mathbb{R}^4$; $B = ((1, 0, 1, 0), (2, 1, 1, -1), (0, 1, 1, -1), (2, 1, 3, 1))$

g) $x^3 + x^2 - 2x + 4 \in P_3[x]$; $B = (1, x^2, x, x^3)$

h) $x^3 + 3x^2 - 4x + 2 \in P_4[x]$; $B = (x, x^2 - 1, x^3, 2x^2, x^4)$

i) $x + x^4 \in P_4[x]$; $B = (1, 2x - 1, x^3 + x^4, 2x^3, x^2 + 2)$

j) $\begin{bmatrix} 1 & -2 \\ 3 & 4 \end{bmatrix} \in \mathcal{M}_2(\mathbb{R})$; $B = \left(\begin{bmatrix} 0 & 1 \\ 1 & 0 \end{bmatrix}, \begin{bmatrix} 0 & -1 \\ 0 & 0 \end{bmatrix}, \begin{bmatrix} 1 & -1 \\ 0 & 3 \end{bmatrix}, \begin{bmatrix} 0 & 1 \\ 0 & 1 \end{bmatrix} \right)$

45. Déterminer une base ordonnée B de $\mathbb{R}^2$ telle que les composantes de $(2, -11)$ et de $(17, -13)$ relativement à B sont respectivement $(2, -1)$ et $(3, 2)$.

46. *a)* Montrer que $\{(1, 2, 0), (0, 1, -1), (1, 1, 2)\}$ est une base de $\mathbb{R}^3$.

b) Donner une formule qui permette d'exprimer tout vecteur (x, y, z) de $\mathbb{R}^3$ comme une combinaison linéaire des vecteurs $(1, 2, 0)$, $(0, 1, -1)$, $(1, 1, 2)$.

c) Quelles sont les composantes des vecteurs

    i) $(1, -1, 2)$ *ii*) $(2, 1, 1)$ *iii*) $(0, 3, 1)$

relativement à la base ordonnée $B = ((1, 2, 0), (0, 1, -1), (1, 1, 2))$?

47. Soit $B = (b_1, b_2, b_3) = ((1, 0, 1), (0, -1, 2), (2, 3, -5))$ une base de $\mathbb{R}^3$ et A la base canonique de $\mathbb{R}^3$.

    a) Déterminer la matrice le passage P de B à A.

    b) Quelle est l'équation matricielle qui donne les composantes de tout vecteur de la base canonique relativement à la base B ?

    c) Quelle est la matrice de passage de A à B ?

    d) Quelles sont les composantes de $x = (1, 2, -1)_A$ relativement à la base B ?

48. Dans chaque cas, exprimer le vecteur x relativement à la base canonique de $\mathbb{R}^2$, $\mathbb{R}^3$ ou $\mathbb{R}^4$ selon le cas.

    a) $B = ((2, -1), (0, 1))$ et $x = (4, 1)_B$

    b) $B = ((1, 0, 1), (1, 1, 0), (0, 1, 1))$ et $x = (4, -1, 3)_B$

    c) $B = ((0, 0, 0, 1), (0, 0, 1, 1), (0, 1, 1, 1), (1, 1, 1, 1))$ et $x = (1, -2, 3, -1)_B$

49. Déterminer la matrice de passage de B à B'.

    a) $B = ((1, 0), (0, 1)), B' = ((4, -2), (-1, 5))$

    b) $B = ((4, -2), (-1, 5)), B' = ((1, 0), (0, 1))$

    c) $B = ((-12, 0), (-4, 4)), B' = ((1, 3), (-2, -2))$

    d) $B = ((1, 3), (-2, -2)), B' = ((-12, 0), (-4, 4))$

    e) $B = ((1, 0, 0), (0, 1, 0), (0, 0, 1)), B' = ((1, 3, 3), (1, 5, 6), (1, 4, 5))$

    f) $B = ((1, 3, 3), (1, 5, 6), (1, 4, 5)), B' = ((1, 0, 0), (0, 1, 0), (0, 0, 1))$

    g) $B = ((1, 0, 0), (0, 2, 8), (6, 0, 12)), B' = ((1, 0, 0), (0, 1, 0), (0, 0, 1))$

    h) $B = ((1, 0, 0), (0, 1, 0), (0, 0, 1)), B' = ((1, 0, 0), (0, 2, 8), (6, 0, 12))$

    i) $B = ((2, 1, 1), (1, 0, 0), (0, 2, 1)), B' = ((1, 0, 2), (0, 1, 3), (1, 1, 1))$

    j) $B = ((1, 0, 2), (0, 1, 3), (1, 1, 1)), B' = ((2, 1, 1), (1, 0, 0), (0, 2, 1))$

50. Dans chaque cas, déterminer la matrice de passage de la base canonique à la base B et exprimer le vecteur x relativement à la base B.

    a) $B = ((4, 0), (0, 3))$ et $x = (12, 6)_{(e_1, e_2)}$

    b) $B = ((8, 11, 0), (7, 0, 10), (1, 4, 6))$ et $x = (3, 19, 2)_{(e_1, e_2, e_3)}$

    c) $B = ((4, 3, 3), (-11, 0, 11), (0, 9, 2))$ et $x = (11, 18, -7)_{(e_1, e_2, e_3)}$

51. Soit $B = ((2, 1, 1), (1, 0, 0), (0, 2, 1))$ et $B' = ((1, 0, 2), (0, 1, 3), (1, 1, 1))$.

    Trouver les composantes de $x = (1, 2, -1)_B$ relativement à la base B'.

52. Dans chaque cas, déterminer une base de l'espace ligne et une base de l'espace colonne de A, et calculer le rang de A.

    a) $A = \begin{bmatrix} 2 & 1 & 1 \\ 1 & 0 & 1 \\ 2 & -1 & 1 \\ 1 & 1 & 1 \end{bmatrix}$
        b) $A = \begin{bmatrix} 1 & 2 & -1 & 3 \\ 0 & 3 & 1 & 1 \end{bmatrix}$

    c) $A = \begin{bmatrix} 1 & 3 & 1 & 3 \\ 0 & 1 & 2 & 0 \\ -3 & 0 & 7 & -1 \\ 3 & 4 & 1 & 1 \\ 2 & 0 & -2 & -2 \end{bmatrix}$

53. Dans chaque cas, donner la dimension et déterminer une base de U.

    a) $U = \mathcal{L}\{(1, -1, 2, 5, 1), (3, 1, 4, 2, 7), (1, 1, 0, 0, 0), (5, 1, 6, 7, 8)\}$

    b) $U = \mathcal{L}\left\{ \begin{bmatrix} 1 \\ 5 \\ -6 \end{bmatrix}, \begin{bmatrix} 2 \\ 6 \\ -8 \end{bmatrix}, \begin{bmatrix} 3 \\ 7 \\ -10 \end{bmatrix}, \begin{bmatrix} 4 \\ 8 \\ 12 \end{bmatrix} \right\}$

54. Soit

$$\mathcal{M}_2(\mathbb{R}) = \left\{ \begin{bmatrix} a & b \\ c & d \end{bmatrix} \middle| a, b, c, d \in \mathbb{R} \right\}$$

    a) Quelle est la dimension de l'espace vectoriel $\mathcal{M}_2(\mathbb{R})$?

b) Combien y a-t-il de matrices dans une base de $\mathcal{M}_2(\mathbb{R})$? Pourquoi ?

c) Soit $E = \{A, B, C\}$ où

$$A = \begin{bmatrix} 1 & 2 \\ 1 & 3 \end{bmatrix} \qquad B = \begin{bmatrix} 2 & 1 \\ 3 & 1 \end{bmatrix} \qquad C = \begin{bmatrix} -3 & 0 \\ -5 & 1 \end{bmatrix}$$

   i)   Que représente $L(E)$?

   ii) L'ensemble E est-il un système de générateurs de $\mathcal{M}_2(\mathbb{R})$? Pourquoi ?

   iii) Les éléments de E sont-ils linéairement indépendants ? Justifier la réponse.

   iv) Quelle est la dimension du sous-espace vectoriel de $\mathcal{M}_2(\mathbb{R})$ engendré par E ? Donner une base de ce sous-espace.

55. Soit $K = \{A, B, C\}$ où

$$A = \begin{bmatrix} 1 & 2 \\ 2 & 3 \end{bmatrix} \qquad B = \begin{bmatrix} 2 & 2 \\ 3 & 3 \end{bmatrix} \qquad C = \begin{bmatrix} 1 & 0 \\ 1 & 1 \end{bmatrix}$$

a) L'ensemble K est-il libre ?

b) Quelle est la dimension du sous-espace vectoriel de $\mathcal{M}_2(\mathbb{R})$ engendré par K ? Donner une base de ce sous-espace.

c) Est-il possible d'écrire n'importe quelle matrice X d'ordre 2 comme une combinaison linéaire des matrices de la base déterminée en b) ? Pourquoi ?

d) Ajouter un ou des vecteurs à la base déterminée en b) de façon à former une base de $\mathcal{M}_2(\mathbb{R})$.

56. Soit

$$\mathcal{M}_{2,3}(\mathbb{R}) = \left\{ \begin{bmatrix} a & b & c \\ d & e & f \end{bmatrix} \middle| a, b, c, d, e, f \in \mathbb{R} \right\}$$

On sait que $\mathcal{M}_{2,3}(\mathbb{R})$ est un espace vectoriel de dimension $2 \times 3 = 6$.

a) Combien d'éléments y a-t-il dans une base de $\mathcal{M}_{2,3}(\mathbb{R})$? Pourquoi ?

b) Soit $H = \{A, B, C\}$ où

$$A = \begin{bmatrix} 1 & 2 & -3 \\ 4 & 0 & 1 \end{bmatrix} \qquad B = \begin{bmatrix} 1 & 3 & -4 \\ 6 & 5 & 4 \end{bmatrix} \qquad C = \begin{bmatrix} 3 & 8 & -11 \\ 16 & 10 & 9 \end{bmatrix}$$

    i) L'ensemble *H* est-il libre ?

    ii) Quelle est la dimension du sous-espace vectoriel de $\mathcal{M}_{2,3}(\mathbb{R})$ engendré par *H* ?

  c) Que représente $\mathcal{L}(H)$?

  d) L'ensemble *H* est-il le plus petit système de générateurs de $\mathcal{L}(H)$?

  e) Donner deux bases différentes du sous-espace vectoriel de $\mathcal{M}_{2,3}(\mathbb{R})$ engendré par *H*.

57. Soit $P = \{(a,\ 0,\ b) | a,\ b \in \mathbb{R}\}$.

  a) Montrer que *P* est un sous-espace vectoriel de $\mathbb{R}^3$.

  b) Donner la dimension d *P*.

  c) Trouver une base de *P*.

  d) L'ensemble $A = \{(2,\ 0,\ 1),\ (1,\ 0,\ 2)\}$ est-il une base de *P* ?

  e) Peut-on exprimer $v = (1,\ 3,\ -4)$ relativement à une base de *P* ? Pourquoi ?

  f) Exprimer $v = (3,\ 0,\ -4)$ relativement à une base de *P*.

58. Soit deux sous-ensembles de $\mathcal{M}_2(\mathbb{R})$

$$H = \left\{ \begin{bmatrix} 1 & 0 \\ 0 & 0 \end{bmatrix}, \begin{bmatrix} 0 & 1 \\ 0 & 0 \end{bmatrix}, \begin{bmatrix} 0 & 0 \\ 1 & 0 \end{bmatrix}, \begin{bmatrix} 0 & 0 \\ 0 & 1 \end{bmatrix} \right\}$$

et

$$W = \left\{ \begin{bmatrix} 1 & 0 \\ 0 & 0 \end{bmatrix}, \begin{bmatrix} 1 & 2 \\ 0 & 0 \end{bmatrix}, \begin{bmatrix} 1 & 2 \\ 3 & 0 \end{bmatrix}, \begin{bmatrix} 1 & 2 \\ 3 & 4 \end{bmatrix} \right\}$$

  a) Quelle est la dimension de $\mathcal{M}_2(\mathbb{R})$?

  b) Montrer que *H* et *W* sont des bases de $\mathcal{M}_2(\mathbb{R})$.

  c) Écrire $\begin{bmatrix} 5 & 6 \\ 6 & -4 \end{bmatrix}$ relativement aux bases *H* et *W*.

  d) Quelles sont les composantes de $\begin{bmatrix} 3 & -4 \\ 9 & 4 \end{bmatrix}$ relativement à la base *W* ?

59. Soit

$$H = \{(8, 6, -2), (5, 3, -2), (3, 1, -2)\}$$

et

$$W = \{(2, 1, -1), (1, 0, -1), (4, 3, -1)\}$$

deux sous-ensembles de $\mathbb{R}^3$.

a) Montrer que H et W engendrent le même sous-espace vectoriel E de $\mathbb{R}^3$.

b) Quelle est la dimension de E ?

c) Identifier E.

d) Donner une base de E.

60. Soit

$$H = \left\{ \begin{bmatrix} 1 & -1 \\ 0 & 1 \end{bmatrix}, \begin{bmatrix} 1 & 1 \\ 1 & 1 \end{bmatrix}, \begin{bmatrix} 2 & -1 \\ 3 & 1 \end{bmatrix}, \begin{bmatrix} 4 & -1 \\ 4 & 3 \end{bmatrix} \right\}$$

et

$$W = \left\{ \begin{bmatrix} 3 & -1 \\ 1 & 3 \end{bmatrix}, \begin{bmatrix} 3 & 0 \\ 4 & 2 \end{bmatrix}, \begin{bmatrix} 0 & 2 \\ 1 & 0 \end{bmatrix}, \begin{bmatrix} 4 & -3 \\ 3 & 3 \end{bmatrix} \right\}$$

a) Quelle est la dimension des sous-espaces vectoriels de $\mathcal{M}_2(\mathbb{R})$ engendrés respectivement par H et W ?

b) Montrer que H et W engendrent le même sous-espace vectoriel de $\mathcal{M}_2(\mathbb{R})$.

c) Donner une base de $\mathcal{L}(H)$ et de $\mathcal{L}(W)$.

61. Soit

$$H = \left\{ \begin{bmatrix} 1 & -5 \\ -4 & 2 \end{bmatrix}, \begin{bmatrix} 1 & 1 \\ -1 & 5 \end{bmatrix}, \begin{bmatrix} 2 & -4 \\ -5 & 7 \end{bmatrix}, \begin{bmatrix} 1 & -7 \\ -5 & 1 \end{bmatrix} \right\}$$

Trouver la dimension du sous-espace vectoriel de $\mathcal{M}_2(\mathbb{R})$ engendré par H et donner une base B de ce sous-espace.

62. Soit le système linéaire

$$S \begin{cases} 4x + 9y - 2z - 6w = 0 \\ 2x + 5y \quad\quad - 2w = 0 \\ 2x + 4y - 2z - 4w = 0 \\ x + 3y + z \quad\quad = 0 \end{cases}$$

a) Vérifier que $(1, 0, -1, 1)$ et $(11, -4, 1, 1)$ sont des solutions de S.

b) Déterminer $\mathcal{S}$ l'ensemble des solutions du système S.

c) Utiliser les opérations définies sur $\mathbb{R}^4$ pour engendrer trois solutions de S.

d) Donner deux bases de l'espace solution $\mathcal{S}$ de S.

e) Quel sous-espace vectoriel de $\mathbb{R}^4$ représente le mieux l'espace solution $\mathcal{S}$?

63. Soit le système homogène

$$S \begin{cases} x - y + z + 2w = 0 \\ 2x - 2y + 2z + 4w = 0 \\ 6x - 5y + 4z + 9w = 0 \\ 2x - y \quad\quad + w = 0 \end{cases}$$

a) Vérifier que $(0, -1, 1, -1)$ et $(3, 6, 3, 0)$ sont des solutions de S.

b) Déterminer l'espace solution $\mathcal{S}$.

c) Utiliser les opérations définies sur $\mathbb{R}^4$ pour engendrer trois solutions de S.

d) Quelle est la dimension de $\mathcal{S}$?

e) Quel sous-espace vectoriel de $\mathbb{R}^4$ représente le mieux l'espace solution $\mathcal{S}$ de S ? Donner une base de $\mathcal{S}$.

64. Soit le système homogène

$$S \begin{cases} x_1 - x_2 + x_3 + x_4 - 2x_5 = 0 \\ -2x_1 + 2x_2 - x_3 \quad\quad + x_5 = 0 \\ x_1 - x_2 + 2x_3 + 3x_4 - 5x_5 = 0 \end{cases}$$

a) Déterminer l'espace solution $\mathcal{S}$ de S par la méthode de Gauss.

b) De quels vecteurs de $\mathbb{R}^5$ une solution de S est-elle une combinaison linéaire ?

c) Déterminer un système de générateurs du sous-espace vectoriel S.

d) Quel sous-espace vectoriel de $\mathbb{R}^5$ représente le mieux l'espace solution S ? Donner la dimension et une base de S.

65. Déterminer la dimension et un système de générateurs de l'espace solution S du système homogène donné :

a) $\begin{cases} x_1 + x_2 + x_3 = 0 \\ 2x_1 - x_2 - 7x_3 = 0 \end{cases}$ *b*) $\begin{cases} x_1 - 2x_2 + x_3 = 0 \\ -x_1 - 3x_2 + 2x_3 = 0 \end{cases}$

c) $\begin{cases} x_1 + x_2 - x_3 = 0 \\ x_1 \qquad + 2x_3 = 0 \\ -x_1 + x_2 + 3x_3 = 0 \end{cases}$ *d*) $\begin{cases} x_1 + 3x_2 - 4x_3 = 0 \\ -x_1 + 2x_2 - x_3 = 0 \\ x_1 + x_2 - 2x_3 = 0 \end{cases}$

e) $\begin{cases} x_1 + 2x_2 \qquad - 9x_4 - x_5 = 0 \\ -x_1 - x_2 - x_3 + x_4 - 5x_5 = 0 \\ x_1 + 2x_2 + x_3 - 7x_4 + 4x_5 = 0 \end{cases}$

66. Dans chaque cas, trouver une base du sous-espace vectoriel U.

a) $U_1 = \left\{ \begin{bmatrix} x \\ y \\ z \end{bmatrix} \middle| \begin{array}{l} 3x - y + z = 0 \\ x + 3y - 2z = 0 \\ 2x - 4y + 3z = 0 \end{array} \right\}$

b) $U_2 = \left\{ \begin{bmatrix} r \\ s \\ t \\ u \end{bmatrix} \middle| \begin{array}{l} r + s - t + 2u = 0 \\ 3r - s + 2t - u = 0 \\ r - 3s + 4t - 5u = 0 \\ 5r - 3s + 5t - 4u = 0 \end{array} \right\}$

67. Trouver une base et donner la dimension de l'espace solution S de chaque système homogène :

a) $\begin{cases} 4x - 2y - z = 0 \\ 3x - y = 0 \\ 2x - 4y - 5z = 0 \end{cases}$ *b*) $\begin{cases} 3x_1 - 2x_2 - 2x_3 - 9x_4 = 0 \\ 3x_1 \qquad - 4x_3 - 8x_4 = 0 \\ 3x_1 - 2x_2 \qquad - 7x_4 = 0 \\ 3x_1 - 2x_2 - x_3 - 8x_4 = 0 \end{cases}$

c) $\begin{cases} x - 2y + 3z = 0 \\ -4x + 8y - 12z = 0 \end{cases}$

68. Écrire, s'il y a lieu, la solution des systèmes non homogènes suivants sous la forme $x = x_h + x_p$ où x_h est une solution de $Ax = 0$ et x_p est une solution particulière de $Ax = b$.

a) $\begin{cases} x_1 + 3x_2 + 10x_3 = 18 \\ -2x_1 + 7x_2 + 32x_3 = 29 \\ -x_1 + 3x_2 + 14x_3 = 12 \\ x_1 + x_2 + 2x_3 = 8 \end{cases}$

b) $\begin{cases} x_1 + 2x_2 + x_3 + x_4 + 5x_5 = 0 \\ x_1 + 2x_2 + 2x_3 - 3x_4 - 5x_5 = 14 \\ -5x_1 - 10x_2 + 3x_3 + 3x_4 + 55x_5 = -8 \\ -x_1 - 2x_2 + x_3 + x_4 + 15x_5 = -2 \end{cases}$

69. Expliquer pourquoi les vecteurs lignes d'une matrice $A \in \mathcal{M}_{4,3}(\mathbb{R})$ sont linéairement dépendants.

70. Expliquer pourquoi les vecteurs colonnes d'une matrice $A \in \mathcal{M}_{3,5}(\mathbb{R})$ sont linéairement dépendants.

71. Soit $A \in \mathcal{M}_{m,n}(\mathbb{R})$ (où $m < n$) et rang$(A) = r$.

a) Quelle est la plus grande valeur possible de r ?

b) Combien y a-t-il de vecteurs dans une base de l'espace ligne de A ?

c) Combien y a-t-il de vecteurs dans une base de l'espace colonne de A ?

d) Pour quelle valeur du scalaire k l'espace ligne de A est-il un sous-espace vectoriel de $\mathbb{R}^k$?

e) Pour quelle valeur de k l'espace colonne de A est-il un sous-espace vectoriel de $\mathbb{R}^k$?

SOLUTIONS

Chapitre 1

1. *a)* $A = \begin{bmatrix} 1 & 2 & 3 & 4 \\ 2 & 2 & 3 & 4 \\ 3 & 3 & 3 & 4 \end{bmatrix}$

    b) $A = \begin{bmatrix} 1 & 5/4 & 3/2 & 7/4 \\ 7/4 & 2 & 9/4 & 5/2 \\ 5/2 & 11/4 & 3 & 13/4 \end{bmatrix}$

c) $A = \begin{bmatrix} 0 & -3 & -8 & -15 \\ 3 & 0 & -5 & -12 \\ 8 & 5 & 0 & -7 \end{bmatrix}$

    d) $A = \begin{bmatrix} 2 & 4 & 6 & 8 \\ 4 & 8 & 12 & 16 \\ 6 & 12 & 18 & 24 \end{bmatrix}$

2. *a)* $A = \begin{bmatrix} 0 & 2 & 4 \\ 3 & 5 & 7 \end{bmatrix}$

    b) $A = \begin{bmatrix} 1 & -4 & -7 \\ 2 & 1 & -6 \end{bmatrix}$

3. *a)* $I_1 = [1]$

    b) $I_3 = \begin{bmatrix} 1 & 0 & 0 \\ 0 & 1 & 0 \\ 0 & 0 & 1 \end{bmatrix}$

    c) $I_5 = \begin{bmatrix} 1 & 0 & 0 & 0 & 0 \\ 0 & 1 & 0 & 0 & 0 \\ 0 & 0 & 1 & 0 & 0 \\ 0 & 0 & 0 & 1 & 0 \\ 0 & 0 & 0 & 0 & 1 \end{bmatrix}$

    d) $O_{2,3} = \begin{bmatrix} 0 & 0 & 0 \\ 0 & 0 & 0 \end{bmatrix}$

    e) $O_4 = \begin{bmatrix} 0 & 0 & 0 & 0 \\ 0 & 0 & 0 & 0 \\ 0 & 0 & 0 & 0 \\ 0 & 0 & 0 & 0 \end{bmatrix}$

4. *a)* $b_{12} = 3$; $c_{32} = 2$; $d_{14} = 1$; $a_{33} = 1$ et g_{23} n'est pas défini.

    b)   *i)* $\begin{bmatrix} 5 & 8 & 2 & 4 \\ -1 & 4 & 0 & 1 \\ 2 & 3 & 1 & 4 \end{bmatrix}$

    ii) $\begin{bmatrix} 5 & 3 & 3 \\ -2 & 23 & 4 \\ 4 & 7 & 10 \end{bmatrix}$

    iii) $\begin{bmatrix} 4 \\ 0 \\ 8 \\ 16 \end{bmatrix}$

iv) Non définie

v) $\begin{bmatrix} 4 & 1 & 3 \\ 0 & 12 & 2 \\ 2 & 3 & 7 \end{bmatrix}$

vi) Non définie

c) *i)* $\begin{bmatrix} -4 & -1 & 6 \\ 3 & -3 & 1 \\ 1 & 0 & -1 \end{bmatrix}$

ii) $\begin{bmatrix} -2 & 7 & 4 & 5 \\ 1 & -1 & -3 & 2 \\ 1 & 0 & 2 & 8 \end{bmatrix}$

iii) $\begin{bmatrix} 5 & 0 & -3 \\ -1 & 2 & -1 \\ -1 & -1 & 3 \end{bmatrix}$

iv) $\begin{bmatrix} -4/3 & -1/3 & 2 \\ 1 & -1 & 1/3 \\ 1/3 & 0 & -1/3 \end{bmatrix}$

5. $a = 0, b = 2, c = 3, d = 5/3$

6. $x_1 = 2, x_2 = 1, x_3 = 3, x_4 = -1$

7. *a)* $a = 2, b = 4, c = 1, d = 3$

b) $\begin{bmatrix} 13/2 & -5 \\ 0 & 27/2 \end{bmatrix}$

8. $\begin{bmatrix} -2 & 0 \\ 4 & -1 \\ 9 & 9 \end{bmatrix}$

9. $A \geq B, C \leq B, A \geq C$. On ne peut établir aucune relation d'ordre entre D et les autres matrices.

10. *a)* $12A + 20B$

b) $20A - 7B + 6C$

11. *a)* $M = B_1 + B_2 + B_3 + B_4$

b) Impossible

c) $Q = 2B_1 + 3B_2 + B_3 - B_4$

d) $P = (a - b)B_1 + (b - c)B_2 + dB_3 + (c - d)B_4$

12. *a)* $A = a\begin{bmatrix} 1 & 0 \\ 0 & 0 \end{bmatrix} + b\begin{bmatrix} 0 & 1 \\ 0 & 0 \end{bmatrix} + c\begin{bmatrix} 0 & 0 \\ 1 & 0 \end{bmatrix} + d\begin{bmatrix} 0 & 0 \\ 0 & 1 \end{bmatrix}$

b) $A = d\begin{bmatrix} 1 & 0 \\ 0 & 1 \end{bmatrix} + \left(\dfrac{a + b - c - d}{2}\right)\begin{bmatrix} 1 & 1 \\ 0 & 0 \end{bmatrix} + \left(\dfrac{a - b + c - d}{2}\right)\begin{bmatrix} 1 & 0 \\ 1 & 0 \end{bmatrix}$

$+ \left(\dfrac{-a + b + c + d}{2}\right)\begin{bmatrix} 0 & 1 \\ 1 & 0 \end{bmatrix}$

13. *a)* $\begin{bmatrix} 14 & 8 \\ 16 & 9 \end{bmatrix}$ *b)* $\begin{bmatrix} 1 & 2 & 3 \\ 4 & 5 & 10 \\ 7 & 8 & 17 \end{bmatrix}$; $AB \neq BA$

c) Non définie   *d)* $\begin{bmatrix} -2 & 17 \\ 16 & 31 \end{bmatrix}$

e) $\begin{bmatrix} 58 & 4 \\ 66 & 4 \end{bmatrix}$ *f)* $\begin{bmatrix} 58 & 4 \\ 66 & 4 \end{bmatrix}$; la multiplication matricielle est associative.

g) Non définie   *h)* Non définie   *i)* $\begin{bmatrix} 5 & 1 & 9 \\ 18 & 15 & 40 \end{bmatrix}$

14. *a)* U_1 U_2

$\begin{bmatrix} 5\,350 & 6\,000 \\ 9\,350 & 8\,650 \end{bmatrix} \begin{matrix} P_1 \\ P_2 \end{matrix}$

b) La matrice AB représente le coût quotidien total (en dollars) qu'entraîne l'élimination des polluants émis lors de la fabrication des produits P_1 et P_2 aux usines U_1 et U_2.

c) 29 350 $

15. *a)* $\begin{bmatrix} 2\,800 & 4\,000 & 5\,200 \\ 4\,400 & 6\,400 & 8\,400 \end{bmatrix}$ *b)* 4 000 g; 4 400 g

16. *a)*   Prix   Transport

$FQ = \begin{bmatrix} 49\,200 & 11\,400 \\ 52\,800 & 10\,800 \\ 46\,500 & 10\,350 \end{bmatrix} \begin{matrix} \text{Maison jumelée} \\ \text{Duplex} \\ \text{Maison unifamiliale} \end{matrix}$

La matrice FQ représente, pour chaque type d'habitation, le prix des matériaux et les frais de main-d'œuvre et de transport.

b) $HFQ = \begin{bmatrix} 1\,419\,600 & 313\,800 \end{bmatrix}$. Le premier élément de HFQ est le prix total (en dollars) des matériaux et de la main-d'œuvre et le second élément, les frais totaux de transport.

c) $HFQZ = \begin{bmatrix} 1\,733\,400 \end{bmatrix}$. Cette matrice donne le prix de revient (coût total des matériaux et frais totaux de la main-d'œuvre et du transport) de toutes les habitations.

17. *a)*

	Typographie	Nombre de pages	Impression	Reliure	Couverture	
i) $F_1 =$ [300	440	5	1	1]		
ii) $F_2 =$ [0	440	5	1	1]		
iii) $F_n =$ [0	440	5	1	1]	pour $n \geq 2$	

b) Coût

$$P = \begin{bmatrix} 12 \\ 0,025 \\ 2 \\ 3 \\ 6 \end{bmatrix} \begin{matrix} \text{Typographie (\$/h)} \\ \text{Papier (\$/p.)} \\ \text{Impression (\$/min)} \\ \text{Reliure} \\ \text{Couverture} \end{matrix}$$

c) 3 630 \$ *d)* 153 600 \$ *e)* 150 000 \$

18. *a)* $\begin{bmatrix} 1 & 0 \end{bmatrix}$ *b)* $\begin{bmatrix} 0 & m \end{bmatrix}$ *c)* $\begin{bmatrix} 0 \\ 1 \\ 0 \\ 0 \end{bmatrix}$ *d)* $\begin{bmatrix} 0 \\ 0 \\ n \\ 0 \end{bmatrix}$ *e)* $\begin{bmatrix} 0 & 0 \\ 1 & 0 \\ 0 & 1 \\ 0 & 0 \end{bmatrix}$ *f)* $\begin{bmatrix} p & 0 \\ 0 & q \\ 0 & 0 \\ 0 & 0 \end{bmatrix}$

19. *a)* $p = r$; matrice (m, q) *b)* $r = q = n$; matrice (m, p)

c) $n = r$ et $p = q$; matrice (m, p) *d)* $p = q = m$ et $r = n$; matrice (n, n)

20. $C = \begin{bmatrix} 15/2 & 13/2 \\ 8 & 7 \end{bmatrix}$ $D = \begin{bmatrix} 33/4 & 19/4 \\ 43/4 & 25/4 \end{bmatrix}$

21. *a)* $\left\{ \begin{bmatrix} a & b \\ 0 & 0 \end{bmatrix} \middle| a, b \in \mathbb{R} \right\}$ *b)* $\left\{ \begin{bmatrix} 2a & -a \\ 2b & -b \end{bmatrix} \middle| a, b \in \mathbb{R} \right\}$

22. *a)* $AB = BA = O_3$

b) Les matrices A et B sont commutables. On constate aussi que dans ce cas le produit de deux matrices non nulles est nul.

23. *a)* $AB - BA$ *b)* $CA^2C - ABCB$

24. *a*) $AB = \begin{bmatrix} 0 & 0 \\ 0 & 0 \end{bmatrix}$ *b*) $AB = O_2$ n'implique pas nécessairement que $A = O_2$ ou $B = O_2$.

25. *a*) $\begin{bmatrix} 1 & 0 & 0 \\ 0 & 1 & 0 \\ 0 & 0 & 1 \end{bmatrix}$ *b*) $\begin{bmatrix} 1 & 0 \\ 0 & 1 \end{bmatrix}$

26. *a*) AB *b*) B *c*) BA *d*) I_n

     e) A^3 *f*) A^2 *g*) A *h*) BA

27. *Indice* : Utiliser itérativement la propriété de distributivité de la multiplication matricielle par rapport à l'addition matricielle.

28. *a*) $AB = BA = \begin{bmatrix} ac - bd & ad + bc \\ -ad - bc & ac - bd \end{bmatrix}$

     b) La multiplication de deux matrices définie sur T est commutative.

     c) $\left\{ M \in \mathcal{M}_2(\mathbb{R}) \middle| M = \begin{bmatrix} x & 0 \\ 0 & x \end{bmatrix} \right\}$

29. *a*) Procéder par substitution et développer.

     b) $(A + B)^2 = A^2 + AB + BA + B^2$ et $(A + B)(A - B) = A^2 - AB + BA - B^2$

     c) Pour les matrices A et B qui sont commutables.

     d) *Indice* : Utiliser la propriété de distributivité de la multiplication matricielle par rapport à l'addition matricielle.

30. *a*) $A^2 = 3A$ *b*) $A^p = 3^{p-1}A$

31. Le produit de deux matrices diagonales est une matrice diagonale.

32. *a*) Il suffit de vérifier que $A^2 = I_3$.

     b)   *i*) Il suffit de vérifier que $A^2 = O_2$.   *ii*) Il suffit de vérifier que $B^2 = B$.

       iii) Il suffit de vérifier que $C^2 = O_2$.

33. Il suffit de vérifier que $AB = BA$.

34. *a)* 3   *b)* $A^5 = A^6 = A^{10} = O_3$ *c)* Quatre : I_3 est égale à A^0, A, A^2 et O_3.

35. *Indice* : Utiliser l'associativité de la multiplication matricielle.

36. 4

37. *a)* A est périodique de période 1 (c'est-à-dire que A est idempotente).

    b) A est périodique de période 2.

38. Il suffit de vérifier que $I^2 = I$.

39. *Indice* : Utiliser d'abord la distributivité de la multiplication matricielle par rapport à l'addition matricielle.

40. *a)* Il s'agit de montrer que $B^2 = B$.

    b) *Indice* : Effectuer d'abord une substitution.

41. *Indice* : Utiliser entre autres l'associativité de la multiplication matricielle.

42. *a)* La matrice $3A - 2B$ n'est pas définie.   *b)* $\begin{bmatrix} 15 & 10 \\ -5 & 0 \end{bmatrix}$ *c)* $\begin{bmatrix} 3 & 0 \\ 0 & 3 \\ 3 & 0 \end{bmatrix}$

    d) $\begin{bmatrix} 4 & -2 & 3 \\ 3 & 1 & 8 \end{bmatrix}$ *e)* $\begin{bmatrix} -1 & 3 \\ -2 & -4 \end{bmatrix}$ *f)* $\begin{bmatrix} 5 & 2 \\ 0 & -1 \end{bmatrix}$ *g)* $\begin{bmatrix} 3 & 0 \\ -2 & -1 \\ 1 & 8 \end{bmatrix}$

43. *a)* *Indice* : Appliquer l'associativité de la multiplication matricielle et les propriétés de la transposition.

    b) Non.

44. $A = \dfrac{1}{2}\begin{bmatrix} 2 & -1 & 2 \\ -1 & 2 & 3 \\ 2 & 3 & -2 \end{bmatrix} + \dfrac{1}{2}\begin{bmatrix} 0 & -1 & -4 \\ 1 & 0 & 1 \\ 4 & -1 & 0 \end{bmatrix}$

45. $A = \dfrac{1}{2}\begin{bmatrix} 2 & 4 & 3 & 0 \\ 4 & -2 & 0 & -1 \\ 3 & 0 & 4 & 1 \\ 0 & -1 & 1 & 2 \end{bmatrix} + \dfrac{1}{2}\begin{bmatrix} 0 & 0 & -3 & 8 \\ 0 & 0 & -2 & -1 \\ 3 & 2 & 0 & -1 \\ -8 & 1 & 1 & 0 \end{bmatrix}$

46.   *Indice* : Procéder par substitution et appliquer une propriété de la transposition.

47.   *Indices* :

   a)   Effectuer d'abord une substitution.

   b)   Appliquer les propriétés de la transposition.

   c)   Utiliser d'abord la définition d'une puissance d'une matrice.

48.   *Indice* : Appliquer d'abord une propriété de la transposition.

49.   *a*) A^2B *b*) CB^{-1}

50.   *a*), *c*) et *d*) Il suffit de vérifier que le produit des deux matrices est *I*.

   b)   Il ne s'agit pas de deux matrices inverses.

51.   *a*) et *c*) Évaluer d'abord AA^{-1}.   *b*) $\begin{bmatrix} 1/2 & 1/8 \\ 0 & 1/4 \end{bmatrix}$

52.   *a*) Appliquer l'égalité $^t(AB) = {^tB}\,{^tA}$.   *b*) $\dfrac{1}{6}\begin{bmatrix} 1 & 0 \\ 0 & 3 \end{bmatrix}$ *c*) $\dfrac{1}{6}\begin{bmatrix} 1 & 2 & 1 \\ -3 & 0 & 3 \end{bmatrix}$

53.   *Indices* :

   a)   Appliquer d'abord une propriété de l'inverse.

   b)   Utiliser entre autres l'associativité de la multiplication matricielle.

54.   La matrice *A* elle-même.

55. $\begin{bmatrix} 1/3 & 1/3 \\ 0 & 1/3 \end{bmatrix}$

56.   *a*) *Indice* : Utiliser entre autres la définition de l'inverse.

   b) $A = \begin{bmatrix} 1 & -3 & 2 \\ 2 & 1 & -3 \\ 4 & -3 & -1 \end{bmatrix}$, $B = \begin{bmatrix} 1 & 4 & 1 & 0 \\ 2 & 1 & 1 & 1 \\ 1 & -2 & 1 & 2 \end{bmatrix}$, $C = \begin{bmatrix} 2 & 1 & -1 & -2 \\ 3 & -2 & -1 & -1 \\ 2 & -5 & -1 & 0 \end{bmatrix}$

57.   *Indices* :   *a*) Appliquer une propriété et la définition de l'inverse.

   b) Appliquer les propriétés de l'inverse et de la transposition.

58.   *Indice* : Utiliser un raisonnement par l'absurde.

59. $A^{-1} = -I_n - B$

60.   *Indice* : Appliquer entre autres la distributivité de la multiplication matricielle par rapport à l'addition matricielle.

61.   *a*) $\begin{bmatrix} 0 & 1 & 0 & 0 & 0 \\ 1 & 0 & 1 & 1 & 1 \\ 0 & 0 & 0 & 1 & 0 \\ 1 & 1 & 1 & 0 & 0 \\ 0 & 0 & 0 & 0 & 0 \end{bmatrix}$ *b*)

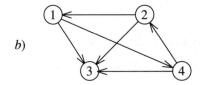

62.   *a*)   *b*) $A = \begin{bmatrix} 0 & 0 & 1 & 0 \\ 0 & 0 & 0 & 0 \\ 1 & 1 & 0 & 1 \\ 0 & 0 & 0 & 0 \end{bmatrix}$ *c*) $A^2 = \begin{bmatrix} 1 & 1 & 0 & 1 \\ 0 & 0 & 0 & 0 \\ 0 & 0 & 1 & 0 \\ 0 & 0 & 0 & 0 \end{bmatrix}$

   Seul le poste n° 1 peut émettre vers chacun des autres postes via au plus un intermédiaire, soit le poste n° 3.

63.   *a*)

	Fabrication	Transport	
Modèle A	72	100	
Modèle B	100	130	$= C_1 + C_2$
Modèle C	200	40	

   La matrice $C_1 + C_2$ représente le coût de fabrication et les frais de transport, par unité, pour chacun des modèles A, B et C.

b)   Fabrication   Transport

Matrice des coûts : $\begin{bmatrix} 28\,960 & 18\,200 \end{bmatrix}$

Prix de revient = 47 160 $

c) 99 225 $; 52 065 $

64. Soit J_k le joueur n° k où $k = 1, 2, 3, 4$. On a $p_2 > p_4 > p_1 > p_3$; donc, J_2 est le gagnant. J_2 est suivi de J_4 puis de J_1 et, enfin, de J_3.

65. *Indices : a)* et *b)*   Appliquer les propriétés des opérations définies sur $\mathbb{R}$.

  c) Appliquer la définition de la multiplication matricielle.

  d) Appliquer la définition de I_n.

66. $Q^{-1} = \dfrac{1}{a^2 + b^2 + c^2 + d^2}\,(^tQ)$ si au moins un des scalaires a, b, c, d est non nul.

67. *Indices : a)* Appliquer d'abord la distributivité de la multiplication matricielle par rapport à l'addition matricielle.

  b) Utiliser d'abord l'égalité prouvée en *a)*.

  c) $(A^{-1} + B^{-1})^{-1} = B(A + B)^{-1}A$

68. *a)* $A^{-1} = {}^tA$

  b) Il suffit de vérifier que $A\,{}^tA = I_2$ et $B\,{}^tB = I_3$

  c) *i)* Non *ii)* Oui *iii)* Oui *iv)* Oui

  d) *Indice :* Appliquer d'abord une propriété de la transposition.

  e) *Indice :* Appliquer d'abord l'associativité de la multiplication matricielle.

  f) $x_1 = 1, x_2 = -1, x_3 = -1, x_4 = 1$ ou $x_1 = -1, x_2 = 1, x_3 = 1, x_4 = -1$

Chapitre 2

1. *a*) −34   *b*) −14   *c*) −13   *d*) 17
   e) 140   *f*) 25   *g*) −58   *h*) 6

2. *a*) 1   *b*) $\sin(\theta - \alpha)$ *c*) $\sec^2\alpha$
   d) −2   *e*) 0   *f*) $(a-d)(c-b)$
   g) −1   *h*) $2a^2(x+a)$

3.

	m_{13}	α_{13}	m_{21}	α_{21}	m_{32}	α_{32}
a)	70	70	−31	31	36	−36
b)	−22	−22	−23	23	−30	30
c)	62	62	−50	50	−50	50
d)	105	105	56	−56	−160	160

4. *a*) $x = 16$ *b*) $x = 2$ ou $x = 5/2$

5. $0 \det\begin{bmatrix} 2 & -5 \\ 3 & 1 \end{bmatrix} + 4 \det\begin{bmatrix} 3 & -5 \\ -1 & 1 \end{bmatrix} - 2 \det\begin{bmatrix} 3 & 2 \\ -1 & 3 \end{bmatrix} = -30$

6. $3a - b + 2c + d$

7. −100

8. *a*) $b = -7$ *b*) $c = -7$

9. Il suffit de calculer le produit AB et chacun des déterminants.

10. *a*) L'égalité est vérifiée : le déterminant de la *p*-ième puissance d'une matrice est égal à la *p*-ième puissance du déterminant de cette matrice.

    b) Si $A = \begin{bmatrix} 1 & 1 \\ 0 & 1 \end{bmatrix}$ et $B = \begin{bmatrix} 0 & 1 \\ 1 & 0 \end{bmatrix}$, alors

    $$\det((A+B)^2) = 1 \text{ et } \det(2AB + A^2 + B^2) = 0$$

c) Si $A = \begin{bmatrix} 1 & 1 \\ -1 & 1 \end{bmatrix}$ et $B = \begin{bmatrix} 1 & 0 \\ 0 & 1 \end{bmatrix}$, alors

$$\det((A+B))^2 = 25 \ \text{ et } \ \det(A^2 + B^2) = 5$$

11. $\det A = \pm(a^2 + 3)^2$

12. *Indice* : On applique l'axiome D_1 *i*) et l'axiome D_2.

13. 0

14. $\det A = 60$

15. $\vec{a}_3 = \begin{bmatrix} 8 \\ -3 \\ 1 \\ 0 \end{bmatrix}$ et $\vec{a}_1 = \begin{bmatrix} 2 \\ 7 \\ -3 \\ 4 \end{bmatrix}$

16. *a*) $A = \begin{bmatrix} 2 & 3 & 4 \\ 1 & 4 & 1 \\ 4 & 5 & 2 \end{bmatrix}$ et $\det A = -32$

  b) *i*) $B = \begin{bmatrix} 2 & 6 & 4 \\ 1 & 8 & 1 \\ 4 & 10 & 2 \end{bmatrix}$ et $\det B = -64$ [Axiome D_1 *ii*)]

  ii) $C = \begin{bmatrix} 2 & 4 & 3 \\ 1 & 1 & 4 \\ 4 & 2 & 5 \end{bmatrix}$ et $\det C = 32$ [Propriété D_6]

  iii) $D = \begin{bmatrix} 2 & 3 & 0 \\ 1 & 4 & 0 \\ 4 & 5 & 0 \end{bmatrix}$ et $\det D = 0$ [Propriété D_5]

  iv) $E = \begin{bmatrix} 2 & 2 & 4 \\ 1 & 1 & 1 \\ 4 & 4 & 2 \end{bmatrix}$ et $\det E = 0$ [Axiome D_2]

$$v)\ F = \begin{bmatrix} 2 & 11 & 4 \\ 1 & 6 & 1 \\ 4 & 9 & 2 \end{bmatrix} \text{et det } F = -32 \qquad\qquad \text{[Axiome D}_1\text{]}$$

$c)$ -32 [Axiome D_1 $i)$]

17. $a)$ -4 $\qquad\qquad$ $b)$ 8 $\qquad\qquad$ $c)$ 4

18. $a)$ 2 $\qquad\qquad$ $b)$ 12

19. $\det A = 0;$ $\qquad\qquad$ $\det B = 4;$ $\qquad\qquad$ $\det C = 640;$ $\qquad\qquad$ $\det D = 2/3$

20. $(mq - np)(ad - bc)$

21. *Indice* : Appliquer les axiomes de Kronecker-Weierstrass et les propriétés du déterminant.

22. $a)$ $\det A = -8$ et $\det B = -2$ $\qquad\qquad$ $b)$ $\det(2A) = -64$ et $\det(AB) = 16$
$\qquad$ $c)$ $\det({}^tA) = -8$ et $\det({}^t(AB)) = 16$

23. $a)$ $c(a - x)(b - x)(b - a)$ $\qquad\qquad$ $b)$ $pq(q - 1)(p - 1)(q - p)$
$\qquad$ $c)$ $(a + b + c)(c - a)(b - a)(b - c)$ $\qquad\qquad$ $d)$ $(x + y + z)^3$

24. $a)$ 3 $\qquad\qquad$ $b)$ -2

25. $a)$ $\det A$ $\qquad\qquad$ $b)$ 1

26. $a)$ $-\dfrac{9}{8}$ $\qquad\qquad$ $b)$ $\dfrac{4}{9}$

27. *Indice* : Développer le membre de droite.

28. *Indice* : Calculer d'abord chaque déterminant.

29. $a)$ $\text{cof } A = \begin{bmatrix} -3 & 0 \\ -1 & 4 \end{bmatrix};$ $\text{cof } B = \begin{bmatrix} -4 & 8 & -2 \\ 3 & -6 & -1 \\ -3 & -4 & 1 \end{bmatrix};$ $\text{cof } C = \begin{bmatrix} -14 & 4 & -2 \\ 12 & -3 & 2 \\ -12 & 4 & -2 \end{bmatrix};$

$$\operatorname{cof} D = \begin{bmatrix} -42 & -24 & -402 & 26 \\ 0 & 18 & 144 & -9 \\ 0 & 0 & -126 & 0 \\ 0 & 0 & 0 & 21 \end{bmatrix}$$

b) $\operatorname{adj} A = \begin{bmatrix} -3 & -1 \\ 0 & 4 \end{bmatrix}$; $\operatorname{adj} B = \begin{bmatrix} -4 & 3 & -3 \\ 8 & -6 & -4 \\ -2 & -1 & 1 \end{bmatrix}$; $\operatorname{adj} C = \begin{bmatrix} -14 & 12 & -12 \\ 4 & -3 & 4 \\ -2 & 2 & -2 \end{bmatrix}$;

$$\operatorname{adj} D = \begin{bmatrix} -42 & 0 & 0 & 0 \\ -24 & 18 & 0 & 0 \\ -402 & 144 & -126 & 0 \\ 26 & -9 & 0 & 21 \end{bmatrix}$$

c) Oui : $\det A = -12$, $\det B = -10$, $\det C = 2$ et $\det D = 126$.

d) $A^{-1} = \begin{bmatrix} 1/4 & 1/12 \\ 0 & -1/3 \end{bmatrix}$; $\quad B^{-1} = \begin{bmatrix} 2/5 & -3/10 & 3/10 \\ -4/5 & 3/5 & 2/5 \\ 1/5 & 1/10 & -1/10 \end{bmatrix}$;

$$C^{-1} = \begin{bmatrix} -7 & 6 & -6 \\ 2 & -3/2 & 2 \\ -1 & 1 & -1 \end{bmatrix}; \quad D^{-1} = \begin{bmatrix} -1/3 & 0 & 0 & 0 \\ -4/21 & 1/7 & 0 & 0 \\ -67/21 & 8/7 & -1 & 0 \\ 13/63 & -1/14 & 0 & 1/6 \end{bmatrix}$$

30. a) $\begin{bmatrix} 1/3 & 1/3 \\ 0 & 1/3 \end{bmatrix}$ b) $\dfrac{1}{10}\begin{bmatrix} 3 & -2 \\ 1 & 1 \end{bmatrix}$ c) $-\dfrac{1}{4}\begin{bmatrix} 1 & 0 \\ 1 & 0 \end{bmatrix}$ d) $A = \dfrac{1}{2}\begin{bmatrix} 0 & 1 \\ 1 & -1 \end{bmatrix}$

31. b) $\dfrac{1}{1+a^2+b^2+c^2}\begin{bmatrix} 1+c^2 & -a-bc & ac-b \\ a-bc & 1+b^2 & -c-ab \\ ac+b & c-ab & 1+a^2 \end{bmatrix}$ où $a, b, c \in \mathbb{R}$.

32. a) $729/2$ b) $\operatorname{adj} A = -\dfrac{1}{21}\begin{bmatrix} 3 & 0 & 1 \\ 0 & 2 & 3 \\ 3 & 1 & -1 \end{bmatrix}$

33. *Indice* : Appliquer la multiplicativité du déterminant.

34. *Indice* : Appliquer d'abord la multiplicativité du déterminant.

35. *a)* *Indice* : Appliquer la multiplicativité du déterminant.

   b) *Indice* : Appliquer la multiplicativité du déterminant et l'axiome D_3.

36. *Indice* : Utiliser $\det A^{-1} = 1/\det A$.

37. *Indice* : $\det(A^p) = (\det A)^p$ pour tout entier $p \geq 1$.

38. *Indice* : Appliquer la multiplicativité du déterminant.

39. *Indice* : Utiliser l'énoncé démontré à l'exercice n° 37.

40. Oui, car le déterminant de la matrice des coefficients de S est différent de zéro.

41. $x = \dfrac{17}{6}$, $y = \dfrac{37}{6}$, $z = \dfrac{7}{2}$

42. *a)* $X = \begin{bmatrix} 5/3 \\ -7/3 \end{bmatrix}$ *b)* $X = \begin{bmatrix} 0 \\ 1 \\ -1 \end{bmatrix}$

43. $x = -1, y = 2, z = -3$

44. $x = \dfrac{1}{2}$, $y = 1, z = -\dfrac{1}{3}$

45. *Indice* : Appliquer la règle de Cramer.

46. *a)* $\begin{bmatrix} 2 & 1 \\ 2 & 3 \end{bmatrix}\begin{bmatrix} x_1 \\ x_2 \end{bmatrix} = \begin{bmatrix} 12 \\ 16 \end{bmatrix}$; $A^{-1} = \dfrac{1}{4}\begin{bmatrix} 3 & -1 \\ -2 & 2 \end{bmatrix}$ *b)* $X = \begin{bmatrix} x_1 \\ x_2 \end{bmatrix} = \begin{bmatrix} 5 \\ 2 \end{bmatrix}$

   c) *i)* L'usine produirait 1 unité de PAB-2 et 10 unités de QAM-24.

   ii) L'usine produirait 10 unités de PAB-2 et 4 unités de QAM-24.

47. *a)* *i)* 1 000 unités de P_1 et 1 200 unités de P_2

   ii) 1 600 unités de P_1 et 1 000 unités de P_2

   iii) 2 500 unités de P_1 et 1 500 unités de P_2

   b) $\begin{bmatrix} x_A \\ x_B \end{bmatrix} = \begin{bmatrix} -4 & 7 \\ 3 & -5 \end{bmatrix}\begin{bmatrix} p \\ m \end{bmatrix}$

48. *a*) 6,25 t de l'alliage P et 5 t de l'alliage Q

   b) $\begin{bmatrix} x_1 \\ x_2 \end{bmatrix} = -25 \begin{bmatrix} 0,15 & -0,35 \\ -0,2 & 0,2 \end{bmatrix} \begin{bmatrix} k_1 \\ k_2 \end{bmatrix}$ où x_1 et x_2 désignent respectivement la quantité (en tonnes) des alliages P et Q produite quotidiennement.

49. *a*) *Indice* : Utiliser les hauteurs BD, CE et AF du triangle, perpendiculaires à AC, AB et BC respectivement.

   c) $\cos C = \dfrac{a^2 - c^2 + b^2}{2ab}$ *d*) *Indice* : Utiliser l'égalité établie en *c*).

50. *Indice* : On peut faire passer une parabole par les trois points donnés si et seulement si, pour $a, b, c \in \mathbb{R}$ et $a \neq 0$, le système S suivant admet une solution unique :

$$\begin{cases} ax_1^{\,2} + bx_1 + c = y_1 \\ ax_2^{\,2} + bx_2 + c = y_2 \\ ax_3^{\,2} + bx_3 + c = y_3 \end{cases}$$

51. *Indice* : Un point arbitraire $P(x, y)$ appartient au segment P_2P_3 (voir figure 2.3) si et seulement si

$$\frac{y - y_3}{x - x_3} = \frac{y_2 - y_3}{x_2 - x_3} \Leftrightarrow x(y_2 - y_3) - y(x_2 - x_3) - x_3y_2 + x_2y_3 = 0$$

$$\Leftrightarrow \det \begin{bmatrix} x & y & 1 \\ x_2 & y_2 & 1 \\ x_3 & y_3 & 1 \end{bmatrix} = 0$$

$$\Leftrightarrow Ax + By + C = 0$$

où $A = x_2 - y_3$, $B = -(x_2 - x_3)$ et $C = x_2y_3 - x_3y_2$.

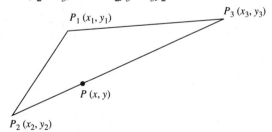

Figure 2.3

   d) 4 unités d'aire

Chapitre 3

1. *a)* Non   *b)* Oui   *c)* Oui

2. *Indice* : Procéder par substitution.

3. *a)* $S_1 : \begin{bmatrix} 2 & 3 & -1 \\ 2 & 1 & -1 \\ -2 & 1 & -3 \end{bmatrix} \begin{bmatrix} x \\ y \\ z \end{bmatrix} = \begin{bmatrix} 4 \\ 0 \\ 0 \end{bmatrix}$ $S_2 : \begin{bmatrix} 1 & 3 & 4 & 2 & -1 \\ -1 & 2 & -1 & 3 & 1 \\ -1 & 1 & -1 & 2 & 1 \\ -1 & 1 & 1 & 1 & -1 \end{bmatrix} \begin{bmatrix} x_1 \\ x_2 \\ x_3 \\ x_4 \\ x_5 \end{bmatrix} = \begin{bmatrix} 6 \\ 0 \\ 10 \\ 7 \end{bmatrix}$

$$S_3 : \begin{bmatrix} 1 & 0 & 1 & 2 \\ 1 & 1 & 1 & 2 \\ 3 & 0 & 4 & 7 \\ 1 & 1 & 1 & 4 \end{bmatrix} \begin{bmatrix} x_1 \\ x_2 \\ x_3 \\ x_4 \end{bmatrix} = \begin{bmatrix} 0 \\ 0 \\ 0 \\ 0 \end{bmatrix}$$

b) Oui : S_1 et S_3 sont des systèmes de Cramer; chacun admet donc une solution unique.

c) Seul S_3 est homogène : sa matrice des constantes est nulle.

4. Oui : S et S' sont des systèmes de Cramer et ils admettent tous deux la même solution.

5. *a)* $\left[\begin{array}{ccc|c} 3 & -4 & 1 & 6 \\ 2 & -1 & 0 & 3 \\ 1 & 1 & 1 & 2 \end{array} \right]$ *b)* $\left[\begin{array}{cccc|c} 2 & -3 & 1 & -1 & 7 \\ -1 & 1 & -1 & 1 & 0 \\ 3 & 2 & -1 & 0 & 4 \\ 0 & 0 & 1 & 3 & 6 \end{array} \right]$ *c)* $\left[\begin{array}{ccccc|c} 1 & 1 & 1 & 1 & 1 & 2 \\ -1 & 0 & -1 & 1 & 0 & -1 \\ 0 & -2 & 0 & -1 & 1 & 6 \end{array} \right]$

6. *a)* $\begin{cases} 2x + y + 3z + 4w = 0 \\ 3x - y + 2z = 3 \\ -2x + y - 4z + 3w = 2 \end{cases}$ *b)* $\begin{cases} 2x_1 + x_2 + 3x_3 + 4x_4 = 0 \\ 3x_1 - x_2 + 2x_3 = 3 \\ -2x_1 + x_2 - 4x_3 + 3x_4 = 2 \\ 0x_1 + 0x_2 + 0x_3 + 0x_4 = 0 \end{cases}$

7. *a)* $\begin{bmatrix} 2 & 3 & -3 & 1 & 1 \\ 3 & 0 & 2 & 0 & 3 \\ 2 & 3 & 0 & -4 & 0 \\ 0 & 0 & 1 & 1 & 1 \end{bmatrix}$ *b)* $\begin{bmatrix} 2 & 3 & -3 & 1 & 1 \\ 3 & 0 & 2 & 0 & 3 \\ 2 & 3 & 0 & -4 & 0 \\ 0 & 0 & 1 & 1 & 1 \end{bmatrix} \begin{bmatrix} x_1 \\ x_2 \\ x_3 \\ x_4 \\ x_5 \end{bmatrix} = \begin{bmatrix} 7 \\ -2 \\ 3 \\ 5 \end{bmatrix}$

$$c) \begin{bmatrix} 2 & 3 & -3 & 1 & 1 & 7 \\ 3 & 0 & 2 & 0 & 3 & -2 \\ 2 & 3 & 0 & -4 & 0 & 3 \\ 0 & 0 & 1 & 1 & 1 & 5 \end{bmatrix}$$

8. *a)* $\dfrac{1}{2}L_1 \to L_1; \dfrac{1}{6}L_2 \to L_2$ *b)* $L_2 - 2L_1 \to L_2; L_3 - 3L_1 \to L_3$ *c)* $L_3 \leftrightarrow L_1$

9. *a)* A, B, E, G et H *b)* A et G

c) $A = \begin{bmatrix} \boxed{1} & 0 & 0 & 0 & -3 \\ 0 & 0 & \boxed{1} & 0 & 4 \\ 0 & 0 & 0 & \boxed{1} & 2 \end{bmatrix}$ $B = \begin{bmatrix} 0 & \boxed{1} & 0 & 0 & 5 \\ 0 & 0 & \boxed{1} & 0 & -4 \\ 0 & 0 & 0 & \boxed{-1} & 2 \end{bmatrix}$

$E = \begin{bmatrix} \boxed{2} & 0 & 0 & 1 & 2 \\ 0 & 0 & \boxed{3} & 0 & 0 \\ 0 & 0 & 0 & \boxed{1} & 3 \\ 0 & 0 & 0 & 0 & 0 \end{bmatrix}$ $G = \begin{bmatrix} \boxed{1} & 0 & 0 & 0 & 1 \\ 0 & \boxed{1} & 0 & 0 & 1 \\ 0 & 0 & 0 & \boxed{1} & -1 \\ 0 & 0 & 0 & 0 & 0 \end{bmatrix}$

$H = \begin{bmatrix} \boxed{1} & 0 & 0 & 1 \\ 0 & \boxed{1} & 0 & 2 \\ 0 & 0 & 0 & \boxed{-1} \\ 0 & 0 & 0 & 0 \end{bmatrix}$

10. $\begin{bmatrix} 2 & 2 & -5 & 2 & 4 \\ 0 & 2 & 3 & -4 & 1 \\ 0 & 0 & 2 & 3 & 4 \\ 0 & 0 & 0 & 0 & 0 \end{bmatrix}$; non

11. $\begin{bmatrix} 1 & 0 & 0 & 0 \\ 0 & 1 & 0 & 0 \\ 0 & 0 & 1 & 0 \\ 0 & 0 & 0 & 1 \end{bmatrix}$; oui

12. *a)* Par exemple, $\begin{bmatrix} 1 & -2 & 0 & 2 \\ 0 & 1 & 0 & 0 \\ 0 & 0 & 1 & -1 \\ 0 & 0 & 0 & 1 \end{bmatrix}$ *b)* $\begin{bmatrix} 1 & 0 & 0 & 0 \\ 0 & 1 & 0 & 0 \\ 0 & 0 & 1 & 0 \\ 0 & 0 & 0 & 1 \end{bmatrix}$

13. *a)* $\begin{bmatrix} x \\ y \\ z \end{bmatrix} = \begin{bmatrix} -3/7 \\ 2/7 \\ 8/7 \end{bmatrix}$ *b)* $\begin{bmatrix} x \\ y \end{bmatrix} = \begin{bmatrix} -1/7 \\ -3/7 \end{bmatrix}$

14. *a)* Aucune solution   *b)* $\begin{bmatrix} x_1 \\ x_2 \\ x_3 \\ x_4 \end{bmatrix} = \begin{bmatrix} 1 \\ 2 \\ -1 \\ 3 \end{bmatrix}$

15. Nissan : 40 \$, Ford : 48 \$, Chevrolet : 52 \$

16. 500 écureuils communs, 1 000 tamias et 500 écureuils volants du Sud.

17. 20 unités de chaque fertilisant

18. *a)* $\begin{bmatrix} 1 & 0 & 0 & 24/11 \\ 0 & 1 & 0 & 39/22 \\ 0 & 0 & 1 & -1/2 \end{bmatrix}$; rang$(A) = 3$ *b)* $\begin{bmatrix} 1 & 0 & -7 \\ 0 & 1 & 4 \\ 0 & 0 & 0 \\ 0 & 0 & 0 \end{bmatrix}$; rang$(A) = 2$

c) $\begin{bmatrix} 1 & 0 & 5 & 0 \\ 0 & 1 & -2 & 0 \\ 0 & 0 & 0 & 1 \\ 0 & 0 & 0 & 0 \end{bmatrix}$; rang$(A) = 3$

d) Non : on peut déterminer directement le rang de n'importe quelle matrice échelonnée.

19. *a)* 3   *b)* 2   *c)* 2   *d)* 4

20. *a)* *i)* 3   *ii)* 3   *iii)* Oui, car rang$(A) = $ rang$(A|B)$ *iv)* y

b) *i)* 2   *ii)* 3   *iii)* Non, car rang$(A) < $ rang$(A|B)$ *iv)* ne s'applique pas

21. *a)* Compatible; non; une variable libre   *b)* Incompatible

c) Compatible; non; une variable libre   *d)* Compatible; oui

22. *a)* Solution unique : $\begin{bmatrix} x \\ y \\ z \end{bmatrix} = \begin{bmatrix} -1 \\ 2 \\ 3 \end{bmatrix}$

b) Incompatible : $\text{rang}(A) = 2$ et $\text{rang}(A|B) = 3$

c) Solution unique : $\begin{bmatrix} x \\ y \end{bmatrix} = \begin{bmatrix} 7/3 \\ -5/3 \end{bmatrix}$

d) Solution unique : $\begin{bmatrix} x \\ y \end{bmatrix} = \begin{bmatrix} 2 \\ 9 \end{bmatrix}$

e) Infinité de solutions : $\begin{bmatrix} x \\ y \\ z \end{bmatrix} = \begin{bmatrix} 3 - t/3 \\ 1 + 8t/3 \\ t \end{bmatrix}$ où $t \in \mathbb{R}$

f) Solution unique : $\begin{bmatrix} x \\ y \\ z \end{bmatrix} = \begin{bmatrix} 4 \\ -3 \\ 2 \end{bmatrix}$

g) Incompatible

h) Infinité de solutions : $\begin{bmatrix} x \\ y \\ z \\ v \\ w \end{bmatrix} = \begin{bmatrix} 1 + 2a - 3b \\ a + 2b \\ 2 - a - b \\ a \\ b \end{bmatrix}$ où $a, b \in \mathbb{R}$

i) Solution unique : $\begin{bmatrix} x \\ y \\ z \\ v \end{bmatrix} = \begin{bmatrix} 2 \\ 1/3 \\ 0 \\ 2/3 \end{bmatrix}$

j) Incompatible

k) Incompatible

l) Solution unique : $\begin{bmatrix} x_1 \\ x_2 \\ x_3 \end{bmatrix} = \begin{bmatrix} 3 \\ -1 \\ 4 \end{bmatrix}$

23. Non, car le système à résoudre est incompatible.

24. $A = -2 \begin{bmatrix} 1 & 0 \\ 0 & 1 \end{bmatrix} - 2 \begin{bmatrix} 1 & 1 \\ 0 & 0 \end{bmatrix} + 2 \begin{bmatrix} 1 & 0 \\ 1 & 1 \end{bmatrix} + 3 \begin{bmatrix} 1 & 1 \\ 0 & 1 \end{bmatrix}$

25.   *a)* $c = -1$ *b)* $c \neq \pm 1$ *c)* $c = 1$

26.   Solution unique si $t \neq -2$ et $t \neq 1$:
$$\begin{bmatrix} x_1 \\ x_2 \\ x_3 \end{bmatrix} = \begin{bmatrix} 1/(t+2) \\ 1/(t+2) \\ 1/(t+2) \end{bmatrix}$$

Aucune solution si $t = -2$

Infinité de solutions si $t = 1$:
$$\begin{bmatrix} x_1 \\ x_2 \\ x_3 \end{bmatrix} = \begin{bmatrix} 1 - m - n \\ m \\ n \end{bmatrix} \qquad \text{où } m, n \in \mathbb{R}$$

27.   *a) i)* $a = -2$ *ii)* $a \neq \pm 2$ *iii)* $a = 2$

      b) i) $a = \pm\sqrt{3}$ *ii)* $a \neq \pm\sqrt{3}$ *iii)* Aucune

28.   *a)*
$$\begin{bmatrix} x \\ y \\ z \end{bmatrix} = \begin{bmatrix} 4 \\ 9 \\ 16 \end{bmatrix}$$
      b)
$$\begin{bmatrix} x \\ y \end{bmatrix} = \begin{bmatrix} \pm 2 \\ \sqrt{3} \end{bmatrix}$$

      c)
$$\begin{bmatrix} x \\ y \end{bmatrix} = \begin{bmatrix} 378/325 \\ 549/325 \end{bmatrix}$$
      d)
$$\begin{bmatrix} x \\ y \end{bmatrix} = \begin{bmatrix} 2 \\ -1 \end{bmatrix} \text{ ou } \begin{bmatrix} x \\ y \end{bmatrix} = \begin{bmatrix} -2 \\ 1 \end{bmatrix}$$

29.   *a)*
$$\begin{bmatrix} x_1 \\ x_2 \\ x_3 \end{bmatrix} = \begin{bmatrix} 0 \\ 0 \\ 0 \end{bmatrix}$$
      b)
$$\begin{bmatrix} x_1 \\ x_2 \\ x_3 \\ x_4 \end{bmatrix} = \begin{bmatrix} -t \\ t \\ -t \\ t \end{bmatrix} \qquad \text{où } t \in \mathbb{R}$$

      c)
$$\begin{bmatrix} x_1 \\ x_2 \\ x_3 \\ x_4 \\ x_5 \end{bmatrix} = \begin{bmatrix} -t - s \\ s \\ -t \\ -t \\ t \end{bmatrix} \qquad \text{où } s, t \in \mathbb{R}$$
      d)
$$\begin{bmatrix} x_1 \\ x_2 \\ x_3 \end{bmatrix} = \begin{bmatrix} 0 \\ 0 \\ 0 \end{bmatrix}$$

      e)
$$\begin{bmatrix} x_1 \\ x_2 \\ x_3 \\ x_4 \end{bmatrix} = \begin{bmatrix} 0 \\ 0 \\ 0 \\ 0 \end{bmatrix}$$

30. *a*) Non   *b*) Oui   *c*) Non   *d*) Oui   *e*) Non

31. *a*) Le système admet des solutions non triviales.

   b) Le système n'admet que la solution triviale.

   c) Le système n'admet que la solution triviale.

   d) Le système admet des solutions non triviales.

32. *Suggestion* : Utiliser le déterminant de la matrice des coefficients du système.

33. $k = -1$ et $k = 3$

34. *a*) Compatible   *b*) Compatible   *c*) Incompatible   *d*) Incompatible

35. *a*) Solution unique : $\begin{bmatrix} x \\ y \\ z \end{bmatrix} = \begin{bmatrix} (2a - b - 5c)/4 \\ (b + 3c)/2 \\ -c \end{bmatrix}$ pour tout $a, b, c \in \mathbb{R}$.

   b) Solution unique : $\begin{bmatrix} x \\ y \\ z \end{bmatrix} = \begin{bmatrix} 0 \\ 0 \\ 0 \end{bmatrix}$ si $abc \neq -1$.

   Infinité de solutions : $\begin{bmatrix} x \\ y \\ z \end{bmatrix} = \begin{bmatrix} abt \\ -bt \\ t \end{bmatrix}$ où $t \in \mathbb{R}$ si $abc = -1$.

   c) Il n'y a aucune solution si $a = 0$.

   Solution unique : $\dfrac{1}{a}\begin{bmatrix} a - 1 \\ 0 \\ -1 \end{bmatrix}$ si $a \neq 1$ et $a \neq 0$.

   Infinité de solutions : $\begin{bmatrix} x \\ y \\ z \end{bmatrix} = \begin{bmatrix} -t \\ t \\ -1 \end{bmatrix}$ où $t \in \mathbb{R}$ si $a = 1$.

   d) Aucune solution si $a = 1$.

   Solution unique : $\dfrac{1}{3(a - 1)}\begin{bmatrix} -5a + 8 \\ -a - 2 \\ a^2 + a - 2 \end{bmatrix}$ si $a \neq 1$ et $a \neq 2$.

Infinité de solutions : $\begin{bmatrix} x \\ y \\ z \end{bmatrix} = \begin{bmatrix} 2 - 2t \\ -t \\ t \end{bmatrix}$ où $t \in \mathbb{R}$ si $a = 2$.

36. *a)* $\begin{bmatrix} 3 \\ 7 \end{bmatrix}$ et $\begin{bmatrix} 8 \\ 2 \end{bmatrix}$ respectivement.   *b)* $\begin{bmatrix} -3/2 \\ 3/2 \\ 3 \end{bmatrix}$ et $\begin{bmatrix} -17 \\ -4 \\ 12 \end{bmatrix}$ respectivement.

37. $\begin{bmatrix} 1 \\ 4 \\ -2 \end{bmatrix}$, $\begin{bmatrix} 2 \\ -3 \\ 5 \end{bmatrix}$ et $\begin{bmatrix} 1 \\ -1 \\ 1 \end{bmatrix}$ sont respectivement les solutions de S, S' et S''.

38. $\dfrac{1}{12}\begin{bmatrix} -1 & -4 & 7 \\ -1 & 8 & -5 \\ 5 & -4 & 1 \end{bmatrix}$, $\dfrac{1}{10}\begin{bmatrix} -1 & 4 & 3 & -1 \\ 6 & -24 & 2 & -4 \\ 1 & 6 & -3 & 1 \\ -3 & 12 & -1 & 7 \end{bmatrix}$

39. *a)* $\begin{bmatrix} -2/3 \\ 1/3 \\ 1/3 \end{bmatrix}$ *b)* $\begin{bmatrix} 1/2 \\ -2 \\ 1/2 \\ 3/2 \end{bmatrix}$ *c)* $\begin{bmatrix} -4/17 \\ 11/17 \\ 1/17 \end{bmatrix}$

40. Huit de chaque sorte.

41. *a)* 6/10 de X, 2/10 de Y et 2/10 de Z.

b) 6 g de X, 2 g de Y et 2 g de Z.

42. *a)*   *i)* Cie 1 : 215 unités; Cie 2 : 262 unités; Cie 3 : 202 unités

ii) Cie 1 : 2 150 unités; Cie 2 : 1 560 unités; Cie 3 : 960 unités

iii) $\begin{bmatrix} p_1 \\ p_2 \\ p_3 \end{bmatrix} = \dfrac{1}{53}\begin{bmatrix} 80 & 30 & 25 \\ 26 & 76 & 28 \\ 16 & 6 & 58 \end{bmatrix}\begin{bmatrix} d_1 \\ d_2 \\ d_3 \end{bmatrix}$ où p_i est le niveau de production de Cie p_i

b)   *i)* Cie 1 : 162 unités; Cie 2 : 156 unités; Cie 3 : 43 unités

ii) Cie 1 : 1 090 unités; Cie 2 : 1 030 unités; Cie 3 : 430 unités *iii)* $CP = \begin{bmatrix} 0,2 & 0,3 & 0,2 \\ 0,2 & 0,2 & 0,3 \\ 0,2 & 0 & 0 \end{bmatrix} \begin{bmatrix} p_1 \\ p_2 \\ p_3 \end{bmatrix}$

43. *a)* $(I-C)^{-1} = \begin{bmatrix} 5/3 & 2/3 & 5/8 \\ 5/3 & 8/3 & 5/8 \\ 0 & 0 & 5/4 \end{bmatrix}$

b) i) $P = \begin{bmatrix} 33 \\ 57 \\ 20 \end{bmatrix}$ *ii)* $P = \begin{bmatrix} 40 \\ 70 \\ 30 \end{bmatrix}$

c) $D = \begin{bmatrix} 8 \\ 10 \\ 32 \end{bmatrix}$ (en millions de dollars)

44. *a)* $c_{32} = 0,25$ \$ *b)* $c_{51} = 0,20$ \$

c) 0,85 \$ *d)* 0,05 \$

e) Charbon : acier et électricité; électricité : acier; acier : auto.

f) Non : la matrice de consommation n'est pas stochastique.

45. *a)* Économies 1 et 2.

b) $R = \begin{bmatrix} 44t \\ 39t \\ 51t \\ 47t \end{bmatrix}$ pour l'économie 1; $R = \begin{bmatrix} 14t \\ 17t \\ 47t \\ 23t \end{bmatrix}$ pour l'économie 2, où $t \in \mathbb{R}$.

c) $R = \begin{bmatrix} 2\,431 \\ 2\,155 \\ 2\,818 \\ 2\,597 \end{bmatrix}$ pour l'économie 1; $R = \begin{bmatrix} 1\,386 \\ 1\,683 \\ 4\,653 \\ 2\,277 \end{bmatrix}$

46. *a)* $\begin{cases} x_1 + x_2 + x_3 & = 500 \\ x_1 + x_4 + x_6 & = 400 \\ x_3 + x_5 - x_6 & = 100 \\ x_2 - x_4 - x_5 & = 0 \end{cases}$

b) $\begin{bmatrix} x_1 \\ x_2 \\ x_3 \\ x_4 \\ x_5 \\ x_6 \end{bmatrix} = \begin{bmatrix} 400 - r - t \\ r + s \\ 100 - s + t \\ r \\ s \\ t \end{bmatrix}$ où $r, s, t \in \mathbb{R}$

c) Seules les solutions pour lesquelles x_i est un entier positif ($i = 1, 2, ..., 6$), $x_4 + x_6 \leq 400$ et $x_5 - x_6 \leq 100$ sont acceptables.

47. a) Intersection :

$$
\begin{array}{llll}
A : & x_1 & + x_5 & = 600 \\
B : & x_1 - x_2 & + x_6 & = 100 \\
C : & x_2 & - x_7 & = 500 \\
D : & - x_3 & + x_7 & = 200 \\
E : & x_3 - x_4 & - x_6 & = -800 \\
F : & x_4 + x_5 & & = 600
\end{array}
$$

b) $(600 - s + t, 500 + t, t - 200, 600 - s + t, s - t, s, t)$.

c) Le débit sur le tronçon CD doit être d'au moins 200 véhicules par heure, sinon $x_3 < 0$, ce qui est impossible.

d) Il suffit de fermer le tronçon DE, de sorte que $x_3 = 0$ et $x_7 = 200$.

e) Tronçon BC : $x_2 = 700$ véhicules par heure

Tronçon EB : $x_1 \geq 0$ et $x_5 \geq 0 \implies 200 \leq x_6 \leq 800$

48. a) Soit x_1, x_2, x_3, x_4 et x_5 le débit d'eau en litres par minute dans les sections AB, BD, BC, AD et DC respectivement.

$$
\begin{bmatrix} x_1 \\ x_2 \\ x_3 \\ x_4 \\ x_5 \end{bmatrix} = \begin{bmatrix} 55 - s \\ 20 - s + t \\ 15 - t \\ s \\ t \end{bmatrix} \quad \text{où } s, t \in \mathbb{R}
$$

b) Un débit plus petit ou égal à 20 litres par minute.

Chapitre 4

1. Voir la figure 4.59.

a)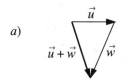

b)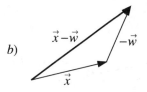

c)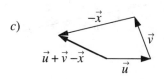

d)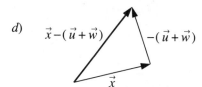

e)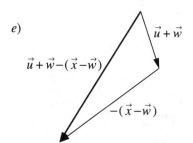

Figure 4.59

2. a) $2\left(\overrightarrow{AD} + \overrightarrow{AF}\right)$ b) $3\left(\overrightarrow{AC} + \overrightarrow{AO}\right)$

3. a) $\overrightarrow{AF}$ b) $\overrightarrow{AD}$ c) $\overrightarrow{AE}$ d) $\overrightarrow{AG}$ e) $\overrightarrow{AG}$ f) $\overrightarrow{BG}$
   g) $\overrightarrow{AG}$ h) $\overrightarrow{BE}$ i) $\vec{0}$ j) $2\overrightarrow{AH}$ k) $2\overrightarrow{AG}$ l) $\vec{0}$
   m) $2\overrightarrow{AD}$ n) $\vec{0}$ o) $\overrightarrow{AD}$ p) $\vec{0}$ q) $3\overrightarrow{EF}$ r) $\vec{0}$

4. a) $0{,}5\vec{u} + \vec{v}$ b) $0{,}5\vec{u} - \vec{v}$ c) $-\vec{u} + \vec{v}$
   d) $2{,}5\vec{u} + \vec{v}$ e) $1{,}5\vec{u} + \vec{v}$ f) $1{,}5\vec{u} + \vec{v}$

5. a) $5\vec{u} + 3\vec{v}$ b) $-2\vec{u}$ c) $-\vec{u} - 12\vec{v} + 11\vec{w}$

   d) $4\vec{u} - 3\vec{v}$ e) $-\dfrac{9}{2}\vec{u} + 9\vec{v} + 2\vec{w}$ f) $-13\vec{u} + 6\vec{v} + 2\vec{w}$

   g) $\dfrac{5}{2}\vec{u} + \vec{v} - \dfrac{3}{4}\vec{w}$

6. *Indice* : Se donner des vecteurs $\vec{u}$ et $\vec{v}$ et appliquer la méthode de la résultante à chaque membre de l'égalité.

7. Voir la figure 4.60.

a)   *i)*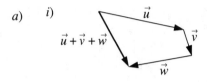

ii)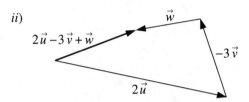

iii)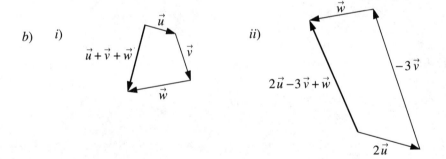

b)   *i)*

ii)

iii)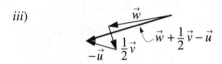

Figure 4.60

8.   *a)* $\sqrt{41}$ *b)* 27,94°

9.   *a)* $\vec{a} + \vec{b} + \vec{c} = \vec{u} + 3\vec{v} + 2\vec{w}$ *b) i)* $\sqrt{85}$ *ii)* 11   *iii)* $\sqrt{261}$

10. *Indice* : Se donner des vecteurs $\vec{u}$ et $\vec{v}$ tels que $\widehat{\vec{u},\vec{v}} = 60°$ et appliquer la méthode de la résultante.

11. Voir la figure 4.61.

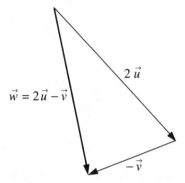

$2\,\vec{u}$

$\vec{w} = 2\,\vec{u} - \vec{v}$

$-\vec{v}$

Figure 4.61

12. $\|\vec{v}\| = 13$ kn; le bateau se dirige au nord de l'ouest, sa direction faisant un angle $\theta = 67,4°$ avec l'ouest.

13. $\|\vec{v}\| = \sqrt{3} \cong 1,73$ km/h; la direction de la nageuse forme un angle $\theta = 120°$ avec celle du courant.

14. Voir la figure 4.62.

a)

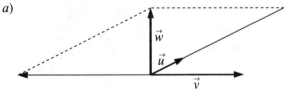

$\vec{w}$

$\vec{u}$

$\vec{v}$

b)

$\vec{w}$

$\vec{u}$

$\vec{v}$

c)

$\vec{w}$ $\vec{u}$

$\vec{v}$

Figure 4.62

15. $\vec{w} = 3\vec{u} + 4\vec{v}$

16. *b*) $\vec{w} = -\dfrac{2}{5}\,\vec{u} + \dfrac{11}{5}\,\vec{v}$

    c)   *i*) $2\vec{u} + \vec{v} = 4\vec{a} + \vec{b}$ *ii*) $\vec{u} - 3\vec{w} = -11\vec{a} - 22\vec{b}$

         iii) $\vec{u} + 4\vec{v} - 2\vec{w} = \vec{a} - 3\vec{b}$

    f) $\vec{u} + 4\vec{v} - 2\vec{w} = \dfrac{5}{7}\,(2\vec{u} + \vec{v}) + \dfrac{13}{77}\,(\vec{u} - 3\vec{w})$

17. *a*) Oui; deux vecteurs linéairement indépendants engendrent un plan.

    b) Oui; deux vecteurs linéairement indépendants engendrent un plan.

18. *Indice* : Utiliser la proposition 4.7.

19. Non; trois vecteurs sont dits coplanaires s'ils sont dans un même plan lorsqu'on fait coïncider leur origine (sans modifier leur orientation).

20. *b*).

21. Non, trois vecteurs peuvent être linéairement dépendants sans être colinéaires (fig. 4.63).

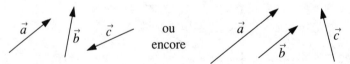

    Figure 4.63

22. *a*) Faux. Trois vecteurs sont coplanaires si et seulement si **au moins** un des trois s'écrit comme une combinaison linéaire des deux autres.

    b) Faux. Par exemple, quatre vecteurs de l'espace sont toujours linéairement dépendants, mais ils ne sont pas nécessairement coplanaires.

23. *a*) et *b*) Voir la figure 4.64.

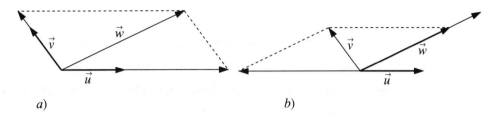

a)   b)

Figure 4.64

c) $\vec{u}$ et $\vec{v}$ sont linéairement indépendants, car ils ne sont pas parallèles.

d) $\vec{u}$, $\vec{v}$ et $\vec{w}$ sont linéairement dépendants, car l'un des trois vecteurs est une combinaison linéaire des deux autres.

24. a) Non, car ils sont parallèles; $\{\vec{u}, \vec{v}\}$ n'est pas une base d'un plan.

 b) Oui, car ils ne sont pas parallèles; $\{\vec{v}, \vec{w}\}$ est une base d'un plan.

 c) Non, car les trois vecteurs sont coplanaires; $\{\vec{u}, \vec{v}, \vec{w}\}$ n'est pas une base de l'espace.

25. a) i) Oui, car $\vec{w}$ et $\vec{x}$ ne sont pas parallèles.

 ii) Non, car $\vec{u}$, $\vec{w}$ et $\vec{x}$ sont coplanaires.

 iii) Non, car quatre vecteurs géométriques ou plus sont toujours linéairement dépendants.

 b) Voir la figure 4.65.

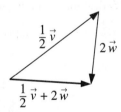

Figure 4.65

c) Non; voir a) iii).   d) Oui, $\vec{t} = 0\vec{u} + \dfrac{1}{2}\vec{v} + 2\vec{w} + 0\vec{x}$ e) Non; voir a) iii).

26. a) Non.

 b) Oui, car $\vec{u}$, $\vec{v}$ et $\vec{w}$ sont linéairement dépendants et coplanaires. Puisque $\vec{u}$ et $\vec{v}$ ne sont pas colinéaires, ils sont donc indépendants et ils engendrent le plan qui contient $\vec{u}$, $\vec{v}$ et $\vec{w}$. Le troisième vecteur, $\vec{w}$, s'écrit comme une combinaison linéaire de $\vec{u}$ et $\vec{v}$. On a $\vec{w} = -\vec{u} + 2\vec{v}$.

c) Oui. Oui.

d) Non, car $\vec{u}$, $\vec{v}$ et $\vec{x}$ sont linéairement indépendants.

e) Oui, quatre vecteurs géométriques sont toujours linéairement dépendants.

f) Oui, car tout vecteur de l'espace s'exprime comme une combinaison linéaire des vecteurs d'une base de l'espace. On a $\vec{w} = -\vec{u} + 2\vec{v} + 0\vec{x}$.

g) Non; non.

27. a) $\overrightarrow{QR} = \vec{b} - \vec{a}$ b) $\overrightarrow{QS} = 4\vec{a}$ c) $\overrightarrow{ST} = 3\vec{b} - 5\vec{a}$

   d) $\overrightarrow{SR} = \vec{b} - 5\vec{a}$ e) $\overrightarrow{QM} = \dfrac{6}{7}\vec{b} - \dfrac{2}{7}\vec{a}$ f) $\overrightarrow{MS} = \dfrac{30}{7}\vec{a} - \dfrac{6}{7}\vec{b}$

28. a) *Indice* : Identifier les vecteurs opposés.

29. *Indice* : Décomposer $\overrightarrow{AB} + \overrightarrow{CD}$ en choisissant I et J comme points intermédiaires et ensuite, $\overrightarrow{AB} - \overrightarrow{CD}$ en choisissant K et L comme points intermédiaires.

30. b) *Indice* : Additionner membre à membre les deux égalités prouvées en a) :
$$\overrightarrow{MN} = (1/2)\overrightarrow{CA} + \overrightarrow{AB} + (1/2)\overrightarrow{BD} \quad \text{et} \quad \overrightarrow{MN} = (1/2)\overrightarrow{AC} + \overrightarrow{CD} + (1/2)\overrightarrow{DB}$$

   c) i) Si $p = 1$, les vecteurs $\overrightarrow{AB}$ et $\overrightarrow{BD}$ déterminent un parallélogramme.

   ii) Si $p = -1$, les vecteurs $\overrightarrow{AB}$ et $\overrightarrow{BC}$ déterminent un parallélogramme.

31. $\dfrac{\left\|\overrightarrow{B'O}\right\|}{\left\|\overrightarrow{OB}\right\|} = \dfrac{\left\|\overrightarrow{A'O}\right\|}{\left\|\overrightarrow{OA}\right\|} = \dfrac{1}{4}$

32. $\dfrac{\left\|\overrightarrow{B'O}\right\|}{\left\|\overrightarrow{OB}\right\|} = \dfrac{1}{4}$ et $\dfrac{\left\|\overrightarrow{A'O}\right\|}{\left\|\overrightarrow{OA}\right\|} = \dfrac{2}{3}$

33. *Indice* : Soit G un point de AC tel que $\dfrac{\left\|\overrightarrow{CG}\right\|}{\left\|\overrightarrow{GA}\right\|} = \dfrac{1}{2}$. Montrer que G appartient aussi à BE.

34. *Indice* : Choisir un point O quelconque à l'extérieur du trapèze et appliquer la proposition 4.12.

35. *a)* *Indice* : Choisir un point O quelconque situé à l'extérieur du trapèze et appliquer la proposition 4.12.

  b) 1/6

36. *a)* $\sqrt{19}$ *b)* $\sqrt{7}$ *c)* 36,59° *d)* 79,11°

37. *a)* $\|\vec{v}\| = 150\sqrt{3} \cong 259,8$ km/h; l'avion se dirige vers l'est par rapport au sol.

  b) $\|\vec{v}\| = 150\sqrt{5 + 2\sqrt{3}} \cong 436,4$ km/h; l'avion suit une direction de 20,1° au sud de l'est par rapport au sol.

Chapitre 5

1. *a)* $-2\vec{e}$ *b)* $-8\vec{e}$ *d)* 6 *e)* Oui

  f) Chaque somme est égale au vecteur $\overrightarrow{AB}$.

2. $x_0 = (1/2)(a + b + x_1 + x_2)$

3. *b)* $M(2, 0), N(0, -3), P(2, -3), Q(2, 3), S(2, -15)$

4. *a)* $(-3, 1)$ *b)* $\dfrac{11}{3}\vec{u} + \dfrac{1}{3}\vec{v}$

c) Oui, car il est constitué de vecteurs linéairement indépendants.

d) $P(11, 8)$ e) $P(-2, 3)$ f) ii) Voir la figure 5.34.

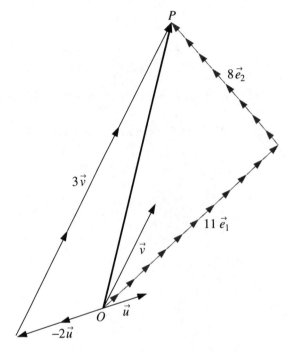

Figure 5.34

5. a), c) et e)

6. a) *Indice* : Étudier l'indépendance linéaire des vecteurs de chaque ensemble.

b) $\vec{v} = 5\vec{i} - 2\vec{j}$; $\vec{v}_A = (0, 1)$

c) $\vec{v} = -\dfrac{5}{2}(-2\vec{i}) + \dfrac{2}{3}(-3\vec{j})$; $\vec{v}_B = \left(-\dfrac{5}{2}, \dfrac{2}{3}\right)$

7. *Indice* : Vérifier que toute combinaison linéaire nulle de $\vec{a} + \vec{b}$ et de $\vec{a} - \vec{b}$ est triviale.

8. $3\sqrt{5}$, $3\sqrt{13}$, 12

9. $D(1, 1)$ ou $D(-11, -3)$ ou $D(13, 9)$

10. $P_1(7, 9)$; $P_2(-5, 1)$; $P_3(3, -3)$

11. *a*) 36   *b*) 32

12. *Indice* : Vérifier que $\vec{a} \perp \vec{b}$ et que $\|\vec{a}\| = \|\vec{b}\| = 1$.

13. Voir la figure 5.35.

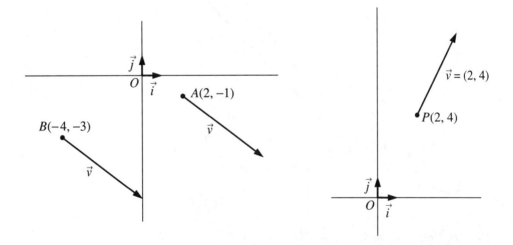

       Figure 5.35   **Figure 5.36**

14. Voir la figure 5.36.

15. $N(7, -5)$

16. Les ensembles donnés en *a*) et en *d*) sont des bases de $\mathbb{R}^2$, car ils sont composés de deux vecteurs non parallèles (linéairement indépendants).

$$(7, -1) = -5(1, 1) + 4(3, 1) \quad \text{et} \quad (7, -1) = \frac{202}{59}(2, 1) - \frac{3}{59}(-3, 87)$$

17. *a*) $D(-4, -11)$ ou $D(8, 1)$. Voir la figure 5.37.

    b) $k = -\dfrac{1}{2}$ ou $k = \dfrac{1}{2}$

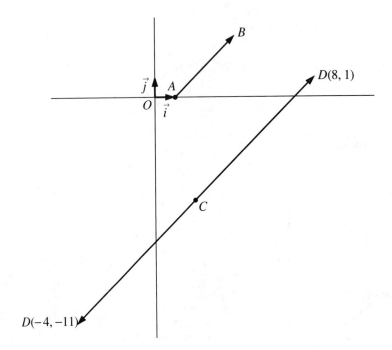

Figure 5.37

18. *a*) Voir la figure 5.38. $\overrightarrow{OB} = \dfrac{4}{7}\,\overrightarrow{OA} - \dfrac{6}{7}\,\overrightarrow{OC}$ *b*) $P(1, 1)$

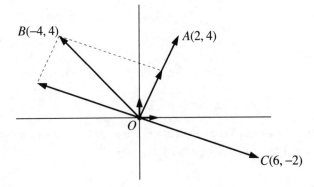

Figure 5.38

19. *a*) Des vecteurs : l'addition est définie sur l'ensemble des vecteurs de l'espace, non sur l'ensemble des points.

    b) $x = 1, y = 4$ et $z = -5$ *c*) Toute combinaison linéaire de $\vec{u}$ et de $\vec{v}$.

20. *a)* $P(7, 1, 2)$ *b)* $Q(10, -1, -6)$ *c)* $S(3, 3, -4)$

21. *a)* Non; les quatre vecteurs sont linéairement dépendants.

     b) $B_1 = \{\vec{u}, \vec{v}, \vec{w}\}, B_2 = \{\vec{u}, \vec{v}, \vec{x}\}, B_3 = \{\vec{u}, \vec{w}, \vec{x}\}$ et $B_4 = \{\vec{v}, \vec{w}, \vec{x}\}$

     c) $(1, 4, 2)_{B_1} = -\vec{u} - \vec{v} + 2\vec{w}$ $(1, 4, 2)_{B_2} = \vec{u} - 5\vec{v} + 4\vec{x}$

         $(1, 4, 2)_{B_3} = -\dfrac{3}{2}\vec{u} + \dfrac{5}{2}\vec{w} - \vec{x}$ $(1, 4, 2)_{B_4} = -3\vec{v} + \vec{w} + 2\vec{x}$

22. L'ensemble donné en *b)* est une base de $\mathbb{R}^3$.

$$(2, -1, 3) = (2, 4, -3) + \frac{1}{2}(0, 1, 1) - \frac{11}{2}(0, 1, -1)$$

23. *Indice* : Vérifier que la seule combinaison linéaire nulle de $\vec{e}_1$, $\vec{e}_2$ et $\vec{e}_3$ est la combinaison triviale.

24. *a)* Non   *b)* Non   *c)* Oui

25. *a)* colinéaires   *a)*, *b)* et *c)* coplanaires

26. *a)* $k = -4$ *b)* $k = 9$ et $r = 12$ *c)* $k = -1/8$ et $r = 1/8$

27. *a)* $\vec{w} = \dfrac{2}{5}\vec{u} + \dfrac{3}{5}\vec{v}$ *b)* $C(9/5, 0, 11/5)$

28. *Indice* : Montrer que $\overrightarrow{AB} = k\overrightarrow{AC}$. $M(1, 0, -1)$

29. *a)* $(1, 2, 0)$ *b)* $(0, 2, 5)$ *c)* $(-5, 3, -1)$

     d) $(0, 1, 0)$ *e)* $(0, 0, 2)$

30. $\pm\dfrac{\sqrt{5}}{15}(4, -2, 5)$

31. *a)* $\pm\dfrac{1}{3}(2, -1, 2)$ *b)* $\pm\dfrac{\sqrt{14}}{14}(-2, 1, 3)$

32. *a)* $\overrightarrow{AB} = (2, 1, -2); \left\|\overrightarrow{AB}\right\| = 3$ *b)* $\pm\dfrac{1}{3}(2, 1, -2)$

     c) $M(3, 3/2, 0)$ *d)* $N(12/5, 6/5, 3/5)$

33. *a)* $\overrightarrow{AB} = (-4, 1, 4), \overrightarrow{DC} = (5, -2, 1)$

     b) $(0, \sqrt{5}/5, -2\sqrt{5}/5)$ ou $(0, -\sqrt{5}/5, 2\sqrt{5}/5)$

     c) $\left\|\overrightarrow{AD}\right\| = 2\sqrt{6}, \left\|\overrightarrow{AD} + \overrightarrow{DC}\right\| = \sqrt{10}, \left\|\overrightarrow{AC} + \overrightarrow{BC}\right\| = \sqrt{41}, \left\|\overrightarrow{AC} + \overrightarrow{DB}\right\| = 3\sqrt{3}$

34. *a)* 3 et $\sqrt{2}$ *b)* 3 et $\sqrt{13}$ *c)* $\sqrt{61}$ Non

35. Voir la figure 5.39.

     a)

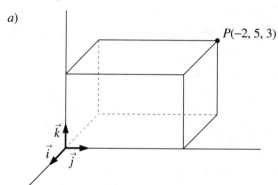

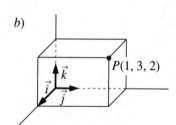

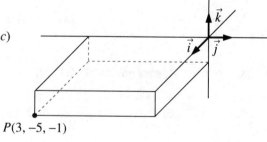

Figure 5.39

36. *c)*, *e)*, *g)* et *i)*

37. $M\left(\dfrac{3}{2}, \dfrac{7}{2}, \dfrac{11}{2}\right)$

38. *a*) Voir la figure 5.40.

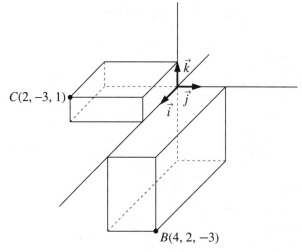

Figure 5.40

b) $\overrightarrow{AB} = (2, 3, -4)$ $\left\|\overrightarrow{AB}\right\| = \sqrt{29}$

$\overrightarrow{AC} = (0, -2, 0)$ $\left\|\overrightarrow{AC}\right\| = 2$

$\overrightarrow{AD} = (-3, 1, 1)$ $\left\|\overrightarrow{AD}\right\| = \sqrt{11}$

c) *Indice* : Vérifier que $\overrightarrow{AB}$, $\overrightarrow{AC}$ et $\overrightarrow{AD}$ sont linéairement indépendants.

d) $\overrightarrow{CD} = 0\overrightarrow{AB} - \overrightarrow{AC} + \overrightarrow{AD}$

e) $\overrightarrow{CD} = (0, -1, 1)_{\left(\overrightarrow{AB}, \overrightarrow{AC}, \overrightarrow{AD}\right)}$

f) i) $C(0, 1, 0)$ ii) $C(-1/2, 1/4, -1)$

g) $N(8/3, 0, -1/3)$ *h*) $\dfrac{\sqrt{65}}{3}$ *i*) $\dfrac{\sqrt{21}}{2}$

39. *a*) $(3, -5)$ *b*) $\sqrt{34}$ *c*) $(2, -4, 0)$ et $(-1, 3, 0)$

d) Non. Il n'y a aucune contradiction : on ne peut établir une égalité entre un vecteur algébrique de $\mathbb{R}^2$ et un vecteur algébrique de $\mathbb{R}^3$ même s'ils représentent le même vecteur géométrique.

e) La dernière coordonnée (la cote) de tous les points est nulle.

Chapitre 6

1. *a*) 5; 45°   *b*) −9; 153,02°   *c*) 3; 78,20°

2. *a*) 0   *b*) 0   *c*) 1   *d*) 0   *e*) 1

3. *a*) ±2   *b*) −19/2   *c*) 6   *d*) −3/2

4. *a*) $\dfrac{11}{\sqrt{962}}$ *b*) $\dfrac{9}{\sqrt{231}}$ *c*) $-\dfrac{4}{\sqrt{17}}$ *d*) $\dfrac{12}{5\sqrt{10}}$

5. *a*) −62   *b*) 162

6. *a*) −36   *b*) −21   *c*) −21   *d*) Non défini   *e*) (−72, 18, −36)

7. *a*) 10/21   *b*) 1/2   *c*) −23   *d*) −21/2   *e*) −2

8. *a*) $D(4, 2, -1)$; $E(1, 15, 1)$; $F(3, 15, 4)$; $G(6, 15, 2)$ *b*) Oui   *c*) Non

9. $x = \dfrac{2\sqrt{5}}{5}$ et $y = \dfrac{4\sqrt{5}}{5}$; $x = -\dfrac{2\sqrt{5}}{5}$ et $y = -\dfrac{4\sqrt{5}}{5}$

10. $-\dfrac{7}{3}\vec{i} + \dfrac{5}{3}\vec{j} + \dfrac{1}{3}\vec{k}$

11. $4\vec{i} - 2\vec{j} + 4\vec{k}$; 6

12. *a*) $-\dfrac{12}{13}\vec{i} + \dfrac{16}{13}\vec{j} - \dfrac{48}{13}\vec{k}$ et −4   *b*) $-\dfrac{26}{7}\vec{i} + \dfrac{13}{7}\vec{j} + \dfrac{39}{7}\vec{k}$ et $-\dfrac{13\sqrt{14}}{7}$

13. *a*) $-2\vec{i} - 3\vec{j} + 6\vec{k}$ *b*) −7

14. *a*) $-\dfrac{1}{2}\vec{i} + \dfrac{1}{2}\vec{j} - \vec{k}$ et $\dfrac{9}{7}\vec{i} - \dfrac{6}{7}\vec{j} - \dfrac{3}{7}\vec{k}$

   b) $\dfrac{\sqrt{6}}{2}$ et $\dfrac{3\sqrt{14}}{7}$ *c*) $-\dfrac{\sqrt{6}}{2}$ et $-\dfrac{3\sqrt{14}}{7}$

15. *Indice* : Utiliser la proposition 6.5 *ii*).

16. *Indice :* Montrer que le produit scalaire des vecteurs est nul.

17. *a*) $-\dfrac{\sqrt{3}}{3}$ et $\dfrac{\sqrt{6}}{3}$ *b*) $-\sqrt{3}$ et 0

     c) 0 et $\sqrt{6}$ *d*) $\sqrt{3}$ et $\sqrt{26}$

18. -2 et $5\sqrt{2}$

19. *Indice* : Utiliser le théorème de Pythagore, la relation de Chasles et le carré scalaire.

20. $\dfrac{2\pi}{7}$

     Indice : Poser $\left\| \vec{a} - \vec{b} + \vec{c} \right\|^2 = \left\| \vec{a} + \vec{b} + \vec{c} \right\|^2$ et utiliser l'égalité $\left\| \vec{v} \right\|^2 = \vec{v} \bullet \vec{v}$.

21. $\left(-\dfrac{2\sqrt{3}}{3}, -\dfrac{2\sqrt{3}}{3}, \dfrac{2\sqrt{3}}{3} \right)$ ou $\left(\dfrac{2\sqrt{3}}{3}, \dfrac{2\sqrt{3}}{3}, -\dfrac{2\sqrt{3}}{3} \right)$

22. $\left(-\dfrac{2\sqrt{3}}{3}, -\dfrac{2\sqrt{3}}{3}, \dfrac{2\sqrt{3}}{3} \right)$ ou $\left(\dfrac{2\sqrt{3}}{3}, \dfrac{2\sqrt{3}}{3}, -\dfrac{2\sqrt{3}}{3} \right)$

23. *a*) $-6\vec{i} + 18\vec{j} + 10\vec{k}$ *b*) $6\vec{i} - 18\vec{j} - 10\vec{k}$

     c) $-12\vec{i} + 36\vec{j} + 20\vec{k}$ *d*) -26

24. *a*) $-3\vec{i} + 2\vec{j} - 2\vec{k}$ *b*) $-\vec{i} - 2\vec{j} - 2\vec{k}$ *c*) $-3\vec{i} - 2\vec{j} - 2\vec{k}$

     d) $-6\vec{i} + 10\vec{j} - \vec{k}$ *e*) $3\vec{j} + 3\vec{k}$ *f*) $-8\vec{i} - 4\vec{j} + 8\vec{k}$

25. $\pm \dfrac{\sqrt{14}}{14} (1, 3, 2)$

26. *a*) $4\vec{i} - 3\vec{k}$ *b*) $-20\vec{i} - 10\vec{j} + 2\vec{k}$ *c*) $-2\vec{i} + \vec{j}$

     d) $4\vec{i} - 12\vec{j} + 3\vec{k}$ *e*) $-\vec{i} + 5\vec{j} + 9\vec{k}$ *f*) $9\vec{i} - 9\vec{j} - 2\vec{k}$

27. *a)* $\vec{i} - \vec{j} + 3\vec{k}$ *b)* $-9\vec{i} + 9\vec{j} + 6\vec{k}$

      c) $-4\vec{i} + 4\vec{j} - 12\vec{k}$ *d)* $-6\vec{i} + 6\vec{j} - 18\vec{k}$

28. *a)* $5\sqrt{30}$ unités d'aire   *b)* $\sqrt{347}$ unités d'aire

29. *a)* 12   *b)* 0   *c)* $5\sqrt{3}$

30. *a)* $\dfrac{\sqrt{398}}{398}\,(7, -5, 18)$ et $-\dfrac{\sqrt{398}}{398}\,(7, -5, 18)$

      b) $\dfrac{\sqrt{494}}{494}\,(1, 13, -18)$ et $-\dfrac{\sqrt{494}}{494}\,(1, 13, -18)$

      c) *Indice* : Vérifier que $\vec{v} \perp \overrightarrow{AB} \wedge \overrightarrow{AC}$

31. $\vec{u} = k(1, -16, 5)$ où $k \in \mathbb{R}$.

32. Si $\vec{a} = \vec{i} + 2\vec{j} + 3\vec{k}$, $\vec{b} = 2\vec{i} - \vec{j} + 2\vec{k}$ et $\vec{c} = 3\vec{i} + \vec{j} + 5\vec{k}$, alors l'égalité $\vec{a} \wedge \vec{b} = \vec{a} \wedge \vec{c}$ est vérifiée.

Si $\vec{a} = \vec{i} + 2\vec{j} + 3\vec{k}$, $\vec{b} = -\vec{i} + \vec{j}$ et $\vec{c} = -4\vec{j} + 3\vec{k}$, alors $\vec{a} \cdot \vec{b} = \vec{a} \cdot \vec{c}$.

33. *a)* 14,17 unités d'aire.   *b)* Non

34. *a)* $\vec{u} = \pm\dfrac{\sqrt{59}}{59}\,(3, 1, 7)$ *b)* $\theta = 123,1°$

35. $\vec{x} = (7, 5, 1)$

36. -1

37. *a)* 72   *b)* 0

38. *a)* Non   *b)* Oui   *c)* Non

      d) Oui   *e)* Non   *f)* Non

39. *a)* 19   *b)* 162

40. *a*) 18/5   *b*) Aucune   *c*) 1 et 3

41. *Indice* : Utiliser entre autres la distributivité des produits scalaire et vectoriel sur l'addition vectorielle.

42. *a*) 63   *b*) $G(1, 1, 8)$ *d*) Non

43. *a*) 1/6   *b*) 1   *c*) 8   *d*) 0

44. *Indice* : Former trois vecteurs avec les points donnés et utiliser la proposition 6.11.

45. $6x + 4y + 3z = 12$

46. Vecteurs linéairement indépendants : *b*) et *c*).

47. *Indice* : À l'aide de l'hypothèse, déterminer des vecteurs orthogonaux.

48. $\pm \dfrac{\sqrt{2}}{2} (\vec{j} + \vec{k})$

49. *a*) $m = -3$

b) $\vec{u} = k(3, 1, 4)$ où $k \in \mathbb{R}$.

c) $\dfrac{\sqrt{26}}{26} (3, 1, 4)$ et $- \dfrac{\sqrt{26}}{26} (3, 1, 4)$

50. *a*) Il suffit de montrer que $\vec{d}_1 \perp \vec{d}_2$.

b) Côtés : $\dfrac{5\sqrt{3}}{2}$ unités; angles : 72,14°, 107,86°

c) Environ 17,8 unités d'aire.

d) Non, les vecteurs sont coplanaires.

Chapitre 7

1. *a*) La médiatrice du segment *MN*, c'est-à-dire la droite perpendiculaire à *MN* en son milieu (fig. 7.48).

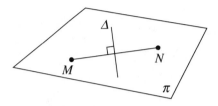

Figure 7.48

b) Le plan π perpendiculaire au segment *MN* en son milieu (fig. 7.49).

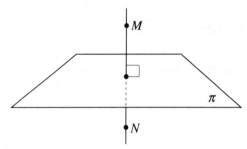

Figure 7.49

c) *i*) Une droite Δ_3 parallèle à Δ_1 et à Δ_2, située à égale distance de Δ_1 et de Δ_2 (fig. 7.50).

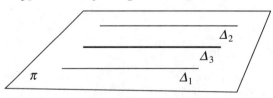

Figure 7.50

ii) Deux droites Δ_3 et Δ_4, bissectrices des angles formés par Δ_1 et Δ_2 (fig. 7.51).

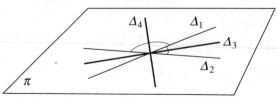

Figure 7.51

d) *i*) Un plan π parallèle à Δ_1 et à Δ_2, situé à égale distance de ces deux droites (fig. 7.52).

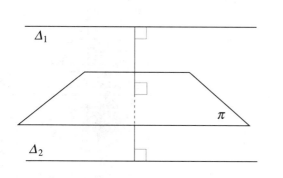

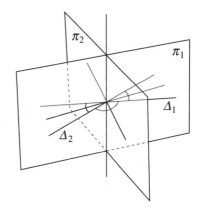

Figure 7.52   **Figure 7.53**

ii) Les deux plans bissecteurs des angles formés par Δ_1 et Δ_2 (fig. 7.53).

e) Un cercle de centre Q et de rayon k.

f) Une sphère de centre Q et de rayon k.

g) *i*) Les points de coordonnées respectives 3 et -3 d'un axe muni d'un repère $R : (O, \vec{i}\,)$ (fig. 7.54).

Un cercle de rayon 3 dans un plan muni d'un repère $R : (O, \vec{i}\,, \vec{j}\,)$ (fig. 7.55).

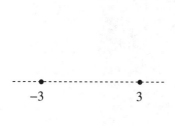

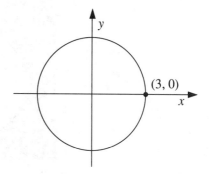

Figure 7.54   **Figure 7.55**

Une sphère de rayon 3 dans l'espace muni d'un repère $R : (O, \vec{i}, \vec{j}, \vec{k}\,)$.

ii) Le segment strictement compris entre les points $P(-3)$ et $P(3)$ d'un axe muni d'un repère $R : (O, \vec{i}\,)$ (fig. 7.56).

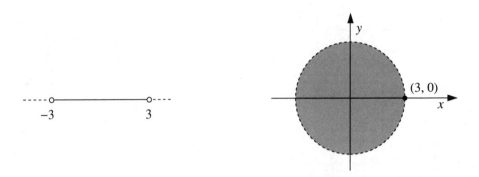

Figure 7.56   **Figure 7.57**

L'intérieur d'un cercle de rayon 3 dans un plan muni d'un repère $R : (O, \vec{i}\,, \vec{j}\,)$ (fig. 7.57).

L'intérieur d'une sphère de rayon 3 dans l'espace muni d'un repère $R : (O, \vec{i}\,, \vec{j}\,, \vec{k}\,)$.

iii) L'union des deux demi-droites représentant respectivement les intervalles $]-\infty, -3]$ et $[3, \infty[$ sur un axe muni d'un repère $R : (O, \vec{i}\,)$.

Un cercle de rayon 3 et l'extérieur de ce cercle dans un plan muni d'un repère orthonormé $R : (O, \vec{i}\,, \vec{j}\,)$ (fig. 7.58).

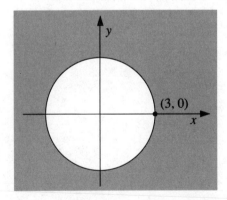

Figure 7.58

Une sphère de rayon 3 et l'extérieur de cette sphère dans l'espace muni d'un repère $R : (O, \vec{i}\,, \vec{j}\,, \vec{k}\,)$.

2. *a)* $(x, y, z) = (1, 2, 1) + r(1, 2, 4) = (1 + r, 2 + 2r, 1 + 4r)$ où $0 \leq r \leq 2$

   c) Non

   d) Non

3. *a)* $(x, y, z) = (3, 2, 1) + r(1, 2, 3) = (3 + r, 2 + 2r, 1 + 3r);$ $0 \leq r \leq 3$ *b)* $x = 5, z = 7$

4. *a)* $(x, y, z) = (-3, -6, -3) + r(1, 2, 3) = (-3 + r, -6 + 2r, -3 + 3r)$ où $r \in \mathbb{R}$

   b) *i)* $(0, 0, 6)$ *ii)* $(0, 0, 6)$ *iii)* $(-2, -4, 0)$

5. *a)* $-2, 0$ et -3 *b)* $\dfrac{x-2}{3} = \dfrac{y+3}{5} = \dfrac{z-4}{-5}$.

6. *a)* *i)* $y = 0$ et $z = 0$ *ii)* $x = 0$ et $z = 0$ *iii)* $x = 0$ et $y = 0$

   b) *i)* $P_1(1, 0, 0)$ et $P_2(3, 0, 0)$ *ii)* $P_1(0, 1, 0)$ et $P_2(0, -4, 0)$

      iii) $P_1(0, 0, 4)$ et $P_2(0, 0, -10)$

   c) *i)* $\{(x, y, z) \in \mathbb{R}^3 |\, y = 0$ et $z = 0\}$ *ii)* $\{(x, y, z) \in \mathbb{R}^3 | x = 0$ et $z = 0\}$

      iii) $\{(x, y, z) \in \mathbb{R}^3 | x = 0$ et $y = 0\}$

   d) *i)* $x = t$ $y = 0$ $z = 0$ où $t \in \mathbb{R}$

      ii) $x = 0$ $y = t$ $z = 0$ où $t \in \mathbb{R}$

     iii) $x = 0$ $y = 0$ $z = t$ où $t \in \mathbb{R}$

7. *a)* $x = s$ $y = 2 + 2s$ $z = -1 - 5s$ où $s \in \mathbb{R}$

   b) $x = 5t$ $y = 2 + 3t$ $z = -1 - 8t$ où $t \in \mathbb{R}$

   c) $x = r$ $y = 2$ $z = -1$ où $r \in \mathbb{R}$

   d) $x = 0$ $y = 2 + t$ $z = -1$ où $t \in \mathbb{R}$

   e) $x = 0$ $y = 2$ $z = -1 + r$ où $r \in \mathbb{R}$

   f) $x = 3s$ $y = 2 - 2s$ $z = -1 + 5s$ où $s \in \mathbb{R}$

8. *a)* $x = 2 + t$ $y = 1 - 2t$ $z = 1 + t$ où $t \in \mathbb{R}$

      $x - 2 = \dfrac{y-1}{-2} = z - 1$

   b) $x = 0$ $y = t$ $z = 1 - 3t$ où $t \in \mathbb{R}$

9. *a)* $x = 2 + t$ $\qquad$ $y = 3t$ $\qquad\qquad$ $z = -3 - 3t$ $\qquad\qquad$ où $t \in \mathbb{R}$

$\qquad\qquad x - 2 = \dfrac{y}{3} = \dfrac{z + 3}{-3}$

$\qquad$ *b)* $P_1(2, 0, -3)$ et $P_2(3, 3, -6)$

10. $x = -4 + 2t$ $\qquad\qquad$ $y = -3 + 3t$ $\qquad\qquad$ $z = 5 - t$ $\qquad\qquad$ où $t \in \mathbb{R}$

11. *a)* $(x, y) = (x_0, y_0) + t(a, b)$ où $t \in \mathbb{R}$

$\qquad$ *b)* $x = x_0 + at$ $\qquad\qquad$ $y = y_0 + bt$ $\qquad\qquad$ où $t \in \mathbb{R}$

$\qquad$ *c)* $\dfrac{x - x_0}{a} = \dfrac{y - y_0}{b}$ $\qquad\qquad\qquad$ *d)* $y = \dfrac{b}{a} x + \left(y_0 - \dfrac{b}{a} x_0 \right)$

$\qquad$ *e)* $\dfrac{b}{a}$ $\qquad\qquad\qquad\qquad\qquad\qquad$ *f)* $y_0 - \dfrac{b}{a} x_0$

12. *a)* $P_1(3, -6)$ et $P_2(11, 0)$ $\qquad\qquad$ *b)* $\dfrac{3}{4}$ $\qquad\qquad$ *c)* $y = \dfrac{3}{4} x - \dfrac{33}{4}$

13. *a)* $\Delta_1 : P_1(0, 4, 3)$ et $P_2(1, 6, 6)$ $\qquad\qquad$ $\Delta_2 : P_1(4, -1, 3)$ et $P_2(5, -4, 4)$

$\qquad\qquad$ $\Delta_3 : P_1(1, 2, -1)$ et $P_2(6, 0, -2)$ $\qquad\qquad$ $\Delta_4 : P_1(4, 5, 3)$ et $P_2(5, 8, 4)$

$\qquad$ *b)* $\Delta_1 : P(-1/3, 10/3, 2)$ $\qquad\qquad\qquad$ $\Delta_2 : P(3, 2, 2)$

$\qquad\qquad$ $\Delta_3 : P(-14, 8, 2)$ $\qquad\qquad\qquad\qquad$ $\Delta_4 : P(3, 2, 2)$

$\qquad$ *c)* $\Delta_1 : 1, 2$ et 3 $\qquad\qquad\qquad\qquad$ $\Delta_2 : -1, 3$ et -1

$\qquad\qquad$ $\Delta_3 : 5, -2$ et -1 $\qquad\qquad\qquad\qquad$ $\Delta_4 : 1, 3$ et 1

14. *a)* $\Delta_1 : -5, 8$ et 4 $\qquad\qquad\qquad\qquad$ $\Delta_2 : 6, 3$ et 4

$\qquad$ *b)* $\Delta_1 : P(1, -1, 2)$ $\qquad\qquad\qquad\qquad$ $\Delta_2 : P(1/2, -2, 5/3)$

$\qquad$ *c)* $\Delta_1 : x = 1 + 5t$ $\qquad$ $y = -1 - 8t$ $\qquad$ $z = 2 - 4t$ $\qquad$ où $t \in \mathbb{R}$

$\qquad$ *d)* Δ_1 et Δ_2 sont des droites gauches.

15. *b)* $\vec{v} = (1, -3, -5)$

$\qquad$ *c)* $(x, y, z) = (1, 2, -1) + t(1, -3, -5) = (1 + t, 2 - 3t, -1 - 5t)$ $\qquad$ où $t \in \mathbb{R}$

16. $x = 2 + t$ $y = 1$ $z = -1 - 2t$ où $t \in \mathbb{R}$

17. *a)* $p = -4$ *b)* $(x, y, z) = (1, 3, 2) + t(1, 2, -4)$ où $t \in \mathbb{R}$

18. *a)* $\dfrac{x - 1}{4} = \dfrac{y - 4}{-4} = z + 3$ *b)* $\dfrac{x - 1}{8} = \dfrac{y - 4}{-19} = \dfrac{z + 3}{-6}$

19. $(x, y, z) = (2, -1, 3) + t(3, -3, -1) = (2 + 3t, -1 - 3t, 3 - t)$ où $t \in \mathbb{R}$

20. *a)* $P(1, 2, 3)$ *b)* $P(2, 4, 6)$ *c)* $P(3, 2, 4)$ *d)* $\emptyset$

21. *a)* $\dfrac{x - 3}{2} = \dfrac{y + 4}{-3} = \dfrac{z - 9}{6}$ *b)* $P(1, -1, 3)$

22. $\dfrac{x - 2}{5} = \dfrac{y + 5}{4} = \dfrac{z - 4}{-3}$

23. *a)* $m = 3$ *b)* $P(0, -3, 5)$

24. *a)* Δ_1 et Δ_2 sont des droites gauches.

   b) $(x, y, z) = \dfrac{1}{29}(38, -243, -357) + r(2, -3, -4)$ où $r \in \mathbb{R}$

25. *b)* $\dfrac{x - 7}{5} = \dfrac{y - 2}{3} = \dfrac{z + 4}{-5}$

26. *a)* $(x, y, z) = (3, 0, 0) + r(-3, 4, 0) + s(-3, 0, 5) = (3 - 3r - 3s, 4r, 5s)$ où $r, s \in \mathbb{R}$ *b)* 5/6

27. *a)* $x = 3 + 3r + s$ $y = -1 - 5s$ $z = 1 - r - s$ où $r, s \in \mathbb{R}$

   b) $5x - 2y + 15z - 32 = 0$

28. *a)* $3x + 2y - 7 = 0$ *b)* $x - y - 3z + 2 = 0$

29. *a)* $P(1, -1, 2)$ *b)* $2x - y - 2z + 1 = 0$

30. $9x - y + 7z - 40 = 0$

31. *a)* $\vec{N} = (2, -1, -2), P(1, 0, 1)$ *b)* $\vec{N} = (2, 5, -1), P(0, 0, 0)$

   c) $\vec{N} = (3, -2, 0), P(1, -3, 4)$ *d)* $\vec{N} = (0, 8, -5), P(7, 5, 8)$

   e) $\vec{N} = (1, 0, 0), P(-12, 3, 4)$ *f)* $\vec{N} = (0, 1, 0), P(4, 5, -6)$

32. *a)* $x - 3y - z + 5 = 0$

33. *a)* *i)* $P_1(1, 2, 0), P_2(2, 3, 0)$ *ii)* $P_1(2, 0, 1), P_2(4, 0, 6)$

   iii) $P_1(0, 1, 3), P_2(0, 2, 2)$

   b) *i)* $z = 0$ *ii)* $y = 0$ *iii)* $x = 0$

   c) *i)* le plan xOy *ii)* le plan xOz *iii)* le plan yOz

   d) *i)* l'axe des x *ii)* l'axe des y *iii)* l'axe des z

   e) *i)* $z = 0$ *ii)* $y = 0$ *iii)* $x = 0$

   f) *i)* $(0, 0, 1)$ *ii)* $(0, 1, 0)$ *iii)* $(1, 0, 0)$

34. *a)* *i)* Le point d'abscisse -1 sur la droite réelle.

   ii) Une droite du plan, parallèle à l'axe des y et située à une distance d'une unité à gauche de cet axe.

   iii) Un plan de l'espace, parallèle au plan yOz et situé à une distance d'une unité derrière ce plan.

   b) *i)* Le point $P(-1, 2)$

   ii) La droite d'équations $x = -1$ $y = 2$ $z = t$ où $t \in \mathbb{R}$

   c) *i)* Le plan parallèle au plan xOy et situé à une distance de deux unités au-dessus de ce plan.

   ii) Le point $P(2, 2, 2)$.

   iii) La droite passant par l'origine et de vecteur directeur $(1, 1, 1)$.

   iv) La droite d'équations paramétriques
   $x = t$ $y = 2$ $z = -3$ où $t \in \mathbb{R}$

35. $P_1(3, -2, 0), P_2(5, 0, 6), P_3(0, -5, -9)$

36.   *a*) Parallèles disjointes ou confondues, ou concourantes.

   b) Parallèles disjointes ou confondues, concourantes ou gauches.

   c) Parallèles disjoints ou confondus, concourants.

   d) Confondus, trois parallèles dont deux confondus, trois parallèles disjoints, un sécant à deux confondus, un sécant à deux parallèles disjoints, trois sécants deux à deux, trois sécants dont l'intersection est une droite, trois sécants dont l'intersection est un point.

   e) La droite est dans le plan, la droite est sécante au plan en un point, la droite est extérieure au plan et parallèle à ce dernier.

37.   *a*) *i*) Parallèles   *ii*) Gauches   *iii*) Gauches

   b)   *i*) La droite coupe le plan au point *B*.

      ii) Les deux plans se coupent suivant une droite.

   c) Par exemple, *AB* et *BC*

   d) Par exemple, *EG* et *AF*

   e) Par exemple, *EB*, *EC* et *BC*

   f) Par exemple, *AG*, *EF* et *BC*

   g) $O(0, 0, 0)$, $A(2, 0, 0)$, $B(2, 4, 0)$, $C(0, 4, 0)$, $D(0, 0, 8)$, $E(2, 0, 8)$, $F(2, 4, 8)$ et $G(0, 4, 8)$

38.   Voir la figure 7.59.

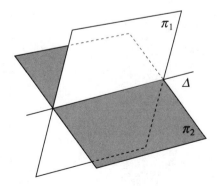

a)

Figure 7.59

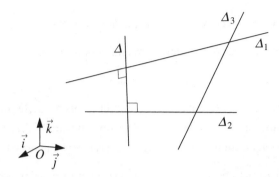

b) Δ_1 et Δ_2 sont des droites gauches.   *c*) Δ_3 coupe Δ_1 et Δ_2.

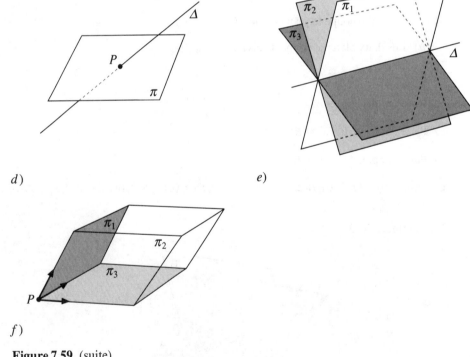

d)

e)

f)

Figure 7.59 (suite)

39. *a*) Une infinité   *b*) Une infinité   *c*) Un seul

  d) Aucun   *e*) Un seul

40. *a*) Une infinité   *b*) Un seul   *c*) Une infinité   *d*) Un seul

41. Voir la figure 7.60.

a) $\{(x, y, z) \in \mathbb{R}^3 | y = -3\}$

b) $\{(x, y, z) \in \mathbb{R}^3 | x = 5 \text{ et } z = 4\}$ » $\{(x, y, z) \in \mathbb{R}^3 | x = 3 \text{ et } z = -2\}$

c) $\{(x, y, z) \in \mathbb{R}^3 | x - 3y - 2z - 7 = 0\}$

d) $\{(x, y, z) \in \mathbb{R}^3 | x - 1 = -(y + 1)/3 = -(z - 1)/2\}$

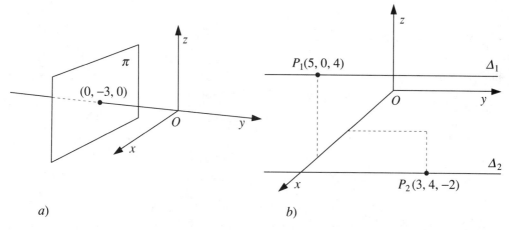

a)

b)

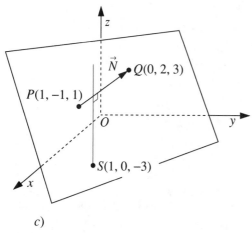

c)

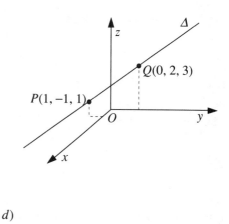

d)

Figure 7.60

42. a) Oui   b) Non   c) Oui

43. a) Oui   b) Oui   c) Non

44. $x = 4 + 3t$ $\qquad\qquad$ $y = 1 + t$ $\qquad\qquad$ $z = -2t$ $\qquad\qquad$ où $t \in \mathbb{R}$

45. *a*) $7x + 17y + 13z - 55 = 0$ $\qquad\qquad$ *b*) $x - 8y - 13z + 9 = 0$

  c) $x + 2z - 4 = 0$ $\qquad\qquad\qquad\qquad$ *d*) $13x - 14y + 11z + 51 = 0$

  e) $x + 3y + z + 3 = 0$

46. $x = -6 + 2t$ $\qquad\qquad$ $y = 19 - 4t$ $\qquad\qquad$ $z = 15 - 5t$ $\qquad\qquad$ où $t \in \mathbb{R}$

47. $P_1(9, -4, 0), P_2(3, 0, -2), P_3(0, 2, -3)$.

48. *a*) $P(1/6, -8/3, 1)$

  b) La droite d'équations paramétriques

  $\qquad$ $x = t$ $\qquad\qquad$ $y = 3$ $\qquad\qquad$ $z = -t$ $\qquad\qquad$ où $t \in \mathbb{R}$

49. *a*) Non $\qquad\qquad\qquad\qquad$ *b*) $\pi : 2x - 3y + z + 17 = 0$

  c) $\pi_1 : 3x - 4y + z + 6 = 0$ et $\pi_2 : 5x - 7y + 2z + 8 = 0$

50. $9x + 7y + 8z + 7 = 0$

51. *a*) $6x + 2y + 11z - 7 = 0$ $\qquad\qquad$ *b*) $10y + 7z + 1 = 0$

  c) $5x + 8z - 6 = 0$ $\qquad\qquad\qquad\qquad$ *d*) $7x - 16y - 10 = 0$

52. $l = 20, m = -12$

53. *a*) Le point $P(2, -3, 6)$ $\qquad$ *b*) $\varnothing$ $\qquad$ *c*) $\varnothing$ $\qquad$ *d*) La droite Δ

56. Oui

57. *a*) $P(1, 3, 2)$ $\qquad\qquad$ *b*) $P(10, 5, 5)$ $\qquad\qquad$ *c*) $P(1, 2, 3)$

  d) $x = 3 - t$ $\qquad\qquad$ $y = 1 + 8t$ $\qquad\qquad$ $z = 3t$ $\qquad\qquad$ où $t \in \mathbb{R}$

  e) $\varnothing$ $\qquad\qquad\qquad$ *f*) $\varnothing$

58. *a*) $p = -2$ $\qquad$ *b*) $p = 1; m = -15$ $\qquad$ *c*) $m = -6; p = 3/2$ $\qquad$ *d*) $m = -9/2$

59. *a*) $m \neq 7$ $\qquad\qquad$ *b*) $m = 7, p = 3$ $\qquad\qquad$ *c*) $m = 7, p \neq 3$

60. *a*) 45°   *b*) 79,02°   *c*) 79,02°

61. $x - 1 = \dfrac{y-2}{-3} = \dfrac{z+7}{-8}$

62 *a*) 73,4°   *b*) 66,4°   *c*) 60°

63. *a*) 21,23°   *b*) $P(3, 2, 1)$ *c*) $\left(\dfrac{1}{\sqrt{66}}, \dfrac{7}{\sqrt{66}}, \dfrac{4}{\sqrt{66}} \right)$

64. *a*) 62,3°   *b*) 25,5°

65. *a*) $\dfrac{\pi}{3}$ rad   *b*) $\dfrac{\pi}{4}$ rad   *c*) $\dfrac{\pi}{3}$ rad   *d*) $\dfrac{\pi}{4}$ rad   *e*) 0

66. *a*) 21   *b*) 6

67. *a*) 14/3   *b*) 0   *c*) 3,2

68. *a*) $\dfrac{\sqrt{1770}}{10}$ *b*) $\dfrac{\sqrt{21}}{3}$

69. 3; $M(4, 1, -2)$

70. $M(1, 2, 2)$

71. *a*) $\dfrac{9\sqrt{14}}{14}$ *b*) 36/7   *c*) $\dfrac{23\sqrt{29}}{29}$ *d*) $\sqrt{14}/2$

72. *a*) $\dfrac{10\sqrt{11}}{11}$ *b*) $\dfrac{5\sqrt{38}}{38}$ *c*) $\dfrac{12\sqrt{35}}{35}$

73. *a*) $\sqrt{6}/2$ *b*) $M(1, -1/2, -1/2)$

74. $M(23/2, 2, 9/2)$

75. *a*) $\dfrac{\sqrt{266}}{14}$ *b*) 0   *c*) $\dfrac{14\sqrt{45}}{45}$ *d*) 0

76. *a*) 3   *b*) 7

77. *a*) $(2, 1, 4) \in \Delta_1$ et $(1, -3, 7) \in \Delta_2$

     b) $(-3, 1, 1) \in \Delta_1$ et $(1, 3, -5) \in \Delta_2$

     c) $(-5, 3, 1) \in \Delta_1$ et $(0, 4, -2) \in \Delta_2$

78. *a*) $\dfrac{2\pi - 6}{\pi\sqrt{42}}$ *b*) $\sqrt{\dfrac{1555}{74}}$ *c*) $\dfrac{7\sqrt{219}}{73}$

     d) $\dfrac{7\sqrt{11}}{11}$ *e*) $\dfrac{16\sqrt{41}}{41}$ *f*) $\sqrt{43}$

79. *a*) $M(3, -2, 4)$ *b*) $M(1, 4, -7)$

80. *a*) $4x - 3y - 2z - 6 = 0$ *b*) $5x + 2y - z + 2 = 0$

     c) $20x - 12y + 4z + 13 = 0$

81. *a*) $\pi \cup \pi'$ où $\pi : 3x - 6y + 7z + 2 = 0$ et $\pi' : x + 4y + 3z + 4 = 0$

     b) $\pi \cup \pi'$ où $\pi : 6x + 6y - 8z + 19 = 0$ et $\pi' : 2x - 2y - 5 = 0$

82. -7 ou 11

83. *a*) $5x + 3y - z + 2\sqrt{35} = 0$ et $5x + 3y - z - 2\sqrt{35} = 0$

     b) $2x - 3y - 6z + 35 = 0$ et $2x - 3y - 6z - 35 = 0$

     c) $2x - 3y - 6z + 19 = 0$ et $6x - 2y - 3z + 18 = 0$

84. $\pi \cup \pi'$ où $\pi : 23x - 34y + 10z + 20 = 0$ et $\pi' : 5x - 22y + 46z + 92 = 0$

85. *a*) $\dfrac{2}{7}x + \dfrac{3}{7}y + \dfrac{6}{7}z - \dfrac{12}{7} = 0$

       i) 2/7, 3/7 et 6/7   *ii*) 12/7

     b) $\dfrac{x}{6} + \dfrac{y}{4} + \dfrac{z}{2} = 1$; $P_1(6, 0, 0)$, $P_2(0, 4, 0)$, $P_3(0, 0, 2)$

c) $x = 0$ $y = 4 - 2t$ $z = t$ où $t \in \mathbb{R}$

    $x = 6 - 3t$ $y = 0$ $z = t$ où $t \in \mathbb{R}$

    $x = 6 - 3t$ $y = 2t$ $z = 0$ où $t \in \mathbb{R}$

d) *i*) Du même côté que l'origine du repère.

    ii) Le point N et l'origine du repère sont situés de part et d'autre du plan π.

86. $x + y + z = 12$

87.   b) $-A/B$ et $-C/B$

    c)   L'abscisse à l'origine est $-C/A$ et l'ordonnée à l'origine est $-C/B$.

    d)   *Indice* : Utiliser un raisonnement analogue à celui de la preuve de la proposition 7.7.

    f)   *Indice* : Utiliser un raisonnement analogue à celui de la preuve de la proposition 7.13.

88.   a) $\dfrac{x-3}{3} = \dfrac{y-7}{2}$ b) $2x - 3y + 15 = 0$ c) $y = \dfrac{2}{3}x + 5$

    d) $\dfrac{x}{-15/2} + \dfrac{y}{5} = 1$; $P_1(-15/2, 0)$ et $P_2(0, 5)$ e) $\dfrac{2\sqrt{13}}{13}$

    f) $3x + 2y - 39 = 0$ g) $Q\left(\dfrac{87}{13}, \dfrac{123}{13}\right)$ h) $\vec{v} = (3, 2)$; $\vec{N} = (2, -3)$

89.   a)   Une droite   b)   Un plan perpendiculaire au plan xOy

90.   a)   Les plans d'équations $z = 2$ et $z = -2$ (fig. 7.61).   b) $P(1, 3)$

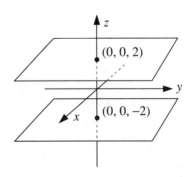

Figure 7.61

c) La droite $\Delta : x = 1$ $y = t$ $z = 3$ où $t \in \mathbb{R}$ (fig. 7.62).

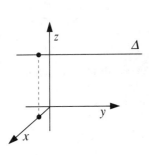

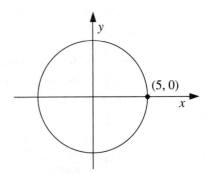

Figure 7.62   **Figure 7.63**

d) Le cercle de rayon 5 centré à l'origine (fig. 7.63).

e) Un cylindre de révolution de rayon 5 dont l'axe de révolution est l'axe des z (fig. 7.64).

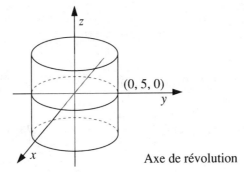

Figure 7.64

f) Un plan auquel $\vec{N} = (2, 3, -1)$ est normal.

g) La droite $\Delta : x = t$ $y = 4 + t$ $z = t$ où $t \in \mathbb{R}$

91. a) L'axe des y.

     b) $\{(x, y, z) \in \mathbb{R}^3 \mid x^2 + z^2 = 25\}$

     c)   i) Les droites $\Delta_1 : x = 5, y = t, z = 0$ et $\Delta_2 : x = -5, y = t, z = 0$ où $t \in \mathbb{R}$.

        ii) Le cercle d'équation $x^2 + z^2 = 25$ dans le plan xOy.

       iii) Les droites $\Delta_1 : x = 0, y = t, z = 5$ et $\Delta_2 : x = 0, y = t, z = -5$ où $t \in \mathbb{R}$.

       iv) Les points $P_1(5, 0, 0)$ et $P_2(-5, 0, 0)$.

       v) $\varnothing$ vi) Les points $P_1(0, 0, 5)$ et $P_2(0, 0, -5)$.

d) *i*) Les points $P_1(-3, -9, -4)$ et $P_2(4, 5, 3)$

    ii) Les droites ($t \in \mathbb{R}$)

      $\Delta_1 : x = 5$ $y = t$ $z = 3$

      $\Delta_2 : x = -5$ $y = t$ $z = 3$

      $\Delta_3 : x = -5$ $y = t$ $z = -3$

      $\Delta_4 : x = 5$ $y = t$ $z = -3$

92. *a*) La droite $\Delta : x = t, y = t, z = 3$ où $t \in \mathbb{R}$ (fig. 7.65).

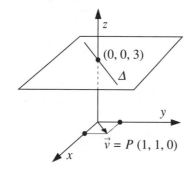

Figure 7.65

b) Le cercle de rayon 4 centré en $(0, 0, 2)$, dans le plan $z = 2$ (fig. 7.66).

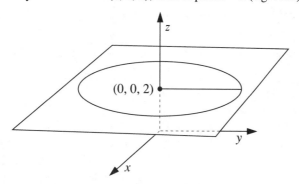

Figure 7.66

c) Le cylindre de révolution de rayon 4 dont l'axe de révolution est l'axe des *x*.

d) Les trois plans de coordonnées.

e) Le plan d'équation $x + y + z = 1$.

f) La droite d'intersection des plans $\pi_1 : 2x - y = 0$ et $\pi_2 : x + y - z = 0$, soit $\Delta : x = t, y = 2t, z = 3t$ où $t \in \mathbb{R}$.

Chapitre 8

1. a) $\begin{bmatrix} 0 & 0 & 0 & 0 \end{bmatrix}$ b) $(0, 0, 0, 0, 0, 0)$ c) $0 + 0x + 0x^2 + 0x^3 + 0x^4$

   d) $\begin{bmatrix} 0 & 0 \\ 0 & 0 \end{bmatrix}$ e) $(0, 0, 0, 0, 0)$ f) $\begin{bmatrix} 0 & 0 & 0 \\ 0 & 0 & 0 \end{bmatrix}$

2. a) L'opposé de $v = \begin{bmatrix} a & b & c & d \end{bmatrix}$ est $\begin{bmatrix} -a & -b & -c & -d \end{bmatrix}$.

   b) L'opposé de $v = (x_1, x_2, x_3, x_4, x_5, x_6)$ est $(-x_1, -x_2, -x_3, -x_4, -x_5, -x_6)$.

   c) L'opposé de $v = a_0 + a_1 x + a_2 x^2 + a_3 x^3 + a_4 x^4$ est $-a_0 - a_1 x - a_2 x^2 - a_3 x^3 - a_4 x^4$.

   d) L'opposé de $v = \begin{bmatrix} a & b \\ c & d \end{bmatrix}$ est $\begin{bmatrix} -a & -b \\ -c & -d \end{bmatrix}$.

   e) L'opposé de $v = (x_1, x_2, x_3, x_4, x_5)$ est $(-x_1, -x_2, -x_3, -x_4, -x_5)$.

   f) L'opposé de $v = \begin{bmatrix} a & b & c \\ d & e & f \end{bmatrix}$ est $\begin{bmatrix} -a & -b & -c \\ -d & -e & -f \end{bmatrix}$.

3. *Indice* : Utiliser la définition 8.1.

4. a) $-u + 10w$ b) $4w$

5. a) $(13, 3, 4, 7, 3, 9)$ b) $(12, 3, 18, 6, -3, -9)$
   c) $(0, 0, 0, 0, 0, 0)$ d) $(-5, -8, 4, -6, -4, 3)$

6. a) $(3, 1)$ b) $\left(-\dfrac{1}{3}, 0\right)$ c) $\left(-\dfrac{1}{2}, -\dfrac{1}{2}\right)$

7. a) $\left(\dfrac{2}{3}, -\dfrac{2}{3}, -\dfrac{1}{3}, 0\right)$ b) $\left(\dfrac{2}{5}, 1, 0, -\dfrac{1}{5}\right)$ c) $\left(\dfrac{11}{6}, 0, \dfrac{13}{2}, -\dfrac{1}{3}\right)$

8. a) $x = 3u - v;\ y = -5u + 2v$ b) $x = \dfrac{1}{7}(5u - 2v);\ y = \dfrac{1}{7}(4u - 3v)$

9. $x = \dfrac{1}{4}(4u - 3v + 5w);\ y = u - v + 2w;\ z = \dfrac{1}{4}(v + w)$

10. *a)* $x = \left(\dfrac{5}{13}, \dfrac{4}{13}\right)$, $\qquad$ $y = \left(\dfrac{7}{13}, \dfrac{3}{13}\right)$

$\quad$ *b)* $x = \left(2, \dfrac{5}{7}\right)$, $\qquad$ $y = \left(3, \dfrac{2}{7}\right)$

$\quad$ *c)* $x = \left(\dfrac{3}{8}, \dfrac{1}{2}, \dfrac{5}{8}\right)$, $\qquad$ $y = \left(\dfrac{1}{2}, 0, -\dfrac{1}{2}\right)$, $\qquad$ $z = \left(\dfrac{3}{8}, \dfrac{1}{2}, -\dfrac{3}{8}\right)$

$\quad$ *d)* Aucune solution

11. *a)* $x = -8u + 5v + 5t$; $y = -5u + 3v + 3t$; $z = t$ où t est un vecteur arbitraire

$\quad$ *b)* $x = 11u - 3v - 7t$; $y = 8u - 2v - 5t$; $z = t$ où t est un vecteur arbitraire

12. *a)* $x = 5t$; $y = -8t$; $z = t$ où t est un vecteur arbitraire

$\quad$ *b)* $x = t$; $y = 19t$; $z = 4t$ où t est un vecteur arbitraire

13. Sous-espaces vectoriels : *a)* et *d)*.

14. Seuls *b)* et *i)* ne sont pas des sous-espaces vectoriels de $\mathbb{R}^3$.

15. *Indice* : Utiliser la proposition 8.5.

16. *Indice* : Utiliser la proposition 8.5.

17. *Indice* : Utiliser la proposition 8.5.

18. *a)* $3(1, -1, 1) - 1(1, 0, 1) + 1(1, 1, 0)$

$\quad$ *b)* $0(1, -1, 1) + 0(1, 0, 1) + 0(1, 1, 0)$

$\quad$ *c)* $4(1, -1, 1) + 2(1, 0, 1) + 3(1, 1, 0)$

$\quad$ *d)* $(a - b - c)(1, -1, 1) + (b - a + 2c)(1, 0, 1) + (a - c)(1, 1, 0)$

19. *a)* Par exemple, $2(x^2 - 2x) + (x + 1) + 3(x^2 + 2)$ $\qquad$ *b)* Impossible

20. *a)* Oui, $v = 3u - 2w = 3(1, 2, 1) - 2(1, 0, 2)$

$\quad$ *b)* Oui, $v = 6u - 2w = 6(1, 2) - 2(3, 4)$

c) Non

d) Oui, $v = 2u - 2w = 2(x^2 + 1) - 2(x^2 - x - 2)$

e) Oui, $v = 3u - w = 3\begin{bmatrix} 4 & -1 \\ 2 & 1 \end{bmatrix} - \begin{bmatrix} 3 & 1 \\ -1 & 0 \end{bmatrix}$

f) Non

21. *a*) $\begin{bmatrix} 4 & 2 \\ 7 & -1 \end{bmatrix} = A + 2B$ *b*) Impossible

      c) $\begin{bmatrix} 0 & 0 \\ 0 & 0 \end{bmatrix} = 0A + 0B$ *d*) $\begin{bmatrix} -2 & 13 \\ 0 & -10 \end{bmatrix} = 3A - B$

22. *a*) $(a - c)\begin{bmatrix} 1 & 0 \\ 0 & 0 \end{bmatrix} + (c - d)\begin{bmatrix} 1 & 0 \\ 1 & 0 \end{bmatrix} + (d - b)\begin{bmatrix} 1 & 0 \\ 1 & 1 \end{bmatrix} + b\begin{bmatrix} 1 & 1 \\ 1 & 1 \end{bmatrix}$

      b) $-\begin{bmatrix} 1 & 0 \\ 0 & 0 \end{bmatrix} + 2\begin{bmatrix} 1 & 0 \\ 1 & 0 \end{bmatrix} - 3\begin{bmatrix} 1 & 0 \\ 1 & 1 \end{bmatrix} + 4\begin{bmatrix} 1 & 1 \\ 1 & 1 \end{bmatrix}$

      c) $2\begin{bmatrix} 1 & 0 \\ 0 & 0 \end{bmatrix} - \begin{bmatrix} 1 & 0 \\ 1 & 0 \end{bmatrix} + 3\begin{bmatrix} 1 & 0 \\ 1 & 1 \end{bmatrix} - 2\begin{bmatrix} 1 & 1 \\ 1 & 1 \end{bmatrix}$

      d) $6\begin{bmatrix} 1 & 0 \\ 0 & 0 \end{bmatrix} - 5\begin{bmatrix} 1 & 0 \\ 1 & 0 \end{bmatrix} + \begin{bmatrix} 1 & 0 \\ 1 & 1 \end{bmatrix} - 4\begin{bmatrix} 1 & 1 \\ 1 & 1 \end{bmatrix}$

23. *c*) et *d*)

24. *a*) Par exemple, $\{(-1, 1, 0), (-1, 0, 1)\}$

      b) Par exemple, $\{(1, 0, 0), (0, -1, 1), (2, -1, 1)\}$

      c) Par exemple, $\{(-2, 0, 1), (3, 2, 0), (1, 2, 1), (-5, -2, 1)\}$

      d) Par exemple, $\{(1, 0, 0), (0, 1, 0)\}$

25. *b*) et *e*)

26. *b*), *c*) et *d*)

27. Non. Il suffit qu'un seul vecteur de *A* s'écrive comme une combinaison linéaire des autres vecteurs pour que les vecteurs de *A* soient linéairement dépendants.

28. a) $(a - b)(1, 0, 0, 0) + (b - c)(1, 1, 0, 0) + c(1, 1, 1, 0) + d(0, 0, 0, 1)$

b) $(a - m)(1, 0, 0, 0) + (b - m)(0, 1, 0, 0) + (c - m)(0, 0, 1, 0)$
$+ (d - m)(0, 0, 0, 1) + m(1, 1, 1, 1)$ où $m \in \mathbb{R}$

29. a) $(2, -6, 1, 4) = 8(1, 0, 0, 0) - 7(1, 1, 0, 0) + (1, 1, 1, 0) + 4(0, 0, 0, 1)$

b) $(-1, 0, 2, 5) = -1(1, 0, 0, 0) - 2(1, 1, 0, 0) + 2(1, 1, 1, 0) + 5(0, 0, 0, 1)$

c) $(1, 2, -1, 4) = -1(1, 0, 0, 0) + 3(1, 1, 0, 0) - (1, 1, 1, 0) + 4(0, 0, 0, 1)$

30. Il suffit de vérifier que la seule combinaison linéaire nulle des vecteurs de l'ensemble est la combinaison triviale.

31. Vecteurs linéairement indépendants : $b)$, $c)$, $h)$

Systèmes de générateurs de V : $b)$, $d)$

Base de V : $b)$

Pour $a)$, $e)$, $f)$, $g)$ et $i)$, il existe au moins une combinaison linéaire nulle et non triviale des vecteurs du sous-ensemble donné :

a) $(1, -1, 0) - 2(2, 2, -1) + (3, 5, -2) = (0, 0, 0)$

e) $(1, 1, 0, 0) - (1, 0, 1, 0) + (0, 0, 1, 1) - (0, 1, 0, 1) = (0, 0, 0, 0)$

f) $3(x^2 - x + 3) - 2(2x^2 + x + 5) + (x^2 + 5x + 1) = 0$

g) $2\begin{bmatrix} -1 & 0 \\ 0 & -1 \end{bmatrix} + \begin{bmatrix} 1 & -1 \\ -1 & 1 \end{bmatrix} + \begin{bmatrix} 1 & 1 \\ 1 & 1 \end{bmatrix} + 0\begin{bmatrix} 0 & -1 \\ -1 & 0 \end{bmatrix} = \begin{bmatrix} 0 & 0 \\ 0 & 0 \end{bmatrix}$

i) $\dfrac{5}{x^2 + x - 6} + \dfrac{1}{x^2 - 5x + 6} - \dfrac{6}{x^2 - 9} = 0$

32. a) $x \neq -1$ b) $x \neq -\dfrac{1}{3}$

33. *Indice* : Utiliser la définition 8.10.

34. a) $\{(1, 1, 1, 0), (1, -1, 0, 1)\}$; dim $U_1 = 2$

b) $\{(1, 0, 1, 0), (-1, 1, 0, 1), (0, 1, 0, 1)\}$; dim $U_2 = 3$

c) $\{(1, 0, 1, 0), (0, 1, 0, 1), (1, -1, 0, 0)\}$; dim $U_3 = 3$

35. *a)* $\{1, x + x^2\}$; dim $U_1 = 2$ *b)* $\{1, x^2\}$; dim $U_2 = 2$

c) $\left\{\begin{bmatrix} 1 & 1 \\ -1 & 0 \end{bmatrix}, \begin{bmatrix} 1 & 0 \\ 0 & 1 \end{bmatrix}\right\}$; dim $U_3 = 2$ *d)* $\left\{\begin{bmatrix} 1 & 0 \\ 1 & 1 \end{bmatrix}, \begin{bmatrix} 0 & 1 \\ -1 & 0 \end{bmatrix}\right\}$; dim $U_4 = 2$

36. *a)* $\{(0, 1, 1), (1, 0, 0), (0, 1, 0)\}$ *b)* $\{x^2 - x + 1, 1, x\}$

37. *a)* Par exemple, $\{(1, 1, -1), (2, 0, 1), (1, 2, 1)\}$

b) Tout sous-ensemble formé de trois éléments sauf $\{x^2 + 3, x + 2, x^2 - 2x - 1\}$

38. *a)* $\{(0, 0, 1, 1), (1, 1, 1, 1), (0, 1, 0, 0), (0, 0, 1, 0)\}$

b) $\left\{\begin{bmatrix} 1 & 0 \\ 0 & 1 \end{bmatrix}, \begin{bmatrix} 0 & 1 \\ 1 & 0 \end{bmatrix}, \begin{bmatrix} 1 & 0 \\ 1 & 0 \end{bmatrix}, \begin{bmatrix} 0 & 0 \\ 1 & 1 \end{bmatrix}\right\}$ *c)* $\{x^2 + 1, x^2 + x, 1, x^3\}$

39. *a)* Faux   *b)* Vrai   *c)* Vrai   *d)* Faux

40. Oui, $w = v_1 + 3v_2 - 2v_3$. La combinaison linéaire est unique, car v_1, v_2 et v_3 sont linéairement indépendants. Non, car $\{v_1, v_2, v_3\}$ n'est pas une base de $\mathbb{R}^4$.

41. *Indice* : Construire un déterminant approprié et l'évaluer.

42. *a)* $\mathcal{L}(A) = \{l(t^2 - 2t + 5) + m(2t^2 - 3t) + n(t + 3)|l, m, n \in \mathbb{R}\}$ est l'ensemble des combinaisons linéaires des trois polynômes de A.

b) 3

c) Oui; $P_2[t]$

d) Oui, car A est une base de $P_2[t]$; $P(t) = -3(t^2 - 2t + 5) + 2(2t^2 - 3t) + 4(t + 3)$

43. *a)* Oui; non, car une base de $\mathbb{R}^4$ contient nécessairement quatre vecteurs; $\{(1, -2, 0, 3), (2, 3, 0, -1), (2, -1, 2, 1), (0, 1, 0, 0)\}$.

44. *a)* $(1, -1)$ *b)* $(-2, 4)$ *c)* $(2, 6, -4)$ *d)* $(1, 2, -1)$

e) $(2, 1, 3)$ *f)* $(-1, 2, 1, 3)$ *g)* $(4, 1, -2, 1)$ *h)* $\left(-4, -2, 1, \frac{5}{2}, 0\right)$

i) $\left(\frac{1}{2}, \frac{1}{2}, 1, -\frac{1}{2}, 0\right)$ *j)* $(3, 5, 1, 1)$

45. $B = ((3, -5), (4, 1))$

46.   b) $(x, y, z) = (3x - y - z)(1, 2, 0) + (-4x + 2y + z)(0, 1, -1) + (-2x + y + z)(1, 1, 2)$

    c) i) $(2, -4, -1)_B$ ii) $(4, -5, -2)_B$ iii) $(-4, 7, 4)_B$

47.   a) $P = \begin{bmatrix} 1 & 0 & 2 \\ 0 & -1 & 3 \\ 1 & 2 & -5 \end{bmatrix}$ b) $[x]_B = P^{-1}[x]_A$

    c) $P^{-1} = \begin{bmatrix} -1 & 4 & 2 \\ 3 & -7 & -3 \\ 1 & -2 & -1 \end{bmatrix}$ d) $(5, -8, -2)_B$

48.   a) $(8, -3)$ b) $(3, 2, 7)$ c) $(-1, 2, 0, 1)$

49.   a) $\begin{bmatrix} 5/18 & 1/18 \\ 1/9 & 2/9 \end{bmatrix}$ b) $\begin{bmatrix} 4 & -1 \\ -2 & 5 \end{bmatrix}$ c) $\begin{bmatrix} 6 & 4 \\ 9 & 4 \end{bmatrix}$

    d) $\begin{bmatrix} -1/3 & 1/3 \\ 3/4 & -1/2 \end{bmatrix}$ e) $\begin{bmatrix} 1 & 1 & -1 \\ -3 & 2 & -1 \\ 3 & -3 & 2 \end{bmatrix}$ f) $\begin{bmatrix} 1 & 1 & 1 \\ 3 & 5 & 4 \\ 3 & 6 & 5 \end{bmatrix}$

    g) $\begin{bmatrix} 1 & 0 & 6 \\ 0 & 2 & 0 \\ 0 & 8 & 12 \end{bmatrix}$ h) $\begin{bmatrix} 1 & 2 & -1/2 \\ 0 & 1/2 & 0 \\ 0 & -1/3 & 1/12 \end{bmatrix}$ i) $\begin{bmatrix} 1/2 & 1/2 & -5/4 \\ -1/2 & -1/2 & 3/4 \\ 3/2 & 1/2 & 5/4 \end{bmatrix}$

    j) $\begin{bmatrix} 4 & 5 & 1 \\ -7 & -10 & -1 \\ -2 & -2 & 0 \end{bmatrix}$

50.   a) $\dfrac{1}{12}\begin{bmatrix} 3 & 0 \\ 0 & 4 \end{bmatrix}$; $(3, 2)_B$ b) $\begin{bmatrix} 5/84 & 1/21 & -1/24 \\ 11/112 & -1/14 & 1/32 \\ -55/336 & 5/42 & 11/96 \end{bmatrix}$; $(1, -1, 2)_B$

    c) $\begin{bmatrix} 3/19 & -2/57 & 3/19 \\ -7/209 & -8/627 & 12/209 \\ -1/19 & 7/57 & -1/19 \end{bmatrix}$; $(0, -1, 2)_B$

51. $x = \left(\dfrac{11}{4}, \dfrac{-9}{4}, \dfrac{5}{4} \right)_{B'}$

52. *a)* $\{(1, 0, 0), (0, 1, 0), (0, 0, 1)\}$; $\left\{ \begin{bmatrix} 1 \\ 0 \\ -1 \\ 1 \end{bmatrix}, \begin{bmatrix} 0 \\ 1 \\ 2 \\ 0 \end{bmatrix}, \begin{bmatrix} 0 \\ 0 \\ 2 \\ -1 \end{bmatrix} \right\}$; 3

b) $\{(1, 2, -1, 3), (0, 3, 1, 1)\}$; $\left\{ \begin{bmatrix} 1 \\ 0 \end{bmatrix}, \begin{bmatrix} 0 \\ 1 \end{bmatrix} \right\}$; 2

c) $\{(1, 3, 1, 3), (0, 1, 2, 0), (0, 0, 1, -1)\}$; $\left\{ \begin{bmatrix} 1 \\ 0 \\ -3 \\ 3 \\ 2 \end{bmatrix}, \begin{bmatrix} 0 \\ 1 \\ 9 \\ -5 \\ -6 \end{bmatrix}, \begin{bmatrix} 0 \\ 0 \\ 1 \\ -1 \\ -1 \end{bmatrix} \right\}$; 3

53. *a)* $\dim U = 3$; $\{(1, 1, 0, 0, 0), (0, -2, 2, 5, 1), (0, 0, 2, -3, 6)\}$

b) $\dim U = 3$; $B = \left\{ \begin{bmatrix} 1 \\ 5 \\ -6 \end{bmatrix}, \begin{bmatrix} 0 \\ 1 \\ 0 \end{bmatrix}, \begin{bmatrix} 0 \\ 0 \\ 1 \end{bmatrix} \right\}$

54. *a)* 4

b) 4; le nombre d'éléments d'une base d'un espace vectoriel V est égal à la dimension de V.

c) *i)* $L(E) = \left\{ r \begin{bmatrix} 1 & 2 \\ 1 & 3 \end{bmatrix} + s \begin{bmatrix} 2 & 1 \\ 3 & 1 \end{bmatrix} + t \begin{bmatrix} -3 & 0 \\ -5 & 1 \end{bmatrix} \middle| r, s, t \in \mathbb{R} \right\}$ est l'ensemble des combinaisons

linéaires des matrices de E.

ii) Non, car un système de générateurs de $\mathcal{M}_2(\mathbb{R})$ contient au moins quatre matrices.

iii) Non. Le rang de la matrice dont les vecteurs lignes sont les éléments de E est $r = 2 < n = 3$. Donc, E est lié.

iv) 2; par exemple, $B = \left\{ \begin{bmatrix} 1 & 2 \\ 1 & 3 \end{bmatrix}, \begin{bmatrix} -3 & 0 \\ -5 & 1 \end{bmatrix} \right\}$.

55. *a)* Oui

b) 3; par exemple, K

c) Non, car K n'est pas une base de $\mathcal{M}_2(\mathbb{R})$.

d) Par exemple, $\begin{bmatrix} 0 & 0 \\ 1 & 0 \end{bmatrix}$

56. *a*) 6; le nombre d'éléments d'une base d'un espace vectoriel V est égal à la dimension de V.

   b) *i*) Non   *ii*) 2

   c) $\mathcal{L}(H) = \{rA + sB + tC \mid r, s, t \in \mathbb{R}\}$ est l'ensemble des combinaisons linéaires des matrices de H.

   d) Non, car H est un ensemble lié.

   e) $\left\{ \begin{bmatrix} 1 & 2 & -3 \\ 4 & 0 & 1 \end{bmatrix}, \begin{bmatrix} 0 & 1 & -1 \\ 2 & 5 & 3 \end{bmatrix} \right\}$ et $\left\{ \begin{bmatrix} 1 & 3 & -4 \\ 6 & 5 & 4 \end{bmatrix}, \begin{bmatrix} 3 & 8 & -11 \\ 16 & 10 & 9 \end{bmatrix} \right\}$.

57. *b*) 2   *c*) $\{(1, 0, 1), (1, 0, 0)\}$ *d*) Oui

   e) Non, car $v \notin P$.   *f*) $v = 7(1, 0, 0) - 4(1, 0, 1)$

58. *a*) 4

   c) $\begin{bmatrix} 5 & 6 \\ 6 & -4 \end{bmatrix} = 5\begin{bmatrix} 1 & 0 \\ 0 & 0 \end{bmatrix} + 6\begin{bmatrix} 0 & 1 \\ 0 & 0 \end{bmatrix} + 6\begin{bmatrix} 0 & 0 \\ 1 & 0 \end{bmatrix} - 4\begin{bmatrix} 0 & 0 \\ 0 & 1 \end{bmatrix}$

   $\begin{bmatrix} 5 & 6 \\ 6 & -4 \end{bmatrix} = 2\begin{bmatrix} 1 & 0 \\ 0 & 0 \end{bmatrix} + \begin{bmatrix} 1 & 2 \\ 0 & 0 \end{bmatrix} + 3\begin{bmatrix} 1 & 2 \\ 3 & 0 \end{bmatrix} - \begin{bmatrix} 1 & 2 \\ 3 & 4 \end{bmatrix}$

   d) 5, −5, 2 et 1

59. *b*) 2   *c*) $E = \mathcal{L}(W) = \mathcal{L}(H)$ *d*) $\{(1, 0, -1), (0, 1, 1)\}$

60. *a*) 3; 3

   c) Par exemple, $B = \left\{ \begin{bmatrix} 1 & -1 \\ 0 & 1 \end{bmatrix}, \begin{bmatrix} 0 & 1 \\ 3 & -1 \end{bmatrix}, \begin{bmatrix} 0 & 0 \\ 5 & -2 \end{bmatrix} \right\}$ est une base à la fois de $\mathcal{L}(H)$ et de $\mathcal{L}(W)$.

61. 2; $B = \left\{ \begin{bmatrix} 1 & -5 \\ -4 & 2 \end{bmatrix}, \begin{bmatrix} 0 & 2 \\ 1 & 1 \end{bmatrix} \right\}$

62. *b*) $\begin{bmatrix} x \\ y \\ z \\ w \end{bmatrix} = \begin{bmatrix} 5s + 6t \\ -2s - 2t \\ s \\ t \end{bmatrix}$ où $s, t \in \mathbb{R}$

c) Par exemple, $\begin{bmatrix} 1 \\ 0 \\ -1 \\ 1 \end{bmatrix}$ pour $s = -1, t = 1$; par exemple, $\begin{bmatrix} 11 \\ -4 \\ 1 \\ 1 \end{bmatrix}$ pour $s = 1, t = 1$; par exemple,

$\begin{bmatrix} 17 \\ -6 \\ 1 \\ 2 \end{bmatrix}$ pour $s = 1, t = 2$.

d) $\left\{ \begin{bmatrix} 5 \\ -2 \\ 1 \\ 0 \end{bmatrix}, \begin{bmatrix} 6 \\ -2 \\ 0 \\ 1 \end{bmatrix} \right\}$ ou encore $\left\{ \begin{bmatrix} 1 \\ 0 \\ -1 \\ 1 \end{bmatrix}, \begin{bmatrix} 11 \\ -4 \\ 1 \\ 1 \end{bmatrix} \right\}$

e) Par exemple, $\mathcal{L} \left(\left\{ \begin{bmatrix} 5 \\ -2 \\ 1 \\ 0 \end{bmatrix}, \begin{bmatrix} 6 \\ -2 \\ 0 \\ 1 \end{bmatrix} \right\} \right)$

63. b) $\begin{bmatrix} x \\ y \\ z \\ w \end{bmatrix} = \begin{bmatrix} s+t \\ 2s+3t \\ s \\ t \end{bmatrix}$ où $s, t \in \mathbb{R}$

c) Par exemple, $\begin{bmatrix} 2 \\ 5 \\ 1 \\ 1 \end{bmatrix}$ pour $s = 1, t = 1$; par exemple, $\begin{bmatrix} 0 \\ -1 \\ 1 \\ -1 \end{bmatrix}$ pour $s = 1, t = -1$; par exemple, $\begin{bmatrix} 3 \\ 8 \\ 1 \\ 2 \end{bmatrix}$

pour $s = 1, t = 2$.

d) $\dim S = 2$

e) Par exemple, $\mathcal{L} \left(\left\{ \begin{bmatrix} 1 \\ 2 \\ 1 \\ 0 \end{bmatrix}, \begin{bmatrix} 1 \\ 3 \\ 0 \\ 1 \end{bmatrix} \right\} \right); B = \left\{ \begin{bmatrix} 1 \\ 2 \\ 1 \\ 0 \end{bmatrix}, \begin{bmatrix} 1 \\ 3 \\ 0 \\ 1 \end{bmatrix} \right\}$

64. a) $X = \begin{bmatrix} r+s-t \\ r \\ -2s+3t \\ s \\ t \end{bmatrix}$ où $r, s, t \in \mathbb{R}$ b) $X = \begin{bmatrix} x_1 \\ x_2 \\ x_3 \\ x_4 \\ x_5 \end{bmatrix} = r \begin{bmatrix} 1 \\ 1 \\ 0 \\ 0 \\ 0 \end{bmatrix} + s \begin{bmatrix} 1 \\ 0 \\ -2 \\ 1 \\ 0 \end{bmatrix} + t \begin{bmatrix} -1 \\ 0 \\ 3 \\ 0 \\ 1 \end{bmatrix}$ où $r, s, t \in \mathbb{R}$

c) Par exemple, $\left\{ \begin{bmatrix} 1 \\ 1 \\ 0 \\ 0 \\ 0 \end{bmatrix}, \begin{bmatrix} 1 \\ 0 \\ -2 \\ 1 \\ 0 \end{bmatrix}, \begin{bmatrix} -1 \\ 0 \\ 3 \\ 0 \\ 1 \end{bmatrix}, \begin{bmatrix} 2 \\ 1 \\ -2 \\ 1 \\ 0 \end{bmatrix} \right\}$

d) Par exemple, $\mathcal{L}\left(\begin{bmatrix} 1 \\ 1 \\ 0 \\ 0 \\ 0 \end{bmatrix}, \begin{bmatrix} 1 \\ 0 \\ -2 \\ 1 \\ 0 \end{bmatrix}, \begin{bmatrix} -1 \\ 0 \\ 3 \\ 0 \\ 1 \end{bmatrix} \right)$; dim $\mathcal{S} = 3$; $\left(\begin{bmatrix} 1 \\ 1 \\ 0 \\ 0 \\ 0 \end{bmatrix}, \begin{bmatrix} 1 \\ 0 \\ -2 \\ 1 \\ 0 \end{bmatrix}, \begin{bmatrix} -1 \\ 0 \\ 3 \\ 0 \\ 1 \end{bmatrix} \right)$

65. *a*) dim $\mathcal{S} = 1$; $\left\{ \begin{bmatrix} 2 \\ -3 \\ 1 \end{bmatrix} \right\}$ *b*) dim $\mathcal{S} = 1$; $\left\{ \begin{bmatrix} 1 \\ 3 \\ 5 \end{bmatrix} \right\}$ *c*) dim $\mathcal{S} = 0$; $\left\{ \begin{bmatrix} 0 \\ 0 \\ 0 \end{bmatrix} \right\}$

d) dim $\mathcal{S} = 1$; $\left\{ \begin{bmatrix} 1 \\ 1 \\ 1 \end{bmatrix} \right\}$ *e*) dim $\mathcal{S} = 2$; $\left\{ \begin{bmatrix} -3 \\ 6 \\ -2 \\ 1 \\ 0 \end{bmatrix}, \begin{bmatrix} -1 \\ 1 \\ -5 \\ 0 \\ 1 \end{bmatrix} \right\}$

66. *a*) $\left\{ \begin{bmatrix} -1 \\ 7 \\ 10 \end{bmatrix} \right\}$ *b*) $\left\{ \begin{bmatrix} -1 \\ 5 \\ 4 \\ 0 \end{bmatrix}, \begin{bmatrix} 1 \\ 7 \\ 0 \\ -4 \end{bmatrix} \right\}$

67. *a*) $\left\{ \begin{bmatrix} -1 \\ -3 \\ 2 \end{bmatrix} \right\}$, dim $\mathcal{S} = 1$ *b*) $\left\{ \begin{bmatrix} 8 \\ -9 \\ -6 \\ 6 \end{bmatrix} \right\}$, dim $\mathcal{S} = 1$ *c*) $\left\{ \begin{bmatrix} -3 \\ 0 \\ 1 \end{bmatrix}, \begin{bmatrix} 2 \\ 1 \\ 0 \end{bmatrix} \right\}$, dim $\mathcal{S} = 2$

68. *a*) $x = \begin{bmatrix} x_1 \\ x_2 \\ x_3 \end{bmatrix} = t \begin{bmatrix} 2 \\ -4 \\ 1 \end{bmatrix} + \begin{bmatrix} 3 \\ 5 \\ 0 \end{bmatrix}$ où $t \in \mathbb{R}$

b) $x = \begin{bmatrix} x_1 \\ x_2 \\ x_3 \\ x_4 \\ x_5 \end{bmatrix} = s \begin{bmatrix} 5 \\ 0 \\ -6 \\ -4 \\ 1 \end{bmatrix} + t \begin{bmatrix} -2 \\ 1 \\ 0 \\ 0 \\ 0 \end{bmatrix} + \begin{bmatrix} 1 \\ 0 \\ 2 \\ -3 \\ 0 \end{bmatrix}$ où $s, t \in \mathbb{R}$

69. L'espace ligne et l'espace colonne de A ont nécessairement la même dimension. Or, la dimension de l'espace colonne de A est inférieure ou égale à 3. Donc, l'ensemble des quatre vecteurs est lié.

70. *Indice* : Appliquer les mêmes principes qu'à l'exercice 69.

71. *a)* m *b)* r *c)* r *d)* $k = n$ *e)* $k = m$

Index

Abscisse 240, 245, 259
Addition
    de matrices 9
    de vecteurs 189, 192
Adjointe (matrice –) 86
    propriétés de la – 87
Algébrique
    longueur – d'un vecteur 286
    vecteur – 247, 260, 411
Alternée (fonction –) 74
Angle 352
    d'une droite et d'un plan 358
    de deux droites 353
    de deux plans 356
    de deux vecteurs 189
    entre deux vecteurs 281
Anticommutables (matrices –)
    32
Antisymétrie 78
Antisymétrique (matrice –) 36
Auxiliaire (matrice –) 20
Axe
    des abscisses 240, 246, 259
    des cotes 259
    des ordonnées 246, 259
Axiomes de Kronecker-
    Weierstrass 74

Base 444
    canonique 253, 265, 446
    cas d'un vecteur 208
    cas de deux vecteurs 210
    cas de trois vecteurs 212
    d'un plan 245
    d'une droite 239
    de l'espace 258
    naturelle 253, 265
    ordonnée 245, 453

Canonique(s)
    base 446
    équations – d'une droite 320
    forme – d'un système 115
Carrée (matrice –) 6, 30
Cartésien (plan –) 253
Cartésienne (équation – du plan)
    336
Chasles (relation de –) 191
Coefficients (matrice des – d'un
    système) 116

Cofacteur(s)
    d'éléments d'une matrice 66
    matrice des – 85
Colinéaires (vecteurs –) 209
Colonne (matrice –) 5
Combinaison linéaire 197, 425
    de matrices 13
    triviale 199
Commutables (matrices –) 31
Commutativité 25
Compatible (système –) 118,
    135
Complète (matrice –) 121
Composantes d'un vecteur 240,
    246, 259, 411, 453
Concourant(e)s
    droite et plan – 350
    droites – 324
    plans – 342
Confondu(e)s
    droites parallèles – 323
    plans parallèles – 341
Constantes (matrice des – d'un
    système) 116
Coordonnées
    d'un point (espace) 259
    d'un point (plan) 245
Coplanaires (vecteurs –) 211,
    299
Coplanarité (critère de –) 299
Cosinus directeurs d'une droite
    353
Cote 259
Cramer
    règle de 91
    système de 91
Critère
    d'orthogonalité 284
    de coplanarité 299
    de parallélisme 294
    d'un sous-espace vectoriel
    419

Dépendance linéaire 204, 441
    cas d'un vecteur 208
    cas de deux vecteurs 209
    cas de trois vecteurs 211
Déterminant
    algorithme de calcul d'un 65

définition axiomatique du 73
définition de Kronecker-
    Weierstrass d'un 74
Développement de Laplace 70
Diagonale (matrice –) 30
Diagonale principale 6
Dièdre 355
Différence
    de deux vecteurs 193, 406
    de matrices 10
Dimension d'un espace vectoriel
    446
Disjoint(e)s
    droites parallèles – 323
    plans parallèles – 342
Distance
    d'un point à un plan 365
    d'un point à une droite 361
    entre deux droites gauches
    369
    entre deux droites parallèles
    362
    entre deux plans parallèles
    368
    entre une droite et un plan
    parallèles 369
Droite(s)
    angle de deux 353
    angle d'une – et d'un plan
    358
    cosinus directeurs d'une 353
    distance d'un point à une 361
    équation vectorielle d'une
    316
    équations canoniques d'une
    320
    non parallèles 324
        concourantes 323
        gauches 324
    parallèles 323
        confondues 323
        disjointes 323

Échelonnée (matrice –) 126
Échelonnée réduite (matrice –)
    126
Égalité de matrices 7
Élémentaires (opérations –) 122
Éléments d'une matrice 3

Éléments remarquables 126
Ensemble
   libre 441
   lié 442
   $\mathcal{L}(A)$ 431
   $\mathbb{R}^n$ 410
Équation(s)
   canoniques d'une droite 320
   cartésienne du plan 336
   normale d'un plan 373
   paramétriques
      d'une droite 319
      d'un plan 335
   réduite d'un plan 373
   vectorielle
      d'une droite 316
      d'un plan 333
Équation(s) linéaire(s) 113
   forme algébrique d'un
      système d' 116
   nature des solutions d'une
      114
   système d' 115
   terme constant d'une 113
Équipollence 247, 260
Équipollents (vecteurs –) 186
Équivalence (relation d'–) 187
Équivalent(e)s
   matrices – 124
   systèmes – 119
Espace
   colonne 466
   ligne 466
   solution d'un système
      homogène 476
   vectoriel 12, 196, 405
   vectoriel $\mathbb{R}^n$ 410

Faisceau de plans 348
Falk (méthode de –) 19

Gauches (droites –) 324
   distance entre deux droites –
      369
Générateurs (système de –) 427
Géométrique (vecteur –) 185
Glissant (vecteur –) 188

Homogène (système –) 118,
   145

Idempotente (matrice –) 32
Incompatible (système –) 118,
   135
Inconnues (matrice des –) 116

Indépendance linéaire 204, 441
   cas d'un vecteur 208
   cas de deux vecteurs 210
   cas de trois vecteurs 212
Indice de nilpotence 33
Inférieure (matrice triangulaire –)
   30
Invariance (propriétés d'–) 77
Inverse (méthode de la matrice –)
   93
Inverse d'une matrice 41, 43
   à droite 41
   à gauche 41
Inversible (matrice –) 44
Involutive (matrice –) 34

Kronecker (symbole de –) 7

Laplace (développement de –)
   70
Libre
   ensemble – 441
   variable – 134
   vecteur géométrique – 188
Lié
   ensemble – 442
   vecteur géométrique – 188
Ligne (matrice –) 5
Linéaire(s)
   combinaison – 13, 197, 199,
      425
   dépendance – 204, 208, 209,
      211, 441
   équation – 113
   indépendance – 204, 208,
      210, 212, 441
   système d'équations – 90, 115

Matrice(s)
   adjointe 86
   anticommutables 32
   antisymétrique 36
   auxiliaire 20
   carrée 6, 30
   colonne 5, 15
   commutable 31
   complète 121
   de passage 463
   définition de 2
   des coefficients 91, 116
   des cofacteurs 85
   des constantes 91, 116
   des inconnues 91, 116
   diagonale 30

   échelonnée 126
   échelonnée réduite 126
   équivalentes 124
   idempotente 32
   inverse 43
   inversible 44
   involutive 34
   ligne 5, 15
   nilpotente 33
   nulle 5
   opposée 5
   orthogonale 62
   périodique 32
   rang d'une 136
   régulière 44
   scalaire 30
   singulière 44
   stochastique 161
   symétrique 44
   transposée 34
   triangulaire inférieure 30
   triangulaire supérieure 30
   unité 6
Méthode
   de Falk 19
   de Gauss 130
   de Gauss-Jordan 132
   de la matrice inverse 93
   de la résultante 190
Milieu d'un segment 248, 263
Mineur d'un élément d'une
   matrice 66
Mixte
   expression analytique du
      produit – 299
   produit – de trois vecteurs
      297
   propriétés du produit – 300
Modèle économique 157
Multilinéaire (fonction –) 74
Multiplication
   d'un vecteur par un scalaire
      194
   d'une matrice par un scalaire
      11
   de matrices 15, 17

n-uplet 114, 117
Naturelle (base –) 446
Nilpotence (indice de –) 33
Nilpotente (matrice –) 33
Nombres complexes 406
Non parallèles (droites –) 324

Normé(e)
  fonction 75
  repère 242
Nul(le)
  matrice 5
  produit 26, 196
  vecteur 186
Octants 265
Opérations élémentaires 122
Opposé d'un vecteur 187
Opposée d'une matrice 5
Ordonnée 245, 259
Ordre sur les matrices 7
Orthogonale (matrice –) 62
Orthogonalité (critère d'–) 284
Parallélépipède (volume d'un –)
  298
Parallèles
  distance entre deux droites –
    362
  distance entre deux plans –
    368
  distance entre une droite et
    un plan – 369
  droites – 323
  plans – 341
  vecteurs – 196
Parallélisme (critère de –) 294
Parallélogramme
  aire d'un 292
  règle du 190
Paramètres directeurs 315
Paramétriques
  équations – d'une droite 319
  équations – du plan 335
  solution – d'un système 135
Périodique (matrice –) 32
Plan(s) 329
  angle de deux 356
  angle d'une droite et d'un –
    358
  cartésien 253
  concourants 342
  distance d'un point à un 365
  équation cartésienne du 336
  équation normale d'un 372
  équation réduite d'un 373
  équation vectorielle du 333
  équations paramétriques du
    335
  faisceau de 348
  parallèles 341

parallèles confondus 341
parallèles disjoints 342
traces d'un 374
vecteur normal à un 337
Principale (diagonale –) 6
Produit mixte
  de trois vecteurs 297
    expression analytique du
      299
    propriétés du 283
Produit nul 26, 196
Produit scalaire
  de deux vecteurs 280
    expression analytique du
      281
    propriétés du 283
Produit vectoriel
  de deux vecteurs 291
    expression analytique du
      293
    propriétés du 292
Projection (vecteur –) 286
Puissances d'une matrice 29
Quadrants 253
Rang d'une matrice 136, 463
Rayon vecteur 239, 245, 258
Rectiligne d'un dièdre 356
Règle(s)
  de Cramer 91
  de la main droite 291
  du parallélogramme 190
  de calcul (espace vectoriel)
    413
Régulière (matrice –) 44
Relation
  d'équivalence 187
  de Chasles 191
  d'ordre sur les matrices 7
Repère
  d'un plan 245
  d'une droite 239
  de l'espace 258
  normé 242
  orthonormé 252, 264
Résultante (méthode de la –) 190
$\mathbb{R}^n$
  espace vectoriel 410
  l'ensemble 411
Scalaire 5
  expression analytique du
    produit – 281

matrice – 30
  multiplication d'un vecteur
    par un 194
  multiplication d'une matrice
    par un 11
  produit – de deux vecteurs
    280
  propriétés d'un produit – 283
Simplification (matrices) 26
Simultanée (résolution – de
  systèmes) 150
Singulière (matrice –) 44
Solution
  d'une équation linéaire 113
  d'un système d'équations
    linéaires 117
Somme (*voir* addition)
Sous-espace(s) vectoriel(s) 417
  critère d'un 419
  propres 451
Sous-matrice 66
Supérieure (matrice triangulaire
  –) 30
Symbole de Kronecker 7
Symétrique (matrice –) 36
Système
  compatible 118, 135
    d'équations linéaires 115
    équivalent 119
  de générateurs 427
  forme algébrique d'un 116
  forme canonique d'un 115
  forme matricielle d'un 115
  forme vectorielle d'un 116
  homogène (espace solution
    d'un) 476
  homogène 118, 145
    solution d'un 119, 146,
    149
  incompatible 118, 135
  non homogène 115
    solution d'un – 117, 141,
    149
  rang d'un 140
  solution triviale d'un 119
Système de Cramer 91
  forme matricielle d'un 91
  forme vectorielle d'un 91
Termes d'une matrice 3
Trace d'une matrice carrée 61
Traces d'un plan 374
Transposée d'une matrice 34, 71

Triviale (solution – d'un système) 119

Unité (matrice –) 6

Vandermonde (déterminant de –) 81

Variable
  libre 134
  non libre 134

Vecteur(s)
  addition de 189
  addition d'un nombre quelconque de 192
  algébrique 247, 260, 411
    position (droite) 239
    position (espace) 258
    position (plan) 245
  angle de deux 189

colinéaires 209
combinaisons linéaires de 197, 425
coplanaire(s) 211, 299
produit mixte de trois 297
produit scalaire de deux 280
produit vectoriel de deux 291
différence de deux 193, 406
directeurs 315, 330
équipollents 186
géométrique 185
glissant 188
grandeur 185
libre 188
lié 188
longueur algébrique d'un 286
multiplication d'un – par un scalaire 194

nul 186
opposé d'un 187
orientation d'un 185
parallèles 196
projection 286
unitaire 186

Vectoriel(le)
  addition – 189
  dimension d'un espace – 446
  équation
    d'une droite 316
    d'un plan 333
  espace – 12, 196, 405
  forme – d'un système 116
  forme – d'une matrice 73
  notation – 73
  produit – 291
  sous-espace – 417

Index des noms propres

Al-Khwârigmî 110
Argand, Jean Robert 182
Aristote 181
Âryabhata 110

Bellavitis, Giusto 182
Bézout, Étienne 63
Bhâskara 110
Born, Max 2
Brahmagupta 110

Carroll, Lewis 64
Cauchy, Louis Augustin 64
Cayley, Arthur 1, 64, 403
Clairaut, Alexis Claude 314
Clifford, William Kingdon, 280
Cramer, Gabriel 63, 111

Descartes, René 111, 237, 238, 313
Dieudonné, Jean 404
Diophante 109
Dodgson, Charles Lutwidge 64

Eddington, Arthur Stanley 2
Einstein, Albert 184
Euler, Léonhard 314

Fermat, Pierre de 237, 238
Frobenius, Georg Ferdinand 112, 403

Galiléi, Galiléo 181
Gauss, Carl Friedrich 112, 182
Gibbs, Josiah Willard 183
Grassmann, Hermann Günther 182, 183, 279, 403
Grossmann, M. 184

Hamilton, William Rowan 182, 183
Heaviside, Oliver 184
Hypatie 110

Jacobi, Carl Gustav Jacob 64
Jordan, Camille 111
Jordan, Wilhelm 112

Kronecker, Léopold 64, 403

Lacroix, Sylvestre François 314
Lagrange, Joseph Louis de 111, 314
Laplace, Pierre Simon de 64, 111
Leibniz, Wilhelm Gottfried 63, 111
L'Hospital, Guillaume de 63

Maclaurin, Colin 63, 111
Mahâvîra 110
Ménechme 237
Möbius, August Ferdinand 182, 183
Monge, Gaspard 314

Newton, Isaac 111